# 中华人民共和国
# 公司法
## 释义与适用手册

刘胜军 / 编著

中国法制出版社
CHINA LEGAL PUBLISHING HOUSE

# 前　　言

根据笔者的了解，相比于其他法律，普通读者认为公司法条文的理解与适用更为困难，法学专业的本科生和研究生也常反映公司法与其他部门法有很大不同，学习和理解适用上更有难度，常常不知道有什么更好的方法来学习和理解公司法。甚至对于具有法学专业背景、从事商事审判实践的法官来说，公司法条文的理解与适用也并不是很轻松。

在笔者看来，公司法条文的理解与适用上的困难主要有以下几个方面的原因：其一，不同于民法典的法条，公司法不少的条文在构成要件和法律后果上具有不完全性，公司法第十六条公司对外担保和投资的规定就是一个例子，这一规定是一个程序性的规定，对于违反后的法律后果如何公司法并未直接规定，需要结合民法典的相关条文来确定。这或许是因为公司法的程式性特点，尽管民法典也有法条具有不完全性，但是通过引用性法条、拟制性法条等立法技术可以在民法典内还原出更完整的规范构成。其二，公司法既是组织法，也是行为法，这不同于我们熟悉的保险法等行为法。其三，一般人对于商事实践和商业逻辑、公司的运作和治理也缺乏了解。

为帮助读者更好地理解与适用公司法，本书编著突出以下几个方面特色：第一，简洁易懂。在撰写法条释义时，在不失理论性的同时，强调简洁和通俗易懂，避免释义过于冗长、解读过于专业晦涩，从而给读者造成不必要的负担；第二，实用、接地气。抽象的公司法条文，在具体的场景中才能更好地被理解和适用，因此，在篇幅允许的范围内，本书致力于对重要条文附有配套的案例；此外，注重问题导向，条文释义的撰写注重回应公司纠纷司法案例反映出来的问题。第三，注重融贯性。首先，注重公司法与民法典的融贯。在民法典时代，我国已经实行民商合一的立法例，商法是私法的特别法，而民法是私法的一般法，商事案件的法律适用中，商法规范与民法规范的交叉适用是常态。本书注重运用民法原理来解读公司法条文，更有助于公司法条文的理解与适用。其次，注重公司法与民事诉讼法的融贯。条文释义的撰写，注重公司纠纷解决在民事诉讼程序上的如何实现。第四，便捷性。为便于本书的读者使用，每个条文下面附上了配套的"相关规范"，更有利于读者去找法并适用。同时，本书在编写中注重与时俱进，收录了《国务院关于实施〈中华人民共和国公司法〉注册资本登记管理制度的规定》《最高人民法院关于适用〈中华人民共和国公司法〉时间效力的若干规定》等新规范的相关内容。

对于本次公司法修订的重点，我们可主要从公司资本制度、股东权利和公司治理三条主线来梳理新公司法。其一，公司资本制度方面的变化。出资期限方面规定了五年最长认缴期限；出资形式新增列举股权和债权非货币财产的出资形式；创设了类别股和无面额股制度；引入授权资本制；创设了股东失权制度；改革公司减资制度并规定了违反减资法律后果；禁止财务资助；新增规定可以根据规定使用资本公积金弥补亏损等。其二，强化和完善股东权利保护。完善股东查阅权；完善股东临时提案权；完善少数股东召集临时股东会的程序；简化股权对外转让限制和程序；规定了等比例减资规则以体现股东平等；完善股东决议瑕疵及诉讼制度；创设了双重股东代表诉讼等。其三，进一步提升和完善公司治理。突出董事会在公司治理中的中心地位，允许公司在监事会和审计委员会自主择一选择监督机构；确立了横向法人人格否认；完善了关联交易的程序；在强化"董监高"和"双控人"（控制股东、实际控制人）责任方面，创设了"事实董事"和"影子董事"以强化"双控人"的责任，新增董事、高级管理人员对第三人的侵权责任；完善职工董事和职工监事制度，强化职工民主管理，提升职工对公司治理和监督的参与。此外，新公司法还在债权人保护、公司登记、国家出资公司等方面进行了完善。

为保证本书内容的质量，笔者对全部条文的"理解与适用"的撰写和"相关规范"的梳理亲力亲为，仔细斟酌。条文配套的"案例指引"的编写工作量很大，感谢我在中国民航大学法学院工作期间指导的研究生协助本书相关章节案例的整理，他们分别是史程冉（第八章、第九章、第十二章）、马晓东（第二章、第七章、第十四章）、王君娜（第三章、第十章）、郑涵予（第四章、第六章、第十一章）、蔡舒琳（第五章）、辛彭梓灏（第十三章），还要感谢西北政法大学2023级研究生宋思露同学（第一章、第二章）对案例的协助整理。

刘胜军

2024 年 8 月 15 日

# 目 录

## 第一章 总 则

第 一 条 【立法目的】 …………………………… 1
第 二 条 【调整对象】 …………………………… 2
第 三 条 【公司的界定及权益保护】 …………… 3
第 四 条 【股东责任及权利】 …………………… 5
第 五 条 【公司章程】 …………………………… 8
第 六 条 【公司名称权】 ………………………… 10
第 七 条 【公司名称】 …………………………… 13
第 八 条 【公司住所】 …………………………… 15
第 九 条 【公司的经营范围】 …………………… 17
第 十 条 【法定代表人】 ………………………… 19
第十一条 【法定代表人行为的法律后果】 …… 22
第十二条 【公司形式变更】 …………………… 24
第十三条 【子公司与分公司】 ………………… 25
第十四条 【转投资】 …………………………… 27
第十五条 【公司担保】 ………………………… 29
第十六条 【公司劳动保护义务】 ……………… 36
第十七条 【工会】 ……………………………… 37
第十八条 【公司中设立党组织】 ……………… 40
第十九条 【公司义务】 ………………………… 41
第二十条 【公司社会责任】 …………………… 43
第二十一条 【禁止股东滥用权利】 …………… 44
第二十二条 【关联交易的限制】 ……………… 45
第二十三条 【公司人格否认】 ………………… 48

| 第二十四条 | 【公司会议召开与表决方式】 | 52 |
|---|---|---|
| 第二十五条 | 【公司决议无效】 | 54 |
| 第二十六条 | 【公司决议撤销】 | 56 |
| 第二十七条 | 【公司决议不成立】 | 58 |
| 第二十八条 | 【公司决议无效、被撤销、不成立的法律后果】 | 59 |

## 第二章　公司登记

| 第二十九条 | 【申请设立登记】 | 61 |
|---|---|---|
| 第 三 十 条 | 【设立登记申请材料】 | 64 |
| 第三十一条 | 【设立登记】 | 70 |
| 第三十二条 | 【登记事项】 | 72 |
| 第三十三条 | 【营业执照】 | 80 |
| 第三十四条 | 【变更登记】 | 85 |
| 第三十五条 | 【变更登记申请材料】 | 88 |
| 第三十六条 | 【营业执照变更与换发】 | 92 |
| 第三十七条 | 【注销登记】 | 93 |
| 第三十八条 | 【分公司登记】 | 98 |
| 第三十九条 | 【欺诈取得登记的法律后果】 | 100 |
| 第 四 十 条 | 【企业信用系统公示事项】 | 104 |
| 第四十一条 | 【公司登记便利化】 | 108 |

## 第三章　有限责任公司的设立和组织机构

### 第一节　设　　立

| 第四十二条 | 【股东人数】 | 110 |
|---|---|---|
| 第四十三条 | 【设立协议】 | 111 |
| 第四十四条 | 【公司设立行为的法律后果】 | 113 |
| 第四十五条 | 【有限责任公司章程制定】 | 114 |
| 第四十六条 | 【有限责任公司章程绝对必要记载事项】 | 115 |
| 第四十七条 | 【有限责任公司注册资本】 | 117 |
| 第四十八条 | 【出资方式、出资评估及其限制】 | 118 |

| | | | |
|---|---|---|---|
| 第四十九条 | 【股东出资义务及法定责任】 | …… | 121 |
| 第 五 十 条 | 【设立时股东出资不足的连带责任】 | …… | 123 |
| 第五十一条 | 【董事对出资的核查和催缴义务】 | …… | 124 |
| 第五十二条 | 【股东失权】 | …… | 125 |
| 第五十三条 | 【抽逃出资的法律责任】 | …… | 126 |
| 第五十四条 | 【股东出资加速到期】 | …… | 128 |
| 第五十五条 | 【出资证明书】 | …… | 132 |
| 第五十六条 | 【股东名册】 | …… | 134 |
| 第五十七条 | 【股东知情权】 | …… | 136 |

## 第二节 组织机构

| | | | |
|---|---|---|---|
| 第五十八条 | 【股东会的组成与法律地位】 | …… | 141 |
| 第五十九条 | 【股东会的职权】 | …… | 141 |
| 第 六 十 条 | 【一人公司的股东决定】 | …… | 142 |
| 第六十一条 | 【股东会首次会议】 | …… | 143 |
| 第六十二条 | 【股东会的定期会议和临时会议】 | …… | 144 |
| 第六十三条 | 【股东会会议的召集和主持】 | …… | 145 |
| 第六十四条 | 【股东会会议的通知期限和会议记录】 | …… | 146 |
| 第六十五条 | 【股东表决权】 | …… | 147 |
| 第六十六条 | 【股东会的议事方式和表决程序】 | …… | 149 |
| 第六十七条 | 【董事会职权】 | …… | 152 |
| 第六十八条 | 【董事会组成】 | …… | 154 |
| 第六十九条 | 【审计委员会】 | …… | 156 |
| 第 七 十 条 | 【董事的任期与辞任】 | …… | 157 |
| 第七十一条 | 【董事的解任】 | …… | 158 |
| 第七十二条 | 【董事会会议的召集与主持】 | …… | 160 |
| 第七十三条 | 【董事会的议事方式和表决程序】 | …… | 161 |
| 第七十四条 | 【经理的选任与职权】 | …… | 163 |
| 第七十五条 | 【不设董事会的有限责任公司】 | …… | 164 |
| 第七十六条 | 【监事会的设立与组成】 | …… | 165 |
| 第七十七条 | 【监事任职期限】 | …… | 167 |

第七十八条　【监事会职权】 …………………………… 168

第七十九条　【监事的质询、建议权与监事会的调查权】 …… 170

第 八 十 条　【董事、高管对监事会的义务】 ………… 172

第八十一条　【监事会会议制度】 …………………… 172

第八十二条　【监事会行使职权的费用承担】 ………… 174

第八十三条　【不设监事会及监事的情形】 …………… 174

## 第四章　有限责任公司的股权转让

第八十四条　【有限责任公司股权转让】 ……………… 175

第八十五条　【股权强制执行与优先购买权】 ………… 176

第八十六条　【股权转让的变更登记】 ………………… 181

第八十七条　【出资证明书】 …………………………… 183

第八十八条　【转让未届期和瑕疵出资股权的责任承担】 …… 184

第八十九条　【异议股东股权收购请求权】 …………… 185

第 九 十 条　【股东资格的继承】 ……………………… 188

## 第五章　股份有限公司的设立和组织机构

### 第一节　设立

第九十一条　【股份有限公司的设立方式】 …………… 190

第九十二条　【发起人的限制】 ………………………… 191

第九十三条　【发起人的义务】 ………………………… 192

第九十四条　【股份有限公司章程制订】 ……………… 194

第九十五条　【股份有限公司章程记载事项】 ………… 195

第九十六条　【注册资本】 ……………………………… 200

第九十七条　【发起人的股份认购】 …………………… 201

第九十八条　【发起人的出资】 ………………………… 202

第九十九条　【其他发起人的出资连带责任】 ………… 203

第 一 百 条　【募集股份的公告和认股书】 …………… 205

第一百零一条　【验资】 ………………………………… 207

第一百零二条　【股东名册】 …………………………… 209

第一百零三条　【成立大会】……………………………… 210
第一百零四条　【成立大会职权】…………………………… 212
第一百零五条　【抽回股本的情形】………………………… 214
第一百零六条　【申请设立登记】…………………………… 215
第一百零七条　【有限责任公司相关规定准用于股份
　　　　　　　　有限公司设立】………………………… 216
第一百零八条　【公司类型的变更】………………………… 217
第一百零九条　【重要资料的置备】………………………… 217
第一百一十条　【股东的查阅、复制、建议和质询权】……… 218

## 第二节　股东会

第一百一十一条　【股份有限公司股东会的组成与地位】……… 220
第一百一十二条　【股份有限公司股东会职权】………………… 221
第一百一十三条　【股东会的年会和临时会议】………………… 222
第一百一十四条　【股东会会议的召集与主持】………………… 224
第一百一十五条　【股东会会议与股东临时提案】……………… 228
第一百一十六条　【股东表决权】………………………………… 236
第一百一十七条　【累积投票制】………………………………… 238
第一百一十八条　【股东表决权的代理行使】…………………… 240
第一百一十九条　【股东会的会议记录】………………………… 242

## 第三节　董事会、经理

第一百二十条　【董事会组成、任期、职权及董事的解任】… 243
第一百二十一条　【审计委员会】………………………………… 244
第一百二十二条　【董事长的产生与职权】……………………… 247
第一百二十三条　【董事会会议的召开】………………………… 248
第一百二十四条　【董事会会议的议事规则】…………………… 249
第一百二十五条　【董事的董事会会议出席与责任承担】……… 251
第一百二十六条　【经理的设置与职权】………………………… 252
第一百二十七条　【董事会成员兼任经理】……………………… 253
第一百二十八条　【不设董事会的股份有限公司】……………… 253
第一百二十九条　【董监高的报酬披露】………………………… 254

## 第四节　监事会

第一百三十条　【监事会的设立、组成与任期】 ………… 256

第一百三十一条　【监事会的职权与履职费用】 ………… 258

第一百三十二条　【监事会议事规则】 ………… 258

第一百三十三条　【不设监事会的股份有限公司】 ………… 259

## 第五节　上市公司组织机构的特别规定

第一百三十四条　【上市公司的定义】 ………… 260

第一百三十五条　【重大资产交易与重大担保的议事规则】 …… 261

第一百三十六条　【独立董事及上市公司章程应载明的事项】 … 264

第一百三十七条　【应由审计委员会事前通过的事项】 ………… 283

第一百三十八条　【董事会秘书及其职责】 ………… 284

第一百三十九条　【关联关系董事的回避】 ………… 285

第一百四十条　【信息披露义务及禁止股份代持】 ………… 287

第一百四十一条　【禁止交叉持股的情形】 ………… 289

# 第六章　股份有限公司的股份发行和转让

## 第一节　股份发行

第一百四十二条　【股份及其面额】 ………… 291

第一百四十三条　【股份发行的原则】 ………… 293

第一百四十四条　【类别股的类型】 ………… 295

第一百四十五条　【类别股章程记载事项】 ………… 297

第一百四十六条　【类别股股东的类别表决】 ………… 298

第一百四十七条　【股份的形式】 ………… 302

第一百四十八条　【面额股股票发行价格】 ………… 303

第一百四十九条　【股票的形式及记载事项】 ………… 305

第一百五十条　【交付股票的时间】 ………… 306

第一百五十一条　【发行新股的决议事项】 ………… 307

第一百五十二条　【授权董事会发行股份】 ………… 309

第一百五十三条　【董事会发行新股的决议】 ………… 311

第一百五十四条　【招股说明书及记载事项】 ………… 311

第一百五十五条　【股票承销】 …… 314

第一百五十六条　【代收股款】 …… 318

## 第二节　股份转让

第一百五十七条　【股份转让】 …… 319

第一百五十八条　【股份转让的场所】 …… 320

第一百五十九条　【记名股票转让】 …… 321

第一百六十条　【特定持有人的股份转让】 …… 323

第一百六十一条　【异议股东股份回购请求权】 …… 326

第一百六十二条　【股份有限公司股份回购】 …… 329

第一百六十三条　【禁止财务资助】 …… 339

第一百六十四条　【股票丢失的救济】 …… 343

第一百六十五条　【上市公司的股票交易】 …… 345

第一百六十六条　【上市公司的信息披露】 …… 346

第一百六十七条　【股东资格的继承】 …… 363

# 第七章　国家出资公司组织机构的特别规定

第一百六十八条　【国家出资公司的定义】 …… 365

第一百六十九条　【出资人职责】 …… 366

第一百七十条　【党对国家出资公司的领导】 …… 367

第一百七十一条　【国有独资公司章程的制定】 …… 367

第一百七十二条　【国有独资公司股东权的行使】 …… 374

第一百七十三条　【国有独资公司的董事会】 …… 376

第一百七十四条　【国有独资公司的经理】 …… 378

第一百七十五条　【国有独资公司董事、高管的兼职禁止】 …… 379

第一百七十六条　【国有独资公司的审计委员会】 …… 380

第一百七十七条　【国家出资公司的合规管理】 …… 381

# 第八章　公司董事、监事、高级管理人员的资格和义务

第一百七十八条　【董监高消极任职资格】 …… 388

第一百七十九条　【董监高的一般义务】 …… 394

| 第一百八十条 | 【忠实与勤勉义务】 | 396 |
| --- | --- | --- |
| 第一百八十一条 | 【董监高的禁止行为】 | 398 |
| 第一百八十二条 | 【董监高与公司的自我交易程序】 | 401 |
| 第一百八十三条 | 【谋取公司商业机会的禁止与例外】 | 403 |
| 第一百八十四条 | 【同业竞争限制】 | 405 |
| 第一百八十五条 | 【关联董事的回避表决】 | 406 |
| 第一百八十六条 | 【董监高违反忠实义务所得收入的处理】 | 407 |
| 第一百八十七条 | 【董监高对股东知情权行使的义务】 | 408 |
| 第一百八十八条 | 【董监高对公司的赔偿责任】 | 409 |
| 第一百八十九条 | 【股东派生诉讼】 | 411 |
| 第一百九十条 | 【股东直接诉讼】 | 417 |
| 第一百九十一条 | 【董事、高管对公司外部第三人的侵权责任】 | 419 |
| 第一百九十二条 | 【影子董事及其责任】 | 423 |
| 第一百九十三条 | 【董事责任险】 | 425 |

## 第九章　公司债券

| 第一百九十四条 | 【债券的定义、发行方式与法律适用】 | 427 |
| --- | --- | --- |
| 第一百九十五条 | 【公司债券注册及募集办法】 | 449 |
| 第一百九十六条 | 【纸面债券载明事项】 | 461 |
| 第一百九十七条 | 【记名债券】 | 462 |
| 第一百九十八条 | 【公司债券持有人名册】 | 464 |
| 第一百九十九条 | 【公司债券的登记结算】 | 465 |
| 第二百条 | 【公司债券转让】 | 468 |
| 第二百零一条 | 【债券转让方式】 | 470 |
| 第二百零二条 | 【可转换公司债券的发行】 | 472 |
| 第二百零三条 | 【可转换公司债券的转换】 | 476 |
| 第二百零四条 | 【债券持有人会议】 | 477 |
| 第二百零五条 | 【公司债券受托管理人】 | 482 |
| 第二百零六条 | 【债券受托管理人的义务】 | 485 |

## 第十章 公司财务、会计

第二百零七条　【公司财务与会计制度】……………490

第二百零八条　【财务会计报告制作与审计】………504

第二百零九条　【财务会计报告的公示】……………505

第二百一十条　【公司税后利润分配】………………506

第二百一十一条　【违法分配利润的法律后果】……513

第二百一十二条　【利润分配时限】…………………518

第二百一十三条　【资本公积金的构成】……………519

第二百一十四条　【公积金用途及限制】……………521

第二百一十五条　【聘用、解聘会计师事务所】……523

第二百一十六条　【提供真实、完整会计资料】……524

第二百一十七条　【禁止另立会计账簿及开立个人账户存储

公司资金】……………………………………525

## 第十一章 公司合并、分立、增资、减资

第二百一十八条　【公司合并】………………………529

第二百一十九条　【公司简易合并】…………………530

第二百二十条　【公司合并的程序】…………………531

第二百二十一条　【公司合并后债权债务的承继】…533

第二百二十二条　【公司分立】………………………534

第二百二十三条　【公司分立债务承担】……………536

第二百二十四条　【公司减资】………………………537

第二百二十五条　【形式减资】………………………539

第二百二十六条　【违法减资的民事责任】…………541

第二百二十七条　【公司增资的股东优先认购权】…544

第二百二十八条　【公司增资】………………………545

## 第十二章 公司解散和清算

第二百二十九条　【公司解散原因】…………………549

| 第二百三十条 | 【修改章程使公司存续的议事规则】……… | 551 |
| --- | --- | --- |
| 第二百三十一条 | 【股东请求法院解散公司】……………… | 552 |
| 第二百三十二条 | 【清算组及义务】………………………… | 556 |
| 第二百三十三条 | 【申请法院指定清算组】………………… | 558 |
| 第二百三十四条 | 【清算组的职权】………………………… | 560 |
| 第二百三十五条 | 【债权人申报债权】……………………… | 563 |
| 第二百三十六条 | 【清算程序】……………………………… | 566 |
| 第二百三十七条 | 【公司解散清算与破产清算的衔接】…… | 568 |
| 第二百三十八条 | 【清算组成员的义务与责任】…………… | 570 |
| 第二百三十九条 | 【公司注销】……………………………… | 572 |
| 第二百四十条 | 【简易注销公司登记】…………………… | 575 |
| 第二百四十一条 | 【强制注销登记】………………………… | 578 |
| 第二百四十二条 | 【公司破产】……………………………… | 580 |

## 第十三章　外国公司的分支机构

| 第二百四十三条 | 【外国公司的定义】……………………… | 584 |
| --- | --- | --- |
| 第二百四十四条 | 【外国公司分支机构的设立程序】……… | 585 |
| 第二百四十五条 | 【外国公司机构的设立条件】…………… | 590 |
| 第二百四十六条 | 【外国公司分支机构名称及章程置备】… | 593 |
| 第二百四十七条 | 【外国公司分支机构的法律地位】……… | 594 |
| 第二百四十八条 | 【外国公司分支机构的活动原则】……… | 602 |
| 第二百四十九条 | 【外国公司分支机构的撤销与清算】…… | 603 |

## 第十四章　法律责任

| 第二百五十条 | 【虚报注册资本的行政责任】…………… | 608 |
| --- | --- | --- |
| 第二百五十一条 | 【未依法公示的法律责任】……………… | 609 |
| 第二百五十二条 | 【虚假出资的法律责任】………………… | 610 |
| 第二百五十三条 | 【抽逃出资的法律责任】………………… | 611 |
| 第二百五十四条 | 【另立会计账簿和虚假财会报告的法律责任】……………………………………… | 612 |

第二百五十五条　【公司合并、分立、减资或清算违反程序的行政责任】 …………………………… 614

第二百五十六条　【违法清算的行政责任】 ………… 615

第二百五十七条　【资产评估、验资或验证机构违法行为的法律责任】 ………………………… 616

第二百五十八条　【公司登记机关违法行为的行政责任】……… 616

第二百五十九条　【假冒公司和分公司名义的行政责任】……… 617

第二百六十条　【公司逾期开业、不当停业、不依法办理变更登记的行政责任】 ……………… 618

第二百六十一条　【外国公司擅自设立分支机构的行政责任】… 620

第二百六十二条　【危害国家安全与社会公共利益的法律责任】 …………………………………… 621

第二百六十三条　【民事赔偿优先原则】 ……………… 622

第二百六十四条　【刑事责任】 ………………………… 623

## 第十五章　附　　则

第二百六十五条　【本法相关用语的含义】 …………… 629

第二百六十六条　【施行日期及出资期限过渡期】 …… 630

附　录

中华人民共和国公司法 ……………………………………… 638

# 第一章 总 则

> **第一条 【立法目的】** 为了规范公司的组织和行为，保护公司、股东、职工和债权人的合法权益，完善中国特色现代企业制度，弘扬企业家精神，维护社会经济秩序，促进社会主义市场经济的发展，根据宪法，制定本法。

**【理解与适用】**

本条是关于公司法立法目的和立法宗旨的规定。

公司法既是组织法，也是行为法，公司法规范公司的组织和行为。公司法在组织法层面规定公司的法律地位、权利能力和行为能力以及侵权责任能力，确定公司设立、变更和终止的条件，明确公司章程的内容，规范公司内部组织的职权及运行程序，规定公司内部组织的相互关系等内容。公司法在行为法层面，规范公司的对外行为，如转投资、对外担保、发行股票和债券等行为，确保公司依法开展经营活动。

公司是法律上的主体，具有独立法人资格，依法享有法人财产权，法律保护公司的合法权益。在公司的存续和终止的过程中，股东之间、股东与债权人之间可能存在利益冲突，法律规范这样的利益冲突。股东作为公司的出资者，法律必须保障其权利和利益，保护和激励投资，发展经济。债权人和股东所有的公司进行交易，其债权也应由法律保障，不致因股东承担有限责任而承担超正常的风险，公司法的作用正是在于保护这些主体的合法权益。

公司是现代企业中重要的、典型的组织形式。公司法中体现的法律原则，正是建立现代企业制度的基本要求。完善中国特色的现代企业制度，弘扬企业家精神是本次修改本条新增内容。

公司是重要的市场主体，公司的经营活动对社会经济影响甚巨。公司法具有一定的公法属性，监管和规制公司的经营活动，维护社会经济秩序。为贯彻落实宪法第十四条关于国家完善企业经营管理制度，本条本次修改增加了"根据宪法"制定本法的规定。

> **第二条 【调整对象】** 本法所称公司，是指依照本法在中华人民共和国境内设立的有限责任公司和股份有限公司。

**【理解与适用】**

本条是关于公司法调整对象的规定，并且界定了我国公司的两种类型，内容无实质变化。本条是一个说明性法条，说明性法条有概念描述性和类型描述性，本条是说明性法条中的类型描述性法条。

公司法实行公司类型法定、类型强制，公司法规定的公司类型只有有限责任公司和股份有限公司，不允许设立有限责任公司和股份有限公司以外的公司类型。

本条也是中国公司的认定标准，中国公司的认定标准采准据法主义兼设立行为地主义，即依据公司法，在中华人民共和国境内设立的公司是公司法所称的公司。可结合和比较本法第二百四十三条对外国公司的认定。

**【相关规范】**

● **法律**

1.《中华人民共和国民法典》（2020年5月28日）[①]

第七十六条 以取得利润并分配给股东等出资人为目的成立的法人，为营利法人。

营利法人包括有限责任公司、股份有限公司和其他企业法人等。

2.《中华人民共和国公司法》（2023年12月29日）

第二百四十三条 本法所称外国公司，是指依照外国法律在中华人民共和国境外设立的公司。

---

① 此为法律文件的公布时间或最后一次修正、修订公布时间。

● *行政法规及文件*

3.《中华人民共和国市场主体登记管理条例》(2021 年 4 月 14 日)

第二条 本条例所称市场主体,是指在中华人民共和国境内以营利为目的从事经营活动的下列自然人、法人及非法人组织:

(一)公司、非公司企业法人及其分支机构;

(二)个人独资企业、合伙企业及其分支机构;

(三)农民专业合作社(联合社)及其分支机构;

(四)个体工商户;

(五)外国公司分支机构;

(六)法律、行政法规规定的其他市场主体。

## 【案例指引】

王某与向某宾馆股东知情权案[①]

裁判要旨:公司法适用的对象仅限于法定类型的公司即有限责任公司和股份有限公司,有限责任公司和股份有限公司以外的公司或企业不适用公司法,本案中被申请人为股份合作制企业,不能简单适用公司法的相关规定,应当结合股份合作制企业的相关规定进行认定,因而申请人不享有法定的股东知情权。[②]

---

**第三条 【公司的界定及权益保护】** 公司是企业法人,有独立的法人财产,享有法人财产权。公司以其全部财产对公司的债务承担责任。

公司的合法权益受法律保护,不受侵犯。

---

## 【理解与适用】

本条是关于公司的界定及权益保护的规定,整合了原公司法第三条

---

[①] (2016)川民申 722 号,载中国裁判文书网,https://wenshu.court.gov.cn/website/wenshu/181107ANFZ0BXSK4/index.html?docId=y/aTDB1fzWoIHAYbGKkJQ9plH7X484ydnOVtq9k2I075y/SZDYrO85O3qNaLMqsJrcZMNQgllnlu1qmLvdjHTLQqLW9xi2/2P7O5lV6ctiSmLfdQuJehPg7c4vZPTDBb,最后访问日期:2024 年 2 月 17 日。

[②] 裁判要旨为笔者根据案情加工整理而成。

第一款和第五条第二款，内容无变化。

公司是企业法人，是民法典上规定的营利法人的一种类型，营利法人是指以取得利润并分配给股东等出资人为目的成立的法人，如果从事营利活动的所得利润仅能供法人自身发展，不能将利润分配给成员则为非营利法人。公司作为企业法人享有独立于成员与第三人的法人财产，法人财产由成员出资和公司经营积累产生，公司对法人财产享有法人财产权。公司财产是公司债务的总担保，公司以全部财产对公司的债务承担责任，因此对公司这一独立法律主体而言，对公司债务是无限责任；公司的股东以其对公司的投资为限承担有限责任。

公司作为独立的权利主体，享有法定的民事权利能力和民事行为能力，独立地享有名称权、名誉权、荣誉权、物权、债权、知识产权、对外投资的股权和其他投资性权利、法律规定的其他民事权利和利益等。公司的各项权利在营业中体现为有机的有组织性的财产权利，根据民法典的规定，作为民事主体的公司的财产权利受法律平等保护。公司的各项合法权益受民法、商事法、行政法、刑法等法律的保护，特别是公司的营业自由权（经营自主权）和营业资产权（企业产权）受法律保护。公司享有经营自主权，对依法应当由公司自主决策的各类事项，任何单位和个人不得干预。国家依法保护公司的财产权和其他合法权益，保护公司经营者人身和财产安全。严禁违反法定权限、条件、程序对公司的财产和公司经营者个人财产实施行政强制措施；依法确需实施行政强制措施的，应当限定在所必需的范围内。禁止违反法律、法规规定要求公司提供财力、物力或者人力的"摊派"行为。

## 【相关规范】

● **法律**

1.《中华人民共和国民法典》（2020年5月28日）

**第五十七条** 法人是具有民事权利能力和民事行为能力，依法独立享有民事权利和承担民事义务的组织。

**第六十条** 法人以其全部财产独立承担民事责任。

**第七十六条** 以取得利润并分配给股东等出资人为目的成立的法人，为营利法人。

营利法人包括有限责任公司、股份有限公司和其他企业法人等。

● 行政法规及文件

2.《优化营商环境条例》(2019年10月22日)

第十条 国家坚持权利平等、机会平等、规则平等，保障各种所有制经济平等受到法律保护。

第十一条 市场主体依法享有经营自主权。对依法应当由市场主体自主决策的各类事项，任何单位和个人不得干预。

第十四条 国家依法保护市场主体的财产权和其他合法权益，保护企业经营者人身和财产安全。

严禁违反法定权限、条件、程序对市场主体的财产和企业经营者个人财产实施查封、冻结和扣押等行政强制措施；依法确需实施前述行政强制措施的，应当限定在所必需的范围内。

禁止在法律、法规规定之外要求市场主体提供财力、物力或者人力的摊派行为。市场主体有权拒绝任何形式的摊派。

## 【案例指引】

**施某与霖某公司、常某公司等民间借贷案**[①]

**裁判要旨**：股东持有母公司48%的股权，母公司又全资持有子公司股权，但是母公司的子公司有独立的法人财产权，该股东和子公司的人格和财产各自独立。

> 第四条 【股东责任及权利】有限责任公司的股东以其认缴的出资额为限对公司承担责任；股份有限公司的股东以其认购的股份为限对公司承担责任。
>
> 公司股东对公司依法享有资产收益、参与重大决策和选择管理者等权利。

---

① （2021）最高法民终1301号，载中国裁判文书网，https://wenshu.court.gov.cn/website/wenshu/181107ANFZ0BXSK4/index.html？docId = 6XjNV7Lw8PM6coHLdjb2pYQh + EkQBQpl3b4qW4e4y1bveafz7KlfopO3qNaLMqsJrcZMNQgllnlz3u2Um9bzBxk + NsDQxx8pv7gs3rj9GU4oMO9X7lOgenCf2OyY6XWJ，最后访问日期：2023年12月26日。

## 【理解与适用】

本条是关于股东责任及权利的规定。

本条第一款规定了股东有限责任。股东有限责任是公司的根本特征，是公司制度的基石。股东有限责任，意味着对于公司的经营失败，股东最多只是损失对公司的投资，而不会对公司的债务承担责任。股东有限责任可以使股东在公司经营中具有盈利无限的可能，但是承担责任有限，这有利于刺激投资，实现公司的规模化融资，有利于投资者多元投资进而分散投资风险，有利于公司的最优化决策、从事高风险事业（如开发新技术、新产品，投资新项目）。

股东有限责任是公司独立人格的逻辑结果，股东和公司分别是两个独立的民事主体，各自对自己的债务承担责任。因此，对有限责任公司来讲，股东以其认缴的出资额为限对公司承担责任；对股份有限公司来讲，股东以其认购的股份为限对公司承担责任。举例来讲，A有限责任公司注册资本为50万元，甲股东出资10万元，5年后公司经营失败，公司负债500万元，那么股东也仅以其当初向公司出资的10万元为限承担责任；对于股份有限公司来讲，也是如此。

本条第二款规定了股东对公司享有的权利。股东以出资向公司换取股权，公司以交付股权从股东手中换取公司成立的出资。股权是权利束，包括但不限于股利分配请求权、剩余财产分配权、股权（股份）转让权、参加股东会的权利、选举和被选举权、知情权、提案权、质询权、建议权、表决权等，这些股东权利主要可以分类为资产收益权、参与重大决策权、选择管理者的权利。例如，股利分配请求权、剩余财产分配权就是资产收益权，参加股东会的权利、表决权是参与重大决策权，选举和被选举权、董事提名权等是选择管理者的权利。股东权利也可以采用两分法，即资产收益权和控制权，参与重大决策权和选择管理者的权利都属于控制权。

股东有限责任也有例外，即公司人格否认，在法定情形下，公司人格被否认的话，股东应对公司的债务承担连带责任。

## 【相关规范】

● 法律

1. 《中华人民共和国民法典》(2020年5月28日)

第八十条 营利法人应当设权力机构。

权力机构行使修改法人章程，选举或者更换执行机构、监督机构成员，以及法人章程规定的其他职权。

第八十三条 营利法人的出资人不得滥用出资人权利损害法人或者其他出资人的利益；滥用出资人权利造成法人或者其他出资人损失的，应当依法承担民事责任。

营利法人的出资人不得滥用法人独立地位和出资人有限责任损害法人债权人的利益；滥用法人独立地位和出资人有限责任，逃避债务，严重损害法人债权人的利益的，应当对法人债务承担连带责任。

2. 《中华人民共和国公司法》(2023年12月29日)

第二十三条 公司股东滥用公司法人独立地位和股东有限责任，逃避债务，严重损害公司债权人利益的，应当对公司债务承担连带责任。

股东利用其控制的两个以上公司实施前款规定行为的，各公司应当对任一公司的债务承担连带责任。

只有一个股东的公司，股东不能证明公司财产独立于股东自己的财产的，应当对公司债务承担连带责任。

## 【案例指引】

**北京某管理公司与华某公司盈余分配纠纷案**[①]

裁判要旨：根据公司法的规定，公司股东对公司依法享有资产收益权，有限责任公司的股东享有按照实缴出资比例分取红利的权利，原告作为被告公司的股东，其合法的资产收益权应当得到保护。

---

① (2015) 一中民（商）终字第437号，载中国裁判文书网，https://wenshu.court.gov.cn/website/wenshu/181107ANFZ0BXSK4/index.html?docId=9lmXbM9x89d0Q/STRcceMSs9HAo/qVsQdud79qM1kZIIdF5snt25A5O3qNaLMqsJrcZMNQgllnlz3u2Um9bzBxk+NsDQxx8ptvo66i4288OtGJpnOaLmNn5mIaZ1CvCL，最后访问日期：2023年12月25日。

> **第五条　【公司章程】**设立公司应当依法制定公司章程。公司章程对公司、股东、董事、监事、高级管理人员具有约束力。

## 【理解与适用】

本条是关于公司章程制定及其效力的规定，内容无实质变化。

对于公司来讲，公司章程是法律以外的公司及其内部人员股东、董事、监事、高级管理人员的行为规范，在公司内部，公司保障章程被遵守执行，在公司外部，国家为章程的遵守执行提供司法保障，根据本法第二十六条的规定，公司的召集程序、表决方式违反公司章程，或者公司股东会、董事会决议内容违反公司章程的，可以被撤销。

公司章程是公司设立必备法律文件，并应在登记机关办理备案，需要注意的是，公司章程向登记机关备案而非登记——公司章程不是公司登记事项而只是备案事项，备案是将公司章程予以公示。公司修改公司章程自股东签字或盖章之日起生效，登记和备案不是公司章程的生效要件，公司章程可以特别规定公司章程的生效时间或生效条件；但是对于公司初始公司章程而言，不是发起人签字或盖章之日生效，而应当是公司登记之日，如公司未成立，公司章程自然不会产生效力。

公司章程的记载事项分为绝对必要记载事项、相对必要记载事项和任意记载事项，绝对必要记载事项一般规定公司的名称、住所、经营范围、资本额、公司机关、股东及其出资情况、股权比例、法定代表人等，具体见公司法第四十六条和第九十五条规定。

公司章程尽管由公司的股东制定和修改，除约束股东外，也具有涉他效力，对法定的主体公司、董事、监事、高级管理人员具有法律约束力，但是不像法律一样具有普遍的约束力。公司章程也是董事、监事、高级管理人员承担责任的依据，公司董事、监事、高级管理人员违反公司章程的，给公司或股东造成损失的，根据本法第一百八十八条和第一百九十条的规定应当对公司或股东承担损害赔偿责任，股东可以提起股东代表诉讼或股东直接诉讼。

公司章程是规定公司的组织和行为的基本规则。公司章程是公司自治的依据，公司自治主要体现为公司章程自治，但是公司章程自治不能违反法律的强制性规定，公司章程自治有边界，法院可以对公司章程进行司法审查。

**【相关规范】**

● *法律*

1.《中华人民共和国公司法》（2023年12月29日）

第二十六条　公司股东会、董事会的会议召集程序、表决方式违反法律、行政法规或者公司章程，或者决议内容违反公司章程的，股东自决议作出之日起六十日内，可以请求人民法院撤销。但是，股东会、董事会的会议召集程序或者表决方式仅有轻微瑕疵，对决议未产生实质影响的除外。

未被通知参加股东会会议的股东自知道或者应当知道股东会决议作出之日起六十日内，可以请求人民法院撤销；自决议作出之日起一年内没有行使撤销权的，撤销权消灭。

第四十六条　有限责任公司章程应当载明下列事项：

（一）公司名称和住所；

（二）公司经营范围；

（三）公司注册资本；

（四）股东的姓名或者名称；

（五）股东的出资额、出资方式和出资日期；

（六）公司的机构及其产生办法、职权、议事规则；

（七）公司法定代表人的产生、变更办法；

（八）股东会认为需要规定的其他事项。

股东应当在公司章程上签名或者盖章。

第九十五条　股份有限公司章程应当载明下列事项：

（一）公司名称和住所；

（二）公司经营范围；

（三）公司设立方式；

（四）公司注册资本、已发行的股份数和设立时发行的股份数，面额股的每股金额；

（五）发行类别股的，每一类别股的股份数及其权利和义务；

（六）发起人的姓名或者名称、认购的股份数、出资方式；

（七）董事会的组成、职权和议事规则；

（八）公司法定代表人的产生、变更办法；

（九）监事会的组成、职权和议事规则；

（十）公司利润分配办法；

（十一）公司的解散事由与清算办法；

（十二）公司的通知和公告办法；

（十三）股东会认为需要规定的其他事项。

第一百八十八条　董事、监事、高级管理人员执行职务违反法律、行政法规或者公司章程的规定，给公司造成损失的，应当承担赔偿责任。

第一百九十条　董事、高级管理人员违反法律、行政法规或者公司章程的规定，损害股东利益的，股东可以向人民法院提起诉讼。

● 行政法规及文件

2.《中华人民共和国市场主体登记管理条例》（2021年7月27日）

第九条　市场主体的下列事项应当向登记机关办理备案：

（一）章程或者合伙协议；

……

【案例指引】

**某财务顾问有限公司诉祝某股东会决议罚款纠纷案**[①]

裁判要旨：有限公司的股东会无权对股东处以罚款，除非公司章程另有约定。有限公司的公司章程在赋予股东会对股东处以罚款职权的同时，应明确规定罚款的标准和幅度，股东会在没有明确标准和幅度的情况下处罚股东，属法定依据不足，相应决议无效。

> **第六条　【公司名称权】** 公司应当有自己的名称。公司名称应当符合国家有关规定。
>
> 公司的名称权受法律保护。

---

[①] 参见《最高人民法院公报》2012年第10期。

## 【理解与适用】

本条是关于公司名称及名称权的规定，是新增条款。

如同自然人有自己的姓名一样，公司成立也应当有自己的名称，公司名称是公司成立的必要条件。公司名称由申请设立公司的发起人依法自主申报并经登记机关核准，公司以其名称在民商事活动和交易中区别于其他民事主体。公司的名称是公司独立法人人格的体现之一，公司的持续经营所带来的商誉承载于公司名称，公司名称是工业产权的保护对象。[1]

对于公司法人来讲，公司名称权是公司的人格权，公司名称权是一种财产权并可以依法转让，也可以许可他人使用，公司名称权也是工业产权，受反不正当竞争法的保护。

公司名称应符合国家有关规定，公司只能登记一个名称，经登记的市场主体名称受法律保护。公司名称具有一定的排他性，但是排他性限于同一登记机关管辖范围内、同行业的企业不能有相同或类似的名称。因此，不同登记机关的辖区内，同行业的公司具有相同的名称或类似的名称是难以受制约的。

公司名称由行政区划名称、字号、行业或者经营特点、组织形式组成，字号是公司名称中的核心要素。名称构成一般为："行政区域+字号+行业特点+组织形式"。

## 【相关规范】

● *法律*

1.《中华人民共和国民法典》（2020年5月28日）

**第五十八条** 法人应当依法成立。

法人应当有自己的名称、组织机构、住所、财产或者经费。法人成立的具体条件和程序，依照法律、行政法规的规定。

设立法人，法律、行政法规规定须经有关机关批准的，依照其规定。

**第一千零一十三条** 法人、非法人组织享有名称权，有权依法决定、使用、变更、转让或者许可他人使用自己的名称。

**第一千零一十四条** 任何组织或者个人不得以干涉、盗用、假冒等方

---

[1] 赵旭东主编：《公司法学》，高等教育出版社2015年版，第101页。

式侵害他人的姓名权或者名称权。

**第一千零一十六条** 自然人决定、变更姓名，或者法人、非法人组织决定、变更、转让名称的，应当依法向有关机关办理登记手续，但是法律另有规定的除外。

民事主体变更姓名、名称的，变更前实施的民事法律行为对其具有法律约束力。

● **行政法规及文件**

**2.《中华人民共和国市场主体登记管理条例》（2021年7月27日）**

**第十条** 市场主体只能登记一个名称，经登记的市场主体名称受法律保护。

市场主体名称由申请人依法自主申报。

**3.《企业名称登记管理规定》（2020年12月28日）**

**第六条** 企业名称由行政区划名称、字号、行业或者经营特点、组织形式组成。跨省、自治区、直辖市经营的企业，其名称可以不含行政区划名称；跨行业综合经营的企业，其名称可以不含行业或者经营特点。

**第十七条** 在同一企业登记机关，申请人拟定的企业名称中的字号不得与下列同行业或者不使用行业、经营特点表述的企业名称中的字号相同：

（一）已经登记或者在保留期内的企业名称，有投资关系的除外；

（二）已经注销或者变更登记未满1年的原企业名称，有投资关系或者受让企业名称的除外；

（三）被撤销设立登记或者被撤销变更登记未满1年的原企业名称，有投资关系的除外。

**第二十二条** 利用企业名称实施不正当竞争等行为的，依照有关法律、行政法规的规定处理。

**第二十三条** 使用企业名称应当遵守法律法规，诚实守信，不得损害他人合法权益。

人民法院或者企业登记机关依法认定企业名称应当停止使用的，企业应当自收到人民法院生效的法律文书或者企业登记机关的处理决定之日起30日内办理企业名称变更登记。名称变更前，由企业登记机关以统一社会信用代码代替其名称。企业逾期未办理变更登记的，企业登记机关将其列入经营异常名录；完成变更登记后，企业登记机关将其移出经营异常名录。

第二十四条　申请人登记或者使用企业名称违反本规定的，依照企业登记相关法律、行政法规的规定予以处罚。

企业登记机关对不符合本规定的企业名称予以登记，或者对符合本规定的企业名称不予登记的，对直接负责的主管人员和其他直接责任人员，依法给予行政处分。

> 第七条　【公司名称】依照本法设立的有限责任公司，应当在公司名称中标明有限责任公司或者有限公司字样。
> 
> 依照本法设立的股份有限公司，应当在公司名称中标明股份有限公司或者股份公司字样。

## 【理解与适用】

本条是关于公司名称的规定，公司应当在名称中注明公司的类型，本次修改内容无实质变化。

依照本法设立公司，应当注明公司类型，设立有限责任公司的，应当在公司名称构成中的组织形式部分标明有限责任公司或有限公司字样；设立股份有限公司的，应当在公司名称构成中的组织形式部分中标明股份有限公司或股份公司字样。

## 【相关规范】

● 法律

1.《中华人民共和国民法典》（2020年5月28日）

第五十八条　法人应当依法成立。

法人应当有自己的名称、组织机构、住所、财产或者经费。法人成立的具体条件和程序，依照法律、行政法规的规定。

设立法人，法律、行政法规规定须经有关机关批准的，依照其规定。

2.《中华人民共和国反不正当竞争法》（2019年4月23日）

第六条　经营者不得实施下列混淆行为，引人误认为是他人商品或者与他人存在特定联系：

（一）擅自使用与他人有一定影响的商品名称、包装、装潢等相同或者近似的标识；

（二）擅自使用他人有一定影响的企业名称（包括简称、字号等）、社会组织名称（包括简称等）、姓名（包括笔名、艺名、译名等）；

（三）擅自使用他人有一定影响的域名主体部分、网站名称、网页等；

（四）其他足以引人误认为是他人商品或者与他人存在特定联系的混淆行为。

**第十七条** 经营者违反本法规定，给他人造成损害的，应当依法承担民事责任。

经营者的合法权益受到不正当竞争行为损害的，可以向人民法院提起诉讼。

因不正当竞争行为受到损害的经营者的赔偿数额，按照其因被侵权所受到的实际损失确定；实际损失难以计算的，按照侵权人因侵权所获得的利益确定。经营者恶意实施侵犯商业秘密行为，情节严重的，可以在按照上述方法确定数额的一倍以上五倍以下确定赔偿数额。赔偿数额还应当包括经营者为制止侵权行为所支付的合理开支。

经营者违反本法第六条、第九条规定，权利人因被侵权所受到的实际损失、侵权人因侵权所获得的利益难以确定的，由人民法院根据侵权行为的情节判决给予权利人五百万元以下的赔偿。

**第十八条** 经营者违反本法第六条规定实施混淆行为的，由监督检查部门责令停止违法行为，没收违法商品。违法经营额五万元以上的，可以并处违法经营额五倍以下的罚款；没有违法经营额或者违法经营额不足五万元的，可以并处二十五万元以下的罚款。情节严重的，吊销营业执照。

经营者登记的企业名称违反本法第六条规定的，应当及时办理名称变更登记；名称变更前，由原企业登记机关以统一社会信用代码代替其名称。

● *部门规章及文件*

3.《企业名称登记管理规定》（2020 年 12 月 28 日）

**第十条** 企业应当根据其组织结构或者责任形式，依法在企业名称中标明组织形式。

> **第八条 【公司住所】公司以其主要办事机构所在地为住所。**

## 【理解与适用】

本条是关于公司住所的规定，内容无修改。

住所不等同于公司的登记注册地，作为住所的主要办事机构所在地可以在登记注册地之外。法律对住所的要求主要是为了能够和方便联系公司。住所是公司设立的必要条件之一，也是公司章程的必要事项，住所应当向登记机关登记，每个公司只能有一个住所。

公司住所是诉讼管辖法院和诉讼文件送达地的依据，在行政管理中是确定市场监管机关、税务机关管辖的依据。此外，住所也是合同履行地确定的标准之一，民法典第五百一十一条规定，履行地点不明确，给付货币的，在接受货币一方所在地履行；交付不动产的，在不动产所在地履行；其他标的，在履行义务一方所在地履行。公司发生涉外交易的，住所是确定准据法的依据之一。

关于确定住所的主要办事机构所在地有两种理解，分别是管理中心所在地和主要经营场所所在地，二者可能一致，也可能分离不在同一地方。例如，公司的总部在南京，但是主要经营场所在南昌。从《中华人民共和国市场主体登记管理条例实施细则》第二十五条中："（三）住所（主要经营场所、经营场所）相关文件"的规定来看，我国是以"主要经营场所、经营场所"来确定住所。

根据《中华人民共和国市场主体登记管理条例》第十一条规定，自然人经营者在电子商务平台内进行线上经营的，可以根据国家有关规定，将电子商务平台提供的网络经营场所作为经营场所。省、自治区、直辖市人民政府可以根据有关法律、行政法规的规定和本地区实际情况，自行或者授权下级人民政府对住所或者主要经营场所作出更加便利市场主体从事经营活动的具体规定。

## 【相关规范】

### ● 法律

**1.《中华人民共和国民法典》（2020 年 5 月 28 日）**

第六十三条　法人以其主要办事机构所在地为住所。依法需要办理法人登记的，应当将主要办事机构所在地登记为住所。

### ● 行政法规及文件

**2.《中华人民共和国市场主体登记管理条例》（2021 年 7 月 27 日）**

第十一条　市场主体只能登记一个住所或者主要经营场所。

电子商务平台内的自然人经营者可以根据国家有关规定，将电子商务平台提供的网络经营场所作为经营场所。

省、自治区、直辖市人民政府可以根据有关法律、行政法规的规定和本地区实际情况，自行或者授权下级人民政府对住所或者主要经营场所作出更加便利市场主体从事经营活动的具体规定。

## 【案例指引】

**杨某、华某保险公司股权转让纠纷案**[①]

**裁判要旨**：本案中，被上诉人提交了其在北京市海淀区用于办公的房产权属证明等证据，一审法院据此认定被上诉人的主要办事机构所在地在北京海淀区，具有事实依据。《中华人民共和国公司登记管理条例》第一条规定，为了确认公司的企业法人资格，规范公司登记行为，依据《中华人民共和国公司法》，制定本条例。可见该行政法规系针对规范和管理公司登记行为的需要所制定，民事诉讼中确定管辖法院时，应当依据《最高人民法院关于适用〈中华人民共和国民事诉讼法〉的解释》第三条来确定公司住所地。即当公司的主要办事机构所在地、注册地或者登记地出现不一致时，只有在公司的主要办事机构所在地不能确定的情况下，才以其的注册地或者登记地为住所地。因现有证据能够认定被上诉人的主要办事机构所在地为北京市海淀区，上诉人提出按照《中华人民共和国公司登记管

---

① （2019）最高法民辖终 212 号，载中国裁判文书网，https://wenshu.court.gov.cn/website/wenshu/181107ANFZ0BXSK4/index.html?docId=BhS21xK8lCVdgEqE5s4pVlJQuBUK2Ri0e2BHdIAmgqdCL/rHmZapapO3qNaLMqsJrcZMNQgllnlu1qmLvdjHTK0rhC0s tvihq69RIA1/sEBPtlrJDGXsLqzAnYJYpGot，最后访问日期：2023 年 12 月 25 日。

理条例》第十二条的规定以被上诉人登记住所地作为其唯一合法住所地的主张，缺乏事实及法律依据。

> **第九条 【公司的经营范围】** 公司的经营范围由公司章程规定。公司可以修改公司章程，变更经营范围。
> 　　公司的经营范围中属于法律、行政法规规定须经批准的项目，应当依法经过批准。

**【理解与适用】**

本条是关于公司经营范围的规定，内容无实质修改。

公司经营范围也称为公司目的条款。公司的经营范围是章程绝对必要的记载事项，公司设立时必须登记和公示经营范围。登记机关有经营项目的分类列表，公司应当根据登记机关公布的分类列表进行选择并办理登记范围登记。公司需要变更经营范围的，应当修改公司章程变更经营范围。由于经营范围是公司营业执照的记载事项，因此变更经营范围需要换发营业执照。

公司超越登记的经营范围订立的合同是否有效？民法典五百零五条规定："……不得仅以超越经营范围确认合同无效。"至于合同效力具体如何，应根据法律行为效力和合同效力的规定进行具体判断。例如，公司章程规定的经营范围是从事汽车零配件生产，假设某公司对外签订了农业机械业务的合同，则这一合同一般并不会因为超越经营范围而无效，只要符合合同成立、有效的法定条件，并且不违反法律的强制性规定，则该合同即有效。

尽管超越经营范围订立的合同在私法上不再一律认定为无效，但是公司的董事、高级管理人员从事超越经营范围的越权行为导致了公司亏损，则应对此承担责任。经营范围是公司章程记载事项，超越经营范围订立合同，属于违反公司章程，本法第一百八十八条规定，董事、监事和高级管理人员执行职务违反法律、行政法规或公司章程给公司造成损失的，应当承担赔偿责任。公司对此不起诉的，公司的股东可以根据本法第一百八十九条提起股东代表诉讼。

公司超越经营范围从事的交易属于法律、行政法规规定必须经批准的项目，未经批准从事交易，则应根据相关法律、行政法规的规定接受行政处罚。

**【相关规范】**

● *法律*

1.《中华人民共和国民法典》（2020年5月28日）

第五百零五条　当事人超越经营范围订立的合同的效力，应当依照本法第一编第六章第三节和本编的有关规定确定，不得仅以超越经营范围确认合同无效。

● *行政法规及文件*

2.《中华人民共和国市场主体登记管理条例》（2021年7月27日）

第十四条　市场主体的经营范围包括一般经营项目和许可经营项目。经营范围中属于在登记前依法须经批准的许可经营项目，市场主体应当在申请登记时提交有关批准文件。

市场主体应当按照登记机关公布的经营项目分类标准办理经营范围登记。

第二十六条　市场主体变更经营范围，属于依法须经批准的项目的，应当自批准之日起30日内申请变更登记。许可证或者批准文件被吊销、撤销或者有效期届满的，应当自许可证或者批准文件被吊销、撤销或者有效期届满之日起30日内向登记机关申请变更登记或者办理注销登记。

第四十六条　市场主体未依照本条例办理变更登记的，由登记机关责令改正；拒不改正的，处1万元以上10万元以下的罚款；情节严重的，吊销营业执照。

● *部门规章及文件*

3.《中华人民共和国市场主体登记管理条例实施细则》（2022年3月1日）

第二十二条　法律、行政法规或者国务院决定规定市场主体申请登记、备案事项前需要审批的，在办理登记、备案时，应当在有效期内提交有关批准文件或者许可证书。有关批准文件或者许可证书未规定有效期限，自批准之日起超过90日的，申请人应当报审批机关确认其效力或者另行报批。

市场主体设立后，前款规定批准文件或者许可证书内容有变化、被吊销、撤销或者有效期届满的,应当自批准文件、许可证书重新批准之日或者被吊销、撤销、有效期届满之日起30日内申请办理变更登记或者注销登记。

> **第十条 【法定代表人】**公司的法定代表人按照公司章程的规定,由代表公司执行公司事务的董事或者经理担任。
> 担任法定代表人的董事或者经理辞任的,视为同时辞去法定代表人。
> 法定代表人辞任的,公司应当在法定代表人辞任之日起三十日内确定新的法定代表人。

**【理解与适用】**

本条是关于法定代表人的规定。

根据民法典第六十一条的规定,代表公司法人从事民事活动的负责人为公司法人的法定代表人。这是民法典对公司法人的法定代表人的概念描述。公司是法人,其对外交易、订立合同,需要将公司的意思对外表示,但是公司不是自然人,不能像自然人那样表达意思,因此公司需要通过公司机关来对外表示公司的意思,这一公司机关就是法定代表人。

根据本条第一款规定,法定代表人的确定有三点:第一,对于法定代表人,法律授权公司章程确定;第二,法定代表人的选择范围是公司的董事或经理;第三,公司应当在执行公司事务的董事或经理中确定法定代表人,而不能选任非执行公司事务的董事或经理为法定代表人,这一规定有助于杜绝现实中的挂名法定代表人。因此,董事或经理并不一定是公司的股东,公司股东以外的人也可以担任法定代表人。

公司的法定代表人应注意下列事项:其一,法定代表人是章程绝对必要记载事项,也是公司登记的必要事项。其二,法定代表人应当是自然人,而不能是法人或其他组织,否则无法对外进行意思表示。其三,公司的法定代表人根据公司章程来产生,应由代表公司执行公司事务的董事或经理担任。其四,法定代表人对外代表公司订立合同、参加诉讼和仲裁等。当事人订立合同，根据民法典第四百九十条的规定，需要在合同上的签字、盖章。法定代表人在书面合同上的签字、盖章推定为公司的意思表示，除非有相反的证据。

本条第二款和第三款规定了法定代表人的辞任，需要注意的是，根据公司法规定，法定代表人是公司登记的必要事项，但不是公司章程的法定必要记载事项。

根据本条第二款的规定，主动辞去董事或经理职务的，则视为同时辞去法定代表人。不过，辞去董事或经理，仍然要遵守公司法和公司章程规定的关于董事、经理辞任的程序，根据本法第七十条和第一百二十条的规定，有限责任公司或股份有限公司董事辞任的，应当以书面形式通知公司，公司收到通知之日生效。从体系解释来看，担任法定代表人的董事，董事的辞任和法定代表人的辞任同时生效。董事或经理是担任法定代表人的法定资格和前提，辞去董事或经理，自然意味着不再具有法定代表人的身份。如对本款进行反面解释，担任董事或经理的法定代表人，可以只辞去法定代表人的职务，仍然保留董事或经理的职务。

根据第三款规定，法定代表人辞任的，公司应当在法定代表人辞任之日起三十日内确定新的法定代表人。公司变更法定代表人，根据本法第三十五条第三款的规定，登记申请书由变更后的法定代表人签署，而非由原法定代表人签署。法定代表人是需要向登记机关登记的法定必要记载事项，根据本法第二百六十条第二款的规定，法定代表人发生变更时，未依照本法规定及时办理有关变更登记的，则公司登记机关责令限期登记；逾期不登记的，处以一万元以上十万元以下的罚款。

## 【相关规范】

● **法律**

1. 《中华人民共和国民法典》（2020年5月28日）

**第六十一条** 依照法律或者法人章程的规定，代表法人从事民事活动的负责人，为法人的法定代表人。

法定代表人以法人名义从事的民事活动，其法律后果由法人承受。

法人章程或者法人权力机构对法定代表人代表权的限制，不得对抗善意相对人。

**第四百九十条** 当事人采用合同书形式订立合同的，自当事人均签名、盖章或者按指印时合同成立。在签名、盖章或者按指印之前，当事人一方已经履行主要义务，对方接受时，该合同成立。

法律、行政法规规定或者当事人约定合同应当采用书面形式订立，当事人未采用书面形式但是一方已经履行主要义务，对方接受时，该合同成立。

● 司法解释及文件

2.《最高人民法院关于适用〈中华人民共和国民法典〉合同编通则若干问题的解释》（2023年12月4日）

第二十二条 法定代表人、负责人或者工作人员以法人、非法人组织的名义订立合同且未超越权限，法人、非法人组织仅以合同加盖的印章不是备案印章或者系伪造的印章为由主张该合同对其不发生效力的，人民法院不予支持。

合同系以法人、非法人组织的名义订立，但是仅有法定代表人、负责人或者工作人员签名或者按指印而未加盖法人、非法人组织的印章，相对人能够证明法定代表人、负责人或者工作人员在订立合同时未超越权限的，人民法院应当认定合同对法人、非法人组织发生效力。但是，当事人约定以加盖印章作为合同成立条件的除外。

合同仅加盖法人、非法人组织的印章而无人员签名或者按指印，相对人能够证明合同系法定代表人、负责人或者工作人员在其权限范围内订立的，人民法院应当认定该合同对法人、非法人组织发生效力。

在前三款规定的情形下，法定代表人、负责人或者工作人员在订立合同时虽然超越代表或者代理权限，但是依据民法典第五百零四条的规定构成表见代表，或者依据民法典第一百七十二条的规定构成表见代理的，人民法院应当认定合同对法人、非法人组织发生效力。

## 【案例指引】

**潘某某诉成都某公司请求变更公司登记纠纷案**[①]

**裁判要旨**：选任和更换法定代表人原则上属于公司自治范畴，依法应由公司依照法律及章程规定程序进行任免。但当法定代表人与公司之间产生冲突无法通过自治机制解决，或穷尽内部救济程序仍无法解决时，司法应当介入。原告与被告已缺乏实质关联，法定代表人的第二届任期已经届

---

① 《成渝两地中院联合发布十大商事典型案例》，载微信公众号"成都市中级法院"，https://mp.weixin.qq.com/s/ivBqC2DIzpt76o3YJtRfIg，最后访问日期：2023年12月28日。

满,在原告已经离职且多次向被告表示不愿继续担任法定代表人的情况下,深圳某公司作为被告唯一的法人股东,仍然怠于履行选任新法定代表人的义务,亦未到庭说明是否存在变更法定代表人的其他障碍。故,被告应当至登记机关办理法定代表人、执行董事、总经理的变更登记,涤除原告在被告的法定代表人、执行董事、总经理职务。

> **第十一条 【法定代表人行为的法律后果】** 法定代表人以公司名义从事的民事活动,其法律后果由公司承受。
>
> 公司章程或者股东会对法定代表人职权的限制,不得对抗善意相对人。
>
> 法定代表人因执行职务造成他人损害的,由公司承担民事责任。公司承担民事责任后,依照法律或者公司章程的规定,可以向有过错的法定代表人追偿。

**【理解与适用】**

本条是关于法定代表人职务行为的法律后果、越权行为的效力以及法定代表人职务行为侵权法律后果的规定,是新增条文。

法定代表人是公司代表机关,其以公司的名义从事的民事活动,代表机关的意思被认为就是公司本身的行为,法律后果由公司来承受,这可以体现出民法典和公司法对法人采取法人实在说,而非法人拟制说。

法定代表人制度非常重要,这一制度是允许公司与第三人订立合同的纽带,公司需要不断的交易,这需要通过法定代表人代表公司去订立交易合同。

法定代表人的代表权,本质上是一种代理权,但是和一般民事代理权不同,其之所以能代理,不是来源于公司的具体授权,而是来自法律规定,并且其代理的范围也是法定的,或者也可以认为是固有的,只要其一旦成为公司法定代表人就自动获得法定的授权。

我国公司法定代表人模式采取一元化的法定代表制,即法定代表人只能是一个人来对外代表公司,而不能是多元化的法定代表制,即不能几个人均有权对外代表公司。不过在特殊情形下,章程规定的法定代表人以外的人，也可以代表公司，其法律后果由公司承受。例如，本法第一百八十九条第一款规定：董事、高级管理人员有前条规定的情形的，有限责任公司的股东、股份有限公司连续一百八十日以上单独或者合计持有公司百分之一以上股份的股东，可以书面请求监事会向人民法院提起诉讼；监事有前条规定的情形的，前述股东可以书面请求董事会向人民法院提起诉讼。又如，解散清算期间，清算组代表公司参与民事诉讼活动；破产清算期间，管理人代表公司参加诉讼、仲裁或者其他法律程序。

法定代表人作为公司机关，代表公司作意思表示的权力是不是与公司自身的权力范围一样大，有没有范围上的限制？应该说是有限制的，法定代表人作为公司机关，其权力范围要小于公司的权力范围。公司法明文规定属于股东会的职权，法定代表人是不能行使的。除非得到股东会的授权，否则其不能对外代表公司。股东会没有授权，即使其对外进行了意思表示，也不能约束公司。也就是说，交易第三人不得以此向公司主张权利。比如说，法定代表人与第三人签订合同，以一笔巨款为对价将公司的主要资产，包括机器设备、土地使用权等一并出售。显然，不经董事会和股东会的决议通过，法定代表人没有这样的权力，第三人应当知道。[①] 至于法定代表人可以对外代表公司的事项，公司内部章程和股东会决议可以对法定代表人职权限制，但这一般不能对抗善意第三人，第三人并无审查了解公司章程和股东会决议的义务。

本条第三款规定，法定代表人执行职务造成他人损害的，由公司承担侵权的民事责任。注意，不是法定代表人对他人承担民事责任，也不是法定代表人与公司对他人的损害承担连带责任，而是由公司来替代承担民事责任。法定代表人对造成他人的损害有过错的，公司先行承担民事责任后，可依照法律或公司章程规定向法定代表人追偿。受侵害的第三人在起诉时可以将公司列为被告，但是不能将执行职务的法定代表人列为被告，因为法定代表人并不与公司承担连带责任。需要注意的是，本款内容与本法第一百九十一条的关系。本法第一百九十一条规定："董事、高级管理人员执行职务，造成他人损害的，公司应当承担责任；董事、高级管理人员存在故意或重大过失的，也应当承担赔偿责

---

① 参见朱锦清：《公司法学（修订本）》，法律出版社2019年版，第250页。

任。"从体系解释来看，本款的内容是公司法总则的内容，第一百九十一条是公司法分则的内容，前者是一般规则，后者是特别规则。但是从本款规定的内容与第一百九十一条规定的内容来看，反而第一百九十一条是一般规则，本款是特别规则，因为法定代表人是从董事或经理当中选任的，从范畴来讲，法定代表人是董事、经理的一个子集。

**【相关规范】**

● **法律**

《中华人民共和国民法典》（2020年5月28日）

第十一条 其他法律对民事关系有特别规定的，依照其规定。

---

第十二条 **【公司形式变更】**有限责任公司变更为股份有限公司，应当符合本法规定的股份有限公司的条件。股份有限公司变更为有限责任公司，应当符合本法规定的有限责任公司的条件。

有限责任公司变更为股份有限公司的，或者股份有限公司变更为有限责任公司的，公司变更前的债权、债务由变更后的公司承继。

---

**【理解与适用】**

本条是关于公司形式变更和债权债务承继的规定，内容无修改。

该条规定的是公司组织形式变更，即在公司人格继续存续的情形下，有限责任公司变更为股份有限公司的组织形式，或者股份有限公司变更为有限责任公司的组织形式，组织形式变更应当符合变更后组织形式的法定条件。

有限责任公司变更为股份有限公司的，或者股份有限公司变更为有限责任公司的，只是组织形式发生变更，公司的人格并未变化，公司的组织机构代码证（相当于法人的"身份证号码"）未发生变化，变更前后仍然是同一人格，同一组织机构代码证，因此，公司变更前的债权、债务由变更后的公司承继。公司组织形式变更应当办理变更登记，未进行登记的，不得对抗善意第三人。

## 【相关规范】

● *法律*

《中华人民共和国公司法》（2023年12月29日）

第一百零八条　有限责任公司变更为股份有限公司时，折合的实收股本总额不得高于公司净资产额。有限责任公司变更为股份有限公司，为增加注册资本公开发行股份时，应当依法办理。

第二百五十九条　未依法登记为有限责任公司或者股份有限公司，而冒用有限责任公司或者股份有限公司名义的，或者未依法登记为有限责任公司或者股份有限公司的分公司，而冒用有限责任公司或者股份有限公司的分公司名义的，由公司登记机关责令改正或者予以取缔，可以并处十万元以下的罚款。

## 【案例指引】

**郭某、李某合同纠纷案**[①]

裁判要旨：虽然被告签订的案涉保证合同第1.1条均约定，被告担保的主债权为原告对福某有限公司的债权。但是，公司名称、公司形式、股东构成以及公司注册资本的变化并不构成公司主体变更。依据公司法的相关规定，福某有限公司的全部债务由变更后的福某股份公司当然承继，系债权债务法定承继，故原告作为担保人，仍需对形式变更后的福某股份公司的债务继续承担担保责任。

---

> **第十三条　【子公司与分公司】** 公司可以设立子公司。子公司具有法人资格，依法独立承担民事责任。
>
> 公司可以设立分公司。分公司不具有法人资格，其民事责任由公司承担。

---

[①] （2019）最高法民终780号，载中国裁判文书网，https://wenshu.court.gov.cn/website/wenshu/181107ANFZ0BXSK4/index.html? docId=aLS1qTqiUO37i/FdM0tbcoHv0C8u6uoEBDZCSBer5P+bYSBMGrKm/pO3qNaLMqsJrcZMNQgllnlz3u2Um9bzBxk+NsDQxx8ptvo66i4288Owauo8XofX/tR8nNqf9rfL，最后访问日期：2023年12月25日。

**【理解与适用】**

本条是关于子公司与分公司法律地位与责任承担的规定，无实质修改。

母公司与子公司是两个互相对应的概念。母公司，是指拥有另一公司一定比例以上的股份，或通过协议方式，能够对另一公司的经营实行实际控制的公司。母公司是子公司的股东，对子公司有控制权。母公司的认定关键是控制权，即是否具有对子公司的各种重大决策有控制的权力，实践中最关键的权力是选举或者任命子公司董事会的多数成员。我国公司法已经规定了差异表决权股，一个公司持有另一公司多数股权/股份的并不一定就是母公司，举例来讲，B 公司尽管持有 A 股份有限公司的多数股份（70%），但是其持有的是低投票权股，其表决权未达到 50%，而 C 公司持有 A 公司的股份尽管只有 15%，但是表决权超过 50%，则 C 公司是 A 公司的母公司，而 B 公司不是 A 公司的母公司。可见，一个公司持有另一公司多数股份并不一定就是母公司，要成为母公司其必须持有的股份使其足以控制另一公司。母公司如果持有子公司 100%的股权/股份，那么后者是前者的全资子公司，后者也是一人公司，应当遵守一人公司的规定。母公司与子公司各自是独立的法人，各自独立地承担民事责任。如母公司滥用股东权利，过度控制子公司而导致子公司人格被否认的，则母公司对子公司债务承担连带责任，不受股东有限责任的保护。

公司为了开展业务的需要可以设立分公司，分公司是总公司组成的一部分，在业务、人事、资金等方面受总公司管辖。分公司不具有独立的法人资格，不是独立的民事法律主体，不具有独立的法人财产权，民事责任由总公司承担。分公司虽然不具有实体法上独立的法人资格，但是依法设立并领取营业执照的分公司具有诉讼法意义上的当事人资格，可以分公司的名义作为原告或被告参加诉讼或者仲裁。非依法设立的分公司，或者虽然依法设立，但是未领取营业执照的分公司，仍应当以设立该分公司的总公司为诉讼当事人。

## 【相关规范】

● *法律*

1. 《中华人民共和国民法典》（2020 年 5 月 28 日）

第七十四条　法人可以依法设立分支机构。法律、行政法规规定分支机构应当登记的，依照其规定。

分支机构以自己的名义从事民事活动，产生的民事责任由法人承担；也可以先以该分支机构管理的财产承担，不足以承担的，由法人承担。

● *行政法规及文件*

2. 《中华人民共和国市场主体登记管理条例》（2021 年 7 月 27 日）

第二十三条　市场主体设立分支机构，应当向分支机构所在地的登记机关申请登记。

## 【案例指引】

**李某某与孟某某、某建筑工程有限公司等案外人执行异议之诉案**[①]

裁判要旨：分公司的财产即为公司财产，分公司的民事责任由公司承担，这是《中华人民共和国公司法》确立的基本规则。以分公司名义依法注册登记的，即应受到该规则调整。至于分公司与公司之间有关权利义务及责任划分的内部约定，因不足以对抗其依法注册登记的公示效力，进而不足以对抗第三人。

> **第十四条　【转投资】**公司可以向其他企业投资。
> 法律规定公司不得成为对所投资企业的债务承担连带责任的出资人的，从其规定。

## 【理解与适用】

本条是关于公司转投资及限制的规定。

本条第一款规定了公司有转投资的权利能力。公司可以向其他企

---

[①] 参见《最高人民法院公报》2017 年第 2 期。

投资，但是应当受内部决策程序限制，对外投资不是由董事长、法定代表人或经理可以自己直接决定的，而是应当根据公司法第十五条规定的决策程序来决定。公司转投资有单向投资，也有双向投资——被投资的目标公司也向投资公司进行投资，这会形成公司之间的交叉持股。有学者认为，公司转投资行为利弊兼存。转投资的有利之处在于：除了自身生产经营获利之外，也可以从所投资的企业那里获利，增加公司的利润来源；转投资形成母子公司，可以组建公司集团，形成规模效应和不同公司之间生产经营资源的协同效应；转投资有助于实现资本效率的最大化利用。转投资的不利之处在于：对公司股东来讲，投资的资本形成公司的资产，转投资于其他公司，可能增加风险；尽管转投资于其他公司形成的股权也具有财产价值，但是相对于直接投资公司的有形资产来讲，变现能力减弱，公司的实际偿债能力降低，这样将增加股东直接投资公司的债权人实现债权的风险。[①] 公司层层转投资会导致母子公司资本重复计算、资本虚增，形成金字塔持股结构，放大实际控制力，最终可以较少的资本控制更多的公司和资产，在子公司、孙子公司中形成少数持股控制的结构，一方面增加了公司控制和治理结构的不透明性，另一方面少数持股控制结构增加了子公司和孙子公司中的代理成本。另外，相互投资导致的交叉持股为公司治理和监管带来了诸多障碍。因此，法律和监管部门对公司转投资行为应当进行必要的规制，以实现兴利除弊。

第二款是法律对公司转投资的反面限制。从文义解释来看，公司不得成为对所投资企业的债务承担连带责任的出资人，这个禁止性的要求是一个例外规定，而不是原则规定。只要法律没有这一例外的明确禁止，原则上公司可以成为对所投资企业的债务承担连带责任的出资人。《中华人民共和国合伙企业法》第三条规定："国有独资公司、国有企业、上市公司以及公益性的事业单位、社会团体不得成为普通合伙人。"结合《中华人民共和国合伙企业法》第三条和该条第二款，则国有独资公司、国有企业、上市公司以外的公司，可以成为对所投资企业的债务承担连带责任的出资人，可以成为合伙企业的普通合伙人。

---

① 参见李建伟：《公司法学》，中国人民大学出版社2023年版，第88页。

【相关规范】

● 法律

《中华人民共和国合伙企业法》（2006年8月27日）

第三条 国有独资公司、国有企业、上市公司以及公益性的事业单位、社会团体不得成为普通合伙人。

> 第十五条 【公司担保】公司向其他企业投资或者为他人提供担保，按照公司章程的规定，由董事会或者股东会决议；公司章程对投资或者担保的总额及单项投资或者担保的数额有限额规定的，不得超过规定的限额。
>
> 公司为公司股东或者实际控制人提供担保的，应当经股东会决议。
>
> 前款规定的股东或者受前款规定的实际控制人支配的股东，不得参加前款规定事项的表决。该项表决由出席会议的其他股东所持表决权的过半数通过。

【理解与适用】

本条是关于公司对外投资和担保的规定，内容无实质变化。

公司对外投资不是公司章程必要记载事项，如果章程没有规定，公司能否对外投资？其一，从文义解释来看，本条的文义上并没有说公司章程没有规定则禁止公司向其他企业投资，即使公司章程没有规定公司可以向其他企业投资，公司仍然可以向其他企业投资；其二，从体系解释来看，公司法第十四条规定，公司可以向其他企业投资。法律规定公司不得成为对所投资企业的债务承担连带责任的出资人的，从其规定。只要不违反这一规定，公司可以向其他企业投资。其三，对外投资的决策权限在股东会或董事会，董事长或法定代表人无权自己单方面决定。无论公司章程有无规定，公司都可以向其他企业投资，公司在向其他企业投资时，都应当由股东会或董事会作出决议。其四，公司章程如果对投资的总额及单项投资的数额有限额规定的，则不得超过规定的限额，不过，这一内部章程限制不能对抗外部善意第三人。

公司对外担保不是公司章程必要记载事项，如果公司章程没有规定，公司能否担保？从文义解释来看，即使章程没有规定，本条也并未禁止公司为他人提供担保。从体系解释来看，对其他企业投资章程没有规定，公司仍然可以向其他企业投资，与对其他企业投资同规定于第一款的对外担保，公司章程没有规定的，应当也可以对外担保。从商业实践来看，公司对外担保是普通的商业决策，公司经营中经常相互需要这样为对方提供担保的行为。公司法的本意不是限制公司对外担保的行为，而是要严格公司对外担保的程序，公司章程有规定当然可以对外担保，公司章程没有规定也可以对外担保，不过无论如何都应当遵守公司对外担保的公司内部程序，即必须由股东会或董事会决议，董事长或法定代表人、经理无权自己决定公司对外担保。最后，公司章程对担保的总额及单项担保的数额有限额规定的，不得超过规定的限额。

根据《最高人民法院关于适用〈中华人民共和国民法典〉有关担保制度的解释》第七条规定，公司的法定代表人违反公司法关于公司对外担保决议程序的规定，超越权限代表公司与相对人订立担保合同，人民法院应当依照民法典的第六十一条（越权代表）和第五百零四条（越权代表）等规定处理：（1）相对人善意的，担保合同对公司发生效力；相对人请求公司承担担保责任的，人民法院应予支持。（2）相对人非善意的，担保合同对公司不发生效力；相对人请求公司承担赔偿责任的，应当根据具体情形处理。法定代表人超越权限提供担保造成公司损失，公司请求法定代表人承担赔偿责任的，人民法院应予支持。公司没有提起诉讼，股东依据公司法规定的股东派生诉讼请求法定代表人承担赔偿责任的，人民法院依法予以支持。

善意，是指相对人在订立担保合同时不知道且不应当知道法定代表人超越权限。相对人有证据证明已对公司决议进行了合理审查，人民法院应当认定其构成善意，但是公司有证据证明相对人知道或者应当知道决议系伪造、变造的除外。[①]关于善意的证明，其一，相对人应通过进行合理审查来证明善意。相对人，也即债权人，有义务证明进行了合意

---

[①] 参见《最高人民法院关于适用〈中华人民共和国民法典〉有关担保制度的解释》第七条。

审查，以此来向法院证明自己构成善意。相对人之所以要审查，是因为公司对外担保，法律规定决定权限在股东会或董事会，不是由董事长或法定代表人自己决定，因此债权人有义务来审查担保合同订立所根据的公司内部的股东会或董事会决议。其二，相对人的审查义务是形式审查。债权人对公司机关决议内容的审查一般限于形式审查，只要求尽到必要的注意义务即可，标准不宜太过严苛。公司以机关决议系法定代表人伪造或者变造、决议程序违法、签章（名）不实、担保金额超过法定限额等事由抗辩债权人非善意的，人民法院一般不予支持。但是，公司有证据证明债权人明知决议系伪造或者变造的除外。① 其三，公司是上市公司的债权人的合理审查的证明责任。债权人根据上市公司公开披露的关于担保事项已经董事会或者股东会决议通过的信息订立的担保合同，人民法院应当认定有效。

例外情形下，公司对外担保无须股东会或董事会决议，债权人也无审查义务。即使债权人知道公司机关未对对外担保行为进行决议，公司对外订立的担保合同也有效。存在下列情形的，即便债权人知道或者应当知道没有公司机关决议，也应当认定担保合同符合公司的真实意思表示，合同有效：(1) 公司是以为他人提供担保为主营业务的担保公司，或者是开展保函业务的银行或者非银行金融机构；(2) 公司为其直接或者间接控制的公司开展经营活动向债权人提供担保；(3) 公司与主债务人之间存在相互担保等商业合作关系；(4) 担保合同系由单独或者共同持有公司三分之二以上有表决权的股东签字同意。②

关于债权人的审查义务，关联担保和非关联担保有所不同：(1) 关联担保债权人的审查义务。为公司股东或者实际控制人提供关联担保，公司法第十五条明确规定必须由股东会决议，未经股东会决议，构成越权代表。在此情况下，债权人主张担保合同有效，应当提供证据证明其在订立合同时对股东会决议进行了审查，决议的表决程序符合公司法第十五条的规定——在排除被担保股东表决权的情况下，该项表决由出席会议的其他股东所持表决权的过半数通过，签字人员也符合公司章程的规定。(2) 非关联担保债权人的审查义务。公司为公司股东或者实际控

---

① 参见《全国法院民商事审判工作会议纪要》第十九条。
② 参见《全国法院民商事审判工作会议纪要》第十八条。

制人以外的人提供非关联担保，根据公司法第十五条的规定，此时由公司章程规定是由董事会决议或股东会决议。无论章程是否对决议机关作出规定，也无论章程规定决议机关为董事会还是股东会，根据民法典第六十一条第三款关于"法人章程或者法人权力机构对法定代表人代表权的限制，不得对抗善意相对人"的规定，只要债权人能够证明其在订立担保合同时对董事会决议或者股东会决议进行了审查，同意决议的人数及签字人员符合公司章程的规定，就应当认定其构成善意，但公司能够证明债权人明知公司章程对决议机关有明确规定的除外。①

公司为股东提供担保的，必须由股东会表决，而不能由董事会表决，由股东会表决的，则关联股东或实际控制人应当回避表决。为关联股东提供担保的股东会决议，该项表决由出席会议的其他股东所持表决权的过半数通过。

## 【相关规范】

### ● 法律

**1.《中华人民共和国民法典》（2020年5月28日）**

**第六十一条** 依照法律或者法人章程的规定，代表法人从事民事活动的负责人，为法人的法定代表人。

法定代表人以法人名义从事的民事活动，其法律后果由法人承受。

法人章程或者法人权力机构对法定代表人代表权的限制，不得对抗善意相对人。

**第五百零四条** 法人的法定代表人或者非法人组织的负责人超越权限订立的合同，除相对人知道或者应当知道其超越权限外，该代表行为有效，订立的合同对法人或者非法人组织发生效力。

### ● 司法解释及文件

**2.《最高人民法院关于适用〈中华人民共和国民法典〉有关担保制度的解释》（2020年12月31日）**

**第七条** 公司的法定代表人违反公司法关于公司对外担保决议程序的规定，超越权限代表公司与相对人订立担保合同，人民法院应当依照民法典第六十一条和第五百零四条等规定处理：

---

① 参见《全国法院民商事审判工作会议纪要》第十八条。

（一）相对人善意的，担保合同对公司发生效力；相对人请求公司承担担保责任的，人民法院应予支持。

（二）相对人非善意的，担保合同对公司不发生效力；相对人请求公司承担赔偿责任的，参照适用本解释第十七条的有关规定。

法定代表人超越权限提供担保造成公司损失，公司请求法定代表人承担赔偿责任的，人民法院应予支持。

第一款所称善意，是指相对人在订立担保合同时不知道且不应当知道法定代表人超越权限。相对人有证据证明已对公司决议进行了合理审查，人民法院应当认定其构成善意，但是公司有证据证明相对人知道或者应当知道决议系伪造、变造的除外。

**第八条** 有下列情形之一，公司以其未依照公司法关于公司对外担保的规定作出决议为由主张不承担担保责任的，人民法院不予支持：

（一）金融机构开立保函或者担保公司提供担保；

（二）公司为其全资子公司开展经营活动提供担保；

（三）担保合同系由单独或者共同持有公司三分之二以上对担保事项有表决权的股东签字同意。

上市公司对外提供担保，不适用前款第二项、第三项的规定。

**第九条** 相对人根据上市公司公开披露的关于担保事项已经董事会或者股东大会决议通过的信息，与上市公司订立担保合同，相对人主张担保合同对上市公司发生效力，并由上市公司承担担保责任的，人民法院应予支持。

相对人未根据上市公司公开披露的关于担保事项已经董事会或者股东大会决议通过的信息，与上市公司订立担保合同，上市公司主张担保合同对其不发生效力，且不承担担保责任或者赔偿责任的，人民法院应予支持。

相对人与上市公司已公开披露的控股子公司订立的担保合同，或者相对人与股票在国务院批准的其他全国性证券交易场所交易的公司订立的担保合同，适用前两款规定。

**第十条** 一人有限责任公司为其股东提供担保，公司以违反公司法关于公司对外担保决议程序的规定为由主张不承担担保责任的，人民法院不予支持。公司因承担担保责任导致无法清偿其他债务，提供担保时的股东不能证明公司财产独立于自己的财产，其他债权人请求该股东承担连带责任的，人民法院应予支持。

**3.《全国法院民商事审判工作会议纪要》**（2019年11月8日）

**二、关于公司纠纷案件的审理**

……

（六）关于公司为他人提供担保

关于公司为他人提供担保的合同效力问题，审判实践中裁判尺度不统一，严重影响了司法公信力，有必要予以规范。对此，应当把握以下几点：

17.【违反《公司法》第16条构成越权代表】为防止法定代表人随意代表公司为他人提供担保给公司造成损失，损害中小股东利益，《公司法》第16条对法定代表人的代表权进行了限制。根据该条规定，担保行为不是法定代表人所能单独决定的事项，而必须以公司股东（大）会、董事会等公司机关的决议作为授权的基础和来源。法定代表人未经授权擅自为他人提供担保的，构成越权代表，人民法院应当根据《合同法》第50条关于法定代表人越权代表的规定，区分订立合同时债权人是否善意分别认定合同效力：债权人善意的，合同有效；反之，合同无效。

18.【善意的认定】前条所称的善意，是指债权人不知道或者不应当知道法定代表人超越权限订立担保合同。《公司法》第16条对关联担保和非关联担保的决议机关作出了区别规定，相应地，在善意的判断标准上也应当有所区别。一种情形是，为公司股东或者实际控制人提供关联担保，《公司法》第16条明确规定必须由股东（大）会决议，未经股东（大）会决议，构成越权代表。在此情况下，债权人主张担保合同有效，应当提供证据证明其在订立合同时对股东（大）会决议进行了审查，决议的表决程序符合《公司法》第16条的规定，即在排除被担保股东表决权的情况下，该项表决由出席会议的其他股东所持表决权的过半数通过，签字人员也符合公司章程的规定。另一种情形是，公司为公司股东或者实际控制人以外的人提供非关联担保，根据《公司法》第16条的规定，此时由公司章程规定是由董事会决议还是股东（大）会决议。无论章程是否对决议机关作出规定，也无论章程规定决议机关为董事会还是股东（大）会，根据《民法总则》第61条第3款关于"法人章程或者法人权力机构对法定代表人代表权的限制，不得对抗善意相对人"的规定，只要债权人能够证明其在订立担保合同时对董事会决议或者股东（大）会决议进行了审查，同意决议的人数及签字人员符合公司章程的规定，就应当认定其构成善意，但公司能够证明债权人明知公司章程对决议机关有明确规定的除外。

债权人对公司机关决议内容的审查一般限于形式审查，只要求尽到必要的注意义务即可，标准不宜太过严苛。公司以机关决议系法定代表人伪造或者变造、决议程序违法、签章（名）不实、担保金额超过法定限额等事由抗辩债权人非善意的，人民法院一般不予支持。但是，公司有证据证明债权人明知决议系伪造或者变造的除外。

19.【无须机关决议的例外情况】存在下列情形的，即便债权人知道或者应当知道没有公司机关决议，也应当认定担保合同符合公司的真实意思表示，合同有效：

（1）公司是以为他人提供担保为主营业务的担保公司，或者是开展保函业务的银行或者非银行金融机构；

（2）公司为其直接或者间接控制的公司开展经营活动向债权人提供担保；

（3）公司与主债务人之间存在相互担保等商业合作关系；

（4）担保合同系由单独或者共同持有公司三分之二以上有表决权的股东签字同意。

20.【越权担保的民事责任】依据前述3条规定，担保合同有效，债权人请求公司承担担保责任的，人民法院依法予以支持；担保合同无效，债权人请求公司承担担保责任的，人民法院不予支持，但可以按照担保法及有关司法解释关于担保无效的规定处理。公司举证证明债权人明知法定代表人超越权限或者机关决议系伪造或者变造，债权人请求公司承担合同无效后的民事责任的，人民法院不予支持。

21.【权利救济】法定代表人的越权担保行为给公司造成损失，公司请求法定代表人承担赔偿责任的，人民法院依法予以支持。公司没有提起诉讼，股东依据《公司法》第151条的规定请求法定代表人承担赔偿责任的，人民法院依法予以支持。

22.【上市公司为他人提供担保】债权人根据上市公司公开披露的关于担保事项已经董事会或者股东大会决议通过的信息订立的担保合同，人民法院应当认定有效。

23.【债务加入准用担保规则】法定代表人以公司名义与债务人约定加入债务并通知债权人或者向债权人表示愿意加入债务，该约定的效力问题，参照本纪要关于公司为他人提供担保的有关规则处理。

……

**【案例指引】**

某银行股份有限公司大连东港支行与某涂料股份有限公司、某集团有限公司借款合同纠纷案①

**裁判要旨：** 公司法第十六条第二款规定②，公司为公司股东或者实际控制人提供担保的，必须经股东会或者股东大会决议。该条款是关于公司内部控制管理的规定，不应以此作为评价合同效力的依据。担保人抗辩认为其法定代表人订立抵押合同的行为超越代表权，债权人以其对相关股东会决议履行了形式审查义务，主张担保人的法定代表人构成表见代表的，人民法院应予支持。

---

**第十六条　【公司劳动保护义务】** 公司应当保护职工的合法权益，依法与职工签订劳动合同，参加社会保险，加强劳动保护，实现安全生产。

公司应当采用多种形式，加强公司职工的职业教育和岗位培训，提高职工素质。

---

**【理解与适用】**

本条是关于公司劳动保护义务的规定，内容无实质修改。

本条在公司法上进一步明确了公司作为用人单位对职工的保障义务，主要有三个方面：（1）公司用工应依法与职工订立劳动合同。劳动合同是劳动者与用人单位确立劳动关系、明确双方权利义务的协议。（2）为职工缴纳社会保险是作为用人单位的公司的法定义务，其应当依法参加社会保险，为职工缴纳社会保险费。（3）公司应当加强安全生产，加强劳动保护，为劳动者提供安全、卫生的劳动条件，消除和预防生产经营过程中可能发生的伤亡、职业病和其他伤害劳动者的生产事故，保障劳动者能健康的参加生产经营活动。

---

① 参见《最高人民法院公报》2015年第2期。
② 对应现行公司法第十五条第二款。

**【相关规范】**

● *法律*

《中华人民共和国劳动法》（2018年12月29日）

第四条　用人单位应当依法建立和完善规章制度，保障劳动者享有劳动权利和履行劳动义务。

第五十二条　用人单位必须建立、健全劳动安全卫生制度，严格执行国家劳动安全卫生规程和标准，对劳动者进行劳动安全卫生教育，防止劳动过程中的事故，减少职业危害。

第五十八条　国家对女职工和未成年工实行特殊劳动保护。

未成年工是指年满十六周岁未满十八周岁的劳动者。

---

第十七条　【工会】公司职工依照《中华人民共和国工会法》组织工会，开展工会活动，维护职工合法权益。公司应当为本公司工会提供必要的活动条件。公司工会代表职工就职工的劳动报酬、工作时间、休息休假、劳动安全卫生和保险福利等事项依法与公司签订集体合同。

公司依照宪法和有关法律的规定，建立健全以职工代表大会为基本形式的民主管理制度，通过职工代表大会或者其他形式，实行民主管理。

公司研究决定改制、解散、申请破产以及经营方面的重大问题、制定重要的规章制度时，应当听取公司工会的意见，并通过职工代表大会或者其他形式听取职工的意见和建议。

---

**【理解与适用】**

本条是关于公司工会的规定，本次修订增加了公司建立健全以职工代表大会为基本形式的民主管理制度，决定解散、申请破产应当听取公司工会的意见的规定，其他内容无实质修改。

工会活动受法律保障，公司应当为本公司的工会提供工会活动条件，公司的工会有权代表职工依法与公司进行集体协商、订立集体合同。公司建立健全民主管理制度，基本形式为职工代表大会或其他形式。公司对于改制、经营重大问题、重要规章制定，应当听取公司工会的意见。

## 【相关规范】

● **法律**

1. 《中华人民共和国公司法》（2023 年 12 月 29 日）

**第六十八条第一款** 有限责任公司董事会成员为三人以上，其成员中可以有公司职工代表。职工人数三百人以上的有限责任公司，除依法设监事会并有公司职工代表的外，其董事会成员中应当有公司职工代表。董事会中的职工代表由公司职工通过职工代表大会、职工大会或者其他形式民主选举产生。

**第七十六条** 有限责任公司设监事会，本法第六十九条、第八十三条另有规定的除外。

监事会成员为三人以上。监事会成员应当包括股东代表和适当比例的公司职工代表，其中职工代表的比例不得低于三分之一，具体比例由公司章程规定。监事会中的职工代表由公司职工通过职工代表大会、职工大会或者其他形式民主选举产生。

监事会设主席一人，由全体监事过半数选举产生。监事会主席召集和主持监事会会议；监事会主席不能履行职务或者不履行职务的，由过半数的监事共同推举一名监事召集和主持监事会会议。

董事、高级管理人员不得兼任监事。

**第一百二十条** 股份有限公司设董事会，本法第一百二十八条另有规定的除外。

本法第六十七条、第六十八条第一款、第七十条、第七十一条的规定，适用于股份有限公司。

**第一百三十条** 股份有限公司设监事会，本法第一百二十一条第一款、第一百三十三条另有规定的除外。

监事会成员为三人以上。监事会成员应当包括股东代表和适当比例的公司职工代表，其中职工代表的比例不得低于三分之一，具体比例由公司章程规定。监事会中的职工代表由公司职工通过职工代表大会、职工大会或者其他形式民主选举产生。

监事会设主席一人，可以设副主席。监事会主席和副主席由全体监事过半数选举产生。监事会主席召集和主持监事会会议；监事会主席不能履行职务或者不履行职务的，由监事会副主席召集和主持监事会会议；监事会副主席不能履行职务或者不履行职务的，由过半数的监事共同推举一名监事召集和主持监事会会议。

董事、高级管理人员不得兼任监事。

本法第七十七条关于有限责任公司监事任期的规定，适用于股份有限公司监事。

**2.《中华人民共和国工会法》（2021年12月24日）**

**第二十条** 企业、事业单位、社会组织违反职工代表大会制度和其他民主管理制度，工会有权要求纠正，保障职工依法行使民主管理的权利。

法律、法规规定应当提交职工大会或者职工代表大会审议、通过、决定的事项，企业、事业单位、社会组织应当依法办理。

**第三十六条** 国有企业职工代表大会是企业实行民主管理的基本形式，是职工行使民主管理权力的机构，依照法律规定行使职权。

国有企业的工会委员会是职工代表大会的工作机构，负责职工代表大会的日常工作，检查、督促职工代表大会决议的执行。

**第三十七条** 集体企业的工会委员会，应当支持和组织职工参加民主管理和民主监督，维护职工选举和罢免管理人员、决定经营管理的重大问题的权力。

**第三十八条** 本法第三十六条、第三十七条规定以外的其他企业、事业单位的工会委员会，依照法律规定组织职工采取与企业、事业单位相适应的形式，参与企业、事业单位民主管理。

**第三十九条** 企业、事业单位、社会组织研究经营管理和发展的重大问题应当听取工会的意见；召开会议讨论有关工资、福利、劳动安全卫生、工作时间、休息休假、女职工保护和社会保险等涉及职工切身利益的问题，必须有工会代表参加。

企业、事业单位、社会组织应当支持工会依法开展工作，工会应当支持企业、事业单位、社会组织依法行使经营管理权。

**第四十条** 公司的董事会、监事会中职工代表的产生，依照公司法有关规定执行。

## 3.《中华人民共和国劳动合同法》(2012年12月28日)

**第四条** 用人单位应当依法建立和完善劳动规章制度，保障劳动者享有劳动权利、履行劳动义务。

用人单位在制定、修改或者决定有关劳动报酬、工作时间、休息休假、劳动安全卫生、保险福利、职工培训、劳动纪律以及劳动定额管理等直接涉及劳动者切身利益的规章制度或者重大事项时，应当经职工代表大会或者全体职工讨论，提出方案和意见，与工会或者职工代表平等协商确定。

在规章制度和重大事项决定实施过程中，工会或者职工认为不适当的，有权向用人单位提出，通过协商予以修改完善。

用人单位应当将直接涉及劳动者切身利益的规章制度和重大事项决定公示，或者告知劳动者。

**第四十一条** 有下列情形之一，需要裁减人员二十人以上或者裁减不足二十人但占企业职工总数百分之十以上的，用人单位提前三十日向工会或者全体职工说明情况，听取工会或者职工的意见后，裁减人员方案经向劳动行政部门报告，可以裁减人员：

（一）依照企业破产法规定进行重整的；

（二）生产经营发生严重困难的；

（三）企业转产、重大技术革新或者经营方式调整，经变更劳动合同后，仍需裁减人员的；

（四）其他因劳动合同订立时所依据的客观经济情况发生重大变化，致使劳动合同无法履行的。

……

---

**第十八条 【公司中设立党组织】** 在公司中，根据中国共产党章程的规定，设立中国共产党的组织，开展党的活动。公司应当为党组织的活动提供必要条件。

---

**【理解与适用】**

本条是关于在公司中设立中国共产党的组织的规定。

根据《中国共产党章程》第三十条第一款的规定，企业、农村、机关、学校、医院、科研院所、街道社区、社会组织、人民解放军连队和其他基层单位，凡是有正式党员三人以上的，都应当成立党的基层组织。公司是企业的一种，公司中正式党员有三人以上的，应当成立党的基层组织。公司中党的基层组织应当按照党章的规定开展活动。公司中党组织开展活动需要一定的条件，公司应为公司中党组织开展活动提供支持。例如，提供必需的活动场所等。

> **第十九条　【公司义务】** 公司从事经营活动，应当遵守法律法规，遵守社会公德、商业道德，诚实守信，接受政府和社会公众的监督。

**【理解与适用】**

本条是关于公司活动有义务遵守的基本行为规则及接受监督的规定。

公司是社会经济活动中最重要的主体，对社会经济影响甚巨，因此公司的经营活动应当遵守法律法规、社会公德、商业道德，诚实守信，公司的经营活动是否遵守了这些行为标准，应当接受政府的监督，也要接受社会公众的监督。

公司应当依法经营、合规经营。公司是市场主体，经营活动遵守法律法规。公司应当建设合规体系，保障公司合法经营，公司合规具有三个方面的基本含义：一是从积极的层面来看，公司合规是指公司在经营过程中要遵守法律和遵循规则，并督促员工、第三方以及其他商业合作伙伴依法依规进行经营活动；二是从消极的层面来看，公司合规是指公司为避免或减轻因违法违规经营而可能承担的责任，避免受到更大的经济或其他损失，而采取的一种公司治理方式；三是从外部激励机制来看，公司的合法合规经营接受外部监督，尤其是政府和司法机关的监督。

公司经营活动应当诚实守信，遵守社会公德、商业道德。公司经营不仅应当遵守法律法规——这是最低限度的义务，还应当诚实守信，遵守社会公德、商业道德。公司的经营活动背离诚实信用，严重违反社会公德、商业道德，社会公众可以通过多种形式进行监督，政府的执法部门可以实施信用惩戒等措施。公司的经营活动违反法律法规，构成违法的，政府进行行政处罚，严重违反法律构成犯罪的，需承担刑事责任。

## 【相关规范】

● *法律*

**1.《中华人民共和国民法典》**（2020年5月28日）

**第七条** 民事主体从事民事活动，应当遵循诚信原则，秉持诚实，恪守承诺。

**第八条** 民事主体从事民事活动，不得违反法律，不得违背公序良俗。

**第十条** 处理民事纠纷，应当依照法律；法律没有规定的，可以适用习惯，但是不得违背公序良俗。

**第八十六条** 营利法人从事经营活动，应当遵守商业道德，维护交易安全，接受政府和社会的监督，承担社会责任。

**第一百三十二条** 民事主体不得滥用民事权利损害国家利益、社会公共利益或者他人合法权益。

**第一百五十三条** 违反法律、行政法规的强制性规定的民事法律行为无效。但是，该强制性规定不导致该民事法律行为无效的除外。

违背公序良俗的民事法律行为无效。

**2.《中华人民共和国反不正当竞争法》**（2019年4月23日）

**第二条** 经营者在生产经营活动中，应当遵循自愿、平等、公平、诚信的原则，遵守法律和商业道德。

本法所称的不正当竞争行为，是指经营者在生产经营活动中，违反本法规定，扰乱市场竞争秩序，损害其他经营者或者消费者的合法权益的行为。

本法所称的经营者，是指从事商品生产、经营或者提供服务（以下所称商品包括服务）的自然人、法人和非法人组织。

> **第二十条 【公司社会责任】**公司从事经营活动,应当充分考虑公司职工、消费者等利益相关者的利益以及生态环境保护等社会公共利益,承担社会责任。
>
> 国家鼓励公司参与社会公益活动,公布社会责任报告。

## 【理解与适用】

本条是关于公司应承担的社会责任的规定,公司除了应考虑利益相关者利益,还应考虑生态环境保护等社会公共利益。

本条是"环境、社会和公司治理"(Enviromental, Social and Governance,ESG)在公司法上的规定,是在公司社会责任(Corporate Social Responsibility,CSR)基础上对公司经营发展与治理制度提出新的要求和更高的标准,ESC 是公司可持续发展的新方向。[1]

公司是"社会公民",公司从事经营活动,应当充分考虑职工、消费者等利益相关者的利益,充分考虑生态环境保护等社会公共利益,承担社会责任。公司社会责任的履行,仍然是在承认公司营利目标的前提之下展开的,公司履行社会责任很大程度上仍然以符合公司和股东的长远利益为前提,这恰恰是公司本身愿意履行社会责任的动因之一。[2] 同时,公司社会责任的意义更在于道德准则,道德准则反映了公司社会责任的落实。公众舆论的作用和市场调节的力量可以积极引导公司承担道德意义上的社会责任。当公司的行为符合人们的期望,符合社会的良好道德时,法律上可以建立相应的激励机制,新闻媒体和社会舆论应予以的支持和奖励,当公司违反这种道德时就应受到相应的谴责。可见,公司社会责任的履行既离不开法律责任的"硬约束",也离不开道德准则的"软约束",其基本联结点在于公司治理层。[3]

国家鼓励公司参与社会公益活动,公布社会责任报告。当公司的行

---

[1] 朱慈蕴、吕成龙:《ESG 的兴起与现代公司法的能动回应》,载《中外法学》2022 年第 5 期。

[2] 朱慈蕴:《公司法原论》,清华大学出版社 2011 年版,第 67~68 页。

[3] 朱慈蕴:《公司的社会责任:游走于法律责任与道德准则之间》,载《中外法学》2008 年第 1 期。

为符合人们所期望，符合公司社会责任的良好预期时，政府和法律应建立相应的激励机制，新闻媒体和社会舆论应予以的支持和奖励；当公司违反这种其应当承担社会责任的道德时，就应受到相应的谴责。① 以ESG为内容的公司社会责任已经成为上市公司信息披露的重要内容，也称为评价上市公司治理的重要指标。

**【相关规范】**

● *法律*

《中华人民共和国民法典》（2020年5月28日）

　　**第九条**　民事主体从事民事活动，应当有利于节约资源、保护生态环境。

　　**第八十六条**　营利法人从事经营活动，应当遵守商业道德，维护交易安全，接受政府和社会的监督，承担社会责任。

> **第二十一条　【禁止股东滥用权利】** 公司股东应当遵守法律、行政法规和公司章程，依法行使股东权利，不得滥用股东权利损害公司或者其他股东的利益。
> 
> 公司股东滥用股东权利给公司或者其他股东造成损失的，应当承担赔偿责任。

**【理解与适用】**

　　本条是关于股东滥用权利禁止及违反之责任的规定，将原公司法第二十条的部分内容拆分独立成一个条文。

　　股东权利具有财产性，股东可以为了自己的利益行使这一财产性权利，但是股东行使股东权利会影响公司和其他股东利益，因此公司股东行使股东权利应当遵守法律、行政法规和公司章程，不得滥用股东权利。股东滥用股东权利损害了公司利益的，也意味着间接损害了其他股东利益；股东滥用股东权利也可能直接损害其他股东利益，如通过一定的行为将其他股东的利益转移给滥用权利的股东。

---

① 朱慈蕴：《公司法原论》，清华大学出版社2011年版，第68页。

股东滥用股东权利给公司造成损失的，应当向公司承担损害赔偿责任，公司董事会或监事会未代表公司对其提起损害赔偿的诉讼，根据公司法第一百八十九条第三款，其他股东可以自己的名义代表公司提起股东派生诉讼。股东滥用股东权利给其他股东造成损失的，应当向其他股东承担损害赔偿责任，其他股东可以提起股东直接诉讼。

**【相关规范】**

● **法律**

《中华人民共和国民法典》（2020年5月28日）

第七条　民事主体从事民事活动，应当遵循诚信原则，秉持诚实，恪守承诺。

第一百三十二条　民事主体不得滥用民事权利损害国家利益、社会公共利益或者他人合法权益。

**【案例指引】**

**红某公司诉董某、苏某损害公司利益责任纠纷案**[①]

**裁判要旨**：公司法明确规定，公司股东滥用股东权利给公司或者其他股东造成损失的，应当依法承担赔偿责任。本案即控股股东、高级管理人员利用其对公司的控制权，违反公司法关于资本公积金用途的强制性规定而任意调整资本公积金，增加公司负债、减少所有者权益，对公司利益和小股东利益产生实质损害。被告依法应当承担返还财产、恢复原状的责任，将账款调整回资本公积科目。

> **第二十二条　【关联交易的限制】** 公司的控股股东、实际控制人、董事、监事、高级管理人员不得利用关联关系损害公司利益。
> 违反前款规定，给公司造成损失的，应当承担赔偿责任。

---

[①]（2020）沪民再1号，载中国裁判文书网，https：//wenshu.court.gov.cn/website/wenshu/181107ANFZ0BXSK4/index.html？docId=JGWeB5tetTlj/SHCjAPXUDve+LcFYe75eVmUDpBBZ39d3fdZFGl6R5O3qNaLMqsJrcZMNQgllnlz3u2Um9bzBxk+NsDQxx8ptvo66i4288Npk1hWpdIZFEhqOpZY0evH，最后访问日期：2023年12月25日。

**【理解与适用】**

本条是关于损害公司利益的关联交易之限制的规定。

关联关系，是指公司控股股东、实际控制人、董事、监事、高级管理人员与其直接或者间接控制的企业之间的关系，以及可能导致公司利益转移的其他关系。

本法第一百八十条规定，董事、监事、高级管理人员对公司负有忠实义务，应采取措施避免与公司发生利益冲突，避免利用职权损害公司利益。董事、监事、高级管理人员在公司中有职务，是公司内部人员，其有条件和机会利用关联关系损害公司利益。董事、监事、高级管理人员利用关联关系损害公司利益，违反其对公司负有的忠实义务，给公司造成损失的，应当赔偿。公司应当起诉董事、监事、高级管理人员，公司不起诉的，股东可以代表公司提起股东代表诉讼，要求监事、监事、高级管理人员赔偿给公司造成的损失。

本法第二十一条规定，股东不得滥用股东权利损害公司利益，控制股东、实际控制人支配和控制公司，对公司有实际的影响力，有条件有能力通过这种控制和影响力，滥用股东权利损害公司利益。控制股东、实际控制人通过利用关联关系滥用股东权利损害公司利益，给公司造成损失的，应当承担赔偿责任。

**【相关规范】**

● **法律**

《中华人民共和国公司法》（2023年12月29日）

第一百八十条　董事、监事、高级管理人员对公司负有忠实义务，应当采取措施避免自身利益与公司利益冲突，不得利用职权牟取不正当利益。

董事、监事、高级管理人员对公司负有勤勉义务，执行职务应当为公司的最大利益尽到管理者通常应有的合理注意。

公司的控股股东、实际控制人不担任公司董事但实际执行公司事务的，适用前两款规定。

第一百八十二条　董事、监事、高级管理人员，直接或者间接与本公司订立合同或者进行交易，应当就与订立合同或者进行交易有关的事项向董事会或者股东会报告,并按照公司章程的规定经董事会或者股东会决议通过。

董事、监事、高级管理人员的近亲属,董事、监事、高级管理人员或者其近亲属直接或者间接控制的企业,以及与董事、监事、高级管理人员有其他关联关系的关联人,与公司订立合同或者进行交易,适用前款规定。

**第二百六十五条** 本法下列用语的含义:

(一)高级管理人员,是指公司的经理、副经理、财务负责人,上市公司董事会秘书和公司章程规定的其他人员。

(二)控股股东,是指其出资额占有限责任公司资本总额超过百分之五十或者其持有的股份占股份有限公司股本总额超过百分之五十的股东;出资额或者持有股份的比例虽然低于百分之五十,但依其出资额或者持有的股份所享有的表决权已足以对股东会的决议产生重大影响的股东。

(三)实际控制人,是指通过投资关系、协议或者其他安排,能够实际支配公司行为的人。

(四)关联关系,是指公司控股股东、实际控制人、董事、监事、高级管理人员与其直接或者间接控制的企业之间的关系,以及可能导致公司利益转移的其他关系。但是,国家控股的企业之间不仅因为同受国家控股而具有关联关系。

## 【案例指引】

**某门业有限责任公司与某热力有限公司、李某某公司盈余分配纠纷案**[①]

**裁判要旨:** 盈余分配是用公司的利润进行给付,公司本身是给付义务的主体,若公司的应分配资金因被部分股东变相分配利润、隐瞒或转移公司利润而不足以现实支付时,不仅直接损害公司的利益,也损害到其他股东的利益,利益受损的股东可根据公司法的规定向利用其关联关系损害公司利益的控股股东、实际控制人、董事、监事、高级管理人员主张赔偿责任。

---

① 参见《最高人民法院公报》2018 年第 8 期。

> **第二十三条　【公司人格否认】**公司股东滥用公司法人独立地位和股东有限责任，逃避债务，严重损害公司债权人利益的，应当对公司债务承担连带责任。
>
> 股东利用其控制的两个以上公司实施前款规定行为的，各公司应当对任一公司的债务承担连带责任。
>
> 只有一个股东的公司，股东不能证明公司财产独立于股东自己的财产的，应当对公司债务承担连带责任。

**【理解与适用】**

本条是关于公司人格否认的规定，对原规定进行了重大调整，第二款横向人格否认的规定是新增内容。

公司具有独立的法人财产权，有独立的组织机构，公司因此独立承担民事责任。公司因为具有独立人格，以公司所有财产承担无限责任，公司独立人格的法律结果就是股东的有限责任，股东并不对法律的上另一主体——公司的债务负有责任，这意味着股东仅在出资范围内对公司负责，而不对公司债权人承担责任，即使公司资不抵债而破产清算也不例外，这就是股东的有限责任，公司人格独立和股东有限责任是公司法的基本原则，也是公司制度的基石。

公司股东滥用公司法人独立地位和股东有限责任，逃避债务，只有严重损害公司债权人利益的，才可以否认公司独立人格，股东不再受股东有限责任保护，应当对公司债务承担连带责任。对于本条第一款的适用，应当注意：其一，只有在股东实施了滥用公司法人独立地位及股东有限责任的行为，且该行为严重损害了公司债权人利益的情况下，才能适用。严重损害债权人利益，主要是指股东滥用权利使公司财产不足以清偿公司债权人的债权。其二，只有实施了滥用法人独立地位和股东有限责任行为的股东才对公司债务承担连带清偿责任，而其他股东不应承担此责任。其三，公司人格否认不是全面、彻底、永久地否定公司的法人资格，而只是在具体个案中依据特定的法律事实、法律关系，突破股东对公司债务不承担责任的一般规则，例外地判令其承担连带责任。人民法院在个案中否认公司人格判决的既判力仅仅约束该诉讼的各方当事人，不当然适用于涉及该公司的其他诉讼，不影响公司独立法人资格的存续。如果其他债权人提起公司人格否认诉讼，已生效判决认定的事实可以作为证据使用。其四，公司法中股东滥用公司法人独立地位和股东有限责任的行为，实践中常见的情形有人格混同、过度支配与控制、资本显著不足等。在具体的个案中，需要根据查明的案件事实进行综合判断，既审慎适用，又当用则用。

本条第一款规定的是纵向人格否认，本条第二款规定的是横向人格否认。横向公司人格否认，也称为横向揭开公司面纱，是指股东利用其控制的两个以上公司实施第一款规定行为的，那么同一股东控制下的不同公司对任意一个公司的债务承担连带责任。实践中，股东或实际控制人控制下的关联公司进行不当的交易，实现利益在股东或实际控制人控制下的不同关联公司之间转移，从而使某一或某几个关联公司利益遭受损失，而其他关联公司因此不当获利。此时，股东或实际控制人并未直接将其控制下的不同关联公司的利益向自己直接转移，因此不能适用本条第一款规定的纵向人格否认，但是可以适用第二款的横向人格否认；如果股东将其控制下的不同关联公司也向自己直接转移利益，那么将可以同时适用本款的横向人格否认和本条第一款的纵向人格否认。在此之前，《全国法院民商事审判工作会议纪要》和最高人民法院指导案例15号对横向人格否认制度的司法适用提供裁判指导。《全国法院民商事审判工作会议纪要》第十一条规定，控制股东或实际控制人控制多个子公司或者关联公司，滥用控制权使多个子公司或者关联公司财产边界不清、财务混同，利益相互输送，丧失人格独立性，沦为控制股东逃避债务、非法经营，甚至违法犯罪工具的，可以综合案件事实，否认子公司或者关联公司法人人格，判令承担连带责任。在最高人民法院指导案例15号中，法院认为，三个关联公司人格混同，严重损害债权人利益的，关联公司相互之间对外部债务承担连带责任。

只有一个股东的公司，即一人公司，股东和公司之间财产相互独立的证明责任，不是由债权人来承担，而是由一人公司的股东来承担，股东无法证明公司财产独立于自己的财产的，其不受股东有限责任的保护，应对公司债务承担连带责任。

## 【相关规范】

### ● 法律

**1.《中华人民共和国民法典》（2020年5月28日）**

**第八十三条** 营利法人的出资人不得滥用出资人权利损害法人或者其他出资人的利益；滥用出资人权利造成法人或者其他出资人损失的，应当依法承担民事责任。

营利法人的出资人不得滥用法人独立地位和出资人有限责任损害法人债权人的利益；滥用法人独立地位和出资人有限责任，逃避债务，严重损害法人债权人的利益的，应当对法人债务承担连带责任。

### ● 司法解释及文件

**2.《全国法院民商事审判工作会议纪要》（2019年11月8日）**

二、关于公司纠纷案件的审理

......

（四）关于公司人格否认

公司人格独立和股东有限责任是公司法的基本原则。否认公司独立人格，由滥用公司法人独立地位和股东有限责任的股东对公司债务承担连带责任，是股东有限责任的例外情形，旨在矫正有限责任制度在特定法律事实发生时对债权人保护的失衡现象。在审判实践中，要准确把握《公司法》第20条第3款规定的精神。一是只有在股东实施了滥用公司法人独立地位及股东有限责任的行为，且该行为严重损害了公司债权人利益的情况下，才能适用。损害债权人利益，主要是指股东滥用权利使公司财产不足以清偿公司债权人的债权。二是只有实施了滥用法人独立地位和股东有限责任行为的股东才对公司债务承担连带清偿责任，而其他股东不应承担此责任。三是公司人格否认不是全面、彻底、永久地否定公司的法人资格，而只是在具体案件中依据特定的法律事实、法律关系，突破股东对公司债务不承担责任的一般规则，例外地判令其承担连带责任。人民法院在个案中否认公司人格的判决的既判力仅仅约束该诉讼的各方当事人，不当然适用于涉及该公司的其他诉讼，不影响公司独立法人资格的存续。如果其他债权人提起公司人格否认诉讼，已生效判决认定的事实可以作为证据使用。四是《公司法》第20条第3款规定的滥用行为，实践中常见的情形有人格混同、过度支配与控制、资本显著不足等。在审理案件时，需要根据查明的案件事实进行综合判断，既审慎适用，又当用则用。实践中存在标准把握不严而滥用这一例外制度的现象，同时也存在因法律规定较为原则、抽象，适用难度大，而不善于适用、不敢于适用的现象，均应当引起高度重视。

10.【人格混同】认定公司人格与股东人格是否存在混同，最根本的判断标准是公司是否具有独立意思和独立财产，最主要的表现是公司的财产与股东的财产是否混同且无法区分。在认定是否构成人格混同时，应当综合考虑以下因素：

（1）股东无偿使用公司资金或者财产，不作财务记载的；

（2）股东用公司的资金偿还股东的债务，或者将公司的资金供关联公司无偿使用，不作财务记载的；

（3）公司账簿与股东账簿不分，致使公司财产与股东财产无法区分的；

（4）股东自身收益与公司盈利不加区分，致使双方利益不清的；

（5）公司的财产记载于股东名下，由股东占有、使用的；

（6）人格混同的其他情形。

在出现人格混同的情况下，往往同时出现以下混同：公司业务和股东业务混同；公司员工与股东员工混同，特别是财务人员混同；公司住所与股东住所混同。人民法院在审理案件时，关键要审查是否构成人格混同，而不要求同时具备其他方面的混同，其他方面的混同往往只是人格混同的补强。

11.【过度支配与控制】公司控制股东对公司过度支配与控制，操纵公司的决策过程，使公司完全丧失独立性，沦为控制股东的工具或躯壳，严重损害公司债权人利益，应当否认公司人格，由滥用控制权的股东对公司债务承担连带责任。实践中常见的情形包括：

（1）母子公司之间或者子公司之间进行利益输送的；

（2）母子公司或者子公司之间进行交易，收益归一方，损失却由另一方承担的；

（3）先从原公司抽走资金，然后再成立经营目的相同或者类似的公司，逃避原公司债务的；

（4）先解散公司，再以原公司场所、设备、人员及相同或者相似的经营目的另设公司，逃避原公司债务的；

（5）过度支配与控制的其他情形。

控制股东或实际控制人控制多个子公司或者关联公司，滥用控制权使多个子公司或者关联公司财产边界不清、财务混同、利益相互输送，丧失人格独立性，沦为控制股东逃避债务、非法经营，甚至违法犯罪工具的，可以综合案件事实，否认子公司或者关联公司法人人格，判令承担连带责任。

12.【资本显著不足】资本显著不足指的是，公司设立后在经营过程中，股东实际投入公司的资本数额与公司经营所隐含的风险相比明显不匹配。股东利用较少资本从事力所不及的经营，表明其没有从事公司经营的诚意，实质是恶意利用公司独立人格和股东有限责任把投资风险转嫁给债权人。由于资本显著不足的判断标准有很大的模糊性，特别是要与公司采取"以小博大"的正常经营方式相区分，因此在适用时要十分谨慎，应当与其他因素结合起来综合判断。

13.【诉讼地位】人民法院在审理公司人格否认纠纷案件时，应当根据不同情形确定当事人的诉讼地位：

（1）债权人对债务人公司享有的债权已经由生效裁判确认，其另行提起公司人格否认诉讼，请求股东对公司债务承担连带责任的，列股东为被告，公司为第三人；

（2）债权人对债务人公司享有的债权提起诉讼的同时，一并提起公司人格否认诉讼，请求股东对公司债务承担连带责任的，列公司和股东为共同被告；

（3）债权人对债务人公司享有的债权尚未经生效裁判确认，直接提起公司人格否认诉讼，请求公司股东对公司债务承担连带责任的，人民法院应当向债权人释明，告知其追加公司为共同被告。债权人拒绝追加的，人民法院应当裁定驳回起诉。

……

**第二十四条　【公司会议召开与表决方式】公司股东会、董事会、监事会召开会议和表决可以采用电子通信方式，公司章程另有规定的除外。**

【理解与适用】

本条是关于公司股东会、董事会、监事会会议召开与表决方式的规定，是新增条文。

股东会、董事会、监事会传统上召开会议和表决方式一般线下进行，本次修订规定可以采用线上电子通信方式，这意味着出席会议和表决都可以通过电子通信，如线上会议软件进行，但是公司章程另有规定，必须线下召开会议和表决的除外。另外，根据本法第五十九条和第一百一十二条的规定，有限责任公司或股份有限公司股东会所议事项股东一致书面同意的，也可以不召开股东会。

公司股东会、董事会、监事会的召开和表决会形成公司的决议是组织法上的决议，不同于不动产或动产的按份共有人处分、重大修缮、变更性质或用途作出的决议，后者是非组织法上的决议。决议行为，是指两方或两方以上的当事人意思经过"多数决"形成一个意思表示的民事法律行为。[1]

法律行为分为单方法律行为和多方法律行为。多方法律行为是指双方或双方以上的法律行为，多方法律行为又分为合同和决议。合同需要双方或多方意思表示一致，合同不限于双方，也可能是多方，如合伙合同、公司增资合同、公司设立合同。决议不需要双方或多方意思表示一致，而是实行多数决，由此形成的决议也约束对决议弃权或反对的一方。

公司决议的成立要件，应当遵守本法分则和公司章程中关于决议的议事方式和表决程序的规定，具体内容可见本法第三章"有限责任公司的设立和组织机构"、第五章"股份有限公司的设立和组织机构"中的相关规定。

**【相关规范】**

● *法律*

1.《中华人民共和国民法典》（2020 年 5 月 28 日）

　　**第一百三十三条**　民事法律行为是民事主体通过意思表示设立、变更、终止民事法律关系的行为。

　　**第一百三十四条**　民事法律行为可以基于双方或者多方的意思表示一致成立，也可以基于单方的意思表示成立。

---

[1]　参见李建伟：《公司法学》（第五版），中国人民大学出版社 2022 年版，第 94~95 页。

法人、非法人组织依照法律或者章程规定的议事方式和表决程序作出决议的，该决议行为成立。

● 部门规章及文件

2.《上市公司股东大会规则（2022年修订）》（2022年1月5日）

第二十条 公司应当在公司住所地或公司章程规定的地点召开股东大会。

股东大会应当设置会场，以现场会议形式召开，并应当按照法律、行政法规、中国证监会或公司章程的规定，采用安全、经济、便捷的网络和其他方式为股东参加股东大会提供便利。股东通过上述方式参加股东大会的，视为出席。

股东可以亲自出席股东大会并行使表决权，也可以委托他人代为出席和在授权范围内行使表决权。

第二十一条 公司应当在股东大会通知中明确载明网络或其他方式的表决时间以及表决程序。

股东大会网络或其他方式投票的开始时间，不得早于现场股东大会召开前一日下午3:00，并不得迟于现场股东大会召开当日上午9:30，其结束时间不得早于现场股东大会结束当日下午3:00。

**第二十五条 【公司决议无效】公司股东会、董事会的决议内容违反法律、行政法规的无效。**

【理解与适用】

本条是关于公司无效决议的规定，主要将原公司法第二十二条部分内容拆分成独立条文。

实践中常见导致公司决议无效的情形有：侵犯股东优先认股权，侵犯股东的分红权，剥夺股东出席股东会的权利，违法解除股东资格，非法变更股东持股比例等。

公司决议的性质是法律行为，决议既非单方民事法律行为，也非合同，而是一种独立类型的民事法律行为。决议作为一种独立的民事法律行为，有不同于合同的成立和生效要件，决议的成立和生效要件为决议内容合法、决议程序合法。

决议的性质是法律行为，应当遵守法律对法律行为的要求，根据民法典第一百五十三条的规定，违反法律、行政法规的效力性强制性规定的决议无效。但是，如该强制性规定是管理性强制性规定，不会导致决议无效，但是会承担行政责任。此外，决议内容违背公序良俗的无效。

关于决议无效之诉，《最高人民法院关于适用〈中华人民共和国公司法〉若干问题的规定（四）》公司的股东、董事和监事等具有原告资格，可以提起决议无效之诉，一审法院辩论终结之前，其他有原告资格的人以相同的诉讼请求申请参加诉讼的，可以列为共同原告。决议无效之诉的被告为公司，对决议涉及的其他利害关系人，可以依法列为第三人。决议无效之诉不受诉讼时效的限制，在裴某某、李某等与某有限公司公司决议效力确认纠纷案中，法院认为："本案当事人提起的是确认股东会决议无效之诉，该项权利属于形成权，不适用诉讼时效的相关规定，即不受诉讼时效限制；上诉人提出的诉讼时效的抗辩不成立，本院不予支持。"[1]

## 【相关规范】

### ● 法律

《中华人民共和国民法典》（2020年5月28日）

**第八十五条** 营利法人的权力机构、执行机构作出决议的会议召集程序、表决方式违反法律、行政法规、法人章程，或者决议内容违反法人章程的，营利法人的出资人可以请求人民法院撤销该决议。但是，营利法人依据该决议与善意相对人形成的民事法律关系不受影响。

**第一百五十三条** 违反法律、行政法规的强制性规定的民事法律行为无效。但是，该强制性规定不导致该民事法律行为无效的除外。

违背公序良俗的民事法律行为无效。

---

[1] （2016）桂07民终386号，中国裁判文书网，https://wenshu.court.gov.cn/website/wenshu/181217BMTKHNT2W0/index.html?pageId=f7527f385b4f2a9fc95fce581395af5f&s7=（2016）%E6%B2%AA01%E6%B0%91%E7%BB%889630%E5%8F%B7，最后访问日期：2024年1月10日。

> **第二十六条 【公司决议撤销】** 公司股东会、董事会的会议召集程序、表决方式违反法律、行政法规或者公司章程，或者决议内容违反公司章程的，股东自决议作出之日起六十日内，可以请求人民法院撤销。但是，股东会、董事会的会议召集程序或者表决方式仅有轻微瑕疵，对决议未产生实质影响的除外。
>
> 未被通知参加股东会会议的股东自知道或者应当知道股东会决议作出之日起六十日内，可以请求人民法院撤销；自决议作出之日起一年内没有行使撤销权的，撤销权消灭。

**【理解与适用】**

本条是关于可撤销决议的规定。

实践中常见的可撤销决议的事由有：召集权人的瑕疵，如少数股东召集临时股东会未履行公司内部临时股东会召集的前置程序；通知的瑕疵，如未送达会议通知或未按照法律规定或章程规定的要求送达会议通知；出席会议的瑕疵，如非股东或非股东的代理人出席会议；会议主持人的瑕疵，如不具有会议主持人资格的人主持会议；股东行使表决权的瑕疵，如享有表决权的股东其表决权被非法剥夺，或者有利害关系董事未回避表决。

可撤销决议分为两种类型：其一，决议在程序上存在瑕疵，即股东会、董事会会议的召集程序、表决方式违反法律、行政法规或者公司章程；其二，决议在内容上违反公司章程的，需要注意区分的是，决议在内容上违反法律、行政法规则是无效决议。

股东会、董事会会议的召集程序或者表决方式如仅有轻微瑕疵，并且对决议未产生实质影响的，则不属于可撤销决议。公司股东会、董事会决议形成的成本较高，如果召集程序和表决方式有轻微瑕疵，就可以动辄撤销决议，那么将给公司的运营带来非常高的成本，影响公司团体法律关系的稳定和交易安全，因此，不是决议存在任何程序上的瑕疵都可以撤销决议。

股东会、董事会会议的召集程序或者表决方式的瑕疵是否属于轻微的判断标准是看这样的程序瑕疵是否会导致各个股东无法获取必要的信息和公平地参与多数意思的形成。例如，股份有限公司股东会会议应当提前20日通知全体股东，但是召集人可能仅提前了19日；或者召集通知应当以书面形式通知，而召集人实际以微信形式通知了所有股东。这样的程序瑕疵，一般并不足以妨碍股东获取对会议所需的信息和公平地参与多数意思的形成。

何谓"对决议未产生实质影响"，这需要对结合个案的具体情况进行判断。一般来说，程序的瑕疵不具有影响决议最终结果的可能性，也就是说，程序瑕疵的存在不会改变公司决议的原定结果。

应当注意，"仅有轻微瑕疵"与"对决议未产生实质影响"不是二者有其一即可，而是要求并存，只有这样法院才可以驳回原告撤销决议的诉讼请求。即使程序瑕疵对决议未产生实质影响，但是不构成轻微瑕疵，而是严重侵害了股东的程序性权利；或者尽管程序瑕疵轻微，但是可能对决议产生实质影响，则法院不得驳回原告撤销决议的诉讼请求。

撤销决议之诉的性质是形成之诉。根据《最高人民法院关于适用〈中华人民共和国公司法〉若干问题的规定（四）》的规定，股东会或董事会决议撤销之诉的原告为股东，提起撤销之诉时须具有股东资格，决议撤销之诉的被告为公司，对决议涉及的其他利害关系人可以列为第三人。

**【相关规范】**

● **法律**

《中华人民共和国民法典》（2020年5月28日）

**第八十五条** 营利法人的权力机构、执行机构作出决议的会议召集程序、表决方式违反法律、行政法规、法人章程，或者决议内容违反法人章程的，营利法人的出资人可以请求人民法院撤销该决议。但是，营利法人依据该决议与善意相对人形成的民事法律关系不受影响。

**【案例指引】**

**李建军诉上海佳动力环保科技有限公司公司决议撤销纠纷案**①

**裁判要旨**：从召集程序来看，被告于 2009 年 7 月 18 日召开的董事会由董事长召集，三位董事均出席董事会，董事会的召集程序未违反法律、行政法规或公司章程的规定。从表决方式来看，根据被告章程规定，对所议事项作出的决定应由占全体股东三分之二以上的董事表决通过方才有效，上述董事会决议由三位股东（兼董事）中的两名表决通过，故在表决方式上未违反法律、行政法规或公司章程的规定。从决议内容来看，被告章程规定董事会有权解聘公司经理，解聘原告总经理职务的决议内容本身并不违反公司章程。

---

**第二十七条　【公司决议不成立】** 有下列情形之一的，公司股东会、董事会的决议不成立：

（一）未召开股东会、董事会会议作出决议；

（二）股东会、董事会会议未对决议事项进行表决；

（三）出席会议的人数或者所持表决权数未达到本法或者公司章程规定的人数或者所持表决权数；

（四）同意决议事项的人数或者所持表决权数未达到本法或者公司章程规定的人数或者所持表决权数。

---

**【理解与适用】**

本条是关于决议不成立的规定。

决议的不成立是指决议的成立过程中瑕疵明显重大，以至于决议存在本身无法认可。决议的性质是法律行为，决议不成立意味着法律行为不成立。

决议不成立的事由与决议可撤销的事由是基本一致的，都是决议的程序有瑕疵，不过对于决议不成立来讲，决议程序的瑕疵程度远甚于决

---

① 最高人民法院指导性案例 10 号。

议可撤销的决议程序瑕疵程度。决议不成立的事由不同于决议无效事由，后者是决议的内容违法。决议不成立的原因是决议的召集程序和表决方式存在重大瑕疵，违反法律、行政法规或公司章程的程度很严重。从民事法律行为的理论与规定来看，股东会、董事会决议不成立是指决议不具备成立要件。

从本条对决议不存在的规定来看，决议不成立的事由是穷尽性列举，而非示例性列举，也未对什么是决议不存在进行概括性规定。从文义解释来看，这一列举没有规定"导致决议不成立的其他情形"这样的兜底性条款。

决议不成立之诉不受诉讼时效的限制。

## 【相关规范】

● 法律

《中华人民共和国民法典》（2020年5月28日）

第一百三十四条　民事法律行为可以基于双方或者多方的意思表示一致成立，也可以基于单方的意思表示成立。

法人、非法人组织依照法律或者章程规定的议事方式和表决程序作出决议的，该决议行为成立。

---

**第二十八条　【公司决议无效、被撤销、不成立的法律后果】** 公司股东会、董事会决议被人民法院宣告无效、撤销或者确认不成立的，公司应当向公司登记机关申请撤销根据该决议已办理的登记。

股东会、董事会决议被人民法院宣告无效、撤销或者确认不成立的，公司根据该决议与善意相对人形成的民事法律关系不受影响。

---

## 【理解与适用】

本条是关于公司决议无效、被撤销、不成立法律后果的规定。

公司决议无效、被撤销或确认不成立应当区分公司内外部效果来处理。

在公司内部，公司股东会、董事会决议被人民法院宣告无效、撤销或者确认不成立的，在公司内部具有溯及力，应当恢复原状，公司因此应当向公司登记机关申请撤销根据该决议已办理的变更登记。

在公司外部，公司根据决议已经对外进行的民事行为，与善意第三人之间形成民事法律关系，如订立了买卖合同，之后这一决议被法院宣告无效、撤销或者确认不成立的，则法院的判决不具有溯及力，公司根据该决议与善意第三人之间所形成的民事法律关系不受影响。

**【相关规范】**

● **法律**

《中华人民共和国民法典》（2020 年 5 月 28 日）

第一百五十五条 无效的或者被撤销的民事法律行为自始没有法律约束力。

第一百五十七条 民事法律行为无效、被撤销或者确定不发生效力后，行为人因该行为取得的财产，应当予以返还；不能返还或者没有必要返还的，应当折价补偿。有过错的一方应当赔偿对方由此所受到的损失；各方都有过错的，应当各自承担相应的责任。法律另有规定的，依照其规定。

**【案例指引】**

**郑某等与北京某房地产开发有限公司等公司决议纠纷案**[①]

**裁判要旨**：根据公司法相关规定，公司股东会决议被人民法院确认不成立的，公司应当向公司登记机关申请撤销根据该决议已办理的变更登记，公司根据该决议与善意相对人形成的民事法律关系不受影响。

---

[①] （2021）京民终 76 号，载中国裁判文书网，https：//wenshu.court.gov.cn/website/wenshu/181107ANFZ0BXSK4/index.html?docId=iVOC3XJGAEE0zAUXEox34U5O4T0ygrUXMFADXa0Ze/ggPtLTBlgyIJO3qNaLMqsJrcZMNQgllnlz3u2Um9bzBxk+NsDQxx8pv7gs3rj9GU4sm2ytziJe5xfoLtNHgz07，最后访问日期：2023 年 12 月 26 日。

# 第二章 公 司 登 记

> **第二十九条 【申请设立登记】**设立公司,应当依法向公司登记机关申请设立登记。
>
> 法律、行政法规规定设立公司必须报经批准的,应当在公司登记前依法办理批准手续。

**【理解与适用】**

本条是关于申请公司设立登记和批准的规定。

公司登记机关的登记行为法律性质是行政确认,是对公司成立这一法律事实的宣告。行政确认是指行政主体依法对行政相对人的法律地位、法律关系或者有关法律事实进行甄别,给予确定、认可、证明(或者否定)并予以宣告的行政行为。行政确认行为是行政主体的行政行为,行政主体的确认权直接来源于国家行政管理权,是由相关法律规范授予的。所以,行政确认行为是行政主体所为的具有强制力的行政行为,有关当事人必须服从。[1]

登记是行政确认的主要形式之一,公司设立登记是指作为行政主体的登记机关应申请人申请,在有关登记簿册中记载相对人(设立中公司)的某种情况或者事实,并依法予以正式确认公司是否成立的行为。公司的设立登记是依申请的确认,是对设立公司是否符合法定条件和程序的法律事实的确认。我国行政许可法第十二条将需要确定主体资格的企业设立作为行政许可的设定事项,说明了公司设立登记这样行政确认行为具有规制的属性,体现了国家对公司设立行为进行管理和控制。

设立登记的目的是取得法人资格。根据《中华人民共和国市场主体登记管理条例》和《无证无照经营查处办法》的规定,我国禁止无证(经营许可证)无照(营业执照)经营,公司登记不仅是公司取得

---

[1] 姜明安主编:《行政法与行政诉讼法》,高等教育出版社2015年版,第243页。

法人资格的前提条件，也是取得营业资格的前提条件。

公司设立申请，原则采取准则主义，例外采取核准主义。我国公司登记申请的受理部门是市场监督管理部门。准则主义分为单纯准则主义和严格准则主义，我国采取严格准则主义。单纯准则主义是指公司设立申请只要符合法律预先规定的条件和程序，无须权力机关或行政机关核准登记即可成立；严格准则主义是指公司设立申请除了符合法律规定的条件和程序，还需要经过公司登记机关核准登记才可以成立，此外，严格准则主义也对发起人规定了加重责任。如上所述，设立登记是依申请的行政确认，是对法律事实的确认，严格准则主义下，设立申请符合法律规定的条件和程序，公司登记机关应当核准登记。从行政确认的理论来看，行政主体的行政确认行为，很少有裁量的余地甚至没有自由裁量的空间，一般应严格按照法律规定和技术鉴定规范进行。[1]

我国公司设立例外情况下采取核准主义，即公司设立除了符合法律规定的条件和程序，还需要经过核准（行政许可）。核准主义是基于社会公共利益和行业特殊性的考虑，公司设立申请人应当向主管部门取得行政审批手续，核准主义一般集中在商业银行、证券、保险、公共航空运输等行业。

## 【相关规范】

● 法律

1. 《中华人民共和国民法典》（2020年5月28日）

　　第五十八条　法人应当依法成立。

法人应当有自己的名称、组织机构、住所、财产或者经费。法人成立的具体条件和程序，依照法律、行政法规的规定。

设立法人，法律、行政法规规定须经有关机关批准的，依照其规定。

　　第七十五条　设立人为设立法人从事的民事活动，其法律后果由法人承受；法人未成立的，其法律后果由设立人承受，设立人为二人以上的，享有连带债权，承担连带债务。

设立人为设立法人以自己的名义从事民事活动产生的民事责任，第三人有权选择请求法人或者设立人承担。

---

[1] 姜明安主编：《行政法与行政诉讼法》，高等教育出版社2015年版，第244页。

**2.《中华人民共和国行政许可法》（2019年4月23日）**

**第十二条** 下列事项可以设定行政许可：

（一）直接涉及国家安全、公共安全、经济宏观调控、生态环境保护以及直接关系人身健康、生命财产安全等特定活动，需要按照法定条件予以批准的事项；

（二）有限自然资源开发利用、公共资源配置以及直接关系公共利益的特定行业的市场准入等，需要赋予特定权利的事项；

（三）提供公众服务并且直接关系公共利益的职业、行业，需要确定具备特殊信誉、特殊条件或者特殊技能等资格、资质的事项；

（四）直接关系公共安全、人身健康、生命财产安全的重要设备、设施、产品、物品，需要按照技术标准、技术规范，通过检验、检测、检疫等方式进行审定的事项；

（五）企业或者其他组织的设立等，需要确定主体资格的事项；

（六）法律、行政法规规定可以设定行政许可的其他事项。

**第七十七条** 行政机关不依法履行监督职责或者监督不力，造成严重后果的，由其上级行政机关或者监察机关责令改正，对直接负责的主管人员和其他直接责任人员依法给予行政处分；构成犯罪的，依法追究刑事责任。

● **行政法规及文件**

**3.《中华人民共和国市场主体登记管理条例》（2021年7月27日）**

**第三条** 市场主体应当依照本条例办理登记。未经登记，不得以市场主体名义从事经营活动。法律、行政法规规定无需办理登记的除外。

市场主体登记包括设立登记、变更登记和注销登记。

**第十四条** 市场主体的经营范围包括一般经营项目和许可经营项目。经营范围中属于在登记前依法须经批准的许可经营项目，市场主体应当在申请登记时提交有关批准文件。

市场主体应当按照登记机关公布的经营项目分类标准办理经营范围登记。

● **部门规章及文件**

**4.《中华人民共和国市场主体登记管理条例实施细则》（2022年3月1日）**

**第十二条** 申请人应当按照国家市场监督管理总局发布的经营范围规范目录，根据市场主体主要行业或者经营特征自主选择一般经营项目和许可经营项目，申请办理经营范围登记。

**【案例指引】**

**某某矿业公司诉某市市场监督管理局责令改正案**①

裁判要旨：人民法院生效判决认为，《关于做好工商登记前置审批事项改为后置审批后的登记注册工作的通知》（工商企字〔2014〕154号）规定，工商登记前置审批改为后置审批是行政审批制度改革的一项重要内容，要求工商部门对于国务院决定改为登记后置审批的事项，一律不再作为登记前置。工商行政管理部门对于国务院决定改为登记后置审批的事项，应当根据企业的章程、合伙协议或者申请，参照《国民经济行业分类》核定申请人的经营范围，并在"经营范围"栏后标注"（依法须经批准的项目，经相关部门批准后方可开展经营活动）"。根据安徽省市场监督管理局于2019年12月30日印发《安徽省工商登记后置审批事项目录（2019年本）》的通知，在案涉注销采矿许可证行为作出时，采矿许可已为后置审批事项。某矿业公司营业执照载明的经营范围符合上述规定，亦能反映采矿许可经营为登记后置审批事项。对于后置许可经营项目，法律、法规、规章并未对相对人规定了须向企业登记机关申请办理变更经营范围的强制性义务，故，判决撤销某市市场监督管理局作出的责令改正通知。

> **第三十条　【设立登记申请材料】**申请设立公司，应当提交设立登记申请书、公司章程等文件，提交的相关材料应当真实、合法和有效。
> 申请材料不齐全或者不符合法定形式的，公司登记机关应当一次性告知需要补正的材料。

---

① 《某某矿业公司诉某市市场监督管理局责令改正案》，载微信公众号"安徽高院"，https://mp.weixin.qq.com/s?__biz=MzIwMTI2MTMwMQ==&mid=2650200837&idx=1&sn=626821c147de23b87343ccfc8a7f1d12&chksm=8ef2d29fb9855b89cd0c1a71f0b73ac1fdb95f4bedb4542ad6fb34da996cef42af6dd1106ab7&scene=27，最后访问日期：2023年12月23日。

【理解与适用】

本条是关于申请设立登记公司应提交材料的规定。

本条是关于申请人设立公司应当提交真实、合法和有效的一系列法定文件的要求，对于接受申请的登记机关，要求对不符合要求的申请材料一次性告知。

《中华人民共和国市场主体登记管理条例》及其实施细则对申请设立公司所需的文件进行了统一的规定。根据《中华人民共和国市场主体登记管理条例》第十六条的规定，申请办理市场主体登记，应当提交下列材料：（1）申请书；（2）申请人资格文件、自然人身份证明；（3）住所或者主要经营场所相关文件；（4）公司、非公司企业法人、农民专业合作社（联合社）章程或者合伙企业合伙协议；（5）法律、行政法规和国务院市场监督管理部门规定提交的其他材料。根据《中华人民共和国市场主体登记管理条例实施细则》第二十六条，申请办理公司设立登记，还应当提交法定代表人、董事、监事和高级管理人员的任职文件和自然人身份证明。除前款规定的材料外，募集设立股份有限公司还应当提交依法设立的验资机构出具的验资证明；公开发行股票的，还应当提交国务院证券监督管理机构的核准或者注册文件。涉及发起人首次出资属于非货币财产的，还应当提交已办理财产权转移手续的证明文件。此外，公司申请登记的经营范围中有法律、行政法规和国务院决定规定必须在登记前报经批准的项目，还提交有关批准文件或者许可证件的复印件。

如何了解需要提交哪些申请文件？国务院市场监督管理部门根据市场主体类型分别制定登记材料清单和文书格式样本，通过政府网站、登记机关服务窗口等向社会公开。登记机关能够通过政务信息共享平台获取的市场主体登记相关信息，不得要求申请人重复提供。

登记机关对申请材料进行形式审查，公司设立申请提交的相关材料应当真实、合法和有效，否则承担相应的法律责任。根据公司法第二百五十条的规定，违反本法规定，虚报注册资本、提交虚假材料或者采取其他欺诈手段隐瞒重要事实取得公司登记的，由公司登记机关责令改正，对虚报注册资本的公司，处以虚报注册资本金额百分之五以上百分之十五以下的罚款；对提交虚假材料或者采取其他欺诈手段隐瞒重要事实的公司，处以五万元以上二百万元以下的罚款；情节严重的，吊销营业执照；对直接负责的主管人员和其他直接责任人员处以三万元以上三十万元以下的罚款。公司法第二百五十二条规定，公司的发起人、股东虚假出资，未交付或者未按期交付作为出资的货币或者非货币财产的，由公司登记机关责令改正，可以处以五万元以上二十万元以下的罚款；情节严重的，处以虚假出资或者未出资金额百分之五以上百分之十五以下的罚款；对直接负责的主管人员和其他直接责任人员处以一万元以上十万元以下的罚款。

公司登记机关将公司登记申请需要提交的全部材料的目录和申请书示范文本等进行公示。申请材料不齐全或者不符合法定形式的，公司登记机关应当一次性告知需要补正的材料。申请人可以委托其他自然人或者中介机构代其办理市场主体登记。受委托的自然人或者中介机构代为办理登记事宜应当遵守有关规定，不得提供虚假信息和材料。

## 【相关规范】

● 法律

1. 《中华人民共和国行政许可法》（2019年4月23日）

第二十九条　公民、法人或者其他组织从事特定活动，依法需要取得行政许可的，应当向行政机关提出申请。申请书需要采用格式文本的，行政机关应当向申请人提供行政许可申请书格式文本。申请书格式文本中不得包含与申请行政许可事项没有直接关系的内容。

申请人可以委托代理人提出行政许可申请。但是，依法应当由申请人到行政机关办公场所提出行政许可申请的除外。

行政许可申请可以通过信函、电报、电传、传真、电子数据交换和电子邮件等方式提出。

第三十条　行政机关应当将法律、法规、规章规定的有关行政许可的事项、依据、条件、数量、程序、期限以及需要提交的全部材料的目录和申请书示范文本等在办公场所公示。

申请人要求行政机关对公示内容予以说明、解释的，行政机关应当说明、解释，提供准确、可靠的信息。

第三十一条　申请人申请行政许可，应当如实向行政机关提交有关材料和反映真实情况，并对其申请材料实质内容的真实性负责。行政机关不得要求申请人提交与其申请的行政许可事项无关的技术资料和其他材料。

行政机关及其工作人员不得以转让技术作为取得行政许可的条件；不得在实施行政许可的过程中，直接或者间接地要求转让技术。

**第三十二条** 行政机关对申请人提出的行政许可申请，应当根据下列情况分别作出处理：

（一）申请事项依法不需要取得行政许可的，应当即时告知申请人不受理；

（二）申请事项依法不属于本行政机关职权范围的，应当即时作出不予受理的决定，并告知申请人向有关行政机关申请；

（三）申请材料存在可以当场更正的错误的，应当允许申请人当场更正；

（四）申请材料不齐全或者不符合法定形式的，应当当场或者在五日内一次告知申请人需要补正的全部内容，逾期不告知的，自收到申请材料之日起即为受理；

（五）申请事项属于本行政机关职权范围，申请材料齐全、符合法定形式，或者申请人按照本行政机关的要求提交全部补正申请材料的，应当受理行政许可申请。

行政机关受理或者不予受理行政许可申请，应当出具加盖本行政机关专用印章和注明日期的书面凭证。

## 2.《中华人民共和国公司法》（2023年12月29日）

**第二百五十条** 违反本法规定，虚报注册资本、提交虚假材料或者采取其他欺诈手段隐瞒重要事实取得公司登记的，由公司登记机关责令改正，对虚报注册资本的公司，处以虚报注册资本金额百分之五以上百分之十五以下的罚款；对提交虚假材料或者采取其他欺诈手段隐瞒重要事实的公司，处以五万元以上二百万元以下的罚款；情节严重的，吊销营业执照；对直接负责的主管人员和其他直接责任人员处以三万元以上三十万元以下的罚款。

**第二百五十二条** 公司的发起人、股东虚假出资，未交付或者未按期交付作为出资的货币或者非货币财产的，由公司登记机关责令改正，可以处以五万元以上二十万元以下的罚款；情节严重的，处以虚假出资或者未出资金额百分之五以上百分之十五以下的罚款；对直接负责的主管人员和其他直接责任人员处以一万元以上十万元以下的罚款。

- **行政法规及文件**

3. **《中华人民共和国市场主体登记管理条例》**（2021 年 7 月 27 日）

    **第十六条** 申请办理市场主体登记，应当提交下列材料：

    （一）申请书；

    （二）申请人资格文件、自然人身份证明；

    （三）住所或者主要经营场所相关文件；

    （四）公司、非公司企业法人、农民专业合作社（联合社）章程或者合伙企业合伙协议；

    （五）法律、行政法规和国务院市场监督管理部门规定提交的其他材料。

    国务院市场监督管理部门应当根据市场主体类型分别制定登记材料清单和文书格式样本，通过政府网站、登记机关服务窗口等向社会公开。

    登记机关能够通过政务信息共享平台获取的市场主体登记相关信息，不得要求申请人重复提供。

    **第十七条** 申请人应当对提交材料的真实性、合法性和有效性负责。

    **第十八条** 申请人可以委托其他自然人或者中介机构代其办理市场主体登记。受委托的自然人或者中介机构代为办理登记事宜应当遵守有关规定，不得提供虚假信息和材料。

    **第十九条** 登记机关应当对申请材料进行形式审查。对申请材料齐全、符合法定形式的予以确认并当场登记。不能当场登记的，应当在 3 个工作日内予以登记；情形复杂的，经登记机关负责人批准，可以再延长 3 个工作日。

    申请材料不齐全或者不符合法定形式的，登记机关应当一次性告知申请人需要补正的材料。

    **第二十条** 登记申请不符合法律、行政法规规定，或者可能危害国家安全、社会公共利益的，登记机关不予登记并说明理由。

    **第二十四条** 市场主体变更登记事项，应当自作出变更决议、决定或者法定变更事项发生之日起 30 日内向登记机关申请变更登记。

    市场主体变更登记事项属于依法须经批准的，申请人应当在批准文件有效期内向登记机关申请变更登记。

- **部门规章及文件**

4. **《中华人民共和国市场主体登记管理条例实施细则》**（2022 年 3 月 1 日）

    **第十四条** 申请人可以自行或者指定代表人、委托代理人办理市场主体登记、备案事项。

**第十五条** 申请人应当在申请材料上签名或者盖章。

申请人可以通过全国统一电子营业执照系统等电子签名工具和途径进行电子签名或者电子签章。符合法律规定的可靠电子签名、电子签章与手写签名或者盖章具有同等法律效力。

**第十六条** 在办理登记、备案事项时，申请人应当配合登记机关通过实名认证系统，采用人脸识别等方式对下列人员进行实名验证：

（一）法定代表人、执行事务合伙人（含委派代表）、负责人；

（二）有限责任公司股东、股份有限公司发起人、公司董事、监事及高级管理人员；

（三）个人独资企业投资人、合伙企业合伙人、农民专业合作社（联合社）成员、个体工商户经营者；

（四）市场主体登记联络员、外商投资企业法律文件送达接受人；

（五）指定的代表人或者委托代理人。

因特殊原因，当事人无法通过实名认证系统核验身份信息的，可以提交经依法公证的自然人身份证明文件，或者由本人持身份证件到现场办理。

**第十七条** 办理市场主体登记、备案事项，申请人可以到登记机关现场提交申请，也可以通过市场主体登记注册系统提出申请。

申请人对申请材料的真实性、合法性、有效性负责。

办理市场主体登记、备案事项，应当遵守法律法规，诚实守信，不得利用市场主体登记，牟取非法利益，扰乱市场秩序，危害国家安全、社会公共利益。

**第十八条** 申请材料齐全、符合法定形式的，登记机关予以确认，并当场登记，出具登记通知书，及时制发营业执照。

不予当场登记的，登记机关应当向申请人出具接收申请材料凭证，并在3个工作日内对申请材料进行审查；情形复杂的，经登记机关负责人批准，可以延长3个工作日，并书面告知申请人。

申请材料不齐全或者不符合法定形式的，登记机关应当将申请材料退还申请人，并一次性告知申请人需要补正的材料。申请人补正后，应当重新提交申请材料。

不属于市场主体登记范畴或者不属于本登记机关登记管辖范围的事项，登记机关应当告知申请人向有关行政机关申请。

**第二十五条** 申请办理设立登记，应当提交下列材料：

（一）申请书；

（二）申请人主体资格文件或者自然人身份证明；

（三）住所（主要经营场所、经营场所）相关文件；

（四）公司、非公司企业法人、农民专业合作社（联合社）章程或者合伙企业合伙协议。

**第二十六条** 申请办理公司设立登记，还应当提交法定代表人、董事、监事和高级管理人员的任职文件和自然人身份证明。

除前款规定的材料外，募集设立股份有限公司还应当提交依法设立的验资机构出具的验资证明；公开发行股票的，还应当提交国务院证券监督管理机构的核准或者注册文件。涉及发起人首次出资属于非货币财产的，还应当提交已办理财产权转移手续的证明文件。

---

> **第三十一条** 【设立登记】申请设立公司，符合本法规定的设立条件的，由公司登记机关分别登记为有限责任公司或者股份有限公司；不符合本法规定的设立条件的，不得登记为有限责任公司或者股份有限公司。

## 【理解与适用】

本条是关于公司设立登记的规定。

申请设立公司，符合本法规定的设立条件的，由公司登记机关分别登记为有限责任公司或者股份有限公司；不符合本法规定的设立条件的，不得登记为有限责任公司或者股份有限公司。公司登记机关不予登记的，应当说明理由。本法第二百五十九条规定，未依法登记为有限责任公司或者股份有限公司，而冒用有限责任公司或者股份有限公司名义的，或者未依法登记为有限责任公司或者股份有限公司的分公司，而冒用有限责任公司或者股份有限公司的分公司名义的，由公司登记机关责令改正或者予以取缔，可以并处十万元以下的罚款。

## 【相关规范】

● *行政法规及文件*

**1.《中华人民共和国市场主体登记管理条例》（2021年7月27日）**

第十九条 登记机关应当对申请材料进行形式审查。对申请材料齐全、符合法定形式的予以确认并当场登记。不能当场登记的，应当在3个工作日内予以登记；情形复杂的，经登记机关负责人批准，可以再延长3个工作日。

申请材料不齐全或者不符合法定形式的，登记机关应当一次性告知申请人需要补正的材料。

第二十条 登记申请不符合法律、行政法规规定，或者可能危害国家安全、社会公共利益的，登记机关不予登记并说明理由。

● *部门规章及文件*

**2.《中华人民共和国市场主体登记管理条例实施细则》（2022年3月1日）**

第十八条 申请材料齐全、符合法定形式的，登记机关予以确认，并当场登记，出具登记通知书，及时制发营业执照。

不予当场登记的，登记机关应当向申请人出具接收申请材料凭证，并在3个工作日内对申请材料进行审查；情形复杂的，经登记机关负责人批准，可以延长3个工作日，并书面告知申请人。

申请材料不齐全或者不符合法定形式的，登记机关应当将申请材料退还申请人，并一次性告知申请人需要补正的材料。申请人补正后，应当重新提交申请材料。

不属于市场主体登记范畴或者不属于本登记机关登记管辖范围的事项，登记机关应当告知申请人向有关行政机关申请。

第十九条 市场主体登记申请不符合法律、行政法规或者国务院决定规定，或者可能危害国家安全、社会公共利益的，登记机关不予登记，并出具不予登记通知书。

利害关系人就市场主体申请材料的真实性、合法性、有效性或者其他有关实体权利提起诉讼或者仲裁，对登记机关依法登记造成影响的，申请人应当在诉讼或者仲裁终结后，向登记机关申请办理登记。

第二十二条 法律、行政法规或者国务院决定规定市场主体申请登记、备案事项前需要审批的，在办理登记、备案时，应当在有效期内提交有关批准文件或者许可证书。有关批准文件或者许可证书未规定有效期限，自批准之日起超过 90 日的，申请人应当报审批机关确认其效力或者另行报批。

市场主体设立后，前款规定批准文件或者许可证书内容有变化、被吊销、撤销或者有效期届满的，应当自批准文件、许可证书重新批准之日或者被吊销、撤销、有效期届满之日起 30 日内申请办理变更登记或者注销登记。

第二十四条　外国投资者在中国境内设立外商投资企业，其主体资格文件或者自然人身份证明应当经所在国家公证机关公证并经中国驻该国使（领）馆认证。中国与有关国家缔结或者共同参加的国际条约对认证另有规定的除外。

香港特别行政区、澳门特别行政区和台湾地区投资者的主体资格文件或者自然人身份证明应当按照专项规定或者协议，依法提供当地公证机构的公证文件。按照国家有关规定，无需提供公证文件的除外。

---

第三十二条　【登记事项】公司登记事项包括：

（一）名称；

（二）住所；

（三）注册资本；

（四）经营范围；

（五）法定代表人的姓名；

（六）有限责任公司股东、股份有限公司发起人的姓名或者名称。

公司登记机关应当将前款规定的公司登记事项通过国家企业信用信息公示系统向社会公示。

---

**【理解与适用】**

本条是关于公司登记事项的规定。

公司登记事项，是指公司在主管机关（市场监督管理部门）进行设立、变更、注销等登记时应当提交的法定信息。登记事项过多过细，无疑增加了市场主体的营业成本，也可能给登记机关滥用权力或权力寻租创造空间；登记事项过少过粗，既不利于国家对市场的宏观调控，也可能带来商事活动的风险隐患，损害交易安全和市场秩序。公司登记事项的确定，应当在国家宏观调控、保障交易安全与降低营业成本、提高市场效率之间寻求适度平衡。

《中华人民共和国市场主体登记管理条例》第八条对公司登记事项进行了统一规定，申请人可以委托其他自然人或者中介机构代其办理市场主体登记。受委托的自然人或者中介机构代为办理登记事宜应当遵守有关规定，不得提供虚假信息和材料。需注意的是，根据《中华人民共和国市场主体登记管理条例》，公司章程不是登记事项，登记公司章程可能泄露公司商业秘密或其他不希望被外人知晓、外人也无须知晓的信息；但是，不予登记则又可能给交易安全或交易相对方的合法权益造成潜在的风险，因此，《中华人民共和国市场主体登记管理条例》将章程规定为备案事项。

公司登记机关应当将本条第一款规定的公司登记事项通过国家企业信用信息公示系统向社会公示，这体现了对公司的诚信和监管的要求。《中华人民共和国市场主体登记管理条例》第三十八条规定登记机关根据市场主体的信用风险状况，实行分级分类监管，采取随机抽取检查对象，随机选派执法检查人员，并及时向社会公开检查结果的"双随机、一公开"方式，对登记事项进行监督检查。

根据《企业信息公示暂行条例》第六条，登记机关应当通过企业信用信息公示系统，公示其在履行职责过程中产生的一些企业信息。除了本条规定的登记信息，还包括备案信息，动产抵押登记信息，股权出质登记信息，行政处罚信息以及其他依法应当公示的信息。对这些企业信息，登记机关应当自产生之日起 20 个工作日内予以公示。

《企业信息公示暂行条例》第十九条规定，县级以上地方人民政府及其有关部门应当建立健全信用约束机制，在政府采购、工程招投标、国有土地出让、授予荣誉称号等工作中，将企业信息作为重要考量因素，对被列入经营异常名录或者市场监督管理严重违法失信名单的企业依法予以限制或者禁入。

**【相关规范】**

● *行政法规及文件*

**1.《中华人民共和国市场主体登记管理条例》**（2021年7月27日）

**第八条** 市场主体的一般登记事项包括：

（一）名称；

（二）主体类型；

（三）经营范围；

（四）住所或者主要经营场所；

（五）注册资本或者出资额；

（六）法定代表人、执行事务合伙人或者负责人姓名。

除前款规定外，还应当根据市场主体类型登记下列事项：

（一）有限责任公司股东、股份有限公司发起人、非公司企业法人出资人的姓名或者名称；

……

**第九条** 市场主体的下列事项应当向登记机关办理备案：

（一）章程或者合伙协议；

（二）经营期限或者合伙期限；

（三）有限责任公司股东或者股份有限公司发起人认缴的出资数额，合伙企业合伙人认缴或者实际缴付的出资数额、缴付期限和出资方式；

（四）公司董事、监事、高级管理人员；

（五）农民专业合作社（联合社）成员；

（六）参加经营的个体工商户家庭成员姓名；

（七）市场主体登记联络员、外商投资企业法律文件送达接受人；

（八）公司、合伙企业等市场主体受益所有人相关信息；

（九）法律、行政法规规定的其他事项。

**第三十八条** 登记机关应当根据市场主体的信用风险状况实施分级分类监管。

登记机关应当采取随机抽取检查对象、随机选派执法检查人员的方式，对市场主体登记事项进行监督检查，并及时向社会公开监督检查结果。

**2.《企业信息公示暂行条例》**（2024年3月10日）

**第一条** 为了保障公平竞争，促进企业诚信自律，规范企业信息公示，强化企业信用约束，维护交易安全，提高政府监管效能，扩大社会监督，制定本条例。

**第二条** 本条例所称企业信息，是指在市场监督管理部门登记的企业从事生产经营活动过程中形成的信息，以及政府部门在履行职责过程中产生的能够反映企业状况的信息。

**第三条** 企业信息公示应当真实、及时。公示的企业信息涉及国家秘密、国家安全或者社会公共利益的，应当报请主管的保密行政管理部门或者国家安全机关批准。县级以上地方人民政府有关部门公示的企业信息涉及企业商业秘密或者个人隐私的，应当报请上级主管部门批准。

**第四条** 省、自治区、直辖市人民政府领导本行政区域的企业信息公示工作，按照国家社会信用信息平台建设的总体要求，推动本行政区域企业信用信息公示系统的建设。

**第五条** 国务院市场监督管理部门推进、监督企业信息公示工作，组织国家企业信用信息公示系统的建设。国务院其他有关部门依照本条例规定做好企业信息公示相关工作。

县级以上地方人民政府有关部门依照本条例规定做好企业信息公示工作。

**第六条** 市场监督管理部门应当通过国家企业信用信息公示系统，公示其在履行职责过程中产生的下列企业信息：

（一）注册登记、备案信息；

（二）动产抵押登记信息；

（三）股权出质登记信息；

（四）行政处罚信息；

（五）其他依法应当公示的信息。

前款规定的企业信息应当自产生之日起 20 个工作日内予以公示。

**第七条** 市场监督管理部门以外的其他政府部门（以下简称其他政府部门）应当公示其在履行职责过程中产生的下列企业信息：

（一）行政许可准予、变更、延续信息；

（二）行政处罚信息；

（三）其他依法应当公示的信息。

其他政府部门可以通过国家企业信用信息公示系统，也可以通过其他系统公示前款规定的企业信息。市场监督管理部门和其他政府部门应当按照国家社会信用信息平台建设的总体要求，实现企业信息的互联共享。

**第八条** 企业应当于每年1月1日至6月30日,通过国家企业信用信息公示系统向市场监督管理部门报送上一年度年度报告,并向社会公示。

当年设立登记的企业,自下一年起报送并公示年度报告。

**第九条** 企业年度报告内容包括:

(一) 企业通信地址、邮政编码、联系电话、电子邮箱等信息;

(二) 企业开业、歇业、清算等存续状态信息;

(三) 企业投资设立企业、购买股权信息;

(四) 企业为有限责任公司或者股份有限公司的,其股东或者发起人认缴和实缴的出资额、出资时间、出资方式等信息;

(五) 有限责任公司股东股权转让等股权变更信息;

(六) 企业网站以及从事网络经营的网店的名称、网址等信息;

(七) 企业从业人数、资产总额、负债总额、对外提供保证担保、所有者权益合计、营业总收入、主营业务收入、利润总额、净利润、纳税总额信息。

前款第一项至第六项规定的信息应当向社会公示,第七项规定的信息由企业选择是否向社会公示。

经企业同意,公民、法人或者其他组织可以查询企业选择不公示的信息。

**第十条** 企业应当自下列信息形成之日起20个工作日内通过国家企业信用信息公示系统向社会公示:

(一) 有限责任公司股东或者股份有限公司发起人认缴和实缴的出资额、出资时间、出资方式等信息;

(二) 有限责任公司股东股权转让等股权变更信息;

(三) 行政许可取得、变更、延续信息;

(四) 知识产权出质登记信息;

(五) 受到行政处罚的信息;

(六) 其他依法应当公示的信息。

市场监督管理部门发现企业未依照前款规定履行公示义务的,应当责令其限期履行。

**第十一条** 政府部门和企业分别对其公示信息的真实性、及时性负责。

**第十二条** 政府部门发现其公示的信息不准确的,应当及时更正。公民、法人或者其他组织有证据证明政府部门公示的信息不准确的,有权要求该政府部门予以更正。

企业发现其公示的信息不准确的，应当及时更正；但是，企业年度报告公示信息的更正应当在每年6月30日之前完成。更正前后的信息应当同时公示。

**第十三条** 公民、法人或者其他组织发现企业公示的信息虚假的，可以向市场监督管理部门举报，接到举报的市场监督管理部门应当自接到举报材料之日起20个工作日内进行核查，予以处理，并将处理情况书面告知举报人。

公民、法人或者其他组织对依照本条例规定公示的企业信息有疑问的，可以向政府部门申请查询，收到查询申请的政府部门应当自收到申请之日起20个工作日内书面答复申请人。

**第十四条** 国务院市场监督管理部门和省、自治区、直辖市人民政府市场监督管理部门应当按照公平规范的要求，根据企业注册号等随机摇号，确定抽查的企业，组织对企业公示信息的情况进行检查。

市场监督管理部门抽查企业公示的信息，可以采取书面检查、实地核查、网络监测等方式。市场监督管理部门抽查企业公示的信息，可以委托会计师事务所、税务师事务所、律师事务所等专业机构开展相关工作，并依法利用其他政府部门作出的检查、核查结果或者专业机构作出的专业结论。

抽查结果由市场监督管理部门通过国家企业信用信息公示系统向社会公布。

**第十五条** 市场监督管理部门对企业公示的信息依法开展抽查或者根据举报进行核查，企业应当配合，接受询问调查，如实反映情况，提供相关材料。

对不予配合情节严重的企业，市场监督管理部门应当通过国家企业信用信息公示系统公示。

**第十六条** 市场监督管理部门对涉嫌违反本条例规定的行为进行查处，可以行使下列职权：

（一）进入企业的经营场所实施现场检查；

（二）查阅、复制、收集与企业经营活动相关的合同、票据、账簿以及其他资料；

（三）向与企业经营活动有关的单位和个人调查了解情况；

（四）依法查询涉嫌违法的企业银行账户；

（五）法律、行政法规规定的其他职权。

市场监督管理部门行使前款第四项规定的职权的，应当经市场监督管理部门主要负责人批准。

**第十七条** 任何公民、法人或者其他组织不得非法修改公示的企业信息，不得非法获取企业信息。

**第十八条** 企业未按照本条例规定的期限公示年度报告或者未按照市场监督管理部门责令的期限公示有关企业信息的，由县级以上市场监督管理部门列入经营异常名录，并依法给予行政处罚。企业因连续2年未按规定报送年度报告被列入经营异常名录未改正，且通过登记的住所或者经营场所无法取得联系的，由县级以上市场监督管理部门吊销营业执照。

企业公示信息隐瞒真实情况、弄虚作假的，法律、行政法规有规定的，依照其规定；没有规定的，由市场监督管理部门责令改正，处1万元以上5万元以下罚款；情节严重的，处5万元以上20万元以下罚款，列入市场监督管理严重违法失信名单，并可以吊销营业执照。被列入市场监督管理严重违法失信名单的企业的法定代表人、负责人，3年内不得担任其他企业的法定代表人、负责人。

企业被吊销营业执照后，应当依法办理注销登记；未办理注销登记的，由市场监督管理部门依法作出处理。

**第十九条** 县级以上地方人民政府及其有关部门应当建立健全信用约束机制，在政府采购、工程招投标、国有土地出让、授予荣誉称号等工作中，将企业信息作为重要考量因素，对被列入经营异常名录或者市场监督管理严重违法失信名单的企业依法予以限制或者禁入。

**第二十条** 鼓励企业主动纠正违法失信行为、消除不良影响，依法申请修复失信记录。政府部门依法解除相关管理措施并修复失信记录的，应当及时将上述信息与有关部门共享。

**第二十一条** 政府部门未依照本条例规定履行职责的，由监察机关、上一级政府部门责令改正；情节严重的，对负有责任的主管人员和其他直接责任人员依法给予处分；构成犯罪的，依法追究刑事责任。

**第二十二条** 非法修改公示的企业信息，或者非法获取企业信息的，依照有关法律、行政法规规定追究法律责任。

**第二十三条** 公民、法人或者其他组织认为政府部门在企业信息公示工作中的具体行政行为侵犯其合法权益的，可以依法申请行政复议或者提起行政诉讼。

**第二十四条** 企业依照本条例规定公示信息，不免除其依照其他有关法律、行政法规规定公示信息的义务。

第二十五条　法律、法规授权的具有管理公共事务职能的组织公示企业信息适用本条例关于政府部门公示企业信息的规定。

第二十六条　国务院市场监督管理部门负责制定国家企业信用信息公示系统的技术规范。

个体工商户、农民专业合作社信息公示的具体办法由国务院市场监督管理部门另行制定。

第二十七条　本条例自2014年10月1日起施行。

● *部门规章及文件*

**3.《中华人民共和国市场主体登记管理条例实施细则》（2022年3月1日）**

第六条　市场主体应当按照类型依法登记下列事项：

（一）公司：名称、类型、经营范围、住所、注册资本、法定代表人姓名、有限责任公司股东或者股份有限公司发起人姓名或者名称。

……

第七条　市场主体应当按照类型依法备案下列事项：

（一）公司：章程、经营期限、有限责任公司股东或者股份有限公司发起人认缴的出资数额、董事、监事、高级管理人员、登记联络员、外商投资公司法律文件送达接受人。

……

第六十五条　登记机关应当对登记注册、行政许可、日常监管、行政执法中的相关信息进行归集，根据市场主体的信用风险状况实施分级分类监管，并强化信用风险分类结果的综合应用。

第六十六条　登记机关应当随机抽取检查对象、随机选派执法检查人员，对市场主体的登记备案事项、公示信息情况等进行抽查，并将抽查检查结果通过国家企业信用信息公示系统向社会公示。必要时可以委托会计师事务所、税务师事务所、律师事务所等专业机构开展审计、验资、咨询等相关工作，依法使用其他政府部门作出的检查、核查结果或者专业机构作出的专业结论。

第六十七条　市场主体被撤销设立登记、吊销营业执照、责令关闭，6个月内未办理清算组公告或者未申请注销登记的，登记机关可以在国家企业信用信息公示系统上对其作出特别标注并予以公示。

> 第三十三条 【营业执照】依法设立的公司，由公司登记机关发给公司营业执照。公司营业执照签发日期为公司成立日期。
>
> 公司营业执照应当载明公司的名称、住所、注册资本、经营范围、法定代表人姓名等事项。
>
> 公司登记机关可以发给电子营业执照。电子营业执照与纸质营业执照具有同等法律效力。

**【理解与适用】**

本条是关于营业执照及其记载事项的规定，其中的电子营业执照是新增内容。

营业执照是市场管理部门颁发给企业、个体工商户从事某项经营活动的凭证，其法律性质是营业资格的授予。所谓营业，是在主观和客观两层意义上讲的，主观营业是指商事主体（如公司）的营利活动，或称为经营活动；客观营业，是指商事主体为实现一定的营利目的而运用全部财产的组织体，也称为组织的营业。民事主体，如自然人，从事民事活动，一般无须申请去获得民事资格，自然人一出生就有民事权利能力，符合法定条件时就具有完全的民事行为能力。但是从事经营活动，根据相关法律法规规定，需获得营业执照，任何单位或者个人不得违反法律、法规、国务院决定的规定，从事无证无照经营。公司获得营业执照，除非法律、行政法规规定必须取得行政许可的经营项目，从营业执照颁发之日起，就具有营业的权利能力和行为能力，都可以从事经营活动。

根据《市场监管总局关于启用新版营业执照的通知》和《市场监管总局办公厅关于调整营业执照照面事项的通知》，营业执照上有公司的统一社会信用代码，其是由阿拉伯数字或大写英文字母组成的，长度为18位的代码，相当于是公司的"身份证号"。为提高公司设立的效率，营业执照实行三证合一，三证合一是指将企业依次申请的营业执照、组织机构代码证和税务登记证三证合为一证。

从登记的一般原理来讲，公司登记是为了取得法人资格，准予登记之日为公司成立之日，营业登记是为了获得营业（从事经营活动）资格，颁发营业执照之日为取得营业资格之日。法人资格与营业资格的性质不同，前者是确立法律主体地位，后者是确立营业权利能力和行为能力及其范围，只有先有主体资格，才谈得上营业资格。从我国的实践来看，吊销营业执照之后，应当进行清算，办理注销登记，企业法人才消灭。

我国公司登记与营业登记是同一个机关，颁发登记证书即企业法人营业执照，同时意味着取得法人主体资格和营业资格。因此，公司设立登记有三重法律效力：（1）取得法人资格；（2）取得营业资格；（3）取得企业名称专用权。但是，对于特殊营业资格，例如特殊行业进入的经营许可，还需要公司在获得营业执照（取得法人资格和普通营业资格）之外另外申请。

《无证无照经营查处办法》第二条、第三条规定，任何单位或者个人不得违反法律、法规、国务院决定的规定，从事无证（经营许可证）、无照（营业执照）经营。但是下列经营活动，不属于无证无照经营：（1）在县级以上地方人民政府指定的场所和时间，销售农副产品、日常生活用品，或者个人利用自己的技能从事依法无须取得许可的便民劳务活动；（2）依照法律、行政法规、国务院决定的规定，从事无须取得许可或者办理注册登记的经营活动。

公司营业执照应当载明公司的名称、住所、注册资本、经营范围、法定代表人姓名等事项。从这些事项上，可以获得公司的基本信息。经营范围涉及行政许可的，必须取得行政许可才可以经营。营业执照分为正本和副本，二者具有同等的法律效力，根据《企业信息公示暂行条例》规定，自2014年起实行企业信用信息公示制度，公司登记提供企业信用网上公示平台，可以通过国家企业信用信息公示系统查询核对营业执照的真实性。

公司登记机关可以发给电子营业执照，电子营业执照与纸质营业执照具有同等法律效力，市场主体可以凭电子营业执照开展经营活动。根据《中华人民共和国市场主体登记管理条例》规定，公司应当将营业执照（含电子营业执照）置于住所（主要经营场所、经营场所）的醒目位置。从事电子商务经营的市场主体应当在其首页显著位置持续公示营业执照信息或者其链接标识。营业执照记载的信息发生变更时，市场主体应当于 15 日内完成对应信息的更新公示。市场主体被吊销营业执照的，登记机关应当将吊销情况标注于电子营业执照中。

## 【相关规范】

### ● 法律

1.《中华人民共和国民法典》（2020 年 5 月 28 日）

**第七十八条** 依法设立的营利法人，由登记机关发给营利法人营业执照。营业执照签发日期为营利法人的成立日期。

### ● 行政法规及文件

2.《中华人民共和国市场主体登记管理条例》（2021 年 7 月 27 日）

**第二十一条** 申请人申请市场主体设立登记，登记机关依法予以登记的，签发营业执照。营业执照签发日期为市场主体的成立日期。

法律、行政法规或者国务院决定规定设立市场主体须经批准的，应当在批准文件有效期内向登记机关申请登记。

**第二十二条** 营业执照分为正本和副本，具有同等法律效力。

电子营业执照与纸质营业执照具有同等法律效力。

营业执照样式、电子营业执照标准由国务院市场监督管理部门统一制定。

**第三十六条** 市场主体应当将营业执照置于住所或者主要经营场所的醒目位置。从事电子商务经营的市场主体应当在其首页显著位置持续公示营业执照信息或者相关链接标识。

**第三十七条** 任何单位和个人不得伪造、涂改、出租、出借、转让营业执照。

营业执照遗失或者毁坏的，市场主体应当通过国家企业信用信息公示系统声明作废，申请补领。

登记机关依法作出变更登记、注销登记和撤销登记决定的，市场主体应当缴回营业执照。拒不缴回或者无法缴回营业执照的，由登记机关通过国家企业信用信息公示系统公告营业执照作废。

**第四十八条** 市场主体未依照本条例将营业执照置于住所或者主要经营场所醒目位置的，由登记机关责令改正；拒不改正的，处 3 万元以下的罚款。

从事电子商务经营的市场主体未在其首页显著位置持续公示营业执照信息或者相关链接标识的，由登记机关依照《中华人民共和国电子商务法》

处罚。

市场主体伪造、涂改、出租、出借、转让营业执照的，由登记机关没收违法所得，处 10 万元以下的罚款；情节严重的，处 10 万元以上 50 万元以下的罚款，吊销营业执照。

**3.《无证无照经营查处办法》**（2017 年 8 月 6 日）

**第二条** 任何单位或者个人不得违反法律、法规、国务院决定的规定，从事无证无照经营。

**第三条** 下列经营活动，不属于无证无照经营：

（一）在县级以上地方人民政府指定的场所和时间，销售农副产品、日常生活用品，或者个人利用自己的技能从事依法无须取得许可的便民劳务活动；

（二）依照法律、行政法规、国务院决定的规定，从事无须取得许可或者办理注册登记的经营活动。

**第四条** 县级以上地方人民政府负责组织、协调本行政区域的无证无照经营查处工作，建立有关部门分工负责、协调配合的无证无照经营查处工作机制。

**第五条** 经营者未依法取得许可从事经营活动的，由法律、法规、国务院决定规定的部门予以查处；法律、法规、国务院决定没有规定或者规定不明确的，由省、自治区、直辖市人民政府确定的部门予以查处。

**第六条** 经营者未依法取得营业执照从事经营活动的，由履行工商行政管理职责的部门（以下称工商行政管理部门）予以查处。

**第七条** 经营者未依法取得许可且未依法取得营业执照从事经营活动的，依照本办法第五条的规定予以查处。

**第八条** 工商行政管理部门以及法律、法规、国务院决定规定的部门和省、自治区、直辖市人民政府确定的部门（以下统称查处部门）应当依法履行职责，密切协同配合，利用信息网络平台加强信息共享；发现不属于本部门查处职责的无证无照经营，应当及时通报有关部门。

**第九条** 任何单位或者个人有权向查处部门举报无证无照经营。

查处部门应当向社会公开受理举报的电话、信箱或者电子邮件地址，并安排人员受理举报，依法予以处理。对实名举报的，查处部门应当告知处理结果，并为举报人保密。

**第十条** 查处部门依法查处无证无照经营，应当坚持查处与引导相结合、处罚与教育相结合的原则，对具备办理证照的法定条件、经营者有继续经营意愿的，应当督促、引导其依法办理相应证照。

第十一条　县级以上人民政府工商行政管理部门对涉嫌无照经营进行查处，可以行使下列职权：

（一）责令停止相关经营活动；

（二）向与涉嫌无照经营有关的单位和个人调查了解有关情况；

（三）进入涉嫌从事无照经营的场所实施现场检查；

（四）查阅、复制与涉嫌无照经营有关的合同、票据、账簿以及其他有关资料。

对涉嫌从事无照经营的场所，可以予以查封；对涉嫌用于无照经营的工具、设备、原材料、产品（商品）等物品，可以予以查封、扣押。

对涉嫌无证经营进行查处，依照相关法律、法规的规定采取措施。

第十二条　从事无证经营的，由查处部门依照相关法律、法规的规定予以处罚。

第十三条　从事无照经营的，由工商行政管理部门依照相关法律、行政法规的规定予以处罚。法律、行政法规对无照经营的处罚没有明确规定的，由工商行政管理部门责令停止违法行为，没收违法所得，并处1万元以下的罚款。

第十四条　明知属于无照经营而为经营者提供经营场所，或者提供运输、保管、仓储等条件的，由工商行政管理部门责令停止违法行为，没收违法所得，可以处5000元以下的罚款。

第十五条　任何单位或者个人从事无证无照经营的，由查处部门记入信用记录，并依照相关法律、法规的规定予以公示。

第十六条　妨害查处部门查处无证无照经营，构成违反治安管理行为的，由公安机关依照《中华人民共和国治安管理处罚法》的规定予以处罚。

第十七条　查处部门及其工作人员滥用职权、玩忽职守、徇私舞弊的，对负有责任的领导人员和直接责任人员依法给予处分。

第十八条　违反本办法规定，构成犯罪的，依法追究刑事责任。

● **部门规章及文件**

4.《中华人民共和国市场主体登记管理条例实施细则》（2021年7月27日）

第二十三条　市场主体营业执照应当载明名称、法定代表人（执行事务合伙人、个人独资企业投资人、经营者或者负责人）姓名、类型（组成形式)、注册资本(出资额)、住所(主要经营场所、经营场所)、经营范围、登记机关、成立日期、统一社会信用代码。

电子营业执照与纸质营业执照具有同等法律效力,市场主体可以凭电子营业执照开展经营活动。

市场主体在办理涉及营业执照记载事项变更登记或者申请注销登记时,需要在提交申请时一并缴回纸质营业执照正、副本。对于市场主体营业执照拒不缴回或者无法缴回的,登记机关在完成变更登记或者注销登记后,通过国家企业信用信息公示系统公告营业执照作废。

**第六十四条** 市场主体应当将营业执照(含电子营业执照)置于住所(主要经营场所、经营场所)的醒目位置。

从事电子商务经营的市场主体应当在其首页显著位置持续公示营业执照信息或者其链接标识。

营业执照记载的信息发生变更时,市场主体应当于15日内完成对应信息的更新公示。市场主体被吊销营业执照的,登记机关应当将吊销情况标注于电子营业执照中。

**第七十五条** 市场主体未按规定将营业执照置于住所(主要经营场所、经营场所)醒目位置的,由登记机关责令改正;拒不改正的,处3万元以下的罚款。

电子商务经营者未在首页显著位置持续公示营业执照信息或者相关链接标识的,由登记机关依照《中华人民共和国电子商务法》处罚。

市场主体伪造、涂改、出租、出借、转让营业执照的,由登记机关没收违法所得,处10万元以下的罚款;情节严重的,处10万元以上50万元以下的罚款,吊销营业执照。

---

**第三十四条 【变更登记】** 公司登记事项发生变更的,应当依法办理变更登记。

公司登记事项未经登记或者未经变更登记,不得对抗善意相对人。

---

**【理解与适用】**

本条是关于公司登记事项变更及其效力的规定。

登记事项是公司经营中重要的事项，公司登记机关通过国家企业信用信息公示系统向社会公示。

合法有效的公司登记，必然对第三人产生效力。对于公司登记事项，公司未经登记或者未经变更登记，不得以该事项来对抗第三人，除非第三人已经了解该事项的真实情况。民法典第六十五条也规定，法人的实际情况与登记的事项不一致的，不得对抗善意相对人。

应办理变更登记而未办理登记行政法上的法律责任：根据《中华人民共和国市场主体登记管理条例实施细则》第七十二条的规定，市场主体未按规定办理变更登记的，由登记机关责令改正；拒不改正的，处1万元以上10万元以下的罚款；情节严重的，吊销营业执照。第七十三条规定，市场主体未按规定办理备案的，由登记机关责令改正；拒不改正的，处5万元以下的罚款。

**【相关规范】**

● *法律*

1. 《中华人民共和国民法典》（2020年5月28日）

　　第六十四条　法人存续期间登记事项发生变化的，应当依法向登记机关申请变更登记。

　　第六十五条　法人的实际情况与登记的事项不一致的，不得对抗善意相对人。

　　第六十六条　登记机关应当依法及时公示法人登记的有关信息。

● *行政法规及文件*

2. 《中华人民共和国市场主体登记管理条例》（2021年7月27日）

　　第二十四条　市场主体变更登记事项，应当自作出变更决议、决定或者法定变更事项发生之日起30日内向登记机关申请变更登记。

　　市场主体变更登记事项属于依法须经批准的，申请人应当在批准文件有效期内向登记机关申请变更登记。

　　第二十六条　市场主体变更经营范围，属于依法须经批准的项目的，应当自批准之日起30日内申请变更登记。许可证或者批准文件被吊销、撤销或者有效期届满的，应当自许可证或者批准文件被吊销、撤销或者有效期届满之日起30日内向登记机关申请变更登记或者办理注销登记。

　　第二十七条　市场主体变更住所或者主要经营场所跨登记机关辖区的，

应当在迁入新的住所或者主要经营场所前，向迁入地登记机关申请变更登记。迁出地登记机关无正当理由不得拒绝移交市场主体档案等相关材料。

**第二十八条** 市场主体变更登记涉及营业执照记载事项的，登记机关应当及时为市场主体换发营业执照。

**第二十九条** 市场主体变更本条例第九条规定的备案事项的，应当自作出变更决议、决定或者法定变更事项发生之日起 30 日内向登记机关办理备案。农民专业合作社（联合社）成员发生变更的，应当自本会计年度终了之日起 90 日内向登记机关办理备案。

**第四十六条** 市场主体未依照本条例办理变更登记的，由登记机关责令改正；拒不改正的，处 1 万元以上 10 万元以下的罚款；情节严重的，吊销营业执照。

**第四十七条** 市场主体未依照本条例办理备案的，由登记机关责令改正；拒不改正的，处 5 万元以下的罚款。

● 部门规章及文件

3. 《中华人民共和国市场主体登记管理条例实施细则》（2021 年 7 月 27 日）

**第七十二条** 市场主体未按规定办理变更登记的，由登记机关责令改正；拒不改正的，处 1 万元以上 10 万元以下的罚款；情节严重的，吊销营业执照。

**第七十三条** 市场主体未按规定办理备案的，由登记机关责令改正；拒不改正的，处 5 万元以下的罚款。

依法应当办理受益所有人信息备案的市场主体，未办理备案的，按照前款规定处理。

## 【案例指引】

### 黄某、李某案外人（隐名股东）执行异议纠纷案[1]

**裁判要旨**：黄某、李某与某公司之间的股权代持关系虽真实有效，但其仅在双方之间存在内部效力，对于外部第三人而言，股权登记具有公信力，隐名股东对外不具有公示股东的法律地位，不得以内部股权代持关系

---

[1] （2019）最高法民再 45 号，载中国裁判文书网，https://wenshu.court.gov.cn/website/wenshu/181107ANFZ0BXSK4/index.html?docId=CXSP9+ncADghwqqeLDO5blw+yIuNO1QBDPDhzH+6xpiLO7uFWHNtgfUKq3u+IEo4E2HzFDTmUr7lKi6E9CyY+BPg5F6JT7sQyUidd3eVqtsncjaHpsDy/cjuKN4OLuM8，最后访问日期：2024 年 2 月 12 日。

有效为由对抗外部债权人对显名股东的正当权利。故,皮某作为债权人依据登记中记载的股权归属,有权向人民法院申请对该股权强制执行。

> **第三十五条 【变更登记申请材料】**公司申请变更登记,应当向公司登记机关提交公司法定代表人签署的变更登记申请书、依法作出的变更决议或者决定等文件。
>
> 公司变更登记事项涉及修改公司章程的,应当提交修改后的公司章程。
>
> 公司变更法定代表人的,变更登记申请书由变更后的法定代表人签署。

**【理解与适用】**

本条是关于公司登记事项变更的程序性要求的规定。

公司法第三十二条规定,公司的登记事项有:名称,住所,注册资本,经营范围,法定代表人的姓名,有限责任公司股东、股份有限公司发起人的姓名或者名称。公司申请变更登记,应当向公司登记机关提交法定代表人签字的变更登记申请书,提交依法作出的公司变更决议或决定等文件。根据《中华人民共和国市场主体登记管理条例》第二十四条,公司变更登记事项,应当自作出变更决议、决定或者法定变更事项发生之日起30日内向登记机关申请变更登记。变更登记事项属于依法须经批准的,申请人应当在批准文件有效期内向登记机关申请变更登记。

根据《中华人民共和国市场主体登记管理条例实施细则》第三十二条,公司变更登记事项涉及修改公司章程的,应当提交有法定代表人签署的修改后的章程或者章程修正案。需要对修改章程作出决议决定的,还应当提交相关决议决定。具体来讲,有限责任公司应提交代表三分之二以上表决权的股东签署的股东会决议;股份有限公司提交出席会议的股东所持表决权的三分之二以上的股东签署的股东会决议及主持人和出席会议董事签署的会议记录;一人公司提交股东签署的书面决定;国有独资公司提交国务院、地方人民政府或者其授权的本级人民政府国有资产监督管理机构的批准文件复印件。

公司更换法定代表人的变更登记申请由变更后的新任法定代表人签署，并不要求原法定代表人签署。实践中股东之间产生分歧，公司可能会通过股东会决议作出变更法定代表人的决定。尽管股东会决议合法有效，但是原法定代表人因为不赞成罢免自己的股东会决议，因此在变更法定代表人的决议作出之后，不配合公司更换法定代表人的变更登记申请。公司向登记机关申请更换法定代表人时，还应提交法定代表人免职证明和新任法定代表人的任职证明（股东会决议、股东决定由股东签署，董事会决议由公司董事签字）。

《中华人民共和国市场主体登记管理条例》及其实施细则还对变更其他登记事项的程序性要求进行了具体规定，如变更住所、变更经营范围，公司应当遵循其规定的程序性要求进行变更登记。

《中华人民共和国市场主体登记管理条例》及其实施细则还对未遵守变更登记的实体和程序性要求规定了行政罚款或吊销营业执照的行政处罚。

## 【相关规范】

● 行政法规及文件

1.《中华人民共和国市场主体登记管理条例》（2021年7月27日）

第二十四条　市场主体变更登记事项，应当自作出变更决议、决定或者法定变更事项发生之日起30日内向登记机关申请变更登记。

市场主体变更登记事项属于依法须经批准的，申请人应当在批准文件有效期内向登记机关申请变更登记。

第二十六条　市场主体变更经营范围，属于依法须经批准的项目的，应当自批准之日起30日内申请变更登记。许可证或者批准文件被吊销、撤销或者有效期届满的，应当自许可证或者批准文件被吊销、撤销或者有效期届满之日起30日内向登记机关申请变更登记或者办理注销登记。

第二十七条　市场主体变更住所或者主要经营场所跨登记机关辖区的，应当在迁入新的住所或者主要经营场所前，向迁入地登记机关申请变更登记。迁出地登记机关无正当理由不得拒绝移交市场主体档案等相关材料。

第二十八条　市场主体变更登记涉及营业执照记载事项的，登记机关应当及时为市场主体换发营业执照。

第二十九条　市场主体变更本条例第九条规定的备案事项的，应当自作出变更决议、决定或者法定变更事项发生之日起30日内向登记机关办理备案。农民专业合作社（联合社）成员发生变更的，应当自本会计年度终了之日起90日内向登记机关办理备案。

第三十条　因自然灾害、事故灾难、公共卫生事件、社会安全事件等原因造成经营困难的，市场主体可以自主决定在一定时期内歇业。法律、行政法规另有规定的除外。

市场主体应当在歇业前与职工依法协商劳动关系处理等有关事项。

市场主体应当在歇业前向登记机关办理备案。登记机关通过国家企业信用信息公示系统向社会公示歇业期限、法律文书送达地址等信息。

市场主体歇业的期限最长不得超过3年。市场主体在歇业期间开展经营活动的，视为恢复营业，市场主体应当通过国家企业信用信息公示系统向社会公示。

市场主体歇业期间，可以以法律文书送达地址代替住所或者主要经营场所。

第四十六条　市场主体未依照本条例办理变更登记的，由登记机关责令改正；拒不改正的，处1万元以上10万元以下的罚款；情节严重的，吊销营业执照。

第四十七条　市场主体未依照本条例办理备案的，由登记机关责令改正；拒不改正的，处5万元以下的罚款。

● *部门规章及文件*

2. 《中华人民共和国市场主体登记管理条例实施细则》（2022年3月1日）

第三十一条　市场主体变更登记事项，应当自作出变更决议、决定或者法定变更事项发生之日起30日内申请办理变更登记。

市场主体登记事项变更涉及分支机构登记事项变更的，应当自市场主体登记事项变更登记之日起30日内申请办理分支机构变更登记。

第三十二条　申请办理变更登记，应当提交申请书，并根据市场主体类型及具体变更事项分别提交下列材料：

（一）公司变更事项涉及章程修改的，应当提交修改后的章程或者章程修正案；需要对修改章程作出决议决定的，还应当提交相关决议决定；

······

**第三十三条** 市场主体更换法定代表人、执行事务合伙人（含委派代表）、负责人的变更登记申请由新任法定代表人、执行事务合伙人（含委派代表）、负责人签署。

**第三十四条** 市场主体变更名称，可以自主申报名称并在保留期届满前申请变更登记，也可以直接申请变更登记。

**第三十五条** 市场主体变更住所（主要经营场所、经营场所），应当在迁入新住所（主要经营场所、经营场所）前向迁入地登记机关申请变更登记，并提交新的住所（主要经营场所、经营场所）使用相关文件。

**第三十六条** 市场主体变更注册资本或者出资额的，应当办理变更登记。

公司增加注册资本，有限责任公司股东认缴新增资本的出资和股份有限公司的股东认购新股的，应当按照设立时缴纳出资和缴纳股款的规定执行。股份有限公司以公开发行新股方式或者上市公司以非公开发行新股方式增加注册资本，还应当提交国务院证券监督管理机构的核准或者注册文件。

公司减少注册资本，可以通过国家企业信用信息公示系统公告，公告期45日，应当于公告期届满后申请变更登记。法律、行政法规或者国务院决定对公司注册资本有最低限额规定的，减少后的注册资本应当不少于最低限额。

外商投资企业注册资本（出资额）币种发生变更，应当向登记机关申请变更登记。

**第三十七条** 公司变更类型，应当按照拟变更公司类型的设立条件，在规定的期限内申请变更登记，并提交有关材料。

非公司企业法人申请改制为公司，应当按照拟变更的公司类型设立条件，在规定期限内申请变更登记，并提交有关材料。

个体工商户申请转变为企业组织形式，应当按照拟变更的企业类型设立条件申请登记。

**第三十九条** 市场主体变更备案事项的，应当按照《条例》第二十九条规定办理备案。

农民专业合作社因成员发生变更，农民成员低于法定比例的，应当自事由发生之日起6个月内采取吸收新的农民成员入社等方式使农民成员达到法定比例。农民专业合作社联合社成员退社，成员数低于联合社设立法定条件的，应当自事由发生之日起6个月内采取吸收新的成员入社等方式使农民专业合作社联合社成员达到法定条件。

第七十二条　市场主体未按规定办理变更登记的，由登记机关责令改正；拒不改正的，处 1 万元以上 10 万元以下的罚款；情节严重的，吊销营业执照。

第七十三条　市场主体未按规定办理备案的，由登记机关责令改正；拒不改正的，处 5 万元以下的罚款。

依法应当办理受益所有人信息备案的市场主体，未办理备案的，按照前款规定处理。

> 第三十六条　【营业执照变更与换发】公司营业执照记载的事项发生变更的，公司办理变更登记后，由公司登记机关换发营业执照。

### 【理解与适用】

本条是关于营业执照变更与换发的规定。

根据《中华人民共和国市场主体登记管理条例实施细则》第二十三条，营业执照上的记载事项有：公司名称、法定代表人、注册资本、地址、公司类型（有限责任公司或股份有限公司）、经营范围、经营期限等。营业执照有正本和副本，效力相同，营业执照正本应展示于经营场所。公司变更登记事项涉及营业执照载明事项的，即营业执照上记载的事项也要发生变更的，公司办理变更登记后，公司登记机关换发营业执照。只要公司变更登记导致营业执照上记载的事项发生变更的，公司就应当到登记机关进行变更登记，换发营业执照。

### 【相关规范】

● *行政法规及文件*

1.《中华人民共和国市场主体登记管理条例》（2021 年 7 月 27 日）

第二十八条　市场主体变更登记涉及营业执照记载事项的，登记机关应当及时为市场主体换发营业执照。

第三十七条　任何单位和个人不得伪造、涂改、出租、出借、转让营业执照。

营业执照遗失或者毁坏的，市场主体应当通过国家企业信用信息公示系统声明作废，申请补领。

登记机关依法作出变更登记、注销登记和撤销登记决定的，市场主体应当缴回营业执照。拒不缴回或者无法缴回营业执照的，由登记机关通过国家企业信用信息公示系统公告营业执照作废。

● 部门规章及文件

**2.《中华人民共和国市场主体登记管理条例实施细则》（2022 年 3 月 1 日）**

第二十三条　市场主体营业执照应当载明名称、法定代表人（执行事务合伙人、个人独资企业投资人、经营者或者负责人）姓名、类型（组成形式）、注册资本（出资额）、住所（主要经营场所、经营场所）、经营范围、登记机关、成立日期、统一社会信用代码。

电子营业执照与纸质营业执照具有同等法律效力，市场主体可以凭电子营业执照开展经营活动。

市场主体在办理涉及营业执照记载事项变更登记或者申请注销登记时，需要在提交申请时一并缴回纸质营业执照正、副本。对于市场主体营业执照拒不缴回或者无法缴回的，登记机关在完成变更登记或者注销登记后，通过国家企业信用信息公示系统公告营业执照作废。

第六十四条　市场主体应当将营业执照（含电子营业执照）置于住所（主要经营场所、经营场所）的醒目位置。

从事电子商务经营的市场主体应当在其首页显著位置持续公示营业执照信息或者其链接标识。

营业执照记载的信息发生变更时，市场主体应当于 15 日内完成对应信息的更新公示。市场主体被吊销营业执照的，登记机关应当将吊销情况标注于电子营业执照中。

---

第三十七条　【注销登记】公司因解散、被宣告破产或者其他法定事由需要终止的，应当依法向公司登记机关申请注销登记，由公司登记机关公告公司终止。

**【理解与适用】**

本条是关于公司终止后注销登记的规定，与《中华人民共和国市场主体登记管理条例》第三十一条基本一致。

公司有设立、存续和终止，可类比为自然人的出生、存活和死亡。公司终止是一个过程，需要经历如下阶段：法定事由结束营业—清算程序—注销登记。

公司终止的事由有解散、被宣告破产或其他法定事由，这些事由发生后并不当然意味着公司的法人资格立即消灭，一般只是公司的营业资格消灭，不能继续进行经营活动，开始进入清算程序，不能从事清算以外的活动。清算的目的是了解公司的债权债务情况，分配公司的剩余财产，最终注销公司的法人资格。法人资格的消灭不同于自然人死亡，不像自然人的死亡那样导致自然人法律上的主体资格立即消灭，法人资格需要经过清算程序才能消灭。例如，破产清算发生后，公司不能继续经营活动，要通过清算程序了结公司的债权债务，清算程序完结后，清算中公司的代表机关应当依法向公司登记机关申请注销登记，以消灭公司的法人资格，办理注销登记后，公司登记机关公告公司终止。

**【相关规范】**

● 法律

1.《中华人民共和国民法典》（2020年5月28日）

第六十八条　有下列原因之一并依法完成清算、注销登记的，法人终止：

（一）法人解散；

（二）法人被宣告破产；

（三）法律规定的其他原因。

法人终止，法律、行政法规规定须经有关机关批准的，依照其规定。

2.《中华人民共和国公司法》（2023年12月29日）

第二百二十九条　公司因下列原因解散：

（一）公司章程规定的营业期限届满或者公司章程规定的其他解散事由出现；

（二）股东会决议解散；

（三）因公司合并或者分立需要解散；

（四）依法被吊销营业执照、责令关闭或者被撤销；

（五）人民法院依照本法第二百三十一条的规定予以解散。

公司出现前款规定的解散事由，应当在十日内将解散事由通过国家企业信用信息公示系统予以公示。

**第二百三十条** 公司有前条第一款第一项、第二项情形，且尚未向股东分配财产的，可以通过修改公司章程或者经股东会决议而存续。

依照前款规定修改公司章程或者经股东会决议，有限责任公司须经持有三分之二以上表决权的股东通过，股份有限公司须经出席股东会会议的股东所持表决权的三分之二以上通过。

**第二百三十一条** 公司经营管理发生严重困难，继续存续会使股东利益受到重大损失，通过其他途径不能解决的，持有公司百分之十以上表决权的股东，可以请求人民法院解散公司。

**第二百三十二条** 公司因本法第二百二十九条第一款第一项、第二项、第四项、第五项规定而解散的，应当清算。董事为公司清算义务人，应当在解散事由出现之日起十五日内组成清算组进行清算。

清算组由董事组成，但是公司章程另有规定或者股东会决议另选他人的除外。

清算义务人未及时履行清算义务，给公司或者债权人造成损失的，应当承担赔偿责任。

**第二百三十三条** 公司依照前条第一款的规定应当清算，逾期不成立清算组进行清算或者成立清算组后不清算的，利害关系人可以申请人民法院指定有关人员组成清算组进行清算。人民法院应当受理该申请，并及时组织清算组进行清算。

公司因本法第二百二十九条第一款第四项的规定而解散的，作出吊销营业执照、责令关闭或者撤销决定的部门或者公司登记机关，可以申请人民法院指定有关人员组成清算组进行清算。

**第二百三十四条** 清算组在清算期间行使下列职权：

（一）清理公司财产，分别编制资产负债表和财产清单；

（二）通知、公告债权人；

（三）处理与清算有关的公司未了结的业务；

（四）清缴所欠税款以及清算过程中产生的税款；

（五）清理债权、债务；

（六）分配公司清偿债务后的剩余财产；

（七）代表公司参与民事诉讼活动。

**第二百三十五条** 清算组应当自成立之日起十日内通知债权人，并于六十日内在报纸上或者国家企业信用信息公示系统公告。债权人应当自接到通知之日起三十日内，未接到通知的自公告之日起四十五日内，向清算组申报其债权。

债权人申报债权，应当说明债权的有关事项，并提供证明材料。清算组应当对债权进行登记。

在申报债权期间，清算组不得对债权人进行清偿。

**第二百三十六条** 清算组在清理公司财产、编制资产负债表和财产清单后，应当制订清算方案，并报股东会或者人民法院确认。

公司财产在分别支付清算费用、职工的工资、社会保险费用和法定补偿金，缴纳所欠税款，清偿公司债务后的剩余财产，有限责任公司按照股东的出资比例分配，股份有限公司按照股东持有的股份比例分配。

清算期间，公司存续，但不得开展与清算无关的经营活动。公司财产在未依照前款规定清偿前，不得分配给股东。

**第二百三十七条** 清算组在清理公司财产、编制资产负债表和财产清单后，发现公司财产不足清偿债务的，应当依法向人民法院申请破产清算。

人民法院受理破产申请后，清算组应当将清算事务移交给人民法院指定的破产管理人。

**第二百三十八条** 清算组成员履行清算职责，负有忠实义务和勤勉义务。

清算组成员怠于履行清算职责，给公司造成损失的，应当承担赔偿责任；因故意或者重大过失给债权人造成损失的，应当承担赔偿责任。

**第二百三十九条** 公司清算结束后，清算组应当制作清算报告，报股东会或者人民法院确认，并报送公司登记机关，申请注销公司登记。

**第二百四十条** 公司在存续期间未产生债务，或者已清偿全部债务的，经全体股东承诺，可以按照规定通过简易程序注销公司登记。

通过简易程序注销公司登记，应当通过国家企业信用信息公示系统予以公告，公告期限不少于二十日。公告期限届满后，未有异议的，公司可以在二十日内向公司登记机关申请注销公司登记。

公司通过简易程序注销公司登记，股东对本条第一款规定的内容承诺不实的，应当对注销登记前的债务承担连带责任。

**第二百四十一条** 公司被吊销营业执照、责令关闭或者被撤销，满三年未向公司登记机关申请注销公司登记的，公司登记机关可以通过国家企业信用信息公示系统予以公告，公告期限不少于六十日。公告期限届满后，未有异议的，公司登记机关可以注销公司登记。

依照前款规定注销公司登记的，原公司股东、清算义务人的责任不受影响。

**第二百四十二条** 公司被依法宣告破产的，依照有关企业破产的法律实施破产清算。

● *行政法规及文件*

**3.《中华人民共和国市场主体登记管理条例》（2021年7月27日）**

**第三十一条** 市场主体因解散、被宣告破产或者其他法定事由需要终止的，应当依法向登记机关申请注销登记。经登记机关注销登记，市场主体终止。

市场主体注销依法须经批准的，应当经批准后向登记机关申请注销登记。

**第三十二条** 市场主体注销登记前依法应当清算的，清算组应当自成立之日起10日内将清算组成员、清算组负责人名单通过国家企业信用信息公示系统公告。清算组可以通过国家企业信用信息公示系统发布债权人公告。

清算组应当自清算结束之日起30日内向登记机关申请注销登记。市场主体申请注销登记前，应当依法办理分支机构注销登记。

**第三十三条** 市场主体未发生债权债务或者已将债权债务清偿完结，未发生或者已结清清偿费用、职工工资、社会保险费用、法定补偿金、应缴纳税款（滞纳金、罚款），并由全体投资人书面承诺对上述情况的真实性承担法律责任的，可以按照简易程序办理注销登记。

市场主体应当将承诺书及注销登记申请通过国家企业信用信息公示系统公示，公示期为20日。在公示期内无相关部门、债权人及其他利害关系人提出异议的，市场主体可以于公示期届满之日起20日内向登记机关申请注销登记。

个体工商户按照简易程序办理注销登记的，无需公示，由登记机关将个体工商户的注销登记申请推送至税务等有关部门，有关部门在10日内没有提出异议的，可以直接办理注销登记。

市场主体注销依法须经批准的，或者市场主体被吊销营业执照、责令关闭、撤销，或者被列入经营异常名录的，不适用简易注销程序。

第三十四条　人民法院裁定强制清算或者裁定宣告破产的，有关清算组、破产管理人可以持人民法院终结强制清算程序的裁定或者终结破产程序的裁定，直接向登记机关申请办理注销登记。

> **第三十八条　【分公司登记】公司设立分公司，应当向公司登记机关申请登记，领取营业执照。**

### 【理解与适用】

本条是关于分公司登记及营业执照的规定。

公司可以设立分公司，设立分公司应当向公司登记机关申请登记，提交负责人的任职文件和自然人身份证明，领取分公司的营业执照。

分公司不具有法人资格，其民事责任由总公司承担。尽管分公司不具有实体上的独立法律主体资格，但是已领取营业执照的分公司，在诉讼法上其具有诉讼法上的当事人资格，可以自己的名义作为原告起诉或作为被告应诉，或者作为诉讼中的第三人，或者以申请人或被申请人的名义参加仲裁。民事诉讼法第五十一条规定，法人和公民之外，其他组织也可以作为诉讼的当事人，《最高人民法院关于适用〈中华人民共和国民事诉讼法〉的解释》第五十二条列举的其他组织包括依法设立并领取营业执照的法人的分支机构。根据《最高人民法院关于适用〈中华人民共和国民事诉讼法〉的解释》第五十三条的规定，公司非依法设立的分公司，或者虽依法设立，但没有领取营业执照的分公司，以设立该分公司的公司为当事人。

### 【相关规范】

● 法律

1.《中华人民共和国民法典》（2020年5月28日）

第七十四条　法人可以依法设立分支机构。法律、行政法规规定分支机构应当登记的，依照其规定。

分支机构以自己的名义从事民事活动，产生的民事责任由法人承担；也可以先以该分支机构管理的财产承担，不足以承担的，由法人承担。

**第五百零四条** 法人的法定代表人或者非法人组织的负责人超越权限订立的合同，除相对人知道或者应当知道其超越权限外，该代表行为有效，订立的合同对法人或者非法人组织发生效力。

2.《中华人民共和国民事诉讼法》（2023年9月1日）

**第五十一条** 公民、法人和其他组织可以作为民事诉讼的当事人。

法人由其法定代表人进行诉讼。其他组织由其主要负责人进行诉讼。

● 行政法规及文件

3.《中华人民共和国市场主体登记管理条例实施细则》（2022年3月1日）

**第三十条** 申请办理分支机构设立登记，还应当提交负责人的任职文件和自然人身份证明。

● 司法解释及文件

4.《最高人民法院关于适用〈中华人民共和国民事诉讼法〉的解释》（2022年4月1日）

**第五十二条** 民事诉讼法第五十一条规定的其他组织是指合法成立、有一定的组织机构和财产，但又不具备法人资格的组织，包括：

（一）依法登记领取营业执照的个人独资企业；

（二）依法登记领取营业执照的合伙企业；

（三）依法登记领取我国营业执照的中外合作经营企业、外资企业；

（四）依法成立的社会团体的分支机构、代表机构；

（五）依法设立并领取营业执照的法人的分支机构；

（六）依法设立并领取营业执照的商业银行、政策性银行和非银行金融机构的分支机构；

（七）经依法登记领取营业执照的乡镇企业、街道企业；

（八）其他符合本条规定条件的组织。

**第五十三条** 法人非依法设立的分支机构，或者虽依法设立，但没有领取营业执照的分支机构，以设立该分支机构的法人为当事人。

**第三十九条　【欺诈取得登记的法律后果】**虚报注册资本、提交虚假材料或者采取其他欺诈手段隐瞒重要事实取得公司设立登记的，公司登记机关应当依照法律、行政法规的规定予以撤销。

**【理解与适用】**

本条是关于公司设立登记欺诈应被行政撤销的规定。

公司设立撤销的对象是已经登记成立的公司，不是未成立的公司。公司设立申请时应当提供真实的材料，真实出资，虚报注册资本、提交虚假材料或者采取其他欺诈手段隐瞒重要事实取得公司设立登记的，公司登记机关应当依照法律、行政法规的规定予以撤销。注意本条中公司的撤销是行政撤销，不同于可撤销法律行为通过私法上的撤销之诉进行的撤销。

公司被撤销私法上的法律后果如何？笔者认为，可分为两个阶段讨论，一是成立后被撤销之前，公司对外进行的法律行为不因公司被撤销而无效，即公司撤销不应具有溯及力，以此保护交易秩序和交易安全，这一阶段的公司是事实公司；二是公司被撤销之后的法律效果，撤销效果向将来起效，自撤销之日起公司对外所为的法律行为无效，公司内部的决议行为也无效。

公司法关于公司设立欺诈被撤销的行政责任：根据公司法第二百五十条规定，违反本法规定，虚报注册资本、提交虚假材料或者采取其他欺诈手段隐瞒重要事实取得公司登记的，由公司登记机关责令改正，对虚报注册资本的公司，处以虚报注册资本金额百分之五以上百分之十五以下的罚款；对提交虚假材料或者采取其他欺诈手段隐瞒重要事实的公司，处以五万元以上二百万元以下的罚款；情节严重的，吊销营业执照；对直接负责的主管人员和其他直接责任人员处以三万元以上三十万元以下的罚款。

《中华人民共和国市场主体登记管理条例》积极回应社会公共关切和期待，规定了撤销虚假登记的条件、程序，并规定了相应的惩戒措施。《中华人民共和国市场主体登记管理条例》规定，对登记时提交虚假材料或者有其他欺诈行为的，可撤销其市场主体登记，直接责任人 3

年内不得再次申请登记。

## 【相关规范】

● *法律*

**1.《中华人民共和国公司法》（2023 年 12 月 29 日）**

第二百五十条  违反本法规定，虚报注册资本、提交虚假材料或者采取其他欺诈手段隐瞒重要事实取得公司登记的，由公司登记机关责令改正，对虚报注册资本的公司，处以虚报注册资本金额百分之五以上百分之十五以下的罚款；对提交虚假材料或者采取其他欺诈手段隐瞒重要事实的公司，处以五万元以上二百万元以下的罚款；情节严重的，吊销营业执照；对直接负责的主管人员和其他直接责任人员处以三万元以上三十万元以下的罚款。

● *行政法规及文件*

**2.《中华人民共和国市场主体登记管理条例》（2021 年 7 月 27 日）**

第四十条  提交虚假材料或者采取其他欺诈手段隐瞒重要事实取得市场主体登记的，受虚假市场主体登记影响的自然人、法人和其他组织可以向登记机关提出撤销市场主体登记的申请。

登记机关受理申请后，应当及时开展调查。经调查认定存在虚假市场主体登记情形的，登记机关应当撤销市场主体登记。相关市场主体和人员无法联系或者拒不配合的，登记机关可以将相关市场主体的登记时间、登记事项等通过国家企业信用信息公示系统向社会公示，公示期为 45 日。相关市场主体及其利害关系人在公示期内没有提出异议的，登记机关可以撤销市场主体登记。

因虚假市场主体登记被撤销的市场主体，其直接责任人自市场主体登记被撤销之日起 3 年内不得再次申请市场主体登记。登记机关应当通过国家企业信用信息公示系统予以公示。

第四十一条  有下列情形之一的，登记机关可以不予撤销市场主体登记：

（一）撤销市场主体登记可能对社会公共利益造成重大损害；

（二）撤销市场主体登记后无法恢复到登记前的状态；

（三）法律、行政法规规定的其他情形。

第四十二条  登记机关或者其上级机关认定撤销市场主体登记决定错

误的，可以撤销该决定，恢复原登记状态，并通过国家企业信用信息公示系统公示。

第四十四条　提交虚假材料或者采取其他欺诈手段隐瞒重要事实取得市场主体登记的，由登记机关责令改正，没收违法所得，并处5万元以上20万元以下的罚款；情节严重的，处20万元以上100万元以下的罚款，吊销营业执照。

● 部门规章及文件
**3.《中华人民共和国市场主体登记管理条例实施细则》**（2022年3月1日）

第五十条　对涉嫌提交虚假材料或者采取其他欺诈手段隐瞒重要事实取得市场主体登记的行为，登记机关可以根据当事人申请或者依职权主动进行调查。

第五十一条　受虚假登记影响的自然人、法人和其他组织，可以向登记机关提出撤销市场主体登记申请。涉嫌冒用自然人身份的虚假登记，被冒用人应当配合登记机关通过线上或者线下途径核验身份信息。

涉嫌虚假登记市场主体的登记机关发生变更的，由现登记机关负责处理撤销登记，原登记机关应当协助进行调查。

第五十二条　登记机关收到申请后，应当在3个工作日内作出是否受理的决定，并书面通知申请人。

有下列情形之一的，登记机关可以不予受理：

（一）涉嫌冒用自然人身份的虚假登记，被冒用人未能通过身份信息核验的；

（二）涉嫌虚假登记的市场主体已注销的，申请撤销注销登记的除外；

（三）其他依法不予受理的情形。

第五十三条　登记机关受理申请后，应当于3个月内完成调查，并及时作出撤销或者不予撤销市场主体登记的决定。情形复杂的，经登记机关负责人批准，可以延长3个月。

在调查期间，相关市场主体和人员无法联系或者拒不配合的，登记机关可以将涉嫌虚假登记市场主体的登记时间、登记事项，以及登记机关联系方式等信息通过国家企业信用信息公示系统向社会公示，公示期45日。相关市场主体及其利害关系人在公示期内没有提出异议的，登记机关可以撤销市场主体登记。

第五十四条　有下列情形之一的，经当事人或者其他利害关系人申请，登记机关可以中止调查：

（一）有证据证明与涉嫌虚假登记相关的民事权利存在争议的；

（二）涉嫌虚假登记的市场主体正在诉讼或者仲裁程序中的；

（三）登记机关收到有关部门出具的书面意见，证明涉嫌虚假登记的市场主体或者其法定代表人、负责人存在违法案件尚未结案，或者尚未履行相关法定义务的。

第五十五条　有下列情形之一的，登记机关可以不予撤销市场主体登记：

（一）撤销市场主体登记可能对社会公共利益造成重大损害；

（二）撤销市场主体登记后无法恢复到登记前的状态；

（三）法律、行政法规规定的其他情形。

第五十六条　登记机关作出撤销登记决定后，应当通过国家企业信用信息公示系统向社会公示。

第五十七条　同一登记包含多个登记事项，其中部分登记事项被认定为虚假，撤销虚假的登记事项不影响市场主体存续的，登记机关可以仅撤销虚假的登记事项。

第五十八条　撤销市场主体备案事项的，参照本章规定执行。

第六十七条　市场主体被撤销设立登记、吊销营业执照、责令关闭，6个月内未办理清算组公告或者未申请注销登记的，登记机关可以在国家企业信用信息公示系统上对其作出特别标注并予以公示。

第七十一条　提交虚假材料或者采取其他欺诈手段隐瞒重要事实取得市场主体登记的，由登记机关依法责令改正，没收违法所得，并处5万元以上20万元以下的罚款；情节严重的，处20万元以上100万元以下的罚款，吊销营业执照。

明知或者应当知道申请人提交虚假材料或者采取其他欺诈手段隐瞒重要事实进行市场主体登记，仍接受委托代为办理，或者协助其进行虚假登记的，由登记机关没收违法所得，处10万元以下的罚款。

虚假市场主体登记的直接责任人自市场主体登记被撤销之日起3年内不得再次申请市场主体登记。登记机关应当通过国家企业信用信息公示系统予以公示。

【案例指引】

某建设集团有限公司诉江苏省南京市某区市场监督管理局撤销公司行政登记检察监督案①

裁判要旨：根据公安机关出具的鉴定意见，能够证明案涉分公司系提交虚假材料取得公司登记，同时没有证据证明原告有注册登记分公司的意思表示，根据公司法规定，违反本法规定，虚报注册资本、提交虚假材料或者采取其他欺诈手段隐瞒重要事实取得公司登记，情节严重的，撤销公司登记或者吊销营业执照。

> 第四十条 【企业信用系统公示事项】公司应当按照规定通过国家企业信用信息公示系统公示下列事项：
> （一）有限责任公司股东认缴和实缴的出资额、出资方式和出资日期，股份有限公司发起人认购的股份数；
> （二）有限责任公司股东、股份有限公司发起人的股权、股份变更信息；
> （三）行政许可取得、变更、注销等信息；
> （四）法律、行政法规规定的其他信息。
> 公司应当确保前款公示信息真实、准确、完整。

【理解与适用】

本条是关于企业信用系统公司信息公示的规定。

信用是市场经济的基础，企业是市场活动的主体，国家企业信用信息公示系统是官方信息查询平台，通过"全国一张网"，可以查询到在我国登记注册的每一家公司的信用信息。规范作为市场主体的公司的公开行为，可以在法律之外对市场主体形成信用有效治理，对于交易相对

---

① 《某建设集团有限公司诉江苏省南京市某区市场监督管理局撤销公司行政登记检察监督案》，载最高人民检察院网站，https://www.spp.gov.cn/spp/xwfbh/wsfbt/202210/t20221010_580502.shtml#2，最后访问日期：2023年12月27日。

人和社会公众作出正确的交易决策，防范交易风险，公司的信息公开具有重要意义。

为了保障公平竞争，促进企业诚信自律，规范企业信息公示，强化企业信用约束，维护交易安全，提高政府监管效能，扩大社会监督，公司应当根据规定，通过国家企业信用信息公示系统公示法定事项。应当公示的法定事项有：

1. 有限责任公司股东认缴和实缴的出资额、出资方式和出资日期。首先，本次修订后公司法对有限责任公司继续实行认缴制，鉴于以往公司法及实践并未公示认缴制下股东实缴的出资额，导致与公司交易的相对人和公众难以了解公司真实的实缴出资和相对应的信用，存在一些弊端，本次修订后公司法要求公示有限责任公司股东实缴出资的情况。其次，对于认缴而未实缴部分，也要公示这部分的出资期限和出资方式。公司法要求公司成立5年内，全部实缴到位，有限责任公司应当公示在多长期限内将认缴而未实缴的出资全部缴纳完毕。最后，对于股份有限公司来讲，公司法实行的授权资本制。股东对于公司发行的资本，也即股东认购的资本，应当实缴，不允许认缴不实缴。公司法只要求公示发起人认购的股份数，未要求发起人以外的认股人认购的股份数。

2. 有限责任公司股东、股份有限公司发起人的股权、股份变更信息。有限责任公司应当公示股东的股权变更信息，股份有限公司应当公示发起人股份变更的信息。

3. 行政许可取得、变更、注销等信息。公司获得的行政许可具有重要商业价值，对公司生产经营有重要影响，对消费者、交易相对人也有重要影响，如商业银行的金融牌照，因此公司的行政许可的取得、变更、注销等信息应当在国家企业信用信息公示系统公示。

4. 法律、行政法规规定的其他信息。本款是兜底条款，公司还应当公示本法未规定的，但是其他法律、行政法规规定的公示事项，如股权出质登记、行政处罚信息等。

公司应当确保以上公示信息真实、准确、完整，否则将承担相应的法律责任，另外，也会有相应的信用惩戒。

## 【相关规范】

● *行政法规及文件*

**1.《中华人民共和国市场主体登记管理条例》（2021年7月27日）**

第七条 国务院市场监督管理部门和国务院有关部门应当推动市场主体登记信息与其他政府信息的共享和运用，提升政府服务效能。

第十七条 申请人应当对提交材料的真实性、合法性和有效性负责。

第三十八条 登记机关应当根据市场主体的信用风险状况实施分级分类监管。

登记机关应当采取随机抽取检查对象、随机选派执法检查人员的方式，对市场主体登记事项进行监督检查，并及时向社会公开监督检查结果。

第四十条 提交虚假材料或者采取其他欺诈手段隐瞒重要事实取得市场主体登记的，受虚假市场主体登记影响的自然人、法人和其他组织可以向登记机关提出撤销市场主体登记的申请。

登记机关受理申请后，应当及时开展调查。经调查认定存在虚假市场主体登记情形的，登记机关应当撤销市场主体登记。相关市场主体和人员无法联系或者拒不配合的，登记机关可以将相关市场主体的登记时间、登记事项等通过国家企业信用信息公示系统向社会公示，公示期为45日。相关市场主体及其利害关系人在公示期内没有提出异议的，登记机关可以撤销市场主体登记。

因虚假市场主体登记被撤销的市场主体，其直接责任人自市场主体登记被撤销之日起3年内不得再次申请市场主体登记。登记机关应当通过国家企业信用信息公示系统予以公示。

● *部门规章及文件*

**2.《中华人民共和国市场主体登记管理条例实施细则》（2022年3月1日）**

第二十一条 公司或者农民专业合作社（联合社）合并、分立的，可以通过国家企业信用信息公示系统公告，公告期45日，应当于公告期届满后申请办理登记。

非公司企业法人合并、分立的，应当经出资人（主管部门）批准，自批准之日起30日内申请办理登记。

市场主体设立分支机构的，应当自决定作出之日起30日内向分支机构所在地登记机关申请办理登记。

**第二十三条**

……

市场主体在办理涉及营业执照记载事项变更登记或者申请注销登记时，需要在提交申请时一并缴回纸质营业执照正、副本。对于市场主体营业执照拒不缴回或者无法缴回的，登记机关在完成变更登记或者注销登记后，通过国家企业信用信息公示系统公告营业执照作废。

**第三十六条**

……

公司减少注册资本，可以通过国家企业信用信息公示系统公告，公告期45日，应当于公告期届满后申请变更登记。法律、行政法规或者国务院决定对公司注册资本有最低限额规定的，减少后的注册资本应当不少于最低限额。

外商投资企业注册资本（出资额）币种发生变更，应当向登记机关申请变更登记。

**第四十五条** 市场主体注销登记前依法应当清算的，清算组应当自成立之日起10日内将清算组成员、清算组负责人名单通过国家企业信用信息公示系统公告。清算组可以通过国家企业信用信息公示系统发布债权人公告。

**第四十九条** 申请办理简易注销登记，市场主体应当将承诺书及注销登记申请通过国家企业信用信息公示系统公示，公示期为20日。

在公示期内无相关部门、债权人及其他利害关系人提出异议的，市场主体可以于公示期届满之日起20日内向登记机关申请注销登记。

**第五十三条** 登记机关受理申请后，应当于3个月内完成调查，并及时作出撤销或者不予撤销市场主体登记的决定。情形复杂的，经登记机关负责人批准，可以延长3个月。

在调查期间，相关市场主体和人员无法联系或者拒不配合的，登记机关可以将涉嫌虚假登记市场主体的登记时间、登记事项，以及登记机关联系方式等信息通过国家企业信用信息公示系统向社会公示，公示期45日。相关市场主体及其利害关系人在公示期内没有提出异议的，登记机关可以撤销市场主体登记。

**第五十六条** 登记机关作出撤销登记决定后，应当通过国家企业信用信息公示系统向社会公示。

**第六十五条** 登记机关应当对登记注册、行政许可、日常监管、行政执法中的相关信息进行归集，根据市场主体的信用风险状况实施分级分类监管，并强化信用风险分类结果的综合应用。

**第六十七条** 市场主体被撤销设立登记、吊销营业执照、责令关闭，6个月内未办理清算组公告或者未申请注销登记的，登记机关可以在国家企业信用信息公示系统上对其作出特别标注并予以公示。

---

**第四十一条 【公司登记便利化】** 公司登记机关应当优化公司登记办理流程，提高公司登记效率，加强信息化建设，推行网上办理等便捷方式，提升公司登记便利化水平。

国务院市场监督管理部门根据本法和有关法律、行政法规的规定，制定公司登记注册的具体办法。

---

## 【理解与适用】

本条是关于公司登记便利化的规定。

公司登记机关应当根据《中华人民共和国市场主体登记管理条例》及其实施细则的具体规定，优化公司登记办理流程，提高公司登记效率，加强信息化建设，推行网上办理等便捷方式，提升公司登记便利化水平。

《中华人民共和国市场主体登记管理条例》明确了市场主体登记管理遵循依法合规、规范统一、公开透明、便捷高效的原则，对登记主体、登记程序、登记备案事项、登记规范等方面的内容进行了统一规定，有效提升公司登记的便利化水平。实践中，地方登记部门在积极探索和建设市场主体登记的电子政务，致力于建设市场主体及其分支机构的全程电子化登记，涵盖公司设立、变更、备案、注销等环节。

本条第二款授权国务院市场监督管理部门根据本法和有关法律、行政法规的规定，制定公司登记注册的部门规章。

## 【相关规范】

● *行政法规及文件*

1. 《中华人民共和国市场主体登记管理条例》（2021年7月27日）

**第四条** 市场主体登记管理应当遵循依法合规、规范统一、公开透明、便捷高效的原则。

第六条　国务院市场监督管理部门应当加强信息化建设，制定统一的市场主体登记数据和系统建设规范。

县级以上地方人民政府承担市场主体登记工作的部门（以下称登记机关）应当优化市场主体登记办理流程，提高市场主体登记效率，推行当场办结、一次办结、限时办结等制度，实现集中办理、就近办理、网上办理、异地可办，提升市场主体登记便利化程度。

第七条　国务院市场监督管理部门和国务院有关部门应当推动市场主体登记信息与其他政府信息的共享和运用，提升政府服务效能。

● *部门规章及文件*

**2.《中华人民共和国市场主体登记管理条例实施细则》（2022 年 3 月 1 日）**

第三条　国家市场监督管理总局主管全国市场主体统一登记管理工作，制定市场主体登记管理的制度措施，推进登记全程电子化，规范登记行为，指导地方登记机关依法有序开展登记管理工作。

县级以上地方市场监督管理部门主管本辖区市场主体登记管理工作，加强对辖区内市场主体登记管理工作的统筹指导和监督管理，提升登记管理水平。

县级市场监督管理部门的派出机构可以依法承担个体工商户等市场主体的登记管理职责。

各级登记机关依法履行登记管理职责，执行全国统一的登记管理政策文件和规范要求，使用统一的登记材料、文书格式，以及省级统一的市场主体登记管理系统，优化登记办理流程，推行网上办理等便捷方式，健全数据安全管理制度，提供规范化、标准化登记管理服务。

# 第三章　有限责任公司的设立和组织机构

## 第一节　设　　立

**第四十二条　【股东人数】有限责任公司由一个以上五十个以下股东出资设立。**

【理解与适用】

本条是关于有限责任公司股东人数的规定。

公司法本次修订删除了原第五十八条"一个自然人只能投资设立一个一人有限责任公司。该一人有限责任公司不能投资设立新的一人有限责任公司"的规定，这意味着一个自然人可以设立一个以上一人为股东的有限责任公司，一人有限责任公司可以转投资设立新的一人有限责任公司。

有限责任公司的股东人数上限是50人，下限可以是1人。关于有限责任公司股东的资格：其一，股东可以是自然人，无行为能力人、限制行为能力人不能作为发起人，但是可以作为股东。发起人也是股东，不过其是设立公司的原始股东，一些特殊的行业，发起人还必须具备特殊的民事权利和民事行为能力。法律禁止设立公司的自然人，不可以成为公司的股东，根据公务员法第五十九条、法官法第四十六条、检察官法第四十七的规定，公务员、法官和检察官不得从事或者参与营利性活动，在企业或者其他营利性组织中兼任职务。因此，公务员、检察官、法官等不得作为有限责任公司的股东。其二，股东也可以是法人，但是法律法规有禁止规定的从其规定。其三，公司原则上不能成为自己的股东，特殊情况下取得自己的股权时应当根据法律规定及时转让或注销。①其四，有限责任公司未要求发起人要在国内有住所，这点不同于股份有限公司要求发起人应当有半数以上在中华人民共和国境内有住所。

只有一个股东的有限责任公司应确保股东与公司之间的人格相互独立，否则股东可能会对公司债务承担连带责任。根据本法第二十三条第三款规定，只有一个股东的公司，股东不能证明公司财产独立于股东自己的财产的，应当对公司债务承担连带责任。

只有一个股东的有限责任公司，其股东会、董事会和监事会分别根据本法第六十条、第七十五条、第八十三条的特别规定进行设置。

**【案例指引】**

**温某、A 公司股权转让纠纷案**②

**裁判要旨**：关于案涉《股权回购协议》是否违反公司法（2018 年）关于一人有限责任公司的投资限制规定。该规定系针对公司设立行为，意在避免自然人利用设立一人公司的权利，滥用公司有限责任制度。本案中，温某、A 公司如依照《股权回购协议》受让 B 公司持有 C 公司的股权，虽可能导致 A 公司、C 公司实际均为温某的一人公司，但其并非基于原始设立行为，而是依法履行合同义务的结果，且可通过将 A 公司或 C 公司的部分股份转让给他人，或将上述两公司合并等方式加以调整，从而符合公司法（2018 年）关于一人有限责任公司的投资限制规定。

> **第四十三条 【设立协议】** 有限责任公司设立时的股东可以签订设立协议，明确各自在公司设立过程中的权利和义务。

---

① 参见赵旭东主编：《公司法学》（第四版），高等教育出版社 2017 年版，第 225 页。
② （2018）最高法民终 1291 号，载中国裁判文书网，https://wenshu.court.gov.cn/website/wenshu/181107ANFZ0BXSK4/index.html?docId=TEBb1cfvywzzSpeF5ENDZh8YNq7NaBVZ+h4KwfTB5JdTe5JKBeS6RvUKq3u+IEo4G32hnEYI6ItsHbt/cL+Sb0yy84EVbnD08mHXlNUnh7huwxkEtq16ao4Y0qqyGna/，最后访问日期：2023 年 12 月 24 日。

### 【理解与适用】

本条是关于有限责任公司设立协议的规定，设立协议也称为发起人协议。本条的性质是任意性规范，公司设立发起人之间也可以不订立设立协议。

公司设立是设立人为了成立公司依法进行的一系列法律行为的总称。[1]公司设立不同于公司成立——公司设立的目的是公司成立，公司设立是公司成立必经的过程，公司成立是公司设立追求的目的与结果；公司设立是设立人依据一定程序实施的一系列民事法律行为，而公司成立是指发起人完成公司设立的一系列行为，经过登记机关的行政确认，登记机关颁发营业执照确认法人资格和授予营业资格的法律事实。公司设立是民事法律行为，而公司成立是登记机关对公司设立行为的事实依法行政确认的结果。

公司设立协议的性质是法律行为，但是其是哪种性质的法律行为不能一概而论。对于只有一个股东的有限责任公司的设立而言，发起人无须订立设立协议，设立行为是单独法律行为。对于两个股东以上的有限责任公司的设立而言，设立协议性质有契约说、单独行为说、混合行为说（单独行为与契约行为的混合）、共同行为说等理论。鉴于发起人为了公司成立而订立设立协议，各个发起人的意思表示平行一致而非相互对立，彼此之间不互负义务，行为目的是达到共同一致的结果。因此，两个以上发起人订立的设立协议应认为是共同行为，只不过这一共同行为不是采取多数决而是一致同意。两个以上发起人订立的设立协议的性质，通说认为是共同行为。[2]

公司设立协议是非要式协议，公司法并未对其形式和必要条款进行规定。此外，对于有限责任公司而言，设立协议不是必须订立，这一点不同于股份有限公司，股份有限公司是必须订立设立协议，股份有限公司的设立协议在本法第九十三条中称之为发起人协议。

设立协议与公司章程的关系如何？公司成立前，公司章程未生效，以发起人协议为准；成立后，以公司章程为准，同样的内容，发起人协

---

[1] 李建伟：《公司法学》（第五版），中国人民大学出版社2022年版，第61页。
[2] 参见朱慈蕴：《公司法原论》，清华大学出版社2011年版，第72页。

议被公司章程吸收；发起人协议与公司章程不一致时，视为公司章程对发起人协议进行了修改；发起人协议与公司章程不冲突，但是章程未规定的，继续有效。①

> **第四十四条 【公司设立行为的法律后果】** 有限责任公司设立时的股东为设立公司从事的民事活动，其法律后果由公司承受。
>
> 公司未成立的，其法律后果由公司设立时的股东承受；设立时的股东为二人以上的，享有连带债权，承担连带债务。
>
> 设立时的股东为设立公司以自己的名义从事民事活动产生的民事责任，第三人有权选择请求公司或者公司设立时的股东承担。
>
> 设立时的股东因履行公司设立职责造成他人损害的，公司或者无过错的股东承担赔偿责任后，可以向有过错的股东追偿。

**【理解与适用】**

本条是有限责任公司设立法律后果的规定。

设立中的公司和成立后的公司具有同一性，是处于不同阶段的同一体，股东以公司设立为目的的民事法律行为，其法律后果由成立的公司承受。

公司未成立的，发起人为设立公司而进行的民事活动，其法律后果由公司设立时的股东承受。其一，发起人为一人的，则由独任发起人承担所有公司设立的法律后果；其二，发起人为二人以上的，发起人之间关系的法律性质为何？通说认为应当类推适用合伙关系来处理。本条第二款的规定即符合这一认识逻辑，本条第二款规定，设立时的发起人为二人以上的，则各个发起人为设立公司而从事的民事活动，各个发起人享有连带债权，承担连带债务。

发起人为设立公司，如以自己的名义订立的合同（如租房合同、设备购买合同），根据合同相对性原理，债权人一般只能要求与自己订

---

① 参见虞政平：《公司法案例教学》（上册），法律出版社2012年版，第6~7页。

立合同的发起人承担合同责任。而发起人尽管以自己的名义订立合同，但是其实际是为了公司的利益而订立合同，并且实际公司享有权利或履行合同义务，则债权人也可以不请求债务人承担合同责任而请求成立后的公司承担合同责任。本条第三款规定了第三人有选择权，可选择发起人或成立后的公司来承担责任。

发起人在设立公司时，因履行公司设立的职责侵犯他人权益给他人造成损害的，无论是公司成立前还是成立后，抑或公司未成立，受害人均可以请求做出侵害行为的发起人承担损害赔偿责任；公司成立后，受害人向公司主张损害赔偿责任的，公司承担赔偿后可以向有过错的发起人追偿；公司未成立的，受害人可以请求全体发起人承担连带赔偿责任，无过错股东承担赔偿责任后可以向有过错的股东追偿。

**【案例指引】**

**王某、刘某远等与公司有关的纠纷民事裁定书**[①]

**裁判要旨：**本案中，王某与刘某同为目标公司A公司的发起人，如公司未能依法设立，则应共同对债权人承担清偿责任并互有追偿权利。但实际上A公司已于2003年7月28日被核准登记，于登记成立之日已成为享有独立财产权利并独立承担民事责任的法人，公司法中有限责任这一基本制度产生保护公司股东王某和刘某免于外部债权人直接请求的作用，王某和刘某之间也不负有共同承担公司外部债务的法定义务。

**第四十五条 【有限责任公司章程制定】设立有限责任公司，应当由股东共同制定公司章程。**

**【理解与适用】**

本条是有限责任公司股东共同制定公司章程的规定。

---

[①] （2021）最高法民申4524号，载中国裁判文书网，https：//wenshu.court.gov.cn/website/wenshu/181107ANFZ0BXSK4/index.html？docId＝kPOB9XJWQheAu4MiiRgYhp5ZG6HrRN+gUz3PyXCGJx8PY4Z9hpnsdfUKq3u+IEo4G32hnEYI6ItXzheOhOqpBlm6NIfaPCrEZA0luRUlgs5ByB0FH/6M2TNILDEQQGC1，最后访问日期：2023年12月25日。

公司章程是指规范公司的组织和行为，规定公司和其成员之间以及其成员相互之间权利义务关系的公司必备法律文件。设立和成立公司，必须由股东共同制定公司章程，由所有股东意思一致通过，公司章程在公司成立后才开始发生效力。公司章程不是在公司登记机关登记的事项，但是是在公司登记机关备案的事项。

公司章程是公司组织和活动的基本准则。公司章程是公司内部的组织和行为规范，一经生效，即发生法律效力。

公司自治主要是指公司根据公司章程自治，公司章程的效力不仅及于公司，而且可以约束公司的股东、董事、监事和高级管理人员。[1] 公司法第五条规定："设立公司应当依法制定公司章程。公司章程对公司、股东、董事、监事、高级管理人员具有约束力。"但是，公司章程自治也有边界，不能违反法律的强制性规定，不能侵害股东的固有权。股东的固有权利是指不能通过公司章程、股东会决议剥夺的权利，如出席股东会的权利、股东对有限责任公司增资的优先认购权等。

**【案例指引】**

**谢某某、深圳某金融控股集团有限公司股东出资纠纷案**[2]

**裁判要旨**：本案中，《股东合作协议》签订在前，公司章程订立在后，《股东合作协议》并未约定当该协议与公司章程发生冲突时，以该协议为准。因此，公司章程内容与《股东合作协议》不一致的，视为双方对《股东合作协议》约定内容作出变更，应以新订立的公司章程为准。

---

**第四十六条　【有限责任公司章程绝对必要记载事项】**
有限责任公司章程应当载明下列事项：
（一）公司名称和住所；

---

[1] 参见朱慈蕴：《公司法原论》，清华大学出版社2011年版，第114页。
[2] （2019）粤03民终12430号，载中国裁判文书网，https://wenshu.court.gov.cn/website/wenshu/181107ANFZ0BXSK4/index.html?docId=NDOtIA+hdMhLzbWPpJ2XWAwJ/CcB-WTWebnZQb9nAKebZeuEQGp0XeJ/dgBYosE2gCiUnwFSJOwXlIb6F6BMZlyN05NRB6QgWvb77MR4zDn4S9trkpfgwprVR5xjBv7tb，最后访问日期：2024年1月4日。

> （二）公司经营范围；
> （三）公司注册资本；
> （四）股东的姓名或者名称；
> （五）股东的出资额、出资方式和出资日期；
> （六）公司的机构及其产生办法、职权、议事规则；
> （七）公司法定代表人的产生、变更办法；
> （八）股东会认为需要规定的其他事项。
> 股东应当在公司章程上签名或者盖章。

## 【理解与适用】

本条是关于有限责任公司章程的绝对必要记载事项的规定。

所谓公司章程绝对必要记载事项，是指公司章程中必须予以记载的法定事项，其记载与否和记载方式直接影响到章程的效力，如果欠缺该事项或记载不正确则导致公司章程无效。此类事项通常关系到公司的重大问题，有限责任公司和股份有限公司的规定也不尽相同。

有限责任公司章程应当载明下列事项（绝对必要记载事项）如下：(1) 公司名称和住所；(2) 公司经营范围；(3) 公司注册资本；(4) 股东的姓名或者名称；(5) 股东的出资额、出资方式和出资日期；(6) 公司的机构及其产生办法、职权、议事规则；(7) 公司法定代表人的产生、变更办法；(8) 股东会认为需要规定的其他事项。

公司章程制定是共同行为，但是初始公司章程的制定不实行多数决，而是应所有股东意思一致，一致通过后，应当经所有股东签名或盖章后生效。公司成立后，公司章程修改实行多数决。

## 【案例指引】

**宋文军诉西安市大华餐饮有限公司股东资格确认纠纷案**[①]

**裁判要旨**：基于有限责任公司封闭性和人合性的特点，由公司章程对公司股东转让股权作出某些限制性规定，系公司自治的体现。大华公司章

---

[①] 最高人民法院指导性案例96号。

程第十四条关于股权转让的规定，属于对股东转让股权的限制性规定而非禁止性规定，宋文军依法转让股权的权利没有被公司章程禁止，大华公司章程不存在侵害宋文军股权转让权利的情形。

> **第四十七条　【有限责任公司注册资本】**有限责任公司的注册资本为在公司登记机关登记的全体股东认缴的出资额。全体股东认缴的出资额由股东按照公司章程的规定自公司成立之日起五年内缴足。
>
> 法律、行政法规以及国务院决定对有限责任公司注册资本实缴、注册资本最低限额、股东出资期限另有规定的，从其规定。

## 【理解与适用】

本条是有限责任公司注册资本的规定。

有限责任公司实行认缴制，注册资本是全体股东在公司登记机关登记认缴的出资额，认缴也即全体股东承诺向公司缴纳的出资额，公司法不要求公司登记成立时认缴出资全部实缴。这次公司法修订，增加了有限责任公司认缴出资实缴期限的规定——最长不超过五年，从公司成立之日起计算。

法律、行政法规以及国务院决定对有限责任公司注册资本实缴、注册资本最低限额、股东出资期限另有规定的，从其规定。例如，商业银行法对设立商业银行的注册资本有最低限额要求，并且要求设立时注册资本实缴。商业银行法第十三条规定，设立全国性商业银行的注册资本最低限额为十亿元人民币；设立城市商业银行的注册资本最低限额为一亿元人民币；设立农村商业银行的注册资本最低限额为五千万元人民币，并且注册资本应当是实缴资本。

**【案例指引】**

**李某、杨某信申请执行人执行异议之诉再审审查与审判监督民事裁定书**①

**裁判要旨**：本案中，李某依据《最高人民法院关于民事执行中变更、追加当事人若干问题的规定》第十七条申请追加尚未缴纳出资的杨某信为被执行人，该条"未缴纳或未足额缴纳出资的股东"，系指未按期足额缴纳其所认缴出资额的股东。而杨某信于2017年4月27日受让案涉股权时，其出资认缴时间为2044年1月1日，依法享有缴纳出资的期限利益，不属于未按期足额缴纳出资的情形。

> **第四十八条　【出资方式、出资评估及其限制】** 股东可以用货币出资，也可以用实物、知识产权、土地使用权、股权、债权等可以用货币估价并可以依法转让的非货币财产作价出资；但是，法律、行政法规规定不得作为出资的财产除外。
>
> 对作为出资的非货币财产应当评估作价，核实财产，不得高估或者低估作价。法律、行政法规对评估作价有规定的，从其规定。

**【理解与适用】**

本条是关于有限责任公司股东出资方式、出资评估及其限制的规定。

本条第一款首先规定出资形式的分类，即货币和非货币财产，并对非货币财产规定了标准——可以用货币估价并可以依法转让。其次根据非货币财产的标准示例性列举了常见的非货币财产：实物、知识产权、土地使用权、股权、债权等，注意这是示例性列举，非穷尽性列举，此

---

① （2020）最高法民申4443号，载中国裁判文书网，https：//wenshu.court.gov.cn/website/wenshu/181107ANFZ0BXSK4/index.html？docId＝＋Xmgp0VlSnXdD8fJ5r3pI0/rYHvg6c5IEVt3mpH7iQPhXemQ04OdrfUKq3u＋IEo4G32hnEYI6IumpXeLhxTPMkgaM＋sMFJkFyoonD0F＋Y6ixkiboJKUz074xtFHHiHcp，最后访问日期：2024年2月16日。

外的非货币财产只要满足非货币财产的标准，就可以进行出资。实践中，劳务、信用、商誉尽管有财产价值，满足该标准"可以货币估价"的要素，但是不能满足该标准的"可以依法转让"要素，仍然不能作出股东的出资形式。再次对满足标准的非货币财产出资形式进行了排除，即尽管满足可以用货币估价并可以依法转让这一标准，但是法律、行政法规规定不得作为出资的财产，则不可以作为向公司出资的形式，如禁止流通的文物、赌债。最后《中华人民共和国市场主体登记管理条例》第十三条明确规定，出资方式应当符合法律、行政法规的规定，公司股东不得以劳务、信用、自然人姓名、商誉、特许经营权或者设定担保的财产等作价出资。

本次公司法修订将股权明确为出资形式。股权出资是股东以自己对另一个公司享有的股权作为出资的财产投资于公司，股权出资意味着股东将其对另一个公司的股权转让给公司，公司代替股东成为另一个公司的股东。股权可以用货币估价并可以依法转让，不过其作为出资形式具有一定的特殊性——股权的价值不稳定，股权的价值评估需要以另一公司的净资产、经营前景和证券市场行情来确定，评估难度大、准确性较低，从而影响公司资本的真实性。[①] 股权作为出资形式，需要满足一定的条件才能被认定为履行了出资义务：(1) 出资的股权由出资人合法持有并依法可以转让；(2) 出资的股权无权利瑕疵或者权利负担；(3) 出资人已履行关于股权转让的法定手续；(4) 出资的股权已依法进行了价值评估。股权出资不符合前三个条件的，公司其他股东或者公司债权人请求认定出资人未履行出资义务的，法院应当责令该出资人在指定的合理期间内采取补正措施，以符合上述条件；逾期未补正的，人民法院应当认定其未依法全面履行出资义务。股权出资不符合第四个条件的，公司、其他股东或者公司债权人请求认定出资人未履行出资义务的，人民法院应当按照《最高人民法院关于适用〈中华人民共和国公司法〉若干问题的规定（三）》第九条的规定处理。

本次公司法修订也将债权明确为出资形式，债权可以用货币估价并可以依法转让。债权出资意味着股东将自己对第三人的债权让与公司，由公司作为债权的受让人从而成为第三人的债权人。债权出资已经在我

---

① 参见李建伟：《公司法学》（第五版），中国人民大学出版社2022年版，第182页。

国的公司实践中被接受。债权出资的问题主要在于它的风险性和不确定性,因为如果债务人到期不能清偿,公司就不能获得预期的资本。

抽象地说,只要股权可以用作出资,债权则更可以,因为债权一般比股权风险小,价值更加稳定可靠。但是这种抽象的一概而论有一定误导性,因为一个历史悠久、信誉良好的企业的股份远比对一个风雨飘摇中的企业的债权可靠得多,风险也小得多。所以应该具体情况具体分析,由利害关系人在个案中判断股权或债权的具体价值。这里的利害关系人,在公司设立阶段是指其他发起人,在公司成立后是指公司的董事会或董事会授权的法定代表人。一旦经过合法、公正的评估程序后公司接受,双方确认了价格并完成了出资,即使股权或债权的风险成为现实,这些股权或债权的价值低于当初评估的价值,那么也应当认为出资真实、有效。判断出资真实、有效的时间标准是出资当时,而不是事后风险实现当时。[①]《中华人民共和国市场主体登记管理条例实施细则》第十三条规定,依法以境内公司股权或者债权出资的,应当权属清楚、权能完整,依法可以评估、转让,符合公司章程规定。

对作为出资的非货币财产应当评估作价,核实财产,不得高估或者低估作价。非货币财产出资,一旦实际价值低于出资的价格,则可能形成"掺水股",损害公司的资本充实,进而损害公司、其他股东和债权人利益。有学者认为,非货币财产出资应当满足五要件:(1)出资标的物具有确定性;(2)价值物的现存性;(3)价格评估的可能性;(4)可独立转让性;(5)具备公司目的框架内的盈利能力,为公司经营所需要。法律、行政法规对评估作价有规定的,从其规定。[②]

**【相关规范】**

● *行政法规及文件*

1. **《中华人民共和国市场主体登记管理条例》**(2021年7月27日)

　　**第十三条**　除法律、行政法规或者国务院决定另有规定外,市场主体的注册资本或者出资额实行认缴登记制,以人民币表示。

　　出资方式应当符合法律、行政法规的规定。公司股东、非公司企业法

---

[①] 参见朱锦清:《公司法学》(修订版),法律出版社2019年版,第72~73页。
[②] 参见朱慈蕴:《公司法原论》,清华大学出版社2011年版,第195页。

人出资人、农民专业合作社（联合社）成员不得以劳务、信用、自然人姓名、商誉、特许经营权或者设定担保的财产等作价出资。

● 部门规章及文件

**2.《中华人民共和国市场主体登记管理条例实施细则》（2022年3月1日）**

**第十三条** 申请人申请登记的市场主体注册资本（出资额）应当符合章程或者协议约定。

市场主体注册资本（出资额）以人民币表示。外商投资企业的注册资本（出资额）可以用可自由兑换的货币表示。

依法以境内公司股权或者债权出资的，应当权属清楚、权能完整，依法可以评估、转让，符合公司章程规定。

## 【案例指引】

**上海某金属制品有限公司与苏州某模具有限公司等买卖合同纠纷案**[①]

**裁判理由：** 被告3为证明其已履行了出资义务，一审时提供了债转股协议书及被告1公司财务账册，用以证明被告2、被告3将出借于公司的款项转增公司股本，因此已完成了出资义务。法院认为，被告2、被告3将对公司的债权转为股本，履行了出资义务。

> **第四十九条 【股东出资义务及法定责任】** 股东应当按期足额缴纳公司章程规定的各自所认缴的出资额。
>
> 股东以货币出资的，应当将货币出资足额存入有限责任公司在银行开设的账户；以非货币财产出资的，应当依法办理其财产权的转移手续。
>
> 股东未按期足额缴纳出资的，除应当向公司足额缴纳外，还应当对给公司造成的损失承担赔偿责任。

---

[①] （2020）沪01民终2064号，载中国裁判文书网，https://wenshu.court.gov.cn/website/wenshu/181107ANFZ0BXSK4/index.html？docId=xtjW9zhB4bzzV0DRcUYMjnykumUS4L+Bv-PLNNFkkvtJz5ZHjQHFciPUKq3u + IEo4G32hnEYI6ItXzheOhOqpBlm6NIfaPCrEZA0luRUlgs6ov6O5BkFJ0+RtJoMdyg0f，最后访问日期：2023年12月27日。

**【理解与适用】**

本条是关于有限责任公司股东出资义务及法定责任的规定。

股东向公司认缴出资额，公司向股东交付股权，双方之间是合同关系，股东出资义务的相对方是公司，而不是其他股东，这是股东与公司之间关于出资义务的法定关系。因此，对于公司章程中记载的股东各自认缴的出资额，股东应遵守约定按期足额实际缴纳，否则除了应当继续履行——向公司足额缴纳之外，还应当对公司造成的损失承担赔偿责任，这样的赔偿责任的性质实质是违约的损害赔偿。如果股东相互之间约定按期足额缴纳出资，否则未按期足额出资股东向其他股东承担违约责任，则按照股东之间的相互约定处理这样的合同关系及其违约责任。

股东以货币出资的，如何向公司实际缴纳出资？股东应当将货币出资足额存入有限责任公司在银行开设的账户，即认为向公司实际缴纳了认缴的出资。公司开设的账号称为对公账户，是指以公司名义在银行开立的账户。根据相关规定，公司必须进行银行开户，不进行银行开户，公司的经营以及法人、股东的个人征信都会受到严重影响。

设立中的公司开设的银行账户是临时账户，股东将资金缴纳至设立中公司开设的临时账户上，仍享有对该资金的所有权，资金的所有权在公司取得营业执照而成立时才转移至公司。但是，股东一旦将资金存入设立中公司的临时账户，则不得随意动用，而这种约束对外不发生效力，股东的债权人可以申请扣划执行股东存入设立中公司临时账户上的资金。由于设立中的公司不具备主体资格，因而无法以其独立的法律人格对抗他人。

发起人以非货币财产出资的，应当依法办理其财产权的转移手续。发起人以不动产出资的，应当办理不动产登记过户至公司名下；以动产出资的，应当将动产交付给公司，如将用于生产的原材料、办公用品交付给公司；特殊的动产，如以汽车、航空器等出资的，所有权自交付至公司即发生转移，但是登记可以对抗第三人，为避免引发权属争议，发起人交付之外，还应当办理特殊动产的登记。

> **第五十条　【设立时股东出资不足的连带责任】** 有限责任公司设立时，股东未按照公司章程规定实际缴纳出资，或者实际出资的非货币财产的实际价额显著低于所认缴的出资额的，设立时的其他股东与该股东在出资不足的范围内承担连带责任。

## 【理解与适用】

本条是关于设立时发起人出资不足时，发起人之间在出资不足范围内承担连带责任的规定。

本条规定的出资不足限于公司设立时实缴出资的不足，无论是货币出资还是非货币出资，而不适用于认缴而未到出资期限的实缴的部分。股东未按照公司章程规定，实际缴纳货币出资的，设立时的其他股东与该股东在出资不足的范围内向公司承担连带责任；股东实际出资的非货币财产的实际价额显著低于根据公司章程规定所认缴的出资额的，设立时的其他股东与该股东在出资不足的范围内向公司承担连带责任；当公司财产不足以清偿债权人的，设立时的其他股东与该股东在出资不足的范围内向公司债权人承担连带责任。

## 【案例指引】

**某资产管理公司乌鲁木齐办事处与某工贸有限责任公司等借款合同纠纷案**[①]

**裁判要旨**：根据公司法的规定，股东应当按期足额缴纳公司章程中规定的各自所认缴的出资额。股东以货币出资的，应当将货币出资足额存入有限责任公司在银行开设的账户；以非货币财产出资的，应当依法办理其财产权的转移手续。有限责任公司成立后，发现作为设立公司出资的非货币财产的实际价额显著低于公司章程所定价额的，应当由交付该出资的股东补足其差额。股东不实出资的，公司现有资产不足以偿还债权人债务的，公司股东应在不实出资数额的范围内向债权人承担补充赔偿责任。

---

[①] 参见《最高人民法院公报》2009年第2期。

> **第五十一条 【董事对出资的核查和催缴义务】**有限责任公司成立后,董事会应当对股东的出资情况进行核查,发现股东未按期足额缴纳公司章程规定的出资的,应当由公司向该股东发出书面催缴书,催缴出资。
>
> 未及时履行前款规定的义务,给公司造成损失的,负有责任的董事应当承担赔偿责任。

**【理解与适用】**

本条是关于董事会对未按期足额缴纳出资的股东的核查和催缴义务的规定。

有限责任公司设立完成对获得登记机关颁发的营业执照,自此有限责任公司成立,获得企业法人资格和营业资格,成立的公司应当对股东的出资情况进行核查,核查的主体是有限责任公司的董事会,未设立董事会的,核查主体是执行董事。董事会或执行董事核查后,发现有股东未按期足额实缴其在章程规定的认缴出资的,应当由公司向该股东催缴,催缴采取书面形式通知,催促该股东及时足额缴纳出资。董事会或执行董事未及时履行本条第一款规定的催缴义务,给公司造成损失的,负有责任的董事应当向公司承担赔偿责任。公司应当作为原告向负有责任的董事提起损害赔偿之诉,该损害赔偿诉讼由公司董事会代表公司提起,董事会不提起的,监事会代表公司提起,监事会也未提起的,则股东可以提起,要求负有责任的董事向公司进行损害赔偿。股东提起损害赔偿诉讼的,具体程序依据股东派生诉讼的规定处理。

公司增资时,股东对认缴的增资未按时足额缴纳出资的,也可以适用该条的规定。

**【案例指引】**

某科技公司、胡某某损害公司利益责任纠纷案①

**裁判要旨**：在公司注册资本认缴制下，公司设立时认缴出资的股东负有的出资义务与公司增资时是相同的，董事、高级管理人员负有的督促股东出资的义务也不应有所差别。

> 第五十二条 【股东失权】股东未按照公司章程规定的出资日期缴纳出资，公司依照前条第一款规定发出书面催缴书催缴出资的，可以载明缴纳出资的宽限期；宽限期自公司发出催缴书之日起，不得少于六十日。宽限期届满，股东仍未履行出资义务的，公司经董事会决议可以向该股东发出失权通知，通知应当以书面形式发出。自通知发出之日起，该股东丧失其未缴纳出资的股权。
>
> 依照前款规定丧失的股权应当依法转让，或者相应减少注册资本并注销该股权；六个月内未转让或者注销的，由公司其他股东按照其出资比例足额缴纳相应出资。
>
> 股东对失权有异议的，应当自接到失权通知之日起三十日内，向人民法院提起诉讼。

**【理解与适用】**

本条是关于股东失权的规定。

股东失权的法理依据是民法上的权利失效理论，权利失效是指权利者在相当期限内不行使其权利，依特别情事足以使义务人正当信任权利人不欲使其履行义务时，则基于诚实信用原则不得再为主张。②

---

① （2018）最高法民再 366 号，载中国裁判文书网，https://wenshu.court.gov.cn/website/wenshu/181107ANFZ0BXSK4/index.html? docId = Rjlsv3zRAPCK + P18jzpOLJNsvyN3BEV + G2esSg58fO4BL04meWP2YvUKq3u + IEo4G32hnEYI6Iuzjx4u8HlGgr0fn3OvjmZqZA0luRUlgs5beGUbMnO0wKa4FmILbYhy，最后访问日期：2024 年 1 月 4 日。

② 参见王泽鉴：《民法学说与判例研究》，北京大学出版社 2016 年版，第 230 页。

股东没有按照公司章程规定的出资日期缴纳其认缴的出资，根据本法第五十一条、第五十二条的规定，公司的董事会应当发出书面催缴书催缴其出资，催缴书可以载明缴纳出资的宽限期。催缴书的宽限期由公司董事会决定，但是不得少于六十日，少于六十日的则按照法定的六十日宽限期计。催缴书上记载的宽限期届满，股东仍未履行出资义务的，公司经董事会决议后，可以向该股东发出失权通知，失权通知的形式应当是书面形式而不能是口头形式或其他形式。失权通知发出之日起生效，而非股东收到之日生效。失权通知发出之日，该股东丧失其未缴纳出资的股权。但是对于股东已经缴纳的出资，股东仍然享有相应的股权，不受影响，股东仍然保留有股东资格。

**第五十三条　【抽逃出资的法律责任】**公司成立后，股东不得抽逃出资。

违反前款规定的，股东应当返还抽逃的出资；给公司造成损失的，负有责任的董事、监事、高级管理人员应当与该股东承担连带赔偿责任。

## 【理解与适用】

本条是关于禁止股东抽逃出资及其法律责任的规定。

股东抽逃出资的实质是作为成员的股东侵蚀了公司的财产。公司成立后，股东将出资财产转让给公司，公司获得该项财产的所有权，股东从公司那里获得对应的股权，但是其对公司的财产不能再直接支配、不享有所有权。股东投入公司的资本形成公司的法人财产，是公司经营的物质基础，也是债权人债权的担保，股东不得将其投入公司的资本抽回，否则将严重影响公司的正常经营活动，损害债权人利益。抽逃出资违反了公司资本维持原则，资本维持原则是指公司的净资产（会计角度体现为所有权权益）与公司注册资本应当匹配，[1] 以此保护债权人和

---

[1] 王军：《公司资本制度》，北京大学出版社2022年版，第21页。

交易安全，防止公司经营中的欺诈。①

行政机关和审判机关认定的抽逃出资行为大致可以分为两类：一类是"直接抽逃"，即出资人完成验资或公司注册后，立即将出资财产转走或取回。这几乎是没有争议的一种抽逃行为。另一类则复杂一些——表现为股东通过让公司清偿债务、提供担保、与公司发生其他交易或者分配公司利润等方式从公司取得财产。这类行为常常伴随真假难辨的合同和交易，哪些属于抽逃出资，哪些是正常的交易或公司行为常有争议。这类行为中的抽逃出资，可称之为"迂回抽逃"。②

违反本条第一款禁止抽逃出资规定的，抽逃出资的股东应当返还抽逃的出资；股东抽逃出资，一般需要借助公司内部的董事、高级管理人员、监事的协助或纵容，否则难以进行，因此股东抽逃出资给公司造成损失的，负有责任的董事、监事、高级管理人员应当与该股东承担连带赔偿责任。

## 【相关规范】

● 法律

《中华人民共和国刑法》（2023年12月29日）

**第一百五十九条** 公司发起人、股东违反公司法的规定未交付货币、实物或者未转移财产权，虚假出资，或者在公司成立后又抽逃其出资，数额巨大、后果严重或者有其他严重情节的，处五年以下有期徒刑或者拘役，并处或者单处虚假出资金额或者抽逃出资金额百分之二以上百分之十以下罚金。

单位犯前款罪的，对单位判处罚金，并对其直接负责的主管人员和其他直接责任人员，处五年以下有期徒刑或者拘役。

## 【案例指引】

**袁某某与C公司、B公司、A公司股东出资纠纷案**③

**裁判要旨：** A公司抽逃出资的方式，是通过虚构C公司与D公司之间

---

① 参见李建伟：《公司法学》（第5版），中国人民大学出版社2022年版，第164页。
② 王军：《公司资本制度》，北京大学出版社2022年版，第21页。
③ （2014）民二终字第00092号，载中国裁判文书网，https://wenshu.court.gov.cn/website/wenshu/181107ANFZ0BXSK4/index.html?docId=3uFe0YX95zEXPw80WhKdzzj6h77hUtuJ4LnsZQq+1yqcCK/i1rRTRPUKq3u+IEo4G32hnEYI6ItXzheOhOqpBlm6NIfaPCrEZA0luRUlgs4IS+oYSZ6tCE9BnKVvxJXc，最后访问日期：2023年12月27日。

的工程款债务,将款项从C公司转入D公司,再从D公司转入E公司,用以偿还了A公司欠E公司的借款。在C公司为A公司抽逃出资而出具的《资金使用申请单》上,袁某某签字同意。虽然该行为发生在款项已经转出之后,但仍代表袁某某对A公司抽逃出资行为的认可。根据公司法有关规定,公司的其他股东、董事、高管人员等,只要实施了协助股东抽逃出资的行为,即应承担连带责任,而与协助行为对抽逃出资所起作用的大小、是否为抽逃出资的必要条件等无关。

**第五十四条 【股东出资加速到期】公司不能清偿到期债务的,公司或者已到期债权的债权人有权要求已认缴出资但未届出资期限的股东提前缴纳出资。**

**【理解与适用】**

本条是关于股东出资加速到期的规定。

一、公司法以立法的形式正式确立股东出资加速到期制度

本条首次明确以立法的形式规定了非破产、解散情形下的股东出资加速到期制度。企业破产法规定了破产情形下的股东出资加速到期制度,该法第三十五条规定,人民法院受理破产申请后,债务人的出资人尚未完全履行出资义务的,管理人应当要求该出资人缴纳所认缴的出资,而不受出资期限的限制。《最高人民法院关于适用〈中华人民共和国公司法〉若干问题的规定(二)》规定了公司解散情形下股东出资加速到期制度,其第二十二条第一款规定:"公司解散时,股东尚未缴纳的出资均应作为清算财产。股东尚未缴纳的出资,包括到期应缴未缴的出资,以及依照公司法第二十六条和第八十条的规定分期缴纳尚未届满缴纳期限的出资。"原公司法缺乏股东未届期出资加速到期的法律依据。原公司法及其司法解释规定的股东未履行或未完全履行出资义务时应承担违约责任,是指股东的出资期限已到期而未缴纳的情形。此外,《最高人民法院关于民事执行中变更、追加当事人若干问题的规定》第十七条规定的"未缴纳或未足额缴纳出资"亦系出资期限届满时的情形,不适用股东出资加速到期。尽管《全国法院民商事审判工作会议

纪要》第六条规定了公司在非破产与解散情形下股东出资应否加速到期的问题，但该纪要并非法律规定或司法解释。本次公司法修订首次明确以法律的形式规定了非破产、解散情形下的股东未届期出资加速到期制度。

二、股东出资加速到期的条件及其判断标准

股东出资加速到期的条件是公司不能清偿到期债务。股东出资加速到期涉及债权人利益与股东出资利益的平衡，股东享有出资期限利益是原则，股东出资加速到期是例外。注册资本认缴制下，股东对认缴的出资原则上有期限利益，在实缴期限未到期前，可以拒绝提前缴纳出资，但是例外的情形下，该期限利益应受有限制。股东出资加速到期的条件"公司不能清偿到期债务的"。

关于股东出资加速到期条件的判断标准。本法第五十四条规定，以不能清偿到期债务作为加速到期的条件，与企业破产法第二条关于破产原因的第一句话表述类似，但又不完全等同于破产原因。企业破产法第二条规定的破产原因为"不能清偿到期债务+资产不足以清偿全部债务"和"不能清偿到期债务+明显缺乏清偿能力"两种情形，本法第五十四条规定的股东出资加速到期条件只包括"不能清偿到期债务"，其标准低于破产的界限，二者价值基础不同，条件不同也是必然。[1] 对于不能清偿，可能是客观上的不能，如缺乏或丧失清偿能力等，也可能是主观不能，如恶意逃废债务等，实践中对此应如何把握？

笔者以为，应以公司未清偿到期债务的事实状态作为判断标准，包括：权利人能够证明公司丧失清偿能力或财产不足以清偿全部债务，债权人多次催收，公司以无清偿能力为由不予履行，以强制执行仍无法实现全部债权等。实践中，债权人对执行不能的举证较为容易些，只要证明任何以公司为债务人的执行案件不能得到执行，或因无财产可供执行而终结本次执行，即完成举证责任，而无须以自身执行案件不能执行或终本为限。[2]

三、请求股东出资义务加速到期的主体

本条明确规定，在不能清偿到期债务情形下，公司在符合法定情形

---

[1] 刘斌：《出资义务加速到期规则的解释论》，《财经法学》2024 年第 3 期。
[2] 刘贵祥：《关于新公司法适用中的若干问题》，《法律适用》2024 年第 6 期。

时，人民法院可以直接认定股东不再享有期限利益，公司可以基于出资合意要求已认缴出资但未届出资期限的股东提前缴纳出资。此外，债权人也可以根据民法典关于债权人代位权的体系解释，直接要求未届出资期限的股东在认缴出资范围内对债务承担清偿责任。因此，根据本条的规定，公司不能清偿到期债务的，对于已认缴出资但未届出资期限的股东，有权要求股东出资义务加速到期的主体为公司或者已到期债权的债权人。

（一）公司向股东主张加速到期

公司作为原告提起出资加速到期诉讼。股东作为被请求提前履行出资义务的义务方，是相关案件的被告。在公司内部，由董事会代表公司向股东发出催缴通知，公司催缴不是必须以诉讼程序或执行程序为之。

（二）债权人向股东主张加速到期

债权人向股东主张加速到期的诉讼程序中，债权人可以单独起诉股东，亦可同时起诉公司和股东。

债权人直接起诉股东的。债权人直接提起出资加速到期诉讼，债权人有权根据债权人代位权规则，向股东主张在其未出资范围内对公司不能清偿的债务承担补充赔偿责任。此时债权人为原告，股东为被告，债权人不仅与案件的处理结果有直接的利害关系，其本身亦有权提起相关诉讼请求股东提前履行出资义务。对于公司来讲，其作为股东履行出资义务时受领相关款项的权利主体，因此，法院应当通知公司作为第三人参与诉讼，这有助于查明事实。

四、股东出资义务加速到期的法律后果

关于股东出资义务加速到期的法律后果有"入库规则"和"直接清偿规则"两种不同的观点。本书认为，当公司提起股东出资加速到期的请求或诉讼时，应当适用"入库规则"，入库的出资为公司所有债权人的债权提供担保。但是，当债权人提起股东出资加速到期的请求或诉讼的场合，现有规则并未明确。从文义解释来看，"股东提前缴纳出资"似乎应解释为"入库规则"，股东应将出资交给公司。有学者也认为，债权人提出请求或诉讼的场合，应当适用"入库规则"，理由是股东出资义务的对象是公司而不是债权人，"入库规则"有助于实现全体债权人公平清偿，避免个别清偿导致的不公平。[1] 但是，从司法实践的角度来看，有法院认为债权人提出请求或诉讼的场合，应当适用"直接清偿规则"，有司法实务人士也认为应当采用"直接清偿规则"，具体理由为：第一，出资加速到期本质上还是公司所享有的"债务人丧失期限利益的债权"，这与到期债权无实质区别。第二，毋庸讳言，加速到期情况下公司基本已濒临破产，甚至已具备破产条件，个别清偿有对其他债权人不公之嫌。但是，股东出资责任加速到期无非是股东对债权人承担出资不足补充赔偿责任的一种特殊情形，即便是出资缴纳期限已届至，进行个别清偿也同样面临着上述问题，故，无实质理由加以区别。第三，就公司个别债权人利益和整体债权人利益的平衡方面，在公司未进入破产程序的情况下，向个别债权人清偿，并不妨碍其他债权人申请公司破产，也不妨碍公司自身申请破产。一旦申请破产，未届出资缴纳期限的股东即应将其出资归入债务人财产，实现所有债权人的公平清偿。概言之，其他债权人是否对"最后一杯羹"公平受偿，主动权掌握在其他债权人手中，不必杞人忧天。第四，债权人在诉讼中付出诉讼费、保全费、律师费等成本，就是考虑到在多个公司利益相关者中，债权人对主张股东承担出资不足的动力最强最足，如果其费尽周折而为别人做"嫁衣"，那么债权人将没有诉讼的动力。否则，新公司法第五十三条专门赋予债权人要求"股东提前缴纳出资"的诉权，岂不是导致弱化或虚化。第五，如果按归入公司思路，债权人在请求股东向公司履行出资义务的同时，请求对该公司债权诉讼保全，在执行中同样可以达到个别清偿之效果，无非是让债权人更费周折而已。面临这种情况，其他债权人还是要靠执行分配或申请破产来维护自己的权益，与归入公司的情况下所能采取的救济手段也无二致。[2]

新公司法生效后北京市西城区人民法院审结的适用股东出资加速到期规则的案件，法院在判决中也将股东加速到期缴纳的出资直接清偿给债权人。[3]

---

[1] 刘斌：《出资义务加速到期规则的解释论》，载《财经法学》2024年第3期。
[2] 刘贵祥：《关于新公司法适用中的若干问题》，载《法律适用》2024年第6期。
[3] 《西城法院审结首例适用新公司法加速到期规则案件》，载微信公众号"北京西城法院"，https://mp.weixin.qq.com/s/21_oRaYH_GdOlzZ5KI9e_w?scene=25#wechat_redirect，最后访问日期：2024年7月14日。

**【相关规范】**

● 法律

1.《中华人民共和国企业破产法》(2006年8月27日)

　　第三十五条　人民法院受理破产申请后，债务人的出资人尚未完全履行出资义务的，管理人应当要求该出资人缴纳所认缴的出资，而不受出资期限的限制。

● 司法解释及文件

2.《全国法院民商事审判工作会议纪要》(2019年11月8日)

　　6.【股东出资应否加速到期】在注册资本认缴制下，股东依法享有期限利益。债权人以公司不能清偿到期债务为由，请求未届出资期限的股东在未出资范围内对公司不能清偿的债务承担补充赔偿责任的，人民法院不予支持。但是，下列情形除外：

　　(1) 公司作为被执行人的案件，人民法院穷尽执行措施无财产可供执行，已具备破产原因，但不申请破产的；

　　(2) 在公司债务产生后，公司股东（大）会决议或以其他方式延长股东出资期限的。

**【案例指引】**

**郭某与李某等执行异议之诉案**

　　裁判要旨：法院判决认为，在有生效判决确认债权，经公司债权人申请执行的情况下，如果人民法院穷尽执行措施公司还无财产可供执行，已具备破产原因，但不申请破产的，股东未届期限的认缴出资加速到期。

> **第五十五条　【出资证明书】** 有限责任公司成立后，应当向股东签发出资证明书，记载下列事项：
> 　　(一) 公司名称；
> 　　(二) 公司成立日期；
> 　　(三) 公司注册资本；

（四）股东的姓名或者名称、认缴和实缴的出资额、出资方式和出资日期；

（五）出资证明书的编号和核发日期。

出资证明书由法定代表人签名，并由公司盖章。

**【理解与适用】**

本条是关于股东出资证明书及记载事项的规定。

出资证明书是有限责任公司成立后对于股东向公司出资的法律事实，向股东签发的书面凭证。向股东签发出资证明书是公司的义务，如公司拒绝签发的，则股东可以公司为被告，提起给付之诉，要求公司签发出资证明书。

出资证明书的性质是证明文书而非权利证券，出资证明书本身不能代表股东权利。出资证明书的法律特征如下：(1)必须在公司成立以后才能向股东签发；(2)出资证明书是证明文书，非权利证券，本身不能创设权利，只是确认和证明一定的法律事实——股东出资的法律事实；(3)出资证明书不能等同于股权，不能用于商业交易和流通；(4)出资证明书是要式证书，必须是书面形式，由法定代表人签名并加盖公司公章，内容上必须记载法定的事项。需要注意的是，在形式上，本次修订的公司法对出资证明书新增了法定代表人签名的要求，在内容上，新增了股东实际缴纳出资额的记载事项。

本法第八十七条规定，有限责任公司的股东转让股权后，公司应当注销原股东的出资证明书，向新股东签发出资证明书。

出资证明书不是认定股东资格的必要条件。没有出资证明书，但是有其他方式可以证明股东出资的事实的，如公司给实际出资人出示的投资款的收据。因此不应当以没有出资证明书为由来否认实际出资人的股东资格，出资证明书在认定股东资格时并非起决定性的作用。

出资证明书的证明效力及于公司与股东之间或股权转让双方之间，不能对抗善意第三人。出资证明书与股东名册不一致时，应当以股东名册为准。股东名册创设股东资格和股东权利，具有设权的作用，而出资证明书只是证明文书，只有出资证明书与股东名册一致时，才具有证明效力；二者不一致，则以股东名册为准。①

> **第五十六条　【股东名册】**有限责任公司应当置备股东名册，记载下列事项：
> （一）股东的姓名或者名称及住所；
> （二）股东认缴和实缴的出资额、出资方式和出资日期；
> （三）出资证明书编号；
> （四）取得和丧失股东资格的日期。
> 记载于股东名册的股东，可以依股东名册主张行使股东权利。

**【理解与适用】**

本条是关于有限责任公司股东名册记载事项的规定。

股东名册是指公司依法设置的记载股东及其所持股权的簿册。有限责任公司必须置备股东名册，股东名册设定股东资格，也是股东权利变动的根据，而股东出资证明书只是用作证明一定的法律事实——出资事实的书面凭证。公司法第八十六条规定，股东转让股权的，受让人自记载于股东名册时起可以向公司主张行使股东权利。公司法第八十七条规定，转让股权后，公司应当注销原股东出资证明书，向新股东签发出资证明书，并修改章程和股东名册中股东及其出资额的记载。

股东名册应当记载下列事项：（1）股东的姓名或者名称及住所；（2）股东认缴和实缴的出资额、出资方式和出资日期；（3）出资证明书编号；（4）取得和丧失股东资格的日期。

股东名册具有以下效力：（一）推定效力。记载于股东名册的股东，可以依股东名册主张行使股东权利，除非有相反的证据可以推翻；（二）对抗效力，未记载于股东名册但主张其为股东的人，公司可以拒绝承认其为股东，如隐名股东即使其向公司实际投资，但是未记载于股

---

① 参见唐青林等主编：《公司法 25 个案由裁判综述及办案指南》，中国法制出版社 2019 年版，第 5~6 页。

东名册，公司可以不承认其为公司的股东；（三）免责的效力。公司依法向在册的股东履行了通知、送达、公告、支付股利等义务后，就可以免除相应的责任。例如，股东变更住所，但是未通知公司并对股东名册进行变更登记，公司根据股东名册邮寄送达后，即使该股东没有收到，公司也没有责任。①

股东依法履行了出资义务或者依法继受取得股权后，公司未根据本法第五十五条、第五十六条的规定签发出资证明书、记载于股东名册并办理登记，当事人请求公司履行上述义务的，人民法院应予支持。实际出资人与名义股东因投资权益的归属发生争议，实际出资人以其实际履行了出资义务为由向名义股东主张权利的，人民法院应予支持。名义股东以公司股东名册记载、公司登记机关登记为由否认实际出资人权利的，人民法院不予支持。

实际出资人请求公司变更股东、签发出资证明书、记载于股东名册、记载于公司章程并办理公司登记机关登记的，是否还需要经过公司其他股东半数以上同意？公司法第八十四条已经删除了对外转让股权应经其他股东过半数同意的要求，其他股东只是对转让的股权有优先购买权。因此根据公司法第八十四条的规定，对该变更的股权，无须经过其他股东过半数同意，只是有优先购买权。

本条第二款规定，记载于股东名册的股东，可以依股东名册主张行使股东权利。因此，结合本款和公司法第八十六条、第八十七条，可以看出股东权利的发生变动的根据是股东名册的变动，股东及其权利的登记只是对抗要件。

## 【相关规范】

● **司法解释及文件**
《最高人民法院关于人民法院强制执行股权若干问题的规定》（2021年12月20日）

第四条 人民法院可以冻结下列资料或者信息之一载明的属于被执行人的股权：

（一）股权所在公司的章程、股东名册等资料；

---

① 参见李建伟：《公司法学》（第五版），中国人民大学出版社2022年版，第230页。

（二）公司登记机关的登记、备案信息；

（三）国家企业信用信息公示系统的公示信息。

案外人基于实体权利对被冻结股权提出排除执行异议的，人民法院应当依照民事诉讼法第二百二十七条的规定进行审查。

**【案例指引】**

**A 公司与 D 公司等执行异议之诉纠纷案**[①]

**裁判要旨**：股权转让是股权继受取得的方式之一，作为一种法律行为，通过当事人之间达成合法有效的转让协议后履行即可取得相应股权。股权转让导致的股东及股权结构变化并非法律规定的登记事项。向公司登记机关进行股权变更登记是公司履行股权转让协议的行为，仅发生对抗交易第三人的法律效力，而非股权取得的法定要件。股权受让方是否实际取得股权，应当以公司是否修改章程或将受让方登记于股东名册，股权受让方是否实际行使股东权利为判断依据。

> **第五十七条　【股东知情权】**股东有权查阅、复制公司章程、股东名册、股东会会议记录、董事会会议决议、监事会会议决议和财务会计报告。
>
> 股东可以要求查阅公司会计账簿、会计凭证。股东要求查阅公司会计账簿、会计凭证的，应当向公司提出书面请求，说明目的。公司有合理根据认为股东查阅会计账簿、会计凭证有不正当目的，可能损害公司合法利益的，可以拒绝提供查阅，并应当自股东提出书面请求之日起十五日内书面答复股东并说明理由。公司拒绝提供查阅的，股东可以向人民法院提起诉讼。

---

[①] （2022）最高法民再 117 号，载中国裁判文书网，https：//wenshu.court.gov.cn/website/wenshu/181107ANFZ0BXSK4/index.html? docId = y8aBPW + o2P5uM9XX8SxkUipr/SW4Kd PGTB6G+ HAcqmWe5xzXVewQHPUKq3u + IEo4G32hnEYI6ItXzheOhOqpBlm6NIfaPCrEZA0luRUlgs 778MO61fihuX5NGVZlDXIT，最后访问日期：2023 年 12 月 29 日。

> 股东查阅前款规定的材料，可以委托会计师事务所、律师事务所等中介机构进行。
> 　　股东及其委托的会计师事务所、律师事务所等中介机构查阅、复制有关材料，应当遵守有关保护国家秘密、商业秘密、个人隐私、个人信息等法律、行政法规的规定。
> 　　股东要求查阅、复制公司全资子公司相关材料的，适用前四款的规定。

### 【理解与适用】

本条是关于股东知情权的规定。

股东知情权是股东行使资产收益、参与重大决策和选择管理者等股东权利的前提。

多数情况下有限责任公司的股东较少，规模小、人合性强，但是在利益冲突的情况下，因意见分歧、股东个人关系恶化等因素，容易导致大股东压迫或排挤小股东。小股东维护自己在公司中的权益时首先面对的障碍往往就是信息不对称。

知情权是股东为了解公司的财务和经营信息而查阅相关公司文件的权利。查阅和复制公司章程、股东名册、股东会会议记录、董事会会议决议、监事会会议决议、财务会计报告的权利是单独股东权，有限责任公司任一股东无论其持有的股权比例占有多少均有权查阅和复制上述文件。

会计账簿、会计凭证涉及更详细的公司商业秘密，并且查阅起来工作量巨大，也更具有技术性。因此，相比查阅公司章程、股东名册、股东会会议记录、董事会会议决议、监事会会议决议、财务会计报告，查阅公司的会计账簿、会计凭证有更严格的查阅条件和程序。股东请求查阅会计账簿、会计凭证的，应满足以下条件和程序：（1）向公司提出书面请求，并说明目的；（2）可以查阅，但是不能复制。股东查阅会计账簿、会计凭证受正当目的限制，公司对股东查阅会计账簿、会计凭证的请求有合理根据认为有不正当目的，可能损害公司利益的，可以拒绝查阅，但是应当自股东提出书面请求之日起十五日内书面答复股东并说明理由。根据《最高人民法院关于适用〈中华人民共和国公司法〉若干问题的规定（四）》的规定，常见的"不正当目的"的情形有：（1）股东自营或者为他人经营与公司主营业务有实质性竞争关系业务的，但公司章程另有规定或者全体股东另有约定的除外；（2）股东为了向他人通报有关信息查阅公司会计账簿，可能损害公司合法利益的；（3）股东在向公司提出查阅请求之日前的三年内，曾通过查阅公司会计账簿，向他人通报有关信息损害公司合法利益的；（4）股东有不正当目的的其他情形。

股东查阅会计账簿、会计凭证的请求被公司拒绝的，可以向法院提起诉讼，请求法院支持行使该权利。查阅权之诉中股东是原告，公司是被告，原告在提起查阅权之诉时应具有股东身份，否则将被法院驳回。

股东查阅会计账簿、会计凭证，但是缺乏相应法律、会计专业能力的，可以委托会计师事务所、律师事务所等中介机构进行。

股东及其委托的会计师事务所、律师事务所等中介机构查阅、复制有关材料，应当遵守有关保护国家秘密、商业秘密、个人隐私、个人信息等法律、行政法规的规定。由会计师事务所、律师事务所等中介机构查阅、复制有关材料，一方面可以从专业能力上更好地帮助小股东实现知情权；另一方面，由这类中介机构查阅、复制材料，因为其负有职业道德要求和纪律规范，可以更好地平衡股东知情权与公司商业秘密等合法利益之间的关系。

股东要求查阅、复制公司全资子公司相关材料的，适用本条前四款的规定。公司对其投资的全资子公司持有全部股权，对全资子公司的股权也构成母公司的财产，关系到母公司股东的股东权利价值，因此股东知情权也适用于其投资的公司所投资的全资子公司，如此更有助于全面保护小股东知情权，发挥小股东知情权在公司治理的监督作用。

**【相关规范】**

● *法律*

《中华人民共和国会计法》（2024年6月28日）

**第三条** 各单位必须依法设置会计账簿，并保证其真实、完整。

**第四条** 单位负责人对本单位的会计工作和会计资料的真实性、完整性负责。

第九条　各单位必须根据实际发生的经济业务事项进行会计核算，填制会计凭证，登记会计账簿，编制财务会计报告。

任何单位不得以虚假的经济业务事项或者资料进行会计核算。

第十三条　会计凭证、会计账簿、财务会计报告和其他会计资料，必须符合国家统一的会计制度的规定。

使用电子计算机进行会计核算的，其软件及其生成的会计凭证、会计账簿、财务会计报告和其他会计资料，也必须符合国家统一的会计制度的规定。

任何单位和个人不得伪造、变造会计凭证、会计账簿及其他会计资料，不得提供虚假的财务会计报告。

第十四条　会计凭证包括原始凭证和记账凭证。

办理本法第十条所列的经济业务事项，必须填制或者取得原始凭证并及时送交会计机构。

会计机构、会计人员必须按照国家统一的会计制度的规定对原始凭证进行审核，对不真实、不合法的原始凭证有权不予接受，并向单位负责人报告；对记载不准确、不完整的原始凭证予以退回，并要求按照国家统一的会计制度的规定更正、补充。

原始凭证记载的各项内容均不得涂改；原始凭证有错误的，应当由出具单位重开或者更正，更正处应当加盖出具单位印章。原始凭证金额有错误的，应当由出具单位重开，不得在原始凭证上更正。

记账凭证应当根据经过审核的原始凭证及有关资料编制。

第十六条　各单位发生的各项经济业务事项应当在依法设置的会计账簿上统一登记、核算，不得违反本法和国家统一的会计制度的规定私设会计账簿登记、核算。

第十七条　各单位应当定期将会计账簿记录与实物、款项及有关资料相互核对，保证会计账簿记录与实物及款项的实有数额相符、会计账簿记录与会计凭证的有关内容相符、会计账簿之间相对应的记录相符、会计账簿记录与会计报表的有关内容相符。

第二十三条　各单位对会计凭证、会计账簿、财务会计报告和其他会计资料应当建立档案，妥善保管。会计档案的保管期限、销毁、安全保护等具体管理办法，由国务院财政部门会同有关部门制定。

第四十条　违反本法规定，有下列行为之一的，由县级以上人民政府财政部门责令限期改正，给予警告、通报批评，对单位可以并处二十万元以下的罚款，对其直接负责的主管人员和其他直接责任人员可以处五万元以下的罚款；情节严重的，对单位可以并处二十万元以上一百万元以下的罚款，对其直接负责的主管人员和其他直接责任人员可以处五万元以上五十万元以下的罚款；属于公职人员的，还应当依法给予处分：

（一）不依法设置会计账簿的；

（二）私设会计账簿的；

（三）未按照规定填制、取得原始凭证或者填制、取得的原始凭证不符合规定的；

（四）以未经审核的会计凭证为依据登记会计账簿或者登记会计账簿不符合规定的；

（五）随意变更会计处理方法的；

（六）向不同的会计资料使用者提供的财务会计报告编制依据不一致的；

（七）未按照规定使用会计记录文字或者记账本位币的；

（八）未按照规定保管会计资料，致使会计资料毁损、灭失的；

（九）未按照规定建立并实施单位内部会计监督制度或者拒绝依法实施的监督或者不如实提供有关会计资料及有关情况的；

（十）任用会计人员不符合本法规定的。

有前款所列行为之一，构成犯罪的，依法追究刑事责任。

会计人员有第一款所列行为之一，情节严重的，五年内不得从事会计工作。

有关法律对第一款所列行为的处罚另有规定的，依照有关法律的规定办理。

**第四十一条** 伪造、变造会计凭证、会计账簿，编制虚假财务会计报告，隐匿或者故意销毁依法应当保存的会计凭证、会计账簿、财务会计报告的，由县级以上人民政府财政部门责令限期改正，给予警告、通报批评，没收违法所得，违法所得二十万元以上的，对单位可以并处违法所得一倍以上十倍以下的罚款，没有违法所得或者违法所得不足二十万元的，可以并处二十万元以上二百万元以下的罚款；对其直接负责的主管人员和其他直接责任人员可以处十万元以上五十万元以下的罚款，情节严重的，可以处五十万元以上二百万元以下的罚款；属于公职人员的，还应当依法给予处分；其中的会计人员，五年内不得从事会计工作；构成犯罪的，依法追究刑事责任。

## 第二节 组织机构

> **第五十八条 【股东会的组成与法律地位】**有限责任公司股东会由全体股东组成。股东会是公司的权力机构，依照本法行使职权。

**【理解与适用】**

本条是关于股东会的组成与法律地位的规定。

股东会是公司的最高权力机关，由全体股东组成，无论股东持有的股权多少，都不能排除其参加股东会的权利。股东会的设立是法律的强制性规定，特殊类型的公司可以作出灵活的特殊规定，如股东只有一人的有限责任公司可以不设股东会。公司法第五十九条规定了股东会的职权，股东会按照公司法和公司章程的规定行使股东会职权。

**【相关规范】**

● *法律*

《中华人民共和国民法典》（2020年5月28日）

第八十条 营利法人应当设权力机构。

权力机构行使修改法人章程、选举或者更换执行机构、监督机构成员，以及法人章程规定的其他职权。

> **第五十九条 【股东会的职权】**股东会行使下列职权：
> （一）选举和更换董事、监事，决定有关董事、监事的报酬事项；
> （二）审议批准董事会的报告；
> （三）审议批准监事会的报告；
> （四）审议批准公司的利润分配方案和弥补亏损方案；

（五）对公司增加或者减少注册资本作出决议；

（六）对发行公司债券作出决议；

（七）对公司合并、分立、解散、清算或者变更公司形式作出决议；

（八）修改公司章程；

（九）公司章程规定的其他职权。

股东会可以授权董事会对发行公司债券作出决议。

对本条第一款所列事项股东以书面形式一致表示同意的，可以不召开股东会会议，直接作出决定，并由全体股东在决定文件上签名或者盖章。

【理解与适用】

本条是关于股东会职权的规定。

股东会是公司最高权力机关，股东会的职权一般是公司的重大事项，可以分为两类：法定职权和公司章程规定职权，公司可以在法定职权之外，通过公司章程规定股东会拥有法定职权以外的其他职权。

股东会以会议体的形式运作，通过投票来作出决策，对本条第一款所列事项股东以书面形式一致表示同意的，可以不召开股东会会议，直接作出决定，并由全体股东在决定文件上签名或者盖章。

第六十条　【一人公司的股东决定】只有一个股东的有限责任公司不设股东会。股东作出前条第一款所列事项的决定时，应当采用书面形式，并由股东签名或者盖章后置备于公司。

【理解与适用】

本条是关于一人公司股东决定的规定。

股东只有一人的公司无法形成多人组成的会议体，自然无必要设立股东会，但是公司唯一的股东作出股东会职权范围内事项的决定，仍应遵守相应的程序，即应当采用书面形式，并由股东签名或盖章后置备于公司。唯一的股东对股东会职权范围内的事项作出决定，在签名之外，本条之所以还规定"或者盖章"，是考虑到一人有限责任公司的股东可能是自然人以外的法人。

## 【相关规范】

● 法律

《中华人民共和国公司法》（2023年12月29日）

第一百七十二条　国有独资公司不设股东会，由履行出资人职责的机构行使股东会职权。履行出资人职责的机构可以授权公司董事会行使股东会的部分职权，但公司章程的制定和修改，公司的合并、分立、解散、申请破产，增加或者减少注册资本，分配利润，应当由履行出资人职责的机构决定。

**第六十一条　【股东会首次会议】首次股东会会议由出资最多的股东召集和主持，依照本法规定行使职权。**

## 【理解与适用】

本条是关于股东会首次会议的规定。

本条规定股东会首次会议的召集人由出资最多的股东召集和主持，而不是由董事会召集和主持，因为董事会等公司机关由股东会选举产生，首次股东会结束之前董事会等公司机关尚未产生，自然不可能由董事会召集和主持。

## 【相关规范】

● 法律

《中华人民共和国公司法》（2023年12月29日）

第六十三条　股东会会议由董事会召集，董事长主持；董事长不能履行职务或者不履行职务的，由副董事长主持；副董事长不能履行职务或者不履行职务的，由过半数的董事共同推举一名董事主持。

董事会不能履行或者不履行召集股东会会议职责的，由监事会召集和主持；监事会不召集和主持的，代表十分之一以上表决权的股东可以自行召集和主持。

**【案例指引】**

**孙某、大连某某公司等公司决议撤销纠纷案**①

**裁判要旨**：范某某持有被上诉人 75.51% 的股份，是公司出资最多的股东。被上诉人在 2021 年 6 月 3 日之前虽由全体股东签字形成过股东会决议，但从未召开过股东会会议。根据公司法的规定及被上诉人公司章程之约定，范某某作为被上诉人出资最多的股东，有权召集并主持被上诉人首次股东会会议。

> **第六十二条 【股东会的定期会议和临时会议】** 股东会会议分为定期会议和临时会议。
> 定期会议应当按照公司章程的规定按时召开。代表十分之一以上表决权的股东、三分之一以上的董事或者监事会提议召开临时会议的，应当召开临时会议。

**【理解与适用】**

本条是股东会定期会议和临时会议的规定。

有限责任公司定期会议召开的具体时间公司法未规定，授权公司章程来予以规定。对于有限责任公司的临时会议，代表十分之一以上表决权的股东、三分之一以上的董事或者监事会提议召开的，则应当召开临时会议。

---

① （2022）辽 02 民终 3883 号，载中国裁判文书网，https://wenshu.court.gov.cn/website/wenshu/181107ANFZ0BXSK4/index.html?docId=2BtuR8jdEu3y+aBAvOdRf8J/d4OCOJcr4JCXEz1ySwD5HX1FL5NgfvUKq3u+IEo4G32hnEYI6Iuzjx4u8HlGgr0fn3OvjmZqZA0luRUlgs43p7zCJNRk5EtTQvwY6d6F，最后访问日期：2023 年 12 月 30 日。

> **第六十三条　【股东会会议的召集和主持】**股东会会议由董事会召集，董事长主持；董事长不能履行职务或者不履行职务的，由副董事长主持；副董事长不能履行职务或者不履行职务的，由过半数的董事共同推举一名董事主持。
>
> 董事会不能履行或者不履行召集股东会会议职责的，由监事会召集和主持；监事会不召集和主持的，代表十分之一以上表决权的股东可以自行召集和主持。

## 【理解与适用】

本条是关于股东会会议的召集和主持的规定。

首次股东会以外的股东会，由董事会召集，董事长主持；董事长不能履行职务或者不履行职务的，由副董事长主持；副董事长不能履行职务或者不履行职务的，由过半数的董事共同推举一名董事主持。

本条第二款规定了股东会召集的顺位，董事会是第一顺位，监事会是第二顺位，代表十分之一以上表决权的股东是第三顺位。召集股东会是董事会、监事会的法定职责。为避免董事会、监事会怠于履行股东会召集职责从而损害公司和股东利益，公司法规定了股东的股东会临时召集权，不过这一权利有表决权要求，召集股东会的股东应代表十分之一以上表决权，成功召集后由该召集的股东主持股东会会议。

## 【案例指引】

**A 公司与 B 公司等确认合同无效纠纷案**[①]

**裁判要旨：**袁某某在监视居住期间无法正常履行其董事长及法定代表人职务，但在未经公司股东会或董事会决议的情况下，概括授权丁某某代为行使 B 公司董事长和法定代表人职权，违反了公司法的规定。丁某某不能因此获得 B 公司的法定代表人及董事长权限。

---

[①] （2019）最高法民再 35 号，载中国裁判文书网，https：//wenshu.court.gov.cn/website/wenshu/181107ANFZ0BXSK4/index.html？docId=U3nQoCSu02hS4VsSRS+RFEkc9s4bPXXpAkbILAT21IwtsPHqRDfkV/UKq3u+IEo4G32hnEYI6Iuzjx4u8HlGgr0fn3OvjmZqZA0luRUlgs5ac1cFEvDsvKDpmNvaW1xd，最后访问日期：2024 年 1 月 2 日。

> **第六十四条　【股东会会议的通知期限和会议记录】**召开股东会会议，应当于会议召开十五日前通知全体股东；但是，公司章程另有规定或者全体股东另有约定的除外。
>
> 股东会应当对所议事项的决定作成会议记录，出席会议的股东应当在会议记录上签名或者盖章。

**【理解与适用】**

本条是关于股东会会议的通知期限和会议记录的规定。

召开股东会会议，会议召集人应当在会议召开十五日前通知全体股东，通知的内容一般包括会议召开时间、地点、决议事项。本条并未明确通知的具体形式，不过根据本法第二十四条的规定，股东会的召集和表决可以采用电子通信方式，公司应当留存通知的证据，否则股东主张未收到会议通知请求法院判决撤销决议时，公司对通知难以举证证明。公司章程对前述股东会会议通知要求可以另有规定，全体股东对前述股东会会议通知的要求也可以另有约定。

股东会应当对所议事项的决定作成会议记录，出席会议的股东应当在会议记录上签名或者盖章，一般来说是在会议记录上由自然人股东签名，法人股东盖章。会议记录应置备于公司，根据本法第五十七条规定股东可以查阅和复制。

**【案例指引】**

**胡某某、A公司决议撤销纠纷案**[①]

**裁判理由：**本案中，A公司2021年4月22日的股东会议，并未通知胡某某参会，剥夺了胡某某作为A公司股东的参会权、议事权和表决权，属于程序重大瑕疵，一审法院对此认定为程序轻微瑕疵不当。

---

① （2021）川01民终19820号，载中国裁判文书网，https：//wenshu. court. gov. cn/website/wenshu/181107ANFZ0BXSK4/index. html? docId = MPLip4EWDjjC5mfkVlXLtpYsuyGlSvBwNCALGHj1rogspDWg/jxJnPUKq3u + IEo4G32hnEYI6ItXzheOhOqpBlm6NIfaPCrEZA0luRUlgs4rP34jzBmXnFm6jDQdOaLK，最后访问日期：2023年12月30日。

**第六十五条　【股东表决权】股东会会议由股东按照出资比例行使表决权；但是，公司章程另有规定的除外。**

## 【理解与适用】

本条是关于股东表决权及其比例确定依据的规定。

根据本条规定，在股东会会议上，对股东会决议事项，股东按照出资比例行使表决权。这是股东平等原则的体现，这里的股东平等是指比例平等，衡量的标准，在股份有限公司中是股东持有的股份数量，在有限责任公司中是股东的出资比例。股东参与分红的权利、表决权的行使以及公司增资时股东享有的优先认购权都是根据其持股数量来确定的。与上述权利不同，在所谓的辅助权方面，如出席股东大会的权利、质询权、提起股东会决议无效之诉的权利，适用人人平等原则。股东平等原则的基本原理是，除非法律、公司章程或全体股东另有约定，否则所有股东的权利都按照出资比例或持股比例平等行使。

本条的出资比例是指认缴的出资比例还是实缴的出资比例？从司法解释和司法实践来看，公司章程没有规定的话，股东是按照认缴的出资比例行使表决权的。

有限责任公司股东按照出资比例行使表决权是法律的任意性规定。公司章程也可以约定不按照出资比例行使表决权。

## 【相关规范】

● *法律*

1.《中华人民共和国公司法》（2023年12月29日）

第一百一十六条　股东出席股东会会议，所持每一股份有一表决权，类别股股东除外。公司持有的本公司股份没有表决权。

股东会作出决议，应当经出席会议的股东所持表决权过半数通过。

股东会作出修改公司章程、增加或者减少注册资本的决议，以及公司合并、分立、解散或者变更公司形式的决议，应当经出席会议的股东所持表决权的三分之二以上通过。

第一百四十四条　公司可以按照公司章程的规定发行下列与普通股权

利不同的类别股：

（一）优先或者劣后分配利润或者剩余财产的股份；

（二）每一股的表决权数多于或者少于普通股的股份；

（三）转让须经公司同意等转让受限的股份；

（四）国务院规定的其他类别股。

公开发行股份的公司不得发行前款第二项、第三项规定的类别股；公开发行前已发行的除外。

公司发行本条第一款第二项规定的类别股的，对于监事或者审计委员会成员的选举和更换，类别股与普通股每一股的表决权数相同。

● **司法解释及文件**

**2.《全国法院民商事审判工作会议纪要》（2019年11月8日）**

7.【表决权能否受限】股东认缴的出资未届履行期限，对未缴纳部分的出资是否享有以及如何行使表决权等问题，应当根据公司章程来确定。公司章程没有规定的，应当按照认缴出资的比例确定。如果股东（大）会作出不按认缴出资比例而按实际出资比例或者其他标准确定表决权的决议，股东请求确认决议无效的，人民法院应当审查该决议是否符合修改公司章程所要求的表决程序，即必须经代表三分之二以上表决权的股东通过。符合的，人民法院不予支持；反之，则依法予以支持。

**【案例指引】**

C中心（有限合伙）等与D中心（有限合伙）等公司决议效力确认纠纷案[①]

**裁判要旨**：股东享有权利的前提是承担股东义务，表决权与利润分配请求权、新股优先认购权等权利的享有，与股东出资义务的履行密不可分，对于未完全履行出资义务的股东，公司有权通过根据公司章程或者股东会决议对其包括表决权在内的股东权利进行合理限制。

---

[①] （2021）京02民终8887号，载中国裁判文书网，https://wenshu.court.gov.cn/website/wenshu/181107ANFZ0BXSK4/index.html？docId=q5nmPTFTik+667pfWQop2dGK1hC0O5kGAnM8O2Y5UnE7/Mm2N790KfUKq3u+IEo4G32hnEYI6ItsHbt/cL+Sby83ZRsbXF14vSBK6ec6MShZxYXUf0ucTBHEZbfDSmwE，最后访问日期：2024年1月15日。

**李某与 A 公司决议效力确认纠纷案**①

**裁判要旨：**关于原告主张第三人未实缴出资，无权作出股东会决议。本院认为，股东认缴的出资未届履行期限，对未缴纳部分的出资是否享有以及如何行使表决权等问题，应当根据公司章程来确定。公司章程没有规定的，应当按照认缴出资的比例确定。

> **第六十六条　【股东会的议事方式和表决程序】**股东会的议事方式和表决程序，除本法有规定的外，由公司章程规定。
>
> 股东会作出决议，应当经代表过半数表决权的股东通过。
>
> 股东会作出修改公司章程、增加或者减少注册资本的决议，以及公司合并、分立、解散或者变更公司形式的决议，应当经代表三分之二以上表决权的股东通过。

## 【理解与适用】

本条是关于有限责任公司股东会的议事方式和表决程序的规定，本次修订新增了普通决议应经代表过半数表决权的股东通过的规定。

有限责任公司具有人合性和封闭性的特点，对于有限责任公司股东会的议事方式和表决程序，公司法给予了更大的自治空间。

公司法未规定有限责任公司股东会的出席法定足数，但是规定了特别决议和普通决议的决议法定足数。

有限责任公司股东会的特别决议的规则要点如下：其一，特别决议的法定足数。特别决议应当经代表三分之二以上表决权的股东通过；其二，特别决议的法定足数——三分之二以上表决权的基数是公司所有股东的表决权；其三，特别决议事项是修改公司章程、增加或者减少注册资本的决议，以及公司合并、分立、解散或者变更公司形式。公司法对

---

① （2022）沪 0115 民初 46407 号，载中国裁判文书网，https：//wenshu.court.gov.cn/website/wenshu/181107ANFZ0BXSK4/index.html?docId=cVyxAV2KtXS3eTFC1rZ0OOer9/gI9aPr+ydX8BoMgoX7SxPgVQWVD/UKq3u+IEo4G32hnEYI6ItsHbt/cL+Sby83ZRsbXF14vSBK6ec6MShZxYXUf0ucTIp/sfdzTi4h 最后访问日期：2024 年 1 月 15 日。

法定特别决议事项进行了穷尽列举，公司还可以在公司章程中增加规定特别决议事项。其四，三分之二以上是否包括三分之二本数？根据民法典第一千二百五十九条的规定，民法所称的"以上"包括本数。

有限责任公司股东会的特别决议的规则要点如下：其一，普通决议事项：特别决议事项之外的决议事项是普通决议事项。其二，普通决议的法定足数。普通决议应当经代表二分之一以上表决权的股东通过；其三，普通决议的法定足数——二分之一以上表决权的基数是公司所有股东的表决权；其四，过半数是否包括半数本数？根据民法典第一千二百五十九条的规定，民法所称的"超过"不包括本数，"过"的意思就是超过，因此过半数不包括半数（50%）本数。从司法实践来看，过半数的"过"也不包括半数（50%）的本数，否则对某一决议意向相反的两派股东，各自合计的表决权数刚好是半数（50%）的表决权，公司就此可以有两个有效的决议，这与逻辑和生活常识不符。

**【相关规范】**

● 法律

《中华人民共和国公司法》（2023年12月29日）

**第一百一十三条** 股东会应当每年召开一次年会。有下列情形之一的，应当在两个月内召开临时股东会会议：

（一）董事人数不足本法规定人数或者公司章程所定人数的三分之二时；

（二）公司未弥补的亏损达股本总额三分之一时；

（三）单独或者合计持有公司百分之十以上股份的股东请求时；

（四）董事会认为必要时；

（五）监事会提议召开时；

（六）公司章程规定的其他情形。

**第一百一十四条** 股东会会议由董事会召集，董事长主持；董事长不能履行职务或者不履行职务的，由副董事长主持；副董事长不能履行职务或者不履行职务的，由过半数的董事共同推举一名董事主持。

董事会不能履行或者不履行召集股东会会议职责的，监事会应当及时召集和主持；监事会不召集和主持的，连续九十日以上单独或者合计持有公司百分之十以上股份的股东可以自行召集和主持。

单独或者合计持有公司百分之十以上股份的股东请求召开临时股东会会议的，董事会、监事会应当在收到请求之日起十日内作出是否召开临时股东会会议的决定，并书面答复股东。

第一百一十五条　召开股东会会议，应当将会议召开的时间、地点和审议的事项于会议召开二十日前通知各股东；临时股东会会议应当于会议召开十五日前通知各股东。

单独或者合计持有公司百分之一以上股份的股东，可以在股东会会议召开十日前提出临时提案并书面提交董事会。临时提案应当有明确议题和具体决议事项。董事会应当在收到提案后二日内通知其他股东，并将该临时提案提交股东会审议；但临时提案违反法律、行政法规或者公司章程的规定，或者不属于股东会职权范围的除外。公司不得提高提出临时提案股东的持股比例。

公开发行股份的公司，应当以公告方式作出前两款规定的通知。

股东会不得对通知中未列明的事项作出决议。

第一百一十六条　股东出席股东会会议，所持每一股份有一表决权，类别股股东除外。公司持有的本公司股份没有表决权。

股东会作出决议，应当经出席会议的股东所持表决权过半数通过。

股东会作出修改公司章程、增加或者减少注册资本的决议，以及公司合并、分立、解散或者变更公司形式的决议，应当经出席会议的股东所持表决权的三分之二以上通过。

第一百一十七条　股东会选举董事、监事，可以按照公司章程的规定或者股东会的决议，实行累积投票制。

本法所称累积投票制，是指股东会选举董事或者监事时，每一股份拥有与应选董事或者监事人数相同的表决权，股东拥有的表决权可以集中使用。

第一百一十八条　股东委托代理人出席股东会会议的，应当明确代理人代理的事项、权限和期限；代理人应当向公司提交股东授权委托书，并在授权范围内行使表决权。

第一百一十九条　股东会应当对所议事项的决定作成会议记录，主持人、出席会议的董事应当在会议记录上签名。会议记录应当与出席股东的签名册及代理出席的委托书一并保存。

## 【案例指引】

**王某某等与 A 公司公司决议效力确认纠纷案**①

**裁判要旨**：基于有限责任公司的性质和法律规定及公司章程内在逻辑的一致性，在公司章程没有约定的情况下，A 公司关于一般事项的股东会决议必须经代表超过半数以上表决权的股东通过，该超过半数是指同意决议的表决权超过公司全体表决权的半数，而不是超过出席会议的表决权的半数。

---

**第六十七条　【董事会职权】** 有限责任公司设董事会，本法第七十五条另有规定的除外。

董事会行使下列职权：

（一）召集股东会会议，并向股东会报告工作；

（二）执行股东会的决议；

（三）决定公司的经营计划和投资方案；

（四）制订公司的利润分配方案和弥补亏损方案；

（五）制订公司增加或者减少注册资本以及发行公司债券的方案；

（六）制订公司合并、分立、解散或者变更公司形式的方案；

（七）决定公司内部管理机构的设置；

（八）决定聘任或者解聘公司经理及其报酬事项，并根据经理的提名决定聘任或者解聘公司副经理、财务负责人及其报酬事项；

（九）制定公司的基本管理制度；

---

① （2014）二中民终字第 03561 号，载中国裁判文书网，https://wenshu.court.gov.cn/website/wenshu/181107ANFZ0BXSK4/index.html? docId = pd2JZ5vhIJRJxbwmkWvPTLtFazfu/V/QxPVMP2H/05t6762j5uaYFPUKq3u+IEo4G32hnEYI6IumpXeLhxTPMkgaM+sMFJkFyoonD0F+Y6gwOZLSRD9pZB68g3tHsYeo，最后访问日期：2024 年 2 月 15 日。

> （十）公司章程规定或者股东会授予的其他职权。
> 公司章程对董事会职权的限制不得对抗善意相对人。

## 【理解与适用】

本条是关于有限责任公司董事会职权的规定。

有限责任公司设立的董事会，由股东会选举产生，由三名以上董事组成，代表公司和全体股东的利益，董事会是执行公司业务的常设机关，以会议体的形式运作。一般来讲，董事会作为公司机关有两种功能：(1) 股东会的意思执行机关，负责将股东会的决议付诸实施；(2) 日常经营业务的决策机关，日常经营业务需要迅速作出决定，非属公司的根本性事项，由董事会作出决策。[1]

董事会是公司经营管理和公司治理结构的中枢和核心。董事会与股东会之间职权如何分配决定了公司的治理是实行股东会中心主义还是董事会中心主义，从本法的规定来看，实行的是股东会中心主义，如增加或者减少注册资本、发行公司债券、合并、分立、解散、变更公司形式，这些都是公司的根本性结构变化，董事会只有方案制订权，决定权保留在股东会手中。董事会的职权分为两类：(1) 公司法规定的法定职权；(2) 公司章程规定或者股东会授予的其他职权。股东会的职权可以通过公司章程规定或股东会决议授予董事会，从而实行股东会中心主义到董事会中心主义的转化。

公司章程对董事会职权的限制不得对抗善意相对人。审查公司章程的义务不应施加于与有限责任公司交易的相对人，因此公司章程对董事会职权的限制不应约束与有限责任公司交易的相对人，否则将增加交易成本，不利于交易安全，损害交易效率，增加整体经济的运行成本和社会成本。

---

[1] 参见朱慈蕴：《公司法原论》，清华大学出版社2011年版，第292页。

【相关规范】

● 法律

《中华人民共和国民法典》（2020年5月28日）

第八十一条 营利法人应当设执行机构。

执行机构行使召集权力机构会议，决定法人的经营计划和投资方案，决定法人内部管理机构的设置，以及法人章程规定的其他职权。

执行机构为董事会或者执行董事的，董事长、执行董事或者经理按照法人章程的规定担任法定代表人；未设董事会或者执行董事的，法人章程规定的主要负责人为其执行机构和法定代表人。

> 第六十八条 【董事会组成】有限责任公司董事会成员为三人以上，其成员中可以有公司职工代表。职工人数三百人以上的有限责任公司，除依法设监事会并有公司职工代表的外，其董事会成员中应当有公司职工代表。董事会中的职工代表由公司职工通过职工代表大会、职工大会或者其他形式民主选举产生。
>
> 董事会设董事长一人，可以设副董事长。董事长、副董事长的产生办法由公司章程规定。

【理解与适用】

本条是关于董事会组成的规定。

设董事会的有限责任公司，董事会成员应为三人以上，董事会成员中可以有职工代表。职工代表是具有职工身份的董事。职工代表有利于公司内部实现民主决策，决策时除了考虑股东的利益，还应当考虑职工的利益。

职工人数三百人以上的有限责任公司，监事会设职工代表的，董事会可以不设职工代表，但是监事会未设职工代表的，则董事会必须设职工代表。除此之外的有限责任公司，董事会成员为三人以上的，成员中可以而非必须设职工代表。董事会职工代表的产生办法，根据本条规定和劳动法第八条的规定，由公司职工通过职工代表大会、职工大会或者其他形式民主选举产生。

董事会设董事长一人，可以设副董事长。董事长可以兼任经理，可以担任法定代表人，董事会由董事长召集和主持。董事长、副董事长的产生办法由公司章程规定。

## 【相关规范】

● *法律*

1. 《中华人民共和国公司法》（2023年12月29日）

**第一百二十条** 股份有限公司设董事会，本法第一百二十八条另有规定的除外。

本法第六十七条、第六十八条第一款、第七十条、第七十一条的规定，适用于股份有限公司。

2. 《中华人民共和国劳动法》（2018年12月29日）

**第八条** 劳动者依照法律规定，通过职工大会、职工代表大会或者其他形式，参与民主管理或者就保护劳动者合法权益与用人单位进行平等协商。

## 【案例指引】

**A公司与臧某某等公司决议纠纷案**[①]

**裁判要旨**：高某全于任期内提出辞职后，A公司董事会仍有4名成员，不低于法定人数。公司与董事之间的关系属于委任关系，在法律和A公司章程均无相反规定的情况下，高某全的辞职应于其董事辞职报告送达A公司董事会时即2018年11月8日发生法律效力。一审判决认定在A公司未选举出新的董事会成员代替高某全的情况下，高某全仍系A公司董事并享有相应表决权，缺乏法律依据。

---

[①] （2020）京02民终5074号，载中国裁判文书网，https://wenshu.court.gov.cn/website/wenshu/181107ANFZ0BXSK4/index.html? docId = zWwP3sOYntyJD3G6O0ukf3eQISKVC/tNLkeGL7g85BNVUOE2NfT/PfUKq3u + IEo4G32hnEYI6ItXzheOhOqpBlm6NIfaPCrEZA0luRUlgs4en4nPOThkHdIB5l44m4tS，最后访问日期：2024年1月2日。

> **第六十九条　【审计委员会】**有限责任公司可以按照公司章程的规定在董事会中设置由董事组成的审计委员会，行使本法规定的监事会的职权，不设监事会或者监事。公司董事会成员中的职工代表可以成为审计委员会成员。

**【理解与适用】**

本条是关于有限责任公司设审计委员会的规定，是此次公司法修订的亮点之一。

有限责任公司可以不设监事会或监事，而根据公司章程的规定在董事会中设置审计委员会，由审计委员会行使本法规定的监事会的职权，监督公司的董事、高级管理人员。据此，监事会不是有限责任公司的必设机关，公司可以在监事会和审计委员会之间二选一，来行使监督的功能。公司是设置监事会还是审计委员会，公司法授权公司自治决定。

有限责任公司的审计委员会由董事组成，董事会中的职工代表可以成为董事会中审计委员会的成员。公司法并未规定审计委员会的最低人数要求，也未规定审计委员会成员的资格要求，这为有限责任公司审计委员会的组成提供了灵活性和包容性。审计委员会成员可以不具有独立性，如可在公司内部有其他职务。但是从有限责任公司董事会中审计委员会的功能发挥和公司有效治理角度来看，有条件的话有限责任公司董事会中的审计委员会成员最好应具有独立性，这样才符合自身逻辑。

**【相关规范】**

● **法律**

《中华人民共和国公司法》（2023年12月29日）

第七十八条　监事会行使下列职权：

（一）检查公司财务；

（二）对董事、高级管理人员执行职务的行为进行监督，对违反法律、行政法规、公司章程或者股东会决议的董事、高级管理人员提出解任的建议；

（三）当董事、高级管理人员的行为损害公司的利益时，要求董事、高级管理人员予以纠正；

（四）提议召开临时股东会会议，在董事会不履行本法规定的召集和主持股东会会议职责时召集和主持股东会会议；

（五）向股东会会议提出提案；

（六）依照本法第一百八十九条的规定，对董事、高级管理人员提起诉讼；

（七）公司章程规定的其他职权。

> **第七十条 【董事的任期与辞任】** 董事任期由公司章程规定，但每届任期不得超过三年。董事任期届满，连选可以连任。
>
> 董事任期届满未及时改选，或者董事在任期内辞任导致董事会成员低于法定人数的，在改选出的董事就任前，原董事仍应当依照法律、行政法规和公司章程的规定，履行董事职务。
>
> 董事辞任的，应当以书面形式通知公司，公司收到通知之日辞任生效，但存在前款规定情形的，董事应当继续履行职务。

## 【理解与适用】

本条是关于董事的任期与辞任的规定。

董事任期由公司章程规定，每届任期不得超过三年。董事任期届满，连选可以连任。

本条第二款规定了董事延迟履职制度。在特定情况下，即董事任期届满未及时改选，或者董事在任期内辞任导致董事会成员低于法定人数的，在改选出的董事就任前，原董事仍应当继续履行董事职务，继续履行董事职务的标准是法律、行政法规和公司章程对董事职务的规定。董事延迟履职的截止时间是新董事就任之时，原董事与新任董事之间还应办理工作交接。董事延迟履职的规定与董事会的重要作用有密切关系。董事会是公司经营管理的中枢和关键，在公司的组织结构与治理中处于核心地位。为了使公司生产经营的健康有序，需要作为其指挥机关的董事会也保持健康有序的运转状态。本款规定体现了法律对公司正常运营和交易安全的保护。

接受聘任的董事与公司之间是民法典中的委托关系，根据民法典第九百三十三条的规定，委托合同双方享有法定的单方随时解除委托合同关系的权利，这一权利是形成权，无须对方同意即可变更双方之间的法律关系。因此，董事辞任的，单方书面形式通知公司即可实现解除双方之间的委托关系，辞任的书面通知的生效时间为公司收到之日。董事辞任，但有本条第二款延迟履职情形的，则董事仍应当继续履职，辞任的书面通知的生效时间应当在延迟履职的情形消失之后，因此辞任通知是附生效条件的法律行为。

根据本法第十条规定，法定代表人只能从代表公司执行公司事务的董事或经理中选任，因此，根据本条规定担任法定代表人的董事辞任的，视为同时辞任法定代表人。但是，如果董事同时兼任经理，辞去董事职务，还仍然保留经理职务并代表公司执行公司事务，辞去董事职务并不意味着辞去法定代表人。

## 【相关规范】

● 法律

《中华人民共和国民法典》（2020年5月28日）

第一百五十八条　民事法律行为可以附条件，但是根据其性质不得附条件的除外。附生效条件的民事法律行为，自条件成就时生效。附解除条件的民事法律行为，自条件成就时失效。

第九百三十三条　委托人或者受托人可以随时解除委托合同。因解除合同造成对方损失的，除不可归责于该当事人的事由外，无偿委托合同的解除方应当赔偿因解除时间不当造成的直接损失，有偿委托合同的解除方应当赔偿对方的直接损失和合同履行后可以获得的利益。

---

**第七十一条　【董事的解任】**股东会可以决议解任董事，决议作出之日解任生效。

无正当理由，在任期届满前解任董事的，该董事可以要求公司予以赔偿。

**【理解与适用】**

本条是关于董事解任的规定。

本条吸收了公司法的相关司法解释中董事无因解除的规则。公司法理论和法院的司法实践中一般认为公司与董事之间法律关系实为委托合同关系，根据股东会的选任决议和董事同意任职在公司与董事之间成立民法典上的委托合同。既然为委托合同关系，则合同双方均有任意解除权，无须原因。对公司来讲，可以随时解除董事职务，无论任期是否届满。

董事由股东会选举和解任，解任董事的，应当由股东会决议通过。董事解任非属本法第六十六条规定的股东会特别决议事项，因此属于该条规定的股东会普通决议事项，经代表过半数表决权的股东通过即可。董事解任的股东会决议作出之日起生效，何谓股东会决议作出之日？应当是股东在通过的股东会决议上签字或盖章之时，除非对决议生效时间另有约定。

本条第二款规定，无正当理由，在任期届满前解任董事的，该董事可以要求公司予以赔偿。一般来讲，公司与董事之间的委托合同应当对离职补偿作出公平合理的约定，在双方未约定或约定的补偿不公平时，则应根据本条对被解任的董事予以合理补偿。民法典第九百三十三条明确规定了委托人因解除合同给受托人造成损失的，除不可归责于该当事人的事由外，应当赔偿损失。本条将为法院行使自由裁量权提供相应指引。

需要注意的是，有限责任公司中还存在职工董事。因为职工董事不由股东决议任免，而是由公司职工通过职工代表大会、职工大会或者其他形式民主选举和解任，因此本条股东会解任董事的规定不适用于职工董事。

## 【案例指引】

**A 股份有限公司与梁某某劳动争议案**①

**裁判要旨**：公司与董事之间实为委托关系，董事职务解除后，双方可以对董事离职补偿进行约定。公司与董事因离职补偿发生纠纷，属于与公司有关的纠纷，应当适用公司法等相关法律。

> **第七十二条　【董事会会议的召集与主持】** 董事会会议由董事长召集和主持；董事长不能履行职务或者不履行职务的，由副董事长召集和主持；副董事长不能履行职务或者不履行职务的，由过半数的董事共同推举一名董事召集和主持。

## 【理解与适用】

本条是关于有限责任公司董事会的议事方式和表决程序的规定。

本条规定了召集与主持有限责任公司董事会的人的法定顺位，在前一顺位不能履行或不履行董事会会议的召集和主持时，则由下一顺位人召集和主持，具体的顺位如下：第一顺位是董事长；第二顺位是副董事长；第三顺位是过半数（不包括本数）的董事共同推举一名董事召集和主持。

## 【案例指引】

**A 公司与 B 公司等确认合同无效纠纷案**②

**裁判要旨**：袁某某在监视居住期间无法正常履行其董事长及法定代表

---

① （2022）辽06民终1729号，载中国裁判文书网，https://wenshu.court.gov.cn/website/wenshu/181107ANFZ0BXSK4/index.html?docId=DboIpCYeg3KDUN98Mjs6/J7F9oP3w7DVG0wAv9+YmffPU5HMr3XaGfUKq3u+IEo4G32hnEYI6ItXzheOhOqpBlm6NIfaPCrEZA0luRUlgs5EsgTquVuPWH7ZjHa1oN3Q，最后访问日期：2023年12月30日。

② （2019）最高法民再35号，载中国裁判文书网，https://wenshu.court.gov.cn/website/wenshu/181107ANFZ0BXSK4/index.html?docId=U3nQoCSu02hS4VsSRS+RFEkc9s4b PXX-pAkbILAT21IwtsPHqRDfkV/UKq3u+IEo4G32hnEYI6Iuzjx4u8HlGgr0fn3OvjmZqZA0luRUlgs5ac1cFEvDsvKDpmNvaW1xd，最后访问日期：2024年1月2日。

人职务，但在未经公司股东会或董事会决议的情况下，概括授权丁某某代为行使 B 公司董事长和法定代表人职权、保管公司公章印鉴并开展经营活动，违反了公司法关于股东会会议的召集与组织和董事会会议的召集和主持的规定。因此，丁某某不能因此获得 B 公司的法定代表人及董事长权限，其代表 B 公司与 C 公司签订的《债权转让合同》无效。

> **第七十三条　【董事会的议事方式和表决程序】**董事会的议事方式和表决程序，除本法有规定的外，由公司章程规定。
>
> 　　董事会会议应当有过半数的董事出席方可举行。董事会作出决议，应当经全体董事的过半数通过。
>
> 　　董事会决议的表决，应当一人一票。
>
> 　　董事会应当对所议事项的决定作成会议记录，出席会议的董事应当在会议记录上签名。

## 【理解与适用】

本条是关于有限责任公司董事会的议事方式和表决程序的规定。

本法规定了董事会的议事方式和表决程序，除本法有规定的外，其余均由公司章程规定。

本条规定的董事会法定的议事方式和表决程序如下：其一，规定了董事会出席人数的要求，必须有过半数的董事出席方可举行，如此董事会会议才有效。需要注意的是，这里的过半数不包括本数；其二，董事会作出决议，应当经全体董事而非出席董事的过半数通过；其三，董事会决议的表决，实行一人一票，这意味着董事会会议必须经全体董事人数的过半数出席才算有效召开，而董事会决议必须全体董事人数的过半数通过才有效；其四，董事会应当对审议事项的决定作成会议记录，出席会议的董事应当在会议记录上签名，注意这里不同于股东会会议记录有盖章的规定，股东会可以有法人股东，但是董事会成员必须是自然人董事，不存在法人董事，因此董事会会议记录是由董事签字而非盖章。

## 【相关规范】

● 法律

《中华人民共和国公司法》（2023年12月29日）

　　**第一百二十三条**　董事会每年度至少召开两次会议，每次会议应当于会议召开十日前通知全体董事和监事。

　　代表十分之一以上表决权的股东、三分之一以上董事或者监事会，可以提议召开临时董事会会议。董事长应当自接到提议后十日内，召集和主持董事会会议。

　　董事会召开临时会议，可以另定召集董事会的通知方式和通知时限。

　　**第一百二十四条**　董事会会议应当有过半数的董事出席方可举行。董事会作出决议，应当经全体董事的过半数通过。

　　董事会决议的表决，应当一人一票。

　　董事会应当对所议事项的决定作成会议记录，出席会议的董事应当在会议记录上签名。

　　**第一百二十五条**　董事会会议，应当由董事本人出席；董事因故不能出席，可以书面委托其他董事代为出席，委托书应当载明授权范围。

　　董事应当对董事会的决议承担责任。董事会的决议违反法律、行政法规或者公司章程、股东会决议，给公司造成严重损失的，参与决议的董事对公司负赔偿责任；经证明在表决时曾表明异议并记载于会议记录的，该董事可以免除责任。

　　**第一百二十六条**　股份有限公司设经理，由董事会决定聘任或者解聘。

　　经理对董事会负责，根据公司章程的规定或者董事会的授权行使职权。经理列席董事会会议。

　　**第一百二十七条**　公司董事会可以决定由董事会成员兼任经理。

　　**第一百二十八条**　规模较小或者股东人数较少的股份有限公司，可以不设董事会，设一名董事，行使本法规定的董事会的职权。该董事可以兼任公司经理。

　　**第一百二十九条**　公司应当定期向股东披露董事、监事、高级管理人员从公司获得报酬的情况。

> **第七十四条　【经理的选任与职权】**有限责任公司可以设经理，由董事会决定聘任或者解聘。
>
> 经理对董事会负责，根据公司章程的规定或者董事会的授权行使职权。经理列席董事会会议。

**【理解与适用】**

本条是关于经理的选任与职权的规定。

经理与公司之间的法律关系是劳动关系还是委托合同关系，应当以从属性作为基本判断标准，依据人格从属和经济从属予以认定。经理给付劳务由于不具有从属性，应当属于委任合同。[1]因此，经理由董事会决定聘任或者解聘，董事会聘任经理是以委托合同的法律形式而非劳动合同，根据民法典第九百三十三条的规定，公司解聘经理，可以随时单方解除，无须原因，合同另有约定的除外。

经理对选聘他的董事会负责。经理的职权，本条第二款未采取列举式的规定，而是采取概括式的规定，经理的职权来自公司章程的规定或董事会的授权，这一概括式的规定更好地体现了经理职权安排上的公司自治。经理有权利和义务列席董事会——经理处理公司日常经营事务，了解公司经营管理的内部信息，这对董事会的决策非常重要，当然，董事会也可以对列席的经理进行质询。

**【案例指引】**

**任某某、杨某某与 A 公司公司决议纠纷案**[2]

**裁判理由**：2018 年 3 月 3 日，A 公司董事长兼总经理苏某某作出《关于免去任某某同志副总经理职务的决定》文件，免去任某某副总经理职务。该文件并非 A 公司董事会或者股东会作出的决议，而是公司董事长兼

---

[1] 王天玉：《经理雇佣合同与委任合同之分辨》，载《中国法学》2016 年第 3 期。

[2] （2018）辽 01 民终 4020 号，载中国裁判文书网，https：//wenshu. court. gov. cn/website/wenshu/181107ANFZ0BXSK4/index. html？docId = bJZNHdNjlwdTLjMwbglegQJ1Af9exoH5Q1Wzw5qKDw4F/1pdD5XGEvUKq3u + IEo4G32hnEYI6IumpXeLhxTPMkgaM + sMFJkFyoonD0F + Y6gUFRzyu3wo21hkyk5DOgN1，最后访问日期：2024 年 2 月 15 日。

总经理苏某某依据公司章程授权履行职责进行内部管理的行为，属于公司意思自治的范畴，不属于人民法院受诉范围。

> **第七十五条　【不设董事会的有限责任公司】**规模较小或者股东人数较少的有限责任公司，可以不设董事会，设一名董事，行使本法规定的董事会的职权。该董事可以兼任公司经理。

**【理解与适用】**

本条是关于不设董事会的有限责任公司的规定。

可以不设董事会适用于这样的有限责任公司——规模较小或者股东人数较少的有限责任公司。不设董事会的有限责任公司，应设一名董事，公司法本次修订后本条不再使用"执行董事"的称谓，不设董事会的有限责任公司的董事行使董事会的法定职权。

如同设董事会的有限责任公司的董事长可以兼任公司经理一样，这里董事当然也可以兼任公司经理。

**【案例指引】**

A 公司等与 B 公司抵押权纠纷案[①]

**裁判要旨**：股东人数较少的或者规模较小的公司可以不设董事会，自然不涉及董事会决议的问题。此时，鉴于执行董事的职权由公司章程规定，如公司章程规定执行董事享有相当于董事会职权的，执行董事当然有权决定是否提供非关联担保。

---

[①] （2023）京 01 民终 4109 号，载中国裁判文书网，https：//wenshu.court.gov.cn/website/wenshu/181107ANFZ0BXSK4/index.html？docId = 5VaREd42XNcoA + EJnkT1WKCvr3pwwsbqMLDXvKwtxba8k2sKdDZ9nfUKq3u + IEo4G32hnEYI6ItXzheOhOqpBlm6NIfaPCrEZA0luRUlgs6sHi/tqeK156pF4SAstQkx，最后访问日期：2024 年 1 月 3 日。

> **第七十六条 【监事会的设立与组成】**有限责任公司设监事会,本法第六十九条、第八十三条另有规定的除外。
>
> 监事会成员为三人以上。监事会成员应当包括股东代表和适当比例的公司职工代表,其中职工代表的比例不得低于三分之一,具体比例由公司章程规定。监事会中的职工代表由公司职工通过职工代表大会、职工大会或者其他形式民主选举产生。
>
> 监事会设主席一人,由全体监事过半数选举产生。监事会主席召集和主持监事会会议;监事会主席不能履行职务或者不履行职务的,由过半数的监事共同推举一名监事召集和主持监事会会议。
>
> 董事、高级管理人员不得兼任监事。

### 【理解与适用】

本条是关于监事会的设立与组成的规定。

监事会是指依法产生,对董事和经理的经营管理行为及公司财务进行监督的常设机构。① 监事会代表全体股东对公司经营管理进行监督,行使监督职能,是公司的监督机构。集中持股结构(俗称"一股独大")是我国有限责任公司的重要形态,监事会在这样的公司中监督的重点是平衡大股东和小股东之间的关系,而非平衡股东与管理者之间的关系,因为在集中持股结构的有限责任公司中,管理者与大股东关系密切,大股东可以通过人事关系控制管理者。②

设监事会是本法的强制性规定,除非符合本条的例外情形。具体有两种可以不设监事会的情形:(1)本法第六十九条中董事会中设审计委员会的有限责任公司;(2)本法第八十三条中规模较小或股东人数较少的有限责任公司。

监事会成员的最低人数为三人,人数一般是奇数。监事会成员的构

---

① 李建伟:《公司法学》(第5版),中国人民大学出版社2022年版,第334页。
② 朱慈蕴:《公司法原论》,清华大学出版社2011年版,第302页。

成为股东代表和职工代表，其中股东代表（也可以称为股东监事）往往占主体，职工代表（也可以称为职工监事）的比例不低于三分之一，具体比例交由公司章程自治决定。监事会中的职工代表由公司职工通过职工代表大会、职工大会或者其他形式民主选举产生，这同时也意味着职工监事的解任不由股东会决议，而是由通过职工代表大会、职工大会或者其他形式解任。

监事会的运行与监督功能发挥需通过会议体的形式，因此应当有监事会的召集人和主持人。首先，监事会设主席一人，由全体监事过半数选举产生。其次，召集和主持监事会的人的顺位如下：（1）监事会主席召集和主持监事会会议；（2）监事会主席不能履行职务或者不履行职务的，由过半数的监事共同推举一名监事召集和主持监事会会议。

关于监事的消极任职资格，本条第四款规定，本公司的董事、高级管理人员不得兼任监事。

**【相关规范】**

● **法律**

《中华人民共和国公司法》（2023 年 12 月 29 日）

**第一百三十条** 股份有限公司设监事会，本法第一百二十一条第一款、第一百三十三条另有规定的除外。

监事会成员为三人以上。监事会成员应当包括股东代表和适当比例的公司职工代表，其中职工代表的比例不得低于三分之一，具体比例由公司章程规定。监事会中的职工代表由公司职工通过职工代表大会、职工大会或者其他形式民主选举产生。

监事会设主席一人，可以设副主席。监事会主席和副主席由全体监事过半数选举产生。监事会主席召集和主持监事会会议；监事会主席不能履行职务或者不履行职务的，由监事会副主席召集和主持监事会会议；监事会副主席不能履行职务或者不履行职务的，由过半数的监事共同推举一名监事召集和主持监事会会议。

董事、高级管理人员不得兼任监事。

本法第七十七条关于有限责任公司监事任期的规定，适用于股份有限公司监事。

**第一百七十六条** 国有独资公司在董事会中设置由董事组成的审计委

员会行使本法规定的监事会职权的，不设监事会或者监事。

**【案例指引】**

**林某、A 公司公司证照返还纠纷案**①

**裁判要旨**：公司法中涉及董事、高级管理人员不得兼任监事的规定是对担任监事人员的限制，而非对担任董事人员的限制。其法理依据在于监事的主要职责是对董事、高级管理人员的职务行为进行监督，故，不宜也不能由董事兼任监事。

> **第七十七条 【监事任职期限】**监事的任期每届为三年。监事任期届满，连选可以连任。
>
> 监事任期届满未及时改选，或者监事在任期内辞任导致监事会成员低于法定人数的，在改选出的监事就任前，原监事仍应当依照法律、行政法规和公司章程的规定，履行监事职务。

**【理解与适用】**

本条是关于监事任职期限的规定。

根据本法第一百七十八条，监事不能是无行为能力人或限制行为能力人，可以推断监事只能是自然人，我国不承认法人监事。监事的任职期限每届为三年，此是强制性规定（不同于董事的任职期限，允许公司在不超过三年的任职期限内可以自主选择一年、两年等）。监事任期届满，连选可以连任。

关于监事的延迟履职，这一点类似于董事延迟履职。监事任期届满未及时改选，或者监事在任期内辞任导致监事会成员低于法定人数的，在改选出的监事就任前，原监事仍应当依照法律、行政法规和公司章程

---

① （2021）浙 04 民终 1558 号，载中国裁判文书网，https://wenshu.court.gov.cn/website/wenshu/181107ANFZ0BXSK4/index.html?docId=EeOUo0kvtCJPkO5uhC8GKM51l O6lPGXZK7xuwSpv92TiOJ89WzzR3PUKq3u+IEo4G32hnEYI6IumpXeLhxTPMkgaM+sMFJkFyoonD0F+Y6gwOZLSRD9pZL//G0Punc/p，最后访问日期：2024 年 2 月 15 日。

的规定，履行监事职务。监事延迟履职的截止时间是新监事就任之时，原监事与新任监事之间应办理工作交接。

监事是否如董事那样，股东对其可以无因解任？从本条监事三年任期的强制性规定来看，可以推知监事在任期内不能被任意解任。

> **第七十八条　【监事会职权】**监事会行使下列职权：
> （一）检查公司财务；
> （二）对董事、高级管理人员执行职务的行为进行监督，对违反法律、行政法规、公司章程或者股东会决议的董事、高级管理人员提出解任的建议；
> （三）当董事、高级管理人员的行为损害公司的利益时，要求董事、高级管理人员予以纠正；
> （四）提议召开临时股东会会议，在董事会不履行本法规定的召集和主持股东会会议职责时召集和主持股东会会议；
> （五）向股东会会议提出提案；
> （六）依照本法第一百八十九条的规定，对董事、高级管理人员提起诉讼；
> （七）公司章程规定的其他职权。

**【理解与适用】**

本条是有限责任公司监事会职权的规定。

有限责任公司监事会的职权主要包括以下几类：

1. 财务监督，这是监事会最基本的职权，公司应当向监事会报告财务状况，监事会有权实时监督。即监事会可以对公司的财务状况进行检查，如查阅公司账簿和其他会计资料，核对公司董事会提交股东会的会计报告、营业报告和利润分配方案等会计资料，发现疑问可以进行复核等。

2. 对董事、高级管理人员的行为进行监督。监事会对董事、高级管理人员执行公司职务时违反法律、行政法规、公司章程或者股东决议的行为进行监督，并可以提出罢免违规的董事、高级管理人员的建议。由于监事会与董事会地位平行，因此监事会本身没有直接的人事权，无权直接解任董事、高级管理人员，如有相关事由其应当向股东会、董事会建议解任董事、高级管理人员，由后者决议解任执行公司职务时违反法律、行政法规、公司章程或者股东决议的董事、高级管理人员。①

3. 纠正或者停止董事、高级管理人员侵害公司利益的行为。当监事会发现董事、高级管理人员的行为违反法律、行政法规、公司章程或者股东会决议，越权行使权利以及其他损害公司利益的行为时，有权要求其停止违规行为并予以改正。从这一点来看，监事会的监督是实时的，以有利于防止董事、高级管理人员损害公司和股东利益。

4. 临时股东会的召集权，这是程序性的职权。在董事会不履行本法规定的召集和主持股东会会议职责时，监事会有权召集和主持股东会会议，需要注意的是，监事会对股东会的召集权是第二顺位的，即在董事会不履行本法规定的召集和主持股东会会议职责时，监事会才能提请召开临时股东会。董事会不履行股东会召集和主持的职责的场合，多数发生在股东提案罢免现任董事，提请召开股东会，或者大股东未掌控董事会，与董事会发生矛盾时，此时由监事会及时召集和主持股东会会议，有利于及时化解股东与董事会之间的矛盾，维护公司正常运营。监事会的临时股东会召集权还有另一项功能——当监事会认为某些事项应当通过股东会会议讨论的方式进行决策时，其可以提议召开临时股东会，提请股东关注公司现状。②

5. 提案权，即监事会可以向股东会会议提出提案，供股东会讨论和决议，这是监事会的一项程序性职权。

6. 代表公司对董事、高级管理人员提起诉讼，这也是监事会的一项程序性职权。监事会是公司的内部设立的监督机关，一般无权对外代表公司行使权利，对外代表公司应由负责公司业务执行的机关和人员如董事会、法定代表人、董事长、经理等来行使。然而，在公司的行为针对的是董事和高级管理人员时，此时让董事会或者经理代表公司，这意味着双方代理，存在利益冲突，继续让董事和高级管理人员代表公司则

---

① 参见朱慈蕴：《公司法原论》，清华大学出版社2011年版，第309页。
② 参见朱慈蕴：《公司法原论》，清华大学出版社2011年版，第309页。

难以维护公司的利益。因此，本法第一百八十九条规定了股东代表诉讼制度，即当董事、高级管理人员执行公司职务时违反法律、行政法规或者公司章程的规定，给公司造成损害的，股东可以请求监事会代表公司向人民法院提起诉讼，要求董事、高级管理人员向公司承担赔偿责任。这实际上有限度地赋予了监事会代表公司的权利，由监事会代表公司提起诉讼也有利于防止小股东滥诉。

7. 公司章程规定的其他职权。本条第六项是体现公司自治的规定，公司的股东可以根据本公司的具体情况，在法定职权之外，通过公司章程赋予监事会更多监督的职权。

根据本法第八十三条的规定，规模较小和股东人数较少的有限责任公司，可以不设立监事会，只设一名监事，行使本法规定的监事会职权。

【案例指引】

**A集团股份有限公司、张某平公司决议纠纷案**①

**裁判要旨**：A公司的章程对监事会职权的规定与公司法一致。根据上述规定，解聘公司的副经理、财务负责人应当由公司经理向董事会提出建议，由董事会作出决定；监事在行使监督权的过程中也可以提出罢免建议，由董事会决定。本案中，被告仅提交了监事会的罢免建议，但未经董事会研究就作出了《免职决定》，据此免去三原告及第三人张某某的集团公司副总经理职务、王某某兼任的总会计师职务，违反了公司法及公司章程的规定，该决定应属无效。由于公司作出免职决定并未召开董事会，因此不存在董事会决议。

**第七十九条　【监事的质询、建议权与监事会的调查权】**
监事可以列席董事会会议，并对董事会决议事项提出质询或者建议。

---

① （2019）鲁13民终7107号，载中国裁判文书网，https：//wenshu. court. gov. cn/website/wenshu/181107ANFZ0BXSK4/index. html？docId＝VaSG3PCTC/bfFQ4MKzwvP911/KWN-JC7＋wu0/ZhLYKOZmsJtka8u＋0/UKq3u＋IEo4G32hnEYI6Iuzjx4u8HlGgr0fn3OvjmZqZA0l uRU-lgs7zLPKoQlgXYNUKUP5JQDYL，最后访问日期：2024年1月3日。

> 监事会发现公司经营情况异常，可以进行调查；必要时，可以聘请会计师事务所等协助其工作，费用由公司承担。

## 【理解与适用】

本条是关于监事的质询、建议权与监事会的调查权的规定。

监事可以列席董事会会议，以便了解公司经营管理的内部信息，使监事有机会参与公司的经营管理决策，参与董事会决议事项的讨论，并对董事会决议事项提出质询或者建议。需要注意的是，尽管监事可以列席董事会会议，但是对董事会决议无表决权。

监事会发现公司经营情况异常，可以进行调查。调查权是监事会非常重要的一项监督权利，其实质在于当监事会发现公司处于不正常经营状态时，可能已经无法通过正常渠道了解公司现状并履行监督职能，于是公司法赋予监事会可以自行发起调查，以便发现公司真实的经营状况，提出有效的拯救公司的措施。

监事会发起调查需要行权的物质保障。如果监事会在进行调查时，由于专业知识和技能的局限，需要聘请会计师事务所等协助其工作，聘请专业人士的费用由公司承担。第二款规定有助于监事会调查权的行使和落实。显然，当监事会进行调查时，无须得到董事会的认可，也无须提请股东会同意。[1]

## 【案例指引】

**A 公司与 B 股东知情权纠纷案**[2]

**裁判理由**：因监事会或监事行使监督权发生的冲突，属于公司自治的范畴，不具有可诉性。如果提起知情权诉讼的股东同时具备公司监事的身份，应当以股东名义提起知情权诉讼。

---

[1] 参见朱慈蕴：《公司法原论》，清华大学出版社 2011 年版，第 310 页。

[2] （2020）京 03 民终 7082 号，载中国裁判文书网，https://wenshu.court.gov.cn/website/wenshu/181107ANFZ0BXSK4/index.html?docId=x6qwEVEAw7vUvMH0ztQHx6n3WzRN/Hgc9/nKeiIp2+J2qgqcoZN7yfUKq3u+IEo4G32hnEYI6ItXzheOhOqpBlm6NIfaPCrEZA0luRUlgs7Bidt7mvQnA7QDt9PqWg4n，最后访问日期：2024 年 1 月 3 日。

**第八十条 【董事、高管对监事会的义务】**监事会可以要求董事、高级管理人员提交执行职务的报告。

董事、高级管理人员应当如实向监事会提供有关情况和资料，不得妨碍监事会或者监事行使职权。

【理解与适用】

本条是关于董事、高管对监事会义务的规定，实质是为了保障监事会和监事的知情权。

根据本条第一款，监事会可以要求董事、高级管理人员提交执行职务的报告，这增强了监事会履职的主动性，提升了监事会获取公司信息的能力，扩大了监事会的职权范围。

根据本条第二款，董事、高级管理人员应当如实向监事会提供有关情况和资料，不得妨碍监事会或者监事行使职权。本条第一款和第二款，均是保障监事会和监事的知情权，以有助于监事会和监事的监督职能的发挥。

**第八十一条 【监事会会议制度】**监事会每年度至少召开一次会议，监事可以提议召开临时监事会会议。

监事会的议事方式和表决程序，除本法有规定的外，由公司章程规定。

监事会决议应当经全体监事的过半数通过。

监事会决议的表决，应当一人一票。

监事会应当对所议事项的决定作成会议记录，出席会议的监事应当在会议记录上签名。

【理解与适用】

本条是关于监事会会议制度的规定。

本条第一款规定监事会的召开。监事会每年度至少召开一次会议，以此防止监事会形同虚设，另外，遇到有重要情况，任一监事可以提议召开临时监事会会议。

本条第二款和第三款规定监事会的议事方式和表决程序。监事会的议事方式和表决程序，除本法有规定的外，由公司章程规定，需要注意的是：（1）监事会的议事方式和表决程序一般由公司章程规定。（2）法律规定的情况是，监事会决议应当经过半数（不包括本数）的监事通过。特别值得注意的是，这里说的不是出席会议的监事的过半数，而是监事会成员所有监事的过半数通过。

本条第四款明确了监事会的决议方式。监事会决议的表决，应当一人一票，这与"董事会决议的表决，应当一人一票"的规定一致。

本条第五款规定了监事会决议的形式，要求监事会决议以监事会会议记录的方式作出，出席会议的监事应当在会议记录上签名。在监事会会议记录上的签名将成为以后可能承担法律责任或免责的证据。

**【案例指引】**

**殷某某与某能源新技术有限公司追偿权纠纷案**[①]

**裁判要旨：** 原告虽然在签署的劳动合同书中担任被告公司副总经理一职，但原告在被告公司章程上登记为该公司监事，且公司章程中并未将原告列为高级管理人员，故对原告在非经法定程序免除监事职务前为被告公司监事的事实应予确认。原告作为被告公司的监事，在公司两股东发生纠纷，公司可能出现运转机制失灵的情况下，委托律师代理其列席股东会议和公司会议、接受原告的日常咨询、配合调查公司经营状况、代理起诉公司股东会决议不成立的诉讼案件，其委托行为符合法律规定与公司章程规定的监事权利。

---

[①] （2022）甘09民终958号，载中国裁判文书网，https：//wenshu.court.gov.cn/website/wenshu/181107ANFZ0BXSK4/index.html? docId = Sux4nxslVR0DJi/Zd1gr5H7NGf3VEKDCr3EzslsIsSF0et0s9t0ZH/UKq3u + IEo4Mt6uICaSQiv87qvdkroE6j4Q9JaHqVIa1N4XzuHLTuVOOcR7W+ZnoD3XBEHlYN2r，最后访问日期：2024年1月3日。

**第八十二条 【监事会行使职权的费用承担】** 监事会行使职权所必需的费用，由公司承担。

**【理解与适用】**

本条是关于监事会行使职权的费用承担的规定。

监事会行使职权所必需的费用，由公司承担，这为监事会履职提供了物质保障。

**第八十三条 【不设监事会及监事的情形】** 规模较小或者股东人数较少的有限责任公司，可以不设监事会，设一名监事，行使本法规定的监事会的职权；经全体股东一致同意，也可以不设监事。

**【理解与适用】**

本条是关于有限责任公司不设监事会及监事的情形之规定。

本条规定了不设监事会的监事"行使本法规定的监事会的职权"，本条规定有助于避免在其他条文重复规定不设监事会的公司的监事职权如何。本条规定的"经全体股东一致同意，也可以不设监事"，这有助于进一步提高规模较小或者股东人数较少的公司治理的灵活性。

# 第四章　有限责任公司的股权转让

> **第八十四条　【有限责任公司股权转让】**有限责任公司的股东之间可以相互转让其全部或者部分股权。
>
> 股东向股东以外的人转让股权的，应当将股权转让的数量、价格、支付方式和期限等事项书面通知其他股东，其他股东在同等条件下有优先购买权。股东自接到书面通知之日起三十日内未答复的，视为放弃优先购买权。两个以上股东行使优先购买权的，协商确定各自的购买比例；协商不成的，按照转让时各自的出资比例行使优先购买权。
>
> 公司章程对股权转让另有规定的，从其规定。

## 【理解与适用】

本条是关于有限责任公司股权转让的规定。

本条第一款规定，有限责任公司股东之间可以转让全部或部分股权，之外的股东无优先购买权。有限责任公司具有人合性，股权在现有股东之间自由转让，不会损害现有股东之间的人身信任与合作。

对于有限责任公司股东向股东以外的人转让股权的条件和程序，首先，有限责任公司股东向股东以外的人转让股权的，需要书面通知其他股东，但是无须征得其他股东的同意。其次，通知的内容有股权转让的数量、价格、支付方式和期限等事项。

股东向股东以外的人转让股权，其他股东有优先购买权，优先购买权的规则如下：其一，优先购买权是同等条件下的优先购买权，同等条件的判断标准包含股东向股东以外的人转让股权的数量、价格、支付方式和期限等事项，举例来讲，就支付方式而言，现金支付与商业票据支付不是同等条件，前者比后者对转让方来讲更有利；其二，优先购买权有行使期限，股东自接到书面通知之日起三十日内未答复的，视为放弃优先购买权；其三，其他股东两人以上同时主张优先购买权的，协商确定各自的购买比例，协商不成的，按照转让时各自向公司的出资比例行使优先购买权。那么这里的出资比例是指股东向公司的认缴出资比例还是实缴出资比例？根据公司法第二百二十七条的规定，有限责任公司增资，股东在同等条件下是根据实缴的出资比例认缴出资。因此笔者认为，股权转让时的优先购买权应当类推适用本法第二百二十七条的规定。另外，从最高人民法院以往的司法解释规则和现有法院的司法实践来看，这里的出资比例指的也是实缴的出资比例而非认缴的出资比例。

本条第二款是任意性规定，公司章程对股权转让另有规定的，从其规定。

> **第八十五条　【股权强制执行与优先购买权】**人民法院依照法律规定的强制执行程序转让股东的股权时，应当通知公司及全体股东，其他股东在同等条件下有优先购买权。其他股东自人民法院通知之日起满二十日不行使优先购买权的，视为放弃优先购买权。

**【理解与适用】**

本条是关于股权强制执行与优先购买权的规定。

股东作为债务人被强制执行时，其对公司的股权可以作为强制执行的标的，因为股东的股权具有财产价值。当作为债务人的股东的股权被强制执行时，意味着该股东的股权要进行转让。为了实现债权人的权益，法院需要通过拍卖、变卖或其他方式转让股东的股权来变现。股东以外的人可以通过参加股东股权的拍卖、变卖来获得公司股权从而成为公司股东。

本条规定法院应"通知公司及全体股东"是考虑到有限责任公司具有"人合性"的特点，并应保障其他股东在同等条件下的优先购买权。因此，法院根据强制执行程序执行股东的股权时，应当发出通知，通知的发出主体是法院，通知的接受主体是公司和全体股东。人民法院向公司发出通知，是为了便于公司协助人民法院执行，因为股权的评估和实现要通过公司提供会计资料、报表和其他行为来协助；向全体股东发出通知是为了让全体股东知道该股权将在什么时间、什么地点、以什么方式被转让，保障有限责任公司股东的优先购买权。对于强制执行的股权，公司的其他股东有优先购买权，优先购买权的条件是同等条件，判断标准是股权转让的数量、价格、支付方式和期限等事项。其他股东行使优先购买权的期限是二十日，不同于上一条规定的优先购买权的期限是三十日，自其接到法院通知之日起，逾期不行使视为放弃优先购买权。不过，需要指出的是，其他股东优先购买权的行使和保障也体现于法院的司法文件中，具体参见《最高人民法院关于人民法院民事执行中拍卖、变卖财产的规定》第十一条、第十三条，还有《最高人民法院关于人民法院网络司法拍卖若干问题的规定》第十六条。

## 【相关规范】

● 司法解释及文件

1.《最高人民法院关于人民法院民事执行中拍卖、变卖财产的规定》（2020年12月29日）

　　**第一条**　在执行程序中，被执行人的财产被查封、扣押、冻结后，人民法院应当及时进行拍卖、变卖或者采取其他执行措施。

　　**第四条**　对拟拍卖的财产，人民法院可以委托具有相应资质的评估机构进行价格评估。对于财产价值较低或者价格依照通常方法容易确定的，可以不进行评估。

　　当事人双方及其他执行债权人申请不进行评估的，人民法院应当准许。

　　对被执行人的股权进行评估时，人民法院可以责令有关企业提供会计报表等资料；有关企业拒不提供的，可以强制提取。

　　**第十一条**　人民法院应当在拍卖五日前以书面或者其他能够确认收悉的适当方式，通知当事人和已知的担保物权人、优先购买权人或者其他优先权人于拍卖日到场。

　　优先购买权人经通知未到场的，视为放弃优先购买权。

　　**第十三条**　拍卖过程中，有最高应价时，优先购买权人可以表示以该最高价买受，如无更高应价，则拍归优先购买权人；如有更高应价，而优先购买权人不作表示的，则拍归该应价最高的竞买人。

顺序相同的多个优先购买权人同时表示买受的，以抽签方式决定买受人。

**2.《最高人民法院关于人民法院网络司法拍卖若干问题的规定》（2016年8月2日）**

**第十六条** 网络司法拍卖的事项应当在拍卖公告发布三日前以书面或者其他能够确认收悉的合理方式，通知当事人、已知优先购买权人。权利人书面明确放弃权利的，可以不通知。无法通知的，应当在网络司法拍卖平台公示并说明无法通知的理由，公示满五日视为已经通知。

优先购买权人经通知未参与竞买的，视为放弃优先购买权。

**3.《最高人民法院关于人民法院强制执行股权若干问题的规定》（2021年12月20日）**

**第一条** 本规定所称股权，包括有限责任公司股权、股份有限公司股份，但是在依法设立的证券交易所上市交易以及在国务院批准的其他全国性证券交易场所交易的股份有限公司股份除外。

**第二条** 被执行人是公司股东的，人民法院可以强制执行其在公司持有的股权，不得直接执行公司的财产。

**第三条** 依照民事诉讼法第二百二十四条的规定以被执行股权所在地确定管辖法院的，股权所在地是指股权所在公司的住所地。

**第四条** 人民法院可以冻结下列资料或者信息之一载明的属于被执行人的股权：

（一）股权所在公司的章程、股东名册等资料；

（二）公司登记机关的登记、备案信息；

（三）国家企业信用信息公示系统的公示信息。

案外人基于实体权利对被冻结股权提出排除执行异议的，人民法院应当依照民事诉讼法第二百二十七条的规定进行审查。

**第五条** 人民法院冻结被执行人的股权，以其价额足以清偿生效法律文书确定的债权额及执行费用为限，不得明显超标的额冻结。股权价额无法确定的，可以根据申请执行人申请冻结的比例或者数量进行冻结。

被执行人认为冻结明显超标的额的，可以依照民事诉讼法第二百二十五条的规定提出书面异议，并附证明股权等查封、扣押、冻结财产价额的证据材料。人民法院审查后裁定异议成立的，应当自裁定生效之日起七日内解除对明显超标的额部分的冻结。

**第六条** 人民法院冻结被执行人的股权,应当向公司登记机关送达裁定书和协助执行通知书,要求其在国家企业信用信息公示系统进行公示。股权冻结自在公示系统公示时发生法律效力。多个人民法院冻结同一股权的,以在公示系统先办理公示的为在先冻结。

依照前款规定冻结被执行人股权的,应当及时向被执行人、申请执行人送达裁定书,并将股权冻结情况书面通知股权所在公司。

**第七条** 被执行人就被冻结股权所作的转让、出质或者其他有碍执行的行为,不得对抗申请执行人。

**第八条** 人民法院冻结被执行人股权的,可以向股权所在公司送达协助执行通知书,要求其在实施增资、减资、合并、分立等对被冻结股权所占比例、股权价值产生重大影响的行为前向人民法院书面报告有关情况。人民法院收到报告后,应当及时通知申请执行人,但是涉及国家秘密、商业秘密的除外。

股权所在公司未向人民法院报告即实施前款规定行为的,依照民事诉讼法第一百一十四条的规定处理。

股权所在公司或者公司董事、高级管理人员故意通过增资、减资、合并、分立、转让重大资产、对外提供担保等行为导致被冻结股权价值严重贬损,影响申请执行人债权实现的,申请执行人可以依法提起诉讼。

**第九条** 人民法院冻结被执行人基于股权享有的股息、红利等收益,应当向股权所在公司送达裁定书,并要求其在该收益到期时通知人民法院。人民法院对到期的股息、红利等收益,可以书面通知股权所在公司向申请执行人或者人民法院履行。

股息、红利等收益被冻结后,股权所在公司擅自向被执行人支付或者变相支付的,不影响人民法院要求股权所在公司支付该收益。

**第十条** 被执行人申请自行变价被冻结股权,经申请执行人及其他已知执行债权人同意或者变价款足以清偿执行债务的,人民法院可以准许,但是应当在能够控制变价款的情况下监督其在指定期限内完成,最长不超过三个月。

**第十一条** 拍卖被执行人的股权,人民法院应当依照《最高人民法院关于人民法院确定财产处置参考价若干问题的规定》规定的程序确定股权处置参考价,并参照参考价确定起拍价。

确定参考价需要相关材料的,人民法院可以向公司登记机关、税务机关等部门调取,也可以责令被执行人、股权所在公司以及控制相关材料的其他主体提供；拒不提供的，可以强制提取，并可以依照民事诉讼法第一百一十一条、第一百一十四条的规定处理。

为确定股权处置参考价，经当事人书面申请，人民法院可以委托审计机构对股权所在公司进行审计。

**第十二条** 委托评估被执行人的股权，评估机构因缺少评估所需完整材料无法进行评估或者认为影响评估结果，被执行人未能提供且人民法院无法调取补充材料的，人民法院应当通知评估机构根据现有材料进行评估，并告知当事人因缺乏材料可能产生的不利后果。

评估机构根据现有材料无法出具评估报告的，经申请执行人书面申请，人民法院可以根据具体情况以适当高于执行费用的金额确定起拍价，但是股权所在公司经营严重异常，股权明显没有价值的除外。

依照前款规定确定的起拍价拍卖的，竞买人应当预交的保证金数额由人民法院根据实际情况酌定。

**第十三条** 人民法院拍卖被执行人的股权，应当采取网络司法拍卖方式。

依据处置参考价并结合具体情况计算，拍卖被冻结股权所得价款可能明显高于债权额及执行费用的，人民法院应当对相应部分的股权进行拍卖。对相应部分的股权拍卖严重减损被冻结股权价值的，经被执行人书面申请，也可以对超出部分的被冻结股权一并拍卖。

**第十四条** 被执行人、利害关系人以具有下列情形之一为由请求不得强制拍卖股权的，人民法院不予支持：

（一）被执行人未依法履行或者未依法全面履行出资义务；

（二）被执行人认缴的出资未届履行期限；

（三）法律、行政法规、部门规章等对该股权自行转让有限制；

（四）公司章程、股东协议等对该股权自行转让有限制。

人民法院对具有前款第一、二项情形的股权进行拍卖时，应当在拍卖公告中载明被执行人认缴出资额、实缴出资额、出资期限等信息。股权处置后，相关主体依照有关规定履行出资义务。

**第十五条** 股权变更应当由相关部门批准的，人民法院应当在拍卖公告中载明法律、行政法规或者国务院决定规定的竞买人应当具备的资格或者条件。必要时，人民法院可以就竞买资格或者条件征询相关部门意见。

拍卖成交后，人民法院应当通知买受人持成交确认书向相关部门申请办理股权变更批准手续。买受人取得批准手续的，人民法院作出拍卖成交裁定书；买受人未在合理期限内取得批准手续的，应当重新对股权进行拍卖。重新拍卖的，原买受人不得参加竞买。

买受人明知不符合竞买资格或者条件依然参加竞买，且在成交后未能在合理期限内取得相关部门股权变更批准手续的，交纳的保证金不予退还。保证金不足以支付拍卖产生的费用损失、弥补重新拍卖价款低于原拍卖价款差价的，人民法院可以裁定原买受人补交；拒不补交的，强制执行。

**第十六条** 生效法律文书确定被执行人交付股权，因股权所在公司在生效法律文书作出后增资或者减资导致被执行人实际持股比例降低或者升高的，人民法院应当按照下列情形分别处理：

（一）生效法律文书已经明确交付股权的出资额的，按照该出资额交付股权；

（二）生效法律文书仅明确交付一定比例的股权的，按照生效法律文书作出时该比例所对应出资额占当前公司注册资本总额的比例交付股权。

**第十七条** 在审理股东资格确认纠纷案件中，当事人提出要求公司签发出资证明书、记载于股东名册并办理公司登记机关登记的诉讼请求且其主张成立的，人民法院应当予以支持；当事人未提出前述诉讼请求的，可以根据案件具体情况向其释明。

生效法律文书仅确认股权属于当事人所有，当事人可以持该生效法律文书自行向股权所在公司、公司登记机关申请办理股权变更手续；向人民法院申请强制执行的，不予受理。

**第十八条** 人民法院对被执行人在其他营利法人享有的投资权益强制执行的，参照适用本规定。

**第十九条** 本规定自 2022 年 1 月 1 日起施行。

施行前本院公布的司法解释与本规定不一致的，以本规定为准。

---

**第八十六条 【股权转让的变更登记】** 股东转让股权的，应当书面通知公司，请求变更股东名册；需要办理变更登记的，并请求公司向公司登记机关办理变更登记。公司拒绝或者在合理期限内不予答复的，转让人、受让人可以依法向人民法院提起诉讼。

股权转让的，受让人自记载于股东名册时起可以向公司主张行使股东权利。

**【理解与适用】**

本条是关于股权转让后股东变更登记请求权的规定。

股东转让股权的，应当书面通知公司，请求公司变更股东名册。变更登记请求权人为股权的转让人或受让人。变更登记请求权的义务人为公司，由公司向公司登记机关办理变更登记。对于变更登记请求权，公司拒绝或者在合理期限内不予答复的，转让人、受让人可以依法向人民法院提起诉讼，要求公司向公司登记机关办理变更登记。

股东名册是指公司依法设置的记载股东及其所持股权的簿册。股权转让的，受让人自记载于股东名册时起可以向公司主张行使股东权利，股东名册是受让人取得股权的效力根据。这意味着股权变动的时间点发生于股东名册记载之日，向公司登记机关的股权变更登记只是使其具有对抗效力。根据本法第五十六条的规定，股东名册应当记载下列事项：（1）股东的姓名或者名称及住所；（2）股东认缴和实缴的出资额、出资方式和出资日期；（3）出资证明书编号；（4）取得和丧失股东资格的日期。

**【相关规范】**

● *法律*

《中华人民共和国公司法》（2023年12月29日）

**第五十六条** 有限责任公司应当置备股东名册，记载下列事项：

（一）股东的姓名或者名称及住所；

（二）股东认缴和实缴的出资额、出资方式和出资日期；

（三）出资证明书编号；

（四）取得和丧失股东资格的日期。

记载于股东名册的股东，可以依股东名册主张行使股东权利。

## 【案例指引】

**谢某、刘某等请求变更公司登记纠纷案**①

**裁判要旨：** 请求变更公司登记的纠纷中，公司负有法定义务。谢某作为汇某公司的股东，其与刘某签订的《公司拆分协约》中明确约定了谢某有配合办理变更登记的义务，故，刘某以协助为由起诉谢某，符合法律规定及合同约定，一审法院予以支持，并无不当。

> **第八十七条 【出资证明书】** 依照本法转让股权后，公司应当及时注销原股东的出资证明书，向新股东签发出资证明书，并相应修改公司章程和股东名册中有关股东及其出资额的记载。对公司章程的该项修改不需再由股东会表决。

## 【理解与适用】

本条是关于有限责任公司出资证明书的规定。

出资证明书只用于证明股东权利，也不记载票面金额，因此属于一种证明一定法律事实的证书。出资证明书本身无法转让，有限责任公司股东转让出资的，并不伴随出资证明书的交付，而是将出资证明书交回公司注销，再由公司签发新的出资证明书给受让人。②有限责任公司向新股东签发出资证明书，并相应修改公司章程和股东名册中有关股东及其出资额的记载。一般来讲，修改公司章程是股东会特别决议，应当经代表三分之二表决权的股东决议通过，但是对公司章程的本条所述的有关股东及其出资额的修改不需再由股东会表决。

---

① （2023）粤 06 民终 7890 号，载中国裁判文书网，https://wenshu.court.gov.cn/website/wenshu/181107ANFZ0BXSK4/index.html? docId = rPSgzzRgvWZlmVKtZifi1u2QVFAqCPO4017XlDAMrZD0ue6I5FR9WfUKq3u + IEo4a2413fymoVjGnxpWgRdZYkp2FUgJEmNCirDVWK + bNT8O2Qhaj0Gc/kguwEtYuCv0，最后访问日期：2024 年 1 月 29 日。

② 李建伟：《公司法学》（第五版），中国人民大学出版社 2022 年版，第 238 页。

【案例指引】

**王某、关某等请求变更公司登记纠纷案**[①]

**裁判要旨**：原告关某与被告王某签订的《股权转让协议》系真实意思表示，不违反法律规定，合法有效。根据有关规定，当事人取得公司股权应该到公司登记机关登记，那么当事人丧失股东身份后应该到公司登记机关变更登记的主张，也应该得到支持。

> **第八十八条　【转让未届期和瑕疵出资股权的责任承担】**
> 股东转让已认缴出资但未届出资期限的股权的，由受让人承担缴纳该出资的义务；受让人未按期足额缴纳出资的，转让人对受让人未按期缴纳的出资承担补充责任。
> 未按照公司章程规定的出资日期缴纳出资或者作为出资的非货币财产的实际价额显著低于所认缴的出资额的股东转让股权的，转让人与受让人在出资不足的范围内承担连带责任；受让人不知道且不应当知道存在上述情形的，由转让人承担责任。

【理解与适用】

本条是关于未届期和瑕疵股权转让后责任承担的规定。

本条第一款是关于未届出资期限股权转让的出资责任承担的规定。有限责任公司注册资本实行认缴制，但是根据公司法应当在公司成立之日起五年内实缴完。因此，股东对其认缴的出资在实缴期限到来之前有期限利益，也存在实缴期限到来之前将未届出资期限的股权转让他人的可能性。本法也允许转让未届出资期限的股权。那么，股东将其未届出资期限的股权转让出去，对于应当实缴部分的出资应由转让人还是受让

---

[①] （2023）辽01民终368号，载中国裁判文书网，https://wenshu.court.gov.cn/website/wenshu/181107ANFZ0BXSK4/index.html? docId = XqZDNCyi3WpovCWyHJw3bl8BpgliTMRPq + HD8V3SEu0vddqGBo0EX/UKq3u + IEo4a2413fymoVjGnxpWgRdZYkp2FUgJEmNCirDVWK + bNT8F9H28xeFoC6vqTiVUBaUi，最后访问日期：2023年12月29日。

人承担出资之责任？本条第一款规定，股东转让已认缴出资但未届出资期限的股权的，由受让人承担缴纳该出资的义务；如果受让人未能按期足额缴纳出资的，则转让人对受让人未按期缴纳的出资承担补充责任。需要注意的是，转让人对受让人未按期缴纳的出资承担补充责任而非连带责任。

本条第二款是关于瑕疵股权转让的规定。首先，本款规定的瑕疵股权有两种：一是公司章程规定的出资期限已经届至，但是股东没有按照公司章程规定的出资日期缴纳出资，不存在上一款规定的出资的期限利益；二是股东出资的是非货币财产，但是实际价额显著低于所认缴的出资额，如以机器设备认缴出资 50 万元，但是该设备的实际价值仅 30 万元。其次，瑕疵股权转让的，出资责任如何承担？不同于上一款，受让人对转让股权的瑕疵状况知情或应当知情的，因此由转让人和受让人承担连带责任。最后，存在受让人不承担瑕疵股权出资责任的例外情况：受让人不知道且不应当知道存在上述情形的，只由转让人承担责任，善意的受让人不承担责任。

**第八十九条 【异议股东股权收购请求权】**有下列情形之一的，对股东会该项决议投反对票的股东可以请求公司按照合理的价格收购其股权：

（一）公司连续五年不向股东分配利润，而公司该五年连续盈利，并且符合本法规定的分配利润条件；

（二）公司合并、分立、转让主要财产；

（三）公司章程规定的营业期限届满或者章程规定的其他解散事由出现，股东会通过决议修改章程使公司存续。

自股东会决议作出之日起六十日内，股东与公司不能达成股权收购协议的，股东可以自股东会决议作出之日起九十日内向人民法院提起诉讼。

公司的控股股东滥用股东权利，严重损害公司或者其他股东利益的，其他股东有权请求公司按照合理的价格收购其股权。

> 公司因本条第一款、第三款规定的情形收购的本公司股权，应当在六个月内依法转让或者注销。

**【理解与适用】**

本条是关于异议股东股权收购请求权的规定。

关于有限责任公司异议股东股权回购请求权的必要性：有限责任公司由于其封闭性，不存在一个公开的股权交易市场，因此希望出售有限责任公司股权的股东的选择余地很小。尤其对于少数股东而言，转让股权面临重重困境：第一，潜在的买主有限。通常情况下，唯一有兴趣的买主是其他股东或者公司。如果事前公司章程或者股东间的协议有关于股权买卖协议的约定，那么，按照约定转让人只能将股权出售给其他股东或者公司。某些情况下第三人可能成为买主，但第三人通常感兴趣的是控制股权——与大股东签订股权转让协议以取得公司控制权，对于少数股权不感兴趣。第二，定价困难。由于不存在一个公开的市场来判断股权转让价格，少数股权的转让很难寻求到公平的价格。第三，与退出公司相关联。如果遭受多数股东的欺压，少数股东很希望通过转让股权而退出公司，如果此时多数股东、公司不出面购买，那么少数股东很难实现退出公司之目的。在此背景下，法律提供的救济措施就是异议股东评估权，以帮助有限责任公司少数股东在特殊情形下强行退出公司。[①]

本条第一款和第二款规定的异议股东股权收购请求权的要点如下：

1. 法定事由。本条第一款规定了三种事由：（1）公司连续5年不向股东分配利润，而公司该5年连续盈利，并且符合公司法规定的分配利润条件的。这个法定事由是非常严格的，如果5年中间向股东分配过一次利润，或5年中公司有一年亏损，则不符合该事由。（2）公司合并、分立、转让主要财产的。这些情形导致公司发生根本性变化，与股东投资于公司时候的预期和机构不同，小股东反对也无法阻止，因此公司应当收购其股权使小股东退出公司。（3）公司章程规定的营业期限届满或者公司章程规定的其他解散事由出现，股东会会议通过决议修改

---

[①] 李建伟：《公司法学》（第五版），中国人民大学出版社2022年版，第267页。

章程使公司存续的。公司章程规定的公司终止的事由出现，公司本可以清算分配剩余财产给各个股东，但是多数股东表决继续经营公司的，小股东反对也无法阻止，公司应当收购其股权使小股东退出公司。

2. 异议方式。本条第一款规定，股东的异议方式仅限于对决议投反对票的情形，不包括投弃权票的情形。"反对票"应当记载于股东会会议记录。

3. 回购协议。有限责任公司异议股东主张异议股东收购请求权，公司对请求无异议的，则公司与该股东双方订立股权收购协议，具体内容由双方协商确定。收购协议的核心条款就是股权收购价格，还包括支付时间、支付方式等，价格需要双方协商，"合理的价格"确定的时间点是提出请求回购的当时。

4. 法定程序。本条第二款规定："自股东会决议作出之日起六十日内，股东与公司不能达成股权收购协议的，股东可以自股东会决议作出之日起九十日内向人民法院提起诉讼。""股东与公司不能达成股权收购协议的"，既可能是双方不能就收购协议的内容——特别是股价价格协商一致，也可能是公司一方不愿或拒绝与异议股东进行协商。无论出现前述哪种情况，只要收购协议在法定期间内六十日内未能达成，异议股东即有权向法院寻求救济，要求公司与自己签订股权收购协议并收购其股权。可见，于此情形，公司负有强制缔约的法定义务。在公司实务中，双方的争议往往集中在合理价格的确定上。

本条第三款在第一款之外规定了一种异议股东股权收购请求权的特殊法定事由。有限责任公司作为一种封闭公司，容易发生控股股东欺压小股东的情形，当公司的小股东发现公司的控股股东滥用股东权利，严重损害公司或者其他股东利益的，控股股东以外的其他股东有权请求公司按照合理的价格收购自己的股权。

本条第四款规定了回购股权的处理。公司回购的股权不能公司自己长期持有，应该在六个月内转让或者注销，如果注销还会涉及公司减资的问题。

**【案例指引】**

**中某企业与网某公司请求公司收购股份纠纷案**[①]

**裁判要旨：**本案中，网某公司于 2019 年 11 月 1 日召开 2019 年第三次临时股东会并通过了《2019 年第三次临时股东会决议》，根据该决议网某公司将对外转让公司主要资产 51% 份额，中某企业作为网某公司股东参加了该股东会并投了反对票。同年 12 月 26 日，中某企业向网某公司发出《股权回购通知书》，要求网某公司按合理价格收购其持有的公司股权，但双方未就股权收购事宜达成一致。中某企业起诉要求网某公司以合理价格收购其股权符合公司法规定。

> **第九十条 【股东资格的继承】**自然人股东死亡后，其合法继承人可以继承股东资格；但是，公司章程另有规定的除外。

**【理解与适用】**

本条是关于有限责任公司股东资格继承的规定。

自然人死亡后，其合法继承人可以继承股东资格。继承开始后，在被继承的股权分割之前，作为遗产的股权被继承人共同共有，共同继承人行使股权的代表人应由遗产管理人充任，其选任须取得共同继承人的一致同意。在股权行使的程序上，共同继承人行使股权前无须通过变更股东名册的记载表明其股东身份，但就遗产管理人行使股权的内容而言，仍需由各共同继承人达成一致作为前提条件。[②]

继承股东资格，意味着继承股权的财产性权利和身份性权利，毫无

---

[①] （2020）浙 02 民初 98 号，载中国裁判文书网，https://wenshu.court.gov.cn/website/wenshu/181107ANFZ0BXSK4/index.html?docId=d+dwNdGDyb8WAGOYQ/xSS/uoIJlQfENd5ge0Z6c+CLu/I/IuD5Vso5O3qNaLMqsJilomMG3QQ37lKi6E9CyY+FYe1M+VvPs/cmTXZtPih6oszGZzMQXObPg5hODhwQ6/，最后访问日期：2024 年 1 月 19 日。

[②] 李飞：《〈民法典〉与共同继承人的股权行使》，载《武汉大学学报（哲学社会科学版）》2021 年第 4 期。

疑问，股权中财产性权利的继承是不可被剥夺的，即使公司章程也不能对其限制。对于股权中的身份性权利，例如参与公司重大决策和选择管理者等权益，具体包括出席股东会的权利、股东会的表决权、股东的查阅权等，因为有限公司的人合性，公司章程可以予以限制。但是需要指出，对股权中身份性权利的公司章程限制，应当制定在继承开始之前，即被继承人死亡之前，在继承开始之后修改公司章程限制股东资格继承的，不应当认可公司章程修改的效力。公司和其他股东不希望继承人继承股东资格、成为股东的，可以通过协商回购股权的方式来达成其目的。

## 【案例指引】

**张某与爱某公司决议撤销纠纷案**[①]

**裁判要旨**：根据公司法有关规定，自然人股东死亡后，其合法继承人可以继承股东资格。被告爱某公司的章程第十四条也规定自然人股东死亡后，其合法继承人可以继承股东资格，故金某死亡后其合法继承人依法可以继承股东资格。继承股东资格也就意味着各继承人不仅继承了股权，而且继承了股东的身份。至于是否变更股东登记，从而产生对外的公信、公示效力，则并不影响其内部股东权利的正常行使。

---

[①] （2020）辽02民终8627号，载中国裁判文书网，https://wenshu.court.gov.cn/website/wenshu/181107ANFZ0BXSK4/index.html？docId = xtjW9zhB4bw + nAwXhqZ60ZeAtXSc83jcps6jdz5DK5Cubh8AA3LdYfUKq3u + IEo4VTgof/GHjSGVm/cEp/P1Eq1PQOxHs5W1 + F3TVW0NyjktEXfmIqH6Hqi6Im+MwZz6，最后访问日期：2023年12月30日。

# 第五章　股份有限公司的设立和组织机构

## 第一节　设立

> **第九十一条　【股份有限公司的设立方式】**设立股份有限公司，可以采取发起设立或者募集设立的方式。
> 
> 发起设立，是指由发起人认购设立公司时应发行的全部股份而设立公司。
> 
> 募集设立，是指由发起人认购设立公司时应发行股份的一部分，其余股份向特定对象募集或者向社会公开募集而设立公司。

**【理解与适用】**

本条为股份有限公司设立方式的规定。

股份有限公司的设立方式有发起设立和募集设立两种方式，发起人可以选择其中之一来设立股份有限公司。并不是所有的股份有限公司都是公开公司，非上市公司的股份有限公司一般是封闭公司，上市的股份有限公司是公开公司，但是一般公开募集股份是在成立以后经营一段时间以后，才申请对新增资本来公开募集股份。

发起设立，是指由发起人认购设立公司时应发行的全部股份而设立公司。发起设立可以适用于任何公司的设立，无论是股份有限公司还是有限责任公司。一般而言，发起设立适于股份有限公司资本规模不大，或各个发起人的资金比较雄厚，从而在设立公司时，不需要向社会公众或特定对象募集资金，发起人的出资对公司的资本即已经足够。发起设立可以有效缩短公司设立的周期，降低公司设立成本。

募集设立，是指由发起人认购设立公司时应发行股份的一部分，其余股份向特定对象募集或者向社会公开募集而设立公司。本款规定的募集设立又有两种类型，即公开募集设立和定向募集设立，募集设立只适用于股份有限公司，不适用于有限责任公司，根据公司法第九十七条规定，发起人认购的已发行股份的比例不低于35%。发起人采用募集设立，是为了募集更多的资本，使公司更具有实力，募集设立股份有限公司的，公司成立时的股东除发起人外，公开募集股份设立的还有认购股份的社会公众，定向募集设立的还有认购股份的特定对象。但是在现实中，几乎没有公开募集设立股份有限公司的情形，本法规定为以后公开募集设立预留了空间。

**【相关规范】**

● *法律*

《中华人民共和国证券法》（2019年12月28日）

第十一条　设立股份有限公司公开发行股票，应当符合《中华人民共和国公司法》规定的条件和经国务院批准的国务院证券监督管理机构规定的其他条件，向国务院证券监督管理机构报送募股申请和下列文件：

（一）公司章程；

（二）发起人协议；

（三）发起人姓名或者名称，发起人认购的股份数、出资种类及验资证明；

（四）招股说明书；

（五）代收股款银行的名称及地址；

（六）承销机构名称及有关的协议。

依照本法规定聘请保荐人的，还应当报送保荐人出具的发行保荐书。

法律、行政法规规定设立公司必须报经批准的，还应当提交相应的批准文件。

---

**第九十二条　【发起人的限制】**设立股份有限公司，应当有一人以上二百人以下为发起人，其中应当有半数以上的发起人在中华人民共和国境内有住所。

**【理解与适用】**

本条是关于发起人限制的规定。

关于设立股份有限公司的发起人的人数，要求一人以上（含一人），二百人以下（含二百人），公司法承认股东只有一人的股份有限公司。设立股份有限公司的发起人可以是自然人，也可以是法人。本条对发起人的住所有限制，要求半数以上的发起人在中华人民共和国境内有住所。对自然人来讲，住所是指自然人以长久居住的意思居住于某处所，该处所即为其住所。根据民法典第二十五条的规定，自然人以户籍登记或者其他有效身份登记记载的居所为住所；经常居所与住所不一致的，经常居所视为住所。对法人来讲，根据民法典第六十三条的规定，法人以其主要办事机构所在地为住所，依法需要办理法人登记的，应当将主要办事机构所在地登记为住所。

**【相关规范】**

● *法律*

《中华人民共和国民法典》（2020年5月28日）

第二十五条　自然人以户籍登记或者其他有效身份登记记载的居所为住所；经常居所与住所不一致的，经常居所视为住所。

第六十三条　法人以其主要办事机构所在地为住所。依法需要办理法人登记的，应当将主要办事机构所在地登记为住所。

---

**第九十三条　【发起人的义务】** 股份有限公司发起人承担公司筹办事务。

发起人应当签订发起人协议，明确各自在公司设立过程中的权利和义务。

---

**【理解与适用】**

本条为发起人义务的规定。

公司设立是依据一定的程序，以公司的成立为目的的一系列法律行为，公司设立需要公司成立之前一系列筹建事务所构成，发起人承担这些公司筹办事务。

设立股份有限公司发起人应当签订发起人协议，这是强制性要求，这一点不同于有限责任公司，有限责任公司发起人是可以订立发起人协议，非强制性要求。发起人协议是发起人之间订立的确定各发起人之间的有关设立公司权利和义务的书面协议。募集设立的股份有限公司，认股人（无论是特定对象还是社会公众）不参与发起人协议的订立，但是可以参加股份有限公司的创立大会；有限责任公司设立中由将来的股东直接充任发起人订立发起人协议。

发起人的法律地位，通说认为，发起人是设立中公司的公司机关，发起人之间的协议的性质是合伙协议，公司未来没有能成立，则各发起人对公司设立所产生的义务和责任向第三人承担连带责任。[1]

## 【相关规范】

● 法律

《中华人民共和国证券法》（2019年12月28日）

**第十一条** 设立股份有限公司公开发行股票，应当符合《中华人民共和国公司法》规定的条件和经国务院批准的国务院证券监督管理机构规定的其他条件，向国务院证券监督管理机构报送募股申请和下列文件：

（一）公司章程；

（二）发起人协议；

（三）发起人姓名或者名称，发起人认购的股份数、出资种类及验资证明；

（四）招股说明书；

（五）代收股款银行的名称及地址；

（六）承销机构名称及有关的协议。

依照本法规定聘请保荐人的，还应当报送保荐人出具的发行保荐书。

法律、行政法规规定设立公司必须报经批准的，还应当提交相应的批准文件。

---

[1] 参见赵旭东主编：《公司法学》（第四版），高等教育出版社2014年版，第118页。

**【案例指引】**

**周某某与孙某某合同纠纷案**[①]

**裁判要旨**：法院认为，所谓"发起人协议"，是指发起人之间就公司设立的有关事项和相互之间的权利义务关系订立的协议。发起人协议是一种合伙协议，适用民法的有关合伙的规定。发起人协议以公司设立为目的，应包含发起人股东完成拟设立公司的公共事务及涉及发起人股东个体权益的具体内容。股份有限公司的设立应当符合相关法律规定，摄影店亦未向一审法院提交其依法设立股份有限公司的相关证据。且双方签订的《股份合作协议书》虽约定"就各方共同出资，由甲方以其名义受让股并作为发起人参与摄影店婚纱摄影的投资（暂定名以下简称股份公司）的发起设立事宜"为目的。但该股份合作协议书中并未就将要设立的股份有限公司的设立的公共事务进行约定，而是主要针对各出资人就自己的出资比例对以后共同经营"摄影店"中可能出现的利润分配和亏损承担约定了相关权利、义务。

> **第九十四条　【股份有限公司章程制订】** 设立股份有限公司，应当由发起人共同制订公司章程。

**【理解与适用】**

本条是关于股份有限公司章程制订的规定。

公司章程是股份有限公司设立的必备文件，制订（是"制订"而非"制定"）主体是全体发起人。其一，很显然，本条不适用于只有一个发起人发起设立的。其二，本条的适用范围是发起设立还是募集设立？本条并未规定。无论是募集设立还是发起设立，发起人无权"通过公司章程"，仅仅有权"共同制订公司章程"，"通过公司章程"是

---

① （2020）辽04民终2071号，载中国裁判文书网，https://wenshu.court.gov.cn/website/wenshu/181107ANFZ0BXSK4/index.html？docId=939AmlYaUQ8byUHt4DbPrB3M9Zs9sOEjtbu9SWw8Ve/3n + gjEfh8ZPUKq3u + IEo4Mt6uICaSQiv87qvdkroE6j4Q9JaHqVIa1N4XzuHLTuXSiOU5qlIIe1UOLrFJcQEU，最后访问日期：2023年12月28日。

"成立大会"的职权而不属于发起人,当然,对发起设立的股份有限公司而言,成立大会完全是由发起人组成的,所有发起人在事实上有"通过公司章程"的职权。其三,发起人共同制订的章程通过是全体发起人多数决通过还是一致通过?是否应区分发起设立和募集设立而有所不同。

不论是募集设立(包括私募设立和公募设立)的股份有限公司,还是发起设立的股份有限公司,发起人仅有权"共同制订公司章程"(第九十四条),无权"通过公司章程","通过公司章程"的职权归属于"成立大会"(当然,对发起设立的股份有限公司来说,成立大会是由发起人组成的,发起人在事实上也间接拥有"通过公司章程"的职权)。

"共同"意味着全体发起人协议一致同意,"制订"而非"制定",不仅适用于募集设立,也适用于发起设立,因为根据本法第一百零三条规定,无论是募集设立还是发起设立都应召开成立大会。根据本法第一百零四条第一款规定,"通过公司章程"是成立大会的职权之一。但是,第一百零四条第二款"成立大会对前款所列事项作出决议,应当经出席会议的认股人所持表决权过半数通过"是否适用于发起设立的成立大会上章程的通过,从文义解释来看,该条第二款中有"认股人"的字眼,发起设立不存在发起人以外的认股人,因此,第一百零四条第二款不适用于发起设立。这意味着,发起设立的股份有限公司,其根据成立大会的职权所作出的决议,不适用第一百零四条第二款的多数决通过。发起设立股份有限公司的,章程应是由发起人在共同制订之外,一致通过,因为发起设立的,发起人人数较少不难达成一致,而且不同意章程的股东可以退出该公司的发起设立。

**第九十五条 【股份有限公司章程记载事项】**股份有限公司章程应当载明下列事项:

(一)公司名称和住所;

(二)公司经营范围;

(三)公司设立方式;

（四）公司注册资本、已发行的股份数和设立时发行的股份数，面额股的每股金额；

（五）发行类别股的，每一类别股的股份数及其权利和义务；

（六）发起人的姓名或者名称、认购的股份数、出资方式；

（七）董事会的组成、职权和议事规则；

（八）公司法定代表人的产生、变更办法；

（九）监事会的组成、职权和议事规则；

（十）公司利润分配办法；

（十一）公司的解散事由与清算办法；

（十二）公司的通知和公告办法；

（十三）股东会认为需要规定的其他事项。

【理解与适用】

本条是关于股份有限公司章程记载事项的规定。

股份有限公司的章程规范公司的组织和行为，是公司组织和活动的基本规则。根据本条规定，股份有限公司的章程应当载明下列事项：

1. 公司名称和住所。公司名称是指公司用来代表自己以区别于其他公司的文字符号。股份有限公司章程必须载明公司名称，应当根据本法的规定，在公司名称中标明股份有限公司或者股份公司的字样。根据《企业名称登记管理规定》，股份有限公司名称由行政区划名称、字号、行业或者经营特点、组织形式组成。跨省、自治区、直辖市经营的股份有限公司，其名称可以不含行政区划名称；跨行业综合经营的股份有限公司，其名称可以不含行业或者经营特点。股份有限公司的章程也必须载明公司的住所，公司住所是指公司的主要办事机构所在地。公司住所的法律意义在于据以确定诉讼管辖、受送达的处所、债务履行地、公司登记机关等。

2. 公司经营范围。经营范围也称为公司目的条款，目的条款规定公司的能力范围。经营范围是指国家允许企业法人生产和经营的商品类别、品种及服务项目，反映企业法人业务活动的内容和生产经营方向，是企业法人业务活动范围的法律界限，体现企业法人民事权利能力和行为能力的核心内容。股份有限公司章程中应当载明经营范围，一方面，股份认购人可以据此了解公司对投资的股本如何使用；另一方面，与公司交易的债权人也可以了解公司的能力范围。根据民法典第五百零五条规定，公司超越经营范围订立的合同有效，不得仅因为超越经营范围确认合同无效，除非相对人知道或应当知道超越经营范围订立合同。根据本法第九条的规定，公司可以修改章程，变更经营范围。公司的经营范围中属于法律、行政法规规定须经批准的项目，应当依法经过批准。

3. 公司的设立方式。公司的设立方式是指股份有限公司是以发起设立的方式设立，还是以募集设立的方式设立。两种设立方式在设立条件和程序上存在区别，公司是发起设立还是募集设立，不仅关系到公司在设立时是否向社会公众发行股份，而且直接决定了公司应当经过何种程序成立。因此，公司章程中应当载明公司设立方式。

4. 公司的注册资本、已发行的股份数和设立时发行的股份数、面额股的每股金额。本次公司法修订确立了授权资本制，股份有限公司设立时不要求将章程记载的注册资本全部发行完毕，可以在设立时只发行部分股份，授权公司董事会在经营中根据公司的需要一次或分次发行股份。因此股份有限公司章程除记载注册资本外，关于资本的记载事项应区分已发行股份数和设立时发行的股份数。面额股是指股票的票面记载一定数额的股份，每股的金额相等，股份有限公司发行面额股，应在章程中记载每股的金额，向社会公开公司的资本情况。

5. 发行类别股的，每一类别股的股份数及其权利和义务。公司法本次修订正式确立了类别股制度，公司可以根据公司法的授权通过章程创设发行类别股。公司发行类别股的，章程应当记载每一类别股的股份数及其权利和义务。类别股实质是有别于普通股的特别股，通过上述记载事项，使投资者、债权人和社会公众了解股份有限公司所发行的类别股之上特别股东权利和义务，类别股在公司全部资本中所占的比例。

6. 发起人的姓名或者名称、认购的股份数、出资方式和出资时间。本项的规定，相较于公司法（2018年修订），删除了出资时间，股份有限公司不再实行认缴制，而实行实缴制，股东认购的公司发行的股份，应当公司全部实缴。股份有限公司的发起人是指为设立公司而共同制订公司章程，向公司认购股份并履行公司设立职责的人。发起人是自然人的，章程应当记载其姓名，发起人是法人的，章程应当记载其企业名称。发起人认购的股份数是指每一个发起人在公司设立时所认购的具体股份数额。发起人的出资方式是指发起人是用货币出资，还是用实物、知识产权、土地使用权、股权、债权等非货币财产作价出资。发起人的出资时间是指每个发起人实际缴纳其出资的时间。发起人对公司的设立和后续运营有重要的影响，公司章程载明发起人的姓名或者名称、认购的股份数、出资方式和出资时间，其目的是让投资者、交易相对人和社会公众了解发起人的情况。

7. 董事会的组成、职权和议事规则。董事会的组成是指董事会由哪些人组成，如执行董事、职工董事、独立董事等在董事会中如何构成。董事会的职权是指董事会有权行使的具体职权，具体职权来源于法定职权、章程规定的职权以及股东会授权董事会行使的职权。董事会的议事规则是指董事会召集、举行会议以及作出决议应当遵守的准则。董事会是公司的经营决策和业务执行机关，在公司管理、生产经营活动中，起着极为重要的作用，因此，公司章程应当对董事会的组成职权和议事规则予以明确规定。

8. 公司法定代表人的产生、变更方法。本次公司法修订，将原公司法"公司法定代表人"的记载事项修改为"公司法定代表人的产生、变更办法"。公司法定代表人是指代表公司对外进行意思表示和接受意思表示的具体人员，法定代表人以公司名义从事的民事活动，其法律后果由公司承受。公司法定代表人涉及公司控制权，因此法定代表人的产生和变更在公司不同派别的股东之间往往产生分歧和斗争。为尊重股份有限公司的自治，本项规定法定代表人的产生和变更方法由公司章程予以规定。

9. 监事会的组成、职权和议事规则。监事会的组成是指监事会由哪些人员构成。监事会的职权是指监事会根据法律和公司章程规定可以行使的具体职权。监事会的议事规则是指监事会的召集、通知、会议举行以及作出监事会决议应当遵守的准则。监事会是公司中专司监督之职的监督机关，其职能是防止董事会和公司高级管理人员滥用权利，以使公司、股东、债权人的利益不因董事会和公司高级管理人员滥用权利而受损害。因此，监事会对公司非常重要，监事会的组成、职权和议事规则应当在公司章程中予以记载。

10. 公司利润分配办法。公司利润分配办法是指公司在弥补亏损、提取公积金后所余利润，具体如何进行分配的方法。股东认购公司的股份，投资于公司，就是为了能通过利润分配来获取投资收益，因此公司利润分配办法直接关系到股东如何才能得到利润以及能够得到多少利润，公司利润分配方法是公司内部事项，应当由章程而非公司法对公司利润分配办法作出具体规定。

11. 公司的解散事由与清算办法。公司的解散事由是指可以导致公司解散的原因或事件。公司的清算办法是指终结已解散公司的一切法律关系，处理公司剩余财产的方法和程序。公司的解散事由与清算办法关系到公司的终止，应当在公司章程中予以记载。

12. 公司的通知和公告办法。公司的通知和公告办法是相关信息传递的重要依据，其是指公司进行通知和公告的具体方式，如邮寄、专程送达、在某一份报纸或者杂志上予以登载等。公司的通知和公告办法关系到公司的股东、债权人等能否及时得到公司的有关信息，并据以做出自己的行为。所以，公司的通知和公告办法应当在公司章程中以载明。

## 【案例指引】

**金某与某资产管理有限公司、某环境股份有限公司请求变更公司登记纠纷案**[①]

**裁判要旨**：法定代表人的任免应属公司内部自治事项，由公司依据相关法律规定及公司章程作出决定，只有在公司内部程序无现实可操作性的情况下，即已穷尽公司内部治理措施后，司法才有必要予以适当干预。本案中，依据被告2的公司章程修正案，总经理为公司的法定代表人，由董事会任命，任期为三年，任期届满，可连选连任。因此，总经理及法定代表人的变更登记亦应以被告2作出董事会决议为前提。在公司内部未作出变更总经理及法定代表人决议的前提下，法院不宜径行判决变更。现原告并无证据证明被告2已经根据公司章程作出了变更法定代表人的决议，故，其提出的诉讼请求不能成立。

---

[①] （2023）京03民终1189号，载中国裁判文书网，https://wenshu.court.gov.cn/website/wenshu/181107ANFZ0BXSK4/index.html?docId=383r6RmAyRnWJAR4I9pCeERXOpFGIHe-0L2MGeqBPHWLHCdQsEHtlM/UKq3u+IEo4Mt6uICaSQiv87qvdkroE6j4Q9JaHqVIa1N4Xzu HLTu-WqCtNmXSnJlSAb0RIIHsoz，最后访问日期：2023年12月28日。

**第九十六条 【注册资本】** 股份有限公司的注册资本为在公司登记机关登记的已发行股份的股本总额。在发起人认购的股份缴足前，不得向他人募集股份。

法律、行政法规以及国务院决定对股份有限公司注册资本最低限额另有规定的，从其规定。

**【理解与适用】**

本条是关于股份有限公司注册资本的规定。

原公司法对发起设立注册资本采用认缴制，募集设立注册资本采取实缴制，新法修改后，对募集设立和发起设立的注册资本不再区分，统一规定股份有限公司的注册资本为在公司登记机关登记的已发行股份的股本总额。

对股份有限公司来讲，注册资本其实是股本。在募集设立股份有限公司时，在发起人认购的股份缴足前，不得向他人募集股份。这一规定属于强制性规定，旨在保护其他投资者的利益，防止发起人在认购股份缴足前，以公司名义对外募集资金，从而加大他人投资风险，从事欺诈，损害不特定投资者及社会公众利益。

法律、行政法规以及国务院决定对股份有限公司注册资本最低限额另有规定的，从其规定。法律、行政法规以及国务院决定对某些行业和领域的股份有限公司注册资本有最低限额要求，例如，商业银行法第十三条规定，设立全国性商业银行的注册资本最低限额为十亿元人民币。设立城市商业银行的注册资本最低限额为一亿元人民币，设立农村商业银行的注册资本最低限额为五千万元人民币。注册资本应当是实缴资本。再如，保险法第六十九条规定，设立保险公司，其注册资本的最低限额为人民币二亿元。国务院保险监督管理机构根据保险公司的业务范围、经营规模，可以调整其注册资本的最低限额，但不得低于本条第一款规定的限额。保险公司的注册资本必须为实缴货币资本。

**【案例指引】**

**张某某与四川某实业股份有限公司公司增资纠纷案**[①]

  **裁判要旨**：被告为股份有限公司，其章程记载的 9 位发起人股东均认缴了相应的股份数额，认缴期限为 2019 年 3 月 25 日，被告并无证据证明其股东已经全额缴纳了所认缴的出资，依据我国公司法关于募集股份的规定，股份有限公司的注册资本为在公司登记机关登记的已发行股份的股本总额。在发起人认购的股份缴足前，不得向他人募集股份。故，被告向原告募集股份的行为违反法律规定，原告向被告所支付的股本金应当由被告予以返还并支付资金利息。

> **第九十七条　【发起人的股份认购】** 以发起设立方式设立股份有限公司的，发起人应当认足公司章程规定的公司设立时应发行的股份。
>
> 以募集设立方式设立股份有限公司的，发起人认购的股份不得少于公司章程规定的公司设立时应发行股份总数的百分之三十五；但是，法律、行政法规另有规定的，从其规定。

**【理解与适用】**

  本条是关于股份有限公司设立发起人认购股份的规定。

  以发起设立方式设立股份有限公司的，章程规定的公司设立对外发行的资本，发起人应当全部认足，所有发起人认购的股份总额应当等于公司设立发行的股份总额，否则不能以发起设立方式来设立股份有限公司。发起人认足设立应发行的股份的，应在公司成立时缴纳其认购的股份对应的股款，根据本法第九十八条规定，不允许分期缴纳认购股份对应的股款。

---

[①] （2017）川 01 民终 7938 号，载中国裁判文书网，https://wenshu.court.gov.cn/website/wenshu/181107ANFZ0BXSK4/index.html?docId=+yAW0uprWUHGa7c4ntb112/dGFLXvp3zh2cke3H7kO4RHRt/N4AjNPUKq3u+IEo4Mt6uICaSQiuWtfFt/1POAayRrXUEkAsSz+jQ47dmlB44Ylg/TobbDHm4QuNK3VXU，最后访问日期：2024 年 1 月 18 日。

以募集设立方式设立股份有限公司的，发起人认购的股份不得少于公司章程规定的公司设立时应发行股份总数的百分之三十五。但是，法律、行政法规另有规定的，从其规定。要求发起人认购的股份数不少于百分之三十五，主要是为了加重发起人的责任，保护广大股权投资者和债权投资者的利益。公司成立后进行经营活动必须有一定的财产基础，这样才能保障债权人的利益。如果股份有限公司的发起人不具有经济能力，仅仅凭借发起人以外的其他认股人和债权人的资金来进行经营活动，那意味着自己不投入，用别人的钱来冒险，对其他认股人和债权人来讲风险太大，代理成本也非常高，这可能导致发起人草率成立公司或利用成立股份有限公司进行欺诈活动，或者因为在股份有限公司中经济利益少，对公司的经营管理不上心，不利于公司整体发展，从而最终对其他股东和债权人也不利。因此，本法规定原则上发起人所持的股份必须达到公司设立时应发行股份总数的百分之三十五，但是允许其他法律、法规可以根据特殊情况作出例外规定。[1]

> **第九十八条　【发起人的出资】**发起人应当在公司成立前按照其认购的股份全额缴纳股款。
> 
> 发起人的出资，适用本法第四十八条、第四十九条第二款关于有限责任公司股东出资的规定。

**【理解与适用】**

本条是关于发起人出资的规定。

本条第一款规定，发起人在公司成立前即应当按照其认购的股份，全额实缴股款，不允许认缴而不实缴，不存在分期缴纳出资的可能。

本条第二款是一个引用性法条，关于股份有限公司发起人的出资方式引用本法第四十八条有限责任公司股东出资方式的规定，即股份有限公司的发起人可以用货币出资，也可以用实物、知识产权、土地使用权、股权、债权等可以用货币估价并可以依法转让的非货币财产作价出

---

[1] 参见赵旭东主编：《公司法学》（第四版），高等教育出版社2014年版，第151页。

资。但是，法律、行政法规规定不得作为出资的财产除外。关于股份有限公司发起人的出资义务引用本法第四十九条第二款（股东的货币出资存入公司账户、非货币出资所有权转移给公司的义务）的规定。

## 【相关规范】

● *法律*

《中华人民共和国公司法》（2023年12月29日）

  第四十八条　股东可以用货币出资，也可以用实物、知识产权、土地使用权、股权、债权等可以用货币估价并可以依法转让的非货币财产作价出资；但是，法律、行政法规规定不得作为出资的财产除外。

  对作为出资的非货币财产应当评估作价，核实财产，不得高估或者低估作价。法律、行政法规对评估作价有规定的，从其规定。

  第四十九条　股东应当按期足额缴纳公司章程规定的各自所认缴的出资额。

  股东以货币出资的，应当将货币出资足额存入有限责任公司在银行开设的账户；以非货币财产出资的，应当依法办理其财产权的转移手续。

  股东未按期足额缴纳出资的，除应当向公司足额缴纳外，还应当对给公司造成的损失承担赔偿责任。

> **第九十九条　【其他发起人的出资连带责任】** 发起人不按照其认购的股份缴纳股款，或者作为出资的非货币财产的实际价额显著低于所认购的股份的，其他发起人与该发起人在出资不足的范围内承担连带责任。

## 【理解与适用】

  本条是关于其他发起人的出资连带责任的规定。

  公司设立时，发起人不按照其认购的股份实缴股款，或者作为出资的非货币财产的实际价额显著低于所认购的股份的，其他发起人与该发起人在出资不足的范围内向公司承担连带责任，当公司不能清偿债务时，则其他发起人与该发起人也应当承担连带责任。其他发起人承担连带责任并不需要主观上有过错，其他发起人承担责任后可以向瑕疵出资的股东追偿。

本条规定，也将适用于股份有限公司增资阶段。其一，股份有限公司增资阶段，公司已经成立运行一段时间了，只有设立阶段才存在发起人，增资阶段认购新增发行的股份的人都是股东，可能还有公司股东以外的人，这个阶段认购新增股份的人不能再称为发起人；其二，连带责任只限于法律有明确规定的情况下才适用，不应该随意扩大，本法第二百二十八条第二款规定："股份有限公司为增加注册资本发行新股时，股东认购新股，依照本法设立股份有限公司缴纳股款的有关规定执行。"这里的执行有关规定只是出资方式和出资期限的问题，不应涉及这里的连带责任。

发起人应当将非货币财产的出资向公司、其他发起人信息披露，不得隐瞒和欺诈。非货币财产的实际价额的评估具有一定的弹性，在这个弹性幅度内实际价额如何确定是一个谈判的问题，发起人可能将非货币财产的价格高估，对发起人的工作具有一定的挑战性、创造性和风险性，其非货币财产出资可以被视为对发起人工作的一种报酬，这个报酬最终由发起人以外的其他股东、公司成立后后续加入的股东的溢价出资来负担，这具有一定的合理性。

发起人作为出资的非货币财产的实际价额显著低于所认购的股份，这个问题谁来质疑和发起呢？公司在发起人的控制之下，让公司来质疑不具有现实性和可操作性，应当由利害关系人来质疑，因为这关系到他们的切身利益，这些利害关系人可以是其他发起人、发起人以外的其他股东、公司成立后加入股份有限公司的股东、债权人。合理的质疑只是如何划分蛋糕，但是最好的解决途径是发起人把蛋糕做大，这样公司的成员都皆大欢喜。[①]

---

[①] 参见朱锦清：《公司法学（修订本）》，法律出版社2019年版，第151~153页。

> **第一百条　【募集股份的公告和认股书】** 发起人向社会公开募集股份，应当公告招股说明书，并制作认股书。认股书应当载明本法第一百五十四条第二款、第三款所列事项，由认股人填写认购的股份数、金额、住所，并签名或者盖章。认股人应当按照所认购股份足额缴纳股款。

**【理解与适用】**

本条是关于股份有限公司公开募集股份的公告和认股书的规定。

招股说明书是指股份有限公司在申请首次公开募集股份并上市时，就募股融资事项进行信息披露的重要书面文件。发行人和投资者认购股份相关的一切行为，除应遵守国家有关规定外，都应遵守招股说明书中的有关规定和承诺。股份有限公司应当根据《公开发行证券的公司信息披露内容与格式准则第57号——招股说明书》（以下简称招股说明书准则），其对招股说明书和招股说明书的内容和格式都有详细规定。关于招股说明书有以下几点需要予以说明：其一，招股说明书的法律性质。招股说明书是法律文件，即具有法律约束力，性质是要约邀请（引诱投资者向公开募集股份的股份有限公司发出订立合同的意思表示）。其二，招股说明书的投资意义。招股说明书是股份有限公司公开募集股份时信息披露的重要文件，对投资者的决策具有重要影响。例如，招股说明书准则第三条要求凡对投资者作出价值判断和投资决策所必需的信息，均应披露。其三，招股说明书编制的总体要求。招股说明书准则的总则规定了招股说明书编制的总体要求。例如，第四条规定发行人应以投资者投资需求为导向编制招股说明书，为投资者作出价值判断和投资决策提供充分且必要的信息，保证相关信息真实、准确、完整；第六条规定发行人在招股说明书中应谨慎、合理地披露盈利预测及其他涉及发行人未来经营和财务状况信息；第八条规定招股说明书应便于投资者阅读，简明清晰，通俗易懂，尽量使用图表、图片或其他较为直观的披露方式，具有可读性和可理解性；第十四条规定招股说明书应在规定媒体或网站进行公开；等等。其四，招股说明书的记载事项。本法第一百五十四条第二款规定了招股说明书的记载事项，具体见下文；

招股说明书准则要求招股说明书扉页应列表载明下列内容：（1）发行股票类型；（2）发行股数，股东公开发售股数（如有）；（3）每股面值；（4）每股发行价格；（5）预计发行日期；（6）拟上市的证券交易所和板块；（7）发行后总股本，发行境外上市外资股的还应披露境内上市流通的股份数量和境外上市流通的股份数量；（8）保荐人、主承销商；（9）招股说明书签署日期。

招股说明书的法律性质是要约邀请，而投资者填写的认股书的法律性质是投资者向公开募集股份的股份有限公司发出的要约，只不过这一要约应当按照股份有限公司提供的格式文本来填写、签名或盖章。在认购数达到一定额度意味着本次发行成功后，公司对认股书的确认相当于承诺，此时公司与投资者之间合同才正式成立。认股书应当载明本法第一百五十四条第二款（招股说明书载明事项）、第三款所列事项，由认股人填写认购的股份数、金额、住所，并签名或者盖章。认股人应当按照所认购股份足额缴纳股款。本法第一百五十四条第二款所列（招股说明书载明事项）具体有：（1）发行的股份总数；（2）面额股的票面金额和发行价格或者无面额股的发行价格；（3）募集资金的用途；（4）认股人的权利和义务；（5）股份种类及其权利和义务；（6）本次募股的起止日期及逾期未募足时认股人可以撤回所认股份的说明。尽管上述事项招股说明书已经载明和公示，但为了更好地保护投资者的利益，防止部分投资者不能及时了解到其内容，法律强制规定认股书中应当列明招股说明书中相关内容，其中面额股的票面金额和发行价格或者无面额股的发行价格和募集资金的用途，对保障投资者的知情权和决定是否认购来讲是非常重要的。本法第一百五十四条第三款规定了公司设立时发行股份的，还应当载明发起人认购的股份数。

【相关规范】

● 法律

1. 《中华人民共和国民法典》（2020年5月28日）

第四百七十三条　要约邀请是希望他人向自己发出要约的表示。拍卖公告、招标公告、招股说明书、债券募集办法、基金招募说明书、商业广告和宣传、寄送的价目表等为要约邀请。

商业广告和宣传的内容符合要约条件的，构成要约。

## 2.《中华人民共和国证券法》（2019 年 12 月 28 日）

**第十一条** 设立股份有限公司公开发行股票，应当符合《中华人民共和国公司法》规定的条件和经国务院批准的国务院证券监督管理机构规定的其他条件，向国务院证券监督管理机构报送募股申请和下列文件：

（一）公司章程；

（二）发起人协议；

（三）发起人姓名或者名称，发起人认购的股份数、出资种类及验资证明；

（四）招股说明书；

（五）代收股款银行的名称及地址；

（六）承销机构名称及有关的协议。

依照本法规定聘请保荐人的，还应当报送保荐人出具的发行保荐书。

法律、行政法规规定设立公司必须报经批准的，还应当提交相应的批准文件。

**第十三条** 公司公开发行新股，应当报送募股申请和下列文件：

（一）公司营业执照；

（二）公司章程；

（三）股东大会决议；

（四）招股说明书或者其他公开发行募集文件；

（五）财务会计报告；

（六）代收股款银行的名称及地址。

依照本法规定聘请保荐人的，还应当报送保荐人出具的发行保荐书。依照本法规定实行承销的，还应当报送承销机构名称及有关的协议。

---

**第一百零一条　【验资】** 向社会公开募集股份的股款缴足后，应当经依法设立的验资机构验资并出具证明。

---

**【理解与适用】**

本条是关于募集设立的股份有限公司缴纳股款验资的规定。

股份有限公司的设立，除了向社会公开募集股份的股份有限公司设立应当经依法设立的验资机构验资并出具证明，其他发起设立和定向募集设立的股份有限公司，不要求强制验资并出具证明。所谓验资，是指注册会计师依法接受委托，对被审验单位注册资本的实收情况或注册资本及实收资本的变更情况进行审验，并出具验资报告。

## 【相关规范】

● 法律

《中华人民共和国证券法》（2019年12月28日）

第十一条　设立股份有限公司公开发行股票，应当符合《中华人民共和国公司法》规定的条件和经国务院批准的国务院证券监督管理机构规定的其他条件，向国务院证券监督管理机构报送募股申请和下列文件：

（一）公司章程；

（二）发起人协议；

（三）发起人姓名或者名称，发起人认购的股份数、出资种类及验资证明；

……

## 【案例指引】

**徐某某与湖南某集团股份有限公司、李某某、黄某某新增资本认购纠纷案**[1]

裁判要旨：湖南某集团股份有限公司并未按我国公司法的要求办理验资手续并由具有证券从业资格的会计师事务所出具验资报告，也未向工商行政管理部门提交增资变更事项，且庭审中自认募集的资金未存放在专用账户内，所募集的资金已全部提前使用。其未在承诺的期限前将手续办理完毕，亦未在公司登记机关办理变更登记并公告，未取得全国中小企业股份转让系统出具的股份登记函，原告未经法定程序成为湖南某集团股份有限公司的股东，从未享受过湖南某集团股份有限公司的任何股东待遇，原告所购买的股份也并未划转至其个人证券账户。综上，原告与湖南某集团

---

[1]　(2019) 湘01民终14084号，载中国裁判文书网，https：//wenshu.court.gov.cn/website/wenshu/181107ANFZ0BXSK4/index.html?docId=2YiuMbrGvET8wI5F6MeC1u8rig66CUEGN7Pia+v0NR4E76eoyiAw3fUKq3u+IEo4Mt6uICaSQiv87qvdkroE6j4Q9JaHqVIa1N4XzuHLTuW1LiOko4ndvmZUl7cPE7JZ，最后访问日期：2023年12月29日。

股份有限公司之间的增资行为违反法律法规强制性规定，属于无效行为，故，原告要求湖南某集团股份有限公司返还投资款、理由正当，该院予以支持。

> **第一百零二条　【股东名册】**股份有限公司应当制作股东名册并置备于公司。股东名册应当记载下列事项：
> （一）股东的姓名或者名称及住所；
> （二）各股东所认购的股份种类及股份数；
> （三）发行纸面形式的股票的，股票的编号；
> （四）各股东取得股份的日期。

**【理解与适用】**

本条是关于股份有限公司股东名册的规定。

有限责任公司股东名册是确认股东权利及其变动的依据，对于股份有限公司来讲，股东名册的效力是设权的效力还是对抗的效力？笔者认为，与有限责任公司的股东名册登记效力一致，股份责任公司的股东名册登记的效力是设权的效力。股东名册记载常见纠纷类型：（1）增加类：应记载而未记载，权利人请求公司记载，公司怠于履行记载义务；（2）变更类：不应记载而被记载，权利人请求公司涤除，公司怠于履行涤除记载义务。

股份有限公司应当区分为非上市的股份有限公司和上市的股份有限公司。非上市的股份有限公司可以由股份有限公司自己登记股东名册，并在公司登记机关办理登记，这样来讲会存在股东名册与公司登记机关的登记不一致的情形。对于上市的股份有限公司来讲，股东名册的登记与登记机关的登记是合一的，都是由证券登记结算机构负责。因为对于上市的股份有限公司来讲，自己向公司登记机关频繁变更股东的登记不现实，让股份有限公司在公司内部自己频繁变更股东名册也不现实。根据证券法第一百四十七条的规定，上市的股份有限公司的股东名册登记由证券登记结算机构提供服务，根据证券法第一百五十一条规定，证券登记结算机构应当向证券发行人提供证券持有人名册及有关资料。

**【相关规范】**

● *法律*

《中华人民共和国证券法》（2019年12月28日）

第一百四十七条　证券登记结算机构履行下列职能：

（一）证券账户、结算账户的设立；

（二）证券的存管和过户；

（三）证券持有人名册登记；

……

第一百五十一条　证券登记结算机构应当向证券发行人提供证券持有人名册及有关资料。

证券登记结算机构应当根据证券登记结算的结果，确认证券持有人持有证券的事实，提供证券持有人登记资料。

证券登记结算机构应当保证证券持有人名册和登记过户记录真实、准确、完整，不得隐匿、伪造、篡改或者毁损。

**【案例指引】**

**某生物产业有限公司与孙某等案外人执行异议之诉案**[①]

裁判要旨：非上市股份有限公司股份权属的转移，应当自背书完成或记载于股东名册时即发生效力。

---

第一百零三条　【成立大会】募集设立股份有限公司的发起人应当自公司设立时应发行股份的股款缴足之日起三十日内召开公司成立大会。发起人应当在成立大会召开十五日前将会议日期通知各认股人或者予以公告。成立大会应当有持有表决权过半数的认股人出席，方可举行。

---

① （2020）最高法民再324号，载中国裁判文书网，https：//wenshu.court.gov.cn/website/wenshu/181107ANFZ0BXSK4/index.html? docId = 4tKL/k1m5BC/nTCzdt1T/G10u1EytZ2VeD0dE9YOihyvV5JVV1T78PUKq3u + IEo4Mt6uICaSQiv87qvdkroE6j4Q9JaHqVIa1N4XzuHLTuUVH7gzQyHuYlci50mNj4Cm，最后访问日期：2023年12月28日。

> 以发起设立方式设立股份有限公司成立大会的召开和表决程序由公司章程或者发起人协议规定。

**【理解与适用】**

本条是募集设立和发起设立股份有限公司成立大会的召开和表决程序的规定。

股份有限公司的成立大会是指在股份有限公司成立之前，由全体发起人和认股人参加、决定是否设立公司并决定公司设立过程中以及成立之后的重大事项的决议机关。所以，发起人和发起人之外认购发行的股份并缴足了股款的人，都有权参加成立大会。①

本条第一款是关于募集设立股份有限公司的成立大会程序的规定。其一，召集人应当是全体发起人。其二，募集设立的股份有限公司，其成立大会由发起人和认股人组成。其三，成立大会的召开日期应当自公司设立时应发行股份的股款缴足之日起三十日内，发起人在三十日内未召开成立大会的，认股人可以按照所缴股款并加算银行同期存款利息，要求发起人返还。其四，成立大会的通知，发起人应当在成立大会召开十五日前将会议日期通知各认股人或者予以公告，从生活逻辑来看，会议通知还应当有会议地点。其五，成立大会的出席法定数要求。成立大会应当有持有表决权过半数的认股人出席，方可举行。成立大会的出席法定数的基准从股份数修改为表决权数，这是考虑到股份有限公司可以发行有无表决权的类别股。

本条第二款是关于发起设立股份有限公司的成立大会程序的规定。发起设立的股份有限公司，股东的人数有限且群体特定，本法给予其召开和表决程序更大的自治空间，授权由公司章程或发起人协议规定成立大会的召开程序和表决方式。

---

① 参见赵旭东主编：《公司法学》（第四版），高等教育出版社2015年版，第153页。

**【案例指引】**

许某诉某科技股份有限公司、叶某某合同纠纷案[①]

**裁判要旨**：根据我国公司法规定，发起人应当自股款缴足之日起三十日内主持召开公司成立大会。成立大会由发起人、认股人组成。发行的股份超过招股说明书规定的截止期限尚未募足的，或者发行股份的股款缴足后，发起人在三十日内未召开成立大会的，认股人可以按照所缴股款并加算银行同期存款利息，要求发起人返还。

---

> **第一百零四条　【成立大会职权】** 公司成立大会行使下列职权：
> （一）审议发起人关于公司筹办情况的报告；
> （二）通过公司章程；
> （三）选举董事、监事；
> （四）对公司的设立费用进行审核；
> （五）对发起人非货币财产出资的作价进行审核；
> （六）发生不可抗力或者经营条件发生重大变化直接影响公司设立的，可以作出不设立公司的决议。
> 成立大会对前款所列事项作出决议，应当经出席会议的认股人所持表决权过半数通过。

---

**【理解与适用】**

本条是关于募集设立股份有限公司的成立大会职权以及决议通过的法定数的规定。

第一款规定的成立大会的职权是整体适用于募集设立和发起设立，

---

[①] （2020）湘1126民初2834号，载中国裁判文书网，https://wenshu.court.gov.cn/website/wenshu/181107ANFZ0BXSK4/index.html?docId=TEBb1cfvywyF5Gof83ljsCZnZUelNHjGJ-kA7D9pATFxlVQMPGlQjUPUKq3u+IEo4Mt6uICaSQiv87qvdkroE6j4Q9JaHqVIa1N4XzuHLTuVa72PYUboOgksypsin/Rl5，最后访问日期：2023年12月29日。

还是排除发起设立？其一，从文义解释来看，第一款成立大会的职权并未排除发起设立股份有限公司的成立大会。其二，从体系解释来看，发起设立的股份有限公司，根据本法第一百零三条的规定也应当召开成立大会。另外，本法并未在其他条文规定发起设立股份有限公司的成立大会职权，第一百零三条只是规定发起设立股份有限公司的成立大会的召开和表决程序由章程或发起人协议规定，并未规定发起设立股份有限公司的成立大会的职权也由章程或发起人协议规定。

关于本条第二款的适用范围。从文义解释来看，本条第二款"成立大会对前款所列事项作出决议，应当经出席会议的认股人所持表决权过半数通过"不应适用于发起设立的成立大会决议通过的法定数，因为第二款中有"认股人"的字眼，只有募集设立才存在发起人及其以外的认股人，发起设立是不存在发起人以外的认股人的，第二款不适用于发起设立。

综上，第一款成立大会的职权也应当适用于发起设立的股份有限公司，只是本条第二款成立大会职权范围内作出的决议，其表决通过的法定数要求只是适用于募集设立而不适用于发起设立。发起设立的股份有限公司，其成立大会职权范围内作出的决议，其表决通过应当发起人一致决议通过。

## 【案例指引】

**云南某生物科技有限公司与李某损害公司利益责任纠纷案**[①]

**裁判要旨：**本案中原告登记成立后，始终未对公司设立费用进行结算，作为公司法定代表人的黄某某并没有实际履行法定代表人职责，既没有建立公司会计账簿、也没有履行其他管理职责，公司始终处于被告的垫资运营状态，在公司股东之间发生矛盾之后不积极、及时处理矛盾，致使相关财务单据灭失，无法查明相关事实。从被告提供的垫付资金单据来看，其垫付资金已经超过其从公司收到的款项，虽然各股东未对设立费用进行结算，但从公司的收益应当首先冲抵运营费用的一般观念考虑，原告

---

① （2021）云 2525 民初 104 号，载中国裁判文书网，https：//wenshu.court.gov.cn/website/wenshu/181107ANFZ0BXSK4/index.html? docId=yV88v1QW8KHh5Bj3sdEtv7nywdzXX32qIsZm + LrWYlOqbJokwgZr + fUKq3u + IEo4Mt6uICaSQiv87qvdkroE6ts3lqC4T20md9GLY1niliHaqZdYqwlIsuAepGmrvVbK，最后访问日期：2024 年 1 月 3 日。

要求被告返还 30 万元款项的请求，本院不予支持。

> **第一百零五条　【抽回股本的情形】** 公司设立时应发行的股份未募足，或者发行股份的股款缴足后，发起人在三十日内未召开成立大会的，认股人可以按照所缴股款并加算银行同期存款利息，要求发起人返还。
> 
> 发起人、认股人缴纳股款或者交付非货币财产出资后，除未按期募足股份、发起人未按期召开成立大会或者成立大会决议不设立公司的情形外，不得抽回其股本。

**【理解与适用】**

本条是关于认股人例外要求返还股本的情形，以及发起人和认股人原则上不得抽回股本的规定。

本条第一款是关于认股人要求返还股本的规定，其要点分析如下：其一，第一款只适用于募集设立（公开募集和定向募集），因为，从文义解释来看，其中有"未募足""认股人"的字眼，而这只存在于募集设立中；其二，返还的时点是公司成立之前，公司设立时，公司成立后不能以第一款为由要求返还股本；其三，认股人要求返还股本，需要具备以下情形之一："公司设立时应发行的股份未募足"或"发行股份的股款缴足后，发起人在三十日内未召开成立大会"；其四，返还义务人为发起人，发起人为数人的，发起人之间对此承担连带责任；其五，认股人要求返还的范围为其所缴股款并加算银行同期存款利息。

本条第二款是发起人、认股人不得抽回股本及其例外的规定。缴纳股款或交付非货币财产的发起人、认股人在公司成立前不得抽回股本是原则，只有满足下述三种情形之一才构成例外允许抽回股本：（1）"未按期募足股份"；（2）"发起人未按期召开成立大会"；（3）"成立大会决议不设立公司"。需要指出的是，第二款允许发起人、认股人抽回股本的例外情形发生的时间是在公司成立之前的设立时，如果尽管出现例外情形但是后来公司登记成立了，那么发起人、认股人也不能抽回股本。

**第一百零六条　【申请设立登记】**董事会应当授权代表，于公司成立大会结束后三十日内向公司登记机关申请设立登记。

**【理解与适用】**

本条是关于董事会应当授权代表申请设立登记的义务之规定。

《中华人民共和国市场主体登记管理条例》第十六条规定，申请办理市场主体登记，应当提交下列材料：（1）申请书；（2）申请人资格文件、自然人身份证明；（3）住所或者主要经营场所相关文件；（4）公司、非公司企业法人、农民专业合作社（联合社）章程或者合伙企业合伙协议；（5）法律、行政法规和国务院市场监督管理部门规定提交的其他材料。

股份有限公司成立大会召开后，公司根据成立大会的决议已经产生了章程和董事会等公司机关，由于董事会是公司事务的执行机关，因此，申请设立登记是董事会的职权和义务。成立大会召开后的设立中股份有限公司，其董事会应当授权代表，在公司成立大会结束后三十日内向公司登记机关申请设立登记。

**【相关规范】**

● *行政法规及文件*

《中华人民共和国市场主体登记管理条例》（2021年7月27日）

**第十五条**　市场主体实行实名登记。申请人应当配合登记机关核验身份信息。

**第十六条**　申请办理市场主体登记，应当提交下列材料：

（一）申请书；

（二）申请人资格文件、自然人身份证明；

（三）住所或者主要经营场所相关文件；

（四）公司、非公司企业法人、农民专业合作社（联合社）章程或者合伙企业合伙协议；

（五）法律、行政法规和国务院市场监督管理部门规定提交的其他材料。

国务院市场监督管理部门应当根据市场主体类型分别制定登记材料清单和文书格式样本，通过政府网站、登记机关服务窗口等向社会公开。

登记机关能够通过政务信息共享平台获取的市场主体登记相关信息，不得要求申请人重复提供。

**第十七条** 申请人应当对提交材料的真实性、合法性和有效性负责。

## 【案例指引】

**曹某某诉某市场监督管理局等工商行政登记案**[①]

**裁判要旨**：第三人1在公司设立时虽向被告提交有股东大会决议、公司创立大会的会议记录、公司登记（备案）申请书、指定代表或共同委托代理人授权委托书等材料，但第三人2作为涉案公司股东承认变更登记由其委托代理公司办理，申请材料中的签字并非原告本人所签；公司设立时未召开过类似创立大会的会议，故，该公司设立时所依据的材料显系虚假，被告根据虚假资料作出的登记证据不足，依法应予撤销。

---

**第一百零七条　【有限责任公司相关规定准用于股份有限公司设立】** 本法第四十四条、第四十九条第三款、第五十一条、第五十二条、第五十三条的规定，适用于股份有限公司。

---

## 【理解与适用】

本条是关于将有限公司设立的有关规定准用于股份有限公司的设立的规定。

本法第四十四条即公司设立行为的法律后果、第四十九条第三款即股东出资的缴纳、第五十一条即董事会的核查和催缴出资义务、第五十

---

[①] （2019）陕7102行初1968号，载中国裁判文书网，https://wenshu.court.gov.cn/website/wenshu/181107ANFZ0BXSK4/index.html？docId = VaSG3PCTC/YUMplYcn9OJSoDF313tye8x0AIKGFVtZED423Er6ySQ/UKq3u + IEo4Mt6uICaSQiv87qvdkroE6j4Q9JaHqVIa1N4XzuHLTuWnVtX5mMPNVNIP8/d2/9wu，最后访问日期：2024年1月3日。

二条即股东失权、第五十三条即抽逃出资的法律责任,这些有限公司设立的规定准用于股份有限公司的设立。

> **第一百零八条　【公司类型的变更】** 有限责任公司变更为股份有限公司时,折合的实收股本总额不得高于公司净资产额。有限责任公司变更为股份有限公司,为增加注册资本公开发行股份时,应当依法办理。

**【理解与适用】**

本条是关于公司类型的变更,即股份有限公司和有限责任公司的类型相互转化变更的规定。

公司的类型变更是指在保持公司法人人格持续性的前提下,将公司从一种公司类型转变为另一种公司类型的行为。"有限责任公司变更为股份有限公司时,折合的实收股本总额不得高于公司净资产额"意味着,变更前的有限责任公司的净资产额必须为大于零,否则不得变更为股份有限公司,如果法律法规对股份有限公司注册资本有最低限额要求的,则净资产不得低于要求。变更前的有限责任公司的净资产额为零或者为负,那将导致变更后的股份有限公司的实收股本总额即注册资本为零或为负,而这显然不符合本法第九十六条所规定的股份有限公司的设立条件,设立股份有限公司显然不应当注册资本为零或为负,否则如何获得独立人格,如何保障债权人的利益。

有限责任公司变更为股份有限公司的同时可以为增加注册资本公开发行新股,但是公开发行新股,应当符合证券法和相关法规的规定。

> **第一百零九条　【重要资料的置备】** 股份有限公司应当将公司章程、股东名册、股东会会议记录、董事会会议记录、监事会会议记录、财务会计报告、债券持有人名册置备于本公司。

**【理解与适用】**

本条是关于股份有限公司重要资料置备的规定。

本条规定了股份有限公司在本公司中置备公司相关重要资料的义务，这些资料包括公司章程、股东名册、股东会会议记录、董事会会议记录、监事会会议记录、财务会计报告、债券持有人名册。除了本条规定，根据法律法规的规定，公司还负有置备其他资料的义务，如会计账簿等资料。

股份有限公司不置备这些资料，则董事和高级管理人员将违反本法第一百八十条第二款规定的勤勉义务。

**【案例指引】**

叶某某与深圳某实业股份有限公司股东知情权纠纷案①

裁判要旨：股东知情权是指股东享有了解和掌握公司经营管理等重要信息的权利，该权利为股东的固有权利，当股东在行使股东知情权受阻时，有权获得司法救济。

---

**第一百一十条　【股东的查阅、复制、建议和质询权】**
股东有权查阅、复制公司章程、股东名册、股东会会议记录、董事会会议决议、监事会会议决议、财务会计报告，对公司的经营提出建议或者质询。

连续一百八十日以上单独或者合计持有公司百分之三以上股份的股东要求查阅公司的会计账簿、会计凭证的，适用本法第五十七条第二款、第三款、第四款的规定。公司章程对持股比例有较低规定的，从其规定。

---

① （2019）粤03民终1843号，载中国裁判文书网，https：//wenshu.court.gov.cn/website/wenshu/181107ANFZ0BXSK4/index.html?docId = 2hBPLhgZtbyS + Xv37HdLuXpBpNSbkWtCT0gwcuEM5JIP2rzlrRrH/fUKq3u + IEo4Mt6uICaSQiv87qvdkroE6ts3lqC4T20md9GLY1niliEDURGkZDMqBMTTe0uxIXNi，最后访问日期：2024年1月3日。

股东要求查阅、复制公司全资子公司相关材料的，适用前两款的规定。

上市公司股东查阅、复制相关材料的，应当遵守《中华人民共和国证券法》等法律、行政法规的规定。

**【理解与适用】**

本条是关于股份有限公司股东查阅权和建议权、质询权的规定。

股份有限公司并不都是公众公司，股份有限公司中的上市公司是公众公司，根据法律规定和证监会、证券交易所的要求进行信息披露，有些信息可以通过公开的信息披露获得，但是对于非公众性的股份有限公司来讲，其与有限责任公司一样是封闭公司，仍然有必要适用有限责任公司股东查阅权的规定，使股东了解公司内部信息。

查阅权是股东为了解公司的财务和经营信息而查阅相关公司文件的权利。查阅和复制公司章程、股东名册、股东会会议记录、董事会会议决议、监事会会议决议、财务会计报告是单独股东权，任一股东无论其持股多少均有权查阅和复制，并有权对公司的经营提出建议和质询。

会计账簿、会计凭证涉及更详细的公司商业秘密，而且查阅起来工作量巨大，也更具有技术性。因此，相比查阅公司章程、股东名册、股东会会议记录、董事会会议决议、监事会会议决议、财务会计报告，查阅公司的会计账簿、会计凭证有更严格的条件和程序。查阅公司的会计账簿、会计凭证的，属于少数股东权，有最低持股比例要求。股东请求查阅会计账簿、会计凭证的，应满足以下条件和程序：（1）持股时间要求为连续持股一百八十日以上；（2）持股比例要求为单独或者合计持有公司百分之三以上股份，公司章程对持股比例有较低规定的，从其规定；（3）向公司提出书面请求，并说明目的；（4）可以查阅，但是不能复制。股东查阅会计账簿、会计凭证，但是缺乏相应法律、会计专业能力的，可以委托会计师事务所、律师事务所等中介机构进行。股东查阅会计账簿、会计凭证受正当目的限制，公司对股东查阅会计账簿、会计凭证的请求有合理根据认为有不正当目的，可能损害公司利益的，可以拒绝查阅，但是应当自股东提出书面请求之日起十五日内书面答复股东并说明理由。股东查阅会计账簿、会计凭证的请求被公司拒绝的,可以向法院提起诉讼,请求法院支持行使该权利。查阅权之诉中股东是原告,公司是被告,原告在提起查阅权之诉时应具有股东身份,满足持股比例和持股期限的要求,否则将被法院驳回。

上市公司进行信息披露,股东查阅上述材料,可以通过公开的信息披露获得,不能通过信息披露获得的上述材料,则上市公司股东查阅、复制相关材料的,应当遵守证券法等法律、行政法规的规定。

## 第二节 股东会

**第一百一十一条 【股份有限公司股东会的组成与地位】**
股份有限公司股东会由全体股东组成。股东会是公司的权力机构,依照本法行使职权。

【理解与适用】

本条是关于股份有限公司股东会的组成与地位的规定。

股份有限公司股东会是法定必设机关,由全体股东组成,无论股东持有多少股份,都有权参加股东会,股东会是股份有限公司最高权力机关,不允许在股东会之外再设立股东代表会并将之作为最高权力机关。参加股东会是股东的固有权利,本法第四条规定的股东享有资产收益、参与重大决策和选择管理者等权利,需要通过参加股东会来实现。任何非法剥夺或者变相剥夺股东参加股东会的做法都是错误的。例如,修改章程剥夺某一股东参加股东会的权利,或者通过多数决通过的决议来取消某一股东参加股东会的权利。除非征得股东本人同意,否则不能通过修改章程、股东会或董事会决议来剥夺股东参加股东会的权利。

**第一百一十二条 【股份有限公司股东会职权】** 本法第五十九条第一款、第二款关于有限责任公司股东会职权的规定，适用于股份有限公司股东会。

本法第六十条关于只有一个股东的有限责任公司不设股东会的规定，适用于只有一个股东的股份有限公司。

**【理解与适用】**

本条是关于股份有限公司股东会职权的规定。

本法第五十九条关于有限责任公司股东会职权的规定，除该条第三款"对本条第一款所列事项股东以书面形式一致表示同意的，可以不召开股东会会议，直接作出决定，并由全体股东在决定文件上签名或者盖章"外，该条第一款和第二款关于有限责任公司股东会的职权均适用于股份有限公司股东会的职权。

本法第六十条关于只有一个股东的有限责任公司不设股东会的规定，同样适用于只有一个股东的股份有限公司。股份有限公司不设股东会的，股东作出股东会职权所列事项的决定时，应当采用书面形式，并由股东签名或者盖章后置备于公司。

**【相关规范】**

● *法律*

1. 《中华人民共和国公司法》（2023年12月29日）

第五十九条 股东会行使下列职权：

（一）选举和更换董事、监事，决定有关董事、监事的报酬事项；

（二）审议批准董事会的报告；

（三）审议批准监事会的报告；

（四）审议批准公司的利润分配方案和弥补亏损方案；

（五）对公司增加或者减少注册资本作出决议；

（六）对发行公司债券作出决议；

（七）对公司合并、分立、解散、清算或者变更公司形式作出决议；

（八）修改公司章程；

（九）公司章程规定的其他职权。

股东会可以授权董事会对发行公司债券作出决议。

对本条第一款所列事项股东以书面形式一致表示同意的，可以不召开股东会会议，直接作出决定，并由全体股东在决定文件上签名或者盖章。

● 部门规章及文件

2.《上市公司股东大会规则（2022年修订）》（2022年1月5日）

第三条 股东大会应当在《公司法》和公司章程规定的范围内行使职权。

> 第一百一十三条 【股东会的年会和临时会议】股东会应当每年召开一次年会。有下列情形之一的，应当在两个月内召开临时股东会会议：
> （一）董事人数不足本法规定人数或者公司章程所定人数的三分之二时；
> （二）公司未弥补的亏损达股本总额三分之一时；
> （三）单独或者合计持有公司百分之十以上股份的股东请求时；
> （四）董事会认为必要时；
> （五）监事会提议召开时；
> （六）公司章程规定的其他情形。

【理解与适用】

本条是关于股东会年会和临时会议的规定。

公司应定期召开会议，该会议在有限责任公司中被称为定期会议，在股份有限公司中被称为股东会年会，每年应召开一次年会，这是按照公司法或章程的规定定期召开的股东会会议。股份有限公司规模较大，股东人数较多，股东会的年会应当体现程式性和规范性。股东会年会的召开时间由公司章程规定，可以选择自然年度，也可以选择会计年度，也可以在章程中规定每年的股东会年会之外还有股东会的其他定期会议。

公司定期会议，公司法对有限责任公司和股份有限公司作出区别规定。对于有限责任公司，本法第六十二条第二款规定"定期会议按照公司章程的规定按时召开"，可见对有限责任公司法律没有对定期会议作出直接规定，而是交由有限责任公司章程决定。关于定期会议，公司法之所以区分有限责任公司和股份有限公司而作出不同规定，是因为有限责任公司规模小，人数少（绝大多数股东不超过5人），人合性较强，公司事务的决定具有任意性，公司法不对定期会议作出强制性规定，有利于公司根据实际情况灵活处理。相比之下，股份有限公司因为规模较大，人数众多，股东大会的定期会议宜法定化、规范化。因此，公司法在本条规定，股份有限公司的股东大会应当每年召开一次年会。这意味着股东大会会议每年必须召开一次，只是年会召开的具体时间，公司法没有具体规定，交由公司自己决定。①

股份有限公司有本条第二款情形之一的，应当在两个月内召开临时股东会会议。公司法之所以规定临时会议，是为了避免定期会议的僵化和刚性，使股东会在公司突发重大事项或其他情形之下能及时发挥公司权力机关的作用，保障公司的正常运营。

**【相关规范】**

● *部门规章及文件*
《上市公司股东大会规则（2022年修订）》（2022年1月5日）

第四条　股东大会分为年度股东大会和临时股东大会。年度股东大会每年召开一次，应当于上一会计年度结束后的六个月内举行。临时股东大会不定期召开，出现《公司法》第一百条规定的应当召开临时股东大会的情形时，临时股东大会应当在二个月内召开。

公司在上述期限内不能召开股东大会的，应当报告公司所在地中国证券监督管理委员会（以下简称中国证监会）派出机构和公司股票挂牌交易的证券交易所（以下简称证券交易所），说明原因并公告。

---

① 参见朱慈蕴：《公司法原论》，清华大学出版社2011年版，第263页。

**【案例指引】**

**某银行股份有限公司与某投资有限公司等决议纠纷案**①

裁判要旨：本案中，被告于2015年12月末董事会、监事会成员任期均已经届满，并且董事人数已不足公司章程规定人数的三分之二，但其董事会和监事会并未在法定期限内召集召开临时股东大会，直至中国银行业监督管理委员会某监管分局下达监管意见要求其召开股东大会落实解决相关问题后，该公司的董事会和监事会仍然未能在规定的期限内召集召开临时股东大会，以上事实足以表明被告的董事会和监事会不能正常履行职责以及不按规定召开临时股东大会，严重影响了被告的正常运行，在此情况下，股东有权自行提议召开临时股东大会符合法律和公司章程的规定。而副董事长孙某某在董事长郝某某被"双规"后行使董事长的权利和义务主持此次会议也符合相关规定。

> **第一百一十四条　【股东会会议的召集与主持】**股东会会议由董事会召集，董事长主持；董事长不能履行职务或者不履行职务的，由副董事长主持；副董事长不能履行职务或者不履行职务的，由过半数的董事共同推举一名董事主持。
>
> 董事会不能履行或者不履行召集股东会会议职责的，监事会应当及时召集和主持；监事会不召集和主持的，连续九十日以上单独或者合计持有公司百分之十以上股份的股东可以自行召集和主持。
>
> 单独或者合计持有公司百分之十以上股份的股东请求召开临时股东会会议的，董事会、监事会应当在收到请求之日起十日内作出是否召开临时股东会会议的决定，并书面答复股东。

---

① （2018）辽12民终2666号，载中国裁判文书网，https://wenshu.court.gov.cn/website/wenshu/181107ANFZ0BXSK4/index.html?docId=j/cvbL0R4fZw8GZUekGEiIojnKOFBy85z9jKoqF21akPyWf/RvKJhvUKq3u＋IEo4Mt6uICaSQiv87qvdkroE6j4Q9JaHqVIa1N4XzuHLTuVfu2SAtC289YtPtJbt2Km+，最后访问日期：2023年12月29日。

【理解与适用】

本条是关于股东会会议的召集与主持的规定。

董事会召集股东会的,本条第一款规定了股东会主持人的顺位,即董事长不能履行职务或者不履行职务的,由副董事长主持;副董事长不能履行职务或者不履行职务的,由过半数的董事共同推举一名董事主持。监事会召集股东会的,则由监事会主持;少数股东召集股东会的,则由该少数股东主持股东会。

本条规定了股东会召集权的顺位。股东会召集权的第一顺位是董事会,需要注意的是,是董事会而不是董事长;股东会召集权的第二顺位是监事会;股东会召集权第三顺位的是持有法定比例股份的少数股东;只有前一顺位的召集权人不能履行或者不履行召集职责,后一顺位的召集权人才得以行使召集权,否则构成违法召集。召集股东会是董事会和监事会的法定职责,怠于履行召集职责的,负有责任的董事或监事应当承担违反勤勉义务的责任。

为了方便明确判断防止董事会、监事会是否怠于履行职责,也是为了保障少数股东召集权的有效行使,有必要为董事会、监事会召集股东会确定一个时间期间。董事会召集股东会临时会议的时间期间,公司法第一百条规定法定情形发生后两个月内召集,但是股东会年会的召集时间由章程规定。监事会召集股东会年会和临时会议,本法只是规定了"及时"召集,没有明确规定具体的期限,实践中股份有限公司的章程又往往没有规定这一期限,这会导致监事会借口自己正要履行股东会的召集职责来搪塞、拒绝少数股东的召集权的行使,因此,股份有限公司章程应当明确监事会召集的期限,借此来明确界定法律规定的"及时"的范围。监事会来召集股东会,这已经表明股份有限公司的运行已经处于非正常的状态,章程规定的这一期间不应过长。[1]《上市公司股东大会规则(2022年修订)》对此做了比较好的安排,该规则规定监事会同意召开临时股东大会的,应在收到请求五日内发出召开股东大会的通知。监事会未在规定期限内发出股东大会通知的,视为监事会不召集和主持股东大会,则符合法定条件的少数股东可以自行召集和主持。

---

[1] 参见李建伟:《公司法学》(第四版),中国人民大学出版社2022年版,第297页。

## 【相关规范】

● 部门规章及文件

**《上市公司股东大会规则（2022 年修订）》（2022 年 1 月 5 日）**

第四条 股东大会分为年度股东大会和临时股东大会。年度股东大会每年召开一次，应当于上一会计年度结束后的六个月内举行。临时股东大会不定期召开，出现《公司法》第一百条规定的应当召开临时股东大会的情形时，临时股东大会应当在二个月内召开。

公司在上述期限内不能召开股东大会的，应当报告公司所在地中国证券监督管理委员会（以下简称中国证监会）派出机构和公司股票挂牌交易的证券交易所（以下简称证券交易所），说明原因并公告。

第六条 董事会应当在本规则第四条规定的期限内按时召集股东大会。

第七条 独立董事有权向董事会提议召开临时股东大会。对独立董事要求召开临时股东大会的提议，董事会应当根据法律、行政法规和公司章程的规定，在收到提议后十日内提出同意或不同意召开临时股东大会的书面反馈意见。

董事会同意召开临时股东大会的，应当在作出董事会决议后的五日内发出召开股东大会的通知；董事会不同意召开临时股东大会的，应当说明理由并公告。

第八条 监事会有权向董事会提议召开临时股东大会，并应当以书面形式向董事会提出。董事会应当根据法律、行政法规和公司章程的规定，在收到提议后十日内提出同意或不同意召开临时股东大会的书面反馈意见。

董事会同意召开临时股东大会的，应当在作出董事会决议后的五日内发出召开股东大会的通知，通知中对原提议的变更，应当征得监事会的同意。

董事会不同意召开临时股东大会，或者在收到提议后十日内未作出书面反馈的，视为董事会不能履行或者不履行召集股东大会会议职责，监事会可以自行召集和主持。

第九条 单独或者合计持有公司百分之十以上股份的普通股股东（含表决权恢复的优先股股东）有权向董事会请求召开临时股东大会，并应当以书面形式向董事会提出。董事会应当根据法律、行政法规和公司章程的规定，在收到请求后十日内提出同意或不同意召开临时股东大会的书面反馈意见。

董事会同意召开临时股东大会的，应当在作出董事会决议后的五日内发出召开股东大会的通知，通知中对原请求的变更，应当征得相关股东的同意。

董事会不同意召开临时股东大会，或者在收到请求后十日内未作出反馈的，单独或者合计持有公司百分之十以上股份的普通股股东（含表决权恢复的优先股股东）有权向监事会提议召开临时股东大会，并应当以书面形式向监事会提出请求。

监事会同意召开临时股东大会的，应在收到请求五日内发出召开股东大会的通知，通知中对原请求的变更，应当征得相关股东的同意。

监事会未在规定期限内发出股东大会通知的，视为监事会不召集和主持股东大会，连续九十日以上单独或者合计持有公司百分之十以上股份的普通股股东（含表决权恢复的优先股股东）可以自行召集和主持。

**第十条** 监事会或股东决定自行召集股东大会的，应当书面通知董事会，同时向证券交易所备案。

在股东大会决议公告前，召集普通股股东（含表决权恢复的优先股股东）持股比例不得低于百分之十。

监事会和召集股东应在发出股东大会通知及发布股东大会决议公告时，向证券交易所提交有关证明材料。

**第十一条** 对于监事会或股东自行召集的股东大会，董事会和董事会秘书应予配合。董事会应当提供股权登记日的股东名册。董事会未提供股东名册的，召集人可以持召集股东大会通知的相关公告，向证券登记结算机构申请获取。召集人所获取的股东名册不得用于除召开股东大会以外的其他用途。

**第十二条** 监事会或股东自行召集的股东大会，会议所必需的费用由公司承担。

**第四十七条** 在本规则规定期限内，上市公司无正当理由不召开股东大会的，证券交易所有权对该公司挂牌交易的股票及衍生品种予以停牌，并要求董事会作出解释并公告。

**第四十八条** 股东大会的召集、召开和相关信息披露不符合法律、行政法规、本规则和公司章程要求的，中国证监会及其派出机构有权责令公司或相关责任人限期改正，并由证券交易所采取相关监管措施或予以纪律处分。

**第四十九条** 董事、监事或董事会秘书违反法律、行政法规、本规则和公司章程的规定，不切实履行职责的，中国证监会及其派出机构有权责令其改正，并由证券交易所采取相关监管措施或予以纪律处分；对于情节严重或不予改正的，中国证监会可对相关人员实施证券市场禁入。

---

> **第一百一十五条** 【股东会会议与股东临时提案】召开股东会会议，应当将会议召开的时间、地点和审议的事项于会议召开二十日前通知各股东；临时股东会会议应当于会议召开十五日前通知各股东。
>
> 单独或者合计持有公司百分之一以上股份的股东，可以在股东会会议召开十日前提出临时提案并书面提交董事会。临时提案应当有明确议题和具体决议事项。董事会应当在收到提案后二日内通知其他股东，并将该临时提案提交股东会审议；但临时提案违反法律、行政法规或者公司章程的规定，或者不属于股东会职权范围的除外。公司不得提高提出临时提案股东的持股比例。
>
> 公开发行股份的公司，应当以公告方式作出前两款规定的通知。
>
> 股东会不得对通知中未列明的事项作出决议。

**【理解与适用】**

本条是关于股东会议与股东临时提案的规定。

本条第一款是关于股份有限公司股东会会议通知的规定。股份有限公司召开股东会会议，通知的事项具体有会议召开的时间、地点和审议的事项，股东会年会或章程规定的定期股东会的召集通知的时间应在会议召开二十日之前通知各股东，临时股东会的召集通知的时间短于股东大会年会和定期会议的时间，但应在会议召开十五日前通知各股东。

本条第二款是关于股东提案权的规定。股东的提案权，是指满足法定条件的股东依据法定程序提出议题提案或议案提案作为股东大会的会议审议事项的权利。

股东临时提案的法定程序具体体现为，提案的时间应在股东大会召开十日前向公司提出提案；提案的内容应当适当，属于股东大会职权范围，并有明确议题和具体决议事项，否则董事将不把该提案列入股东大会的审议事项。提案的接受对象，或者称为提案权的相对义务人为公司董事会，董事会接到提案后应当在二日内将股东的临时提案通知其他股东，并将该提案提交股东大会审议。董事会对股东提案是否有审查权，据此排除不适当的股东提案？2000年《上市公司股东大会规范意见》第十三条规定董事会可就提案与公司的关联性和程序性两个方面对股东提案进行审查，对不符合条件的提案可不提交股东大会表决。但是公司法（2018年）和2006年《上市公司股东大会规则》中删除了董事会对股东提案审查权的规定，要求召集人应在收到股东临时提案二日内予以通知。因此，从文义解释与历史解释（立法目的）来看，现行公司法并未授予董事会对股东临时提案的审查权。

根据本条第三款，公开发行股份的公司，不是以通知的方式使股东了解股东会的召开，而是应当以公告方式作出前两款规定的通知。因为公开发行股份有限公司的股东数量众多，不可能一一通知各股东，而是以公告的方式告知所有股东。

根据本条第四款，股东大会不得对前两款通知中未列明的事项作出决议。对于通知、公告中未记载的提案，不应进行表决，否则其程序瑕疵相当于未履行会议通知或公告，将导致相应的决议不成立或者被撤销，但是其他决议效力不受此影响。

## 【相关规范】

● *部门规章及文件*

《上市公司股东大会规则（2022年修订）》（2022年1月5日）

**第十三条** 提案的内容应当属于股东大会职权范围，有明确议题和具体决议事项，并且符合法律、行政法规和公司章程的有关规定。

**第十四条** 单独或者合计持有公司百分之三以上股份的普通股股东（含表决权恢复的优先股股东），可以在股东大会召开十日前提出临时提案并书面提交召集人。召集人应当在收到提案后二日内发出股东大会补充通知，公告临时提案的内容。

除前款规定外，召集人在发出股东大会通知后，不得修改股东大会通知中已列明的提案或增加新的提案。

股东大会通知中未列明或不符合本规则第十三条规定的提案，股东大会不得进行表决并作出决议。

**第十五条** 召集人应当在年度股东大会召开二十日前以公告方式通知各普通股股东（含表决权恢复的优先股股东），临时股东大会应当于会议召开十五日前以公告方式通知各普通股股东（含表决权恢复的优先股股东）。

**第十六条** 股东大会通知和补充通知中应当充分、完整披露所有提案的具体内容，以及为使股东对拟讨论的事项作出合理判断所需的全部资料或解释。拟讨论的事项需要独立董事发表意见的，发出股东大会通知或补充通知时应当同时披露独立董事的意见及理由。

**第十七条** 股东大会拟讨论董事、监事选举事项的，股东大会通知中应当充分披露董事、监事候选人的详细资料，至少包括以下内容：

（一）教育背景、工作经历、兼职等个人情况；

（二）与公司或其控股股东及实际控制人是否存在关联关系；

（三）披露持有上市公司股份数量；

（四）是否受过中国证监会及其他有关部门的处罚和证券交易所惩戒。

除采取累积投票制选举董事、监事外，每位董事、监事候选人应当以单项提案提出。

**第十八条** 股东大会通知中应当列明会议时间、地点，并确定股权登记日。股权登记日与会议日期之间的间隔应当不多于七个工作日。股权登记日一旦确认，不得变更。

**第十九条** 发出股东大会通知后，无正当理由，股东大会不得延期或取消，股东大会通知中列明的提案不得取消。一旦出现延期或取消的情形，召集人应当在原定召开日前至少二个工作日公告并说明原因。

**第二十条** 公司应当在公司住所地或公司章程规定的地点召开股东大会。

股东大会应当设置会场，以现场会议形式召开，并应当按照法律、行政法规、中国证监会或公司章程的规定，采用安全、经济、便捷的网络和其他方式为股东参加股东大会提供便利。股东通过上述方式参加股东大会的，视为出席。

股东可以亲自出席股东大会并行使表决权，也可以委托他人代为出席和在授权范围内行使表决权。

**第二十一条** 公司应当在股东大会通知中明确载明网络或其他方式的表决时间以及表决程序。

股东大会网络或其他方式投票的开始时间，不得早于现场股东大会召开前一日下午3：00，并不得迟于现场股东大会召开当日上午9：30，其结束时间不得早于现场股东大会结束当日下午3：00。

**第二十二条** 董事会和其他召集人应当采取必要措施，保证股东大会的正常秩序。对于干扰股东大会、寻衅滋事和侵犯股东合法权益的行为，应当采取措施加以制止并及时报告有关部门查处。

**第二十三条** 股权登记日登记在册的所有普通股股东（含表决权恢复的优先股股东）或其代理人，均有权出席股东大会，公司和召集人不得以任何理由拒绝。

优先股股东不出席股东大会会议，所持股份没有表决权，但出现以下情况之一的，公司召开股东大会会议应当通知优先股股东，并遵循《公司法》及公司章程通知普通股股东的规定程序。优先股股东出席股东大会会议时，有权与普通股股东分类表决，其所持每一优先股有一表决权，但公司持有的本公司优先股没有表决权：

（一）修改公司章程中与优先股相关的内容；

（二）一次或累计减少公司注册资本超过百分之十；

（三）公司合并、分立、解散或变更公司形式；

（四）发行优先股；

（五）公司章程规定的其他情形。

上述事项的决议，除须经出席会议的普通股股东（含表决权恢复的优先股股东）所持表决权的三分之二以上通过之外，还须经出席会议的优先股股东（不含表决权恢复的优先股股东）所持表决权的三分之二以上通过。

**第二十四条** 股东应当持股票账户卡、身份证或其他能够表明其身份的有效证件或证明出席股东大会。代理人还应当提交股东授权委托书和个人有效身份证件。

**第二十五条** 召集人和律师应当依据证券登记结算机构提供的股东名册共同对股东资格的合法性进行验证，并登记股东姓名或名称及其所持有表决权的股份数。在会议主持人宣布现场出席会议的股东和代理人人数及所持有表决权的股份总数之前，会议登记应当终止。

**第二十六条** 公司召开股东大会，全体董事、监事和董事会秘书应当出席会议，经理和其他高级管理人员应当列席会议。

**第二十七条** 股东大会由董事长主持。董事长不能履行职务或不履行职务时，由副董事长主持；副董事长不能履行职务或者不履行职务时，由半数以上董事共同推举的一名董事主持。

监事会自行召集的股东大会，由监事会主席主持。监事会主席不能履行职务或不履行职务时，由监事会副主席主持；监事会副主席不能履行职务或者不履行职务时，由半数以上监事共同推举的一名监事主持。

股东自行召集的股东大会，由召集人推举代表主持。

公司应当制定股东大会议事规则。召开股东大会时，会议主持人违反议事规则使股东大会无法继续进行的，经现场出席股东大会有表决权过半数的股东同意，股东大会可推举一人担任会议主持人，继续开会。

**第二十八条** 在年度股东大会上，董事会、监事会应当就其过去一年的工作向股东大会作出报告，每名独立董事也应作出述职报告。

**第二十九条** 董事、监事、高级管理人员在股东大会上应就股东的质询作出解释和说明。

**第三十条** 会议主持人应当在表决前宣布现场出席会议的股东和代理人人数及所持有表决权的股份总数，现场出席会议的股东和代理人人数及所持有表决权的股份总数以会议登记为准。

**第三十一条** 股东与股东大会拟审议事项有关联关系时，应当回避表决，其所持有表决权的股份不计入出席股东大会有表决权的股份总数。

股东大会审议影响中小投资者利益的重大事项时，对中小投资者的表决应当单独计票。单独计票结果应当及时公开披露。

公司持有自己的股份没有表决权，且该部分股份不计入出席股东大会有表决权的股份总数。

股东买入公司有表决权的股份违反《证券法》第六十三条第一款、第二款规定的，该超过规定比例部分的股份在买入后的三十六个月内不得行使表决权，且不计入出席股东大会有表决权的股份总数。

公司董事会、独立董事、持有百分之一以上有表决权股份的股东或者依照法律、行政法规或者中国证监会的规定设立的投资者保护机构可以公开征集股东投票权。征集股东投票权应当向被征集人充分披露具体投票意向等信息。禁止以有偿或者变相有偿的方式征集股东投票权。除法定条件外，公司不得对征集投票权提出最低持股比例限制。

**第三十二条** 股东大会就选举董事、监事进行表决时，根据公司章程的规定或者股东大会的决议，可以实行累积投票制。单一股东及其一致行动人拥有权益的股份比例在百分之三十及以上的上市公司，应当采用累积投票制。

前款所称累积投票制是指股东大会选举董事或者监事时，每一普通股（含表决权恢复的优先股）股份拥有与应选董事或者监事人数相同的表决权，股东拥有的表决权可以集中使用。

**第三十三条** 除累积投票制外，股东大会对所有提案应当逐项表决。对同一事项有不同提案的，应当按提案提出的时间顺序进行表决。除因不可抗力等特殊原因导致股东大会中止或不能作出决议外，股东大会不得对提案进行搁置或不予表决。

股东大会就发行优先股进行审议，应当就下列事项逐项进行表决：

（一）本次发行优先股的种类和数量；

（二）发行方式、发行对象及向原股东配售的安排；

（三）票面金额、发行价格或定价区间及其确定原则；

（四）优先股股东参与分配利润的方式，包括：股息率及其确定原则、股息发放的条件、股息支付方式、股息是否累积、是否可以参与剩余利润分配等；

（五）回购条款，包括回购的条件、期间、价格及其确定原则、回购选择权的行使主体等（如有）；

（六）募集资金用途；

（七）公司与相应发行对象签订的附条件生效的股份认购合同；

（八）决议的有效期；

（九）公司章程关于优先股股东和普通股股东利润分配政策相关条款的修订方案。

（十）对董事会办理本次发行具体事宜的授权；

（十一）其他事项。

**第三十四条** 股东大会审议提案时，不得对提案进行修改，否则，有关变更应当被视为一个新的提案，不得在本次股东大会上进行表决。

**第三十五条** 同一表决权只能选择现场、网络或其他表决方式中的一种。同一表决权出现重复表决的以第一次投票结果为准。

**第三十六条** 出席股东大会的股东，应当对提交表决的提案发表以下意见之一：同意、反对或弃权。证券登记结算机构作为内地与香港股票市场交易互联互通机制股票的名义持有人，按照实际持有人意思表示进行申报的除外。

未填、错填、字迹无法辨认的表决票或未投的表决票均视为投票人放弃表决权利，其所持股份数的表决结果应计为"弃权"。

**第三十七条** 股东大会对提案进行表决前，应当推举二名股东代表参加计票和监票。审议事项与股东有关联关系的，相关股东及代理人不得参加计票、监票。

股东大会对提案进行表决时，应当由律师、股东代表与监事代表共同负责计票、监票。

通过网络或其他方式投票的公司股东或其代理人，有权通过相应的投票系统查验自己的投票结果。

**第三十八条** 股东大会会议现场结束时间不得早于网络或其他方式，会议主持人应当在会议现场宣布每一提案的表决情况和结果，并根据表决结果宣布提案是否通过。

在正式公布表决结果前，股东大会现场、网络及其他表决方式中所涉及的公司、计票人、监票人、主要股东、网络服务方等相关各方对表决情况均负有保密义务。

**第三十九条** 股东大会决议应当及时公告，公告中应列明出席会议的股东和代理人人数、所持有表决权的股份总数及占公司有表决权股份总数的比例、表决方式、每项提案的表决结果和通过的各项决议的详细内容。

发行优先股的公司就本规则第二十三条第二款所列情形进行表决的，应当对普通股股东（含表决权恢复的优先股股东）和优先股股东（不含表决权恢复的优先股股东）出席会议及表决的情况分别统计并公告。

发行境内上市外资股的公司，应当对内资股股东和外资股股东出席会议及表决情况分别统计并公告。

**第四十条** 提案未获通过，或者本次股东大会变更前次股东大会决议的，应当在股东大会决议公告中作特别提示。

**第四十一条** 股东大会会议记录由董事会秘书负责，会议记录应记载以下内容：

（一）会议时间、地点、议程和召集人姓名或名称；

（二）会议主持人以及出席或列席会议的董事、监事、董事会秘书、经理和其他高级管理人员姓名；

（三）出席会议的股东和代理人人数、所持有表决权的股份总数及占公司股份总数的比例；

（四）对每一提案的审议经过、发言要点和表决结果；

（五）股东的质询意见或建议以及相应的答复或说明；

（六）律师及计票人、监票人姓名；

（七）公司章程规定应当载入会议记录的其他内容。

出席会议的董事、监事、董事会秘书、召集人或其代表、会议主持人应当在会议记录上签名，并保证会议记录内容真实、准确和完整。会议记录应当与现场出席股东的签名册及代理出席的委托书、网络及其他方式表决情况的有效资料一并保存，保存期限不少于十年。

**第四十二条** 召集人应当保证股东大会连续举行，直至形成最终决议。因不可抗力等特殊原因导致股东大会中止或不能作出决议的，应采取必要措施尽快恢复召开股东大会或直接终止本次股东大会，并及时公告。同时，召集人应向公司所在地中国证监会派出机构及证券交易所报告。

**第四十三条** 股东大会通过有关董事、监事选举提案的，新任董事、监事按公司章程的规定就任。

**第四十四条** 股东大会通过有关派现、送股或资本公积转增股本提案的，公司应当在股东大会结束后二个月内实施具体方案。

**第四十五条** 公司以减少注册资本为目的回购普通股公开发行优先股，以及以非公开发行优先股为支付手段向公司特定股东回购普通股的，股东大会就回购普通股作出决议，应当经出席会议的普通股股东（含表决权恢复的优先股股东）所持表决权的三分之二以上通过。

公司应当在股东大会作出回购普通股决议后的次日公告该决议。

**第四十六条** 公司股东大会决议内容违反法律、行政法规的无效。

公司控股股东、实际控制人不得限制或者阻挠中小投资者依法行使投票权，不得损害公司和中小投资者的合法权益。

股东大会的会议召集程序、表决方式违反法律、行政法规或者公司章程，或者决议内容违反公司章程的，股东可以自决议作出之日起六十日内，请求人民法院撤销。

**【案例指引】**

**某投资企业中心与某燃气股份有限公司等公司决议效力确认纠纷案**[①]

裁判要旨：本案中，被告未提供证据证明其在2020年召开案涉三次临时股东会议之前，已按照法律规定及公司章程向原告履行了通知义务，即被告未召集全体股东参会，存在召集对象上的瑕疵，且该瑕疵对临时股东大会决议的成立有根本影响。具体如下：（1）部分股东未获得股东大会召开通知，使该部分股东丧失了平等参与股东大会表达意见、进行投票的机会。（2）即使部分小股东所持表决权占比低，不足以实质性影响股东大会决议结果，但其依然可能通过在会议上的陈述等影响其他股东的表决行为，不能因其表决权占比低就忽视其行使表决权的权利。（3）相关股东未获得股东大会召开的通知，无法在规定期限内申请撤销股东大会决议。

> **第一百一十六条 【股东表决权】** 股东出席股东会会议，所持每一股份有一表决权，类别股股东除外。公司持有的本公司股份没有表决权。
>
> 股东会作出决议，应当经出席会议的股东所持表决权过半数通过。
>
> 股东会作出修改公司章程、增加或者减少注册资本的决议，以及公司合并、分立、解散或者变更公司形式的决议，应当经出席会议的股东所持表决权的三分之二以上通过。

**【理解与适用】**

本条是股份有限公司股东表决权的规定。

本条第一款规定股东在股东会上表决，实行一股一票，但是类别股除外，因为优先股表决权一般受到限制，而差异表决权股可能一股三票

---

[①] （2023）皖18民终430号，载中国裁判文书网，https://wenshu.court.gov.cn/website/wenshu/181107ANFZ0BXSK4/index.html?docId=JbFeWClIELXNKRryUUlOK4PJmnqmi/PJJsM9LuLjDA4Qku4usvUujPUKq3u+IEo4Mt6uICaSQiv87qvdkroE6j4Q9JaHqVIa1N4XzuHLTuVA6TgXXNHwvgmkr5RuTspX，最后访问日期：2023年12月28日。

或一股十票。公司持有的本公司股份，在股东会上没有表决权，并且该部分股份不计入出席股东大会有表决权的股份总数。

本条第二款规定普通决议的决议。普通决议由出席股东会所持表决权过半数（不包括过半数本数）通过，普通决议的事项是特别决议事项以外的事项。

本条第三款规定特别决议。特别决议的事项具体包括修改公司章程、增加或者减少注册资本的决议，以及公司合并、分立、解散或者变更公司形式（变更公司类型），特别决议应当经出席股东会的股东所持表决权的三分之二以上（包括本数三分之二）通过，根据民法典第一千二百五十九条的规定，"以上"包括本数。

需要注意的是，本法未规定股份有限公司股东会会议召开的最低出席法定数（股东会有效召开的法定数），没有规定代表多少比例表决权的股东出席股东会方才有效召开。

## 【相关规范】

● 部门规章及文件

《上市公司股东大会规则（2022年修订）》（2022年1月5日）

第三十条 会议主持人应当在表决前宣布现场出席会议的股东和代理人人数及所持有表决权的股份总数，现场出席会议的股东和代理人人数及所持有表决权的股份总数以会议登记为准。

第三十一条 股东与股东大会拟审议事项有关联关系时，应当回避表决，其所持有表决权的股份不计入出席股东大会有表决权的股份总数。

股东大会审议影响中小投资者利益的重大事项时，对中小投资者的表决应当单独计票。单独计票结果应当及时公开披露。

公司持有自己的股份没有表决权，且该部分股份不计入出席股东大会有表决权的股份总数。

股东买入公司有表决权的股份违反《证券法》第六十三条第一款、第二款规定的，该超过规定比例部分的股份在买入后的三十六个月内不得行使表决权，且不计入出席股东大会有表决权的股份总数。

公司董事会、独立董事、持有百分之一以上有表决权股份的股东或者依照法律、行政法规或者中国证监会的规定设立的投资者保护机构可以公开征集股东投票权。征集股东投票权应当向被征集人充分披露具体投票意向等信息。禁止以有偿或者变相有偿的方式征集股东投票权。除法定条件外，公司不得对征集投票权提出最低持股比例限制。

**第三十五条** 同一表决权只能选择现场、网络或其他表决方式中的一种。同一表决权出现重复表决的以第一次投票结果为准。

**第三十六条** 出席股东大会的股东，应当对提交表决的提案发表以下意见之一：同意、反对或弃权。证券登记结算机构作为内地与香港股票市场交易互联互通机制股票的名义持有人，按照实际持有人意思表示进行申报的除外。

未填、错填、字迹无法辨认的表决票或未投的表决票均视为投票人放弃表决权利，其所持股份数的表决结果应计为"弃权"。

---

**第一百一十七条** 【累积投票制】股东会选举董事、监事，可以按照公司章程的规定或者股东会的决议，实行累积投票制。

本法所称累积投票制，是指股东会选举董事或者监事时，每一股份拥有与应选董事或者监事人数相同的表决权，股东拥有的表决权可以集中使用。

---

## 【理解与适用】

本条是关于股东选举董事、监事可以实行累积投票制的规定。

本条第一款是任意性规定，公司可以选择也可以不选择累积投票制；第二款是一个说明性法条，是对累积投票制的概念描述。

累积投票制适用范围仅适用于股东会选举董事、监事，不适用于股东会其他的决议事项，本条是对累积投票制的一个任意性规定，股份有限公司如果要适用，需要通过章程或股东会决议将累积投票制选入本公司来适用。

累积投票区别于直接投票，是指股东会选举董事或者监事时，每一股份拥有与应选董事或者监事人数相同的表决权，股东拥有的表决权可以集中使用。在直接投票时，对每一个董事人选逐项表决，持有过多数股份的股东，可以赢得全部董事席位。在每个席位的选举中，他都能使小股东"出局"。即便股份有限公司中大股东 X 持股 51%，小股东 Y 持股 49%，结果也一样。董事、监事选举可以采用直接投票，也可以采用累积投票，采用累积投票的意义在于使小股东可以集中使用表决权将自己中意的董事选入董事会，使小股东可以在董事会中有发言权。

## 【相关规范】

● 部门规章及文件
**《上市公司股东大会规则（2022 年修订）》（2022 年 1 月 5 日）**

第三十二条　股东大会就选举董事、监事进行表决时，根据公司章程的规定或者股东大会的决议，可以实行累积投票制。单一股东及其一致行动人拥有权益的股份比例在百分之三十及以上的上市公司，应当采用累积投票制。

前款所称累积投票制是指股东大会选举董事或者监事时，每一普通股（含表决权恢复的优先股）股份拥有与应选董事或者监事人数相同的表决权，股东拥有的表决权可以集中使用。

第三十三条　除累积投票制外，股东大会对所有提案应当逐项表决。对同一事项有不同提案的，应当按提案提出的时间顺序进行表决。除因不可抗力等特殊原因导致股东大会中止或不能作出决议外，股东大会不得对提案进行搁置或不予表决。

股东大会就发行优先股进行审议，应当就下列事项逐项进行表决：

（一）本次发行优先股的种类和数量；

（二）发行方式、发行对象及向原股东配售的安排；

（三）票面金额、发行价格或定价区间及其确定原则；

（四）优先股股东参与分配利润的方式，包括：股息率及其确定原则、股息发放的条件、股息支付方式、股息是否累积、是否可以参与剩余利润分配等；

（五）回购条款，包括回购的条件、期间、价格及其确定原则、回购选择权的行使主体等（如有）；

（六）募集资金用途；

（七）公司与相应发行对象签订的附条件生效的股份认购合同；

（八）决议的有效期；

（九）公司章程关于优先股股东和普通股股东利润分配政策相关条款的修订方案；

（十）对董事会办理本次发行具体事宜的授权；

（十一）其他事项。

**【案例指引】**

**某投资股份有限公司（上诉人、一审原告）与某化工股份有限公司（被上诉人、一审被告）公司决议撤销纠纷案**①

裁判要旨：从公司法关于累计投票制的规定及公司章程的规定可以理解：一是选举董事、监事进行表决根据公司章程的规定或是股东大会的决议；二是可以实行而非必须实行。

> **第一百一十八条　【股东表决权的代理行使】** 股东委托代理人出席股东会会议的，应当明确代理人代理的事项、权限和期限；代理人应当向公司提交股东授权委托书，并在授权范围内行使表决权。

**【理解与适用】**

本条是关于股东表决权的代理行使的规定。

股东表决权的代理行使，是民法上的代理在股份有限公司股东表决权事项的应用，其是指享有表决权的股东委托他人行使表决权。表决权代理往往适用于上市的股份有限公司，因为股东人数众多，持股分散，股东对出席股东会没有积极性，也不现实，其出席股东会的成本远大于其持股比例上可以获得的收益。表决权代理可以解决这样的问题，股东不必出席，可以将表决权授予他人代理行使。表决权代理行使应当明确代理人代理的事项、权限和期限；代理人应当向公司提交股东授权委托书，并在授权范围内行使表决权。需要注意的，根据《上市公司股东大会规则（2022年修订）》第三十一条的规定，禁止以有偿或者变相

---

① （2023）闽04民终557号，载中国裁判文书网，https：//wenshu.court.gov.cn/website/wenshu/181107ANFZ0BXSK4/index.html?docId=GvdWoLTHX0X48jThoUbiFzhWuyxZAYDp/XwSwyIQrtNkfe8oNzQmKPUKq3u+IEo4Mt6uICaSQiv87qvdkroE6j4Q9JaHqVIa1N4XzuHLTuVa72PYUboOgkLlBI+uk2Vb，最后访问日期：2023年12月28日

有偿的方式征集股东投票权。

## 【相关规范】

### ● 法律

**1.《中华人民共和国证券法》（2019 年 12 月 28 日）**

　　**第九十条**　上市公司董事会、独立董事、持有百分之一以上有表决权股份的股东或者依照法律、行政法规或者国务院证券监督管理机构的规定设立的投资者保护机构（以下简称投资者保护机构），可以作为征集人，自行或者委托证券公司、证券服务机构，公开请求上市公司股东委托其代为出席股东大会，并代为行使提案权、表决权等股东权利。

　　依照前款规定征集股东权利的，征集人应当披露征集文件，上市公司应当予以配合。

　　禁止以有偿或者变相有偿的方式公开征集股东权利。

　　公开征集股东权利违反法律、行政法规或者国务院证券监督管理机构有关规定，导致上市公司或者其股东遭受损失的，应当依法承担赔偿责任。

### ● 部门规章及文件

**2.《上市公司股东大会规则（2022 年修订）》（2022 年 1 月 5 日）**

　　**第三十一条**　股东与股东大会拟审议事项有关联关系时，应当回避表决，其所持有表决权的股份不计入出席股东大会有表决权的股份总数。

　　股东大会审议影响中小投资者利益的重大事项时，对中小投资者的表决应当单独计票。单独计票结果应当及时公开披露。

　　公司持有自己的股份没有表决权，且该部分股份不计入出席股东大会有表决权的股份总数。

　　股东买入公司有表决权的股份违反《证券法》第六十三条第一款、第二款规定的，该超过规定比例部分的股份在买入后的三十六个月内不得行使表决权，且不计入出席股东大会有表决权的股份总数。

　　公司董事会、独立董事、持有百分之一以上有表决权股份的股东或者依照法律、行政法规或者中国证监会的规定设立的投资者保护机构可以公开征集股东投票权。征集股东投票权应当向被征集人充分披露具体投票意向等信息。禁止以有偿或者变相有偿的方式征集股东投票权。除法定条件外，公司不得对征集投票权提出最低持股比例限制。

**【案例指引】**

赵某某与某机电工程有限责任公司等与公司有关的纠纷案①

裁判要旨：公司股东可以委托他人参加股东会会议并行使表决权。本案中，赵某向原告出具的授权委托书载明原告的代理权限为"代为参与处理一切公司内部事务"，该一切内部事务理应包括参加股东会会议以及行使表决权。二审中，赵某出庭作证，亦明确表示其授权范围包括代为行使表决权，认可原告代理其行使表决权的效力。法院认为，原告有权代理赵某行使股东表决权。

> **第一百一十九条　【股东会的会议记录】**股东会应当对所议事项的决定作成会议记录，主持人、出席会议的董事应当在会议记录上签名。会议记录应当与出席股东的签名册及代理出席的委托书一并保存。

**【理解与适用】**

本条是关于股份有限公司股东会的会议记录的规定。

股份有限公司的股东会应当对所议事项的决定作成会议记录，这是公司合规的重要内容之一，主持人、出席会议的董事应当在会议记录上签名。因为董事都是自然人，不允许法人董事，因此，董事在会议记录上只有签名而无盖章的要求。会议记录应当与出席股东的签名册及代理出席的委托书一并保存。而且，根据本法第一百零九条的规定，股份有限公司应当将股东大会会议记录置备于本公司。根据本法第一百一十条的规定，股东有权查阅、复制股东会的会议记录。

---

① （2022）陕01民终1511号，载中国裁判文书网，https://wenshu.court.gov.cn/website/wenshu/181107ANFZ0BXSK4/index.html?docId=7JPLMOaNZ+IPle4ZkGTGCC/8dG0SDH50RAeuE5adxA20Yh4FiXDGffUKq3u+IEo4Mt6uICaSQiv87qvdkroE6j4Q9JaHqVIa1N4XzuHLTuVa72PYUboOgj8w5plmdG7s，最后访问日期：2023年12月28日。

**【相关规范】**

● 部门规章及文件

《上市公司股东大会规则（2022年修订）》（2022年1月5日）

第四十一条　股东大会会议记录由董事会秘书负责，会议记录应记载以下内容：

（一）会议时间、地点、议程和召集人姓名或名称；

（二）会议主持人以及出席或列席会议的董事、监事、董事会秘书、经理和其他高级管理人员姓名；

（三）出席会议的股东和代理人人数、所持有表决权的股份总数及占公司股份总数的比例；

（四）对每一提案的审议经过、发言要点和表决结果；

（五）股东的质询意见或建议以及相应的答复或说明；

（六）律师及计票人、监票人姓名；

（七）公司章程规定应当载入会议记录的其他内容。

出席会议的董事、监事、董事会秘书、召集人或其代表、会议主持人应当在会议记录上签名，并保证会议记录内容真实、准确和完整。会议记录应当与现场出席股东的签名册及代理出席的委托书、网络及其他方式表决情况的有效资料一并保存，保存期限不少于十年。

## 第三节　董事会、经理

第一百二十条　**【董事会组成、任期、职权及董事的解任】**股份有限公司设董事会，本法第一百二十八条另有规定的除外。

本法第六十七条、第六十八条第一款、第七十条、第七十一条的规定，适用于股份有限公司。

**【理解与适用】**

本条是关于董事会组成、任期、职权及董事的解任的规定。

董事会是股份有限公司的执行机关,是公司必设机关,但是规模较小或股东人数较少的股份有限公司可以不设董事会只设一名董事,由其行使董事会的职权。

本条第二款是引用性法条。本法第六十七条规定有限责任公司董事会的职权适用于股份有限公司,本法第六十八条第一款规定有限责任公司职工董事会组成的规定适用于股份有限公司,本法第七十条规定有限责任公司董事任期与辞任的规定适用于股份有限公司,本法第七十一条规定董事解任的规定适用于股份有限公司。

## 【相关规范】

● *部门规章及文件*

《上市公司治理准则》(2018年9月30日)

第二十五条 董事会的人数及人员构成应当符合法律法规的要求,专业结构合理。董事会成员应当具备履行职责所必需的知识、技能和素质。鼓励董事会成员的多元化。

第二十六条 董事会对股东大会负责,执行股东大会的决议。

董事会应当依法履行职责,确保上市公司遵守法律法规和公司章程的规定,公平对待所有股东,并关注其他利益相关者的合法权益。

第二十七条 上市公司应当保障董事会依照法律法规和公司章程的规定行使职权,为董事正常履行职责提供必要的条件。

---

**第一百二十一条 【审计委员会】** 股份有限公司可以按照公司章程的规定在董事会中设置由董事组成的审计委员会,行使本法规定的监事会的职权,不设监事会或者监事。

审计委员会成员为三名以上,过半数成员不得在公司担任除董事以外的其他职务,且不得与公司存在任何可能影响其独立客观判断的关系。公司董事会成员中的职工代表可以成为审计委员会成员。

审计委员会作出决议,应当经审计委员会成员的过半数通过。

> 审计委员会决议的表决，应当一人一票。
>
> 审计委员会的议事方式和表决程序，除本法有规定的外，由公司章程规定。
>
> 公司可以按照公司章程的规定在董事会中设置其他委员会。

**【理解与适用】**

本条是关于股份有限公司董事会中审计委员会的设置、组成、议事方式和表决程序，以及董事会中其他委员会的规定。

审计委员会是股份有限公司中董事会下设的法定机构，股份有限公司择一设立监事会或审计委员会即可，不应同时设立。为提高董事会的运行效率，排除董事会通过会议方式日常履职的障碍，董事会可以设立战略委员会、提名委员会、薪酬与考核委员会等其他委员会。董事会通过设立专门委员会并任命专门委员会成员，可以将董事会的部分职权授予其行使，此时，专门委员会行使的权力即董事会权力。对于股份有限公司董事会内部的功能性专门委员会的设置与否，法律通常不作强制性要求，授权公司章程规定董事会下设的专门委员会。但是，股份有限公司不设监事会或监事的，则董事会下的审计委员会是法定必设的专门委员会。

由董事会下设的审计委员会行使监事会职权，是否意味着将监事会的职权完全由审计委员会承接？本条并未具体列举审计委员会可以行使监事会哪些职权，因此，审计委员会可以行使的"监事会的职权"边界并不清楚。从比较法来看，董事会的模式分为单层制和双层制，单层制董事会主要存在于英国和美国，双层制董事会的代表是德国和日本，德国董事会分为监督董事会（称为监事会）和执行董事会（称为董事会），前者选任和罢免后者的成员，并对后者进行监督。日本的双层制又与德国不同，股东会产生董事会和监事会，但是监事会和董事会是平级的，前者监督后者，但是前者并不选任和解任后者的成员。单层制董事会模式中，公司内部没有监事会，董事会中由执行董事和无关联关系的独立董事构成，独立董事发挥监督功能，董事会演变出公司内部监督功能。我国新公司法允许股份有限公司在单层董事会与双层董事会之间选择，选择审计委员会意味着选择单层董事会，董事会发挥监督功能；选择监事会意味着选择双层董事会，监事会发挥监督功能。

股份有限公司设立审计委员会，意味着不再设立监事会，那么监事会的功能将由董事会（无关联董事）完全承接，而非由审计委员会完全承接，审计委员会毕竟仍然属于董事会下设的专门委员会。因此，监事会的职权，将一部分分流给董事会（无关联董事），另一部分分流给审计委员会。因此，审计委员会行使的只是监事会的部分职权，其核心职权应是审计、内控、公司风险管理等监督职能，股份有限公司的公司章程还可以规定，审计委员会的监督职权包括重大关联交易的批准。①

关于审计委员会的构成。审计委员会是一种有效的公司治理机制，可以监督董事，但是容易受到董事会、机构投资者等不当干涉，故而其独立性、组织构成对其效用发挥有重要影响。具体而言，在审计委员会的构成上，本条附加了"过半数成员不得在公司担任除董事以外的其他职务，且不得与公司存在任何可能影响其独立客观判断的关系"的要求。如果审计委员会成员不适格，将导致审计委员会因不满足法定构成要求而在法律上失去效力。②

股份有限公司审计委员会的议事方式和表决程序，根据本条规定，除本法有规定的外，由公司章程规定。不过，本条对股份有限公司的审计委员会部分议事方式和表决程序作出规定，即审计委员会作出决议，应当经审计委员会成员的过半数通过；审计委员会决议的表决，应当一人一票。

**【相关规范】**

● *部门规章及文件*

《上市公司治理准则》（2018年9月30日）

**第三十八条** 上市公司董事会应当设立审计委员会，并可以根据需要设立战略、提名、薪酬与考核等相关专门委员会。专门委员会对董事会负责，依照公司章程和董事会授权履行职责，专门委员会的提案应当提交董

---

① 沈朝晖：《董事会审计委员会是监事会的平替吗？——我国新公司法引入单层制公司模式的反思与阐释》，载陈彦晶、刘胜军主编：《变迁中的社会与变动中的私法》，当代中国出版社2024年版。

② 刘斌：《中国式审计委员会：组织基础与权责配置》，载《法律科学》2024年第4期。

事会审议决定。

专门委员会成员全部由董事组成,其中审计委员会、提名委员会、薪酬与考核委员会中独立董事应当占多数并担任召集人,审计委员会的召集人应当为会计专业人士。

**第三十九条** 审计委员会的主要职责包括:

(一) 监督及评估外部审计工作,提议聘请或者更换外部审计机构;

(二) 监督及评估内部审计工作,负责内部审计与外部审计的协调;

(三) 审核公司的财务信息及其披露;

(四) 监督及评估公司的内部控制;

(五) 负责法律法规、公司章程和董事会授权的其他事项。

---

**第一百二十二条 【董事长的产生与职权】** 董事会设董事长一人,可以设副董事长。董事长和副董事长由董事会以全体董事的过半数选举产生。

董事长召集和主持董事会会议,检查董事会决议的实施情况。副董事长协助董事长工作,董事长不能履行职务或者不履行职务的,由副董事长履行职务;副董事长不能履行职务或者不履行职务的,由过半数的董事共同推举一名董事履行职务。

---

**【理解与适用】**

本条是关于股份有限公司董事长的产生与职权的规定。

本条第一款是关于董事长的产生的规定。董事会必须设董事长一人,这是强制性的,可以设副董事长,可以是一人也可以是数人,这是任意性的规定,授权公司自己决定。董事长和副董事长由董事会以全体董事的过半数选举产生。首先,过半数的基数是全体董事,而非出席董事会的董事人数。其次,决议是全体董事人数的过半数,过半数意味着不包含本数——半数。最后,董事长选出前的第一次董事会会议,习惯上由得票最多的董事召集和主持。

本条第二款是关于董事长的职权的规定。首先,董事会会议需要有人召集和主持，董事长负责召集和主持，董事长还应检查董事会决议的实施情况。其次，董事会会议召集和主持的顺位。副董事长协助董事长工作，董事长不能履行职务或者不履行职务的，由副董事长履行职务；副董事长不能履行职务或者不履行职务的，由过半数的董事共同推举一名董事履行职务。

> **第一百二十三条　【董事会会议的召开】**董事会每年度至少召开两次会议，每次会议应当于会议召开十日前通知全体董事和监事。
>
> 代表十分之一以上表决权的股东、三分之一以上董事或者监事会，可以提议召开临时董事会会议。董事长应当自接到提议后十日内，召集和主持董事会会议。
>
> 董事会召开临时会议，可以另定召集董事会的通知方式和通知时限。

**【理解与适用】**

本条是关于董事会会议的规定。

关于董事会的定期会议。董事会每年度至少召开两次会议，董事会的定期会议可以多于两次，如每个季度或每个月召开一次，每次会议应当于会议召开十日前通知全体董事和监事。定期会议的召集人应是董事长。

关于董事会的临时会议。临时会议的召集人仍然是董事长，但是代表十分之一以上表决权的股东、三分之一以上董事或者监事会，可以提议召开临时董事会会议。董事长应当自接到提议后十日内，召集和主持董事会会议。由于每个公司的情况不同，董事会召开临时会议也有紧急性，本条授权股份有限公司可以通过章程、股东大会决议或者董事会决议另定召集董事会的通知方式和通知时限，可以不遵循定期会议的通知方式和通知期限。

> **第一百二十四条　【董事会会议的议事规则】**董事会会议应当有过半数的董事出席方可举行。董事会作出决议，应当经全体董事的过半数通过。
> 　　董事会决议的表决，应当一人一票。
> 　　董事会应当对所议事项的决定作成会议记录，出席会议的董事应当在会议记录上签名。

**【理解与适用】**

本条是关于董事会会议议事规则的规定。

董事会的运作是以会议体的形式，需要开会作出决策，因此，要求作出公司决策董事应当集体行动。董事会以会议体的形式运作，这就要求董事会必须遵守董事会的程式性的规定。董事会的程式性规定主要有：（1）出席法定人数的要求。本条第一款要求应当有过半数的董事出席方可举行；（2）表决要求。关于董事表决要求，有以下三点需要说明：其一，本条规定的董事会决议通过的法定比例采简单多数决，不同于股东会对不同的决议事项有简单多数决和绝对多数决的区分，但是这不妨碍公司章程规定特定事项应采特别决议应当绝对多数决通过。其二，本条第一款要求董事会作出决议，应当经全体董事的过半数通过，这里的"全体董事"是指董事会的全体董事而不是指出席本次董事会会议的全体董事。其三，全体董事不仅指亲自出席的董事，也包括代理出席的董事。

董事会表决实行一人一票，采取"人头数主义"的表决方式，无论支持该董事当选的股东持股比例多少，在董事会中人人平等，每个董事的表决权相等。董事会是集体行使职权的机构，而不是董事长负责的机构，董事会集体对股东会负责。董事一旦当选，无论其由谁提名和支持，所有董事都是全体股东的受托人，而不是某一个股东的受托人。

对于上市公司而言，不得为了规避董事会会议的程序性要求，不得概括性地将法定由董事会行使的职权授权董事长或经理行使，授予董事长以外的其他董事也不允许。

关于董事会会议记录，根据本条规定，董事会应当对会议所议事项的决定做成会议记录，出席会议的董事应当在会议记录上签名。之所以如此要求是出于以下考虑：（1）为了记录董事会会议议程，以备日后查询；（2）为了敦促董事合法、恰当、有效地履行职责，至少要认真出席董事会；（3）一旦董事会决议违反法律法规，并给公司造成损失时，可以通过查阅董事会会议记录，明确董事个人的责任。所以，董事会会议应当如实记录董事会会议的真实情况。[1]会议签到簿、会议记录、决议等文字材料由董秘负责保管。

**【相关规范】**

● 部门规章及文件

《上市公司治理准则》（2018年9月30日）

　　第二十九条　上市公司应当制定董事会议事规则，报股东大会批准，并列入公司章程或者作为章程附件。

　　第三十二条　董事会会议记录应当真实、准确、完整。出席会议的董事、董事会秘书和记录人应当在会议记录上签名。董事会会议记录应当妥善保存。

　　第三十三条　董事会授权董事长在董事会闭会期间行使董事会部分职权的，上市公司应当在公司章程中明确规定授权的原则和具体内容。上市公司重大事项应当由董事会集体决策，不得将法定由董事会行使的职权授予董事长、总经理等行使。

**【案例指引】**

**吉林某集团有限公司与某财产保险股份有限公司公司决议效力确认纠纷案**[2]

　　**裁判要旨：**法院认为，鉴于董事会临时会议召开前，被告股东大会已免除董事张某某、独立董事王某某的董事职务，故董事会临时会议召开及表决时，被告仍有董事11人，其中5人参会并进行表决。从董事会临时会议的召开程序来看，参会人数及表决比例未达到我国公司法关于董事会会议中董事出席人数（过半数董事出席）及决议表决人数（全体董事过半数

---

　　① 朱慈蕴：《公司法原论》，清华大学出版社2011年版，第296~297页。
　　② （2020）京0108民初14136号，载中国裁判文书网，https://wenshu.court.gov.cn/website/wenshu/181107ANFZ0BXSK4/index.html? docId = jE7iRRnAuViB + zE0 + DVrsSvEodnB9exmOhW7whLkzOTS6VQ2kgFlOvUKq3u+IEo4Mt6uICaSQisUfjTavb3p9fl9aw5wx4rKqcNEiHIOD0necw58LwTKoCwDmoCt5VZ3，最后访问日期：2024年1月3日。

表决通过）的要求，故对于原告主张董事会临时会议参会人数及表决比例不符合相关规定，法院予以确认，原告要求确认董事会临时会议决议不成立的诉讼请求，法院予以支持。

> **第一百二十五条　【董事的董事会会议出席与责任承担】**
> 董事会会议，应当由董事本人出席；董事因故不能出席，可以书面委托其他董事代为出席，委托书应当载明授权范围。
> 董事应当对董事会的决议承担责任。董事会的决议违反法律、行政法规或者公司章程、股东会决议，给公司造成严重损失的，参与决议的董事对公司负赔偿责任；经证明在表决时曾表明异议并记载于会议记录的，该董事可以免除责任。

## 【理解与适用】

本条是关于董事出席董事会会议和董事对董事会决议承担责任的规定。

本条第一款是关于董事会会议出席的规定。董事会会议，应当由董事本人出席。出席不仅指董事在同一物理场所的会议室线下出席，也应当包括电话会议、视频会议的线上会议出席，后者应当视同本人出席，但是应当作好会议记录、保留证据加以证明。董事因故不能出席，可以书面委托他人代为出席，但是接受委托的人必须是本公司的董事而不能是其他人，委托书应当载明授权范围。董事接受其他董事授权代为出席董事会，最多可以接受几个董事的授权，如果无限制，就可能导致极端的情况，导致董事会虚置。例如，公司有五名董事，只有一名董事亲自出席，另四名董事都委托其代为出席。公司法对此未规定限制，公司章程应当对此作出限制性规定。

本条第二款规定了董事对董事会决议的责任。董事应当对董事会的决议承担责任。董事会的决议违反法律、行政法规或者公司章程、股东会决议，给公司造成严重损失的，参与决议的董事对公司负赔偿责任；经证明在表决时曾表明异议并记载于会议记录的，该董事可以免除责任。根据该款的规定，追究董事对董事会决议有严格限制条件：其一，董事会的决议违反法律、行政法规或者公司章程、股东会决议；其二，给公司造成严重损失的；其三，董事在表决时没有曾表明异议并记载于会议记录，只是消极的决议时候不发表意见或者表决时候弃权的，不能排除承担决议责任。

> **第一百二十六条　【经理的设置与职权】** 股份有限公司设经理，由董事会决定聘任或者解聘。
>
> 　　经理对董事会负责，根据公司章程的规定或者董事会的授权行使职权。经理列席董事会会议。

**【理解与适用】**

本条是关于股份有限公司经理的设置与职权的规定。

经理是在授权范围内，协助董事会管理公司事务的人，主要是公司的日常经营管理事项和执行董事会决议。经理由董事会聘任或解聘，是股份有限公司法定必设机关，有限责任公司是任意设置的机关，本条的经理是指股份有限公司的总经理。经理主持日常经营管理工作，在法律法规、公司章程及董事会授权的范围内，代表公司从事业务的高级管理人员。在现代公司制度中，公司运营的专业化、技术性和市场化的要求，需要大量具有专业技能和管理能力的专门人才从事公司的日常经营业务，因此，在公司的董事会之下，还需要聘任经理人专门从事公司的经营管理。

经理与公司之间的法律关系性质是民法典上的委托代理合同关系，但是这一委托代理合同由董事会来订立，即本法规定的董事会聘任和解聘经理，这意味着董事会可以代表公司对经理无因解聘。经理作为公司高级管理人员、职业经理人，其法律地位与普通职工（劳动法意义上的劳动者）显然不同，其与董事、监事一样，与公司之间属于委托合同关系，不应适用劳动合同法的调整。因此，关于经理的解聘，其不受劳动法上规定用人单位对劳动者单方解除的法定情形限制。尽管经理与公司之间是委托代理合同关系，但是并不妨碍公司为经理缴纳社会保险。

经理向董事会负责而不是向股东会负责，因为其由董事会聘任或解聘，应当有义务列席董事会会议，接受董事会的质询与建议。本次修订删除了经理的法定职权，经理的职权由公司章程的规定或者董事会的授权。

> **第一百二十七条　【董事会成员兼任经理】** 公司董事会可以决定由董事会成员兼任经理。

**【理解与适用】**

本条是关于董事兼任经理的规定。

公司董事会可以决定由董事会成员兼任经理，兼任经理的董事将成为公司的内部董事、执行董事。经理是公司的高级管理人员，与董事、监事一起对公司负有勤勉义务和忠实义务。董事会成员和经理两职分离，经理由董事会成员以外的人担任，意味着在公司治理上董事会具有相对较高的独立性；如果董事和经理两职合一，董事会成员兼任经理，现实中往往是董事长兼任经理，这意味着董事会的独立性较低，如果董事长又是大股东则董事会的独立性更低。董事会应当独立于控制股东，独立于管理者，法律地位上应当是所有股东的受托人，而不应当为控制股东或管理者的利益最大化服务。因此，在董事会成员兼任经理的情况下，公司治理结构应当考虑到这一点，进行相应的治理结构设计避免其弊端。当然董事会成员兼任经理，也具有一定的优势，那就是决策效率更高，该兼任经理的董事会是执行董事，是内部董事，在开董事会时候可以提供更多公司经营的一线信息和内部信息。

> **第一百二十八条　【不设董事会的股份有限公司】** 规模较小或者股东人数较少的股份有限公司，可以不设董事会，设一名董事，行使本法规定的董事会的职权。该董事可以兼任公司经理。

**【理解与适用】**

本条是关于不设董事会的股份有限公司的规定。

规模较小或者股东人数较少的股份有限公司，所有与经营分离程度低，股东参与公司经营管理的程度高，可以不设董事会，设一名董事，并由其行使本法规定的董事会职权。新公司法给予了这类公司更大的组织机构的灵活性，降低其组织成本，给予其公司治理更大自治空间。需要注意的是，新公司法对此一名董事不再称呼执行董事，应当区别于修订之前的公司法。不设董事会的股份有限公司中，只设一名董事，该董事可以兼任公司经理，在这种情形下，那意味着此兼任经理的董事也一般是公司的法定代表人。

**第一百二十九条 【董监高的报酬披露】公司应当定期向股东披露董事、监事、高级管理人员从公司获得报酬的情况。**

**【理解与适用】**

本条是关于董事、监事、高级管理人员报酬披露的规定。

董事、监事、高级管理人员的报酬，是指董事、监事、高级管理人员从公司获得的薪金、奖金、股票期权及各种福利。董事、监事、高级管理人员从公司取得的报酬，应当与其职责和对公司业绩贡献的大小等相适应。董事、监事、高级管理人员的报酬向股东披露的期限及披露方式，本条并未规定，可由公司的章程或股东会决议确定。通常情况下，董事、监事、高级管理人员报酬的披露至少应一年一次，公司可以在公司内部直接向股东告知、在媒体上公告或者由董事会在股东会上报告等方式向股东进行披露。上市的股份有限公司的董事会、监事会应当向股东大会报告董事、监事履行职责的情况、绩效评价结果及其薪酬情况，并由上市公司予以披露。

## 【相关规范】

● 部门规章及文件

《上市公司治理准则》（2018年9月30日）

第五十五条　上市公司应当建立公正透明的董事、监事和高级管理人员绩效与履职评价标准和程序。

第五十六条　董事和高级管理人员的绩效评价由董事会或者其下设的薪酬与考核委员会负责组织，上市公司可以委托第三方开展绩效评价。

独立董事、监事的履职评价采取自我评价、相互评价等方式进行。

第五十七条　董事会、监事会应当向股东大会报告董事、监事履行职责的情况、绩效评价结果及其薪酬情况，并由上市公司予以披露。

第六十条　董事、监事报酬事项由股东大会决定。在董事会或者薪酬与考核委员会对董事个人进行评价或者讨论其报酬时，该董事应当回避。

高级管理人员的薪酬分配方案应当经董事会批准，向股东大会说明，并予以充分披露。

## 【案例指引】

**深圳某科技集团股份有限公司与东莞某置业发展有限公司股东知情权纠纷案**[①]

裁判要旨：根据我国公司法规定，公司应当定期向股东披露董事、监事、高级管理人员从公司获得报酬的情况。该披露义务系股份有限公司的法定义务，被告自2001年5月10日起变更为股份有限公司，应向股东履行上述义务。相关法律并未规定股东请求公司披露董事、监事、高级管理人员报酬情况的前置程序，被告也无相关规定，被告以公司历史沿革复杂、原告未提供具体人员名单等理由拒绝披露，没有法律及公司章程依据。被告确认未向原告披露过公司董事、监事、高级管理人员的报酬情况，也并无证据显示原告通过查阅公司财务会计报告能够知晓公司所有董事、监事、高级管理人员的报酬情况，故原告请求被告披露相关信息，有事实及法律依据，应予支持。被告需将公司董事、监事、高级管理人员从公司获得报酬的情况以书面形式置备于公司，供原告查阅。

---

[①] （2019）粤03民终32482号，载中国裁判文书网，https://wenshu.court.gov.cn/website/wenshu/181107ANFZ0BXSK4/index.html?docId=H4KnwA06Y1EpHhooNpTEER2QnY3O0Rvn5jPxaEfnZlvgN63Dp4BAVPUKq3u+IEo4Mt6uICaSQiv87qvdkroE6j4Q9JaHqVIa1N4XzuHLTu-Va72PYUboOgv69z6HiZQ0Y，最后访问日期：2023年12月29日。

## 第四节 监 事 会

> **第一百三十条 【监事会的设立、组成与任期】** 股份有限公司设监事会，本法第一百二十一条第一款、第一百三十三条另有规定的除外。
> 
> 监事会成员为三人以上。监事会成员应当包括股东代表和适当比例的公司职工代表，其中职工代表的比例不得低于三分之一，具体比例由公司章程规定。监事会中的职工代表由公司职工通过职工代表大会、职工大会或者其他形式民主选举产生。
> 
> 监事会设主席一人，可以设副主席。监事会主席和副主席由全体监事过半数选举产生。监事会主席召集和主持监事会会议；监事会主席不能履行职务或者不履行职务的，由监事会副主席召集和主持监事会会议；监事会副主席不能履行职务或者不履行职务的，由过半数的监事共同推举一名监事召集和主持监事会会议。
> 
> 董事、高级管理人员不得兼任监事。
> 
> 本法第七十七条关于有限责任公司监事任期的规定，适用于股份有限公司监事。

**【理解与适用】**

本条是关于股份有限公司监事会的设置的规定。

股份有限公司的监督机构设置可以在董事会的审计委员会和监事会之间二选一，本法在第一百二十一条第一款规定股份有限公司董事会中设置了审计委员会就可以不再设立监事会，除此之外，根据本法第一百三十三条的规定，在规模较小和股东人数较小的股份有限公司，可以不设监事会而只设一名监事，由该监事行使本法规定的监事会的职权。

关于股份有限公司监事会的组成。设监事会的，监事会成员应为三人以上。监事会成员应当包括股东代表和适当比例的公司职工代表,其中职工监事的比例不得低于三分之一,这是强制性要求,具体比例由公司章程规定。监事会中的股东监事由股东会选举产生,监事会中的职工监事的产生,由公司职工通过职工代表大会、职工大会或者其他形式民主选举产生。相应地,职工监事的罢免,不由股东会罢免,由公司职工通过职工代表大会、职工大会或者其他形式民主罢免。

关于监事会主席的产生和监事会的召集和主持。监事会设主席一人,可以设副主席。监事会主席和副主席由全体监事过半数选举产生。监事会召集和主持人的顺位,首先,监事会主席召集和主持监事会会议。其次,监事会主席不能履行职务或者不履行职务的,由监事会副主席召集和主持监事会会议,不能履行是指客观原因无法履行,不履行是指主观原因故意不履行。最后,监事会副主席不能履行职务或者不履行职务的,由过半数的监事共同推举一名监事召集和主持监事会会议。

不同于经理,可以由董事会成员兼任,董事、高级管理人员不得兼任监事。监事的任期为三年,监事的解任不同于董事,在任期内不能被无因随意解任。

**【案例指引】**

**陆某某与浙江某科技股份有限公司请求变更公司登记纠纷案**[①]

　　**裁判要旨**:监事应当由股东代表或职工代表担任。原告已从被告处离职,已丧失了继续担任被告监事的主体资格。根据《中华人民共和国公司登记管理条例》[②]的规定,公司董事、监事、经理发生变动的,应当向原公司登记机关备案。

---

　　① (2021)浙0109民初17350号,载中国裁判文书网,https://wenshu.court.gov.cn/website/wenshu/181107ANFZ0BXSK4/index.html?docId=1ezqk3F+LTPnjmOktn4xiG7rTBN+1xwo32dqmGRC4815xyAoS/da3/UKq3u + IEo4Mt6uICaSQiv87qvdkroE6j4Q9JaHqVIa1N4XzuHLTuVOOcR7W+ZnoEXNo0w2y1CF,最后访问日期:2024年1月3日。

　　② 已失效。

**第一百三十一条　【监事会的职权与履职费用】**本法第七十八条至第八十条的规定,适用于股份有限公司监事会。

监事会行使职权所必需的费用,由公司承担。

**【理解与适用】**

本条是关于监事会的职权与履职费用保障的规定。

本条第一款是引用性条文,本法第七十八条有限责任公司监事会的法定职权适用于股份有限公司监事会,第七十九条监事对董事会的列席权、对董事会决议的质询权和建议权、对董事会调查权和实施调查聘请中介机构的费用由公司承担的规定适用于股份有限公司监事会,有限责任公司董事会和高管对监事会的义务适用于股份有限公司监事会。

监事会行使职权需要物质保障,监事会行使职权所必需的费用,由公司承担。

**第一百三十二条　【监事会议事规则】**监事会每六个月至少召开一次会议。监事可以提议召开临时监事会会议。

监事会的议事方式和表决程序,除本法有规定的外,由公司章程规定。

监事会决议应当经全体监事的过半数通过。

监事会决议的表决,应当一人一票。

监事会应当对所议事项的决定作成会议记录,出席会议的监事应当在会议记录上签名。

**【理解与适用】**

本条是关于股份有限公司监事会议事规则的规定。

股份有限公司监事会会议分为定期会议和临时会议,股份有限公司的监事会定期会议至少每六个月召开一次,这不同于有限责任公司监事会的定期会议，后者是一年至少召开一次。股份有限公司监事会的临时会议由监事提议召开。由监事会的召集人召集和主持。

监事会的议事方式和表决程序，除本法有规定的外，由公司章程规定。这一点股份有限公司监事会与有限责任公司监事会相同。

监事会决议应当经全体监事的过半数通过，而不是出席监事会会议的监事过半数，这里的过半数不包括本数——半数。这一点股份有限公司监事会也与有限责任公司监事会相同。

监事会决议的表决，应当一人一票。这一点股份有限公司监事会也与有限责任公司监事会相同。

监事会应当对所议事项的决定作成会议记录，出席会议的监事应当在会议记录上签名。这一点股份有限公司监事会也与有限公司监事会相同。

> **第一百三十三条　【不设监事会的股份有限公司】** 规模较小或者股东人数较少的股份有限公司，可以不设监事会，设一名监事，行使本法规定的监事会的职权。

**【理解与适用】**

本条是关于不设监事会的股份有限公司的规定。

原公司法规定所有股份有限公司必设监事会，监事会的成员不少于三人。修订后的公司法规定，规模较小的股份有限公司或者股东人数较少的股份有限公司，可以不设监事会，设一名监事，行使本法规定的监事会的职权。新法的规定，增强了股份有限公司治理的灵活性，降低了公司治理的成本，提高了公司的效率。

## 第五节　上市公司组织机构的特别规定

> **第一百三十四条　【上市公司的定义】**本法所称上市公司,是指其股票在证券交易所上市交易的股份有限公司。

**【理解与适用】**

本条是关于上市公司定义的规定。

本条是一个说明性条文,说明性条文分为描述性条文和补充性条文,其中描述性条文又分为概念描述性条文和类型描述性条文,本条是说明性法条中的概念描述性条文。

根据股份有限公司的股票是否在证券交易所交易,可以将股份有限公司区分为上市公司和非上市公司,上市公司是股份有限公司中的重要类型,在一国经济中的地位举足轻重。根据本条规定,上市公司是指其股票在证券交易所上市交易的股份有限公司。本条对上市公司的界定也确定了本节特别规则的适用范围,即上市的股份有限公司,非上市的股份有限公司不适用。需要注意的是,上市公司的形式只能是股份有限公司而不能是有限责任公司,另外,根据本条的定义,仅有债券在证券交易所上市而无股票在证券交易所上市的股份有限公司,不是本条所界定的上市公司。

证券交易所是为证券集中交易提供场所和设施,组织和监督证券交易,实行自律管理的法人。目前我国有上海证券交易所、深圳证券交易所、北京证券交易所。股份有限公司公开发行股票,应当先在证监会注册,在证券交易所申请上市,其应当符合法律规定和证券交易所要求的上市条件,并经过一系列程序。上市公司除了遵守本节的特别规则,也要遵守公司法关于股份有限公司的一般规定,还要遵守证监会的监管规则和证券交易所的规则。

> **第一百三十五条　【重大资产交易与重大担保的议事规则】** 上市公司在一年内购买、出售重大资产或者向他人提供担保的金额超过公司资产总额百分之三十的,应当由股东会作出决议,并经出席会议的股东所持表决权的三分之二以上通过。

## 【理解与适用】

本条是关于重大资产交易与重大担保的议事规则的规定。

上市公司进行的重大资产交易,可能导致一个上市公司发生重大变化,主营业务变更,甚至一个公司完全可能脱胎换骨变成了"另一个公司"。实践中,上市公司发生的资产重组行为大多以这种方式完成。完全的脱胎换骨往往被称为"买壳上市",在很多国家和地区被视为一次新的发行上市行为。[1] 上市公司的重大资产交易,相当于上市公司的根本性结构变更,应当像公司合并、分立、解散、清算、变更公司形式一样,由股东会特别决议。有鉴于此,本条规定,上市公司在一年内购买、出售重大资产的金额超过公司资产总额百分之三十的,应当由股东会作出决议,并经出席会议的股东所持表决权的三分之二以上通过。股东对决议存在关联关系,应当回避表决。上市公司的重大资产交易构成上市公司重大资产重组的,应当遵守证监会规章《上市公司重大资产重组管理办法》。该办法对上市公司重大资产重组的原则、认定标准和决议程序以及信息披露等进行了具体规定。

实践中,因为上市公司信誉较高,很多上市公司的控股股东利用上市公司为自己或者关联企业的银行贷款等融资提供担保,这给上市公司造成极大损失,损害了上市公司和中小股东的利益。因此,尽管公司法第十五条规定了公司对外担保的规则,这一规则是管理性、程序性要求,公司对外担保应当经董事会或股东会决议,为股东提供担保的必须经股东会决议,对外担保决议表决的法定数和对外担保的限额该条未规定,授权章程规定。鉴于上市公司对外担保对上市公司及其投资者影响

---

[1] 彭冰:《中国证券法学》(第二版),高等教育出版社2007年版,第323页。

重大，本条规定上市公司在一年内向他人提供担保的金额超过公司资产总额百分之三十的，应当由股东会作出决议而不能由董事会决议，该决议是股东会特别决议而非普通决议，应经出席会议的股东所持表决权的三分之二以上通过。关联股东不能参与股东会对外担保的表决。总的来说，上市公司对外担保行为应当加强和严格内部决议程序，并进行信息披露。

**【相关规范】**

● **部门规章及文件**

1. 《上市公司重大资产重组管理办法》（2023年2月17日）

第十二条 上市公司及其控股或者控制的公司购买、出售资产，达到下列标准之一的，构成重大资产重组：

（一）购买、出售的资产总额占上市公司最近一个会计年度经审计的合并财务会计报告期末资产总额的比例达到百分之五十以上；

（二）购买、出售的资产在最近一个会计年度所产生的营业收入占上市公司同期经审计的合并财务会计报告营业收入的比例达到百分之五十以上，且超过五千万元人民币；

（三）购买、出售的资产净额占上市公司最近一个会计年度经审计的合并财务会计报告期末净资产额的比例达到百分之五十以上，且超过五千万元人民币。

购买、出售资产未达到前款规定标准，但中国证监会发现涉嫌违反国家产业政策、违反法律和行政法规、违反中国证监会的规定、可能损害上市公司或者投资者合法权益等重大问题的，可以根据审慎监管原则，责令上市公司暂停交易、按照本办法的规定补充披露相关信息、聘请符合《证券法》规定的独立财务顾问或者其他证券服务机构补充核查并披露专业意见。

第二十一条 上市公司进行重大资产重组，应当由董事会依法作出决议，并提交股东大会批准。

上市公司董事会应当就重大资产重组是否构成关联交易作出明确判断，并作为董事会决议事项予以披露。

上市公司独立董事应当在充分了解相关信息的基础上，就重大资产重组发表独立意见。重大资产重组构成关联交易的，独立董事可以另行聘请独立财务顾问就本次交易对上市公司非关联股东的影响发表意见。上市公司应当积极配合独立董事调阅相关材料,并通过安排实地调查、组织证券服务机构汇报等方式,为独立董事履行职责提供必要的支持和便利。

**第二十二条** 上市公司应当在董事会作出重大资产重组决议后的次一工作日至少披露下列文件:

(一)董事会决议及独立董事的意见;

(二)上市公司重大资产重组预案。

本次重组的重大资产重组报告书、独立财务顾问报告、法律意见书以及重组涉及的审计报告、资产评估报告或者估值报告至迟应当与召开股东大会的通知同时公告。上市公司自愿披露盈利预测报告的,该报告应当经符合《证券法》规定的会计师事务所审核,与重大资产重组报告书同时公告。

第一款第(二)项及第二款规定的信息披露文件的内容与格式另行规定。

上市公司应当在证券交易所的网站和一家符合中国证监会规定条件的媒体公告董事会决议、独立董事的意见、重大资产重组报告书及其摘要、相关证券服务机构的报告或者意见等信息披露文件。

**第二十三条** 上市公司股东大会就重大资产重组作出的决议,至少应当包括下列事项:

(一)本次重大资产重组的方式、交易标的和交易对方;

(二)交易价格或者价格区间;

(三)定价方式或者定价依据;

(四)相关资产自定价基准日至交割日期间损益的归属;

(五)相关资产办理权属转移的合同义务和违约责任;

(六)决议的有效期;

(七)对董事会办理本次重大资产重组事宜的具体授权;

(八)其他需要明确的事项。

**第二十四条** 上市公司股东大会就重大资产重组事项作出决议,必须经出席会议的股东所持表决权的三分之二以上通过。

上市公司重大资产重组事宜与本公司股东或者其关联人存在关联关系的,股东大会就重大资产重组事项进行表决时,关联股东应当回避表决。

交易对方已经与上市公司控股股东就受让上市公司股权或者向上市公司推荐董事达成协议或者合意,可能导致上市公司的实际控制权发生变化的，上市公司控股股东及其关联人应当回避表决。

上市公司就重大资产重组事宜召开股东大会，应当以现场会议形式召开，并应当提供网络投票和其他合法方式为股东参加股东大会提供便利。除上市公司的董事、监事、高级管理人员、单独或者合计持有上市公司百分之五以上股份的股东以外，其他股东的投票情况应当单独统计并予以披露。

**2. 《上市公司章程指引》（2023 年 12 月 15 日）**

第四十二条　公司下列对外担保行为，须经股东大会审议通过。

（一）本公司及本公司控股子公司的对外担保总额，超过最近一期经审计净资产的百分之五十以后提供的任何担保；

（二）公司的对外担保总额，超过最近一期经审计总资产的百分之三十以后提供的任何担保；

（三）公司在一年内担保金额超过公司最近一期经审计总资产百分之三十的担保；

（四）为资产负债率超过百分之七十的担保对象提供的担保；

（五）单笔担保额超过最近一期经审计净资产百分之十的担保；

（六）对股东、实际控制人及其关联方提供的担保。

公司应当在章程中规定股东大会、董事会审批对外担保的权限和违反审批权限、审议程序的责任追究制度。

---

第一百三十六条　【独立董事及上市公司章程应载明的事项】上市公司设独立董事，具体管理办法由国务院证券监督管理机构规定。

上市公司的公司章程除载明本法第九十五条规定的事项外，还应当依照法律、行政法规的规定载明董事会专门委员会的组成、职权以及董事、监事、高级管理人员薪酬考核机制等事项。

---

【理解与适用】

本条是关于独立董事及上市公司章程应载明的事项的规定。

上市公司必须在董事会中设独立董事，这是强制性要求。独立董事是指在那些不在上市公司担任董事之外的其他职务，并与公司、内部人及大股东不存在可能妨碍其作出客观判断的利害关系的董事。[①]我国公司法在上市公司中设独立董事的目的是监督董事会和经理层，保护股东利益，尤其是保护中小股东的利益。

我国证监会制定的独立董事的管理办法有《上市公司独立董事管理办法》。主要内容如下：

1. 总则。一是明确独立董事定义。独立董事是指不在上市公司担任除董事外的其他职务，并与其所受聘的上市公司及其主要股东、实际控制人不存在直接或者间接利害关系，或者其他可能影响其进行独立客观判断关系的董事。二是明确独立董事职责定位。独立董事应当在董事会中发挥参与决策、监督制衡、专业咨询作用。三是要求上市公司建立独立董事制度。独立董事占董事会成员的比例不得低于三分之一；上市公司应当在董事会中设置审计委员会，其中独立董事应当过半数；上市公司设置提名、薪酬与考核委员会的，独立董事也应当过半数。

2. 关于任职资格与任免。一是明确独立董事的独立性要求。从任职、持股、重大业务往来等方面细化独立性的判断标准，例如，在上市公司或者其附属企业任职的人员及其配偶、父母、子女、主要社会关系等不得担任该上市公司的独立董事。二是明确独立董事任职资格。在独立性要求之外，明确独立董事应当符合一般董事的任职条件，并具备上市公司运作的专业知识，五年以上履行独立董事职责所必需的法律、会计、经济等工作经验，良好的个人品德等。三是改善独立董事选任制度。上市公司董事会、监事会、单独或者合计持股百分之一以上的股东可以提出独立董事候选人，但不得提名与其存在利害关系等情形的人员；上市公司设置提名委员会的，应当对被提名人是否符合任职资格进行审查，形成审查意见；股东大会选举独立董事应当实行累积投票制。四是建立独立董事资格认定制度。股东大会选举前证券交易所应对独立董事候选人进行审查，审慎判断其是否符合任职资格并有权提出异议。证券交易所提出异议的，上市公司不得提交股东大会选举。五是明确独

---

① 刘俊海：《股份有限公司股东权的保护》（修订本），法律出版社2004年版，第489页。

立董事解聘要求。对不符合一般董事的任职条件或者独立性要求的独立董事，应当立即停止履职并辞去职务；未主动辞职的，上市公司应当按规定解聘。因其他原因主动辞职的，如其辞职将导致董事会或者其专门委员会中独立董事占比不符合规定，或者独立董事中欠缺会计专业人士的，拟辞职的独立董事应当继续履行职责直至新任独立董事产生之日。六是明确独立董事兼职要求。独立董事原则上最多在三家境内上市公司担任独立董事。

3. 关于职责与履职方式。一是明确独立董事履职重点。独立董事应重点关注上市公司与其控股股东、实际控制人、董事、高级管理人员之间的潜在重大利益冲突事项。二是明确独立董事特别职权。独立董事可以独立聘请中介机构、向董事会提议召开临时股东大会、提议召开董事会会议、征集股东权利、发表独立意见等。三是明确独立董事参与董事会会议的具体要求。会前，独立董事可以与董事会秘书就拟审议事项进行沟通；会中，独立董事原则上应当亲自出席会议；会后，独立董事应当持续关注与潜在重大利益冲突事项相关的董事会会议执行情况等。四是明确独立董事履职平台。披露关联交易、变更或者豁免承诺、作出反收购措施三类事项在提交董事会审议前应当由独立董事专门会议事前认可；披露财务报告及内部控制评价报告、聘用或者解聘会计师事务所、任免财务负责人、会计政策、会计估计变更或者重大会计差错更正四类事项在提交董事会审议前应当由审计委员会事前认可；董事及高级管理人员的任免、薪酬等事项应当由提名委员会、薪酬与考核委员会向董事会提出建议。五是明确独立董事日常履职要求。独立董事每年在上市公司的现场工作时间应当不少于十五日。独立董事应当制作工作记录，详细记录履行职责的情况，并应当向上市公司股东大会提交年度述职报告。

4. 关于履职保障。一是健全独立董事履职保障机制。上市公司应当为独立董事履行职责提供必要的工作条件和人员支持。应当向独立董事定期通报公司运营情况，提供资料，组织或者配合独立董事开展实地考察等工作。二是健全独立董事履职受限救济机制。独立董事履职遭遇阻碍的，可以向董事会说明情况，要求董事、高级管理人员等予以配合，并将相关情况记入工作记录；仍不能消除阻碍的，可以向中国证监会和证券交易所报告。

5. 关于监督管理与法律责任。一是明确处理处罚措施。上市公司、独立董事及相关主体违反《上市公司独立董事管理办法》规定的，中国证监会可以依法采取监管措施或者给予行政处罚。二是明确独立董事责任认定标准。对独立董事的行政责任，可以结合其履职与相关违法违规行为之间的关联程度，兼顾其董事地位和外部身份特点，综合独立董事在信息形成和相关决策过程中所起的作用、知情程度及知情后的态度等因素认定。三是明确独立董事行政处罚的免责事由。独立董事能够证明其已履行基本职责，且存在审议或者签署文件前借助专门职业帮助仍不能发现问题，上市公司等刻意隐瞒且独立董事无法发现违法违规线索等情形之一的，可以依法不予处罚。

上市公司的公司章程除载明本法第九十五条规定的股份有限公司章程必要记载事项外，还应当依照法律、行政法规的规定载明董事会专门委员会的组成、职权以及董事、监事、高级管理人员薪酬考核机制等事项。董事会专门委员会，是指由董事会设立的，由公司董事组成的行使董事会部分权力或者为董事会行使权力提供帮助的董事会内部常设机构。董事会专门委员会是为董事会服务的，直接向董事会负责。从其职权来看，是为了弥补董事会在决策时的专业不足，协助董事会做好专业决策，确保董事会决策的正确性。专门委员会的人员通常由董事会成员即董事所组成。我国上市公司实践中，为了保证决策和管理的科学性，也为了满足监管要求，许多大型上市公司董事会中设立若干专门委员会，作为董事会决策管理的参谋、咨询机构，同时也是非执行董事行使职权的主要组织形式。[①] 上市公司董事会应当设立审计委员会，并可以根据需要设立战略、提名、薪酬与考核等相关专门委员会。专门委员会对董事会负责，依照公司章程和董事会授权履行职责，专门委员会的提案应当提交董事会审议决定。专门委员会成员全部由董事组成，其中审计委员会、提名委员会、薪酬与考核委员会中独立董事应当占多数并担任召集人，审计委员会的召集人应当为会计专业人士。公司法只是规定了股份有限公司可以设审计委员会来代替成立监事会，并未规定其他董事会下的专门委员会。董事会专门委员会的组成、职权以及董事、监事、高级管理人员薪酬考核机制等事项，具体内容见《上市公司治理准则》。

---

① 李建伟：《公司法学》（第五版），中国人民大学出版社2022年版，第313页。

## 【相关规范】

### ● 行政法规及文件

**1.《国务院办公厅关于上市公司独立董事制度改革的意见》（2023年4月7日）**

各省、自治区、直辖市人民政府，国务院各部委、各直属机构：

上市公司独立董事制度是中国特色现代企业制度的重要组成部分，是资本市场基础制度的重要内容。独立董事制度作为上市公司治理结构的重要一环，在促进公司规范运作、保护中小投资者合法权益、推动资本市场健康稳定发展等方面发挥了积极作用。但随着全面深化资本市场改革向纵深推进，独立董事定位不清晰、责权利不对等、监督手段不够、履职保障不足等制度性问题亟待解决，已不能满足资本市场高质量发展的内在要求。为进一步优化上市公司独立董事制度，提升独立董事履职能力，充分发挥独立董事作用，经党中央、国务院同意，现提出以下意见。

**一、总体要求**

（一）指导思想。坚持以习近平新时代中国特色社会主义思想为指导，深入贯彻党的二十大精神，坚持以人民为中心的发展思想，完整、准确、全面贯彻新发展理念，加强资本市场基础制度建设，系统完善符合中国特色现代企业制度要求的上市公司独立董事制度，大力提高上市公司质量，为加快建设规范、透明、开放、有活力、有韧性的资本市场提供有力支撑。

（二）基本原则。坚持基本定位，将独立董事制度作为上市公司治理重要制度安排，更加有效发挥独立董事的决策、监督、咨询作用。坚持立足国情，体现中国特色和资本市场发展阶段特征，构建符合我国国情的上市公司独立董事制度体系。坚持系统观念，平衡好企业各治理主体的关系，把握好制度供给和市场培育的协同，做好立法、执法、司法各环节衔接，增强改革的系统性、整体性、协同性。坚持问题导向，着力补短板强弱项，从独立董事的地位、作用、选择、管理、监督等方面作出制度性规范，切实解决制约独立董事发挥作用的突出问题，强化独立董事监督效能，确保独立董事发挥应有作用。

（三）主要目标。通过改革，加快形成更加科学的上市公司独立董事制度体系，推动独立董事权责更加匹配、职能更加优化、监督更加有力、选任管理更加科学，更好发挥上市公司独立董事制度在完善中国特色现代企业制度、健全企业监督体系、推动资本市场健康稳定发展方面的重要作用。

## 二、主要任务

（一）明确独立董事职责定位。完善制度供给，明确独立董事在上市公司治理中的法定地位和职责界限。独立董事作为上市公司董事会成员，对上市公司及全体股东负有忠实义务、勤勉义务，在董事会中发挥参与决策、监督制衡、专业咨询作用，推动更好实现董事会定战略、作决策、防风险的功能。更加充分发挥独立董事的监督作用，根据独立董事独立性、专业性特点，明确独立董事应当特别关注公司与其控股股东、实际控制人、董事、高级管理人员之间的潜在重大利益冲突事项，重点对关联交易、财务会计报告、董事及高级管理人员任免、薪酬等关键领域进行监督，促使董事会决策符合公司整体利益，尤其是保护中小股东合法权益。压实独立董事监督职责，对独立董事审议潜在重大利益冲突事项设置严格的履职要求。推动修改公司法，完善独立董事相关规定。

（二）优化独立董事履职方式。鼓励上市公司优化董事会组成结构，上市公司董事会中独立董事应当占三分之一以上，国有控股上市公司董事会中外部董事（含独立董事）应当占多数。加大监督力度，搭建独立董事有效履职平台，前移监督关口。上市公司董事会应当设立审计委员会，成员全部由非执行董事组成，其中独立董事占多数。审计委员会承担审核公司财务信息及其披露、监督及评估内外部审计工作和公司内部控制等职责。财务会计报告及其披露等重大事项应当由审计委员会事前认可后，再提交董事会审议。在上市公司董事会中逐步推行建立独立董事占多数的提名委员会、薪酬与考核委员会，负责审核董事及高级管理人员的任免、薪酬等事项并向董事会提出建议。建立全部由独立董事参加的专门会议机制，关联交易等潜在重大利益冲突事项在提交董事会审议前，应当由独立董事专门会议进行事前认可。完善独立董事参与董事会专门委员会和专门会议的信息披露要求，提升独立董事履职的透明度。完善独立董事特别职权，推动独立董事合理行使独立聘请中介机构、征集股东权利等职权，更好履行监督职责。健全独立董事与中小投资者之间的沟通交流机制。

（三）强化独立董事任职管理。独立董事应当具备履行职责所必需的专业知识、工作经验和良好的个人品德，符合独立性要求，与上市公司及其主要股东、实际控制人存在亲属、持股、任职、重大业务往来等利害关系（以下简称利害关系）的人员不得担任独立董事。建立独立董事资格认定制度，明确独立董事资格的申请、审查、公开等要求，审慎判断上市公司拟聘任的独立董事是否符合要求，证券监督管理机构要加强对资格认定工作的组织和监督。国有资产监督管理机构要加强对国有控股上市公司独立董事选聘管理的监督。拓展优秀独立董事来源，适应市场化发展需要，探索建立独立董事信息库，鼓励具有丰富的行业经验、企业经营管理经验和财务会计、金融、法律等业务专长，在所从事的领域内有较高声誉的人士担任独立董事。制定独立董事职业道德规范，倡导独立董事塑造正直诚信、公正独立、积极履职的良好职业形象。提升独立董事培训针对性，明确最低时间要求，增强独立董事合规意识。

（四）改善独立董事选任制度。优化提名机制，支持上市公司董事会、监事会、符合条件的股东提名独立董事，鼓励投资者保护机构等主体依法通过公开征集股东权利的方式提名独立董事。建立提名回避机制，上市公司提名人不得提名与其存在利害关系的人员或者有其他可能影响独立履职情形的关系密切人员作为独立董事候选人。董事会提名委员会应当对候选人的任职资格进行审查，上市公司在股东大会选举前应当公开提名人、被提名人和候选人资格审查情况。上市公司股东大会选举独立董事推行累积投票制，鼓励通过差额选举方式实施累积投票制，推动中小投资者积极行使股东权利。建立独立董事独立性定期测试机制，通过独立董事自查、上市公司评估、信息公开披露等方式，确保独立董事持续独立履职，不受上市公司及其主要股东、实际控制人影响。对不符合独立性要求的独立董事，上市公司应当立即停止其履行职责，按照法定程序解聘。

（五）加强独立董事履职保障。健全上市公司独立董事履职保障机制，上市公司应当从组织、人员、资源、信息、经费等方面为独立董事履职提供必要条件，确保独立董事依法充分履职。鼓励上市公司推动独立董事提前参与重大复杂项目研究论证等环节，推动独立董事履职与公司内部决策流程有效融合。落实上市公司及相关主体的独立董事履职保障责任，丰富证券监督管理机构监管手段，强化对上市公司及相关主体不配合、阻挠独立董事履职的监督管理。畅通独立董事与证券监督管理机构、证券交易所的沟通渠道，健全独立董事履职受限救济机制。鼓励上市公司为独立董事投保董事责任保险，支持保险公司开展符合上市公司需求的相关责任保险业务，降低独立董事正常履职的风险。

（六）严格独立董事履职情况监督管理。压紧压实独立董事履职责任，进一步规范独立董事日常履职行为，明确最低工作时间，提出制作工作记录、定期述职等要求，确定独立董事合理兼职的上市公司家数，强化独立董事履职投入。证券监督管理机构、证券交易所通过现场检查、非现场监管、自律管理等方式,加大对独立董事履职的监管力度,督促独立董事勤勉尽责。发挥自律组织作用,持续优化自我管理和服务,加强独立董事职业规范和履职支撑。完善独立董事履职评价制度,研究建立覆盖科学决策、监督问效、建言献策等方面的评价标准,国有资产监督管理机构加强对国有控股上市公司独立董事履职情况的跟踪指导。建立独立董事声誉激励约束机制,将履职情况纳入资本市场诚信档案,推动实现正向激励与反面警示并重,增强独立董事职业认同感和荣誉感。

(七)健全独立董事责任约束机制。坚持"零容忍"打击证券违法违规行为,加大对独立董事不履职不尽责的责任追究力度,独立董事不勤勉履行法定职责、损害公司或者股东合法权益的,依法严肃追责。按照责权利匹配的原则,兼顾独立董事的董事地位和外部身份特点,明确独立董事与非独立董事承担共同而有区别的法律责任,在董事对公司董事会决议、信息披露负有法定责任的基础上,推动针对性设置独立董事的行政责任、民事责任认定标准,体现过罚相当、精准追责。结合独立董事的主观过错、在决策过程中所起的作用、了解信息的途径、为核验信息采取的措施等情况综合判断,合理认定独立董事承担民事赔偿责任的形式、比例和金额,实现法律效果和社会效果的有机统一。推动修改相关法律法规,构建完善的独立董事责任体系。

(八)完善协同高效的内外部监督体系。建立健全与独立董事监督相协调的内部监督体系,形成各类监督全面覆盖、各有侧重、有机互动的上市公司内部监督机制,全面提升公司治理水平。推动加快建立健全依法从严打击证券违法犯罪活动的执法司法体制机制,有效发挥证券服务机构、社会舆论等监督作用,形成对上市公司及其控股股东、实际控制人等主体的强大监督合力。健全具有中国特色的国有企业监督机制,推动加强纪检监察监督、巡视监督、国有资产监管、审计监督、财会监督、社会监督等统筹衔接,进一步提高国有控股上市公司监督整体效能。

### 三、组织实施

(一)加强党的领导。坚持党对上市公司独立董事制度改革工作的全面领导,确保正确政治方向。各相关地区、部门和单位要切实把思想和行动统一到党中央、国务院决策部署上来,高度重视和支持上市公司独立董事制度改革工作,明确职责分工和落实措施,确保各项任务落到实处。各相关地区、部门和单位要加强统筹协调衔接,形成工作合力,提升改革整体效果。国有控股上市公司要落实"两个一以贯之"要求,充分发挥党委(党组)把方向、管大局、保落实的领导作用,支持董事会和独立董事依法行使职权。

(二)完善制度供给。各相关地区、部门和单位要根据自身职责,完善上市公司独立董事制度体系,推动修改公司法等法律,明确独立董事的设置、责任等基础性法律规定。制定上市公司监督管理条例,落实独立董事的职责定位、选任管理、履职方式、履职保障、行政监管等制度措施。完善证券监督管理机构、证券交易所等配套规则,细化上市公司独立董事制度各环节具体要求,构建科学合理、互相衔接的规则体系,充分发挥法治的引领、规范、保障作用。国有资产监督管理机构加强对国有控股上市公司的监督管理,指导国有控股股东依法履行好职责,推动上市公司独立董事更好发挥作用。财政部门和金融监督管理部门统筹完善金融机构独立董事相关规则。国有文化企业国资监管部门统筹落实坚持正确导向相关要求,推动国有文化企业坚持把社会效益放在首位、实现社会效益和经济效益相统一,加强对国有文化上市公司独立董事的履职管理。各相关地区、部门和单位要加强协作,做好上市公司独立董事制度与国有控股上市公司、金融类上市公司等主体公司治理相关规定的衔接。

(三)加大宣传力度。各相关地区、部门和单位要做好宣传工作,多渠道、多平台加强对上市公司独立董事制度改革重要意义的宣传,增进认知认同、凝聚各方共识,营造良好的改革环境和崇法守信的市场环境。

● *部门规章及文件*

## 2.《上市公司独立董事管理办法》(2023 年 8 月 1 日)

### 第一章 总 则

**第一条** 为规范独立董事行为,充分发挥独立董事在上市公司治理中的作用,促进提高上市公司质量,依据《中华人民共和国公司法》、《中华人民共和国证券法》、《国务院办公厅关于上市公司独立董事制度改革的意见》等规定,制定本办法。

**第二条** 独立董事是指不在上市公司担任除董事外的其他职务,并与其所受聘的上市公司及其主要股东、实际控制人不存在直接或者间接利害关系,或者其他可能影响其进行独立客观判断关系的董事。

独立董事应当独立履行职责,不受上市公司及其主要股东、实际控制人等单位或者个人的影响。

**第三条** 独立董事对上市公司及全体股东负有忠实与勤勉义务,应当按照法律、行政法规、中国证券监督管理委员会(以下简称中国证监会)规定、证券交易所业务规则和公司章程的规定,认真履行职责,在董事会中发挥参与决策、监督制衡、专业咨询作用,维护上市公司整体利益,保护中小股东合法权益。

**第四条** 上市公司应当建立独立董事制度。独立董事制度应当符合法律、行政法规、中国证监会规定和证券交易所业务规则的规定,有利于上市公司的持续规范发展,不得损害上市公司利益。上市公司应当为独立董事依法履职提供必要保障。

**第五条** 上市公司独立董事占董事会成员的比例不得低于三分之一,且至少包括一名会计专业人士。

上市公司应当在董事会中设置审计委员会。审计委员会成员应当为不在上市公司担任高级管理人员的董事,其中独立董事应当过半数,并由独立董事中会计专业人士担任召集人。

上市公司可以根据需要在董事会中设置提名、薪酬与考核、战略等专门委员会。提名委员会、薪酬与考核委员会中独立董事应当过半数并担任召集人。

## 第二章 任职资格与任免

**第六条** 独立董事必须保持独立性。下列人员不得担任独立董事:

(一)在上市公司或者其附属企业任职的人员及其配偶、父母、子女、主要社会关系;

(二)直接或者间接持有上市公司已发行股份百分之一以上或者是上市公司前十名股东中的自然人股东及其配偶、父母、子女;

(三)在直接或者间接持有上市公司已发行股份百分之五以上的股东或者在上市公司前五名股东任职的人员及其配偶、父母、子女;

(四)在上市公司控股股东、实际控制人的附属企业任职的人员及其配偶、父母、子女;

(五)与上市公司及其控股股东、实际控制人或者其各自的附属企业有重大业务往来的人员,或者在有重大业务往来的单位及其控股股东、实际控制人任职的人员;

(六)为上市公司及其控股股东、实际控制人或者其各自附属企业提供财务、法律、咨询、保荐等服务的人员,包括但不限于提供服务的中介机构的项目组全体人员、各级复核人员、在报告上签字的人员、合伙人、董事、高级管理人员及主要负责人；

（七）最近十二个月内曾经具有第一项至第六项所列举情形的人员；

（八）法律、行政法规、中国证监会规定、证券交易所业务规则和公司章程规定的不具备独立性的其他人员。

前款第四项至第六项中的上市公司控股股东、实际控制人的附属企业，不包括与上市公司受同一国有资产管理机构控制且按照相关规定未与上市公司构成关联关系的企业。

独立董事应当每年对独立性情况进行自查，并将自查情况提交董事会。董事会应当每年对在任独立董事独立性情况进行评估并出具专项意见，与年度报告同时披露。

**第七条** 担任独立董事应当符合下列条件：

（一）根据法律、行政法规和其他有关规定，具备担任上市公司董事的资格；

（二）符合本办法第六条规定的独立性要求；

（三）具备上市公司运作的基本知识，熟悉相关法律法规和规则；

（四）具有五年以上履行独立董事职责所必需的法律、会计或者经济等工作经验；

（五）具有良好的个人品德，不存在重大失信等不良记录；

（六）法律、行政法规、中国证监会规定、证券交易所业务规则和公司章程规定的其他条件。

**第八条** 独立董事原则上最多在三家境内上市公司担任独立董事，并应当确保有足够的时间和精力有效地履行独立董事的职责。

**第九条** 上市公司董事会、监事会、单独或者合计持有上市公司已发行股份百分之一以上的股东可以提出独立董事候选人，并经股东大会选举决定。

依法设立的投资者保护机构可以公开请求股东委托其代为行使提名独立董事的权利。

第一款规定的提名人不得提名与其存在利害关系的人员或者有其他可能影响独立履职情形的关系密切人员作为独立董事候选人。

**第十条** 独立董事的提名人在提名前应当征得被提名人的同意。提名人应当充分了解被提名人职业、学历、职称、详细的工作经历、全部兼职、有无重大失信不良记录等情况，并对其符合独立性和担任独立董事的其他条件发表意见。被提名人应当就其符合独立性和担任独立董事的其他条件作出公开声明。

**第十一条** 上市公司在董事会中设置提名委员会的，提名委员会应当对被提名人任职资格进行审查，并形成明确的审查意见。

上市公司应当在选举独立董事的股东大会召开前，按照本办法第十条以及前款的规定披露相关内容，并将所有独立董事候选人的有关材料报送证券交易所，相关报送材料应当真实、准确、完整。

证券交易所依照规定对独立董事候选人的有关材料进行审查，审慎判断独立董事候选人是否符合任职资格并有权提出异议。证券交易所提出异议的，上市公司不得提交股东大会选举。

**第十二条** 上市公司股东大会选举两名以上独立董事的，应当实行累积投票制。鼓励上市公司实行差额选举，具体实施细则由公司章程规定。

中小股东表决情况应当单独计票并披露。

**第十三条** 独立董事每届任期与上市公司其他董事任期相同，任期届满，可以连选连任，但是连续任职不得超过六年。

**第十四条** 独立董事任期届满前，上市公司可以依照法定程序解除其职务。提前解除独立董事职务的，上市公司应当及时披露具体理由和依据。独立董事有异议的，上市公司应当及时予以披露。

独立董事不符合本办法第七条第一项或者第二项规定的，应当立即停止履职并辞去职务。未提出辞职的，董事会知悉或者应当知悉该事实发生后应当立即按规定解除其职务。

独立董事因触及前款规定情形提出辞职或者被解除职务导致董事会或者其专门委员会中独立董事所占的比例不符合本办法或者公司章程的规定，或者独立董事中欠缺会计专业人士的，上市公司应当自前述事实发生之日起六十日内完成补选。

**第十五条** 独立董事在任期届满前可以提出辞职。独立董事辞职应当向董事会提交书面辞职报告，对任何与其辞职有关或者其认为有必要引起上市公司股东和债权人注意的情况进行说明。上市公司应当对独立董事辞职的原因及关注事项予以披露。

独立董事辞职将导致董事会或者其专门委员会中独立董事所占的比例不符合本办法或者公司章程的规定，或者独立董事中欠缺会计专业人士的，拟辞职的独立董事应当继续履行职责至新任独立董事产生之日。上市公司应当自独立董事提出辞职之日起六十日内完成补选。

**第十六条** 中国上市公司协会负责上市公司独立董事信息库建设和管

理工作。上市公司可以从独立董事信息库选聘独立董事。

## 第三章　职责与履职方式

**第十七条**　独立董事履行下列职责：

（一）参与董事会决策并对所议事项发表明确意见；

（二）对本办法第二十三条、第二十六条、第二十七条和第二十八条所列上市公司与其控股股东、实际控制人、董事、高级管理人员之间的潜在重大利益冲突事项进行监督，促使董事会决策符合上市公司整体利益，保护中小股东合法权益；

（三）对上市公司经营发展提供专业、客观的建议，促进提升董事会决策水平；

（四）法律、行政法规、中国证监会规定和公司章程规定的其他职责。

**第十八条**　独立董事行使下列特别职权：

（一）独立聘请中介机构，对上市公司具体事项进行审计、咨询或者核查；

（二）向董事会提议召开临时股东大会；

（三）提议召开董事会会议；

（四）依法公开向股东征集股东权利；

（五）对可能损害上市公司或者中小股东权益的事项发表独立意见；

（六）法律、行政法规、中国证监会规定和公司章程规定的其他职权。

独立董事行使前款第一项至第三项所列职权的，应当经全体独立董事过半数同意。

独立董事行使第一款所列职权的，上市公司应当及时披露。上述职权不能正常行使的，上市公司应当披露具体情况和理由。

**第十九条**　董事会会议召开前，独立董事可以与董事会秘书进行沟通，就拟审议事项进行询问、要求补充材料、提出意见建议等。董事会及相关人员应当对独立董事提出的问题、要求和意见认真研究，及时向独立董事反馈议案修改等落实情况。

**第二十条**　独立董事应当亲自出席董事会会议。因故不能亲自出席会议的，独立董事应当事先审阅会议材料，形成明确的意见，并书面委托其他独立董事代为出席。

独立董事连续两次未能亲自出席董事会会议，也不委托其他独立董事代为出席的，董事会应当在该事实发生之日起三十日内提议召开股东大会解除该独立董事职务。

**第二十一条** 独立董事对董事会议案投反对票或者弃权票的,应当说明具体理由及依据、议案所涉事项的合法合规性、可能存在的风险以及对上市公司和中小股东权益的影响等。上市公司在披露董事会决议时,应当同时披露独立董事的异议意见,并在董事会决议和会议记录中载明。

**第二十二条** 独立董事应当持续关注本办法第二十三条、第二十六条、第二十七条和第二十八条所列事项相关的董事会决议执行情况,发现存在违反法律、行政法规、中国证监会规定、证券交易所业务规则和公司章程规定,或者违反股东大会和董事会决议等情形的,应当及时向董事会报告,并可以要求上市公司作出书面说明。涉及披露事项的,上市公司应当及时披露。

上市公司未按前款规定作出说明或者及时披露的,独立董事可以向中国证监会和证券交易所报告。

**第二十三条** 下列事项应当经上市公司全体独立董事过半数同意后,提交董事会审议:

(一) 应当披露的关联交易;

(二) 上市公司及相关方变更或者豁免承诺的方案;

(三) 被收购上市公司董事会针对收购所作出的决策及采取的措施;

(四) 法律、行政法规、中国证监会规定和公司章程规定的其他事项。

**第二十四条** 上市公司应当定期或者不定期召开全部由独立董事参加的会议(以下简称独立董事专门会议)。本办法第十八条第一款第一项至第三项、第二十三条所列事项,应当经独立董事专门会议审议。

独立董事专门会议可以根据需要研究讨论上市公司其他事项。

独立董事专门会议应当由过半数独立董事共同推举一名独立董事召集和主持;召集人不履职或者不能履职时,两名及以上独立董事可以自行召集并推举一名代表主持。

上市公司应当为独立董事专门会议的召开提供便利和支持。

**第二十五条** 独立董事在上市公司董事会专门委员会中应当依照法律、行政法规、中国证监会规定、证券交易所业务规则和公司章程履行职责。独立董事应当亲自出席专门委员会会议,因故不能亲自出席会议的,应当事先审阅会议材料,形成明确的意见,并书面委托其他独立董事代为出席。独立董事履职中关注到专门委员会职责范围内的上市公司重大事项,可以依照程序及时提请专门委员会进行讨论和审议。

上市公司应当按照本办法规定在公司章程中对专门委员会的组成、职责等作出规定，并制定专门委员会工作规程，明确专门委员会的人员构成、任期、职责范围、议事规则、档案保存等相关事项。国务院有关主管部门对专门委员会的召集人另有规定的，从其规定。

**第二十六条** 上市公司董事会审计委员会负责审核公司财务信息及其披露、监督及评估内外部审计工作和内部控制，下列事项应当经审计委员会全体成员过半数同意后，提交董事会审议：

（一）披露财务会计报告及定期报告中的财务信息、内部控制评价报告；

（二）聘用或者解聘承办上市公司审计业务的会计师事务所；

（三）聘任或者解聘上市公司财务负责人；

（四）因会计准则变更以外的原因作出会计政策、会计估计变更或者重大会计差错更正；

（五）法律、行政法规、中国证监会规定和公司章程规定的其他事项。

审计委员会每季度至少召开一次会议，两名及以上成员提议，或者召集人认为有必要时，可以召开临时会议。审计委员会会议须有三分之二以上成员出席方可举行。

**第二十七条** 上市公司董事会提名委员会负责拟定董事、高级管理人员的选择标准和程序，对董事、高级管理人员人选及其任职资格进行遴选、审核，并就下列事项向董事会提出建议：

（一）提名或者任免董事；

（二）聘任或者解聘高级管理人员；

（三）法律、行政法规、中国证监会规定和公司章程规定的其他事项。

董事会对提名委员会的建议未采纳或者未完全采纳的，应当在董事会决议中记载提名委员会的意见及未采纳的具体理由，并进行披露。

**第二十八条** 上市公司董事会薪酬与考核委员会负责制定董事、高级管理人员的考核标准并进行考核，制定、审查董事、高级管理人员的薪酬政策与方案，并就下列事项向董事会提出建议：

（一）董事、高级管理人员的薪酬；

（二）制定或者变更股权激励计划、员工持股计划，激励对象获授权益、行使权益条件成就；

（三）董事、高级管理人员在拟分拆所属子公司安排持股计划；

（四）法律、行政法规、中国证监会规定和公司章程规定的其他事项。

董事会对薪酬与考核委员会的建议未采纳或者未完全采纳的，应当在董事会决议中记载薪酬与考核委员会的意见及未采纳的具体理由,并进行披露。

**第二十九条** 上市公司未在董事会中设置提名委员会、薪酬与考核委员会的,由独立董事专门会议按照本办法第十一条对被提名人任职资格进行审查,就本办法第二十七条第一款、第二十八条第一款所列事项向董事会提出建议。

**第三十条** 独立董事每年在上市公司的现场工作时间应当不少于十五日。

除按规定出席股东大会、董事会及其专门委员会、独立董事专门会议外,独立董事可以通过定期获取上市公司运营情况等资料、听取管理层汇报、与内部审计机构负责人和承办上市公司审计业务的会计师事务所等中介机构沟通、实地考察、与中小股东沟通等多种方式履行职责。

**第三十一条** 上市公司董事会及其专门委员会、独立董事专门会议应当按规定制作会议记录,独立董事的意见应当在会议记录中载明。独立董事应当对会议记录签字确认。

独立董事应当制作工作记录,详细记录履行职责的情况。独立董事履行职责过程中获取的资料、相关会议记录、与上市公司及中介机构工作人员的通讯记录等,构成工作记录的组成部分。对于工作记录中的重要内容,独立董事可以要求董事会秘书等相关人员签字确认,上市公司及相关人员应当予以配合。

独立董事工作记录及上市公司向独立董事提供的资料,应当至少保存十年。

**第三十二条** 上市公司应当健全独立董事与中小股东的沟通机制,独立董事可以就投资者提出的问题及时向上市公司核实。

**第三十三条** 独立董事应当向上市公司年度股东大会提交年度述职报告,对其履行职责的情况进行说明。年度述职报告应当包括下列内容:

(一) 出席董事会次数、方式及投票情况,出席股东大会次数;

(二) 参与董事会专门委员会、独立董事专门会议工作情况;

(三) 对本办法第二十三条、第二十六条、第二十七条、第二十八条所列事项进行审议和行使本办法第十八条第一款所列独立董事特别职权的情况;

(四) 与内部审计机构及承办上市公司审计业务的会计师事务所就公司财务、业务状况进行沟通的重大事项、方式及结果等情况;

（五）与中小股东的沟通交流情况；

（六）在上市公司现场工作的时间、内容等情况；

（七）履行职责的其他情况。

独立董事年度述职报告最迟应当在上市公司发出年度股东大会通知时披露。

**第三十四条** 独立董事应当持续加强证券法律法规及规则的学习，不断提高履职能力。中国证监会、证券交易所、中国上市公司协会可以提供相关培训服务。

## 第四章 履职保障

**第三十五条** 上市公司应当为独立董事履行职责提供必要的工作条件和人员支持，指定董事会办公室、董事会秘书等专门部门和专门人员协助独立董事履行职责。

董事会秘书应当确保独立董事与其他董事、高级管理人员及其他相关人员之间的信息畅通，确保独立董事履行职责时能够获得足够的资源和必要的专业意见。

**第三十六条** 上市公司应当保障独立董事享有与其他董事同等的知情权。为保证独立董事有效行使职权，上市公司应当向独立董事定期通报公司运营情况，提供资料，组织或者配合独立董事开展实地考察等工作。

上市公司可以在董事会审议重大复杂事项前，组织独立董事参与研究论证等环节，充分听取独立董事意见，并及时向独立董事反馈意见采纳情况。

**第三十七条** 上市公司应当及时向独立董事发出董事会会议通知，不迟于法律、行政法规、中国证监会规定或者公司章程规定的董事会会议通知期限提供相关会议资料，并为独立董事提供有效沟通渠道；董事会专门委员会召开会议的，上市公司原则上应当不迟于专门委员会会议召开前三日提供相关资料和信息。上市公司应当保存上述会议资料至少十年。

两名及以上独立董事认为会议材料不完整、论证不充分或者提供不及时的，可以书面向董事会提出延期召开会议或者延期审议该事项，董事会应当予以采纳。

董事会及专门委员会会议以现场召开为原则。在保证全体参会董事能够充分沟通并表达意见的前提下，必要时可以依照程序采用视频、电话或者其他方式召开。

**第三十八条** 独立董事行使职权的，上市公司董事、高级管理人员等相关人员应当予以配合，不得拒绝、阻碍或者隐瞒相关信息，不得干预其独立行使职权。

独立董事依法行使职权遭遇阻碍的，可以向董事会说明情况，要求董事、高级管理人员等相关人员予以配合，并将受到阻碍的具体情形和解决状况记入工作记录；仍不能消除阻碍的，可以向中国证监会和证券交易所报告。

独立董事履职事项涉及应披露信息的，上市公司应当及时办理披露事宜；上市公司不予披露的，独立董事可以直接申请披露，或者向中国证监会和证券交易所报告。

中国证监会和证券交易所应当畅通独立董事沟通渠道。

**第三十九条** 上市公司应当承担独立董事聘请专业机构及行使其他职权时所需的费用。

**第四十条** 上市公司可以建立独立董事责任保险制度，降低独立董事正常履行职责可能引致的风险。

**第四十一条** 上市公司应当给予独立董事与其承担的职责相适应的津贴。津贴的标准应当由董事会制订方案，股东大会审议通过，并在上市公司年度报告中进行披露。

除上述津贴外，独立董事不得从上市公司及其主要股东、实际控制人或者有利害关系的单位和人员取得其他利益。

## 第五章　监督管理与法律责任

**第四十二条** 中国证监会依法对上市公司独立董事及相关主体在证券市场的活动进行监督管理。

证券交易所、中国上市公司协会依照法律、行政法规和本办法制定相关自律规则，对上市公司独立董事进行自律管理。

有关自律组织可以对上市公司独立董事履职情况进行评估，促进其不断提高履职效果。

**第四十三条** 中国证监会、证券交易所可以要求上市公司、独立董事及其他相关主体对独立董事有关事项作出解释、说明或者提供相关资料。上市公司、独立董事及相关主体应当及时回复，并配合中国证监会的检查、调查。

**第四十四条** 上市公司、独立董事及相关主体违反本办法规定的，中国证监会可以采取责令改正、监管谈话、出具警示函、责令公开说明、责令定期报告等监管措施。依法应当给予行政处罚的，中国证监会依照有关规定进行处罚。

**第四十五条** 对独立董事在上市公司中的履职尽责情况及其行政责任，可以结合独立董事履行职责与相关违法违规行为之间的关联程度，兼顾其董事地位和外部身份特点，综合下列方面进行认定：

（一）在信息形成和相关决策过程中所起的作用；

（二）相关事项信息来源和内容、了解信息的途径；

（三）知情程度及知情后的态度；

（四）对相关异常情况的注意程度，为核验信息采取的措施；

（五）参加相关董事会及其专门委员会、独立董事专门会议的情况；

（六）专业背景或者行业背景；

（七）其他与相关违法违规行为关联的方面。

**第四十六条** 独立董事能够证明其已履行基本职责，且存在下列情形之一的，可以认定其没有主观过错，依照《中华人民共和国行政处罚法》不予行政处罚：

（一）在审议或者签署信息披露文件前，对不属于自身专业领域的相关具体问题，借助会计、法律等专门职业的帮助仍然未能发现问题的；

（二）对违法违规事项提出具体异议，明确记载于董事会、董事会专门委员会或者独立董事专门会议的会议记录中，并在董事会会议中投反对票或者弃权票的；

（三）上市公司或者相关方有意隐瞒，且没有迹象表明独立董事知悉或者能够发现违法违规线索的；

（四）因上市公司拒绝、阻碍独立董事履行职责，导致其无法对相关信息披露文件是否真实、准确、完整作出判断，并及时向中国证监会和证券交易所书面报告的；

（五）能够证明勤勉尽责的其他情形。

在违法违规行为揭露日或者更正日之前，独立董事发现违法违规行为后及时向上市公司提出异议并监督整改，且向中国证监会和证券交易所书面报告的，可以不予行政处罚。

独立董事提供证据证明其在履职期间能够按照法律、行政法规、部门规章、规范性文件以及公司章程的规定履行职责的，或者在违法违规行为被揭露后及时督促上市公司整改且效果较为明显的，中国证监会可以结合违法违规行为事实和性质、独立董事日常履职情况等综合判断其行政责任。

## 第六章　附　则

**第四十七条**　本办法下列用语的含义：

（一）主要股东，是指持有上市公司百分之五以上股份，或者持有股份不足百分之五但对上市公司有重大影响的股东；

（二）中小股东，是指单独或者合计持有上市公司股份未达到百分之五，且不担任上市公司董事、监事和高级管理人员的股东；

（三）附属企业，是指受相关主体直接或者间接控制的企业；

（四）主要社会关系，是指兄弟姐妹、兄弟姐妹的配偶、配偶的父母、配偶的兄弟姐妹、子女的配偶、子女配偶的父母等；

（五）违法违规行为揭露日，是指违法违规行为在具有全国性影响的报刊、电台、电视台或者监管部门网站、交易场所网站、主要门户网站、行业知名的自媒体等媒体上，首次被公开揭露并为证券市场知悉之日；

（六）违法违规行为更正日，是指信息披露义务人在证券交易场所网站或者符合中国证监会规定条件的媒体上自行更正之日。

**第四十八条**　本办法自 2023 年 9 月 4 日起施行。2022 年 1 月 5 日发布的《上市公司独立董事规则》（证监会公告〔2022〕14 号）同时废止。

自本办法施行之日起的一年为过渡期。过渡期内，上市公司董事会及专门委员会的设置、独立董事专门会议机制、独立董事的独立性、任职条件、任职期限及兼职家数等事项与本办法不一致的，应当逐步调整至符合本办法规定。

《上市公司股权激励管理办法》、《上市公司收购管理办法》、《上市公司重大资产重组管理办法》等本办法施行前中国证监会发布的规章与本办法的规定不一致的，适用本办法。

---

**第一百三十七条　【应由审计委员会事前通过的事项】**
上市公司在董事会中设置审计委员会的，董事会对下列事项作出决议前应当经审计委员会全体成员过半数通过：

（一）聘用、解聘承办公司审计业务的会计师事务所；

（二）聘任、解聘财务负责人；

（三）披露财务会计报告；

（四）国务院证券监督管理机构规定的其他事项。

**【理解与适用】**

本条是关于董事会决议之前应由审计委员会事前通过的事项的规定。

审计委员会对上市公司董事会和管理层进行财务审计和监督。如果审计委员会完全由独立董事组成，会对公司管理层形成相当大的压力，促使他们更加准确地披露信息，现在世界各大交易所都要求在其交易所上市的公司设立审计委员会。[①]

为保障审计委员会财务审计监督功能的发挥，董事会对下列事项作出决议前应当经审计委员会全体成员过半数通过：（1）聘用、解聘承办公司审计业务的会计师事务所；（2）聘任、解聘财务负责人；（3）披露财务会计报告；（4）国务院证券监督管理机构规定的其他事项。因为审计委员会对这些事项决议通过，董事会上仍可能不通过，但是审计委员会对这些事项决议不通过，则意味着无法提交董事会进行决议，所以审计委员会对这些事项实质上是否决权。

**第一百三十八条　【董事会秘书及其职责】** 上市公司设董事会秘书，负责公司股东会和董事会会议的筹备、文件保管以及公司股东资料的管理，办理信息披露事务等事宜。

**【理解与适用】**

本条是关于上市公司董事会秘书及其职责的规定。

董事会秘书的法律地位，董事会秘书是上市公司高级管理人员，这意味着本法第八章规定的董事、监事和高级管理人员的任职资格、勤勉义务和忠实义务等适用于董事会秘书。上市公司设董事会秘书，其负责公司股东大会和董事会会议的筹备及文件保管、公司股东资料的管理、办理信息披露事务、投资者关系工作等事宜。

---

[①] 朱锦清：《公司法学（修订本）》，清华大学出版社2019年版，第270页。

## 【相关规范】

● 部门规章及文件

1. 《上市公司治理准则》（2018年9月30日）

　　**第二十八条**　上市公司设董事会秘书，负责公司股东大会和董事会会议的筹备及文件保管、公司股东资料的管理、办理信息披露事务、投资者关系工作等事宜。

　　董事会秘书作为上市公司高级管理人员，为履行职责有权参加相关会议，查阅有关文件，了解公司的财务和经营等情况。董事会及其他高级管理人员应当支持董事会秘书的工作。任何机构及个人不得干预董事会秘书的正常履职行为。

　　**第三十二条**　董事会会议记录应当真实、准确、完整。出席会议的董事、董事会秘书和记录人应当在会议记录上签名。董事会会议记录应当妥善保存。

　　**第九十三条**　董事长对上市公司信息披露事务管理承担首要责任。

　　董事会秘书负责组织和协调公司信息披露事务，办理上市公司信息对外公布等相关事宜。

---

**第一百三十九条**　【关联关系董事的回避】上市公司董事与董事会会议决议事项所涉及的企业或者个人有关联关系的，该董事应当及时向董事会书面报告。有关联关系的董事不得对该项决议行使表决权，也不得代理其他董事行使表决权。该董事会会议由过半数的无关联关系董事出席即可举行，董事会会议所作决议须经无关联关系董事过半数通过。出席董事会会议的无关联关系董事人数不足三人的，应当将该事项提交上市公司股东会审议。

---

## 【理解与适用】

　　本条是关于上市公司董事对有关联关系的董事会决议事项回避表决的规定。

关联关系，是指公司控股股东、实际控制人、董事、监事、高级管理人员与其直接或者间接控制的企业之间的关系，以及可能导致公司利益转移的其他关系。但是，国家控股的企业之间不仅因为同受国家控股而具有关联关系。董事对董事会决议事项有关联关系，如果允许其在董事会会议上投票，那就意味着其相当于进行民法上的自己代理或双方代理，这将引发董事与上市公司及上市公司股东的利益冲突，可能损害上市公司及上市公司股东的利益。

董事是公司受信人，对公司承担忠实义务，其接受公司委任进行管理并获得薪酬，需要将公司利益置于他们的个人利益之上。董事作为受信人应该为了公司的利益行使表决权，不允许董事为自己的利益在董事会上行使表决权。[①] 因此，对于董事会的某一决议，董事的股东身份使其对该决议有利益冲突，或者当董事被某一股东所支配或影响时，其已经不能独立地为公司和所有股东的利益进行判断，而是为某一股东的私人利益而投票，此时应当排除其在董事会决议上的表决权。

根据本条规定，董事对关联关系有书面报告义务。上市公司董事与董事会会议决议事项所涉及的企业或者个人有关联关系的，该董事应当及时向董事会书面报告。需要注意的是，关联关系的认定，不仅是上市公司董事与董事会会议决议事项所涉及的企业有关联关系，上市公司董事与董事会会议决议事项所涉及的个人有关联关系的也认定有关联关系。关联关系的报告应当采取书面形式，这可以方便留下证据表明是否已经报告，报告的可以据此免除相应的责任。

根据本条规定，有关联关系的董事不得对该项决议行使表决权，也不得代理其他董事行使表决权。如上所述，董事对决议事项有关联关系将引发其在决议事项上与上市公司的利益冲突，可能损害上市公司及上市公司股东的利益，因此，本条排除关联关系董事的表决权。董事对决议事项有关联关系，不仅其本人不能投票，其也不能代理其他董事投票，更不能为了规避表决权回避而委托其他董事投票。

本条规定了董事会成员对决议事项有关联关系的，董事会会议的出席法定数和决议法定数。关于出席法定数，该董事会会议应由过半数的

---

[①] ［日］前田庸：《公司法入门（第12版）》，王作全译，北京大学出版社2012年版，第350页。

无关联关系董事出席方可举行，如果出席董事会会议的无关联关系董事人数不足三人（不包括本数三人）的，应当将该事项提交上市公司股东会审议；关于决定法定数，如果出席无关联关系董事三人以上（包括本数三人）的，董事会会议所作决议须经无关联关系董事过半数通过。

### 【案例指引】

张某平（原告）与万某企业股份有限公司（被告）公司决议撤销纠纷[①]

**裁判要旨：** 关于独立董事的任职资格问题系公司治理结构中一个单独的法律问题，其与本案所涉及的董事会会议的程序和董事会决议内容的合法性问题不具有法律上的牵连性，因此张某平是否具备独立董事的任职资格问题不属于本案的审查范围。另外，张某平按照《公司章程》要求向董事会作了披露，《公司章程》并未规定对有关联关系的董事应启动任职资格审查程序，张某平向被告董事会申明回避该次董事会会议议案的投票表决，其他董事对此均未提出异议，董事会在张某平回避后未将其计入法定人数，该董事亦未参加表决，投票和计票均符合《公司章程》规定的表决方式，因此，涉案董事会决议不具有决议撤销事由。

> **第一百四十条 【信息披露义务及禁止股份代持】** 上市公司应当依法披露股东、实际控制人的信息，相关信息应当真实、准确、完整。
> 禁止违反法律、行政法规的规定代持上市公司股票。

### 【理解与适用】

本条是关于股东和实际控制人信息披露义务及禁止代持上市公司股票的规定。

---

[①] （2017）粤03民终8665号，载中国裁判文书网，https：//wenshu.court.gov.cn/website/wenshu/181107ANFZ0BXSK4/index.html? docId = VaSG3PCTC/YkL9BRimEAb8c + Wn +/F1URg51f0AgsBZwUmOAmontfzvUKq3u + IEo4Mt6uICaSQiswpmGN2GLrD70fn3OvjmZqEItR//hQqnRd2TKQlE0p1509CCBCauRY，最后访问日期：2024年4月8日。

股东是指持有公司股份的自然人、法人或者其他组织。实际控制人，是指通过投资关系、协议或者其他安排，能够实际支配公司行为的人。股东，尤其是持股一定比例以上的股东和实际控制人对上市公司和投资者影响很大，本条吸收了证券法和《上市公司信息披露管理办法》的相关规定，在公司法中专门条文规定上市公司应当真实、准确、完整披露上市公司股东和实际控制人。根据证券法第七十八条的规定，信息披露义务人披露的信息，应当真实、准确、完整，简明清晰，通俗易懂，不得有虚假记载、误导性陈述或者重大遗漏。另外，《上市公司信息披露管理办法》也要求上市公司应当真实、准确、完整地进行信息披露。因此，上市公司必须真实、准确、完整披露股东、实际控制人的相关信息，不得隐匿真实股东。申言之，上市公司股票不得隐名代持，上市公司股票代持违反法律、行政法规。在司法实践中，法院判决中也认为代持上市公司股票违法，代持行为无效。

## 【相关规范】

### ● 法律

**1.《中华人民共和国证券法》（2019年12月28日）**

第七十八条　发行人及法律、行政法规和国务院证券监督管理机构规定的其他信息披露义务人，应当及时依法履行信息披露义务。

信息披露义务人披露的信息，应当真实、准确、完整，简明清晰，通俗易懂，不得有虚假记载、误导性陈述或者重大遗漏。

证券同时在境内境外公开发行、交易的，其信息披露义务人在境外披露的信息，应当在境内同时披露。

### ● 部门规章及文件

**2.《上市公司信息披露管理办法（2021年修订）》（2021年3月18日）**

第四条　上市公司的董事、监事、高级管理人员应当忠实、勤勉地履行职责，保证披露信息的真实、准确、完整，信息披露及时、公平。

第十四条　年度报告应当记载以下内容：

……

（四）持股百分之五以上股东、控股股东及实际控制人情况；

……

第十五条　中期报告应当记载以下内容：

......

（三）公司股票、债券发行及变动情况、股东总数、公司前十大股东持股情况，控股股东及实际控制人发生变化的情况；

......

**第二十二条** 发生可能对上市公司证券及其衍生品种交易价格产生较大影响的重大事件，投资者尚未得知时，上市公司应当立即披露，说明事件的起因、目前的状态和可能产生的影响。

前款所称重大事件包括：

（一）《证券法》第八十条第二款规定的重大事件；

......

（十六）公司或者其控股股东、实际控制人、董事、监事、高级管理人员受到刑事处罚，涉嫌违法违规被中国证监会立案调查或者受到中国证监会行政处罚，或者受到其他有权机关重大行政处罚；

（十七）公司的控股股东、实际控制人、董事、监事、高级管理人员涉嫌严重违纪违法或者职务犯罪被纪检监察机关采取留置措施且影响其履行职责；

......

**第二十七条** 涉及上市公司的收购、合并、分立、发行股份、回购股份等行为导致上市公司股本总额、股东、实际控制人等发生重大变化的，信息披露义务人应当依法履行报告、公告义务，披露权益变动情况。

---

**第一百四十一条 【禁止交叉持股的情形】** 上市公司控股子公司不得取得该上市公司的股份。

上市公司控股子公司因公司合并、质权行使等原因持有上市公司股份的，不得行使所持股份对应的表决权，并应当及时处分相关上市公司股份。

---

**【理解与适用】**

本条是关于禁止上市公司交叉持股的情形之规定。

本条吸收了上海证券交易所、深圳证券交易所和北京证券交易所的上市规则,将其规定入公司法中。交叉持股,也称为公司相互投资,是指公司基于特定目的,相互持有对方一定比例股份或股权的一种股权结构,形成两个公司之间双向投资、相互持股的现象。上市公司交叉持股出于一定的经济动因,交叉持股有一定的积极效应,但是交叉持股也带来了弊端:其一,交叉持股造成资本重复计算、资本虚置。两个公司之间的交叉持股会导致资本虚增,因为此时事实上只是同一资金在两个公司之间来回流动,但每流动一次会导致两个企业同时增加了资本额。其二,诱发内幕交易和关联交易。交叉持股造成两个公司之间的关系更加密切,信息沟通更加及时与频繁,这对于上市公司而言可能造成相互成为对方的"内部人",使上市公司的信息扩散范围更加广泛,由此可能诱发内幕交易。因此,可以说交叉持股制度本身就是内幕交易的温床。其三,形成行业垄断。公司之间的交叉持股可以建立策略联盟,维系彼此之间的生产、供销等关系,以强化竞争优势,但同时它可能造成垄断联合,特别是在具有竞争关系横行的公司之间,利用交叉持股可以产生排挤其他竞争对手,牟取垄断利润的行为。其四,铸就股市泡沫。对于上市公司而言,交叉持股会使得二级市场的股价升降对彼此公司的盈亏产生极大的助推作用,继而形成环环相扣的多米诺骨牌效应。[1]

交叉持股还会诱发内部控制。因此,本条第二款规定,上市公司控股子公司因公司合并、质权行使等原因持有上市公司股份的,不得行使所持股份对应的表决权,并应当及时处分相关上市公司股份。由于一公司对另外一公司的股权属于资产管理范围内的经营行为,因此无论按照哪一个国家的公司法规定,这一股权中所包含的表决权都是由公司的管理层所行使的。那么在交叉持股的情况下,相互交叉持股的管理层为了换取对方管理层的"合作",往往会将自己持有的对方表决权委托给对方管理层代理行使,这就导致彼此的管理层对自己的公司享有一定的表决权,在交叉持股比例不是太高时可能不会产生太大影响,但是在股权分散且交叉持股较高时就可能会形成管理层的自我控制。[2]

---

[1] 蒋学跃,向静:《交叉持股的法律规制路径选择与制度设计》,载《证券市场导报》2009年第3期。

[2] 蒋学跃,向静:《交叉持股的法律规制路径选择与制度设计》,载《证券市场导报》2009年第3期。

# 第六章 股份有限公司的股份发行和转让

## 第一节 股份发行

> **第一百四十二条 【股份及其面额】** 公司的资本划分为股份。公司的全部股份，根据公司章程的规定择一采用面额股或者无面额股。采用面额股的，每一股的金额相等。
>
> 公司可以根据公司章程的规定将已发行的面额股全部转换为无面额股或者将无面额股全部转换为面额股。
>
> 采用无面额股的，应当将发行股份所得股款的二分之一以上计入注册资本。

**【理解与适用】**

本条是关于股份及其面额的规定。

股份是股份有限公司资本最基本（或者说最小）的构成单位。股份具有以下特征：（1）股份所代表的金额相等；（2）股份表示股东享有权益的范围；（3）股份通过股票这种证券形式表现出来，或者说股票是股份的证券化。面额股，又称面值股，是指股票票面标明一定金额的股份，如股票上面标明一股十元。无面额股，又称比例股，是指股票不标明金额，只标明每股占公司资本的比例。[①]

股份有限公司的资本划分为标准等额的股份。本法授权公司可以将其全部股份，根据公司章程的规定择一采用面额股或者无面额股（比例股）。采用面额股的，每一股的金额相等。传统上，面额制度承担着保护债权人、维护股东平等和招徕投资者三项功能，然而这仅是一种误解。股票面额的存在人为地区分了股本和资本公积—股本溢价，但本质

---

① 朱慈蕴：《公司法原论》，清华大学出版社2011年版，第213页。

上都是所有者投入资本，性质上并无不同。面额还阻碍了股价低于面额的企业增发新股融资的可能性。多个国家和地区已经抛弃了面额股制度而改采无面额股制度。无面额股制度能够避免面额股制度的缺陷，能够简化会计处理，减少对投资者的误导，同时还具有利于创始人掌控控制权、便于股份的细分与合并、方便公司发行股票股利等优势。[1]

公司可以根据公司章程的规定将已发行的面额股全部转换为无面额股或者将无面额股全部转换为面额股。关于无面额和面额股的相互转换，有以下几点需要了解：其一，新修订的公司法生效后同时存在发行面额股和无面额股的两种公司，那么实践中难免出现面额股和无面额股的转换。当股份有限公司所遇到场景发生变化时，可以考虑从面额股转向无面额股，或者从无面额股转换为面额股。其二，无面额股和面额股之间的相互转换，需要转换规则和程序，并有相应的成本。在将面额股转化为无面额时，意味着公司必须注销原来的面额股，并向全体股东换发新的无面额股股票，其可能是原有股票张数的简单换发，也可能是伴随着资本公积金转增股份。转增股份虽未改变公司股本结构和负债等，但会改变公司股份数量。在将无面额股转化为面额股时，也会遇到相似问题。因此，股份转换不仅牵涉股东权利的调整，还涉及股份发行规则，转换程序较为复杂。以无面额股转换面额股为例，在将无面额股转换为面额股时，一方面，未经法定程序，不得通过转换方式减少注册资本，但可能需要调整公司的资本公积金；另一方面，可能要采用无面额股股份的合并或者分拆等技术，以确保"票面金额/每股×股份总数≥公司注册资本"。由此可见，面额股和无面额股相互转换需要相对复杂的法律程序，从而提高了转换成本。[2]

采用无面额股的，应当将发行股份所得股款的二分之一以上计入注册资本。公司发行无面额股时可以不再将发行收入划分为注册资本和资本公积金，由于无面额股没有面额和溢价，公司法无法按照票面金额划分注册资本和资本公积金，而是采取一定比例的所得的股款作为划分标

---

[1] 参见朱慈蕴、梁泽宇：《无面额股制度引入我国公司法路径研究》，载《扬州大学学报（人文社会科学版）》2021年第2期。

[2] 叶林、张冉：《无面额股规则的创新与守成：不真正无面额股——〈公司法（修订草案二次审议稿）〉规则评述》，载蔡建春、王红主编：《证券法苑》第37卷，法律出版社2023年版，第16~17页。

准。因此，本条第三款要求将应当将发行无面额股所得股款的二分之一以上计入注册资本。①

**【案例指引】**

**赵某、冯某等股权转让纠纷案**②

**裁判要旨：** 尽管双方在合同中协议标题为股份转让协议，且在协议中几处写明为股份，但因目标公司在协议签订时仍为有限责任公司，即使目标公司有股份改制的意愿，在未能实现之前，目标公司各股东仍是对公司按比例享有股权。原、被告在签订协议时对此均是明知，表明双方对协议转让的为目标公司当时阶段的股权是清楚无误的。在协议当中除出现股份的表述外，亦有股权转让款、受让股权的表述，故不能仅凭协议的标题为股份转让，即认定转让的标的为目标公司股份改制成功后股份。由此，《股份转让协议》在目标公司股份改制未能成功之前，转让的标的应为被告在目标公司享有的股权。

> **第一百四十三条　【股份发行的原则】** 股份的发行，实行公平、公正的原则，同类别的每一股份应当具有同等权利。
> 
> 同次发行的同类别股份，每股的发行条件和价格应当相同；认购人所认购的股份，每股应当支付相同价额。

**【理解与适用】**

本条是关于公司发行类别股，同一类别股同股同权，不同类别股可以不同权的规定。

股份的发行应当遵循公平、公正的原则，同一类别股的每一股份应

---

① 叶林、张冉：《无面额股规则的创新与守成：不真正无面额股——〈公司法（修订草案二次审议稿）〉规则评述》，载蔡建春、王红主编：《证券法苑》第37卷，法律出版社2023年版，第21页。

② （2021）黔01民终2426号，载中国裁判文书网，h https://wenshu.court.gov.cn/website/wenshu/181107ANFZ0BXSK4/index.html? docId = 4tKL/k1m5BC6/wm5KFpBYTfxFCjzFQzPTCJim9aR+s4FKxd57gtHUZO3qNaLMqsJilomMG3QQ37lKi6E9CyY + Jyb + vucZZ28M0CLoD65xjhYo5EajK3La/+PMDOPuXK4，最后访问日期：2024年1月20日。

具有同等的权利，不同的类别股之间每一股份的权利可以不同。因此，股份发行的公平、公正的原则，是指实质公平，尽管不同类别股的不同种类权利不同，但是仍然符合实质公平、公正的原则，类别股尽管在某些权利方面有优先性，但是在其他权利上受限制或具有劣后性。

对于类别股发行公司来讲，针对同一次发行的类别股，每股的发行条件和支付价格应当相同。以优先股为例，根据《优先股试点管理办法规定》第二十四条规定，同一次发行的优先股，条款应当相同。这意味着不同次发行的同类别股份，即使有同样的类别权，但是类别股的合同条款不同，自然每股发行条件和支付价格可以不相同。不同次发行的类别股，即使类别相同，但是条款不同，则支付价格可以不同。

认股人所认购的股份，每股应当支付相同的价额。同样以优先股为例，《优先股试点管理办法规定》第七条规定，同次发行的相同条款优先股，每股发行的条件、价格和票面股息率应当相同；任何单位或者个人认购的股份，每股应当支付相同价额。

**【案例指引】**

**杜某、青岛某公司等股权转让纠纷案**[①]

**裁判要旨：**根据原审法院查明的事实，涉案《股票发行认购合同》约定嘉某公司以13.8元/股的价格认购青岛某公司发行的215万股股票，嘉某公司已足额支付认购款。涉案《补充协议》对杜某的回购义务作出了约定，同时约定嘉某公司可以要求杜某回购全部股权的条件。该涉案回购约定存在于股东之间，是对投资估值的一种调整方式，约定的是股东与股东之间的权利，回购义务主体是杜某，杜某履行回购义务不损害青岛某公司的利益、不影响公司治理结构的稳定性，亦不损害公司其他投资人的利益，而青岛某公司并非回购义务主体，且在涉案相关补充协议中并未承担任何义务。据此，原审法院认定涉案协议是对认购股份、回购股份相关事项作出的约定，并未违反公司法关于股份发行公平、公正和同股同权的规定，亦无法律规定的其他合同无效的情形，三份协议真实有效，是各方真

---

① （2022）鲁民终576号，载中国裁判文书网，https://wenshu.court.gov.cn/website/wenshu/181107ANFZ0BXSK4/index.html? docId = atoDsMcIm6cjY + KqsyRqBxKwTJLM2mxKGz4jWFO/FX8jeDd4rjxTLPUKq3u + IEo4a2413fymoVhb5Ehjtp9N4uIVZSGAl4oETMaH4bEzbCty + JbC-NsfAx6YGmKTdfXWB，最后访问日期：2023年12月30日。

实意思的表示，具有法律效力，并无不当。

> **第一百四十四条　【类别股的类型】** 公司可以按照公司章程的规定发行下列与普通股权利不同的类别股：
> （一）优先或者劣后分配利润或者剩余财产的股份；
> （二）每一股的表决权数多于或者少于普通股的股份；
> （三）转让须经公司同意等转让受限的股份；
> （四）国务院规定的其他类别股。
> 公开发行股份的公司不得发行前款第二项、第三项规定的类别股；公开发行前已发行的除外。
> 公司发行本条第一款第二项规定的类别股的，对于监事或者审计委员会成员的选举和更换，类别股与普通股每一股的表决权数相同。

## 【理解与适用】

本条是关于类别股类型的规定。

根据本条的规定，通过章程条款中创设类别股条款，公司可以发行的类别股的类型有：（1）在公司利润或剩余财产事项具有优先权的优先股，或者在公司利润或剩余财产事项上劣后分配的劣后股。（2）差异表决权股，如每股十表决权的股份、每股五表决权的股份、每股二分之一表决权的股份、每股零表决权的股份；（3）转让受限制的股份；（4）国务院规定的其他类别股，这是兜底条款，授权国务院制定行政法规规定新类型的类别股。

对于第一款第二项的差异表决权股来讲，在选举和更换监事或审计委员会的成员事项上，则与普通股的表决权相同。举例来讲，股份有限公司发行每股十表决权的股份，但是在选举和更换监事或审计委员会的成员事项上，其不再实行每股十表决权，而是实行每股一表决权，与一股一票的普通股在表决权的数量上完全相同。

本条的规定是强制性规定还是任意性规定——公司可否通过章程发

行本条以外的其他类型的类别股？也即类别股的类型是类型强制还是类型自由？这是一个在公司法适用过程中需要解释的问题。有学者认为，类别股应当种类法定，种类法定有助于公示，使投资者充分了解公司资本之构成，在信息充分的前提下理性作出投资决策。[①] 也有学者认为，类别股应当实行类型自由。类别股的实质是特别股东权的合同约定，其是通过章程特约实现对普通股（标准契约）的偏离，尊重章程创设类别股和约定特别股东权是类别股生命力之所在，因此类别股的种类及其特别股东权的内容，应主要由公司章程具体规定，即使对某些重要的类别股，公司法也只应设置引导性的任意规范而非强制性规范。[②] 类别股不应采取过多的强制性规范，类别股是特别股东权利的具体构造，应当是公司与投资者之间市场议价缔约的结果，法律对此应以授权性规范和默示性规范为主。[③] 笔者赞同类别股类型自由，本条并未从文义上禁止发行列举的类别股以外的类别股类型，从类别股事物的本质来看，类别股的核心是特别股东权利，创设特别股东权利的是类别股合同（章程中的类别股条款），合同实行类型自由，因此类别股的类型应当采取类型自由而非类型法定的解释路径。

## 【相关规范】

### ● 部门规章及文件

1. 《**优先股试点管理办法**》（2023年2月17日）

**第二条** 本办法所称优先股是指依照《公司法》，在一般规定的普通种类股份之外，另行规定的其他种类股份，其股份持有人优先于普通股股东分配公司利润和剩余财产，但参与公司决策管理等权利受到限制。

**第三条** 上市公司可以发行优先股，非上市公众公司可以向特定对象发行优先股。

---

[①] 参见朱慈蕴、沈朝晖：《类别股与中国公司法的演进》，载《中国社会科学》2013年第9期。

[②] 参见郭富青：《股份公司设置特别股的法律透视》，载《河北法学》2009年第9期。

[③] 参见汪青松：《股份公司股东权利多元化配置的域外借鉴与制度建构》，载《比较法研究》2015年第1期。

## 【案例指引】

**中某公司、冯某等证券发行纠纷案**[①]

**裁判要旨**：根据公司法的一般规定，股份公司发行的股份为同股同权。公司法规定："国务院可以对公司发行本法规定以外的其他种类的股份，另行作出规定。"《国务院关于开展优先股试点的指导意见》第二条第八项规定："发行人范围。公开发行优先股的发行人限于证监会规定的上市公司，非公开发行优先股的发行人限于上市公司（含注册地在境内的境外上市公司）和非上市公众公司。"《非上市公众公司监督管理办法》第二条规定："本办法所称非上市公众公司是指有下列情形之一且其股票未在证券交易所上市交易的股份有限公司：（一）股票向特定对象发行或者转让导致股东累计超过200人；（二）股票公开转让。"第五条规定："非上市公众公司可以依法进行股权融资、债权融资、资产重组等。非上市公众公司发行优先股等证券品种，应当遵守法律、行政法规和中国证券监督管理委员会的相关规定。"本案中，中某公司不是《国务院关于开展优先股试点的指导意见》限定的发行优先股的主体范畴，因此，中某公司不能发行优先股。中某公司发行优先股不符合法律强制性规定，故《非公开发行优先股认购协议书》无效。

---

> **第一百四十五条　【类别股章程记载事项】** 发行类别股的公司，应当在公司章程中载明以下事项：
> （一）类别股分配利润或者剩余财产的顺序；
> （二）类别股的表决权数；
> （三）类别股的转让限制；
> （四）保护中小股东权益的措施；
> （五）股东会认为需要规定的其他事项。

---

[①] （2017）湘01民终9642号，载中国裁判文书网，https：//wenshu.court.gov.cn/website/wenshu/181107ANFZ0BXSK4/index.html？docId = SgtEef6D6MneG9R8LZXcOQhJOEvKysJ0qWlnqmKxVmA/hTgXLFEgv5O3qNaLMqsJilomMG3QQ37lKi6E9CyY + Jyb + vucZZ28M0CLoD65xjgQUroW+P55cg3JR/vCYZUw，最后访问日期：2024年1月20日。

**【理解与适用】**

本条是关于类别股合同（类别股章程条款）的必要记载事项的规定。

本条对应公司法第一百四十四条类别股的类型的规定，要求类别股发行公司的公司章程必须记载：(1)类别股分配利润或者剩余财产的顺序，以判断发行的类别股是优先股还是劣后股，是在利润分配还是剩余财产分配事项上的优先或劣后；(2)类别股的表决权数，以判断发行的类别股是复数表决权股还是限制表决权股，抑或无表决权股；(3)类别股的转让限制，以判断是转让受限制股份还是转让无限制股，但是上市公司不能发行转让受限制的类别股；(4)保护中小股东权益的措施，类别股股东一般是中小股东而非控股股东，复数表决权股例外，因此公司章程中应当载明并公示对中小股东权益的保障措施；(5)股东会会议认为需要规定的其他事项。

**第一百四十六条 【类别股股东的类别表决】** 发行类别股的公司，有本法第一百一十六条第三款规定的事项等可能影响类别股股东权利的，除应当依照第一百一十六条第三款的规定经股东会决议外，还应当经出席类别股股东会议的股东所持表决权的三分之二以上通过。

公司章程可以对需经类别股股东会议决议的其他事项作出规定。

**【理解与适用】**

本条是关于类别股股东会的类别表决及其决议事项的规定。

本条确立了类别表决机制，即某些决议事项除了经普通股股东会的决议通过，还应当经类别股股东会表决通过才能生效。类别表决的实质是给类别股东会对普通股股东会决议的否决权。

类别股发行公司在股东会作出修改公司章程、增加或者减少注册资本的决议，以及公司合并、分立、解散或者变更公司形式的决议，可能影响类别股股东的权利（注意是权利而非利益）的，除了应当经出席普通股股东会议的股东所持表决权的三分之二以上通过之外，还应当经出席类别股股东会的股东所持表决权三分之二以上通过，公司股东会的决议才生效。

关于类别表决的内涵。类别表决是指类别股股东在普通股东大会之外分类召开的类别股股东会上的表决，类别股股东对影响类别股股东权利的有关公司股东会的议案作出意思表示（赞成、反对或弃权），从而形成类别股股东团体的意思。

关于类别表决的价值。类别表决的价值在于为优先股等类别股股东提供事前救济手段防止普通股股东滥用多数决侵害其权益。当普通股股东通过表决权优势控制普通股东会，进而在董事会中占据了绝大部分席位时，如果没有类别表决，普通股股东就可以利用表决权优势使公司的经营决策服从普通股股东的意志，通过合并、分立、资本结构调整等交易形式将类别股股东利益转移至普通股股东手中，从而损害类别股股东的利益。通过类别表决，类别股股东可以防止类别股股东的意志被普通股股东的意志通过"资本多数决"所征服，损害决议的公平性。本次公司法修订之前，《国务院关于开展优先股试点的指导意见》和《优先股试点管理办法》都认识到了类别表决权对优先股保护的重要意义，并规定了优先股的类别表决。

类别股股东的类别表决权应当整体行使和分类行使。类别表决权的整体行使，意味着其应通过类别股东会行使，类别股股东会的议事方式和表决程序公司法并未规定，根据类别股东会的一般法理和各国类别股东会的立法例，类别股东会应准用普通股东会的程序规则，但是，不完全适用普通股东会的职权、召集和决议要件的规定。[1]关于类别表决权的分类行使。法谚云"任何人不得为他人为约定"。[2]从合同法框架来看，变更或废除类别股合同权利——类别权应征得合同当事人同意，而普通股股东不是该类别股合同的当事人，无权利为第三人类别股股东设定义务或变更其类别股合同权利，这是类别表决权应分类行使的首要原

---

[1] 何美欢：《公众公司与股权证券》，北京大学出版社1999年版，第608页；[韩]李哲松：《韩国公司法》，吴日焕译，法律出版社2000年版，第435页；[日]前田庸：《公司法入门》，王作全译，北京大学出版社2012年版，第91页；参见韩国商法典435条第3款；日本公司法第325条；德国股份法第179条第3款。

[2] 郑玉波：《法谚（一）》，法律出版社2007年版，第87页。

因。一般来讲，股东表决权应当统一计算，也就是一起投票，但是当公司发行数种类别股份，通常类别股东是不具有表决权或表决权受限制的少数股东，数量上占优势的普通股股东控制了股东大会决议，统一计算投票有可能会对特定类别股东不利，因此，类别股股东在普通股东会之外分类行使表决权成为必要。《国务院关于开展优先股试点的指导意见》和《优先股试点管理办法》规定了"优先股股东有权出席股东大会会议，与普通股股东分类表决"，这一分类表决保障优先股权利免受普通股股东会决议的侵害。

触发类别表决的事由限于"股东会作出修改公司章程、增加或者减少注册资本的决议，以及公司合并、分立、解散或者变更公司形式的决议"，这是类别股东会的决议事项范围，这一点不同于本法第五十九条、第一百一十二条中普通股股东会广泛的决议事项范围。

如何解释"可能影响类别股股东权利"？笔者认为，类别表决应当以类别股股东权利而非类别股股东利益受影响为限。如将类别股股东权利以外的类别股股东利益纳入类别表决权适用范围，则会过分扩大了类别否决范围，将产生不利之后果。首先，公司决议程序将因额外召开类别股东会更加复杂，效率低下，增加决议成本。其次，过于宽泛的类别否决将阻碍公司行为自由，损害公司适应市场环境的灵活性，也会引发类别股股东的道德风险，滥用类别否决权对公司或普通股股东敲竹杠。最后，如果将类别表决适用范围扩大至类别股股东利益，意味着类别股股东与公司和普通股股东利益冲突中优先保护前者，这将有违公司法的效率价值，甚至违背一般法的正义价值。毕竟公司应最大化普通股股东利益，普通股才是公司的剩余索取权和剩余控制权人，这样的过度保护会导致公司利益冲突升级，破坏合理的治理结构。因此，类别表决事项范围应仅以类别权股东权利而非类别股股东利益受影响为限。需要关注的是，这里的"类别股股东权利"究竟是指类别权（类别股股东不同于普通股股东权利的特别权利），还是也包括类别权以外类别股股东与普通股股东享有的相同股东权利？笔者认为，这里的"类别股股东权利"应采狭义解释，仅指类别权（类别股股东不同于普通股股东权利的特别权利），类别权以外类别股股东所享有的与普通股股东同样的股东权利，应适用普通股股权同样的保护方式，而非类别表决方式的保护。

在需要类别表决的情形下，在类别股东会通过之前，普通股股东会决议作出后有效但是尚未生效，此时类别股东会决议通过是普通股股东会决议生效的一个条件。

上一款法定类别表决事项之外，公司章程可以规定其他应当经类别股股东会决议的事项，这可以为类别股东的权利提供保护，以此吸引类别股投资者，提升类别股发行公司的公司治理。

**【相关规范】**

● *行政法规及文件*

1. 《国务院关于开展优先股试点的指导意见》（2013年11月30日）

　　一、优先股股东的权利与义务

　　……

　　（五）表决权限制。除以下情况外，优先股股东不出席股东大会会议，所持股份没有表决权：（1）修改公司章程中与优先股相关的内容；（2）一次或累计减少公司注册资本超过百分之十；（3）公司合并、分立、解散或变更公司形式；（4）发行优先股；（5）公司章程规定的其他情形。上述事项的决议，除须经出席会议的普通股股东（含表决权恢复的优先股股东）所持表决权的三分之二以上通过之外，还须经出席会议的优先股股东（不含表决权恢复的优先股股东）所持表决权的三分之二以上通过。

　　……

● *部门规章及文件*

2. 《优先股试点管理办法》（2023年2月17日）

　　**第十条**　出现以下情况之一的，公司召开股东大会会议应通知优先股股东，并遵循《公司法》及公司章程通知普通股股东的规定程序。优先股股东有权出席股东大会会议，就以下事项与普通股股东分类表决，其所持每一优先股有一表决权，但公司持有的本公司优先股没有表决权：

　　（一）修改公司章程中与优先股相关的内容；

　　（二）一次或累计减少公司注册资本超过百分之十；

　　（三）公司合并、分立、解散或变更公司形式；

　　（四）发行优先股；

　　（五）公司章程规定的其他情形。

　　上述事项的决议，除须经出席会议的普通股股东（含表决权恢复的优先股股东）所持表决权的三分之二以上通过之外，还须经出席会议的优先股股东（不含表决权恢复的优先股股东）所持表决权的三分之二以上通过。

> **第一百四十七条 【股份的形式】** 公司的股份采取股票的形式。股票是公司签发的证明股东所持股份的凭证。
> 公司发行的股票，应当为记名股票。

**【理解与适用】**

本条是关于股份的形式的规定。

股份的外在形式是股票。股票是由股份有限公司发行的，表示股东按其持有的股份享有权益和承担义务的可转让的书面凭证。股票表征股份，股票本身也是有价证券，代表着股份有限公司中股东的权利。股票与股份是一对同义语，他们均表示公司股权资本的基本单位。

股份有限公司发行的股票，只能是记名股票，不允许发行无记名股票。记名股，是指将股东姓名记载于股票的股份。这种股份，除所有者外，不得行使其股权。其股份的转让必须将受让人的本名或名称记载于股票及公司股东名册上，要进行背书转让，否则不得以其转让对抗第三人。无记名股是指在股票上不记载股东姓名的股份。凡持有这种股票的人即为取得股东资格的人。在股份转让时，仅交付股票于受让人即可以发生转让的效力。[①] 本次公司法修订，删除了股份有限公司可以发行无记名股的规定，是出于反洗钱的考虑。

**【案例指引】**

**庹某、刘某案外人执行异议之诉案**[②]

**裁判要旨**：基于庹某是案涉股份实际权益人的认定，该争议本质上是在邓某的债权人刘某等人的权益与庹某的权益发生冲突时，谁的权益应当

---

① 施天涛：《公司法论》，法律出版社2018年版，第194页。
② （2017）川民终54号，载中国裁判文书网，https://wenshu.court.gov.cn/website/wenshu/181107ANFZ0BXSK4/index.html? docId = TUFllkup + 9cZRjA6JgkOn + CND43DEJm W4LwSf0Id15hYYFtwjDN1HZO3qNaLMqsJilomMG3QQ37lKi6E9CyY + Jyb + vucZZ28M0CLoD65xjh + eUm4xnbE2EDnxxleXFyg，最后访问日期：2024年1月20日。

优先予以保护的问题。综观法律、司法解释的规定，结合本案的具体情况，刘某等人的权益应当优先予以保护，主要有以下理由：

第一，本案造成案涉股份的权利外观（登记的权利人）和实际权利人不一致的过错责任在于庹某，风险应由其自行承担。根据公司法发行股份种类："公司发行的股票，可以为记名股票，也可以为无记名股票。公司向发起人、法人发行的股票，应当为记名股票，并应当记载该发起人、法人的名称或者姓名，不得另立户名或者以代表人姓名记名"的规定，股份有限公司发起人的股份不能由他人代为记名，法律本身对外具有公示效力和约束力，在法律已经明确规定不得为某种行为的情形下，最终导致的后果应当由行为人自己承担。

第二，本案为案外人执行异议之诉，法律、司法解释设置该类特殊诉讼的立法原意应当是为了保护无过错的实际权利人，而并非保护所有的实际权利人。基于前述分析，本案中造成案涉股份的权利外观与实际权利人不一致的根本原因完全在于庹某自己，其实际权益不能优先予以保护。

第三，根据公司法的相关规定，股东名称未经登记的，不能对抗第三人。本案中，刘某等人虽并非基于股份登记在邓某某名下与邓某发生股权交易的第三人，仍应认定为"第三人"的范围。同时，选择对外部债权人刘某等人的优先的、更强的保护，更有利于推进公司的内部治理，也更有利于树立规则、避免各种规避行为的发生。

> 第一百四十八条　【面额股股票发行价格】面额股股票的发行价格可以按票面金额，也可以超过票面金额，但不得低于票面金额。

## 【理解与适用】

本条是关于面额股股票发行价格的规定。

票面金额，是指在公司章程中规定的股票的面额。公司法第一百四十九条要求公司章程必须记载股份的每股金额。票面金额可以是与股份相关的任意价值，但为了计算方便，通常都是整数，如 1 元、10 元、100 元等不同面额。我国股份有限公司的实践上通常采用 1 元票面金额。票面金额由股份有限公司章程规定并记载在股票证书的票面上。票面金额一经公司章程记载，非经正式修改公司章程不得变更。股票的发行价格可以等于或者高于票面金额。根据本条规定，股票的发行价格可以等于票面金额，也可以高于票面金额（溢价发行），但是禁止折价发行，即禁止以低于票面金额的价格发行股份。[1]

**【案例指引】**

**东某公司、农某公司股东出资纠纷案**[2]

**裁判要旨**：原告东某公司与被告农某公司签订的《入股协议书》系双方真实意思表示，合法有效，作为合同的当事人应按合同约定履行自身义务。原告依约向被告支付1500万股的对价3000万元，被告依约给原告办理了1500万股权的登记，该协议已依约履行完毕。根据公司法股票发行价格的有关规定："面额股股票发行价格可以按票面金额，也可以超过票面金额，但不得低于票面金额。"被告公司章程登记的每股1元，为被告公司股权登记的票面金额，是固定不变的，但被告公司的股权交易价格是可变的。原告所持被告公司股权是一种非上市的股票，在齐鲁股权交易中心可以交易，交易价格与公司的经营效益有关，是可变的，各地农商银行的经营效益不同，股权交易价格也不同，有的农商银行股权交易价格甚至远远超过了每股2元。

原告以每股2元的价格购买被告公司股权是一种投资行为，支付3000万元后已经享受了投资1500万股带来的收益。被告公司增资扩股出售股权是一种正常的融资行为，为募集资金而发行的股票价格毕竟会经过严格的测算及审批流程。原告认为被告只能按每股票面金额1元向其出售股权的主张，是原告对被告公司股权票面登记价格与交易价格的误解。因此，原告主张被告退还其入股资金1500万元及利息的主张，无法律依据。

---

[1] 施天涛：《公司法论》，法律出版社2018年版，第194页。
[2] （2023）鲁1424民初360号，载中国裁判文书网，https://wenshu.court.gov.cn/website/wenshu/181107ANFZ0BXSK4/index.html？docId = q5nmPTFTik8BCz1t + oaNHdgXc3hlVHjD1tjOXsZYcBg7b8O1KX1T25O3qNaLMqsJilomMG3QQ37lKi6E9CyY + Jyb + vucZZ28M0CLoD65xjguA5REHzS8VzAYixM4gqlJ，最后访问日期：2024年1月20日。

> **第一百四十九条 【股票的形式及记载事项】** 股票采用纸面形式或者国务院证券监督管理机构规定的其他形式。
>
> 股票采用纸面形式的,应当载明下列主要事项:
>
> (一)公司名称;
>
> (二)公司成立日期或者股票发行的时间;
>
> (三)股票种类、票面金额及代表的股份数,发行无面额股的,股票代表的股份数。
>
> 股票采用纸面形式的,还应当载明股票的编号,由法定代表人签名,公司盖章。
>
> 发起人股票采用纸面形式的,应当标明发起人股票字样。

**【理解与适用】**

本条是关于股票的形式及记载事项的规定。

股票是要式证券,其形式、制作和记载事项必须按照法定的要求进行。股票的形式可以有纸面形式,也可以电子形式的,电子形式的股票在证券登记结算机构的系统中得以体现。

股票采用纸面形式的,应当载明下列主要事项:(1)公司名称。(2)公司成立日期或者股票发行的时间。本条增加了股票发行的时间,这和本法增加的授权资本制相适应,法定资本制下,公司成立时股份一次性地发行完,所以公司成立的日期就是股票的发行日期,但是在授权资本制下,部分股票授权董事会在公司成立后一段时间内发行,此时就有必要在公司的成立日期之外增加记载"股票的发行时间"。(3)股票种类、票面金额及代表的股份数,发行无面额股的,股票代表的股份数。本条增加了无面额股及其股票代表的股份数,因为本次修法增加了无面额股的发行,因此有必要增加相应的股票的记载事项。

股票采用纸面形式的,还应当载明股票的编号,由法定代表人签名,公司盖章。这也是股票要式证券的体现。发起人股票采用纸面形式的,应当标明发起人股票字样,因为发起人的责任加重,有必要区别和标记发起人的股票。

**【案例指引】**

**某某基金管理有限公司、某某生态科学研究院股份有限公司等股东资格确认纠纷案**①

**裁判要旨**：公司发行的是记名股票，原告公司自张某等三人（股份出让人）处购得被告公司25%的股份后，被告公司已将原告公司记载于股东名册，并变更了登记，记载了原告公司在被告公司的25%的股权。公司法规定，记名股票，由股东以背书方式或者法律、行政法规规定的其他方式转让；转让后由公司将受让人的姓名或者名称及住所记载于股东名册，根据上述法律规定，被告公司已完成了将原告公司记载于股东名册并变更工商登记的法律义务，原告公司关于"判令被告公司立即向原告公司签发记载有股东名称、持股份数、股票编号、取得股份日期、取得股份价格、转出方信息的合格股票"的诉讼请求，但是原告公司未能提供被告公司发行股票以及张某等三人（股份出让人）持有公司股票并持股票背书转让给原告公司的相关证据，故对原告公司的该诉讼请求，证据不足。

> **第一百五十条 【交付股票的时间】** 股份有限公司成立后，即向股东正式交付股票。公司成立前不得向股东交付股票。

**【理解与适用】**

本条是关于向股东交付股票时间的规定。

本条规定，股份有限公司向股东交付股票的时间为股份有限公司成立后，即向股东正式交付股票，公司成立前不得向股东交付股票。从法理上来讲，公司未成立，则表征股东权利的股票缺乏权利请求的对象。但是，也有可能公司的股票不都是在公司成立后即立即交付的，因为根

---

① （2022）鲁02民终6876号，载中国裁判文书网，https：//wenshu.court.gov.cn/website/wenshu/181107ANFZ0BXSK4/index.html?docId=AxudzOqwH01RzUi3jyTBCWvjhbqTboUZ88ixnxxmhiLjwHP2ev7DwJO3qNaLMqsJwDYfw0f597WfIYSFwZkJY0cWx7XIqFXPif75qfqTGRDjNa2yK1cEvgNKxKD/vG+3，最后访问日期：2024年1月18日。

据本法规定的授权资本制，公司成立后董事会根据授权增资发行的股票，只可能在成立后增资完成以后交付股票，而不可能在公司成立时即交付股票。即使对于法定资本制来讲，也存在公司成立后增资发行的股票不是在公司成立后即交付的，而是需要增资发行完成后交付。

> **第一百五十一条　【发行新股的决议事项】** 公司发行新股，股东会应当对下列事项作出决议：
> （一）新股种类及数额；
> （二）新股发行价格；
> （三）新股发行的起止日期；
> （四）向原有股东发行新股的种类及数额；
> （五）发行无面额股的，新股发行所得股款计入注册资本的金额。
> 公司发行新股，可以根据公司经营情况和财务状况，确定其作价方案。

**【理解与适用】**

本条是关于发行新股决议事项的规定。

公司发行新股，一般由股东会决议，新股发行也存在本法第一百五十二条规定的由董事会根据章程或股东会授权来决议，股东会对发行新股决议的，应当就下列事项作出决议：

（1）新股的种类及数额。发行的新股是普通股还是类别股，如果是类别股，属于什么类型的类别股以及此次发行多少数额。

（2）股的发行价格。由于不允许折价发行，需要股东会决议是平价发行还是溢价发行，如果是溢价发行的话，具体的发行价格是多少。根据证券法第三十二条规定，溢价发行的，发行公司与承销的证券公司协商确定。

（3）新股发行的起止日期。起止日期很重要，如公司以公开募集方式发行新股的，若发行期限届满出售的股票数未达到拟发行股票数

70%的，则为发行失败。因此，必须对发行期限作出规定。

（4）向原有股东发行新股的种类及数额。鉴于股份有限公司股东数量较多，优先认购权不易执行，本法第二百二十七条规定股份有限公司发行新股股东无优先认购权，如果公司章程也没有规定，则应当由股份有限公司的股东会决议新股发行原有股东是否应当有优先认股权。

（5）发行无面额股的，新股发行所得股款计入注册资本的金额。这是新增的决议事项，本次修法新增加了股份有限公司发行无面额，股份有限公司发行无面额股的，本法第一百四十二条第三款规定，应当将新发行股款的二分之一以上计入注册资本，但是具体多少股款计入，仍然需要股东会决议。

本条第二款授权股份有限公司，公司发行新股的，可以根据公司自身的经营情况和财务状况，确定其作价方案，这一规定应符合普遍商业实践。

**【相关规范】**

● **法律**

《中华人民共和国证券法》（2019年12月28日）

第十二条 公司首次公开发行新股，应当符合下列条件：

（一）具备健全且运行良好的组织机构；

（二）具有持续经营能力；

（三）最近三年财务会计报告被出具无保留意见审计报告；

（四）发行人及其控股股东、实际控制人最近三年不存在贪污、贿赂、侵占财产、挪用财产或者破坏社会主义市场经济秩序的刑事犯罪；

（五）经国务院批准的国务院证券监督管理机构规定的其他条件。

上市公司发行新股，应当符合经国务院批准的国务院证券监督管理机构规定的条件，具体管理办法由国务院证券监督管理机构规定。

公开发行存托凭证的，应当符合首次公开发行新股的条件以及国务院证券监督管理机构规定的其他条件。

第十三条 公司公开发行新股，应当报送募股申请和下列文件：

（一）公司营业执照；

（二）公司章程；

（三）股东大会决议；

（四）招股说明书或者其他公开发行募集文件；

（五）财务会计报告；

（六）代收股款银行的名称及地址。

依照本法规定聘请保荐人的，还应当报送保荐人出具的发行保荐书。依照本法规定实行承销的，还应当报送承销机构名称及有关的协议。

**【案例指引】**

**刘某某、刘德某等与河南某某饮品股份有限公司等新增资本认购纠纷、买卖合同纠纷案**[①]

**裁判要旨**：本案原被告在协议达成后，于2019年6月20日完善了股东大会的决议，但并未对实质性新股价格、数额等作出决议，只是简单地变更了股东之间的持股比例，稀释了原发起人的股权比例，且最终未按照法律规定完成新增资本和股东人员的变更登记，也未向刘某某等人交付股票，故无论从实质、形式上均未完成公司新增资本的行为。另外，原告刘某某、刘德某未向公司之外其他人达成协议并交付认购被告公司股份的价款，故也不构成转让股份的行为或者使二人成为隐名股东。被告未全面履行还款责任，应承担相应违约责任。

> **第一百五十二条　【授权董事会发行股份】** 公司章程或者股东会可以授权董事会在三年内决定发行不超过已发行股份百分之五十的股份。但以非货币财产作价出资的应当经股东会决议。
>
> 董事会依照前款规定决定发行股份导致公司注册资本、已发行股份数发生变化的，对公司章程该项记载事项的修改不需再由股东会表决。

---

[①] （2020）豫1326民初1675号，载中国裁判文书网，https://wenshu.court.gov.cn/website/wenshu/181107ANFZ0BXSK4/index.html？docId=2YiuMbrGvESWIK+0lHiPQKkCUsVQL-COJRqPXNrsPJ7dJehN4ryqJppO3qNaLMqsJwDYfw0f597WfIYSFwZkJY0cWx7XIqFXPif75qfqTGRDAex95jAW6beiSmYJCQYS1，最后访问日期：2024年1月18日。

**【理解与适用】**

本条是关于章程或股东会决议授权董事会发行新股的规定。

本条是股份有限公司可以实行授权资本制的体现。公司资本制度有法定资本制和授权资本制。法定资本制意味着公司成立的时候，对于公司而言，需要将注册资本一次性发行完毕，以后公司增资须经股东会决议才能增资，这在资本制度上体现了股东会中心主义。授权资本制是指公司成立时，明确公司的资本总额，但是无须在成立时将公司资本一次发行完，而是可以发行一部分，剩余部分，由公司章程或股东会决议授权董事会自主决定发行，无须经过股东会决议，这体现了资本制度上的董事会中心主义。法定资本制体现了股东会中心主义，有助于维护现有股东和大股东的利益，但是会降低公司融资的效率和灵活性，贻误商业机会；授权资本制体现了资本制度的董事会中心主义，发行章程规定的剩余资本董事会决议而无须股东会再决议，有助于提高公司融资的效率和灵活性，但是可能会威胁和稀释既有股东的股份比例。

本法规定，增资是股东会决议的职权范围，但是董事会的职权中有一项为"公司章程规定或股东会授予的其他职权"，因此公司章程或股东会决议可以将本属于股东会决议的增资决定授予董事会行使。本条第一款即规定，公司章程或者股东会可以授权董事会发行新股，不过董事会决议发行新股有法定限制：（1）在三年内决定发行不超过已发行股份百分之五十的股份；（2）以非货币财产作价出资的应当经股东会决议。非货币财产涉及估值问题，非货币财产估价过高的话，会稀释原有股东的利益。例如，原股东是以50元一股来认购公司设立发行的股份，而非货币财产过高估值，会导致非货币财产出资人实际以40元一股来认购股份，这毫无疑问稀释了原股东的利益。为避免董事会滥用新股发行的权力，本款的"但书"条款要求，以非货币财产来认购董事会决议发行的新股，该非货币财产的作价出资应当经股东会决议。

本条第二款规定，董事会依照前款规定决定发行股份导致公司注册资本、已发行股份数发生变化的，对公司章程该项记载事项的修改无须再由股东会表决。修改公司章程属于股东会特别决议事项，董事会根据章程或股东会决议的授权发行新股，就会导致章程关于注册资本、发行股份等记载事项的变更，这种情况下本条规定无须股东会决议，直接由董事会来决议修改章程，这样提高了效率，避免这一情况下公司内部无意义的决策流程。

**第一百五十三条　【董事会发行新股的决议】** 公司章程或者股东会授权董事会决定发行新股的，董事会决议应当经全体董事三分之二以上通过。

**【理解与适用】**

本条是关于董事会发行新股的决议的规定。

根据本法第一百二十四条董事会会议的议事规则的规定，董事会的出席要求，应当有过半数的董事出席方可举行；董事会决议的通过，都是简单多数决，即全体董事人数的过半数通过即可。但是，对于董事会决议发行新股的，本条提高了表决通过的法定数要求，要求应当经全体董事的过半数三分之二以上通过。对于董事会发行新股的董事会，本条并未规定董事会的出席数要求，从体系解释来看，则应当适用第一百二十四条的规定，要求应当有过半数的董事出席方可举行。

**第一百五十四条　【招股说明书及记载事项】** 公司向社会公开募集股份，应当经国务院证券监督管理机构注册，公告招股说明书。

招股说明书应当附有公司章程，并载明下列事项：

（一）发行的股份总数；

（二）面额股的票面金额和发行价格或者无面额股的发行价格；

（三）募集资金的用途；

（四）认股人的权利和义务；

（五）股份种类及其权利和义务；

第六章

> （六）本次募股的起止日期及逾期未募足时认股人可以撤回所认股份的说明。
>
> 公司设立时发行股份的，还应当载明发起人认购的股份数。

**【理解与适用】**

本条是关于股份有限公司公开募集股份时公开的招股说明书及记载事项的规定。

股份有限公司向社会公开募集股份，应当向证监会注册，并公告招股说明书。证券法已经将公开发行股份从核准制改为注册制，因此本条也配套规定向证监会注册。招股说明书是股份有限公司公开发行股份的重要法律文件，也是提供给投资者的重要的信息披露文件。根据证券法第十一条和第十三条的规定，无论是股份有限公司募集设立公开发行股份，还是股份有限公司成立后公开发行新股，向证监会报送募股申请和文件中应当有招股说明书。

招股说明书是指股份有限公司在申请首次公开募集股份并上市时，就募股融资事项进行信息披露的重要书面文件。发行人和投资者认购股份相关的一切行为，除应遵守国家有关规定外，还应遵守招股说明书中的有关规定和承诺。股份有限公司应当根据《公开发行证券的公司信息披露内容与格式准则第57号——招股说明书》对招股说明书和招股说明书的内容和格式都有详细规定。关于招股说明书的法律性质——要约邀请、投资意义、编制总体要求，在前述第一百二十四条规定的"理解与适用"中已经进行了说明。

本条规定的招股说明书的记载事项具体有：（1）发行的股份总数；（2）面额股的票面金额和发行价格或者无面额股的发行价格；（3）募集资金的用途；（4）认股人的权利和义务；（5）股份种类及其权利和义务；（6）本次募股的起止日期及逾期未募足时认股人可以撤回所认股份的说明。尽管上述事项招股说明书已经载明和公示，但为了更好地保护投资者的利益，防止部分投资者不能及时了解到其内容，法律强制规定认股书中应当列明招股说明书中相关内容，其中面额股的票面金额和发行价格或者无面额股的发行价格和募集资金的用途，对保障投资者的知情权和决定是否认购来讲是非常重要的。

本条第三款还规定了公司设立时发行股份的，还应当载明发起人认购的股份数。

**【相关规范】**

● *法律*

*《中华人民共和国证券法》*（2019 年 12 月 28 日）

**第十一条** 设立股份有限公司公开发行股票，应当符合《中华人民共和国公司法》规定的条件和经国务院批准的国务院证券监督管理机构规定的其他条件，向国务院证券监督管理机构报送募股申请和下列文件：

（一）公司章程；

（二）发起人协议；

（三）发起人姓名或者名称，发起人认购的股份数、出资种类及验资证明；

（四）招股说明书；

（五）代收股款银行的名称及地址；

（六）承销机构名称及有关的协议。

依照本法规定聘请保荐人的，还应当报送保荐人出具的发行保荐书。

法律、行政法规规定设立公司必须报经批准的，还应当提交相应的批准文件。

**第十三条** 公司公开发行新股，应当报送募股申请和下列文件：

（一）公司营业执照；

（二）公司章程；

（三）股东大会决议；

（四）招股说明书或者其他公开发行募集文件；

（五）财务会计报告；

（六）代收股款银行的名称及地址。

依照本法规定聘请保荐人的，还应当报送保荐人出具的发行保荐书。依照本法规定实行承销的，还应当报送承销机构名称及有关的协议。

## 【案例指引】

**王某等股权转让纠纷案**①

**裁判要旨：**根据公司法的有关规定，股份有限公司的设立可采取募集设立的方式，应先由发起人认购公司应发行股份的一部分，其余股份向社会公开募集或向特定对象募集而设立，但无论如何只要向发起人以外的人公开募集就应该公告招股说明书，制作认股书及公司章程等程序。

---

**第一百五十五条　【股票承销】公司向社会公开募集股份，应当由依法设立的证券公司承销，签订承销协议。**

---

## 【理解与适用】

本条是关于股份有限公司公开募集的股份承销的规定。

证券承销是指股份发行人委托证券公司（亦称承销商）向证券市场上不特定的投资人公开销售股票、债券及其他投资证券的活动。公开募集股份的公司应当与承销股份的证券公司订立证券承销合同。证券承销合同是指证券发行人与证券承销商或是主承销商与分销商就证券承销的有关内容所达成的明确双方权利义务的书面协议。发行人可以选择与一个证券承销商签订协议，也可选择与多个证券承销商分别签订协议。②

承销合同性质是多种的。证券承销有四种方式：包销、代销、助销和承销团承销。其中有的承销合同具有买卖性质，例如，包销合同就是买卖合同，由承销的证券公司将发行人公开募集的股份全部买下来，然后销售给不特定的投资者，承销的证券公司承担不能全部销售出去的后果，一般包销都是业绩良好的股份有限公司；有的合同具有委托代理性质，如代销合同，代销的证券公司并不承担不能完全销售完的后果，而

---

① （2017）黔民终 962 号，载中国裁判文书网，https：//wenshu.court.gov.cn/website/wenshu/181107ANFZ0BXSK4/index.html？docId = FoLm6CABDThYKK7YshwXrTeyup7Q981 hW-Foz0w75CZtFvyzUIpf1wPUKq3u + IEo4a2413fymoVhb5Ehjtp9N4uIVZSGAl4oETMaH4bEzbCuJ4bG + glWS+S9pdvSKozUq，最后访问日期：2023 年 12 月 30 日。

② 《商法学》编写组：《商法学》，高等教育出版社年 2019 年版，第 271 页。

由发行公司承担发行失败的后果。承销团承销合同的性质可能具有一定的综合性。证券承销合同的法律特征主要有：（1）合同主体是特定的。协议的一方为经过注册的股票、债券的发行公司或其他合法主体；另一方为依法设立、具有承销资格的证券承销商。（2）合同的内容是法定的。根据证券法第二十八条规定，证券公司承销证券，应当同发行人签订代销或者包销协议，载明下列事项：（1）当事人的名称、住所及法定代表人姓名；（2）代销、包销证券的种类、数量、金额及发行价格；（3）代销、包销的期限及起止日期；（4）代销、包销的付款方式及日期；（5）代销、包销的费用和结算办法；（6）违约责任；（7）国务院证券监督管理机构规定的其他事项。

在我国凡向社会公开发行的股份一般均需证券公司承销。发行股份数量较大者，还需多家证券公司组成承销团共同承销。由证券公司承销尽管发行人要支付费用，但是承销的证券公司具有专业的知识和人员，还有完善的销售网络，可以降低销售的成本，确保发行期限届满时发行成功。向特定对象私募发行股份，可以采取直接发行而无须通过证券公司来承销。

## 【相关规范】

### ● 法律

1. 《中华人民共和国证券法》（2019年12月28日）

第二十六条　发行人向不特定对象发行的证券，法律、行政法规规定应当由证券公司承销的，发行人应当同证券公司签订承销协议。证券承销业务采取代销或者包销方式。

证券代销是指证券公司代发行人发售证券，在承销期结束时，将未售出的证券全部退还给发行人的承销方式。

证券包销是指证券公司将发行人的证券按照协议全部购入或者在承销期结束时将售后剩余证券全部自行购入的承销方式。

第二十七条　公开发行证券的发行人有权依法自主选择承销的证券公司。

第二十八条　证券公司承销证券，应当同发行人签订代销或者包销协议，载明下列事项：

（一）当事人的名称、住所及法定代表人姓名；

（二）代销、包销证券的种类、数量、金额及发行价格；

（三）代销、包销的期限及起止日期；

（四）代销、包销的付款方式及日期；

（五）代销、包销的费用和结算办法；

（六）违约责任；

（七）国务院证券监督管理机构规定的其他事项。

**第二十九条** 证券公司承销证券，应当对公开发行募集文件的真实性、准确性、完整性进行核查。发现有虚假记载、误导性陈述或者重大遗漏的，不得进行销售活动；已经销售的，必须立即停止销售活动，并采取纠正措施。

证券公司承销证券，不得有下列行为：

（一）进行虚假的或者误导投资者的广告宣传或者其他宣传推介活动；

（二）以不正当竞争手段招揽承销业务；

（三）其他违反证券承销业务规定的行为。

证券公司有前款所列行为，给其他证券承销机构或者投资者造成损失的，应当依法承担赔偿责任。

**第三十条** 向不特定对象发行证券聘请承销团承销的，承销团应当由主承销和参与承销的证券公司组成。

**第三十一条** 证券的代销、包销期限最长不得超过九十日。

证券公司在代销、包销期内，对所代销、包销的证券应当保证先行出售给认购人，证券公司不得为本公司预留所代销的证券和预先购入并留存所包销的证券。

**第三十二条** 股票发行采取溢价发行的，其发行价格由发行人与承销的证券公司协商确定。

**第三十三条** 股票发行采用代销方式，代销期限届满，向投资者出售的股票数量未达到拟公开发行股票数量百分之七十的，为发行失败。发行人应当按照发行价并加算银行同期存款利息返还股票认购人。

**第三十四条** 公开发行股票，代销、包销期限届满，发行人应当在规定的期限内将股票发行情况报国务院证券监督管理机构备案。

● **部门规章及文件**

**2.《证券发行与承销管理办法》（2023年2月17日）**

**第一条** 为规范证券发行与承销行为，保护投资者合法权益，根据

《中华人民共和国证券法》（以下简称《证券法》）和《中华人民共和国公司法》，制定本办法。

**第二条** 发行人在境内发行股票、存托凭证或者可转换公司债券（以下统称证券），证券公司在境内承销证券以及投资者认购境内发行的证券，首次公开发行证券时公司股东向投资者公开发售其所持股份（以下简称老股转让），适用本办法。中国证券监督管理委员会（以下简称中国证监会）另有规定的，从其规定。

存托凭证境外基础证券发行人应当履行本办法中发行人的义务，承担相应的法律责任。

**第二十八条** 证券公司承销证券，应当依照《证券法》第二十六条的规定采用包销或者代销方式。

发行人和主承销商应当签订承销协议，在承销协议中界定双方的权利义务关系，约定明确的承销基数。采用包销方式的，应当明确包销责任；采用代销方式的，应当约定发行失败后的处理措施。

证券发行由承销团承销的，组成承销团的承销商应当签订承销团协议，由主承销商负责组织承销工作。证券发行由两家以上证券公司联合主承销的，所有担任主承销商的证券公司应当共同承担主承销责任，履行相关义务。承销团由三家以上承销商组成的，可以设副主承销商，协助主承销商组织承销活动。

证券公司不得以不正当竞争手段招揽承销业务。承销团成员应当按照承销团协议及承销协议的规定进行承销活动，不得进行虚假承销。

**第二十九条** 证券发行采用代销方式的，应当在发行公告或者认购邀请书中披露发行失败后的处理措施。证券发行失败后，主承销商应当协助发行人按照发行价并加算银行同期存款利息返还证券认购人。

**第三十条** 证券公司实施承销前，应当向证券交易所报送发行与承销方案。

**第三十一条** 投资者申购缴款结束后，发行人和主承销商应当聘请符合《证券法》规定的会计师事务所对申购和募集资金进行验证，并出具验资报告；应当聘请符合《证券法》规定的律师事务所对网下发行过程、配售行为、参与定价和配售的投资者资质条件及其与发行人和承销商的关联关系、资金划拨等事项进行见证，并出具专项法律意见书。

首次公开发行证券和上市公司向不特定对象发行证券在证券上市之日起十个工作日内，上市公司向特定对象发行证券在验资完成之日起十个工作日内，主承销商应当将验资报告、专项法律意见书、承销总结报告等文件一并通过证券交易所向中国证监会备案。

> **第一百五十六条 【代收股款】** 公司向社会公开募集股份，应当同银行签订代收股款协议。
>
> 代收股款的银行应当按照协议代收和保存股款，向缴纳股款的认股人出具收款单据，并负有向有关部门出具收款证明的义务。
>
> 公司发行股份募足股款后，应予公告。

**【理解与适用】**

本条是公司公开募集股份委托银行代收股款的规定。

本条第一款规定的代收股款适用于股份有限公司公开募集股份的情形。公司向社会公开募集股份，应当同银行签订代收股款协议。代收股款的商业银行与发起人签订的代收股款的协议，是代收股款的商业银行与发起人之间设立民事权利义务关系的合同。由发行公司之外的商业银行而非发行公司自身来收取股款，是为了使第三人商业银行对股款进行监管，防止投资者的投资款、股份认购款被发行公司挪用。另外，实践中也出现过股份发行失败的案例，发行失败的，则发行公司应当将股款加银行同期利息偿还给投资者，将股款由代收银行保管，无疑更有利于发行失败情况下的资金安全退回投资者。公司公开募集股份时，应与保荐人、代收股款的商业银行订立募集股款专户存储三方监管协议，发行公司将在证券公司和商业银行的监管下使用募集资金。本条所指公司与商业银行签署的"代收股款协议"即为募集资金专户存储三方监管协议。

代收股款的银行应当按照协议代收和保存股款，向缴纳股款的认股人出具收款单据，并负有向有关部门出具收款证明的义务。代收股款的银行除了承担代收股款民事协议的义务和责任，还要承担金融行政监管的公法上的义务，因此要注意金融法律制度对银行代收股款的一些相关规定，特别是商业银行法及相关的行政法规的规定。

公司发行股份募足股款后，应予公告。公司股款募足，意味着发行成功，如果是公开募集设立公司，则应当召开创立大会；如果是增资公开发行新股，意味着还要修改有关资本变化的章程条款，办理资本变化的变更登记，并向社会公告。

## 第二节 股 份 转 让

> **第一百五十七条 【股份转让】** 股份有限公司的股东持有的股份可以向其他股东转让，也可以向股东以外的人转让；公司章程对股份转让有限制的，其转让按照公司章程的规定进行。

【理解与适用】

本条是关于股份有限公司股份转让的规定。

股份有限公司股份的转让分为原则转让自由和例外转让受限。（1）股份原则转让自由。股份有限公司的股份转让区分为对内转让和对外转让，对内转让是指股东将其持有的股份向其他股东转让，原则转让自由；对外转让是指股东将其持有的股份向股东以外的人转让，原则转让自由。（2）股份例外转让受限。股份有限公司中有公开公司，其股份公开发行，有股份自由流转转让的市场；也有非公开的公司，其股份并未公开发行。对于公开公司，其公开发行的股份不允许章程限制转让；对于非公开的公司，其具有封闭性，章程可以限制转让。

本法第一百四十五条规定了类别股，其中一种类别股是转让受限的类别股，由公司创设。因此，本条与第一百四十五条相呼应，规定了股份有限公司章程可以创设股份转让受限制的类别股。另外，公司也可以不创设转让受限制的类别股，而只是单纯地在章程中规定对股份转让进行限制，章程有这样规定的，则尊重章程自治，按照章程执行。需要注意的是，股份有限公司是公开发行的公司的，则不允许章程限制股份转让。

## 【相关规范】

● 法律

《中华人民共和国公司法》（2023 年 12 月 29 日）

第一百四十四条　公司可以按照公司章程的规定发行下列与普通股权利不同的类别股：

（一）优先或者劣后分配利润或者剩余财产的股份；

（二）每一股的表决权数多于或者少于普通股的股份；

（三）转让须经公司同意等转让受限的股份；

（四）国务院规定的其他类别股。

公开发行股份的公司不得发行前款第二项、第三项规定的类别股；公开发行前已发行的除外。

公司发行本条第一款第二项规定的类别股的，对于监事或者审计委员会成员的选举和更换，类别股与普通股每一股的表决权数相同。

## 【案例指引】

**有某公司等与世某公司等请求变更公司登记纠纷案**[①]

裁判要旨：首先，各方对公司章程和《合营合同》第十五条关于股份转让的约定是基于有某公司及恩某公司的国资性质。其次，恩某公司是一家非上市股份有限公司，且不属于非上市的公众公司，其股东仅有三人，应允许这类公司的股东通过合意达成股份转让的限制性条件，尊重公司内部治理意思自治，有某公司对外转让股份应受公司章程等关于股份转让的限制性约定的约束。

> **第一百五十八条　【股份转让的场所】** 股东转让其股份，应当在依法设立的证券交易场所进行或者按照国务院规定的其他方式进行。

---

[①] （2022）京民终 67 号，载中国裁判文书网，https：//wenshu.court.gov.cn/website/wenshu/181107ANFZ0BXSK4/index.html？docId = bAZfpvWzdq2wOQztuHgH7n9Pu0qZb8EYTK + hK5pj2gVCZhrHqC9J75O3qNaLMqsJilomMG3QQ37lKi6E9CyY + Jyb + vucZZ28M0CLoD65xjhKdApK1dPdbHafsEGNSxnX，最后访问日期：2024 年 2 月 2 日。

**【理解与适用】**

本条是关于股份转让场所的规定。

为了保护公司、股东和债权人利益，公司法对股份有限公司的股份转让场所作了必要限制，应当在依法设立的证券交易场所进行或者按照国务院规定的其他方式进行。此处的"证券交易场所"包括全国性证券集中交易系统、地方性证券交易中心和从事证券柜台交易的机构等，上海证券交易所、深圳证券交易所、北京证券交易所是有代表性的证券交易场所。此外，股份转让也可以按照国务院规定的其他方式进行，目前非上市股份公司的股份都是通过协议的方式进行转让的。[1]

**【相关规范】**

● **法律**

《中华人民共和国证券法》（2019年12月28日）

第三十七条 公开发行的证券，应当在依法设立的证券交易所上市交易或者在国务院批准的其他全国性证券交易场所交易。

非公开发行的证券，可以在证券交易所、国务院批准的其他全国性证券交易场所、按照国务院规定设立的区域性股权市场转让。

---

**第一百五十九条 【记名股票转让】** 股票的转让，由股东以背书方式或者法律、行政法规规定的其他方式进行；转让后由公司将受让人的姓名或者名称及住所记载于股东名册。

股东会会议召开前二十日内或者公司决定分配股利的基准日前五日内，不得变更股东名册。法律、行政法规或者国务院证券监督管理机构对上市公司股东名册变更另有规定的，从其规定。

---

**【理解与适用】**

本条是关于股份有限公司股票转让的规定。

---

[1] 李建伟：《公司法学》（第五版），中国人民大学出版社2022年版，第263页。

鉴于本法规定只能发行记名股票,因此本条的规定是关于记名股票的转让的规定。记名股票转让原则上按照记名证券的一般转让方式,即通过背书转让。但是,法律、行政法规对记名股票转让方式另有规定的,则从其规定。记名股票应当通过背书方式转让,背书转让是指记名公司股票的持有人转让其股票时,应当在股票票面上背书,记载转让人的转让意思和受让人的姓名或名称,并将其所持股票交付受让人。记名股票转让必须符合两个要件:一是股票持有人以背书方式转让;二是必须通知公司变更登记,变更登记是对抗第三人的要件,也是对抗公司的要件,否则转让只在转让人与受让人之间发生效力。实务中,记名股票都是电子形式的,在中国证券登记结算机构的计算机系统中进行背书转让。

本条第二款规定了股东名册的"闭册"。股东名册的记载是股东经济权利和表决权等权利行使的依据。股票一直处于换手交易之中,在股东会召开时或者股利分配的基准日前,为了根据股东名册确定股东,有必要规定在法定期限内不得对股东名册进行变更,以锁定股东资格,否则股票的换手交易会造成难以确定谁是股东,致使股东权利行使混乱。所以,本款规定,股东会召开前二十日内或者公司决定分配股利的基准日前五日内,不得进行本条第一款规定的股东名册的变更登记。但是,法律、行政法规或者国务院证券监督管理机构对上市公司股东名册变更另有规定的,从其规定。

## 【相关规范】

● 法律

**《中华人民共和国公司法》**(2023年12月29日)

**第一百一十五条** 召开股东会会议,应当将会议召开的时间、地点和审议的事项于会议召开二十日前通知各股东;临时股东会会议应当于会议召开十五日前通知各股东。

单独或者合计持有公司百分之一以上股份的股东,可以在股东会会议召开十日前提出临时提案并书面提交董事会。临时提案应当有明确议题和具体决议事项。董事会应当在收到提案后二日内通知其他股东,并将该临时提案提交股东会审议;但临时提案违反法律、行政法规或者公司章程的规定,或者不属于股东会职权范围的除外。公司不得提高提出临时提案股东的持股比例。

公开发行股份的公司,应当以公告方式作出前两款规定的通知。

股东会不得对通知中未列明的事项作出决议。

> **第一百六十条　【特定持有人的股份转让】** 公司公开发行股份前已发行的股份,自公司股票在证券交易所上市交易之日起一年内不得转让。法律、行政法规或者国务院证券监督管理机构对上市公司的股东、实际控制人转让其所持有的本公司股份另有规定的,从其规定。
>
> 公司董事、监事、高级管理人员应当向公司申报所持有的本公司的股份及其变动情况,在就任时确定的任职期间每年转让的股份不得超过其所持有本公司股份总数的百分之二十五;所持本公司股份自公司股票上市交易之日起一年内不得转让。上述人员离职后半年内,不得转让其所持有的本公司股份。公司章程可以对公司董事、监事、高级管理人员转让其所持有的本公司股份作出其他限制性规定。
>
> 股份在法律、行政法规规定的限制转让期限内出质的,质权人不得在限制转让期限内行使质权。

## 【理解与适用】

本条是关于转让本公司股份的限制的规定。

股份转让以自由为原则是各国或者地区公司立法的通例。由于股份的转让可能影响公司财产的稳定,某一部分股东对股份的处分也有可能损害另一部分股东的利益,而且,股份转让还可能会带来股票投机,因此,为了保护公司、股东及公司债权人的整体利益,许多国家或地区的公司法、证券法多对股份转让作出一些必要限制,以便将股份转让可能产生的弊端限制在尽可能小的范围内。[①]

本条第一款规定,公司公开发行股份前已发行的股份,自公司股票在证券交易所上市交易之日起一年内不得转让。法律、行政法规或者国

---

[①] 赵旭东主编:《公司法学》(第四版),高等教育出版社2019年版,第350页。

务院证券监督管理机构对上市公司的股东、实际控制人转让其所持有的本公司股份另有规定的，从其规定。本条第一款删除了原公司法发起人持有的本公司股份自公司成立之日起一年内不得转让的规定。为什么要对公开发行前已经发行的股份规定一年的锁定期？这是因为股份有限公司已发行的股份在股份有限公司公开发行前和公开发行后，股票的价格差距非常大，为了避免股东（尤其是大股东）在股票一上市就开始减持或抛售股票来大量套现，这将给股票交易市场带来非常大的冲击，引发股票价格大幅跳水，容易跌破发行价，这会给上市公司的股票投资者造成损失。

本条第二款是对董事、监事、高级管理人员持有本公司股份转让的限制的规定。公司董事、监事和高管的行为对公司经营管理影响极大，限制其股份转让，从积极方面看，这有助于将公司经营状况同管理层的利益更大程度地绑定在一起，以促进其忠实、勤勉地工作；从消极方面看，其防止管理层利用职务之便搞内幕交易，非法牟利。

（1）董事、监事、高级管理人员所持本公司股份自公司股票上市交易之日起一年内禁止转让。这是在这一年期内绝对禁止转让，而不是限制转让。

（2）在任职期间，转让股票的数额受到一定程度的限制，而不是受到绝对禁止。允许董事、监事、高级管理人员转让一定比例的股份，以有机会分享公司经营带来的股份增值收益，比绝对禁止转让更理性，也更公平。

（3）股份转让限制延续到管理层离职后半年期间，这是非常必要的隔离期。

（4）授权公司章程可以对董事、监事、高级管理人员的股份转让作出更严厉的限制规定。

（5）董事、监事、高级管理人员应当主动向公司申报所持有的本公司的股份及其变动情况，以供监督。在上市公司中，董事、监事、高级管理人员所持本公司的股份及其变动情况，是公司持续信息披露的对象之一。[1]

本条第三款规定，股份在法律、行政法规规定的限制转让期限内出

---

[1] 李建伟：《公司法学》（第五版），中国人民大学出版社2022年版，第264页。

质的，质权人不得在限制转让期限内行使质权。根据该规定，股份在法定限售期内是允许出质的，但是质权人不得在限制转让期限内行使质权，以防止相关主体利用行使质权规避法律对股份限售期的规定。

## 【相关规范】

● 法律

《中华人民共和国证券法》（2019年12月28日）

第三十六条　依法发行的证券，《中华人民共和国公司法》和其他法律对其转让期限有限制性规定的，在限定的期限内不得转让。

上市公司持有百分之五以上股份的股东、实际控制人、董事、监事、高级管理人员，以及其他持有发行人首次公开发行前发行的股份或者上市公司向特定对象发行的股份的股东，转让其持有的本公司股份的，不得违反法律、行政法规和国务院证券监督管理机构关于持有期限、卖出时间、卖出数量、卖出方式、信息披露等规定，并应当遵守证券交易所的业务规则。

第一百八十六条　违反本法第三十六条的规定，在限制转让期内转让证券，或者转让股票不符合法律、行政法规和国务院证券监督管理机构规定的，责令改正，给予警告，没收违法所得，并处以买卖证券等值以下的罚款。

## 【案例指引】

**殷某、穆某股权转让纠纷案**①

**裁判要旨：** 关于被告抗辩原告系亚某公司高管人员，在任职期间转让全部股份违反了公司法的相关规定。根据公司法的相关规定"公司董事、监事、高级管理人员应当向公司申报所持有的本公司的股份及其变动情况，在就任时确定的任职期间每年转让的股份不得超过其所持有本公司股份总数的百分之二十五；所持本公司股份自公司股票上市交易之日起一年内不得转让。上述人员离职后半年内，不得转让其所持有的本公司股份。

---

① （2022）津0112民初12461号，载中国裁判文书网，https：//wenshu.court.gov.cn/website/wenshu/181107ANFZ0BXSK4/index.html？docId=OOqpMK6es43TBV7uw5hwfcmcxqTDn6L/wLkUw05tePZWZcUDTp+psZO3qNaLMqsJilomMG3QQ37lKi6E9CyY+Jyb+vucZZ28M0CLoD65xjiKEvEyQyrwBdzNWY4d6r58，最后访问日期：2024年2月1日。

公司章程可以对公司董事、监事、高级管理人员转让其所持有的本公司股份作出其他限制性规定"。法院认为，该规定仅是对股份有限公司的董事、监事、高级管理人员转让其所持股份的数量和期限的限制，并非禁止其转让股权，该规定系管理性强制性规定，而非效力性强制性规定。该规定的立法旨意在于防止公司董事监事、高级管理人员利用其身份谋取不正当利益，并通过恶意转让股份逃避其所需承担的风险和责任，侵害广大投资者的利益。而本案中，亚某公司系未上市的股份有限公司，股权转让的双方，原告系公司股东，被告系公司法定代表人近亲属，股权转让并不涉及公众利益的保护问题，也不影响市场秩序、国家宏观政策等公序良俗，故上述限制性规定并不影响原、被告之间转让股份行为的效力。

> **第一百六十一条 【异议股东股份回购请求权】** 有下列情形之一的，对股东会该项决议投反对票的股东可以请求公司按照合理的价格收购其股份，公开发行股份的公司除外：
> 
> （一）公司连续五年不向股东分配利润，而公司该五年连续盈利，并且符合本法规定的分配利润条件；
> 
> （二）公司转让主要财产；
> 
> （三）公司章程规定的营业期限届满或者章程规定的其他解散事由出现，股东会通过决议修改章程使公司存续。
> 
> 自股东会决议作出之日起六十日内，股东与公司不能达成股份收购协议的，股东可以自股东会决议作出之日起九十日内向人民法院提起诉讼。
> 
> 公司因本条第一款规定的情形收购的本公司股份，应当在六个月内依法转让或者注销。

**【理解与适用】**

本条是股份有限公司异议股东股份回购请求权的规定。

本条适用范围为非公开发行股份的股份有限公司，非公开发行的股份有限公司，其股份流通交易并不便利。公开发行的股份有限公司，其股份有公开交易的市场，不满意公司的决定，可以"用脚投票"，将股票在公开市场上出售从而退出公司,无须行使本条规定的异议股东股份回购请求权。

公司作为一个团体组织,其意思决定以多数决方式形成,在现代公司制度中表现为资本多数决。在资本多数决原则之下,小股东的意志往往得不到体现,却还要接受以大股东意志为核心形成的公司决议的约束。虽然小股东可以行使"用脚投票"的权利,但非公开发行股份的股份有限公司的股份,尽管可以自由转让但是因无公开市场,所以不易发现并实现其价值。为了保护非公开发行股份的股份有限公司中小股东的权益,本次修法将异议股东股份回购请求权制度引入股份有限公司,但这一权利在有限责任公司和股份有限公司中作了不同的规定。

非公开发行股份的股份有限公司异议股东评估权,主要内容如下:

1. 法定事由。(1)公司连续五年不向股东分配利润,而公司该五年连续盈利,并且符合本法规定的分配利润条件;(2)公司转让主要财产;(3)公司章程规定的营业期限届满或者章程规定的其他解散事由出现,股东会通过决议修改章程使公司存续。

2. 异议方式。股东的异议方式仅限于对决议投反对票的情形,不包括投弃权票的情形。在公司实务中,反对票应当采取书面记载的形式。

3. 回购协议。异议股东主张回购请求权的,股份有限公司如无异议,双方签订股份收购协议,具体内容由双方协商确定。收购协议的核心条款就是股份收购价格,本条第一款规定公司以"合理的价格"收购,但如何确定合理价格,或者以什么方法来确定合理价格,公司法并未明确规定,而是需要异议股东和公司双方协商确定。此外,回购协议还应当包括回购时间、回购方式、股价支付等条款。

4. 法定程序。本条第二款规定,"自股东会决议作出之日起六十日内,股东与公司不能达成股份收购协议的,股东可以自股东会决议作出之日起九十日内向人民法院提起诉讼"。此处的"股东与公司不能达成股份收购协议",既可能是双方不能就收购协议的内容尤其是股价协商一致,也可能是公司方不愿或拒绝与异议股东协商。无论出现哪种情况,只要收购协议在法定期间内未能达成,异议股东都有权向法院寻求救济,要求公司与自己签订股份收购协议。可见,于此情形,公司负有强制缔约的法定义务。在公司实务中,双方的争议往往集中在股价的确定上。

回购股份的处理。公司回购的股份应该在六个月内转让或者注销。

公司可以将回购的股份转让给其他股东或股东以外的第三人，转让给其他股东可以自由转让，转让给股东以外第三人，其他股东没有优先购买权。公司将回购的股份注销的，那么应当相应的进行公司的减资程序。

## 【相关规范】

● 法律

《中华人民共和国公司法》（2023年12月29日）

第八十九条　有下列情形之一的，对股东会该项决议投反对票的股东可以请求公司按照合理的价格收购其股权：

（一）公司连续五年不向股东分配利润，而公司该五年连续盈利，并且符合本法规定的分配利润条件；

（二）公司合并、分立、转让主要财产；

（三）公司章程规定的营业期限届满或者章程规定的其他解散事由出现，股东会通过决议修改章程使公司存续。

自股东会决议作出之日起六十日内，股东与公司不能达成股权收购协议的，股东可以自股东会决议作出之日起九十日内向人民法院提起诉讼。

公司的控股股东滥用股东权利，严重损害公司或者其他股东利益的，其他股东有权请求公司按照合理的价格收购其股权。

公司因本条第一款、第三款规定的情形收购的本公司股权，应当在六个月内依法转让或者注销。

第一百六十二条　公司不得收购本公司股份。但是，有下列情形之一的除外：

（一）减少公司注册资本；

（二）与持有本公司股份的其他公司合并；

（三）将股份用于员工持股计划或者股权激励；

（四）股东因对股东会作出的公司合并、分立决议持异议，要求公司收购其股份；

（五）将股份用于转换公司发行的可转换为股票的公司债券；

（六）上市公司为维护公司价值及股东权益所必需。

公司因前款第一项、第二项规定的情形收购本公司股份的，应当经股东会决议；公司因前款第三项、第五项、第六项规定的情形收购本公司股份的，可以按照公司章程或者股东会的授权，经三分之二以上董事出席的董事会会议决议。

公司依照本条第一款规定收购本公司股份后，属于第一项情形的，应当自收购之日起十日内注销；属于第二项、第四项情形的，应当在六个月内转让或者注销；属于第三项、第五项、第六项情形的，公司合计持有的本公司股份数不得超过本公司已发行股份总数的百分之十，并应当在三年内转让或者注销。

上市公司收购本公司股份的，应当依照《中华人民共和国证券法》的规定履行信息披露义务。上市公司因本条第一款第三项、第五项、第六项规定的情形收购本公司股份的，应当通过公开的集中交易方式进行。

公司不得接受本公司的股份作为质权的标的。

**第一百六十二条　【股份有限公司股份回购】** 公司不得收购本公司股份。但是，有下列情形之一的除外：

（一）减少公司注册资本；

（二）与持有本公司股份的其他公司合并；

（三）将股份用于员工持股计划或者股权激励；

（四）股东因对股东会作出的公司合并、分立决议持异议，要求公司收购其股份；

（五）将股份用于转换公司发行的可转换为股票的公司债券；

（六）上市公司为维护公司价值及股东权益所必需。

公司因前款第一项、第二项规定的情形收购本公司股份的，应当经股东会决议；公司因前款第三项、第五项、第六项规定的情形收购本公司股份的，可以按照公司章程或者股东会的授权，经三分之二以上董事出席的董事会会议决议。

公司依照本条第一款规定收购本公司股份后，属于第一项情形的，应当自收购之日起十日内注销；属于第二项、第四项情形的，应当在六个月内转让或者注销；属于第三项、第五项、第六项情形的，公司合计持有的本公司股份数不得超过本公司已发行股份总数的百分之十，并应当在三年内转让或者注销。

> 上市公司收购本公司股份的，应当依照《中华人民共和国证券法》的规定履行信息披露义务。上市公司因本条第一款第三项、第五项、第六项规定的情形收购本公司股份的，应当通过公开的集中交易方式进行。
>
> 公司不得接受本公司的股份作为质权的标的。

**【理解与适用】**

本条是关于股份有限公司股份回购的规定。

股份回购的功能与风险。股份回购是指公司收购本公司已经发行的股份。股份有限公司的股份回购除了实施职工股份奖励计划、管理层股权激励和保护异议股东权益的功能外，更重要的功能还在于为公司提供一种可供选择的经营策略：通过主动的股份回购实施减资计划，提高剩余资金利用率，提高股权收益率；减少流通在外的股份数量，提高每股盈余，降低市盈率；在股价过低时回购股份以稳定公司股价，维护公司形象，保护现有股东权益；减少流通在外的股份，抬高收购门槛，用以抵御收购；变相分配股利，规避现金分红的法律负担如税收。同时，股份回购也容易产生很大的危害，诱发违法行为——公司内幕交易和操纵股价为；通过回购哄抬股价，误导投资者；事实上的减资，损害债权人利益；多数股东操纵股份回购，损害少数股东的利益等。所以，各国公司法对于股份回购的法律政策，一方面，比出资回的法律政策宽松，体现在允许的情形更多；另一方面，又更为严厉，体现在对股份回购的规制措施更加严格。[1]

公司法对股份回购是原则上禁止，例外情况下允许。允许的情形有：

1. 减少公司注册资本。股份回购是减少注册资本的手段之一，减少注册则是股份回购的重要目的之一。减少注册资本是股东会职权范围，应经过股份有限公司股东会决议，在决议之后可以回购股份，并应当在收购完成之日十日内注销股份，以完成减资程序。根据本法第二百

---

[1] 李建伟：《公司法学》（第五版），中国人民大学出版社2022年版，第267页。

二十四条第三款规定，公司减少注册资本原则上应当同比例减资，按照股东持有股份的比例相应减少出资额或者股份；非同比例减资除非法律另有规定或者股份有限公司章程另有规定，后者为风险资本（通常通过"对赌协议"投资）进行投资通过股份回购并减资退出投资的公司提供了制度空间。

2. 与持有本公司股份的其他公司合并。本公司的股份可能被其他公司所持有，当股份有限公司与持有本公司股份的其他公司合并，被合并的目标公司的资产归本公司所有，目标公司持有的本公司股份也是财产，也归本公司所有，这会产生本公司持有本公司自己的股份，事实上或结果上形成了股份回购。根据本条第二款的规定，此种股份回购的情形，应当在六个月内转让或者注销回购的股份。

3. 将股份用于员工持股计划或者股权激励。根据证监会和证券交易所的有关规定，员工持股计划是指上市公司根据员工意愿，通过合法方式使员工获得本公司股票并长期持有，股份权益按约定分配给员工的制度安排；股权激励是指上市公司以本公司股票为标的，采用限制性股票、股票期权或者本所认可的其他方式，对董事、高级管理人员及其他员工（以下简称激励对象）进行的长期性激励。这一情形下的股份回购决策程序进行了简化。即可以依照公司章程的规定或者股东大会的授权，经三分之二以上董事出席的董事会会议决议。回购的数量限制，公司合计持有的本公司股份数不得超过本公司已发行股份总数的百分之十。回购股份有限公司持有的时间，股份回购完成后，可根据公司的具体情况选择合适的时间点推行本公司的员工持股计划或者股权激励计划，但公司持股最长不得超过三年，并应当在三年内转让或者注销。

4. 股东因对股东会作出的公司合并、分立决议持异议，要求公司收购其股份。为维护股份有限公司异议股东权利，当股东对股份有限公司股东会所作出的公司合并、分立决议持异议时，其可以请求公司回购其持有的本公司股份，公司应当回购，这一情形的股份回购不需要经股东会或者董事会决议。公司回购股份后，应当在回购之日起六个月内转让或者注销股份。

5. 将股份用于转换公司发行的可转换为股票的公司债券。可转换为股票的公司债券，是指发行公司依法发行、在一定期间内依据约定的条件可以转换成股份的公司债券。可转换公司债券的法律性质是一种混合证券，不仅具有债权性质，因为具有可转换（股票）性，也具有股权性质。可转换公司债券的转换权，其法律性质是形成权，单方决定是否转换为公司股票，无须对方当事人同意，转换权属于债券持有人所有而不是发行公司。

本法第二百零二条规定，股份有限公司经股东会决议可以发行可转换为股票的公司债券，并在公司债券募集办法中规定具体的转换办法；上市公司发行可转换为股票的公司债券，应当经国务院证券监督管理机构注册。为提高效率、简化决策程序，此类回购可以依照公司章程的规定或者股东会的授权，经三分之二以上董事出席的董事会会议决议。所回购的股份，根据本条规定，应当在三年内按照可转债募集办法的规定转换给可转债持有人。

6. 上市公司为维护公司价值及股东权益所必需。当上市公司的股份价格被低估，不能反映正常的市场价值，上市公司为了维护公司价值及股东权益，可以在公开市场上回购自己的股份，这样公开市场上的股份供给数量减少，一方面，有助于提高股份价格，另一方面，也有助于向市场释放上市公司内部信息，传递上市公司现金流充足、业绩向好的信号。上市公司为维护公司价值及股东权益所必需而回购股份，公司合计持有的本公司股份数不得超过本公司已发行股份总数的百分之十，并应当在三年内转让或者注销。为了避免股份回购被用于操纵市场，《上市公司股份回购规则》规定了这一情形下股份回购应满足以下条件之一：（1）公司股票收盘价格低于最近一期每股净资产；（2）连续二十个交易日内公司股票收盘价格跌幅累计达到百分之二十；（3）公司股票收盘价格低于最近一年股票最高收盘价格的百分之五十；（4）中国证监会规定的其他条件。

关于上市公司股份回购信息披露的要求。本条第四款规定，上市公司收购本公司股份的，应当依照证券法的规定履行信息披露义务。上市公司因本条第一款第三项、第五项、第六项规定的情形收购本公司股份的，应当通过公开的集中交易方式进行。

公司不得接受本公司的股份作为质权的标的。本款规定的立法目的在于禁止变相回购行为。如果股份有限公司的股东向股份有限公司质押本公司的股份后，不能偿还债权，股份有限公司为实现债权而行使以本公司股份为标的的股份质权，那么股份有限公司将取得本公司的股份，从结果上相当于对股份回购，因此对此应当禁止，以避免股份回购的限制性规则被规避。

## 【相关规范】

### ● 部门规章及文件

1. 《上市公司股份回购规则》（2023年12月15日）

第一章 总 则

第一条 为规范上市公司股份回购行为，依据《中华人民共和国公司法》（以下简称《公司法》）、《中华人民共和国证券法》（以下简称《证券法》）等法律、行政法规，制定本规则。

第二条 本规则所称上市公司回购股份，是指上市公司因下列情形之一收购本公司股份的行为：

（一）减少公司注册资本；

（二）将股份用于员工持股计划或者股权激励；

（三）将股份用于转换上市公司发行的可转换为股票的公司债券；

（四）为维护公司价值及股东权益所必需。

前款第（四）项所指情形，应当符合以下条件之一：

（一）公司股票收盘价格低于最近一期每股净资产；

（二）连续二十个交易日内公司股票收盘价格跌幅累计达到百分之二十；

（三）公司股票收盘价格低于最近一年股票最高收盘价格的百分之五十；

（四）中国证监会规定的其他条件。

第三条 上市公司回购股份，应当有利于公司的可持续发展，不得损害股东和债权人的合法权益。

上市公司的董事、监事和高级管理人员在回购股份中应当忠实、勤勉地履行职责。

第四条 鼓励上市公司在章程或其他治理文件中完善股份回购机制，明确股份回购的触发条件、回购流程等具体安排。

第五条 上市公司回购股份，应当依据本规则和证券交易所的规定履行决策程序和信息披露义务。

上市公司及其董事、监事、高级管理人员应当保证所披露的信息真实、准确、完整，无虚假记载、误导性陈述或重大遗漏。

**第六条** 上市公司回购股份，可以结合实际，自主决定聘请财务顾问、律师事务所、会计师事务所等证券服务机构出具专业意见，并与回购股份方案一并披露。

前款规定的证券服务机构及人员应当诚实守信，勤勉尽责，对回购股份相关事宜进行尽职调查，并保证其出具的文件真实、准确、完整。

**第七条** 任何人不得利用上市公司回购股份从事内幕交易、操纵市场和证券欺诈等违法违规活动。

## 第二章 一般规定

**第八条** 上市公司回购股份应当同时符合以下条件：

（一）公司股票上市已满六个月；

（二）公司最近一年无重大违法行为；

（三）回购股份后，上市公司具备持续经营能力和债务履行能力；

（四）回购股份后，上市公司的股权分布原则上应当符合上市条件；公司拟通过回购股份终止其股票上市交易的，应当符合证券交易所的相关规定；

（五）中国证监会、证券交易所规定的其他条件。

上市公司因本规则第二条第一款第（四）项回购股份并减少注册资本的，不适用前款第（一）项。

**第九条** 上市公司回购股份可以采取以下方式之一进行：

（一）集中竞价交易方式；

（二）要约方式；

（三）中国证监会认可的其他方式。

上市公司因本规则第二条第一款第（二）项、第（三）项、第（四）项规定的情形回购股份的，应当通过本条第一款第（一）项、第（二）项规定的方式进行。

上市公司采用要约方式回购股份的，参照《上市公司收购管理办法》关于要约收购的规定执行。

**第十条** 上市公司触及本规则第二条第二款规定条件的，董事会应当及时了解是否存在对股价可能产生较大影响的重大事件和其他因素，通过多种渠道主动与股东特别是中小股东进行沟通和交流，充分听取股东关于公司是否应实施股份回购的意见和诉求。

**第十一条** 上市公司因本规则第二条第一款第（一）项、第（二）项、第（三）项规定的情形回购股份的，回购期限自董事会或者股东大会审议通过最终回购股份方案之日起不超过十二个月。

上市公司因本规则第二条第一款第（四）项规定的情形回购股份的，回购期限自董事会或者股东大会审议通过最终回购股份方案之日起不超过三个月。

**第十二条** 上市公司用于回购的资金来源必须合法合规。

**第十三条** 上市公司实施回购方案前，应当在证券登记结算机构开立由证券交易所监控的回购专用账户；该账户仅可用于存放已回购的股份。

上市公司回购的股份自向过户至上市公司回购专用账户之日起即失去其权利，不享有股东大会表决权、利润分配、公积金转增股本、认购新股和可转换公司债券等权利，不得质押和出借。

上市公司在计算相关指标时，应当从总股本中扣减已回购的股份数量。

**第十四条** 上市公司不得同时实施股份回购和股份发行行为，但依照有关规定实施优先股发行行为的除外。

前款所称实施股份回购行为，是指上市公司股东大会或者董事会通过回购股份方案后，上市公司收购本公司股份的行为。实施股份发行行为，是指上市公司自向特定对象发送认购邀请书或者取得注册批复并启动向不特定对象发行股份之日起至新增股份完成登记之日止的股份发行行为。

**第十五条** 上市公司相关股东、董事、监事、高级管理人员在上市公司回购股份期间减持股份的，应当符合中国证监会、证券交易所关于股份减持的相关规定。

**第十六条** 因上市公司回购股份，导致投资者持有或者通过协议、其他安排与他人共同持有该公司已发行的有表决权股份超过百分之三十的，投资者可以免于发出要约。

**第十七条** 上市公司因本规则第二条第一款第（一）项规定情形回购股份的，应当在自回购之日起十日内注销；因第（二）项、第（三）项、第（四）项规定情形回购股份的，公司合计持有的本公司股份数不得超过本公司已发行股份总额的百分之十，并应当在三年内按照依法披露的用途进行转让，未按照披露用途转让的，应当在三年期限届满前注销。

上市公司因本规则第二条第一款第（四）项规定情形回购股份的，可以按照证券交易所规定的条件和程序，在履行预披露义务后，通过集中竞价交易方式出售。

**第十八条** 上市公司以现金为对价，采用要约方式、集中竞价方式回购股份的，视同上市公司现金分红，纳入现金分红的相关比例计算。

**第十九条** 股东大会授权董事会实施股份回购的，可以依法一并授权董事会实施再融资。上市公司实施股份回购的，可以同时申请发行可转换公司债券，募集时间由上市公司按照有关规定予以确定。

## 第三章 回购程序和信息披露

**第二十条** 上市公司因本规则第二条第一款第（一）项规定情形回购股份的，应当由董事会依法作出决议，并提交股东大会审议，经出席会议的股东所持表决权的三分之二以上通过；因第（二）项、第（三）项、第（四）项规定情形回购股份的，可以依照公司章程的规定或者股东大会的授权，经三分之二以上董事出席的董事会会议决议。

上市公司股东大会对董事会作出授权的，应当在决议中明确授权实施股份回购的具体情形和授权期限等内容。

**第二十一条** 根据法律法规及公司章程等享有董事会、股东大会提案权的回购提议人向上市公司董事会提议回购股份的，应当遵守证券交易所的规定。

**第二十二条** 上市公司应当在董事会作出回购股份决议后两个交易日内，按照证券交易所的规定至少披露下列文件：

（一）董事会决议；

（二）回购股份方案。

回购股份方案须经股东大会决议的，上市公司应当及时发布召开股东大会的通知。

**第二十三条** 回购股份方案至少应当包括以下内容：

（一）回购股份的目的、方式、价格区间；

（二）拟回购股份的种类、用途、数量及占公司总股本的比例；

（三）拟用于回购的资金总额及资金来源；

（四）回购股份的实施期限；

（五）预计回购后公司股权结构的变动情况；

（六）管理层对本次回购股份对公司经营、财务及未来发展影响的分析；

（七）上市公司董事、监事、高级管理人员在董事会作出回购股份决议前六个月是否存在买卖上市公司股票的行为，是否存在单独或者与他人联合进行内幕交易及市场操纵的说明；

（八）证券交易所规定的其他事项。

以要约方式回购股份的,还应当披露股东预受要约的方式和程序、股东撤回预受要约的方式和程序,以及股东委托办理要约回购中相关股份预受、撤回、结算、过户登记等事宜的证券公司名称及其通讯方式。

**第二十四条** 上市公司应当在披露回购股份方案后五个交易日内,披露董事会公告回购股份决议的前一个交易日登记在册的前十大股东和前十大无限售条件股东的名称及持股数量、比例。

回购方案需经股东大会决议的,上市公司应当在股东大会召开前三日,披露股东大会的股权登记日登记在册的前十大股东和前十大无限售条件股东的名称及持股数量、比例。

**第二十五条** 上市公司股东大会审议回购股份方案的,应当对回购股份方案披露的事项逐项进行表决。

**第二十六条** 上市公司应当在董事会或者股东大会审议通过最终回购股份方案后及时披露回购报告书。

回购报告书至少应当包括本规则第二十三条回购股份方案所列事项及其他应说明的事项。

**第二十七条** 上市公司回购股份后拟予以注销的,应当在股东大会作出回购股份的决议后,依照《公司法》有关规定通知债权人。

**第二十八条** 未经法定或章程规定的程序授权或审议,上市公司、大股东不得对外发布回购股份的有关信息。

**第二十九条** 上市公司回购股份方案披露后,非因充分正当事由不得变更或者终止。确需变更或终止的,应当符合中国证监会、证券交易所的相关规定,并履行相应的决策程序。

上市公司回购股份用于注销的,不得变更为其他用途。

## 第四章 以集中竞价交易方式回购股份的特殊规定

**第三十条** 上市公司以集中竞价交易方式回购股份的,应当符合证券交易所的规定,交易申报应当符合下列要求:

(一)申报价格不得为公司股票当日交易涨幅限制的价格;

(二)不得在证券交易所开盘集合竞价、收盘集合竞价及股票价格无涨跌幅限制的交易日内进行股份回购的委托。

**第三十一条** 上市公司以集中竞价交易方式回购股份的,在下列期间不得实施:

(一)自可能对本公司证券及其衍生品种交易价格产生重大影响的重大事项发生之日或者在决策过程中至依法披露之日内;

(二) 中国证监会规定的其他情形。

上市公司因本规则第二条第一款第（四）项规定的情形回购股份并减少注册资本的，不适用前款规定。

第三十二条　上市公司以集中竞价交易方式回购股份的，应当按照以下规定履行公告义务：

(一) 上市公司应当在首次回购股份事实发生的次一交易日予以公告；

(二) 上市公司回购股份占上市公司总股本的比例每增加百分之一的，应当自该事实发生之日起三个交易日内予以公告；

(三) 在回购股份期间，上市公司应当在每个月的前三个交易日内，公告截至上月末的回购进展情况，包括已回购股份总额、购买的最高价和最低价、支付的总金额；

(四) 上市公司在回购期间应当在定期报告中公告回购进展情况，包括已回购股份的数量和比例、购买的最高价和最低价、支付的总金额；

(五) 上市公司在回购股份方案规定的回购实施期限过半时，仍未实施回购的，董事会应当公告未能实施回购的原因和后续回购安排；

(六) 回购期届满或者回购方案已实施完毕的，上市公司应当停止回购行为，并在二个交易日内公告回购股份情况以及公司股份变动报告，包括已回购股份总额、购买的最高价和最低价以及支付的总金额等内容。

## 第五章　以要约方式回购股份的特殊规定

第三十三条　上市公司以要约方式回购股份的，要约价格不得低于回购股份方案公告日前三十个交易日该种股票每日加权平均价的算术平均值。

第三十四条　上市公司以要约方式回购股份的，应当在公告回购报告书的同时，将回购所需资金全额存放于证券登记结算机构指定的银行账户。

第三十五条　上市公司以要约方式回购股份，股东预受要约的股份数量超出预定回购的股份数量的，上市公司应当按照相同比例回购股东预受的股份；股东预受要约的股份数量不足预定回购的股份数量的，上市公司应当全部回购股东预受的股份。

第三十六条　上市公司以要约方式回购境内上市外资股的，还应当符合证券交易所和证券登记结算机构业务规则的有关规定。

## 第六章　监管措施和法律责任

第三十七条　上市公司及相关方违反本规则，或者未按照回购股份报告书约定实施回购的，中国证监会可以采取责令改正、出具警示函等监管措施，证券交易所可以按照业务规则采取自律监管措施或者予以纪律处分。

第三十八条　在股份回购信息公开前，该信息的知情人和非法获取该信息的人，买卖该公司的证券，或者泄露该信息，或者建议他人买卖该证券的，中国证监会依照《证券法》第一百九十一条进行处罚。

第三十九条　利用上市公司股份回购，从事《证券法》第五十五条禁止行为的，中国证监会依照《证券法》第一百九十二条进行处罚。

第四十条　上市公司未按照本规则以及证券交易所规定披露回购信息的，中国证监会、证券交易所可以要求其补充披露、暂停或者终止回购股份活动。

第四十一条　上市公司未按照本规则以及证券交易所规定披露回购股份的相关信息，或者所披露的信息存在虚假记载、误导性陈述或者重大遗漏的，中国证监会依照《证券法》第一百九十七条予以处罚。

第四十二条　为上市公司回购股份出具专业文件的证券服务机构及其从业人员未履行诚实守信、勤勉尽责义务，违反行业规范、业务规则的，由中国证监会采取责令改正、监管谈话、出具警示函等监管措施。

前款规定的证券服务机构及其从业人员所制作、出具的文件存在虚假记载、误导性陈述或者重大遗漏的，依照《证券法》第二百一十三条予以处罚；情节严重的，可以采取市场禁入的措施。

## 第七章　附　则

第四十三条　本规则自公布之日起施行。《上市公司股份回购规则》（证监会公告〔2022〕4号）同时废止。

**第一百六十三条　【禁止财务资助】** 公司不得为他人取得本公司或者其母公司的股份提供赠与、借款、担保以及其他财务资助，公司实施员工持股计划的除外。

为公司利益，经股东会决议，或者董事会按照公司章程或者股东会的授权作出决议，公司可以为他人取得本公司或者其母公司的股份提供财务资助，但财务资助的累计总额不得超过已发行股本总额的百分之十。董事会作出决议应当经全体董事的三分之二以上通过。

违反前两款规定，给公司造成损失的，负有责任的董事、监事、高级管理人员应当承担赔偿责任。

**【理解与适用】**

本条是关于禁止财务资助的规定。

财务资助的行为是指公司为他人取得本公司股份或控股公司股份而提供财务资助的行为，包括贷款、担保、债务减免等使公司资产向公司股东或潜在股东流出的行为。"取得"本公司股份，不但包括购买公司已发行的股份，也包括认购公司将要发行的新股份。"资助"是指援助、帮助行为，即由于公司的援助、帮助行为而使得股份取得行为得以完成。"财务"是指公司所提供的援助是财务方面的，包括赠与、借贷、发行债务证券、对他人债务提供担保或补偿等积极方面，也包括公司承担债务、免除他人债务等消极方面的财务资助。[①]

本条第一款规定财务资助原则禁止。公司不得为他人取得本公司或者其母公司的股份提供赠与、借款、担保以及其他财务资助。禁止财务资助制度的立法旨意是预防公司控制权人滥用权限，使用公司资产为股东或潜在股东取得本公司股份进行不当的利益输送；防止公司不正当影响公司的股价；防止通过循环增资而虚增公司资本的欺诈行为。另外，财务资助还有这样的弊端和风险：（1）违反资本维持原则。股东出资后，资产归属于上市公司，如上市公司通过财务资助形式（如赠与），将公司的资金套用出去，会使公司的资产减少，甚至涉嫌抽逃出资，违反资本维持原则，损害公司和债权人利益。（2）打击杠杆收购。财务资助的方式包含担保，如收购方以上市公司的资产担保作为杠杆收购的融资来源，最终很可能损害上市公司的利益，甚至扰乱资本市场秩序，

---

① 沈朝晖：《财务资助行为的体系化规制》，载《中国政法大学学报》2022年第5期。

引发系统性金融风险。①

财务资助的行为，本款进行示例性的列举，这一列举不是穷尽性的，法院可深入探究公司交易的商业实质，以实质重于形式的标准，判断公司的某一个交易或行为是否导致公司的资产减损，变相资助他人取得本公司股份。②判断相关行为是否构成财务资助的实质在于，股份有限公司向他人提供的资金或其他非货币利益是否有真实存在的商业基础，在有相应商业基础下，股份有限公司向他人提供的资金或其他非货币利益是否公平合理、有无存在利益输送的可能性。

本条第一款规定财务资助的无条件例外允许，公司实施员工持股计划的而进行的财务资助不禁止。一律禁止财务资助行为可能阻碍价值增进的交易，而这些交易是有益于公司及其股东的。③ 员工持股计划作为禁止财务资助制度的例外可能还考虑到员工的薪酬收入购买力不足以购买公司股份，为了避免员工对外举债以行权，故允许公司对员工提供财务资助。④

本条第二款规定了财务资助的附条件例外，为防止财务资助被滥用和产生上述弊端，财务资助须遵循实质标准、程序控制和资本比例控制的条件。具体来讲：其一，关于实质标准。实质标准是指如果财务资助须是为了公司利益，不能损害公司的利益。其二，程序控制。财务资助须经股东会决议；或者董事会按照公司章程或者股东会的授权作出决议，董事会作出决议应当经全体董事的三分之二以上而非过半数通过。其三，资本比例控制。公司财务资助的累计总额不得超过已发行股本总额的百分之十。其四，适用范围。公司可以为他人取得本公司的股份提供财务资助，或者为他人取得其母公司的股份提供财务资助。

违反前两款规定，给公司造成损失的，负有责任的董事、监事、高级管理人员应当承担赔偿责任。需要注意的是，上市公司无条件例外财务资助和附条件例外财务资助，应当根据规定履行信息披露义务。

---

① 李耀：《为什么上市公司不得为融资对象提供财务资助?》，"法律笔记本"微信公众号，https://mp.weixin.qq.com/s/drER2sNbq-2w56rsSWVI3g，访问日期：2024年1月20日。
② 沈朝晖：《财务资助行为的体系化规制》，载《中国政法大学学报》2022年第5期。
③ 皮正德：《禁止财务资助规则的公司法建构》，载《法学研究》2023年第1期。
④ 沈朝晖：《财务资助行为的体系化规制》，载《中国政法大学学报》2022年第5期。

## 【相关规范】

● 部门规章及文件

**1.《上市公司监管指引第 8 号——上市公司资金往来、对外担保的监管要求》（2022 年 1 月 28 日）**

第五条 上市公司不得以下列方式将资金直接或者间接地提供给控股股东、实际控制人及其他关联方使用：

（一）为控股股东、实际控制人及其他关联方垫支工资、福利、保险、广告等费用、承担成本和其他支出；

（二）有偿或者无偿地拆借公司的资金（含委托贷款）给控股股东、实际控制人及其他关联方使用，但上市公司参股公司的其他股东同比例提供资金的除外。前述所称"参股公司"，不包括由控股股东、实际控制人控制的公司；

（三）委托控股股东、实际控制人及其他关联方进行投资活动；

（四）为控股股东、实际控制人及其他关联方开具没有真实交易背景的商业承兑汇票，以及在没有商品和劳务对价情况下或者明显有悖商业逻辑情况下以采购款、资产转让款、预付款等方式提供资金；

（五）代控股股东、实际控制人及其他关联方偿还债务；

（六）中国证券监督管理委员会（以下简称中国证监会）认定的其他方式。

**2.《上市公司监管指引第 2 号——上市公司募集资金管理和使用的监管要求（2022 年修订）》（2022 年 1 月 5 日）**

第十条 上市公司实际募集资金净额超过计划募集资金金额的部分（下称超募资金）可用于永久补充流动资金和归还银行借款，每十二个月内累计金额不得超过超募资金总额的百分之三十。

超募资金用于永久补充流动资金和归还银行借款的，应当经上市公司股东大会审议批准，并提供网络投票表决方式，独立董事、保荐机构应当发表明确同意意见并披露。上市公司应当承诺在补充流动资金后的十二个月内不进行高风险投资以及为他人提供财务资助并披露。

**3.《上市公司股权激励管理办法》（2018 年 8 月 15 日）**

第二十一条 激励对象参与股权激励计划的资金来源应当合法合规，不得违反法律、行政法规及中国证监会的相关规定。

上市公司不得为激励对象依股权激励计划获取有关权益提供贷款以及其他任何形式的财务资助，包括为其贷款提供担保。

4. 《上市公司收购管理办法》（2020年3月20日）

第八条 被收购公司的董事、监事、高级管理人员对公司负有忠实义务和勤勉义务，应当公平对待收购本公司的所有收购人。

被收购公司董事会针对收购所做出的决策及采取的措施，应当有利于维护公司及其股东的利益，不得滥用职权对收购设置不适当的障碍，不得利用公司资源向收购人提供任何形式的财务资助，不得损害公司及其股东的合法权益。

5. 《上市公司章程指引》（2023年12月15日）

第二十一条 公司或公司的子公司（包括公司的附属企业）不得以赠与、垫资、担保、补偿或贷款等形式，对购买或者拟购买公司股份的人提供任何资助。

### 【案例指引】

**深圳证券交易所对某公司财务资助发出监管函案**[①]

**案例要旨：**上市公司在为员工提供财务资助时未及时履行相应的审议程序和信息披露义务，且违反了上市公司不得为董事、监事和高级管理人员提供财务资助的规定，上述行为违反了《创业板股票上市规则》第1.4条，以及《创业板上市公司规范运作指引》第7.1.3条、第7.1.5条的规定。

> **第一百六十四条 【股票丢失的救济】** 股票被盗、遗失或者灭失，股东可以依照《中华人民共和国民事诉讼法》规定的公示催告程序，请求人民法院宣告该股票失效。人民法院宣告该股票失效后，股东可以向公司申请补发股票。

---

[①] 《关于对某公司的监管函》（创业板监管函〔2019〕第126号），深圳证券交易所网站，https://reportdocs.static.szse.cn/UpFiles/jgsy/gkxx_jgsy_30020829925.pdf?random=0.4991245108373277，最后访问日期：2024年1月20日。

**【理解与适用】**

本条是关于股票丢失救济的规定。

记名股票被盗、遗失或者灭失，股东可以依照民事诉讼法规定的公示催告程序，请求人民法院宣告该股票失效。公示催告程序，是指人民法院根据当事人的申请，以公示的方式催告不确定的利害关系人，在法定期间内申报权利，逾期无人申报，作出宣告证券无效（除权）的判决程序，属于非诉讼程序。其特点有：(1) 认定丧失证券或其他事项的事实而不是解决民事权益的争议；(2) 公示催告程序具有阶段性，公示催告与除权判决是前后衔接的两个阶段；(3) 实行一审终审。人民法院宣告该股票失效后，股东可以向公司申请补发股票。

**【相关规范】**

● **法律**

《中华人民共和国民事诉讼法》（2023年9月1日）

第二百二十九条　按照规定可以背书转让的票据持有人，因票据被盗、遗失或者灭失，可以向票据支付地的基层人民法院申请公示催告。依照法律规定可以申请公示催告的其他事项，适用本章规定。

申请人应当向人民法院递交申请书，写明票面金额、发票人、持票人、背书人等票据主要内容和申请的理由、事实。

第二百三十条　人民法院决定受理申请，应当同时通知支付人停止支付，并在三日内发出公告，催促利害关系人申报权利。公示催告的期间，由人民法院根据情况决定，但不得少于六十日。

第二百三十一条　支付人收到人民法院停止支付的通知，应当停止支付，至公示催告程序终结。

公示催告期间，转让票据权利的行为无效。

第二百三十二条　利害关系人应当在公示催告期间向人民法院申报。

人民法院收到利害关系人的申报后，应当裁定终结公示催告程序，并通知申请人和支付人。

申请人或者申报人可以向人民法院起诉。

第二百三十三条　没有人申报的，人民法院应当根据申请人的申请，作出判决，宣告票据无效。判决应当公告，并通知支付人。自判决公告之日起，申请人有权向支付人请求支付。

**第二百三十四条** 利害关系人因正当理由不能在判决前向人民法院申报的，自知道或者应当知道判决公告之日起一年内，可以向作出判决的人民法院起诉。

## 【案例指引】

**铁道部某局机械筑路处、广东某公司票据纠纷案**[①]

**裁判要旨**：根据公司法的有关规定，记名股票被盗、遗失或者灭失，股东可以依照民事诉讼法规定的公示催告程序，请求人民法院宣告该股票失效。人民法院宣告该股票失效后，股东可以向公司申请补发股票。

> **第一百六十五条 【上市公司的股票交易】** 上市公司的股票，依照有关法律、行政法规及证券交易所交易规则上市交易。

## 【理解与适用】

本条是关于上市公司股票交易的规定。

本法第一百五十七条规定，股份有限公司的股份原则转让自由，不过本条对股份有限公司中的上市公司的股票转让交易有限制性要求，要求上市公司的股票，依照有关法律、行政法规及证券交易所交易规则上市交易，不得在场外交易。由于上市公司股份的公开发行涉及社会公众投资者，因此，限制这些股票必须在证券交易所或者国务院批准的其他交易场所交易，目的是保护公众投资者。

证券法第三十七条规定，公开发行的证券，应当在依法设立的证券交易所上市交易或者在国务院批准的其他全国性证券交易场所交易。目前，我国在证券交易所之外的合法证券交易，主要包括两大类：一是通

---

[①] （2019）粤02民终88号，载中国裁判文书网，https://wenshu.court.gov.cn/website/wenshu/181107ANFZ0BXSK4/index.html？docId = XqZDNCyi3Wo6RKdteRObZgCiZ3J7Gykly4lnJSEpgVY0QSg0L5//ι/UKq3u + IEo4a2413fymoVhb5Ehjtp9N4uIVZSGAl4oETMaH4bEzbCu +/TU/ADnGK4r5my0Dz38p，最后访问日期：2023年12月30日。

过产权交易所进行的非上市公司股份的转让，二是证券公司的代办股份转让业务即我国目前存在两个合法的场外市场：产权交易所和代办股份转让系统。

至于非上市的股份有限公司的股权，一般在当事人之间协议转让。

**【相关规范】**

● **法律**

《中华人民共和国证券法》（2019年12月28日）

第三十七条　公开发行的证券，应当在依法设立的证券交易所上市交易或者在国务院批准的其他全国性证券交易场所交易。

非公开发行的证券，可以在证券交易所、国务院批准的其他全国性证券交易场所、按照国务院规定设立的区域性股权市场转让。

---

**第一百六十六条　【上市公司的信息披露】**上市公司应当依照法律、行政法规的规定披露相关信息。

---

**【理解与适用】**

本条是关于上市公司信息披露的原则性规定。

本条是一个引用性法条，也是上市公司信息披露的原则性规定。上市公司是指股票在证券交易所发行上市的公司。信息披露分为自愿信息披露和强制信息披露，本条其实是指强制性信息披露制度，即法律强制规定有关主体负有信息披露的义务。上市公司应当强制进行信息披露是各国法律的通例，证券法及相关信息披露的行政法规、证监会的部门规章、证券交易所信息披露规则及文件都规定了上市公司信息披露的规则。因此，公司法在此只是原则性规定，具体规则指引依照信息披露相关的法律、行政法规的规定。

**【相关规范】**

● *法律*

1. 《中华人民共和国证券法》（2019 年 12 月 28 日）

　　第七十八条　发行人及法律、行政法规和国务院证券监督管理机构规定的其他信息披露义务人，应当及时依法履行信息披露义务。

　　信息披露义务人披露的信息，应当真实、准确、完整，简明清晰，通俗易懂，不得有虚假记载、误导性陈述或者重大遗漏。

　　证券同时在境内境外公开发行、交易的，其信息披露义务人在境外披露的信息，应当在境内同时披露。

　　第七十九条　上市公司、公司债券上市交易的公司、股票在国务院批准的其他全国性证券交易场所交易的公司，应当按照国务院证券监督管理机构和证券交易场所规定的内容和格式编制定期报告，并按照以下规定报送和公告：

　　（一）在每一会计年度结束之日起四个月内，报送并公告年度报告，其中的年度财务会计报告应当经符合本法规定的会计师事务所审计；

　　（二）在每一会计年度的上半年结束之日起二个月内，报送并公告中期报告。

　　第八十条　发生可能对上市公司、股票在国务院批准的其他全国性证券交易场所交易的公司的股票交易价格产生较大影响的重大事件，投资者尚未得知时，公司应当立即将有关该重大事件的情况向国务院证券监督管理机构和证券交易场所报送临时报告，并予公告，说明事件的起因、目前的状态和可能产生的法律后果。

　　前款所称重大事件包括：

　　（一）公司的经营方针和经营范围的重大变化；

　　（二）公司的重大投资行为，公司在一年内购买、出售重大资产超过公司资产总额百分之三十，或者公司营业用主要资产的抵押、质押、出售或者报废一次超过该资产的百分之三十；

　　（三）公司订立重要合同、提供重大担保或者从事关联交易，可能对公司的资产、负债、权益和经营成果产生重要影响；

　　（四）公司发生重大债务和未能清偿到期重大债务的违约情况；

　　（五）公司发生重大亏损或者重大损失；

　　（六）公司生产经营的外部条件发生的重大变化；

（七）公司的董事、三分之一以上监事或者经理发生变动，董事长或者经理无法履行职责；

（八）持有公司百分之五以上股份的股东或者实际控制人持有股份或者控制公司的情况发生较大变化，公司的实际控制人及其控制的其他企业从事与公司相同或者相似业务的情况发生较大变化；

（九）公司分配股利、增资的计划，公司股权结构的重要变化，公司减资、合并、分立、解散及申请破产的决定，或者依法进入破产程序、被责令关闭；

（十）涉及公司的重大诉讼、仲裁，股东大会、董事会决议被依法撤销或者宣告无效；

（十一）公司涉嫌犯罪被依法立案调查，公司的控股股东、实际控制人、董事、监事、高级管理人员涉嫌犯罪被依法采取强制措施；

（十二）国务院证券监督管理机构规定的其他事项。

公司的控股股东或者实际控制人对重大事件的发生、进展产生较大影响的，应当及时将其知悉的有关情况书面告知公司，并配合公司履行信息披露义务。

**第八十一条** 发生可能对上市交易公司债券的交易价格产生较大影响的重大事件，投资者尚未得知时，公司应当立即将有关该重大事件的情况向国务院证券监督管理机构和证券交易场所报送临时报告，并予公告，说明事件的起因、目前的状态和可能产生的法律后果。

前款所称重大事件包括：

（一）公司股权结构或者生产经营状况发生重大变化；

（二）公司债券信用评级发生变化；

（三）公司重大资产抵押、质押、出售、转让、报废；

（四）公司发生未能清偿到期债务的情况；

（五）公司新增借款或者对外提供担保超过上年末净资产的百分之二十；

（六）公司放弃债权或者财产超过上年末净资产的百分之十；

（七）公司发生超过上年末净资产百分之十的重大损失；

（八）公司分配股利，作出减资、合并、分立、解散及申请破产的决定，或者依法进入破产程序、被责令关闭；

（九）涉及公司的重大诉讼、仲裁；

（十）公司涉嫌犯罪被依法立案调查，公司的控股股东、实际控制人、董事、监事、高级管理人员涉嫌犯罪被依法采取强制措施；

（十一）国务院证券监督管理机构规定的其他事项。

**第八十二条** 发行人的董事、高级管理人员应当对证券发行文件和定期报告签署书面确认意见。

发行人的监事会应当对董事会编制的证券发行文件和定期报告进行审核并提出书面审核意见。监事应当签署书面确认意见。

发行人的董事、监事和高级管理人员应当保证发行人及时、公平地披露信息，所披露的信息真实、准确、完整。

董事、监事和高级管理人员无法保证证券发行文件和定期报告内容的真实性、准确性、完整性或者有异议的，应当在书面确认意见中发表意见并陈述理由，发行人应当披露。发行人不予披露的，董事、监事和高级管理人员可以直接申请披露。

**第八十三条** 信息披露义务人披露的信息应当同时向所有投资者披露，不得提前向任何单位和个人泄露。但是，法律、行政法规另有规定的除外。

任何单位和个人不得非法要求信息披露义务人提供依法需要披露但尚未披露的信息。任何单位和个人提前获知的前述信息，在依法披露前应当保密。

**第八十四条** 除依法需要披露的信息之外，信息披露义务人可以自愿披露与投资者作出价值判断和投资决策有关的信息，但不得与依法披露的信息相冲突，不得误导投资者。

发行人及其控股股东、实际控制人、董事、监事、高级管理人员等作出公开承诺的，应当披露。不履行承诺给投资者造成损失的，应当依法承担赔偿责任。

**第八十五条** 信息披露义务人未按照规定披露信息，或者公告的证券发行文件、定期报告、临时报告及其他信息披露资料存在虚假记载、误导性陈述或者重大遗漏，致使投资者在证券交易中遭受损失的，信息披露义务人应当承担赔偿责任；发行人的控股股东、实际控制人、董事、监事、高级管理人员和其他直接责任人员以及保荐人、承销的证券公司及其直接责任人员，应当与发行人承担连带赔偿责任，但是能够证明自己没有过错的除外。

**第八十六条** 依法披露的信息，应当在证券交易场所的网站和符合国务院证券监督管理机构规定条件的媒体发布，同时将其置备于公司住所、证券交易场所，供社会公众查阅。

**第八十七条** 国务院证券监督管理机构对信息披露义务人的信息披露行为进行监督管理。

证券交易场所应当对其组织交易的证券的信息披露义务人的信息披露行为进行监督，督促其依法及时、准确地披露信息。

● *部门规章及文件*
2.《上市公司信息披露管理办法（2021年修订）》（2021年3月18日）

## 第一章 总　则

**第一条** 为了规范上市公司及其他信息披露义务人的信息披露行为，加强信息披露事务管理，保护投资者合法权益，根据《中华人民共和国公司法》（以下简称《公司法》）、《中华人民共和国证券法》（以下简称《证券法》）等法律、行政法规，制定本办法。

**第二条** 信息披露义务人履行信息披露义务应当遵守本办法的规定，中国证券监督管理委员会（以下简称中国证监会）对首次公开发行股票并上市、上市公司发行证券信息披露另有规定的，从其规定。

**第三条** 信息披露义务人应当及时依法履行信息披露义务，披露的信息应当真实、准确、完整，简明清晰、通俗易懂，不得有虚假记载、误导性陈述或者重大遗漏。

信息披露义务人披露的信息应当同时向所有投资者披露，不得提前向任何单位和个人泄露。但是，法律、行政法规另有规定的除外。

在内幕信息依法披露前，内幕信息的知情人和非法获取内幕信息的人不得公开或者泄露该信息，不得利用该信息进行内幕交易。任何单位和个人不得非法要求信息披露义务人提供依法需要披露但尚未披露的信息。

证券及其衍生品种同时在境内境外公开发行、交易的，其信息披露义务人在境外市场披露的信息，应当同时在境内市场披露。

**第四条** 上市公司的董事、监事、高级管理人员应当忠实、勤勉地履行职责，保证披露信息的真实、准确、完整，信息披露及时、公平。

**第五条** 除依法需要披露的信息之外，信息披露义务人可以自愿披露与投资者作出价值判断和投资决策有关的信息，但不得与依法披露的信息相冲突，不得误导投资者。

信息披露义务人自愿披露的信息应当真实、准确、完整。自愿性信息披露应当遵守公平原则，保持信息披露的持续性和一致性，不得进行选择性披露。

信息披露义务人不得利用自愿披露的信息不当影响公司证券及其衍生品种交易价格，不得利用自愿性信息披露从事市场操纵等违法违规行为。

**第六条** 上市公司及其控股股东、实际控制人、董事、监事、高级管理人员等作出公开承诺的，应当披露。

**第七条** 信息披露文件包括定期报告、临时报告、招股说明书、募集说明书、上市公告书、收购报告书等。

**第八条** 依法披露的信息，应当在证券交易所的网站和符合中国证监会规定条件的媒体发布，同时将其置备于上市公司住所、证券交易所，供社会公众查阅。

信息披露文件的全文应当在证券交易所的网站和符合中国证监会规定条件的报刊依法开办的网站披露，定期报告、收购报告书等信息披露文件的摘要应当在证券交易所的网站和符合中国证监会规定条件的报刊披露。

信息披露义务人不得以新闻发布或者答记者问等任何形式代替应当履行的报告、公告义务，不得以定期报告形式代替应当履行的临时报告义务。

**第九条** 信息披露义务人应当将信息披露公告文稿和相关备查文件报送上市公司注册地证监局。

**第十条** 信息披露文件应当采用中文文本。同时采用外文文本的，信息披露义务人应当保证两种文本的内容一致。两种文本发生歧义时，以中文文本为准。

**第十一条** 中国证监会依法对信息披露文件及公告的情况、信息披露事务管理活动进行监督检查，对信息披露义务人的信息披露行为进行监督管理。

证券交易所应当对上市公司及其他信息披露义务人的信息披露行为进行监督，督促其依法及时、准确地披露信息，对证券及其衍生品种交易实行实时监控。证券交易所制定的上市规则和其他信息披露规则应当报中国证监会批准。

## 第二章 定期报告

**第十二条** 上市公司应当披露的定期报告包括年度报告、中期报告。凡是对投资者作出价值判断和投资决策有重大影响的信息，均应当披露。

年度报告中的财务会计报告应当经符合《证券法》规定的会计师事务所审计。

**第十三条** 年度报告应当在每个会计年度结束之日起四个月内，中期报告应当在每个会计年度的上半年结束之日起两个月内编制完成并披露。

**第十四条** 年度报告应当记载以下内容：

（一）公司基本情况；

（二）主要会计数据和财务指标；

（三）公司股票、债券发行及变动情况，报告期末股票、债券总额、股东总数，公司前十大股东持股情况；

（四）持股百分之五以上股东、控股股东及实际控制人情况；

（五）董事、监事、高级管理人员的任职情况、持股变动情况、年度报酬情况；

（六）董事会报告；

（七）管理层讨论与分析；

（八）报告期内重大事件及对公司的影响；

（九）财务会计报告和审计报告全文；

（十）中国证监会规定的其他事项。

**第十五条** 中期报告应当记载以下内容：

（一）公司基本情况；

（二）主要会计数据和财务指标；

（三）公司股票、债券发行及变动情况、股东总数、公司前十大股东持股情况，控股股东及实际控制人发生变化的情况；

（四）管理层讨论与分析；

（五）报告期内重大诉讼、仲裁等重大事件及对公司的影响；

（六）财务会计报告；

（七）中国证监会规定的其他事项。

**第十六条** 定期报告内容应当经上市公司董事会审议通过。未经董事会审议通过的定期报告不得披露。

公司董事、高级管理人员应当对定期报告签署书面确认意见，说明董事会的编制和审议程序是否符合法律、行政法规和中国证监会的规定，报告的内容是否能够真实、准确、完整地反映上市公司的实际情况。

监事会应当对董事会编制的定期报告进行审核并提出书面审核意见。监事应当签署书面确认意见。监事会对定期报告出具的书面审核意见，应当说明董事会的编制和审议程序是否符合法律、行政法规和中国证监会的规定，报告的内容是否能够真实、准确、完整地反映上市公司的实际情况。

董事、监事无法保证定期报告内容的真实性、准确性、完整性或者有异议的，应当在董事会或者监事会审议、审核定期报告时投反对票或者弃权票。

董事、监事和高级管理人员无法保证定期报告内容的真实性、准确性、完整性或者有异议的，应当在书面确认意见中发表意见并陈述理由，上市公司应当披露。上市公司不予披露的，董事、监事和高级管理人员可以直接申请披露。

董事、监事和高级管理人员按照前款规定发表意见，应当遵循审慎原则，其保证定期报告内容的真实性、准确性、完整性的责任不仅因发表意见而当然免除。

**第十七条** 上市公司预计经营业绩发生亏损或者发生大幅变动的，应当及时进行业绩预告。

**第十八条** 定期报告披露前出现业绩泄露，或者出现业绩传闻且公司证券及其衍生品种交易出现异常波动的，上市公司应当及时披露本报告期相关财务数据。

**第十九条** 定期报告中财务会计报告被出具非标准审计意见的，上市公司董事会应当针对该审计意见涉及事项作出专项说明。

定期报告中财务会计报告被出具非标准审计意见，证券交易所认为涉嫌违法的，应当提请中国证监会立案调查。

**第二十条** 上市公司未在规定期限内披露年度报告和中期报告的，中国证监会应当立即立案调查，证券交易所应当按照股票上市规则予以处理。

**第二十一条** 年度报告、中期报告的格式及编制规则，由中国证监会和证券交易所制定。

### 第三章 临时报告

**第二十二条** 发生可能对上市公司证券及其衍生品种交易价格产生较大影响的重大事件，投资者尚未得知时，上市公司应当立即披露，说明事件的起因、目前的状态和可能产生的影响。

前款所称重大事件包括：

（一）《证券法》第八十条第二款规定的重大事件；

（二）公司发生大额赔偿责任；

（三）公司计提大额资产减值准备；

（四）公司出现股东权益为负值；

（五）公司主要债务人出现资不抵债或者进入破产程序，公司对相应债权未提取足额坏账准备；

（六）新公布的法律、行政法规、规章、行业政策可能对公司产生重大影响；

（七）公司开展股权激励、回购股份、重大资产重组、资产分拆上市或者挂牌；

（八）法院裁决禁止控股股东转让其所持股份；任一股东所持公司百分之五以上股份被质押、冻结、司法拍卖、托管、设定信托或者被依法限制表决权等，或者出现被强制过户风险；

（九）主要资产被查封、扣押或者冻结；主要银行账户被冻结；

（十）上市公司预计经营业绩发生亏损或者发生大幅变动；

（十一）主要或者全部业务陷入停顿；

（十二）获得对当期损益产生重大影响的额外收益，可能对公司的资产、负债、权益或者经营成果产生重要影响；

（十三）聘任或者解聘为公司审计的会计师事务所；

（十四）会计政策、会计估计重大自主变更；

（十五）因前期已披露的信息存在差错、未按规定披露或者虚假记载，被有关机关责令改正或者经董事会决定进行更正；

（十六）公司或者其控股股东、实际控制人、董事、监事、高级管理人员受到刑事处罚，涉嫌违法违规被中国证监会立案调查或者受到中国证监会行政处罚，或者受到其他有权机关重大行政处罚；

（十七）公司的控股股东、实际控制人、董事、监事、高级管理人员涉嫌严重违纪违法或者职务犯罪被纪检监察机关采取留置措施且影响其履行职责；

（十八）除董事长或者经理外的公司其他董事、监事、高级管理人员因身体、工作安排等原因无法正常履行职责达到或者预计达到三个月以上，或者因涉嫌违法违规被有权机关采取强制措施且影响其履行职责；

（十九）中国证监会规定的其他事项。

上市公司的控股股东或者实际控制人对重大事件的发生、进展产生较大影响的，应当及时将其知悉的有关情况书面告知上市公司，并配合上市公司履行信息披露义务。

**第二十三条** 上市公司变更公司名称、股票简称、公司章程、注册资本、注册地址、主要办公地址和联系电话等，应当立即披露。

**第二十四条** 上市公司应当在最先发生的以下任一时点，及时履行重大事件的信息披露义务：

（一）董事会或者监事会就该重大事件形成决议时；

（二）有关各方就该重大事件签署意向书或者协议时；

（三）董事、监事或者高级管理人员知悉该重大事件发生时。

在前款规定的时点之前出现下列情形之一的，上市公司应当及时披露相关事项的现状、可能影响事件进展的风险因素：

（一）该重大事件难以保密；

（二）该重大事件已经泄露或者市场出现传闻；

（三）公司证券及其衍生品种出现异常交易情况。

**第二十五条** 上市公司披露重大事件后，已披露的重大事件出现可能对上市公司证券及其衍生品种交易价格产生较大影响的进展或者变化的，上市公司应当及时披露进展或者变化情况、可能产生的影响。

**第二十六条** 上市公司控股子公司发生本办法第二十二条规定的重大事件，可能对上市公司证券及其衍生品种交易价格产生较大影响的，上市公司应当履行信息披露义务。

上市公司参股公司发生可能对上市公司证券及其衍生品种交易价格产生较大影响的事件的，上市公司应当履行信息披露义务。

**第二十七条** 涉及上市公司的收购、合并、分立、发行股份、回购股份等行为导致上市公司股本总额、股东、实际控制人等发生重大变化的，信息披露义务人应当依法履行报告、公告义务，披露权益变动情况。

**第二十八条** 上市公司应当关注本公司证券及其衍生品种的异常交易情况及媒体关于本公司的报道。

证券及其衍生品种发生异常交易或者在媒体中出现的消息可能对公司证券及其衍生品种的交易产生重大影响时，上市公司应当及时向相关各方了解真实情况，必要时应当以书面方式问询。

上市公司控股股东、实际控制人及其一致行动人应当及时、准确地告知上市公司是否存在拟发生的股权转让、资产重组或者其他重大事件，并配合上市公司做好信息披露工作。

**第二十九条** 公司证券及其衍生品种交易被中国证监会或者证券交易

所认定为异常交易的，上市公司应当及时了解造成证券及其衍生品种交易异常波动的影响因素，并及时披露。

## 第四章　信息披露事务管理

**第三十条**　上市公司应当制定信息披露事务管理制度。信息披露事务管理制度应当包括：

（一）明确上市公司应当披露的信息，确定披露标准；

（二）未公开信息的传递、审核、披露流程；

（三）信息披露事务管理部门及其负责人在信息披露中的职责；

（四）董事和董事会、监事和监事会、高级管理人员等的报告、审议和披露的职责；

（五）董事、监事、高级管理人员履行职责的记录和保管制度；

（六）未公开信息的保密措施，内幕信息知情人登记管理制度，内幕信息知情人的范围和保密责任；

（七）财务管理和会计核算的内部控制及监督机制；

（八）对外发布信息的申请、审核、发布流程；与投资者、证券服务机构、媒体等的信息沟通制度；

（九）信息披露相关文件、资料的档案管理制度；

（十）涉及子公司的信息披露事务管理和报告制度；

（十一）未按规定披露信息的责任追究机制，对违反规定人员的处理措施。

上市公司信息披露事务管理制度应当经公司董事会审议通过，报注册地证监局和证券交易所备案。

**第三十一条**　上市公司董事、监事、高级管理人员应当勤勉尽责，关注信息披露文件的编制情况，保证定期报告、临时报告在规定期限内披露。

**第三十二条**　上市公司应当制定定期报告的编制、审议、披露程序。经理、财务负责人、董事会秘书等高级管理人员应当及时编制定期报告草案，提请董事会审议；董事会秘书负责送达董事审阅；董事长负责召集和主持董事会会议审议定期报告；监事会负责审核董事会编制的定期报告；董事会秘书负责组织定期报告的披露工作。

**第三十三条**　上市公司应当制定重大事件的报告、传递、审核、披露程序。董事、监事、高级管理人员知悉重大事件发生时，应当按照公司规定立即履行报告义务；董事长在接到报告后，应当立即向董事会报告，并敦促董事会秘书组织临时报告的披露工作。

上市公司应当制定董事、监事、高级管理人员对外发布信息的行为规范，明确非经董事会书面授权不得对外发布上市公司未披露信息的情形。

**第三十四条** 上市公司通过业绩说明会、分析师会议、路演、接受投资者调研等形式就公司的经营情况、财务状况及其他事件与任何单位和个人进行沟通的，不得提供内幕信息。

**第三十五条** 董事应当了解并持续关注公司生产经营情况、财务状况和公司已经发生的或者可能发生的重大事件及其影响，主动调查、获取决策所需要的资料。

**第三十六条** 监事应当对公司董事、高级管理人员履行信息披露职责的行为进行监督；关注公司信息披露情况，发现信息披露存在违法违规问题的，应当进行调查并提出处理建议。

**第三十七条** 高级管理人员应当及时向董事会报告有关公司经营或者财务方面出现的重大事件、已披露的事件的进展或者变化情况及其他相关信息。

**第三十八条** 董事会秘书负责组织和协调公司信息披露事务，汇集上市公司应予披露的信息并报告董事会，持续关注媒体对公司的报道并主动求证报道的真实情况。董事会秘书有权参加股东大会、董事会会议、监事会会议和高级管理人员相关会议，有权了解公司的财务和经营情况，查阅涉及信息披露事宜的所有文件。董事会秘书负责办理上市公司信息对外公布等相关事宜。

上市公司应当为董事会秘书履行职责提供便利条件，财务负责人应当配合董事会秘书在财务信息披露方面的相关工作。

**第三十九条** 上市公司的股东、实际控制人发生以下事件时，应当主动告知上市公司董事会，并配合上市公司履行信息披露义务：

（一）持有公司百分之五以上股份的股东或者实际控制人持有股份或者控制公司的情况发生较大变化，公司的实际控制人及其控制的其他企业从事与公司相同或者相似业务的情况发生较大变化；

（二）法院裁决禁止控股股东转让其所持股份，任一股东所持公司百分之五以上股份被质押、冻结、司法拍卖、托管、设定信托或者被依法限制表决权等，或者出现被强制过户风险；

（三）拟对上市公司进行重大资产或者业务重组；

（四）中国证监会规定的其他情形。

应当披露的信息依法披露前，相关信息已在媒体上传播或者公司证券及其衍生品种出现交易异常情况的，股东或者实际控制人应当及时、准确地向上市公司作出书面报告，并配合上市公司及时、准确地公告。

上市公司的股东、实际控制人不得滥用其股东权利、支配地位，不得要求上市公司向其提供内幕信息。

**第四十条** 上市公司向特定对象发行股票时，其控股股东、实际控制人和发行对象应当及时向上市公司提供相关信息，配合上市公司履行信息披露义务。

**第四十一条** 上市公司董事、监事、高级管理人员、持股百分之五以上的股东及其一致行动人、实际控制人应当及时向上市公司董事会报送上市公司关联人名单及关联关系的说明。上市公司应当履行关联交易的审议程序，并严格执行关联交易回避表决制度。交易各方不得通过隐瞒关联关系或者采取其他手段，规避上市公司的关联交易审议程序和信息披露义务。

**第四十二条** 通过接受委托或者信托等方式持有上市公司百分之五以上股份的股东或者实际控制人，应当及时将委托人情况告知上市公司，配合上市公司履行信息披露义务。

**第四十三条** 信息披露义务人应当向其聘用的证券公司、证券服务机构提供与执业相关的所有资料，并确保资料的真实、准确、完整，不得拒绝、隐匿、谎报。

证券公司、证券服务机构在为信息披露出具专项文件时，发现上市公司及其他信息披露义务人提供的材料有虚假记载、误导性陈述、重大遗漏或者其他重大违法行为的，应当要求其补充、纠正。信息披露义务人不予补充、纠正的，证券公司、证券服务机构应当及时向公司注册地证监局和证券交易所报告。

**第四十四条** 上市公司解聘会计师事务所的，应当在董事会决议后及时通知会计师事务所，公司股东大会就解聘会计师事务所进行表决时，应当允许会计师事务所陈述意见。股东大会作出解聘、更换会计师事务所决议的，上市公司应当在披露时说明解聘、更换的具体原因和会计师事务所的陈述意见。

**第四十五条** 为信息披露义务人履行信息披露义务出具专项文件的证券公司、证券服务机构及其人员，应当勤勉尽责、诚实守信，按照法律、行政法规、中国证监会规定、行业规范、业务规则等发表专业意见，保证所出具文件的真实性、准确性和完整性。

证券服务机构应当妥善保存客户委托文件、核查和验证资料、工作底稿以及与质量控制、内部管理、业务经营有关的信息和资料。证券服务机构应当配合中国证监会的监督管理，在规定的期限内提供、报送或者披露相关资料、信息，保证其提供、报送或者披露的资料、信息真实、准确、完整，不得有虚假记载、误导性陈述或者重大遗漏。

**第四十六条** 会计师事务所应当建立并保持有效的质量控制体系、独立性管理和投资者保护机制，秉承风险导向审计理念，遵守法律、行政法规、中国证监会的规定，严格执行注册会计师执业准则、职业道德守则及相关规定，完善鉴证程序，科学选用鉴证方法和技术，充分了解被鉴证单位及其环境，审慎关注重大错报风险，获取充分、适当的证据，合理发表鉴证结论。

**第四十七条** 资产评估机构应当建立并保持有效的质量控制体系、独立性管理和投资者保护机制，恪守职业道德，遵守法律、行政法规、中国证监会的规定，严格执行评估准则或者其他评估规范，恰当选择评估方法，评估中提出的假设条件应当符合实际情况，对评估对象所涉及交易、收入、支出、投资等业务的合法性、未来预测的可靠性取得充分证据，充分考虑未来各种可能性发生的概率及其影响，形成合理的评估结论。

**第四十八条** 任何单位和个人不得非法获取、提供、传播上市公司的内幕信息，不得利用所获取的内幕信息买卖或者建议他人买卖公司证券及其衍生品种，不得在投资价值分析报告、研究报告等文件中使用内幕信息。

**第四十九条** 媒体应当客观、真实地报道涉及上市公司的情况，发挥舆论监督作用。

任何单位和个人不得提供、传播虚假或者误导投资者的上市公司信息。

## 第五章　监督管理与法律责任

**第五十条** 中国证监会可以要求信息披露义务人或者其董事、监事、高级管理人员对有关信息披露问题作出解释、说明或者提供相关资料，并要求上市公司提供证券公司或者证券服务机构的专业意见。

中国证监会对证券公司和证券服务机构出具的文件的真实性、准确性、完整性有疑义的，可以要求相关机构作出解释、补充，并调阅其工作底稿。

信息披露义务人及其董事、监事、高级管理人员，证券公司和证券服务机构应当及时作出回复，并配合中国证监会的检查、调查。

**第五十一条** 上市公司董事、监事、高级管理人员应当对公司信息披露的真实性、准确性、完整性、及时性、公平性负责，但有充分证据表明其已经履行勤勉尽责义务的除外。

上市公司董事长、经理、董事会秘书，应当对公司临时报告信息披露的真实性、准确性、完整性、及时性、公平性承担主要责任。

上市公司董事长、经理、财务负责人应当对公司财务会计报告的真实性、准确性、完整性、及时性、公平性承担主要责任。

**第五十二条** 信息披露义务人及其董事、监事、高级管理人员违反本办法的，中国证监会为防范市场风险，维护市场秩序，可以采取以下监管措施：

（一）责令改正；
（二）监管谈话；
（三）出具警示函；
（四）责令公开说明；
（五）责令定期报告；
（六）责令暂停或者终止并购重组活动；
（七）依法可以采取的其他监管措施。

**第五十三条** 上市公司未按本办法规定制定上市公司信息披露事务管理制度的，由中国证监会责令改正；拒不改正的，给予警告并处国务院规定限额以下罚款。

**第五十四条** 信息披露义务人未按照《证券法》规定在规定期限内报送有关报告、履行信息披露义务，或者报送的报告、披露的信息有虚假记载、误导性陈述或者重大遗漏的，由中国证监会按照《证券法》第一百九十七条处罚。

上市公司通过隐瞒关联关系或者采取其他手段，规避信息披露、报告义务的，由中国证监会按照《证券法》第一百九十七条处罚。

**第五十五条** 为信息披露义务人履行信息披露义务出具专项文件的证券公司、证券服务机构及其人员，违反法律、行政法规和中国证监会规定的，中国证监会为防范市场风险，维护市场秩序，可以采取责令改正、监管谈话、出具警示函、责令公开说明、责令定期报告等监管措施；依法应当给予行政处罚的，由中国证监会依照有关规定进行处罚。

**第五十六条** 任何单位和个人泄露上市公司内幕信息,或者利用内幕信息买卖证券的,由中国证监会按照《证券法》第一百九十一条处罚。

**第五十七条** 任何单位和个人编造、传播虚假信息或者误导性信息,扰乱证券市场的;证券交易场所、证券公司、证券登记结算机构、证券服务机构及其从业人员,证券业协会、中国证监会及其工作人员,在证券交易活动中作出虚假陈述或者信息误导的;传播媒介传播上市公司信息不真实、不客观的,由中国证监会按照《证券法》第一百九十三条处罚。

**第五十八条** 上市公司董事、监事在董事会或者监事会审议、审核定期报告时投赞成票,又在定期报告披露时表示无法保证定期报告内容的真实性、准确性、完整性或者有异议的,中国证监会可以对相关人员给予警告并处国务院规定限额以下罚款;情节严重的,可以对有关责任人员采取证券市场禁入的措施。

**第五十九条** 利用新闻报道以及其他传播方式对上市公司进行敲诈勒索的,由中国证监会责令改正,并向有关部门发出监管建议函,由有关部门依法追究法律责任。

**第六十条** 信息披露义务人违反本办法的规定,情节严重的,中国证监会可以对有关责任人员采取证券市场禁入的措施。

**第六十一条** 违反本办法,涉嫌犯罪的,依法移送司法机关追究刑事责任。

## 第六章 附 则

**第六十二条** 本办法下列用语的含义:

(一)为信息披露义务人履行信息披露义务出具专项文件的证券公司、证券服务机构,是指为证券发行、上市、交易等证券业务活动制作、出具保荐书、审计报告、资产评估报告、估值报告、法律意见书、财务顾问报告、资信评级报告等文件的证券公司、会计师事务所、资产评估机构、律师事务所、财务顾问机构、资信评级机构等。

(二)信息披露义务人,是指上市公司及其董事、监事、高级管理人员、股东、实际控制人、收购人、重大资产重组、再融资、重大交易有关各方等自然人、单位及其相关人员,破产管理人及其成员,以及法律、行政法规和中国证监会规定的其他承担信息披露义务的主体。

(三)及时,是指自起算日起或者触及披露时点的两个交易日内。

(四)上市公司的关联交易,是指上市公司或者其控股子公司与上市公司关联人之间发生的转移资源或者义务的事项。

关联人包括关联法人（或者其他组织）和关联自然人。

具有以下情形之一的法人（或者其他组织），为上市公司的关联法人（或者其他组织）：

1. 直接或者间接地控制上市公司的法人（或者其他组织）；

2. 由前项所述法人（或者其他组织）直接或者间接控制的除上市公司及其控股子公司以外的法人（或者其他组织）；

3. 关联自然人直接或者间接控制的、或者担任董事、高级管理人员的，除上市公司及其控股子公司以外的法人（或者其他组织）；

4. 持有上市公司百分之五以上股份的法人（或者其他组织）及其一致行动人；

5. 在过去十二个月内或者根据相关协议安排在未来十二月内，存在上述情形之一的；

6. 中国证监会、证券交易所或者上市公司根据实质重于形式的原则认定的其他与上市公司有特殊关系，可能或者已经造成上市公司对其利益倾斜的法人（或者其他组织）。

具有以下情形之一的自然人，为上市公司的关联自然人：

1. 直接或者间接持有上市公司百分之五以上股份的自然人；

2. 上市公司董事、监事及高级管理人员；

3. 直接或者间接地控制上市公司的法人的董事、监事及高级管理人员；

4. 上述第1、2项所述人士的关系密切的家庭成员，包括配偶、父母、年满十八周岁的子女及其配偶、兄弟姐妹及其配偶，配偶的父母、兄弟姐妹，子女配偶的父母；

5. 在过去十二个月内或者根据相关协议安排在未来十二个月内，存在上述情形之一的；

6. 中国证监会、证券交易所或者上市公司根据实质重于形式的原则认定的其他与上市公司有特殊关系，可能或者已经造成上市公司对其利益倾斜的自然人。

**第六十三条** 中国证监会可以对金融、房地产等特定行业上市公司的信息披露作出特别规定。

**第六十四条** 境外企业在境内发行股票或者存托凭证并上市的，依照本办法履行信息披露义务。法律、行政法规或者中国证监会另有规定的，从其规定。

第六十五条　本办法自 2021 年 5 月 1 日起施行。2007 年 1 月 30 日发布的《上市公司信息披露管理办法》(证监会令第 40 号)、2016 年 12 月 9 日发布的《公开发行证券的公司信息披露编报规则第 13 号——季度报告的内容与格式》(证监会公告〔2016〕33 号)同时废止。

> 第一百六十七条　【股东资格的继承】自然人股东死亡后，其合法继承人可以继承股东资格；但是，股份转让受限的股份有限公司的章程另有规定的除外。

**【理解与适用】**

本条是关于股份有限公司股东资格继承的规定。

股份有限公司的股份原则转让自由，因此，股东死亡后，继承人原则可以自由地继承股东资格，无论是股份的财产性权利还是身份权权利，后者如出席股东大会的权利、表决权、质询权、提案权、建议权等。例外情况下，股份有限公司股东资格的继承在章程另有规定的情况下会受限制，但是无论如何，只能限制股份的身份权权利，不能限制财产性权利的继承。需要说明的是，对于公开发行的股份有限公司来讲，章程不能限制股份的转让，自然也不能限制股份的继承，即使是股份的身份性的权利。

**【相关规范】**

● *法律*

《中华人民共和国民法典》(2020 年 5 月 28 日)

第一千一百二十三条　继承开始后，按照法定继承办理；有遗嘱的，按照遗嘱继承或者遗赠办理；有遗赠扶养协议的，按照协议办理。

第一千一百四十五条　继承开始后，遗嘱执行人为遗产管理人；没有遗嘱执行人的，继承人应当及时推选遗产管理人；继承人未推选的，由继承人共同担任遗产管理人；没有继承人或者继承人均放弃继承的，由被继承人生前住所地的民政部门或者村民委员会担任遗产管理人。

第一千一百四十七条　遗产管理人应当履行下列职责：

（一）清理遗产并制作遗产清单；

（二）向继承人报告遗产情况；

（三）采取必要措施防止遗产毁损、灭失；

（四）处理被继承人的债权债务；

（五）按照遗嘱或者依照法律规定分割遗产；

（六）实施与管理遗产有关的其他必要行为。

## 【案例指引】

### 赵某、佳某公司等法定继承纠纷案[①]

**裁判要旨**：依据公司法的规定，自然人股东死亡后，其合法继承人可以继承股东资格；但是公司章程另有规定的除外。本案中，佳某公司是股份有限公司，较于有限责任公司而言，股份有限公司更具有资合性及开放性，公司规模较大，公司内部治理及架构较为成熟，为激发其市场活力，公司法对股份有限公司的股权转让并未进行过多限制。因此，股份的法定继承在本案中具备适用空间。公司章程作为公司筹备、设立、运行的纲领性文件，应当对股东间关于权利限制的条款进行明确记载，并登记备案。

---

[①] （2021）豫06民终1485号，载中国裁判文书网，https://wenshu.court.gov.cn/website/wenshu/181107ANFZ0BXSK4/index.html？docId=2hBPLhgZtbx7Q8R2au/Vuts7BkP3w9328y48s7oCXzVf5mo8SNwvJZO3qNaLMqsJilomMG3QQ37lKi6E9CyY+Jyb+vucZZ28M0CLoD65xjjEzWdBPs/lBFV+mqa2Y9XZ，最后访问日期：2024年2月1日。

# 第七章　国家出资公司组织机构的特别规定

> **第一百六十八条　【国家出资公司的定义】**国家出资公司的组织机构，适用本章规定；本章没有规定的，适用本法其他规定。
>
> 本法所称国家出资公司，是指国家出资的国有独资公司、国有资本控股公司，包括国家出资的有限责任公司、股份有限公司。

## 【理解与适用】

本条是关于国家出资公司定义、范围和组织机构的规定。

本次公司法修订，将原公司法有限责任公司设立与组织机构一章中第四节"国有独资公司特别规定"另立为一章，适用范围扩大，国家出资公司不仅包括国有独资公司、国有资本控股公司，还包括国家出资的有限责任公司、股份有限公司，国家出资公司的组织形式不仅有有限责任公司，还有股份有限公司。修订后的公司法，扩大了对国有企业的适用范围，这是深化国有企业改革，完善中国特色现代企业制度的要求。

经过多年的股权多元化改革和混合所有制改革，一些集团公司也不再是国有独资公司形式。具体而言，有些采用"央地合作"模式；有些是新成立的央企；还有些是整体股改上市的国有银行；还有些是10%等股权划社保基金理事会的中央企业。如果一家国有独资公司改制之后，变成股权多元化的公司，原公司法中关于"国有独资公司的特别规定"就不再适用于它了，其可能成为原公司法中这一特别规定的"漏网之鱼"。因此，这次公司法修订创设了一个"国家出资公司"概念，将有关特别规定的范围扩充到国有资本控股公司，至于它们是股份有限公司还是有限责任公司，在所不问。公司法这条新规符合国企改革出现的新情况。在这里特别强调：国家出资公司特指一级公司。子公司混改与股权多元化早已成为常态，按照国家出资公司所出资企业的规定适用即可。

**第一百六十九条　【出资人职责】**国家出资公司，由国务院或者地方人民政府分别代表国家依法履行出资人职责，享有出资人权益。国务院或者地方人民政府可以授权国有资产监督管理机构或者其他部门、机构代表本级人民政府对国家出资公司履行出资人职责。

代表本级人民政府履行出资人职责的机构、部门，以下统称为履行出资人职责的机构。

## 【理解与适用】

本条是关于国家出资公司中负有出资人职责的机构的规定。

履行出资人职责的机构实践中又称"出资人代表机构"等。该法条明确谁有资格充当履行出资人职责的机构。经营性国有资产的管理部门除了各级国资委，还有财政部门、事业单位（如大学）等。原公司法第六十四条规定，国有独资公司的出资人代表机构为"本级人民政府国有资产监督管理机构"。但"国有资产监督管理机构"，按照法律规定，一般是指各级国资委，本次公司法修改将"其他部门、机构"也囊括进来。

## 【相关规范】

● *法律*

《中华人民共和国企业国有资产法》（2008年10月28日）

**第十一条**　国务院国有资产监督管理机构和地方人民政府按照国务院的规定设立的国有资产监督管理机构，根据本级人民政府的授权，代表本级人民政府对国家出资企业履行出资人职责。

国务院和地方人民政府根据需要，可以授权其他部门、机构代表本级人民政府对国家出资企业履行出资人职责。

代表本级人民政府履行出资人职责的机构、部门，以下统称履行出资人职责的机构。

第一百七十条　【党对国家出资公司的领导】国家出资公司中中国共产党的组织，按照中国共产党章程的规定发挥领导作用，研究讨论公司重大经营管理事项，支持公司的组织机构依法行使职权。

【理解与适用】

本条是关于党对国家出资公司的领导的规定。

本条强调了国家出资公司中中国共产党的组织领导作用。中国特色现代国有企业制度，"特"就特在把党的领导融入公司治理各环节，把企业党组织内嵌到公司治理结构章程之中，明确和落实党组织在公司法人治理结构中的法定地位。《中国共产党章程》第三十三条和《中国共产党国有企业基层组织工作条例（试行）》第十一条规定也明确强调"国有企业党委（党组）发挥领导作用，把方向、管大局、保落实，依照规定讨论和决定企业重大事项"。

第一百七十一条　【国有独资公司章程的制定】国有独资公司章程由履行出资人职责的机构制定。

【理解与适用】

本条是关于国有独资公司章程制定的规定。

新公司法规定，无论是有限责任公司还是股份有限公司，股东都可以只有一人，设立有限责任公司由股东共同制定公司章程，设立股份有限公司由发起人共同制定公司章程，因此，股东只有一人的有限责任公司和股份有限公司，则由一人股东制定公司章程。国有独资公司唯一的出资人是国家，由国务院或者地方人民政府分别代表国家依法履行出资人职责，享有出资人权益。因此，对于国有独资公司而言，其章程由履行出资人职责的机构制定。

国有独资公司履行出资人职责的机构，地位相当于国有企业的唯一股东，虽然其权利义务与股东略有差异。国有独资公司的章程主要用于约束董事会、经理层，而不是股东之间的约定。值得注意的是，国有独资公司的董事全部由履行出资人职责的机构委派，因此获得的信任更多，实践中有制定与修改章程的权利。《国有企业公司章程制定管理办法》规定，国有独资公司章程由出资人机构负责制定，或者由董事会制订报出资人机构批准。出资人机构可以授权新设、重组、改制企业的筹备机构等其他决策机构制订公司章程草案，报出资人机构批准。

国有独资公司章程的制定，应遵守《国有企业公司章程制定管理办法》的规定。根据该办法，国家出资并由履行出资人职责的机构监管的国有独资公司、国有全资公司和国有控股公司章程制定过程中的制订、修改、审核、批准等管理行为适用该办法。国有企业公司章程的制定管理应当坚持党的全面领导、坚持依法治企、坚持权责对等原则，切实规范公司治理，落实企业法人财产权与经营自主权，完善国有企业监管，确保国有资产保值增值。根据该办法，国有独资公司的章程一般应当包括但不限于以下主要内容：（1）总则；（2）经营宗旨、范围和期限；（3）出资人机构或股东、股东会（包括股东大会）；（4）公司党组织；（5）董事会；（6）经理层；（7）监事会（监事）；（8）职工民主管理与劳动人事制度；（9）财务、会计、审计与法律顾问制度；（10）合并、分立、解散和清算；（11）附则。

**【相关规范】**

● *部门规章及文件*

**《国有企业公司章程制定管理办法》**（2020年12月31日）

第一章　总　则

**第一条**　为深入贯彻习近平新时代中国特色社会主义思想，坚持和加强党的全面领导，建设中国特色现代企业制度，充分发挥公司章程在公司治理中的基础作用，规范公司章程管理行为，根据《中国共产党章程》、《中华人民共和国公司法》（以下简称《公司法》）、《中华人民共和国企业国有资产法》（以下简称《企业国有资产法》）等有关规定，按照《国务院办公厅关于进一步完善国有企业法人治理结构的指导意见》（国办发〔2017〕36号）等文件的要求，结合国有企业实际，制定本办法。

**第二条** 国家出资并由履行出资人职责的机构监管的国有独资公司、国有全资公司和国有控股公司章程制定过程中的制订、修改、审核、批准等管理行为适用本办法。

**第三条** 本办法所称履行出资人职责的机构（以下简称出资人机构）是指国务院国有资产监督管理机构和地方人民政府按照国务院的规定设立的国有资产监督管理机构，以及国务院和地方人民政府根据需要授权代表本级人民政府对国有企业履行出资人职责的其他部门、机构。

**第四条** 国有企业公司章程的制定管理应当坚持党的全面领导、坚持依法治企、坚持权责对等原则，切实规范公司治理，落实企业法人财产权与经营自主权，完善国有企业监管，确保国有资产保值增值。

## 第二章 公司章程的主要内容

**第五条** 国有企业公司章程一般应当包括但不限于以下主要内容：

（一）总则；

（二）经营宗旨、范围和期限；

（三）出资人机构或股东、股东会（包括股东大会，下同）；

（四）公司党组织；

（五）董事会；

（六）经理层；

（七）监事会（监事）；

（八）职工民主管理与劳动人事制度；

（九）财务、会计、审计与法律顾问制度；

（十）合并、分立、解散和清算；

（十一）附则。

**第六条** 总则条款应当根据《公司法》等法律法规要求载明公司名称、住所、法定代表人、注册资本等基本信息。明确公司类型（国有独资公司、有限责任公司等）；明确公司按照《中国共产党章程》规定设立党的组织，开展党的工作，提供基础保障等。

**第七条** 经营宗旨、范围和期限条款应当根据《公司法》相关规定载明公司经营宗旨、经营范围和经营期限等基本信息。经营宗旨、经营范围应当符合出资人机构审定的公司发展战略规划；经营范围的表述要规范统一，符合工商注册登记的管理要求。

**第八条** 出资人机构或股东、股东会条款应当按照《公司法》《企业国有资产法》等有关法律法规及相关规定表述，载明出资方式，明确出资人机构或股东、股东会的职权范围。

**第九条** 公司党组织条款应当按照《中国共产党章程》《中国共产党国有企业基层组织工作条例（试行）》等有关规定，写明党委（党组）或党支部（党总支）的职责权限、机构设置、运行机制等重要事项。明确党组织研究讨论是董事会、经理层决策重大问题的前置程序。

设立公司党委（党组）的国有企业应当明确党委（党组）发挥领导作用，把方向、管大局、保落实，依照规定讨论和决定企业重大事项；明确坚持和完善"双向进入、交叉任职"领导体制及有关要求。设立公司党支部（党总支）的国有企业应当明确公司党支部（党总支）围绕生产经营开展工作，发挥战斗堡垒作用；具有人财物重大事项决策权的企业党支部（党总支），明确一般由企业党员负责人担任书记和委员，由党支部（党总支）对企业重大事项进行集体研究把关。

对于国有相对控股企业的党建工作，需结合企业股权结构、经营管理等实际，充分听取其他股东包括机构投资者的意见，参照有关规定和本条款的内容把党建工作基本要求写入公司章程。

**第十条** 董事会条款应当明确董事会定战略、作决策、防风险的职责定位和董事会组织结构、议事规则；载明出资人机构或股东会对董事会授予的权利事项；明确董事的权利义务、董事长职责；明确总经理、副总经理、财务负责人、总法律顾问、董事会秘书由董事会聘任；明确董事会向出资人机构（股东会）报告、审计部门向董事会负责、重大决策合法合规性审查、董事会决议跟踪落实以及后评估、违规经营投资责任追究等机制。

国有独资公司、国有全资公司应当明确由出资人机构或相关股东推荐派出的外部董事人数超过董事会全体成员的半数，董事会成员中的职工代表依照法定程序选举产生。

**第十一条** 经理层条款应当明确经理层谋经营、抓落实、强管理的职责定位；明确设置总经理、副总经理、财务负责人的有关要求，如设置董事会秘书、总法律顾问，应当明确为高级管理人员；载明总经理职责；明确总经理对董事会负责，依法行使管理生产经营、组织实施董事会决议等职权，向董事会报告工作。

**第十二条** 设立监事会的国有企业，应当在监事会条款中明确监事会组成、职责和议事规则。不设监事会仅设监事的国有企业，应当明确监事人数和职责。

**第十三条** 财务、会计制度相关条款应当符合国家通用的企业财务制度和国家统一的会计制度。

**第十四条** 公司章程的主要内容应当确保出资人机构或股东会、党委（党组）、董事会、经理层等治理主体的权责边界清晰，重大事项的议事规则科学规范，决策程序衔接顺畅。

**第十五条** 公司章程可以根据企业实际增加其他内容。有关内容必须符合法律、行政法规的规定。

### 第三章　国有独资公司章程的制定程序

**第十六条** 国有独资公司章程由出资人机构负责制定，或者由董事会制订报出资人机构批准。出资人机构可以授权新设、重组、改制企业的筹备机构等其他决策机构制订公司章程草案，报出资人机构批准。

**第十七条** 发生下列情形之一时，应当依法制定国有独资公司章程：

（一）新设国有独资公司的；

（二）通过合并、分立等重组方式新产生国有独资公司的；

（三）国有独资企业改制为国有独资公司的；

（四）发生应当制定公司章程的其他情形。

**第十八条** 出资人机构负责修改国有独资公司章程。国有独资公司董事会可以根据企业实际情况，按照法律、行政法规制订公司章程修正案，报出资人机构批准。

**第十九条** 发生下列情形之一时，应当及时修改国有独资公司章程：

（一）公司章程规定的事项与现行的法律、行政法规、规章及规范性文件相抵触的；

（二）企业的实际情况发生变化，与公司章程记载不一致的；

（三）出资人机构决定修改公司章程的；

（四）发生应当修改公司章程的其他情形。

**第二十条** 国有独资公司章程草案或修正案由公司筹备机构或董事会制订的，应当在审议通过后的5个工作日内报出资人机构批准，并提交下列书面文件：

（一）国有独资公司关于制订或修改公司章程的请示；

（二）国有独资公司筹备机构关于章程草案的决议，或董事会关于章程修正案的决议；

（三）章程草案，或章程修正案、修改对照说明；

（四）产权登记证（表）复印件、营业执照副本复印件（新设公司除外）；

（五）公司总法律顾问签署的对章程草案或修正案出具的法律意见书，未设立总法律顾问的，由律师事务所出具法律意见书或公司法务部门出具审查意见书；

（六）出资人机构要求的其他有关材料。

**第二十一条** 出资人机构收到请示材料后，需对材料进行形式审查。提交材料不齐全的，应当在5个工作日内一次性告知补正。

**第二十二条** 出资人机构对公司章程草案或修正案进行审核，并于15个工作日内将审核意见告知报送单位，经沟通确认达成一致后，出资人机构应当于15个工作日内完成审批程序。

**第二十三条** 出资人机构需要征求其他业务相关单位意见、或需报请本级人民政府批准的，应当根据实际工作情况调整相应期限，并将有关情况提前告知报送单位。

**第二十四条** 国有独资公司章程经批准，由出资人机构按规定程序负责审签。

**第二十五条** 国有独资公司在收到公司章程批准文件后，应当在法律、行政法规规定的时间内办理工商登记手续。

## 第四章 国有全资、控股公司章程的制定程序

**第二十六条** 国有全资公司、国有控股公司设立时，股东共同制定公司章程。

**第二十七条** 国有全资公司、国有控股公司的股东会负责修改公司章程。国有全资公司、国有控股公司的董事会应当按照法律、行政法规及公司实际情况及时制订章程的修正案，经与出资人机构沟通后，报股东会审议。

**第二十八条** 发生下列情形之一时，应当及时修改国有全资公司、国有控股公司章程：

（一）公司章程规定的事项与现行法律、行政法规、规章及规范性文件相抵触的；

（二）企业的实际情况发生变化，与公司章程记载不一致的；

（三）股东会决定修改公司章程的；

（四）发生应当修改公司章程的其他情形。

**第二十九条** 出资人机构委派股东代表参加股东会会议。股东代表应当按照出资人机构对公司章程的意见，通过法定程序发表意见、进行表决、签署相关文件。

第三十条　出资人机构要按照《公司法》规定在股东会审议通过后的国有全资公司、国有控股公司章程上签字、盖章。

第三十一条　国有全资公司、国有控股公司章程的草案及修正案，经股东会表决通过后，公司应当在法律、行政法规规定的时间内办理工商登记手续。

## 第五章　责任与监督

第三十二条　在国有企业公司章程制定过程中，出资人机构及有关人员违反法律、行政法规和本办法规定的，依法承担相应法律责任。

第三十三条　国有独资公司董事会，国有全资公司、国有控股公司中由出资人机构委派的董事，应当在职责范围内对国有企业公司章程制定过程中向出资人机构报送材料的真实性、完整性、有效性、及时性负责，造成国有资产损失或其他严重不良后果的，依法承担相应法律责任。

第三十四条　国有全资公司、国有控股公司中由出资人机构委派的股东代表违反第二十九条规定，造成国有资产损失的或其他严重不良后果的，依法承担相应法律责任。

第三十五条　出资人机构应当对国有独资公司、国有全资公司、国有控股公司的章程执行情况进行监督检查，对违反公司章程的行为予以纠正，对因违反公司章程导致国有资产损失或其他严重不良后果的相关责任人进行责任追究。

## 第六章　附则

第三十六条　出资人机构可以结合实际情况，出台有关配套制度，加强对所出资国有企业的公司章程制定管理。

第三十七条　国有企业可以参照本办法根据实际情况制定所出资企业的公司章程制定管理办法。

第三十八条　国有控股上市公司章程制定管理应当同时符合证券监管相关规定。

第三十九条　金融、文化等国有企业的公司章程制定管理，另有规定的依其规定执行。

第四十条　本办法自公布之日起施行。

**第一百七十二条 【国有独资公司股东权的行使】**国有独资公司不设股东会,由履行出资人职责的机构行使股东会职权。履行出资人职责的机构可以授权公司董事会行使股东会的部分职权,但公司章程的制定和修改,公司的合并、分立、解散、申请破产,增加或者减少注册资本,分配利润,应当由履行出资人职责的机构决定。

## 【理解与适用】

本条是关于国有独资公司股东权的行使,公司重大事项如何决定的规定。

国有独资公司股东会职权的行使主体。本法有限责任公司设立与组织机构与股份有限公司设立与组织机构的两章中均规定,股东只有一人的,可以是自然人或法人,只有一人的有限责任公司或股份有限公司可以不设股东会,由一人股东行使股东会职权。国有独资公司,股东即出资人只有一人,出资人特殊,由履行出资人职责的机构行使股东会职权。

国有独资公司股东会的职权可以部分授予董事会。根据有限责任公司和股份有限公司股东会和董事会职权的规定,董事会在行使法定职权之外,还可以行使章程规定和股东会决议授权的其他职权。

部分股东会职权不能授予董事会而应当留予履行出资人职责的机构决定。国有独资公司的股东只有一人,国家出资,由国务院或者地方人民政府分别代表国家依法履行出资人职责,享有出资人权益。不设股东会,由履行出资人职责的机构行使股东会职权。本法第五十九条规定了有限责任公司股东会的职权,也适用于股份有限公司股东会,股东会的法定职权具体有:(1)选举和更换董事、监事,决定有关董事、监事的报酬事项;(2)审议批准董事会的报告;(3)审议批准监事会的报告;(4)审议批准公司的利润分配方案和弥补亏损方案;(5)对公司增加或者减少注册资本作出决议;(6)对发行公司债券作出决议;(7)对公司合并、分立、解散、清算或者变更公司形式作出决议;(8)修改公司章程;(9)公司章程规定的其他职权。股东会可以授权董事会对发行公司债券作出决议。国有独资公司的履行出资人职责的机构可以自己行使股东会职权，也可以将部分股东会职权授予董事会，但是公司章程的制定和修改，公司的合并、分立、解散、申请破产，增加或者减少注册资本，分配利润不能授予董事会决定，应当由履行出资人职责的机构决定。

部分国有独资公司，履行出资人职责的机构根据股东会职权作出决定应当报经本级人民政府批准。企业国有资产法第三十四条规定，重要的国有独资企业、国有独资公司、国有资本控股公司的合并、分立、解散、申请破产以及法律、行政法规和本级人民政府规定应当由履行出资人职责的机构报经本级人民政府批准的重大事项，履行出资人职责的机构在作出决定或者向其委派参加国有资本控股公司股东会会议、股东大会会议的股东代表作出指示前，应当报请本级人民政府批准。重要的国有独资企业、国有独资公司和国有资本控股公司，按照国务院的规定确定。

## 【相关规范】

● *法律*

1. 《中华人民共和国公司法》（2023年12月29日）

第五十九条　股东会行使下列职权：

（一）选举和更换董事、监事，决定有关董事、监事的报酬事项；

（二）审议批准董事会的报告；

（三）审议批准监事会的报告；

（四）审议批准公司的利润分配方案和弥补亏损方案；

（五）对公司增加或者减少注册资本作出决议；

（六）对发行公司债券作出决议；

（七）对公司合并、分立、解散、清算或者变更公司形式作出决议；

（八）修改公司章程；

（九）公司章程规定的其他职权。

股东会可以授权董事会对发行公司债券作出决议。

对本条第一款所列事项股东以书面形式一致表示同意的，可以不召开股东会会议，直接作出决定，并由全体股东在决定文件上签名或者盖章。

2.《中华人民共和国企业国有资产法》(2008年10月28日)

第三十四条　重要的国有独资企业、国有独资公司、国有资本控股公司的合并、分立、解散、申请破产以及法律、行政法规和本级人民政府规定应当由履行出资人职责的机构报经本级人民政府批准的重大事项，履行出资人职责的机构在作出决定或者向其委派参加国有资本控股公司股东会会议、股东大会会议的股东代表作出指示前，应当报请本级人民政府批准。

本法所称的重要的国有独资企业、国有独资公司和国有资本控股公司，按照国务院的规定确定。

> **第一百七十三条　【国有独资公司的董事会】**国有独资公司的董事会依照本法规定行使职权。
>
> 国有独资公司的董事会成员中，应当过半数为外部董事，并应当有公司职工代表。
>
> 董事会成员由履行出资人职责的机构委派；但是，董事会成员中的职工代表由公司职工代表大会选举产生。
>
> 董事会设董事长一人，可以设副董事长。董事长、副董事长由履行出资人职责的机构从董事会成员中指定。

【理解与适用】

本条是关于国有独资公司的董事会的规定。

根据本法第七十五条和第一百二十八条的规定，规模较小或股东人数较少的有限责任公司或股份有限公司可以不设董事，只设一名董事行使本法规定的董事会的职权。但是无论对于有限责任公司形式还是股份有限公司形式的国有独资公司，根据本法规定，可以不设股东会但是必须设董事会，依照本法规定行使董事会的职权。根据本法第六十七条有限责任公司董事会职权的规定（也适用于股份有限公司董事会），董事会行使下列职权：(1) 召集股东会会议，并向股东会报告工作；(2) 执行股东会的决议；(3) 决定公司的经营计划和投资方案；(4) 制订公司的利润分配方案和弥补亏损方案；(5) 制订公司增加或者减少注册资本以及发行公司债券的方案；（6）制订公司合并、分立、解散或者变更公司形式的方案；（7）决定公司内部管理机构的设置；（8）决定聘任或者解聘公司经理及其报酬事项，并根据经理的提名决定聘任或者解聘公司副经理、财务负责人及其报酬事项；（9）制定公司的基本管理制度；（10）公司章程规定或者股东会授予的其他职权。公司章程对董事会职权的限制不得对抗善意相对人。需要注意的是，根据本法第一百七十二条的规定，由于国有独资公司不设股东会，董事会经授权可行使部分股东会职权，因此国有独资公司董事会的职权不限于法定职权，比上述法定职权范围要更大。

国有独资公司董事会外部董事应过半数。外部董事由国资委或者集团公司委派，不在任职企业领取薪酬，与任职企业不存在劳动合同关系，因此能保持一定的独立性，能够制约经理层和内部董事，实现决策权与执行权分离，防止内部人控制。国有独资公司的外部董事与上市公司的独立董事不同。独立董事主要代表中小股东的利益，独立于大股东与管理层；外部董事仅独立于管理层，但不独立于大股东。在国有独资公司，由于没有中小股东，所以外部董事本身就是履行出资人职责机构的代表。目前国有企业的外部董事有兼职外部董事与专职外部董事之分，在子公司层面，以集团委派的专职外部董事为主。目前，我国已经形成了一套成熟的公开遴选、考核评价和退出机制。

国有独资公司董事会中内部董事和职工董事分别由履行出资人职责的机构委派和公司职工代表大会选举产生。由于国有独资公司没有股东会，因此董事会成员不是由股东会选举产生，而是由履行出资人职责的机构委派。董事长、副董事长由履行出资人职责的机构从董事会成员中指定，此外，国有独资公司的董事会成员中，应当有职工代表。

关于国有独资公司董事长和副董事长的产生。本法第六十八条规定，有限责任公司董事长、副董事长由公司章程规定产生，第一百二十二条规定，股份有限公司董事长和副董事长由全体董事会成员过半数选举产生。国有独资公司董事长和副董事长的产生与普通公司不同，本条规定，国有独资公司董事会设董事长一人，可以设副董事长。董事长、副董事长由履行出资人职责的机构从董事会成员中指定。

【相关规范】

● 法律

1.《中华人民共和国公司法》(2023年12月29日)

第六十七条 有限责任公司设董事会,本法第七十五条另有规定的除外。

董事会行使下列职权:

(一)召集股东会会议,并向股东会报告工作;

(二)执行股东会的决议;

(三)决定公司的经营计划和投资方案;

(四)制订公司的利润分配方案和弥补亏损方案;

(五)制订公司增加或者减少注册资本以及发行公司债券的方案;

(六)制订公司合并、分立、解散或者变更公司形式的方案;

(七)决定公司内部管理机构的设置;

(八)决定聘任或者解聘公司经理及其报酬事项,并根据经理的提名决定聘任或者解聘公司副经理、财务负责人及其报酬事项;

(九)制定公司的基本管理制度;

(十)公司章程规定或者股东会授予的其他职权。

公司章程对董事会职权的限制不得对抗善意相对人。

第一百二十条 股份有限公司设董事会,本法第一百二十八条另有规定的除外。

本法第六十七条、第六十八条第一款、第七十条、第七十一条的规定,适用于股份有限公司。

> 第一百七十四条 【国有独资公司的经理】国有独资公司的经理由董事会聘任或者解聘。
>
> 经履行出资人职责的机构同意,董事会成员可以兼任经理。

【理解与适用】

本条是关于国有独资公司经理的聘任、解聘和董事会成员兼任的规定。

根据本法的规定，有限责任公司和股份有限公司的经理由董事会聘任或者解聘，国有独资公司设董事会，国有独资公司的经理也应由董事会聘任或者解聘。根据本法第七十四条和第一百二十六条的规定，经理的职权由章程规定或董事会授予。

国有独资公司董事会成员兼任经理须经履行出资人职责的机构同意。根据本条规定，董事会成员兼任经理须经履行出资人职责的机构同意，企业国有资产法第二十五条也规定，未经履行出资人职责的机构同意，国有独资公司的董事长不得兼任经理。公司法上的"经理"，实践中是经理层，包括总经理等。公司法规定"经理由董事会聘任或者解聘"，明确了企业制度的今后的改革方向。目前，一些国有独资公司探索了职业经理人制度，实行董事会向社会公开招聘总经理，这种改革值得提倡与推广。[①]

**【相关规范】**

● *法律*

《中华人民共和国企业国有资产法》（2008年10月28日）

　　**第二十五条第二款**　未经履行出资人职责的机构同意，国有独资公司的董事长不得兼任经理。未经股东会、股东大会同意，国有资本控股公司的董事长不得兼任经理。

**第一百七十五条　【国有独资公司董事、高管的兼职禁止】**国有独资公司的董事、高级管理人员，未经履行出资人职责的机构同意，不得在其他有限责任公司、股份有限公司或者其他经济组织兼职。

---

　　[①] 吴刚梁、晓智：《新〈公司法〉关于国资国企的十条特别规定详解》，载微信公众号"合规小兵"，https://mp.weixin.qq.com/s/VN81_R5fbYvteBrNfkI7Sw，最后访问时间：2024年1月20日。

**【理解与适用】**

本条是关于国有独资公司董事、高管的兼职禁止的规定。

为加强廉洁从业，防止利益输送，相关法律法规及党规对国有企业领导人员兼职行为有十分严格的要求。未经上级部门批准，他们不能到子企业以外的其他经济组织兼职。即使获准在其他企业、事业单位、社会团体、中介机构兼任领导职务，也不能擅自领取薪酬及其他收入。甚至在退休后兼职仍有严格的规定和报批程序。对于利用兼职搞利益输送，情节严重的，刑法还规定了非法经营同类营业罪。

**【相关规范】**

● **法律**

《中华人民共和国企业国有资产法》（2008年10月28日）

第二十五条第一款 未经履行出资人职责的机构同意，国有独资企业、国有独资公司的董事、高级管理人员不得在其他企业兼职。未经股东会、股东大会同意，国有资本控股公司、国有资本参股公司的董事、高级管理人员不得在经营同类业务的其他企业兼职。

---

**第一百七十六条 【国有独资公司的审计委员会】** 国有独资公司在董事会中设置由董事组成的审计委员会行使本法规定的监事会职权的，不设监事会或者监事。

---

**【理解与适用】**

本条是关于国有独资公司的审计委员会的规定。

新公司法在公司内部监督机构的设置方面授予了公司选择权，可以在监事会或监事与董事会中的审计委员会之间二选一。这一改革也引入了国有独资公司，国有独资公司可以不设监事会或监事，而在董事会中设置由董事组成的审计委员会行使本法规定的监事会职权。如果国有独资公司设监事会，则应当遵循本法规定有限责任公司或股份有限公司监事会的相关规定。

> **第一百七十七条 【国家出资公司的合规管理】** 国家出资公司应当依法建立健全内部监督管理和风险控制制度,加强内部合规管理。

## 【理解与适用】

本条是关于国家出资公司合规建设和管理的规定。

本条涉及国有企业内部控制、风险管理、合规管理"三位一体"的大监督体系。(1)内部控制是由企业董事会、监事会、经理层和全体员工实施的,旨在实现控制目标的过程。内部控制的目标是合理保证企业经营管理合法合规、资产安全、财务报告及相关信息真实完整,提高经营效率和效果,促进企业实现发展战略。(2)风险管理是指企业围绕总体经营目标,通过在企业管理的各个环节和经营过程中执行风险管理的基本流程,培育良好的风险管理文化,建立健全全面风险管理体系,包括风险管理策略、风险理财措施、风险管理的组织职能体系、风险管理信息系统和内部控制系统,从而为实现风险管理的总体目标提供合理保证的过程和方法。(3)合规管理是指以有效防控合规风险为目的,以企业和员工经营管理行为为对象,开展包括制度制定、风险识别、合规审查、风险应对、责任追究、考核评价、合规培训等有组织、有计划的管理活动。

国家出资企业的实际工作中,内部控制、风险管理、合规管理这三个体系存在一定的重叠,需要协同和整合相关职能,统一管理平台。目前国有企业正在利用加强合规管理的时机,探索符合自身情况的"强内控、防风险、促合规"模式。

## 【相关规范】

● *法律*

1.《中华人民共和国企业国有资产法》(2008年10月28日)

第十七条 国家出资企业从事经营活动,应当遵守法律、行政法规,加强经营管理,提高经济效益,接受人民政府及其有关部门、机构依法实施的管理和监督,接受社会公众的监督,承担社会责任,对出资人负责。

国家出资企业应当依法建立和完善法人治理结构，建立健全内部监督管理和风险控制制度。

● *部门规章及文件*

**2.《中央企业合规管理办法》**（2022年8月23日）

### 第一章 总 则

**第一条** 为深入贯彻习近平法治思想，落实全面依法治国战略部署，深化法治央企建设，推动中央企业加强合规管理，切实防控风险，有力保障深化改革与高质量发展，根据《中华人民共和国公司法》《中华人民共和国企业国有资产法》等有关法律法规，制定本办法。

**第二条** 本办法适用于国务院国有资产监督管理委员会（以下简称国资委）根据国务院授权履行出资人职责的中央企业。

**第三条** 本办法所称合规，是指企业经营管理行为和员工履职行为符合国家法律法规、监管规定、行业准则和国际条约、规则，以及公司章程、相关规章制度等要求。

本办法所称合规风险，是指企业及其员工在经营管理过程中因违规行为引发法律责任、造成经济或者声誉损失以及其他负面影响的可能性。

本办法所称合规管理，是指企业以有效防控合规风险为目的，以提升依法合规经营管理水平为导向，以企业经营管理行为和员工履职行为为对象，开展的包括建立合规制度、完善运行机制、培育合规文化、强化监督问责等有组织、有计划的管理活动。

**第四条** 国资委负责指导、监督中央企业合规管理工作，对合规管理体系建设情况及其有效性进行考核评价，依据相关规定对违规行为开展责任追究。

**第五条** 中央企业合规管理工作应当遵循以下原则：

（一）坚持党的领导。充分发挥企业党委（党组）领导作用，落实全面依法治国战略部署有关要求，把党的领导贯穿合规管理全过程。

（二）坚持全面覆盖。将合规要求嵌入经营管理各领域各环节，贯穿决策、执行、监督全过程，落实到各部门、各单位和全体员工，实现多方联动、上下贯通。

（三）坚持权责清晰。按照"管业务必须管合规"要求，明确业务及职能部门、合规管理部门和监督部门职责，严格落实员工合规责任，对违规行为严肃问责。

（四）坚持务实高效。建立健全符合企业实际的合规管理体系，突出对重点领域、关键环节和重要人员的管理，充分利用大数据等信息化手段，切实提高管理效能。

**第六条** 中央企业应当在机构、人员、经费、技术等方面为合规管理工作提供必要条件，保障相关工作有序开展。

## 第二章 组织和职责

**第七条** 中央企业党委（党组）发挥把方向、管大局、促落实的领导作用，推动合规要求在本企业得到严格遵循和落实，不断提升依法合规经营管理水平。

中央企业应当严格遵守党内法规制度，企业党建工作机构在党委（党组）领导下，按照有关规定履行相应职责，推动相关党内法规制度有效贯彻落实。

**第八条** 中央企业董事会发挥定战略、作决策、防风险作用，主要履行以下职责：

（一）审议批准合规管理基本制度、体系建设方案和年度报告等。

（二）研究决定合规管理重大事项。

（三）推动完善合规管理体系并对其有效性进行评价。

（四）决定合规管理部门设置及职责。

**第九条** 中央企业经理层发挥谋经营、抓落实、强管理作用，主要履行以下职责：

（一）拟订合规管理体系建设方案，经董事会批准后组织实施。

（二）拟订合规管理基本制度，批准年度计划等，组织制定合规管理具体制度。

（三）组织应对重大合规风险事件。

（四）指导监督各部门和所属单位合规管理工作。

**第十条** 中央企业主要负责人作为推进法治建设第一责任人，应当切实履行依法合规经营管理重要组织者、推动者和实践者的职责，积极推进合规管理各项工作。

**第十一条** 中央企业设立合规委员会，可以与法治建设领导机构等合署办公，统筹协调合规管理工作，定期召开会议，研究解决重点难点问题。

**第十二条** 中央企业应当结合实际设立首席合规官，不新增领导岗位和职数，由总法律顾问兼任，对企业主要负责人负责，领导合规管理部门组织开展相关工作，指导所属单位加强合规管理。

**第十三条** 中央企业业务及职能部门承担合规管理主体责任，主要履行以下职责：

（一）建立健全本部门业务合规管理制度和流程，开展合规风险识别评估，编制风险清单和应对预案。

（二）定期梳理重点岗位合规风险，将合规要求纳入岗位职责。

（三）负责本部门经营管理行为的合规审查。

（四）及时报告合规风险，组织或者配合开展应对处置。

（五）组织或者配合开展违规问题调查和整改。

中央企业应当在业务及职能部门设置合规管理员，由业务骨干担任，接受合规管理部门业务指导和培训。

**第十四条** 中央企业合规管理部门牵头负责本企业合规管理工作，主要履行以下职责：

（一）组织起草合规管理基本制度、具体制度、年度计划和工作报告等。

（二）负责规章制度、经济合同、重大决策合规审查。

（三）组织开展合规风险识别、预警和应对处置，根据董事会授权开展合规管理体系有效性评价。

（四）受理职责范围内的违规举报，提出分类处置意见，组织或者参与对违规行为的调查。

（五）组织或者协助业务及职能部门开展合规培训，受理合规咨询，推进合规管理信息化建设。

中央企业应当配备与经营规模、业务范围、风险水平相适应的专职合规管理人员，加强业务培训，提升专业化水平。

**第十五条** 中央企业纪检监察机构和审计、巡视巡察、监督追责等部门依据有关规定，在职权范围内对合规要求落实情况进行监督，对违规行为进行调查，按照规定开展责任追究。

### 第三章 制度建设

**第十六条** 中央企业应当建立健全合规管理制度，根据适用范围、效力层级等，构建分级分类的合规管理制度体系。

**第十七条** 中央企业应当制定合规管理基本制度，明确总体目标、机构职责、运行机制、考核评价、监督问责等内容。

**第十八条** 中央企业应当针对反垄断、反商业贿赂、生态环保、安全生产、劳动用工、税务管理、数据保护等重点领域，以及合规风险较高的业务，制定合规管理具体制度或者专项指南。

中央企业应当针对涉外业务重要领域，根据所在国家（地区）法律法规等，结合实际制定专项合规管理制度。

**第十九条** 中央企业应当根据法律法规、监管政策等变化情况，及时对规章制度进行修订完善，对执行落实情况进行检查。

## 第四章　运行机制

**第二十条** 中央企业应当建立合规风险识别评估预警机制，全面梳理经营管理活动中的合规风险，建立并定期更新合规风险数据库，对风险发生的可能性、影响程度、潜在后果等进行分析，对典型性、普遍性或者可能产生严重后果的风险及时预警。

**第二十一条** 中央企业应当将合规审查作为必经程序嵌入经营管理流程，重大决策事项的合规审查意见应当由首席合规官签字，对决策事项的合规性提出明确意见。业务及职能部门、合规管理部门依据职责权限完善审查标准、流程、重点等，定期对审查情况开展后评估。

**第二十二条** 中央企业发生合规风险，相关业务及职能部门应当及时采取应对措施，并按照规定向合规管理部门报告。

中央企业因违规行为引发重大法律纠纷案件、重大行政处罚、刑事案件，或者被国际组织制裁等重大合规风险事件，造成或者可能造成企业重大资产损失或者严重不良影响的，应当由首席合规官牵头，合规管理部门统筹协调，相关部门协同配合，及时采取措施妥善应对。

中央企业发生重大合规风险事件，应当按照相关规定及时向国资委报告。

**第二十三条** 中央企业应当建立违规问题整改机制，通过健全规章制度、优化业务流程等，堵塞管理漏洞，提升依法合规经营管理水平。

**第二十四条** 中央企业应当设立违规举报平台，公布举报电话、邮箱或者信箱，相关部门按照职责权限受理违规举报，并就举报问题进行调查和处理，对造成资产损失或者严重不良后果的，移交责任追究部门；对涉嫌违纪违法的，按照规定移交纪检监察等相关部门或者机构。

中央企业应当对举报人的身份和举报事项严格保密，对举报属实的举报人可以给予适当奖励。任何单位和个人不得以任何形式对举报人进行打击报复。

**第二十五条** 中央企业应当完善违规行为追责问责机制，明确责任范围，细化问责标准，针对问题和线索及时开展调查，按照有关规定严肃追究违规人员责任。

中央企业应当建立所属单位经营管理和员工履职违规行为记录制度，将违规行为性质、发生次数、危害程度等作为考核评价、职级评定等工作的重要依据。

**第二十六条** 中央企业应当结合实际建立健全合规管理与法务管理、内部控制、风险管理等协同运作机制，加强统筹协调，避免交叉重复，提高管理效能。

**第二十七条** 中央企业应当定期开展合规管理体系有效性评价，针对重点业务合规管理情况适时开展专项评价，强化评价结果运用。

**第二十八条** 中央企业应当将合规管理作为法治建设重要内容，纳入对所属单位的考核评价。

## 第五章 合规文化

**第二十九条** 中央企业应当将合规管理纳入党委（党组）法治专题学习，推动企业领导人员强化合规意识，带头依法依规开展经营管理活动。

**第三十条** 中央企业应当建立常态化合规培训机制，制定年度培训计划，将合规管理作为管理人员、重点岗位人员和新入职人员培训必修内容。

**第三十一条** 中央企业应当加强合规宣传教育，及时发布合规手册，组织签订合规承诺，强化全员守法诚信、合规经营意识。

**第三十二条** 中央企业应当引导全体员工自觉践行合规理念，遵守合规要求，接受合规培训，对自身行为合规性负责，培育具有企业特色的合规文化。

## 第六章 信息化建设

**第三十三条** 中央企业应当加强合规管理信息化建设，结合实际将合规制度、典型案例、合规培训、违规行为记录等纳入信息系统。

**第三十四条** 中央企业应当定期梳理业务流程，查找合规风险点，运用信息化手段将合规要求和防控措施嵌入流程，针对关键节点加强合规审查，强化过程管控。

**第三十五条** 中央企业应当加强合规管理信息系统与财务、投资、采购等其他信息系统的互联互通，实现数据共用共享。

**第三十六条** 中央企业应当利用大数据等技术，加强对重点领域、关键节点的实时动态监测，实现合规风险即时预警、快速处置。

## 第七章  监督问责

**第三十七条**  中央企业违反本办法规定，因合规管理不到位引发违规行为的，国资委可以约谈相关企业并责成整改；造成损失或者不良影响的，国资委根据相关规定开展责任追究。

**第三十八条**  中央企业应当对在履职过程中因故意或者重大过失应当发现而未发现违规问题，或者发现违规问题存在失职渎职行为，给企业造成损失或者不良影响的单位和人员开展责任追究。

## 第八章  附　则

**第三十九条**  中央企业应当根据本办法，结合实际制定完善合规管理制度，推动所属单位建立健全合规管理体系。

**第四十条**  地方国有资产监督管理机构参照本办法，指导所出资企业加强合规管理工作。

**第四十一条**  本办法由国资委负责解释。

**第四十二条**  本办法自 2022 年 10 月 1 日起施行。

# 第八章　公司董事、监事、高级管理人员的资格和义务

第一百七十八条　【董监高消极任职资格】有下列情形之一的，不得担任公司的董事、监事、高级管理人员：

（一）无民事行为能力或者限制民事行为能力；

（二）因贪污、贿赂、侵占财产、挪用财产或者破坏社会主义市场经济秩序，被判处刑罚，或者因犯罪被剥夺政治权利，执行期满未逾五年，被宣告缓刑的，自缓刑考验期满之日起未逾二年；

（三）担任破产清算的公司、企业的董事或者厂长、经理，对该公司、企业的破产负有个人责任的，自该公司、企业破产清算完结之日起未逾三年；

（四）担任因违法被吊销营业执照、责令关闭的公司、企业的法定代表人，并负有个人责任的，自该公司、企业被吊销营业执照、责令关闭之日起未逾三年；

（五）个人因所负数额较大债务到期未清偿被人民法院列为失信被执行人。

违反前款规定选举、委派董事、监事或者聘任高级管理人员的，该选举、委派或者聘任无效。

董事、监事、高级管理人员在任职期间出现本条第一款所列情形的，公司应当解除其职务。

【理解与适用】

本条是关于董事、监事、高级管理人员消极任职资格的规定。

积极资格从正面规定担任事、监事、高级管理人员的条件，消极资格从反面规定存在哪些情况的人不能担任董事、监事、高级管理人员。出现消极资格的人不能被聘为董事、监事、高级管理人员，否则公司的

聘任行为无效；而且，现任的董事、监事、高级管理人员，出现消极资格所列举的情形之一，公司应当根据董事、监事和高级管理人员各自的解任程序解除其职务。

总结起来，董事、监事和高级管理人员的消极任职资格有以下几个方面：（1）行为能力方面。这是对公司董事等高管人员的基本要求。从事商事活动，对行为能力的要求比从事普通的民事活动更高，董事、监事、高级管理人员要执行公司职务，专业能力和判断能力要求高，其要独立行使权利、履行义务、承担责任，因此董事、监事、高级管理人员应当是完全民事行为能力人，不能是无行为能力或限制行为能力人。（2）职业操守方面。董事、监事、高级管理人员负责公司的经营管理或监督，掌管所有股东投资的巨额财产，对其的诚信和道德有更高的要求。因此，因贪污、贿赂、侵占财产、挪用财产或者破坏社会主义市场经济秩序，被判处刑罚，或者因犯罪被剥夺政治权利，执行期满未逾五年，被宣告缓刑的，自缓刑考验期满之日起未逾二年的，不能担任董事、监事、高级管理人员。（3）经营能力方面。董事、监事、高级管理人员从事公司的商事经营管理或监督，必须具备相当的专业能力或经营管理能力。因此，担任破产清算的公司、企业的董事或者厂长、经理，对该公司、企业的破产负有个人责任的，自该公司、企业破产清算完结之日起未逾三年的，不能担任公司的董事、监事、高级管理人员；担任因违法被吊销营业执照、责令关闭的公司、企业的法定代表人，并负有个人责任的，自该公司、企业被吊销营业执照、责令关闭之日起未逾三年的，不能担任公司的董事、监事、高级管理人员。（4）个人财产状况方面。个人负有较大的债务到期未还，被人民法院列为失信被执行人的，担任公司董事、监事、高级管理人员职务有较大风险，也不能担任董事、监事、高级管理人员。

本条第二款规定，具有本条第一款的消极任职资格的人，不能被聘为公司的董事、监事、高级管理人员，违反前款规定选举、委派董事、监事或者聘任高级管理人员的，该选举、委派或者聘任无效。

本条第三款规定，董事、监事、高级管理人员在任职期间出现本条第一款所列消极任职资格情形之一的，公司应当解除其职务。

## 【相关规范】

### ● 部门规章及文件

**1.《上市公司独立董事管理办法》（2023 年 8 月 1 日）**

**第六条** 独立董事必须保持独立性。下列人员不得担任独立董事：

（一）在上市公司或者其附属企业任职的人员及其配偶、父母、子女、主要社会关系；

（二）直接或者间接持有上市公司已发行股份百分之一以上或者是上市公司前十名股东中的自然人股东及其配偶、父母、子女；

（三）在直接或者间接持有上市公司已发行股份百分之五以上的股东或者在上市公司前五名股东任职的人员及其配偶、父母、子女；

（四）在上市公司控股股东、实际控制人的附属企业任职的人员及其配偶、父母、子女；

（五）与上市公司及其控股股东、实际控制人或者其各自的附属企业有重大业务往来的人员，或者在有重大业务往来的单位及其控股股东、实际控制人任职的人员；

（六）为上市公司及其控股股东、实际控制人或者其各自附属企业提供财务、法律、咨询、保荐等服务的人员，包括但不限于提供服务的中介机构的项目组全体人员、各级复核人员、在报告上签字的人员、合伙人、董事、高级管理人员及主要负责人；

（七）最近十二个月内曾经具有第一项至第六项所列举情形的人员；

（八）法律、行政法规、中国证监会规定、证券交易所业务规则和公司章程规定的不具备独立性的其他人员。

前款第四项至第六项中的上市公司控股股东、实际控制人的附属企业，不包括与上市公司受同一国有资产管理机构控制且按照相关规定未与上市公司构成关联关系的企业。

独立董事应当每年对独立性情况进行自查，并将自查情况提交董事会。董事会应当每年对在任独立董事独立性情况进行评估并出具专项意见，与年度报告同时披露。

**第七条** 担任独立董事应当符合下列条件：

（一）根据法律、行政法规和其他有关规定，具备担任上市公司董事的资格；

（二）符合本办法第六条规定的独立性要求；

（三）具备上市公司运作的基本知识，熟悉相关法律法规和规则；

（四）具有五年以上履行独立董事职责所必需的法律、会计或者经济等工作经验；

（五）具有良好的个人品德，不存在重大失信等不良记录；

（六）法律、行政法规、中国证监会规定、证券交易所业务规则和公司章程规定的其他条件。

**2.《保险公司董事、监事和高级管理人员任职资格管理规定》（2021 年 6 月 3 日）**

**第二十五条** 保险公司拟任董事、监事或者高级管理人员有下列情形之一的，银保监会及其派出机构对其任职资格不予核准：

（一）无民事行为能力或者限制民事行为能力；

（二）因贪污、贿赂、侵占财产、挪用财产或者破坏社会主义市场经济秩序，被判处刑罚，执行期满未逾 5 年，或者因犯罪被剥夺政治权利，执行期满未逾 5 年；

（三）被判处其他刑罚，执行期满未逾 3 年；

（四）被金融监管部门取消、撤销任职资格，自被取消或者撤销任职资格年限期满之日起未逾 5 年；

（五）被金融监管部门禁止进入市场，期满未逾 5 年；

（六）被国家机关开除公职，自作出处分决定之日起未逾 5 年，或受国家机关警告、记过、记大过、降级、撤职等其他处分，在受处分期间内的；

（七）因违法行为或者违纪行为被吊销执业资格的律师、注册会计师或者资产评估机构、验证机构等机构的专业人员，自被吊销执业资格之日起未逾 5 年；

（八）担任破产清算的公司、企业的董事或者厂长、经理，对该公司、企业的破产负有个人责任的，自该公司、企业破产清算完结之日起未逾 3 年；

（九）担任因违法被吊销营业执照、责令关闭的公司、企业的法定代表人，并负有个人责任的，自该公司、企业被吊销营业执照之日起未逾 3 年；

（十）个人所负数额较大的债务到期未清偿；

（十一）申请前 1 年内受到银保监会或其派出机构警告或者罚款的行

政处罚；

（十二）因涉嫌严重违法违规行为，正接受有关部门立案调查，尚未作出处理结论；

（十三）受到境内其他行政机关重大行政处罚，执行期满未逾2年；

（十四）因严重失信行为被国家有关单位确定为失信联合惩戒对象且应当在保险领域受到相应惩戒，或者最近5年内具有其他严重失信不良记录的；

（十五）银保监会规定的其他情形。

## 3. 《银行业金融机构董事（理事）和高级管理人员任职资格管理办法》（2013年11月18日）

**第九条** 金融机构拟任、现任董事（理事）和高级管理人员出现下列情形之一的，视为不符合本办法第八条第（二）项、第（三）项、第（五）项规定之条件：

（一）有故意或重大过失犯罪记录的；

（二）有违反社会公德的不良行为，造成恶劣影响的；

（三）对曾任职机构违法违规经营活动或重大损失负有个人责任或直接领导责任，情节严重的；

（四）担任或曾任被接管、撤销、宣告破产或吊销营业执照机构的董事（理事）或高级管理人员的，但能够证明本人对曾任职机构被接管、撤销、宣告破产或吊销营业执照不负有个人责任的除外；

（五）因违反职业道德、操守或者工作严重失职，造成重大损失或者恶劣影响的；

（六）指使、参与所任职机构不配合依法监管或案件查处的；

（七）被取消终身的董事（理事）和高级管理人员任职资格，或受到监管机构或其他金融管理部门处罚累计达到两次以上的；

（八）有本办法规定的不具备任职资格条件的情形，采用不正当手段获得任职资格核准的。

**第十条** 金融机构拟任、现任董事（理事）和高级管理人员出现下列情形之一的，视为不符合本办法第八条第（六）项、第（七）项规定之条件：

（一）本人或其配偶有数额较大的逾期债务未能偿还，包括但不限于在该金融机构的逾期贷款。

（二）本人及其近亲属合并持有该金融机构 5% 以上股份，且从该金融机构获得的授信总额明显超过其持有的该金融机构股权净值。

（三）本人及其所控股的股东单位合并持有该金融机构 5% 以上股份，且从该金融机构获得的授信总额明显超过其持有的该金融机构股权净值。

（四）本人或其配偶在持有该金融机构 5% 以上股份的股东单位任职，且该股东单位从该金融机构获得的授信总额明显超过其持有的该金融机构股权净值，但能够证明相应授信与本人或其配偶没有关系的除外。

前项规定不适用于企业集团财务公司。

（五）存在其他所任职务与其在该金融机构拟任、现任职务有明显利益冲突，或明显分散其在该金融机构履职时间和精力的情形。

本办法所称近亲属包括配偶、父母、子女、兄弟姐妹、祖父母、外祖父母、孙子女、外孙子女。

## 4.《证券基金经营机构董事、监事、高级管理人员及从业人员监督管理办法》（2022 年 2 月 18 日）

**第七条** 有下列情形之一的，不得担任证券基金经营机构董事、监事和高级管理人员：

（一）存在《公司法》第一百四十六条、《证券法》第一百二十四条第二款、第一百二十五条第二款和第三款，以及《证券投资基金法》第十五条规定的情形；

（二）因犯有危害国家安全、恐怖主义、贪污、贿赂、侵占财产、挪用财产、黑社会性质犯罪或者破坏社会经济秩序罪被判处刑罚，或者因犯罪被剥夺政治权利；

（三）因重大违法违规行为受到金融监管部门的行政处罚或者被中国证监会采取证券市场禁入措施，执行期满未逾 5 年；

（四）最近 5 年被中国证监会撤销基金从业资格或者被基金业协会取消基金从业资格；

（五）担任被接管、撤销、宣告破产或吊销营业执照机构的法定代表人和经营管理的主要负责人，自该公司被接管、撤销、宣告破产或吊销营业执照之日起未逾 5 年，但能够证明本人对该公司被接管、撤销、宣告破产或吊销营业执照不负有个人责任的除外；

（六）被中国证监会认定为不适当人选或者被行业协会采取不适合从事相关业务的纪律处分，期限尚未届满；

（七）因涉嫌违法犯罪被行政机关立案调查或者被司法机关立案侦查，尚未形成最终处理意见；

（八）中国证监会依法认定的其他情形。

**【案例指引】**

**青岛某某公司诉陆某某返还原物纠纷案**①

**裁判要旨：**法人由其法定代表人进行诉讼，而原告的法定代表人赵某某因犯贪污罪被判处刑罚，已不具备担任法定代表人的资格，无法代表公司诉讼。原审原告应先根据相关法律规定进行法定代表人变更，再行起诉。

---

**第一百七十九条　【董监高的一般义务】董事、监事、高级管理人员应当遵守法律、行政法规和公司章程。**

---

**【理解与适用】**

本条是关于董事、监事、高级管理人员一般义务的规定。

董事、监事、高级管理人员应当遵守法律、行政法规和公司章程，这是董事、监事、高级管理人员所有义务和责任的来源。公司章程是公司自治的依据，章程对董事、监事和高级管理人员具有约束力。

公司从事经营，公司的董事、监事、高级管理人员的行为应当合乎法律规定，这也是企业合规的要求。合乎法律规定，根据企业合规的内涵和外延，是指合乎国家法律、行政法规，也包括合乎企业的内部章程以及根据内部章程制定的内部规章，除了合乎国家法律、行政法规和章程，还包括合乎商业惯例和商业伦理以及国际组织条约。②

本条规定董事、监事、高级管理人员的守法（合规）义务，第一百八十条另外规定了董事、监事、高级管理人员的勤勉义务与忠实义

---

① （2022）鲁02民终16840号，载中国裁判文书网，https：//wenshu.court.gov.cn/website/wenshu/181107ANFZ0BXSK4/index.html？docId = 5MqbFU + Etv6VfN88y6jRJrYcda1smRZAFeADXafklm8nWCGBSSUfB5/dgBYosE2gOW/3CWAVkWV3JaolLrGYe3gjnRcC1YMi0 + udxHB/QAnA5gctBkKwMKNH2xPem55m，最后访问日期：2023年12月25日。

② 陈瑞华：《企业合规的基本问题》，载《中国法律评论》2020年第1期。

务。守法（合规）义务是董事、监事、高级管理人员行为的最低要求，是其应当遵守的基本义务，是董事、监事、高级管理人员义务体系中的基础。相较于守法（合规）义务，忠实义务和勤勉义务要求董事、监事、高级管理人员对公司承担的更高程度的义务，而且忠实义务和勤勉义务的概念极具弹性，可以作为法律漏洞填补的工具，对由公司法和公司章程构成的不完全的公司合同进行漏洞填补。董事、监事、高级管理人员的忠实义务和勤勉义务强调董事、监事、高级管理人员对公司承担的义务，其性质是私法上的义务；董事、监事、高级管理人员的守法（合规）义务范围更广泛，从主体上来看，不限于董事、监事、高级管理人员对公司的义务，还包括董事、监事、高级管理人员对公司职工、债权人、消费者等利益相关者的义务；从性质上来看，不限于私法上的义务，还包括公法上的义务。

## 【相关规范】

● **法律**

《中华人民共和国公司法》（2023年12月29日）

**第十九条** 公司从事经营活动，应当遵守法律法规，遵守社会公德、商业道德，诚实守信，接受政府和社会公众的监督。

## 【案例指引】

**青海某公司与白某等损害公司利益责任纠纷案**[①]

**裁判要旨**：被告白某作为公司董事、总经理，履行职务进购原粮时，存在价高质次以及没有按照公司采购办法等规章制度履行审批和竞价程序的事实。被告白某没有履行公司章程的规定，没有履行法律对公司董事、高管提出的忠实勤勉义务，因此被告白某的行为违反了法律、法规及公司章程的规定，应当依法承担责任。

---

[①] （2019）青民终91号，载中国裁判文书网，https://wenshu.court.gov.cn/website/wenshu/181107ANFZ0BXSK4/index.html？docId=d02/Y1mOkAFt3yrWmMGKAolWG4OomFEd7ie3RpFjEvifz7rUnWNhKp/dgBYosE2gOW/3CWAVkWV3JaolLrGYe3gjnRcC1YMi0+udxHB/QAknoIa/YhQiiwEwIJa2MB1Y，最后访问日期：2023年12月29日。

> **第一百八十条 【忠实与勤勉义务】**董事、监事、高级管理人员对公司负有忠实义务，应当采取措施避免自身利益与公司利益冲突，不得利用职权牟取不正当利益。
>
> 董事、监事、高级管理人员对公司负有勤勉义务，执行职务应当为公司的最大利益尽到管理者通常应有的合理注意。
>
> 公司的控股股东、实际控制人不担任公司董事但实际执行公司事务的，适用前两款规定。

**【理解与适用】**

本条是关于董事、监事、高级管理人员忠实义务、勤勉义务的规定。

忠实义务和勤勉义务是董事对公司信义义务的主要内容，董事对公司负有信义义务，董事与公司之间构成信义义务关系。信义义务是信托关系在公司领域中的适用，信义关系中委托人将财产和事务交付给受托人，受托人受托管理委托人的财产和事务，受托人在委托人财产和事务的管理上享有权力和信息优势，掌握权力的人应当肩负责任，因此法律规定受托人对委托人承担信义义务。委托人在与受托人之间的信义关系中地位并不平等，前者处于弱势地位并易受侵害。委托人与受托人之间的关系是一个长期的不完全合同，为了维护委托人的利益，极具弹性的信义义务被用来解释和填补委托人和受托人之间的不完全合同，使受托人承担更高更严格的义务和责任，这又可以给受托人处理委托人的财产和事务授予相当的裁量权，具有灵活性。董事和信托上的受托人均属于受托人，但是把董事定义和理解为信托上的受托人是不恰当的。信托受托人应当服务于委托人或受益人的利益，保持和维护其管理的委托人财产，他们是保守的，如果他们将信托财产用于冒险活动，那么将可能因此承担责任；相反，董事应当为了股东利益最大化服务，追求商业上的高收益要求必须冒险，这要求董事要有魄力、敢于冒险。根据本条的规定，董事的信义义务也适用于公司的监事和高级管理人员。

本条第一款是对董事、监事和高级管理人员忠实义务的描述。根据本款规定，董事、监事、高级管理人员对公司负有忠实义务，忠实义务体现为两个方面：第一，忠实义务要求董事、监事、高级管理人员应当采取措施避免自身利益与公司利益冲突，即使发生了利益冲突也不得将自身利益置于公司利益之上；第二，不得利用职权牟取不正当利益。当然，除了这两种情况，还有一些特例，本法第一百八十一条规定对董事、监事、高级管理人员高违反忠实义务的情形进行了列举，但是不完全列举。除了本法第一百八十一条，第一百八十二条、第一百八十三条、第一百八十四条分别对董事、监事、高级管理人员与公司的自我交易、谋取公司商业机会、同业竞争这样适用忠实义务的行为进行了特别规定。一旦在诉讼中原告证明了董事、监事、高级管理人员与公司利益发生冲突，那么董事、监事、高级管理人员应当举证证明自己履行了忠实义务，否则将承担不利后果。①

本条第二款规定了董事、监事、高级管理人员对公司的勤勉义务。董事、监事、高级管理人员执行职务应当为公司的最大利益尽到管理者通常应有的合理注意。董事、监事、高级管理人员满足以下条件可以视为尽到了勤勉义务的判断标准：第一，董事、监事、高级管理人员与公司之间无利益冲突，如果有利益冲突那么董事、监事、高级管理人员就要适用忠实义务；第二，客观行为上，根据行为当时的场景，处于一个相似位置的管理者类似的情形下通常应当尽到的注意；第三，主观上须为善意，善意地相信自己的行为是为了公司最佳利益。②

本条第三款规定了事实董事，并将忠实义务和注意义务扩张适用于事实董事。公司的控股股东、实际控制人不担任公司董事但实际执行公司事务的，适用前两款规定。控股股东，是指其出资额占有限责任公司资本总额超过百分之五十或者其持有的股份占股份有限公司股本总额超过百分之五十的股东；出资额或者持有股份的比例虽然低于百分之五十，但依其出资额或者持有的股份所享有的表决权已足以对股东会的决议产生重大影响的股东。实际控制人，是指通过投资关系、协议或者其他安排，能够实际支配公司行为的人。

---

① 参见施天涛：《公司法论》（第四版），法律出版社 2018 年版，第 426 页。
② 参见施天涛：《公司法论》（第四版），法律出版社 2018 年版，第 418~419 页。

【案例指引】

**王某某等与鄂某某等损害公司利益责任纠纷案**[①]

**裁判要旨**：实际控制人不同于控股股东，实际控制人在公司解散后对公司的清算并没有直接的法定义务。然而，若公司的实际控制人实际执行职务，对公司的经营管理享有和董事一样的权力，那么即使实际控制人不是依据公司法和公司章程规定通过股东会选举产生的董事，但在事实上已经以董事身份执行公司事务进行经营管理，其属于事实董事，在公司清算阶段应当对公司债权人承担信义义务。

---

**第一百八十一条　【董监高的禁止行为】**董事、监事、高级管理人员不得有下列行为：

（一）侵占公司财产、挪用公司资金；

（二）将公司资金以其个人名义或者以其他个人名义开立账户存储；

（三）利用职权贿赂或者收受其他非法收入；

（四）接受他人与公司交易的佣金归为己有；

（五）擅自披露公司秘密；

（六）违反对公司忠实义务的其他行为。

---

【理解与适用】

本条是关于禁止董事、监事、高级管理人员从事违反忠实义务行为的规定。

其一，侵占公司财产，挪用公司资金。本条规定绝对禁止董事、监事和高级管理人员侵占公司财产、挪用公司资金，违反本规定，是对公司不忠实的行为，影响公司的生产经营，也侵犯了公司和股东的利益，

---

[①] （2021）京0116民初7599号，中国裁判文书网，https：//wenshu.court.gov.cn/website/wenshu/181107ANFZ0BXSK4/index.html？docId = f6sKbpPLSgSgsePDOG3ZUsWnHjj77V xB-bR1I5hvqQc6y7Fmhgfkmr/UKq3u + IEo4VTgof/GHjSEfGbaGQGAspLqIiRSG + yic0 + udxHB/QAn + tju5Ofe749c6zr/EPBDe，最后访问日期：2023年12月25日。

股东可以提起派生诉讼，要求其退还公司财产和资金。违反本规定，还会构成刑法第三百七十一条的职务侵占罪和第三百七十二条的挪用公司资金罪。

其二，另立账户。本条规定，董事、监事、高级管理人员不得将公司资金以其个人名义或者以其他个人名义开立账户存储。

其三，利用职权贿赂或者收受其他非法收入。公司已经为董事、监事和高级管理人员支付了劳动报酬，董事、监事和高级管理人员再利用职权贿赂或收受其他非法收入，将侵犯公司利益，应当禁止。违反本规定，将构成刑法第三百八十九条的行贿罪和第一百六十三条非国家工作人员受贿罪。

其四，接受他人与公司交易的佣金归为己有。公司董事、监事、高级管理人员不得接受他人与公司交易的佣金归为己有。

其五，擅自披露公司秘密。公司董事、监事、高级管理人员不得擅自披露公司秘密。董事、监事、高级管理人员从事公司的生产经营管理，有机会了解和掌握公司的商业秘密和技术秘密，这些秘密往往构成公司的核心竞争力，一旦泄露，必将损害公司和股东利益，因此禁止董事、监事、高级管理人员擅自披露公司秘密。

其六，公司董事、监事、高级管理人员违反忠实义务的行为可能表现为各种各样的情形，公司法的列举难以穷尽其全部，所以本项是一个兜底条款，公司董事、高级管理人员不得有违反对公司忠实义务的其他行为。这里的"其他行为"，泛指董事、高级管理人员违反忠实义务的任何行为。

**【相关规范】**

● *法律*

《中华人民共和国刑法》（2023年12月29日）

**第一百六十三条** 公司、企业或者其他单位的工作人员，利用职务上的便利，索取他人财物或者非法收受他人财物，为他人谋取利益，数额较大的，处三年以下有期徒刑或者拘役，并处罚金；数额巨大或者有其他严重情节的，处三年以上十年以下有期徒刑，并处罚金；数额特别巨大或者有其他特别严重情节的，处十年以上有期徒刑或者无期徒刑，并处罚金。

公司、企业或者其他单位的工作人员在经济往来中，利用职务上的便利，违反国家规定，收受各种名义的回扣、手续费，归个人所有的，依照前款的规定处罚。

国有公司、企业或者其他国有单位中从事公务的人员和国有公司、企业或者其他国有单位委派到非国有公司、企业以及其他单位从事公务的人员有前两款行为的，依照本法第三百八十五条、第三百八十六条的规定定罪处罚。

**第二百七十一条** 公司、企业或者其他单位的工作人员，利用职务上的便利，将本单位财物非法占为己有，数额较大的，处三年以下有期徒刑或者拘役，并处罚金；数额巨大的，处三年以上十年以下有期徒刑，并处罚金；数额特别巨大的，处十年以上有期徒刑或者无期徒刑，并处罚金。

国有公司、企业或者其他国有单位中从事公务的人员和国有公司、企业或者其他国有单位委派到非国有公司、企业以及其他单位从事公务的人员有前款行为的，依照本法第三百八十二条、第三百八十三条的规定定罪处罚。

**第二百七十二条** 公司、企业或者其他单位的工作人员，利用职务上的便利，挪用本单位资金归个人使用或者借贷给他人，数额较大、超过三个月未还的，或者虽未超过三个月，但数额较大、进行营利活动的，或者进行非法活动的，处三年以下有期徒刑或者拘役；挪用本单位资金数额巨大的，处三年以上七年以下有期徒刑；数额特别巨大的，处七年以上有期徒刑。

国有公司、企业或者其他国有单位中从事公务的人员和国有公司、企业或者其他国有单位委派到非国有公司、企业以及其他单位从事公务的人员有前款行为的，依照本法第三百八十四条的规定定罪处罚。

有第一款行为，在提起公诉前将挪用的资金退还的，可以从轻或者减轻处罚。其中，犯罪较轻的，可以减轻或者免除处罚。

**第三百八十九条** 为谋取不正当利益，给予国家工作人员以财物的，是行贿罪。

在经济往来中，违反国家规定，给予国家工作人员以财物，数额较大的，或者违反国家规定，给予国家工作人员以各种名义的回扣、手续费的，以行贿论处。

因被勒索给予国家工作人员以财物，没有获得不正当利益的，不是行贿。

**第一百八十二条 【董监高与公司的自我交易程序】** 董事、监事、高级管理人员，直接或者间接与本公司订立合同或者进行交易，应当就与订立合同或者进行交易有关的事项向董事会或者股东会报告，并按照公司章程的规定经董事会或者股东会决议通过。

董事、监事、高级管理人员的近亲属，董事、监事、高级管理人员或者其近亲属直接或者间接控制的企业，以及与董事、监事、高级管理人员有其他关联关系的关联人，与公司订立合同或者进行交易，适用前款规定。

## 【理解与适用】

本条是关于董事、监事和高级管理人员与公司自我交易程序的规定。

自我交易是忠实义务适用的一个重要场景，公司的董事、监事、高级管理人员实施或推动实施的、含有其个人利益因而与公司有利益冲突的交易一般地称作自我交易。自我交易有以下特征：第一，董事、监事、高级管理人员直接或间接地与公司之间发生交易。第二，董事、监事、高级管理人员与该交易直接或间接的存在经济利益关系；第三，自我交易将导致董事、监事、高级管理人员与公司之间存在利益冲突；第四，自我交易须具有重要性，不具有重要的自我交易不会被纳入法律关注和调整的范畴，日常的自我交易的法律效力不应被否定。[①] 简言之，从民事的视角来看，自我交易是指董事、监事、高级管理人员作为受托人同时在交易中同时代表两方的交易，例如，董事、监事、高级管理人员在 A 公司任职，董事、监事、高级管理人员在 B 公司中有重大经济利益，A 公司与 B 公司发生交易，因为董事、监事、高级管理人员在 B 公司的经济利益重大或份额非常高，其有经济动机使 A 公司向 B 公司多付钱，董事、监事、高级管理人员在该交易中同时代表双方。

关于法律对自我交易的态度。根据上述对自我交易的描述，可以将

---

[①] 参见施天涛：《公司法论》（第四版），法律出版社 2018 年版，第 427~429 页。

自我交易类比民法上的自己代理或双方代理,代理人是A公司的代理人,同是代理A公司与自己发生交易;或者代理人同时是A公司和B公司的代理人,同是代理A公司与B公司发生交易。民法上自己代理是被禁止的,但是在商业实践中,自我交易尽管会引发利益冲突,但是有时候自我交易对公司是有利的。例如,公司无法从其他途径获得借款,公司的董事、监事、高级管理人员了解公司,认为公司有经营前景,董事、监事、高级管理人员向公司借款,这种自我交易应被允许和鼓励。

　　本条第一款规定了直接自我交易及程序。关于直接自我交易的描述。自我交易分为直接自我交易和间接自我交易,本条第一款"董事、监事、高级管理人员,直接或者间接与本公司订立合同或者进行交易"规定的是直接自我交易,自我交易发生在董事、监事、高级管理人员与公司之间。例如,董事、监事、高级管理人员将财产出售给公司,或者公司将财产出售给董事、监事、高级管理人员,或者董事、监事、高级管理人员向公司提供借款。关于直接自我交易的程序。自我交易会引发利益冲突,但是现行法不会直接认定自我交易的合同无效,自我交易满足一定的条件和程序,证明这样的自我交易不会损害公司的利益,则法律允许董事、监事、高级管理人员与公司进行自我交易,不会认定交易无效。根据本款的规定,直接自我交易的程序需满足两点:第一,董事、监事、高级管理人员应当就其直接或间接与公司订立合同或者进行交易有关的事项向公司董事会或股东会进行报告,信息披露给公司;第二,直接自我交易应当根据公司章程的规定,经董事会或者股东会决议通过,董事、监事、高级管理人员在决议事项中有利害关系,应当回避表决。从事自我交易的董事、监事、高级管理人员需要举证其履行这样的程序,董事、监事、高级管理人员不能举证其履行了这样的自我交易程序,其被公司的股东提起派生诉讼,那么就由作为被告的董事、监事、高级管理人员举证证明这样的交易对公司是实质公平,这样的证明是非常困难的,如果不能证明,则承担败诉的结果,交易的效力将被否认。

　　本条第二款规定了间接自我交易。间接自我交易,董事、监事、高级管理人员任职的公司不是与董事、监事、高级管理人员之间发生直接或间接交易,而是董事、监事、高级管理人员任职的公司与董事、监事、高级管理人员的近亲属发生交易，或者董事、监事、高级管理人员任职的公司与董事、监事、高级管理人员或其近亲属直接或间接控制的企业之间发生交易，或者董事、监事、高级管理人员任职的公司与董事、监事、高级管理人员有其他关联关系的企业之间发生的交易。间接自我交易的程序适用前款规定。

自我交易适用的程序简单概括为"信息披露+股东会无关联股东决议通过"或"信息披露+董事会无关联董事决议通过"，如果自我交易未履行此程序，那么董事、监事、高级管理人员在被提起的派生诉讼中，需要自己举证证明交易对公司而言是实质公平的，否则交易的合同效力将被否认，但是这样的证明一般来讲是非常困难，往往会因证明不能而败诉。

> **第一百八十三条　【谋取公司商业机会的禁止与例外】**董事、监事、高级管理人员，不得利用职务便利为自己或者他人谋取属于公司的商业机会。但是，有下列情形之一的除外：
> （一）向董事会或者股东会报告，并按照公司章程的规定经董事会或者股东会决议通过；
> （二）根据法律、行政法规或者公司章程的规定，公司不能利用该商业机会。

**【理解与适用】**

本条是关于谋取公司商业机会的禁止与例外的规定。

公司商业机会是忠实义务适用的重要情形之一。公司商业机会是指董事在执行公司职务过程中获得的并有义务向公司披露的与公司经营活动密切相关的各种机会。公司机会理论的基本理念就是如果某一商业机会理应属于公司或者为公司所期待，就为公司所有，董事不得为自己或他人争夺。

公司法原则禁止董事、监事、高级管理人员利用公司商业机会。本条规定，董事、监事、高级管理人员不得利用职务便利为自己或者他人谋取属于公司的商业机会。认定某一商业机会是否属于公司商业机会是一个司法问题。

公司商业机会利用例外允许。公司商业机会，公司有优先使用权，在特定的情况下，董事、监事、高级管理人员可以利用公司商业机会，但是需满足下列条件和程序：（1）向董事会或者股东会报告，并按照公司章程的规定经董事会或者股东会决议通过。报告的形式应当为书面形式，以便留存证明。关于表决方式，对股东会决议来讲，本条未规定是特别决议，从体系解释来看，应当落入普通决议的范畴，代表半数以上表决权的股东通过即可。对于董事会决议来讲，要求全体董事三分之二以上通过必须有法律明确规定，本条并未规定需要这样表决，因此应当适用公司法上规定董事会决议的一般方式，全体董事人数过半数即可。（2）根据法律、行政法规或者公司章程的规定，公司不能利用该商业机会。

**【案例指引】**

**林某某与李某某等损害公司利益纠纷案**[①]

**裁判要旨：** 本案系香港股东代表香港公司向另一香港股东及他人提起的损害公司利益之诉。原告提起诉讼的基点是认为另一香港股东利用实际控制香港公司及该公司在内地设立的全资子公司等机会，伙同他人采取非正当手段，剥夺了本属于香港公司的商业机会，从而损害了香港公司及其作为股东的合法权益。但原告所称的商业机会并非当然地专属于香港公司，实际上能够满足投资要求及法定程序的任何公司均可获取该商业机会。原告在内地子公司经营效益欠佳时明确要求撤回其全部投资，其与另一香港股东也达成了撤资协议。鉴于另一香港股东及他人未采取任何欺骗、隐瞒或者其他非正当手段，且商业机会的最终获取系另一股东及他人共同投资及努力的结果，终审判决最终驳回了原告的诉讼请求。

---

① 载《最高人民法院公报》2014年第11期。

> **第一百八十四条 【同业竞争限制】**董事、监事、高级管理人员未向董事会或者股东会报告，并按照公司章程的规定经董事会或者股东会决议通过，不得自营或者为他人经营与其任职公司同类的业务。

**【理解与适用】**

本条是关于同业竞争限制的规定。

同业竞争限制是忠实义务适用的一个重要场景，同业竞争是指法律虽然不禁止公司董事、监事、高级管理人员自营或者为他人经营与所任职公司同类的业务，但却设定了一定的限制条件。董事、监事、高级管理人员在多家公司有利益是允许的，例如，董事、监事、高级管理人员在生产汽车的公司任职，可以同时在从事鞋类产品生产的企业任职。但是，如果其同时也在另一家从事汽车生产的公司任职，那么将会损害其任职并作为受托人的公司的利益。关于同业竞争，各国法律政策上有禁止同业竞争，有同业竞争限制，还有同业竞争自由，本条采取的是同业竞争限制的法律政策。

本条并未绝对禁止董事、监事、高级管理人员与任职公司同业竞争，但是设定了限制条件。根据本条规定的限制，董事、监事、高级管理人员自营或者为他人经营与其任职公司同类的业务，应当遵循下列条件和程序：（1）向任职公司的董事会或者股东会报告。报告的形式应当为书面形式，以便留存证明。（2）按照公司章程的规定经董事会或者股东会决议通过。关于表决方式，对股东会决议来讲，本条未规定是特别决议，从体系解释来看，应当落入普通决议的范畴，代表半数以上表决权的股东通过即可。对于董事会决议来讲，要求全体董事三分之二以上通过必须有法律明确规定，本条并未规定需要这样表决，因此应当适用公司法上规定董事会决议的一般方式，全体董事人数过半数即可。

违反本条规定，自营或者为他人经营与其任职公司同类的业务，将违反对公司的忠实义务，将要承担相应的民事损害赔偿责任，还可能构成刑法第一百六十五条规定的非法经营同类营业罪，《中华人民共和国刑法修正案（十二）》对刑法第一百六十五进行了修改，使得非法经营同类营业罪不再只适用于国有公司、企业，也将适用于其他公司、企业，如民营企业。但是，事先向董事会或股东会报告，并按照公司章程的规定经董事会或者股东会决议通过的，通过此"报告+同意"，则构成相关人员出罪的关键证据。

**【相关规范】**

● **法律**

《中华人民共和国刑法》（2023年12月29日）

第一百六十五条　国有公司、企业的董事、监事、高级管理人员，利用职务便利，自己经营或者为他人经营与其所任职公司、企业同类的营业，获取非法利益，数额巨大的，处三年以下有期徒刑或者拘役，并处或者单处罚金；数额特别巨大的，处三年以上七年以下有期徒刑，并处罚金。

其他公司、企业的董事、监事、高级管理人员违反法律、行政法规规定，实施前款行为，致使公司、企业利益遭受重大损失的，依照前款的规定处罚。

---

第一百八十五条　【关联董事的回避表决】董事会对本法第一百八十二条至第一百八十四条规定的事项决议时，关联董事不得参与表决，其表决权不计入表决权总数。出席董事会会议的无关联关系董事人数不足三人的，应当将该事项提交股东会审议。

---

**【理解与适用】**

本条是关于关联董事表决权回避的规定。

董事作为受信人，应当为了公司的利益行使表决权，而不应当是为了个人的利益行使表决权。根据信义义务理论，董事是公司的受托人，对公司负有忠实义务和注意义务，不应当使自己处于个人利益与公司利益及其受信义务相冲突的境地，不允许为了自己的个人利益在董事会上行使表决权。在利益冲突的情况下，处于受信地位的人可能会受到个人利益而不是责任的驱使，从而会损害那些他本应保护的委托人的利益。

因此，作决议的董事会成员必须不受利益冲突和第三人的影响，他们作为董事对作出的决议必须没有直接的私人利益。

董事会对本法第一百八十二条至第一百八十四条规定的事项决议时，关联董事对决议事项有利害关系，任何人不能在自己的案件中担任法官，另外，董事作为受托人应当将委托人的利益置于其个人利益之上，其投票表决，容易受个人利益的驱使，投票损害其对之负有忠实义务的公司的利益，因此，关联董事对这些事项的董事会决议应当回避表决，回避表决的董事其表决权不计入表决权总数。

根据本法第七十四条和第一百二十四条规定，有限责任公司和股份有限公司的董事会会议，须有过半数董事出席方可举行。如果董事会中的关联董事过多，回避表决后导致出席的董事会的董事人数不足三人，那么应当将该事项提交股东会审议和表决。

## 【相关规范】

● 部门规章及文件

《上市公司章程指引》（2023年12月15日）

第一百一十九条　董事与董事会会议决议事项所涉及的企业有关联关系的，不得对该项决议行使表决权，也不得代理其他董事行使表决权。该董事会会议由过半数的无关联关系董事出席即可举行，董事会会议所作决议须经无关联关系董事过半数通过。出席董事会的无关联董事人数不足三人的，应将该事项提交股东大会审议。

第一百八十六条　【董监高违反忠实义务所得收入的处理】董事、监事、高级管理人员违反本法第一百八十一条至第一百八十四条规定所得的收入应当归公司所有。

## 【理解与适用】

本条是关于董事、监事、高级管理人员违反忠实义务所得收入处理的规定。

本条也称为归入权，是指在董事、监事、高级管理人员违反对公司负有的忠实义务时，公司可请求将公司董事、监事、高级管理人员的收入归入公司的权利，归入权是本法规定的一种特殊的救济手段。需要指出的是，董事、监事、高级管理人员违反忠实义务会给公司造成损失，公司当然可以要求其赔偿损失，但是，董事、监事、高级管理人员给公司造成损失的同时自身也可能获得收入，这种得利缺乏正当性，不应归董事、监事、高级管理人员所有，而应当将其归入公司。

## 【相关规范】

● *法律*

《中华人民共和国证券法》（2019年12月28日）

第四十四条 上市公司、股票在国务院批准的其他全国性证券交易场所交易的公司持有百分之五以上股份的股东、董事、监事、高级管理人员，将其持有的该公司的股票或者其他具有股权性质的证券在买入后六个月内卖出，或者在卖出后六个月内又买入，由此所得收益归该公司所有，公司董事会应当收回其所得收益。但是，证券公司因购入包销售后剩余股票而持有百分之五以上股份，以及有国务院证券监督管理机构规定的其他情形的除外。

前款所称董事、监事、高级管理人员、自然人股东持有的股票或者其他具有股权性质的证券，包括其配偶、父母、子女持有的及利用他人账户持有的股票或者其他具有股权性质的证券。

公司董事会不按照第一款规定执行的，股东有权要求董事会在三十日内执行。公司董事会未在上述期限内执行的，股东有权为了公司的利益以自己的名义直接向人民法院提起诉讼。

公司董事会不按照第一款的规定执行的，负有责任的董事依法承担连带责任。

第一百八十七条 【董监高对股东知情权行使的义务】
股东会要求董事、监事、高级管理人员列席会议的，董事、监事、高级管理人员应当列席并接受股东的质询。

**【理解与适用】**

本条是关于股东可以对董事、监事、高级管理人员行使质询权的规定。

股东在股东会上要求董事、监事、高级管理人员说明的事项，上述人员有进行说明的职责。股东请求董事、监事、高级管理人员说明的内容应是与股东会议案相关的事项。需要注意的是，股东质询权是一项辅助股东行使其他权利的权利，其有助于股东更加高效和合理地行使资产收益权、参与决策权和选择管理者等股东权利。有限责任公司或股份有限公司章程可以对有关股东行使质询权的程序和保障作出具体和具有操作性的规定，例如，可以明确单独或合计持股多少的股东在股东会议上提出要求，董事、监事、高级管理人员就应当列席，或者直接规定除特殊情况外所有的董事、监事、高级管理人员都应当列席股东会。

**【案例指引】**

牟某某、广东某公司股东知情权纠纷案[①]

**裁判要旨**：股东虽有权就公司经营事项提出质询，但股东行使质询权的回复主体应为公司董事、监事或高级管理人员，应由董事、监事或高级管理人员在股东会议上就股东的质询作出解释和说明。

> **第一百八十八条　【董监高对公司的赔偿责任】** 董事、监事、高级管理人员执行职务违反法律、行政法规或者公司章程的规定，给公司造成损失的，应当承担赔偿责任。

**【理解与适用】**

本条是董事、监事、高级管理人员违法执行职务民事赔偿责任的

---

① （2021）粤07民终1681号，载中国裁判文书网，https：//wenshu.court.gov.cn/website/wenshu/181107ANFZ0BXSK4/index.html?docId=2hBPLhgZtbwclgZYbqh1Wfdl3npl8b8eqOZ-KubizCrt04PXbcQq0aJ/dgBYosE2gOW/3CWAVkWV3JaolLrGYe3gjnRcC1YMi0+udxHB/QAnP/XT-cEOBFGHy+tjF18Z/4，最后访问日期：2023年12月26日。

规定。

董事、监事、高级管理人员根据本法第一百八十条规定，对公司负有忠实义务和勤勉义务。董事、监事、高级管理人员执行公司职务时，应当履行对公司的信义义务，忠实、勤勉地行使公司所赋予的职权，尤其是不能违反法律、行政法规或者公司章程的规定。董事、监事、高级管理人员违反信义义务，因执行职务违法或违反公司章程，给公司造成损失的，应当向公司承担赔偿责任。

从本条的解释来看，董事、监事、高级管理人员承担赔偿责任应当具备下列要件：（1）主观上，对违反法律、法规或公司章程行使职权存在过错；（2）行为上，其是执行公司职务，董事、监事、高级管理人员与公司职务无关的行为不在本条调整范围内；（3）行为后果上，给公司造成了损失；（4）因果关系上，公司的损害来源于董事、监事、高级管理人员违法或违反章程执行职务的行为。

**【案例指引】**

**某某公司诉张某合同纠纷案**[①]

**裁判要旨**：张某作为公司股东，其转移公司营业执照、公章、财务账册的行为属于滥用股东权利，应当立即返还相应物品，并承担相应法律责任。即使董事、监事、高级管理人员已经被解除职务，也应在离任后合理期间内对公司承担相应的忠实义务，如保密、配合公司做好交接工作等。张某违反了高级管理人员对公司应尽的忠实义务，损害了某某公司的利益。首先应该行使归入权，把侵权人的收益归入公司，让侵权人不能获得利益；在无法确定侵权收益或者公司行使归入权不能救济公司损失时，再行使损害赔偿请求权，进一步救济自身权益。

---

① （2019）京 0101 民初 1289 号，https：//wenshu.court.gov.cn/website/wenshu/181107ANFZ0BXSK4/index.html？docId = h7gy3em4cb8xRFSuSf1Vk7WtLCqYgTWMHVGybk93qOEGtziUm8aiB5O3qNaLMqsJ + QaAccwFer1cCIub5/SVqU4pwkXNtBAilRvabvnchEIIbv32FrLadDT rHGjtuj-Zu，载中国裁判文书网，最后访问日期：2023 年 12 月 30 日。

> **第一百八十九条 【股东派生诉讼】**董事、高级管理人员有前条规定的情形的，有限责任公司的股东、股份有限公司连续一百八十日以上单独或者合计持有公司百分之一以上股份的股东，可以书面请求监事会向人民法院提起诉讼；监事有前条规定的情形的，前述股东可以书面请求董事会向人民法院提起诉讼。
>
> 监事会或者董事会收到前款规定的股东书面请求后拒绝提起诉讼，或者自收到请求之日起三十日内未提起诉讼，或者情况紧急、不立即提起诉讼将会使公司利益受到难以弥补的损害的，前款规定的股东有权为公司利益以自己的名义直接向人民法院提起诉讼。
>
> 他人侵犯公司合法权益，给公司造成损失的，本条第一款规定的股东可以依照前两款的规定向人民法院提起诉讼。
>
> 公司全资子公司的董事、监事、高级管理人员有前条规定情形，或者他人侵犯公司全资子公司合法权益造成损失的，有限责任公司的股东、股份有限公司连续一百八十日以上单独或者合计持有公司百分之一以上股份的股东，可以依照前三款规定书面请求全资子公司的监事会、董事会向人民法院提起诉讼或者以自己的名义直接向人民法院提起诉讼。

### 【理解与适用】

本条是关于股东派生诉讼的规定。

股东诉讼分为直接诉讼和派生诉讼。直接诉讼是股东为了实现自己的股权或股份利益而提起的诉讼，如股东知情权诉讼。直接诉讼中，公司从中一无所获，事实上还经常充任被告，被指违法。派生诉讼是一个人（如自然人A，也可以是法人A）因为在另一个人（如B公司）当中有利益而代表该另一个人提起的诉讼，但前者不是后者（B公司）的决策者。原告的权利是从另一个人处派生的，因为他声称该另一个人遭受了损害，要为另一个人而非原告自己请求损害赔偿。派生诉讼一般都针对公司内部的人提起,但是也可以针对公司外部的第三人提起,是公司小股东状告掌握公司权力的董事或者控股股东,称其损害了公司的利益,当然也间接损害了小股东的利益,要其向公司赔偿损失。①

关于股东派生诉讼的必要性。董事、高级管理人员可能执行职务违反法律、行政法规或者公司章程的规定,给公司造成损失,此时董事会的成员——董事和高级管理人员与公司有利益冲突,让董事会代表公司起诉董事或高级管理人员,董事会可能不愿意起诉,因此法律就有必要允许股东代表公司起诉董事或高级管理人员。派生诉讼中的原告股东是一个代表,其不仅代表公司的利益,也代表了其他股东的利益,公司利益受损,那么作为原告股东和其他股东都间接受损。

关于股东派生诉讼当事人的列明。股东派生诉讼中,提起派生诉讼的股东是原告,其他股东可以列为共同原告。被告是执行职务违反法律、行政法规或者公司章程的规定给公司造成损失的董事、监事、高级管理人员。公司的地位,根据司法解释和司法实践,公司列为第三人,其可以在诉讼中支持原告,也可以支持被告。

关于提起股东派生诉讼的股东资格。本条第一款要求"有限责任公司的股东、股份有限公司连续一百八十日以上单独或者合计持有公司百分之一以上股份的股东"。因此,无论是有限责任公司还是股份有限公司,派生诉讼的股东资格有以下要求:(1)主观善意的要求,股东必须是善意地为了公司的利益;(2)持股时间要求。股东必须持股一百八十日以上,这是为了防止有人临时购入股份而购买派生诉讼的起诉权利。本条并未明确是否在起诉期间应当继续持有有限责任公司股权或股份有限公司股份,从目的解释来看,原告股东应当继续持有,否则其将在公司中无经济利益,如果其转让股权或股份,则会失去原告资格。如果原告基于继承或离婚而取得股权或股份,则不应当要求持股一百八十日以上。(3)持股比例要求。本款要求股东"单独或者合计持有公司百分之一以上股份",本条并未规定股东提起股东派生诉讼,是否应当提供诉讼担保,从维护股东利益和鼓励股东参与公司治理来讲,应当认为不需要提供诉讼担保。(4)原告是否应当被要求在被告违法或违反章程执行公司职务时持有股权或股份?我国不要求原告持有股票时点

---

① 参见朱锦清:《公司法学(修订本)》,清华大学出版社2019年版,第742页。

是发生于这一期间。《全国法院民商事审判工作会议纪要》第二十四条规定，股东提起股东代表诉讼，被告以行为发生时原告尚未成为公司股东为由抗辩该股东不是适格原告的，人民法院不予支持。

关于股东派生诉讼的前置程序。本条第一款和第二款中规定了公司董事、监事和高级管理人员作为被告时，股东派生诉讼的前置程序，具体内容如下：（1）股东书面申请公司先起诉，是股东派生诉讼的重要的程序性要求。①书面申请公司先起诉的必要性。派生诉讼是股东代表公司起诉，那么在起诉之前应当先由公司决定是否起诉，监事会或董事会作为公司机关作出公司是否起诉的决定，在监事会或董事会代表公司作出决定前，股东不能提起派生诉讼。②书面申请的接受人。在董事或高管作为被告时，股东提交书面申请给公司监事会，由监事会代表公司作出公司自己起诉与否的决定；在监事作为被告时，股东提交书面申请给董事会，由董事会代表公司作出公司自己起诉与否的决定。（2）公司拒绝起诉，则股东可以自己名义起诉。监事会或者董事会收到前款规定的股东书面请求后拒绝提起诉讼，或者自收到请求之日起三十日内未提起诉讼，股东有权为公司利益以自己的名义直接起诉。（3）前置程序的豁免。情况紧急，不立即提起诉讼将会使公司利益受到难以弥补的损害的，符合派生诉讼提起条件的股东有权为公司利益以自己的名义直接向人民法院提起诉讼。

本条第三款规定被告是公司外部人的股东派生诉讼。他人侵犯公司合法权益，给公司造成损失的，提起派生诉讼的股东也应当满足第一款规定的资格条件，也要遵循前两款规定的前置程序。他人造成公司损失，之所以要先申请公司起诉，是因为即使他人造成公司损失，但是公司基于商业考虑，可能认为起诉他人并不符合公司利益，例如，会破坏他人与公司之间的长期商业合作关系，公司可以拒绝起诉。在公司拒绝起诉或怠于起诉的，股东可以为了公司的利益自己直接向法院起诉。

本条第四款规定了股东双重代表诉讼。所谓双重股东代表诉讼是指在一家公司的权利受到侵犯而该公司和作为其股东的另一家公司均无意行使诉讼权利的情况下，由该另一家公司的股东就该侵犯公司权利的行为。①双重股东代表诉讼的法理在于，在公司集团的治理中，母公司的

---

① 薛波主编：《元照英美法词典（缩印版）》，北京大学出版社2013年版，第439页。

股东尤其少数股东是否可以代表子公司、孙公司提起代位诉讼，如是，此即双重股东代位诉讼。从股东代位诉讼的立法目的可以合理地引申出双重代位诉讼的概念及存在空间。在子公司利益受损的情况下，有权提起直接诉讼的应该是子公司本身；有权提起股东代位诉讼的，应是包括母公司在内的所有的子公司的股东。此时，如子公司的股东如母公司不愿提起股东代位诉讼，则基于股东代位诉讼的立法目的，母公司的股东即有权提起第二层次的股东代位诉讼——因为启动股东代位诉讼的前提就是公司不行使诉权，至此，股东双重代位诉讼也就证成了。双重代位诉讼可以形象地比喻为股东的股东提出的代位诉讼。[1]双重代表诉讼制度在终极目的方面与股东代表诉讼制度也存在根本差异，即双重代表诉讼的根本目的在于通过维护母公司利益，进而保护母公司股东权益，而股东代表诉讼的最终目的则是保护本公司和本公司股东权益。[2]

关于双重股东代表诉讼中当事人的列明。原告是母公司的股东，需具备第一款规定的资格条件。被告是全资子公司的董事、监事和高级管理人员。全资子公司应当列为第三人，问题是诉讼中母公司的身份是什么？本条并未明确。

关于股东派生诉讼中的反诉处理。《全国法院民商事审判工作会议纪要》第二十六条规定，股东依据公司法的规定提起股东代表诉讼后，被告以原告股东恶意起诉侵犯其合法权益为由提起反诉的，人民法院应予受理。被告以公司在案涉纠纷中应当承担侵权或者违约等责任为由对公司提出的反诉，因不符合反诉的要件，人民法院应当裁定不予受理；已经受理的，裁定驳回起诉。

关于股东代表诉讼的调解。《全国法院民商事审判工作会议纪要》第二十七条规定，公司是股东代表诉讼的最终受益人，为避免因原告股东与被告通过调解损害公司利益，人民法院应当审查调解协议是否为公司的意思。只有在调解协议经公司股东（大）会、董事会决议通过后，人民法院才能出具调解书予以确认。至于具体决议机关，取决于公司章程的规定。公司章程没有规定的，人民法院应当认定公司股东（大）会为决议机关。

---

[1] 参见李建伟：《公司法学》（第五版），中国人民大学出版社2022年版，第383页。
[2] 樊纪伟：《我国双重代表诉讼制度架构研究》，载《华东政法大学学报》2016年第4期。

关于诉讼后果。诉讼利益归属，股东代表诉讼原告胜诉，被告的赔偿应当归于公司，而不应是原告股东，因为股东派生诉讼是为了公司的利益，原告股东行使诉权，是代表公司行使诉权，而不是为了股东自己的利益，代表股东自己行使诉权。

关于诉讼费用的承担。《最高人民法院关于适用〈中华人民共和国公司法〉若干问题的规定（四）》规定，股东代表诉讼原告胜诉的，由公司承担原告为诉讼支出的合理费用，如诉讼费。至于律师费，《最高人民法院关于适用〈中华人民共和国公司法〉若干问题的规定（四）》未规定，从激励股东维护公司利益和参与公司治理来讲，如果法院没有判决被告承担原告的律师费，那么公司应当承担原告的律师费。

## 【相关规范】

● *法律*

1. 《中华人民共和国证券法》（2019年12月28日）

**第四十四条** 上市公司、股票在国务院批准的其他全国性证券交易场所交易的公司持有百分之五以上股份的股东、董事、监事、高级管理人员，将其持有的该公司的股票或者其他具有股权性质的证券在买入后六个月内卖出，或者在卖出后六个月内又买入，由此所得收益归该公司所有，公司董事会应当收回其所得收益。但是，证券公司因购入包销售后剩余股票而持有百分之五以上股份，以及有国务院证券监督管理机构规定的其他情形的除外。

前款所称董事、监事、高级管理人员、自然人股东持有的股票或者其他具有股权性质的证券，包括其配偶、父母、子女持有的及利用他人账户持有的股票或者其他具有股权性质的证券。

公司董事会不按照第一款规定执行的，股东有权要求董事会在三十日内执行。公司董事会未在上述期限内执行的，股东有权为了公司的利益以自己的名义直接向人民法院提起诉讼。

公司董事会不按照第一款的规定执行的，负有责任的董事依法承担连带责任。

● 司法解释及文件

**2.《全国法院民商事审判工作会议纪要》(2019年11月8日)①**

24.【何时成为股东不影响起诉】股东提起股东代表诉讼,被告以行为发生时原告尚未成为公司股东为由抗辩该股东不是适格原告的,人民法院不予支持。

25.【正确适用前置程序】根据《公司法》第151条的规定,股东提起代表诉讼的前置程序之一是,股东必须先书面请求公司有关机关向人民法院提起诉讼。一般情况下,股东没有履行该前置程序的,应当驳回起诉。但是,该项前置程序针对的是公司治理的一般情况,即在股东向公司有关机关提出书面申请之时,存在公司有关机关提起诉讼的可能性。如果查明的相关事实表明,根本不存在该种可能性的,人民法院不应当以原告未履行前置程序为由驳回起诉。

26.【股东代表诉讼的反诉】股东依据《公司法》第151条第3款的规定提起股东代表诉讼后,被告以原告股东恶意起诉侵犯其合法权益为由提起反诉的,人民法院应予受理。被告以公司在案涉纠纷中应当承担侵权或者违约等责任为由对公司提出的反诉,因不符合反诉的要件,人民法院应当裁定不予受理;已经受理的,裁定驳回起诉。

27.【股东代表诉讼的调解】公司是股东代表诉讼的最终受益人,为避免因原告股东与被告通过调解损害公司利益,人民法院应当审查调解协议是否为公司的意思。只有在调解协议经公司股东(大)会、董事会决议通过后,人民法院才能出具调解书予以确认。至于具体决议机关,取决于公司章程的规定。公司章程没有规定的,人民法院应当认定公司股东(大)会为决议机关。

## 【案例指引】

**周某某与某投资公司、李某某、彭某某及第三人湖南某某公司损害公司利益责任纠纷案②**

裁判要旨:除周某某以外,湖南某某公司其他四名董事会成员均为某投资公司董事或高层管理人员,与某投资公司具有利害关系,基本不存在

---

① 最高人民法院网站,https://www.court.gov.cn/zixun/xiangqing/199691.html,最后访问日期:2023年12月2日。
② 载《最高人民法院公报》2020年第6期。

湖南某某公司董事会对某投资公司提起诉讼的可能性，再要求周某某完成对某投资公司提起股东代表诉讼的前置程序已无必要。

> **第一百九十条　【股东直接诉讼】** 董事、高级管理人员违反法律、行政法规或者公司章程的规定，损害股东利益的，股东可以向人民法院提起诉讼。

## 【理解与适用】

本条是关于股东直接诉讼的规定。

所谓股东直接诉讼，是指股东在作为股东的自身利益受到公司、董事、高级管理人员、其他股东侵害时，以自己名义对损害自己利益的人提起的诉讼。股东直接诉讼的依据是公司法、证券法、民事诉讼法所赋予股东的权利。股东直接诉讼的诉权属于股东自己，不同于股东诉讼，诉权属于公司，股东是代表公司行使诉权。股东直接诉讼的关键是认定股东遭受直接损害，公司与股东是各自独立的人格，公司财产损失不等于股东的损失，如果损害公司利益从而股东间接受到损害，但是无法证明股东直接受到损害，则法院将不予受理或驳回起诉。公司利益损失并不能等同于股东利益损失，股东直接起诉要求赔偿的损失，一般是指股东享有的知情权、表决权、分红权等直接权益的损失。

根据我国法律规定，股东直接诉讼的被告主要有：（1）董事、高级管理人员。本条规定，董事、高级管理人员违反法律、行政法规或者公司章程的规定，损害股东利益的，股东可以向人民法院提起诉讼。（2）其他股东、实际控制人。本法第二十一条规定，股东滥用股东权利，给其他股东造成损害的，应当承担赔偿责任。本法第一百九十二条规定，控股股东、实际控制人指示董事、高级管理人员从事损害公司或者股东利益的行为的，与该董事、高级管理人员承担连带责任。（3）公司本身。证券法第一百六十三条规定，发行人、上市公司公告的有关信息披露文件有虚假陈述导致投资者在证券交易中遭受损失的，发行人、上市公司应当承担赔偿责任，证券服务机构可能承担连带赔偿责任。①

本条规定的是上述股东直接诉讼的第一类被告,即"董事、高级管理人员违反法律、行政法规或者公司章程的规定,损害股东利益的,股东可以向人民法院提起诉讼"。本条规定的股东直接诉讼中,原告是股东,无持股数量和持股期限的要求;被告是违法或违反章程损害股东利益的公司董事、高级管理人员。股东直接诉讼,不同于股东派生诉讼,无前置程序。

**【相关规范】**

● *法律*

**1.《中华人民共和国民法典》**(2020年5月28日)

**第八十三条** 营利法人的出资人不得滥用出资人权利损害法人或者其他出资人的利益;滥用出资人权利造成法人或者其他出资人损失的,应当依法承担民事责任。

营利法人的出资人不得滥用法人独立地位和出资人有限责任损害法人债权人的利益;滥用法人独立地位和出资人有限责任,逃避债务,严重损害法人债权人的利益的,应当对法人债务承担连带责任。

**2.《中华人民共和国公司法》**(2023年12月29日)

**第二十一条** 公司股东应当遵守法律、行政法规和公司章程,依法行使股东权利,不得滥用股东权利损害公司或者其他股东的利益。

公司股东滥用股东权利给公司或者其他股东造成损失的,应当承担赔偿责任。

**第一百九十二条** 公司的控股股东、实际控制人指示董事、高级管理人员从事损害公司或者股东利益的行为的,与该董事、高级管理人员承担连带责任。

**3.《中华人民共和国证券法》**(2019年12月28日)

**第八十五条** 信息披露义务人未按照规定披露信息,或者公告的证券发行文件、定期报告、临时报告及其他信息披露资料存在虚假记载、误导性陈述或者重大遗漏,致使投资者在证券交易中遭受损失的,信息披露义

---

① 参见李建伟:《公司法学》(第五版),中国人民大学出版社2023年版,第389~390页。

务人应当承担赔偿责任；发行人的控股股东、实际控制人、董事、监事、高级管理人员和其他直接责任人员以及保荐人、承销的证券公司及其直接责任人员，应当与发行人承担连带赔偿责任，但是能够证明自己没有过错的除外。

第一百六十三条　证券服务机构为证券的发行、上市、交易等证券业务活动制作、出具审计报告及其他鉴证报告、资产评估报告、财务顾问报告、资信评级报告或者法律意见书等文件，应当勤勉尽责，对所依据的文件资料内容的真实性、准确性、完整性进行核查和验证。其制作、出具的文件有虚假记载、误导性陈述或者重大遗漏，给他人造成损失的，应当与委托人承担连带赔偿责任，但是能够证明自己没有过错的除外。

> 第一百九十一条　【董事、高管对公司外部第三人的侵权责任】董事、高级管理人员执行职务，给他人造成损害的，公司应当承担赔偿责任；董事、高级管理人员存在故意或者重大过失的，也应当承担赔偿责任。

## 【理解与适用】

本条是关于董事、高管对公司外部第三人的侵权责任的规定。

本条"董事、高级管理人员执行职务，给他人造成损害的，公司应当承担赔偿责任"的规定肯定了公司的侵权责任能力。民法典第六十二条第一款规定，法定代表人因执行职务造成他人损害的，由法人承担民事责任。第一千一百九十一条第一款规定，用人单位的工作人员因执行工作任务造成他人损害的，由用人单位承担侵权责任。用人单位承担侵权责任后，可以向有故意或者重大过失的工作人员追偿。根据民法典第七十六条规定，公司是营利法人，以上被认为是对公司侵权责任能力的一般规定，所谓侵权责任能力是指行为人能识别自己行为的性质及其后果，并因过错而对自己行为承担责任的资格。

本条的规定与民法典规定一致。法人本质的学说有法人拟制说和法人实在说，法人实在说又分为法人有机体说和法人组织体说，我国通说对法人采法人实在说中的法人组织体说。根据法人组织体说，董事、高级管理人员执行职务给他人造成损害的行为，就是法人本身的行为，董事、高级管理人员作为法人的组织机关，其执行职务的行为被法人吸收，因此由法人承担责任，我国民法典和公司法的法条的规定，很显然与法人组织体说相一致，应承认法人、公司的侵权责任能力。

公司对董事、高级管理人员执行职务给他人造成损害，承担责任应具备以下要件：（1）行为人须为公司的董事、高级管理人员，公司之所以对董事、高级管理人员的侵权行为承担责任，实在是因为董事、高级管理人员的行为就是公司的行为，因此公司承担责任，须行为人是公司董事或其他有代表权的人。（2）董事、高级管理人员的行为为职务行为，至于董事、高级管理人员的个人行为，则公司不承担责任。（3）董事、高级管理人员的行为具备侵权行为的一般要件，即具有加害行为，存在过错，他人受有损害，他人所受损害与董事、高级管理人员的行为之间有因果关系，不存在侵权责任的免责事由。

关于本条董事、高级管理人员责任的规定与公司法和民法典相关条款的适用关系。首先，本法第十一条规定法定代表人对第三人的责任，与民法典第六十二条规定一致，法定代表人一般都是董事，本法第十一条规定与第一百九十一条规定的关系如何？笔者认为，前者是总则的一般规定，后者是分则的特别规定。法官裁判董事对第三人承担民事责任时，应优先适用第一百九十一条规定以避免法律冲突。其次，民法典第一百九十一条第一款规定："用人单位的工作人员因执行工作任务造成他人损害的，由用人单位承担侵权责任。用人单位承担侵权责任后，可以向有故意或者重大过失的工作人员追偿。"该条款的理论基础是雇主责任理论，依据该规定董事在执行公司职务时造成他人损害的，由公司承担侵权责任，董事对第三人不承担直接责任，只向公司承担内部追偿责任。显然，该条款与本法第一百九十一条要求董事对第三人直接承担民事赔偿责任的规定相冲突。另外，二者的适用范围有很大的不同。第一百九十一条第一款规定作为一般规范适用的范围是"用人单位的工作人员"，包括法人与非法人组织，"工作人员"包括董事、高级管理人员和一切在职执行工作任务的人员，第一百九十一条规定的适用对象则仅限于执行职务中存在故意或重大过失的董事、高级管理人员，不包括中低层管理人员和员工。由于民法典与公司法系普通法与特别法的关系，因此，解决二者冲突的原则应是特别法优于普通法，因而在判定公司董事是否对第三人承担民事责任时，应优先适用公司法相关规定。①

关于本条公司对第三人侵权责任的规定与本条董事、高级管理人员对第三人责任的关系。笔者认为，二者是一种依附关系，即董事个人责任成立以公司责任成立为前提，如果公司损害赔偿责任不成立，则董事对第三人的责任亦不成立。② 这是董事对第三人责任作为公司组织法上的责任与民法典从行为法上规定的一般侵权责任显著不同的特征。原告可以选择公司作为被告，或将公司与董事作为共同被告提起诉讼，也可以先对公司提起赔偿之诉，然后就未受赔偿部分再向董事提起诉讼。③

关于本条董事、高级管理人员对第三人责任与证券法第八十五条规定的董事、高级管理人员因虚假陈述对投资者责任的关系。证券法第八十五条规定，证券发行公司虚假陈述对投资者承担责任，证券发行公司的董事、高级管理人员应当与发行公司承担连带赔偿责任，但是能够证明自己没有过错的除外。本条与证券法第八十五条董事、高级管理人员对第三人责任的规定之间是一般法与特别法的关系，对于证券虚假陈述应当优先适用证券法第八十五条规定。

本条"董事、高级管理人员存在故意或者重大过失的，也应当承担赔偿责任"的规定，是董事、高级管理人员对第三人损害承担责任的一般条款，其要点分析如下：其一，主体为董事、高级管理人员；其二，他人的范围，因为本法第一百九十条规定了董事、高级管理人员对股东的责任，因此这里的他人是指公司外部人；其三，主观要件，董事、高级管理人员只因故意或重大过失承担责任，对过意、重大过失以外的执行职务行为，如一般过错导致第三人损害的行为，董事、高级管理人员不承担责任，由公司承担责任，公司不能以任何理由抗辩；其四，他人受有损害；其五，他人受有损害与董事、高级管理人员的故意或重大过失行为有因果关系。

---

① 郭富青：《我国公司法设置董事对第三人承担民事责任的三重思考》，载《法律科学》2024年第1期。

② 王燕莉：《论董事对第三人民事责任之立法——以食品安全事故为视角》，载《四川师范大学学报（社会科学版）》2014年第5期。

③ 郭富青：《我国公司法设置董事对第三人承担民事责任的三重思考》，载《法律科学》2024年第1期。

## 【相关规范】

● *法律*

**1.《中华人民共和国民法典》**（2020年5月28日）

第六十二条 法定代表人因执行职务造成他人损害的，由法人承担民事责任。

法人承担民事责任后，依照法律或者法人章程的规定，可以向有过错的法定代表人追偿。

第七十六条 以取得利润并分配给股东等出资人为目的成立的法人，为营利法人。

营利法人包括有限责任公司、股份有限公司和其他企业法人等。

第八十三条 营利法人的出资人不得滥用出资人权利损害法人或者其他出资人的利益；滥用出资人权利造成法人或者其他出资人损失的，应当依法承担民事责任。

营利法人的出资人不得滥用法人独立地位和出资人有限责任损害法人债权人的利益；滥用法人独立地位和出资人有限责任，逃避债务，严重损害法人债权人的利益的，应当对法人债务承担连带责任。

第一千一百九十一条 用人单位的工作人员因执行工作任务造成他人损害的，由用人单位承担侵权责任。用人单位承担侵权责任后，可以向有故意或者重大过失的工作人员追偿。

劳务派遣期间，被派遣的工作人员因执行工作任务造成他人损害的，由接受劳务派遣的用工单位承担侵权责任；劳务派遣单位有过错的，承担相应的责任。

**2.《中华人民共和国公司法》**（2023年12月29日）

第十一条 法定代表人以公司名义从事的民事活动，其法律后果由公司承受。

公司章程或者股东会对法定代表人职权的限制，不得对抗善意相对人。

法定代表人因执行职务造成他人损害的，由公司承担民事责任。公司承担民事责任后，依照法律或者公司章程的规定，可以向有过错的法定代表人追偿。

**3.《中华人民共和国证券法》**（2019年12月28日）

第八十五条 信息披露义务人未按照规定披露信息，或者公告的证券发行文件、定期报告、临时报告及其他信息披露资料存在虚假记载、误导性陈述或者重大遗漏，致使投资者在证券交易中遭受损失的，信息披露义务人应当承担赔偿责任；发行人的控股股东、实际控制人、董事、监事、高级管理人员和其他直接责任人员以及保荐人、承销的证券公司及其直接责任人员，应当与发行人承担连带赔偿责任，但是能够证明自己没有过错的除外。

> **第一百九十二条　【影子董事及其责任】** 公司的控股股东、实际控制人指示董事、高级管理人员从事损害公司或者股东利益的行为的，与该董事、高级管理人员承担连带责任。

### 【理解与适用】

本条是关于影子董事及其责任的规定。

影子董事与事实董事相类似，但不同之处在于影子董事并不具备第一百八十条第三款规定的事实董事的外观，不直接执行公司事务，不参加董事会或者参与公司董事会的日常活动，但是其通过指示董事、高级管理人员对公司具有实质控制力。在实践中，事实董事和影子董事难以避免，特别是影子董事，往往会产生在以下场合：其一，某大股东为了避免承担责任而拒绝成为董事，但却躲在幕后持续操纵着公司董事的活动。其二，某人因具有诸如破产等董事的消极资格而不能成为董事，但是仍然在事实上操纵着公司的董事会。其三，母公司持续地操纵其子公司的业务。事实董事和影子董事应当承担与正式董事一样的法定义务和责任。事实董事因为直接执行公司事务，因此自己承担董事的法定义务和责任。影子董事通过正式董事（法定程序选任出来的董事）、高级管理人员操纵公司事务，因此应当与董事、高级管理人员承担连带责任。这样有助于防止事实董事和影子董事实际控制公司运营，但又逃避法定的董事义务的现象发生。[①]

根据本条"公司的控股股东、实际控制人指示董事、高级管理人

---

① 参见朱慈蕴：《公司法原论》，清华大学出版社2011年版，第286页。

员从事损害公司或者股东利益的行为的，与该董事、高级管理人员承担连带责任"的规定，影子董事可以是控制股东，也可以是实际控制人。影子董事控制和影响公司是通过指示公司的董事和高级管理人员来达成。影子董事指示董事、高级管理人员从事损害公司或者股东利益的行为的，股东对公司的损失可以提起股东派生诉讼，对自己的损失可以提起股东直接诉讼，要求影子董事与受其指示的董事、高级管理人员承担连带责任。

## 【相关规范】

● *法律*

**1.《中华人民共和国民法典》（2020 年 5 月 28 日）**

第八十三条 营利法人的出资人不得滥用出资人权利损害法人或者其他出资人的利益；滥用出资人权利造成法人或者其他出资人损失的，应当依法承担民事责任。

营利法人的出资人不得滥用法人独立地位和出资人有限责任损害法人债权人的利益；滥用法人独立地位和出资人有限责任，逃避债务，严重损害法人债权人的利益的，应当对法人债务承担连带责任。

**2.《中华人民共和国公司法》（2023 年 12 月 29 日）**

第二十一条 公司股东应当遵守法律、行政法规和公司章程，依法行使股东权利，不得滥用股东权利损害公司或者其他股东的利益。

公司股东滥用股东权利给公司或者其他股东造成损失的，应当承担赔偿责任。

第一百八十条 董事、监事、高级管理人员对公司负有忠实义务，应当采取措施避免自身利益与公司利益冲突，不得利用职权牟取不正当利益。

董事、监事、高级管理人员对公司负有勤勉义务，执行职务应当为公司的最大利益尽到管理者通常应有的合理注意。

公司的控股股东、实际控制人不担任公司董事但实际执行公司事务的，适用前两款规定。

第一百八十八条 董事、监事、高级管理人员执行职务违反法律、行政法规或者公司章程的规定，给公司造成损失的，应当承担赔偿责任。

第一百九十条 董事、高级管理人员违反法律、行政法规或者公司章程的规定，损害股东利益的，股东可以向人民法院提起诉讼。

**【案例指引】**

A 公司诉 B 公司与公司有关的纠纷案①

裁判要旨：A 公司作为原告 B 公司的控股股东，且通过委派至 B 公司担任董事长的魏某能够直接控制 B 公司，公司未按章程规定经董事会决议，由被告魏某以法定代表人身份，代表 B 公司进行交易，转让 B 公司域名及商标，并约定交易价格为零元，致使 B 公司丧失无形资产所有权及收益权。因此，该转让行为系损害 B 公司利益的关联交易行为，应当认定无效。

> **第一百九十三条 【董事责任险】** 公司可以在董事任职期间为董事因执行公司职务承担的赔偿责任投保责任保险。
>
> 公司为董事投保责任保险或者续保后，董事会应当向股东会报告责任保险的投保金额、承保范围及保险费率等内容。

**【理解与适用】**

本条是关于董事责任险的条款。

公司董事在行使管理职责时，因行为不当或工作疏忽会向公司或他人承担损害赔偿责任，这会为董事个人带来损失，以此向第三人的损害赔偿责任为保险标的向保险人投保的保险，称为董事责任险。董事故意或重大过失造成公司或他人损失而应承担的赔偿责任，一般不属于董事责任险的承保风险，构成董事责任险合同的除外风险。

根据本条第一款"公司可以在董事任职期间为董事因执行公司职务承担的赔偿责任投保责任保险"的规定，本法允许公司为董事执行公司职务承担的赔偿责任而投保责任保险。

本条第二款为董事责任险的报告。公司为董事投保责任保险或者续保后，董事会应当向股东会报告责任保险的投保金额、承保范围及保险

---

① （2010）长民二（商）初字第 1742 号，载《人民司法（案例）》2013 年第 22 期。

费率等内容。因为董事责任险由公司向保险公司投保，受益人为董事，保险费由公司来承担；另外，董事由股东会选任，董事应当勤勉履职，董事责任保险意味着董事履行公司职务造成的损害赔偿责任可以通过董事责任险而转嫁，这会影响对董事的勤勉要求。因此，公司为董事投保责任保险或者续保后，董事会应当向股东会报告责任保险的投保金额、承保范围及保险费率等内容。

# 第九章 公司债券

> **第一百九十四条 【债券的定义、发行方式与法律适用】**
> 本法所称公司债券,是指公司发行的约定按期还本付息的有价证券。
> 公司债券可以公开发行,也可以非公开发行。
> 公司债券的发行和交易应当符合《中华人民共和国证券法》等法律、行政法规的规定。

## 【理解与适用】

本条是关于债券的定义、发行方式与法律适用的规定。

本条第一款是公司债券的定义,相较原公司法,删除了"依照法定程序",意味着实践中未按照法定程序发行但是具有债券性质的非法债券也纳入公司法的调整的范围。债券同股票一样,都是有价证券,债券发行公司与债券认购人之间是民法典意义上的借款合同关系,同时也受《公司债券发行与交易管理办法》等有关债券特别规则的规制。

本条第二款规定了公司债券的发行方式。公司债券可以公开发行,也可以非公开发行。公司债券的公开发行和非公开发行具体如下:

1. 公开发行债券。债券是证券法第九条意义上的证券,适用证券法,根据该条规定,下列方式发行债券的为公开发行:(1)向不特定对象发行债券;(2)向特定对象发行债券累计超过二百人,但依法实施员工持有计划的员工人数不计算在内;(3)法律、行政法规规定的其他发行行为。公开发行债券还应遵守信息披露等证券法和有关行政法规部门规章及文件的要求。

2. 非公开发行债券。非公开发行是指公司债券应当向专业投资者发行,不得采用广告、公开劝诱和变相公开方式,每次发行对象不得超过二百人。非公开发行公司债券,可以申请在证券交易场所、证券公司柜台转让。非公开发行公司债券并在证券交易场所转让的,应当遵守证券交易场所制定的业务规则，并经证券交易场所同意。非公开发行公司债券并在证券公司柜台转让的，应当符合中国证监会的相关规定。非公开发行的公司债券仅限于专业投资者范围内转让。转让后，持有同次发行债券的投资者合计不得超过二百人。

公司债券的发行和交易应当符合证券法等法律、行政法规的规定。公司债券的发行和交易除了应适用证券法，还应适用行政法规、部门规章、证券业协会、证券交易所有关债券发行和交易的规则。特别应当关注证券法、《公司债券发行与交易管理办法》规定的公司债券的发行和交易的规则。

## 【相关规范】

### ● 法律

1. 《中华人民共和国证券法》（2019年12月28日）

**第九条** 公开发行证券，必须符合法律、行政法规规定的条件，并依法报经国务院证券监督管理机构或者国务院授权的部门注册。未经依法注册，任何单位和个人不得公开发行证券。证券发行注册制的具体范围、实施步骤，由国务院规定。

有下列情形之一的，为公开发行：

（一）向不特定对象发行证券；

（二）向特定对象发行证券累计超过二百人，但依法实施员工持股计划的员工人数不计算在内；

（三）法律、行政法规规定的其他发行行为。

非公开发行证券，不得采用广告、公开劝诱和变相公开方式。

**第十五条** 公开发行公司债券，应当符合下列条件：

（一）具备健全且运行良好的组织机构；

（二）最近三年平均可分配利润足以支付公司债券一年的利息；

（三）国务院规定的其他条件。

公开发行公司债券筹集的资金，必须按照公司债券募集办法所列资金用途使用；改变资金用途，必须经债券持有人会议作出决议。公开发行公司债券筹集的资金，不得用于弥补亏损和非生产性支出。

上市公司发行可转换为股票的公司债券，除应当符合第一款规定的条件外，还应当遵守本法第十二条第二款的规定。但是，按照公司债券募集办法，上市公司通过收购本公司股份的方式进行公司债券转换的除外。

**第十六条** 申请公开发行公司债券，应当向国务院授权的部门或者国务院证券监督管理机构报送下列文件：

（一）公司营业执照；

（二）公司章程；

（三）公司债券募集办法；

（四）国务院授权的部门或者国务院证券监督管理机构规定的其他文件。

依照本法规定聘请保荐人的，还应当报送保荐人出具的发行保荐书。

**第十七条** 有下列情形之一的，不得再次公开发行公司债券：

（一）对已公开发行的公司债券或者其他债务有违约或者延迟支付本息的事实，仍处于继续状态；

（二）违反本法规定，改变公开发行公司债券所募资金的用途。

● **行政法规及文件**

**2.《企业债券管理条例》**（2011年1月8日）

第一章　总　则

**第一条** 为了加强对企业债券的管理，引导资金的合理流向，有效利用社会闲散资金，保护投资者的合法权益，制定本条例。

**第二条** 本条例适用于中华人民共和国境内具有法人资格的企业（以下简称企业）在境内发行的债券。但是，金融债券和外币债券除外。

除前款规定的企业外，任何单位和个人不得发行企业债券。

**第三条** 企业进行有偿筹集资金活动，必须通过公开发行企业债券的形式进行。但是，法律和国务院另有规定的除外。

**第四条** 发行和购买企业债券应当遵循自愿、互利、有偿的原则。

第二章　企业债券

**第五条** 本条例所称企业债券，是指企业依照法定程序发行、约定在一定期限内还本付息的有价证券。

**第六条** 企业债券的票面应当载明下列内容：

（一）企业的名称、住所；

（二）企业债券的面额；

（三）企业债券的利率；

（四）还本期限和方式；

（五）利息的支付方式；

（六）企业债券发行日期和编号；

（七）企业的印记和企业法定代表人的签章；

（八）审批机关批准发行的文号、日期。

**第七条** 企业债券持有人有权按照约定期限取得利息、收回本金，但是无权参与企业的经营管理。

**第八条** 企业债券持有人对企业的经营状况不承担责任。

**第九条** 企业债券可以转让、抵押和继承。

## 第三章 企业债券的管理

**第十条** 国家计划委员会会同中国人民银行、财政部、国务院证券委员会拟订全国企业债券发行的年度规模和规模内的各项指标，报国务院批准后，下达各省、自治区、直辖市、计划单列市人民政府和国务院有关部门执行。

未经国务院同意，任何地方、部门不得擅自突破企业债券发行的年度规模，并不得擅自调整年度规模内的各项指标。

**第十一条** 企业发行企业债券必须按照本条例的规定进行审批；未经批准的，不得擅自发行和变相发行企业债券。

中央企业发行企业债券，由中国人民银行会同国家计划委员会审批；地方企业发行企业债券，由中国人民银行省、自治区、直辖市、计划单列市分行会同同级计划主管部门审批。

**第十二条** 企业发行企业债券必须符合下列条件：

（一）企业规模达到国家规定的要求；

（二）企业财务会计制度符合国家规定；

（三）具有偿债能力；

（四）企业经济效益良好，发行企业债券前连续3年盈利；

（五）所筹资金用途符合国家产业政策。

**第十三条** 企业发行企业债券应当制订发行章程。

发行章程应当包括下列内容：

（一）企业的名称、住所、经营范围、法定代表人；

（二）企业近3年的生产经营状况和有关业务发展的基本情况；

（三）财务报告；

（四）企业自有资产净值；

（五）筹集资金的用途；

（六）效益预测；

（七）发行对象、时间、期限、方式；

（八）债券的种类及期限；

（九）债券的利率；

（十）债券总面额；

（十一）还本付息方式；

（十二）审批机关要求载明的其他事项。

**第十四条** 企业申请发行企业债券，应当向审批机关报送下列文件：

（一）发行企业债券的申请书；

（二）营业执照；

（三）发行章程；

（四）经会计师事务所审计的企业近3年的财务报告；

（五）审批机关要求提供的其他材料。

企业发行企业债券用于固定资产投资，按照国家有关规定需要经有关部门审批的，还应当报送有关部门的审批文件。

**第十五条** 企业发行企业债券应当公布经审批机关批准的发行章程。

企业发行企业债券，可以向经认可的债券评信机构申请信用评级。

**第十六条** 企业发行企业债券的总面额不得大于该企业的自有资产净值。

**第十七条** 企业发行企业债券用于固定资产投资的，依照国家有关固定资产投资的规定办理。

**第十八条** 企业债券的利率不得高于银行相同期限居民储蓄定期存款利率的40%。

**第十九条** 任何单位不得以下列资金购买企业债券：

（一）财政预算拨款；

（二）银行贷款；

（三）国家规定不得用于购买企业债券的其他资金。

办理储蓄业务的机构不得将所吸收的储蓄存款用于购买企业债券。

**第二十条** 企业发行企业债券所筹资金应当按照审批机关批准的用途，用于本企业的生产经营。

企业发行企业债券所筹资金不得用于房地产买卖、股票买卖和期货交易等与本企业生产经营无关的风险性投资。

**第二十一条** 企业发行企业债券，应当由证券经营机构承销。

证券经营机构承销企业债券，应当对发行债券的企业的发行章程和其他有关文件的真实性、准确性、完整性进行核查。

**第二十二条** 企业债券的转让，应当在经批准的可以进行债券交易的场所进行。

**第二十三条** 非证券经营机构和个人不得经营企业债券的承销和转让业务。

**第二十四条** 单位和个人所得的企业债券利息收入，按照国家规定纳税。

**第二十五条** 中国人民银行及其分支机构和国家证券监督管理机构，依照规定的职责，负责对企业债券的发行和交易活动，进行监督检查。

## 第四章　法律责任

**第二十六条** 未经批准发行或者变相发行企业债券的，以及未通过证券经营机构发行企业债券的，责令停止发行活动，退还非法所筹资金，处以相当于非法所筹资金金额5%以下的罚款。

**第二十七条** 超过批准数额发行企业债券的，责令退还超额发行部分或者核减相当于超额发行金额的贷款额度，处以相当于超额发行部分5%以下的罚款。

**第二十八条** 超过本条例第十八条规定的最高利率发行企业债券的，责令改正，处以相当于所筹资金金额5%以下的罚款。

**第二十九条** 用财政预算拨款、银行贷款或者国家规定不得用于购买企业债券的其他资金购买企业债券的，以及办理储蓄业务的机构用所吸收的储蓄存款购买企业债券的，责令收回该资金，处以相当于所购买企业债券金额5%以下的罚款。

**第三十条** 未按批准用途使用发行企业债券所筹资金的，责令改正，没收其违反批准用途使用资金所获收益，并处以相当于违法使用资金金额5%以下的罚款。

**第三十一条** 非证券经营机构和个人经营企业债券的承销或者转让业务的，责令停止非法经营，没收非法所得，并处以承销或者转让企业债券金额5%以下的罚款。

**第三十二条** 本条例第二十六条、第二十七条、第二十八条、第二十九条、第三十条、第三十一条规定的处罚，由中国人民银行及其分支机构决定。

**第三十三条** 对有本条例第二十六条、第二十七条、第二十八条、第二十九条、第三十条、第三十一条所列违法行为的单位的法定代表人和直接责任人员，由中国人民银行及其分支机构给予警告或者处以1万元以上10万元以下的罚款；构成犯罪的，依法追究刑事责任。

**第三十四条** 地方审批机关违反本条例规定，批准发行企业债券的，责令改正，给予通报批评，根据情况相应核减该地方企业债券的发行规模。

**第三十五条** 企业债券监督管理机关的工作人员玩忽职守、徇私舞弊的，给予行政处分；构成犯罪的，依法追究刑事责任。

**第三十六条** 发行企业债券的企业违反本条例规定，给他人造成损失的，应当依法承担民事赔偿责任。

## 第五章 附 则

**第三十七条** 企业发行短期融资券，按照中国人民银行有关规定执行。

**第三十八条** 本条例由中国人民银行会同国家计划委员会解释。

**第三十九条** 本条例自发布之日起施行。1987年3月27日国务院发布的《企业债券管理暂行条例》同时废止。

● 部门规章及文件

**3.《公司债券发行与交易管理办法》**（2023年10月20日）

## 第一章 总 则

**第一条** 为了规范公司债券（含企业债券）的发行、交易或转让行为，保护投资者的合法权益和社会公共利益，根据《证券法》《公司法》和其他相关法律法规，制定本办法。

**第二条** 在中华人民共和国境内，公开发行公司债券并在证券交易所、全国中小企业股份转让系统交易，非公开发行公司债券并在证券交易所、全国中小企业股份转让系统、证券公司柜台转让的，适用本办法。法律法规和中国证券监督管理委员会（以下简称中国证监会）另有规定的，从其规定。本办法所称公司债券，是指公司依照法定程序发行、约定在一定期限还本付息的有价证券。

**第三条** 公司债券可以公开发行，也可以非公开发行。

**第四条** 发行人及其他信息披露义务人应当及时、公平地履行披露义务，所披露或者报送的信息必须真实、准确、完整，简明清晰，通俗易懂，不得有虚假记载、误导性陈述或者重大遗漏。

**第五条** 发行人及其控股股东、实际控制人、董事、监事、高级管理人员应当诚实守信、勤勉尽责,维护债券持有人享有的法定权利和债券募集说明书约定的权利。

发行人及其控股股东、实际控制人、董事、监事、高级管理人员不得怠于履行偿债义务或者通过财产转移、关联交易等方式逃废债务,故意损害债券持有人权益。

**第六条** 为公司债券发行提供服务的承销机构、受托管理人,以及资信评级机构、会计师事务所、资产评估机构、律师事务所等专业机构和人员应当勤勉尽责,严格遵守执业规范和监管规则,按规定和约定履行义务。

发行人及其控股股东、实际控制人应当全面配合承销机构、受托管理人、证券服务机构的相关工作,及时提供资料,并确保内容真实、准确、完整。

**第七条** 发行人、承销机构及其相关工作人员在发行定价和配售过程中,不得有违反公平竞争、进行利益输送、直接或间接谋取不正当利益以及其他破坏市场秩序的行为。

**第八条** 中国证监会对公司债券发行的注册,证券交易所对公司债券发行出具的审核意见,或者中国证券业协会按照本办法对公司债券发行的报备,不表明其对发行人的经营风险、偿债风险、诉讼风险以及公司债券的投资风险或收益等作出判断或者保证。公司债券的投资风险,由投资者自行承担。

**第九条** 中国证监会依法对公司债券的发行及其交易或转让活动进行监督管理。证券自律组织依照相关规定对公司债券的发行、上市交易或挂牌转让、登记结算、承销、尽职调查、信用评级、受托管理及增信等进行自律管理。

证券自律组织应当制定相关业务规则,明确公司债券发行、承销、报备、上市交易或挂牌转让、信息披露、登记结算、投资者适当性管理、持有人会议及受托管理等具体规定,报中国证监会批准或备案。

## 第二章 发行和交易转让的一般规定

**第十条** 发行公司债券,发行人应当依照《公司法》或者公司章程相关规定对以下事项作出决议:

(一) 发行债券的金额;

(二) 发行方式;

（三）债券期限；

（四）募集资金的用途；

（五）其他按照法律法规及公司章程规定需要明确的事项。

发行公司债券，如果对增信机制、偿债保障措施作出安排的，也应当在决议事项中载明。

**第十一条** 发行公司债券，可以附认股权、可转换成相关股票等条款。上市公司、股票公开转让的非上市公众公司股东可以发行附可交换成上市公司或非上市公众公司股票条款的公司债券。商业银行等金融机构可以按照有关规定发行公司债券补充资本。上市公司发行附认股权、可转换成股票条款的公司债券，应当符合上市公司证券发行管理的相关规定。股票公开转让的非上市公众公司发行附认股权、可转换成股票条款的公司债券，由中国证监会另行规定。

**第十二条** 根据财产状况、金融资产状况、投资知识和经验、专业能力等因素，公司债券投资者可以分为普通投资者和专业投资者。专业投资者的标准按照中国证监会的相关规定执行。

证券自律组织可以在中国证监会相关规定的基础上，设定更为严格的投资者适当性要求。

发行人的董事、监事、高级管理人员及持股比例超过百分之五的股东，可视同专业投资者参与发行人相关公司债券的认购或交易、转让。

**第十三条** 公开发行公司债券筹集的资金，必须按照公司债券募集说明书所列资金用途使用；改变资金用途，必须经债券持有人会议作出决议。非公开发行公司债券，募集资金应当用于约定的用途；改变资金用途，应当履行募集说明书约定的程序。

鼓励公开发行公司债券的募集资金投向符合国家宏观调控政策和产业政策的项目建设。

公开发行公司债券筹集的资金，不得用于弥补亏损和非生产性支出。发行人应当指定专项账户，用于公司债券募集资金的接收、存储、划转。

### 第三章　公开发行及交易

#### 第一节　注册规定

**第十四条** 公开发行公司债券，应当符合下列条件：

（一）具备健全且运行良好的组织机构；

（二）最近三年平均可分配利润足以支付公司债券一年的利息；

（三）具有合理的资产负债结构和正常的现金流量；

（四）国务院规定的其他条件。

公开发行公司债券，由证券交易所负责受理、审核，并报中国证监会注册。

**第十五条** 存在下列情形之一的，不得再次公开发行公司债券：

（一）对已公开发行的公司债券或者其他债务有违约或者延迟支付本息的事实，仍处于继续状态；

（二）违反《证券法》规定，改变公开发行公司债券所募资金用途。

**第十六条** 资信状况符合以下标准的公开发行公司债券，专业投资者和普通投资者可以参与认购：

（一）发行人最近三年无债务违约或者延迟支付本息的事实；

（二）发行人最近三年平均可分配利润不少于债券一年利息的1.5倍；

（三）发行人最近一期末净资产规模不少于250亿元；

（四）发行人最近36个月内累计公开发行债券不少于3期，发行规模不少于100亿元；

（五）中国证监会根据投资者保护的需要规定的其他条件。

未达到前款规定标准的公开发行公司债券，仅限于专业投资者参与认购。

第二节　注册程序

**第十七条** 发行人公开发行公司债券，应当按照中国证监会有关规定制作注册申请文件，由发行人向证券交易所申报。

证券交易所收到注册申请文件后，在五个工作日内作出是否受理的决定。

**第十八条** 自注册申请文件受理之日起，发行人及其控股股东、实际控制人、董事、监事、高级管理人员，以及与本次债券公开发行并上市相关的主承销商、证券服务机构及相关责任人员，即承担相应法律责任。

**第十九条** 注册申请文件受理后，未经中国证监会或者证券交易所同意，不得改动。

发生重大事项的，发行人、主承销商、证券服务机构应当及时向证券交易所报告，并按要求更新注册申请文件和信息披露资料。

**第二十条** 证券交易所负责审核发行人公开发行公司债券并上市申请。

证券交易所主要通过向发行人提出审核问询、发行人回答问题方式开展审核工作，判断发行人是否符合发行条件、上市条件和信息披露要求。

**第二十一条** 证券交易所按照规定的条件和程序，提出审核意见。认为发行人符合发行条件和信息披露要求的，将审核意见、注册申请文件及相关审核资料报送中国证监会履行发行注册程序。认为发行人不符合发行条件或信息披露要求的，作出终止发行上市审核决定。

**第二十二条** 证券交易所应当建立健全审核机制，强化质量控制，提高审核工作透明度，公开审核工作相关事项，接受社会监督。

证券交易所在审核中发现申报文件涉嫌虚假记载、误导性陈述或者重大遗漏的，可以对发行人进行现场检查，对相关主承销商、证券服务机构执业质量开展延伸检查。

**第二十三条** 中国证监会收到证券交易所报送的审核意见、发行人注册申请文件及相关审核资料后，履行发行注册程序。中国证监会认为存在需要进一步说明或者落实事项的，可以问询或要求证券交易所进一步问询。

中国证监会认为证券交易所的审核意见依据不充分的，可以退回证券交易所补充审核。

**第二十四条** 证券交易所应当自受理注册申请文件之日起二个月内出具审核意见，中国证监会应当自证券交易所受理注册申请文件之日起三个月内作出同意注册或者不予注册的决定。发行人根据中国证监会、证券交易所要求补充、修改注册申请文件的时间不计算在内。

**第二十五条** 公开发行公司债券，可以申请一次注册，分期发行。中国证监会同意注册的决定自作出之日起两年内有效，发行人应当在注册决定有效期内发行公司债券，并自主选择发行时点。

公开发行公司债券的募集说明书自最后签署之日起六个月内有效。发行人应当及时更新债券募集说明书等公司债券发行文件，并在每期发行前报证券交易所备案。

**第二十六条** 中国证监会作出注册决定后，主承销商及证券服务机构应当持续履行尽职调查职责；发生重大事项的，发行人、主承销商、证券服务机构应当及时向证券交易所报告。

证券交易所应当对上述事项及时处理，发现发行人存在重大事项影响发行条件、上市条件的，应当出具明确意见并及时向中国证监会报告。

**第二十七条** 中国证监会作出注册决定后、发行人公司债券上市前，发现可能影响本次发行的重大事项的，中国证监会可以要求发行人暂缓或者暂停发行、上市；相关重大事项导致发行人不符合发行条件的，可以撤销注册。

中国证监会撤销注册后，公司债券尚未发行的，发行人应当停止发行；公司债券已经发行尚未上市的，发行人应当按照发行价并加算银行同期存款利息返还债券持有人。

**第二十八条** 中国证监会应当按规定公开公司债券发行注册行政许可事项相关的监管信息。

**第二十九条** 存在下列情形之一的，发行人、主承销商、证券服务机构应当及时书面报告证券交易所或者中国证监会，证券交易所或者中国证监会应当中止相应发行上市审核程序或者发行注册程序：

（一）发行人因涉嫌违法违规被行政机关调查，或者被司法机关侦查，尚未结案，对其公开发行公司债券行政许可影响重大；

（二）发行人的主承销商，以及律师事务所、会计师事务所、资信评级机构等证券服务机构被中国证监会依法采取限制业务活动、责令停业整顿、指定其他机构托管、接管等监管措施，或者被证券交易所实施一定期限内不接受其出具的相关文件的纪律处分，尚未解除；

（三）发行人的主承销商，以及律师事务所、会计师事务所、资信评级机构等证券服务机构签字人员被中国证监会依法采取限制从事证券服务业务等监管措施或者证券市场禁入的措施，或者被证券交易所实施一定期限内不接受其出具的相关文件的纪律处分，尚未解除；

（四）发行人或主承销商主动要求中止发行上市审核程序或者发行注册程序，理由正当且经证券交易所或者中国证监会批准；

（五）中国证监会或证券交易所规定的其他情形。

中国证监会、证券交易所根据发行人、主承销商申请，决定中止审核的，待相关情形消失后，发行人、主承销商可以向中国证监会、证券交易所申请恢复审核。中国证监会、证券交易所依据相关规定中止审核的，待相关情形消失后，中国证监会、证券交易所按规定恢复审核。

**第三十条** 存在下列情形之一的，证券交易所或者中国证监会应当终止相应发行上市审核程序或者发行注册程序，并向发行人说明理由：

（一）发行人主动要求撤回申请或主承销商申请撤回所出具的核查意见；

（二）发行人未在要求的期限内对注册申请文件作出解释说明或者补充、修改；

（三）注册申请文件存在虚假记载、误导性陈述或重大遗漏；

（四）发行人阻碍或者拒绝中国证监会、证券交易所依法对发行人实施检查、核查；

（五）发行人及其关联方以不正当手段严重干扰发行上市审核或者发行注册工作；

（六）发行人法人资格终止；

（七）发行人注册申请文件内容存在重大缺陷，严重影响投资者理解和发行上市审核或者发行注册工作；

（八）发行人中止发行上市审核程序超过证券交易所规定的时限或者中止发行注册程序超过六个月仍未恢复；

（九）证券交易所认为发行人不符合发行条件或信息披露要求；

（十）中国证监会或证券交易所规定的其他情形。

## 第三节　交　易

**第三十一条**　公开发行的公司债券，应当在证券交易场所交易。

公开发行公司债券并在证券交易场所交易的，应当符合证券交易场所规定的上市、挂牌条件。

**第三十二条**　证券交易场所应当对公开发行公司债券的上市交易实施分类管理，实行差异化的交易机制，建立相应的投资者适当性管理制度，健全风险控制机制。证券交易场所应当根据债券资信状况的变化及时调整交易机制和投资者适当性安排。

**第三十三条**　公开发行公司债券申请上市交易的，应当在发行前根据证券交易场所的相关规则，明确交易机制和交易环节投资者适当性安排。发行环节和交易环节的投资者适当性要求应当保持一致。

## 第四章　非公开发行及转让

**第三十四条**　非公开发行的公司债券应当向专业投资者发行，不得采用广告、公开劝诱和变相公开方式，每次发行对象不得超过二百人。

**第三十五条**　承销机构应当按照中国证监会、证券自律组织规定的投资者适当性制度，了解和评估投资者对非公开发行公司债券的风险识别和承担能力，确认参与非公开发行公司债券认购的投资者为专业投资者，并充分揭示风险。

**第三十六条**　非公开发行公司债券，承销机构或依照本办法第三十九条规定自行销售的发行人应当在每次发行完成后五个工作日内向中国证券业协会报备。

中国证券业协会在材料齐备时应当及时予以报备。报备不代表中国证券业协会实行合规性审查，不构成市场准入，也不豁免相关主体的违规责任。

**第三十七条** 非公开发行公司债券，可以申请在证券交易场所、证券公司柜台转让。

非公开发行公司债券并在证券交易场所转让的，应当遵守证券交易场所制定的业务规则，并经证券交易场所同意。

非公开发行公司债券并在证券公司柜台转让的，应当符合中国证监会的相关规定。

**第三十八条** 非公开发行的公司债券仅限于专业投资者范围内转让。转让后，持有同次发行债券的投资者合计不得超过二百人。

## 第五章 发行与承销管理

**第三十九条** 发行公司债券应当依法由具有证券承销业务资格的证券公司承销。

取得证券承销业务资格的证券公司、中国证券金融股份有限公司非公开发行公司债券可以自行销售。

**第四十条** 承销机构承销公司债券，应当依据本办法以及中国证监会、中国证券业协会有关风险管理和内部控制等相关规定，制定严格的风险管理和内部控制制度，明确操作规程，保证人员配备，加强定价和配售等过程管理，有效控制业务风险。

承销机构应当建立健全内部问责机制，相关业务人员因违反公司债券相关规定被采取自律监管措施、自律处分、行政监管措施、市场禁入措施、行政处罚、刑事处罚等的，承销机构应当进行内部问责。

承销机构应当制定合理的薪酬考核体系，不得以业务包干等承包方式开展公司债券承销业务，或者以其他形式实施过度激励。

承销机构应当综合评估项目执行成本与风险责任，合理确定报价，不得以明显低于行业定价水平等不正当竞争方式招揽业务。

**第四十一条** 主承销商应当遵守业务规则和行业规范，诚实守信、勤勉尽责、保持合理怀疑，按照合理性、必要性和重要性原则，对公司债券发行文件的真实性、准确性和完整性进行审慎核查，并有合理谨慎的理由确信发行文件披露的信息不存在虚假记载、误导性陈述或者重大遗漏。

主承销商对公司债券发行文件中证券服务机构出具专业意见的重要内容存在合理怀疑的，应当履行审慎核查和必要的调查、复核工作，排除合理怀疑。证券服务机构应当配合主承销商的相关核查工作。

第四十二条　承销机构承销公司债券，应当依照《证券法》相关规定采用包销或者代销方式。

第四十三条　发行人和主承销商应当签订承销协议，在承销协议中界定双方的权利义务关系，约定明确的承销基数。采用包销方式的，应当明确包销责任。组成承销团的承销机构应当签订承销团协议，由主承销商负责组织承销工作。公司债券发行由两家以上承销机构联合主承销的，所有担任主承销商的承销机构应当共同承担主承销责任，履行相关义务。承销团由三家以上承销机构组成的，可以设副主承销商，协助主承销商组织承销活动。承销团成员应当按照承销团协议及承销协议的约定进行承销活动，不得进行虚假承销。

第四十四条　公司债券公开发行的价格或利率以询价或公开招标等市场化方式确定。发行人和主承销商应当协商确定公开发行的定价与配售方案并予公告，明确价格或利率确定原则、发行定价流程和配售规则等内容。

第四十五条　发行人及其控股股东、实际控制人、董事、监事、高级管理人员和承销机构不得操纵发行定价、暗箱操作；不得以代持、信托等方式谋取不正当利益或向其他相关利益主体输送利益；不得直接或通过其利益相关方向参与认购的投资者提供财务资助；不得有其他违反公平竞争、破坏市场秩序等行为。

发行人不得在发行环节直接或间接认购其发行的公司债券。发行人的董事、监事、高级管理人员、持股比例超过百分之五的股东及其他关联方认购或交易、转让其发行的公司债券的，应当披露相关情况。

第四十六条　公开发行公司债券的，发行人和主承销商应当聘请律师事务所对发行过程、配售行为、参与认购的投资者资质条件、资金划拨等事项进行见证，并出具专项法律意见书。公开发行的公司债券上市后十个工作日内，主承销商应当将专项法律意见、承销总结报告等文件一并报证券交易场所。

第四十七条　发行人和承销机构在推介过程中不得夸大宣传，或以虚假广告等不正当手段诱导、误导投资者，不得披露除债券募集说明书等信息以外的发行人其他信息。承销机构应当保留推介、定价、配售等承销过程中的相关资料，并按相关法律法规规定存档备查，包括推介宣传材料、路演现场录音等，如实、全面反映询价、定价和配售过程。相关推介、定价、配售等的备查资料应当按中国证券业协会的规定制作并妥善保管。

**第四十八条** 中国证券业协会应当制定非公开发行公司债券承销业务的风险控制管理规定，根据市场风险状况对承销业务范围进行限制并动态调整。

**第四十九条** 债券募集说明书及其他信息披露文件所引用的审计报告、法律意见书、评级报告及资产评估报告等，应当由符合《证券法》规定的证券服务机构出具。

证券服务机构应当严格遵守法律法规、中国证监会制定的监管规则、执业准则、职业道德守则、证券交易场所制定的业务规则及其他相关规定，建立并保持有效的质量控制体系、独立性管理和投资者保护机制，审慎履行职责，作出专业判断与认定，并对募集说明书或者其他信息披露文件中与其专业职责有关的内容及其出具的文件的真实性、准确性、完整性负责。

证券服务机构及其相关执业人员应当对与本专业相关的业务事项履行特别注意义务，对其他业务事项履行普通注意义务，并承担相应法律责任。

证券服务机构及其执业人员从事证券服务业务应当配合中国证监会的监督管理，在规定的期限内提供、报送或披露相关资料、信息，并保证其提供、报送或披露的资料、信息真实、准确、完整，不得有虚假记载、误导性陈述或者重大遗漏。

证券服务机构应当妥善保存客户委托文件、核查和验证资料、工作底稿以及与质量控制、内部管理、业务经营有关的信息和资料。

## 第六章 信息披露

**第五十条** 发行人及其他信息披露义务人应当按照中国证监会及证券自律组织的相关规定履行信息披露义务。

**第五十一条** 公司债券上市交易的发行人应当按照中国证监会、证券交易所的规定及时披露债券募集说明书，并在债券存续期内披露中期报告和经符合《证券法》规定的会计师事务所审计的年度报告。非公开发行公司债券的发行人信息披露的时点、内容，应当按照募集说明书的约定及证券交易场所的规定履行。

发行人及其控股股东、实际控制人、董事、监事、高级管理人员等作出公开承诺的，应当在募集说明书等文件中披露。

**第五十二条** 公司债券募集资金的用途应当在债券募集说明书中披露。发行人应当在定期报告中披露公开发行公司债券募集资金的使用情况、募投项目进展情况（如涉及）。非公开发行公司债券的，应当在债券募集说明书中约定募集资金使用情况的披露事宜。

**第五十三条** 发行人的董事、高级管理人员应当对公司债券发行文件和定期报告签署书面确认意见。

发行人的监事会应当对董事会编制的公司债券发行文件和定期报告进行审核并提出书面审核意见。监事应当签署书面确认意见。

发行人的董事、监事和高级管理人员应当保证发行人及时、公平地披露信息，所披露的信息真实、准确、完整。

董事、监事和高级管理人员无法保证公司债券发行文件和定期报告内容的真实性、准确性、完整性或者有异议的，应当在书面确认意见中发表意见并陈述理由，发行人应当披露。发行人不予披露的，董事、监事和高级管理人员可以直接申请披露。

**第五十四条** 发生可能对上市交易公司债券的交易价格产生较大影响的重大事件，投资者尚未得知时，发行人应当立即将有关该重大事件的情况向中国证监会、证券交易场所报送临时报告，并予公告，说明事件的起因、目前的状态和可能产生的法律后果。

前款所称重大事件包括：

（一）公司股权结构或者生产经营状况发生重大变化；

（二）公司债券信用评级发生变化；

（三）公司重大资产抵押、质押、出售、转让、报废；

（四）公司发生未能清偿到期债务的情况；

（五）公司新增借款或者对外提供担保超过上年末净资产的百分之二十；

（六）公司放弃债权或者财产超过上年末净资产的百分之十；

（七）公司发生超过上年末净资产百分之十的重大损失；

（八）公司分配股利，作出减资、合并、分立、解散及申请破产的决定，或者依法进入破产程序、被责令关闭；

（九）涉及公司的重大诉讼、仲裁；

（十）公司涉嫌犯罪被依法立案调查，公司的控股股东、实际控制人、董事、监事、高级管理人员涉嫌犯罪被依法采取强制措施；

（十一）募投项目情况发生重大变化，可能影响募集资金投入和使用计划，或者导致项目预期运营收益实现存在较大不确定性；

（十二）中国证监会规定的其他事项。

发行人的控股股东或者实际控制人对重大事件的发生、进展产生较大影响的，应当及时将其知悉的有关情况书面告知发行人，并配合发行人履行信息披露义务。

**第五十五条** 资信评级机构为公开发行公司债券进行信用评级的，应当符合以下规定或约定：

（一）将评级信息告知发行人，并及时向市场公布首次评级报告、定期和不定期跟踪评级报告；

（二）公司债券的期限为一年以上的，在债券有效存续期间，应当每年至少向市场公布一次定期跟踪评级报告；

（三）应充分关注可能影响评级对象信用等级的所有重大因素，及时向市场公布信用等级调整及其他与评级相关的信息变动情况，并向证券交易场所报告。

**第五十六条** 公开发行公司债券的发行人及其他信息披露义务人应当将披露的信息刊登在其证券交易场所的互联网网站和符合中国证监会规定条件的媒体，同时将其置备于公司住所、证券交易场所，供社会公众查阅。

## 第七章 债券持有人权益保护

**第五十七条** 公开发行公司债券的，发行人应当为债券持有人聘请债券受托管理人，并订立债券受托管理协议；非公开发行公司债券的，发行人应当在募集说明书中约定债券受托管理事项。在债券存续期限内，由债券受托管理人按照规定或协议的约定维护债券持有人的利益。

发行人应当在债券募集说明书中约定，投资者认购或持有本期公司债券视作同意债券受托管理协议、债券持有人会议规则及债券募集说明书中其他有关发行人、债券持有人权利义务的相关约定。

**第五十八条** 债券受托管理人由本次发行的承销机构或其他经中国证监会认可的机构担任。债券受托管理人应当为中国证券业协会会员。为本次发行提供担保的机构不得担任本次债券发行的受托管理人。债券受托管理人应当勤勉尽责，公正履行受托管理职责，不得损害债券持有人利益。对于债券受托管理人在履行受托管理职责时可能存在的利益冲突情形及相关风险防范、解决机制，发行人应当在债券募集说明书及债券存续期间的信息披露文件中予以充分披露，并同时在债券受托管理协议中载明。

**第五十九条** 公开发行公司债券的受托管理人应当按规定或约定履行下列职责：

（一）持续关注发行人和保证人的资信状况、担保物状况、增信措施及偿债保障措施的实施情况，出现可能影响债券持有人重大权益的事项时，召集债券持有人会议；

（二）在债券存续期内监督发行人募集资金的使用情况；

（三）对发行人的偿债能力和增信措施的有效性进行全面调查和持续关注，并至少每年向市场公告一次受托管理事务报告；

（四）在债券存续期内持续督导发行人履行信息披露义务；

（五）预计发行人不能偿还债务时，要求发行人追加担保，并可以依法申请法定机关采取财产保全措施；

（六）在债券存续期内勤勉处理债券持有人与发行人之间的谈判或者诉讼事务；

（七）发行人为债券设定担保的，债券受托管理人应在债券发行前或债券募集说明书约定的时间内取得担保的权利证明或其他有关文件，并在增信措施有效期内妥善保管；

（八）发行人不能按期兑付债券本息或出现募集说明书约定的其他违约事件的，可以接受全部或部分债券持有人的委托，以自己名义代表债券持有人提起、参加民事诉讼或者破产等法律程序，或者代表债券持有人申请处置抵质押物。

**第六十条** 非公开发行公司债券的，债券受托管理人应当按照债券受托管理协议的约定履行职责。

**第六十一条** 受托管理人为履行受托管理职责，有权代表债券持有人查询债券持有人名册及相关登记信息、专项账户中募集资金的存储与划转情况。证券登记结算机构应当予以配合。

**第六十二条** 发行公司债券，应当在债券募集说明书中约定债券持有人会议规则。

债券持有人会议规则应当公平、合理。债券持有人会议规则应当明确债券持有人通过债券持有人会议行使权利的范围，债券持有人会议的召集、通知、决策生效条件与决策程序、决策效力范围和其他重要事项。债券持有人会议按照本办法的规定及会议规则的程序要求所形成的决议对全体债券持有人有约束力，债券持有人会议规则另有约定的除外。

**第六十三条** 存在下列情形的，债券受托管理人应当按规定或约定召集债券持有人会议：

（一）拟变更债券募集说明书的约定；

（二）拟修改债券持有人会议规则；

（三）拟变更债券受托管理人或受托管理协议的主要内容；

（四）发行人不能按期支付本息；

（五）发行人减资、合并等可能导致偿债能力发生重大不利变化，需要决定或者授权采取相应措施；

（六）发行人分立、被托管、解散、申请破产或者依法进入破产程序；

（七）保证人、担保物或者其他偿债保障措施发生重大变化；

（八）发行人、单独或合计持有本期债券总额百分之十以上的债券持有人书面提议召开；

（九）发行人管理层不能正常履行职责，导致发行人债务清偿能力面临严重不确定性；

（十）发行人提出债务重组方案的；

（十一）发生其他对债券持有人权益有重大影响的事项。

在债券受托管理人应当召集而未召集债券持有人会议时，单独或合计持有本期债券总额百分之十以上的债券持有人有权自行召集债券持有人会议。

**第六十四条** 发行人可采取内外部增信机制、偿债保障措施，提高偿债能力，控制公司债券风险。内外部增信机制、偿债保障措施包括但不限于下列方式：

（一）第三方担保；

（二）商业保险；

（三）资产抵押、质押担保；

（四）限制发行人债务及对外担保规模；

（五）限制发行人对外投资规模；

（六）限制发行人向第三方出售或抵押主要资产；

（七）设置债券回售条款。

公司债券增信机构可以成为中国证券业协会会员。

**第六十五条** 发行人应当在债券募集说明书中约定构成债券违约的情形、违约责任及其承担方式以及公司债券发生违约后的诉讼、仲裁或其他争议解决机制。

## 第八章　监督管理和法律责任

**第六十六条** 中国证监会建立对证券交易场所公司债券业务监管工作的监督机制，持续关注证券交易场所发行审核、发行承销过程及其他公司债券业务监管情况,并开展定期或不定期检查。中国证监会在检查和抽查过程中发现问题的,证券交易场所应当整改。

证券交易场所应当建立定期报告制度,及时总结公司债券发行审核、发行承销过程及其他公司债券业务监管工作情况,并报告中国证监会。

**第六十七条** 证券交易场所公司债券发行上市审核工作违反本办法规定,有下列情形之一的,由中国证监会责令改正;情节严重的,追究直接责任人员相关责任:

(一) 未按审核标准开展公司债券发行上市审核工作;

(二) 未按程序开展公司债券发行上市审核工作;

(三) 不配合中国证监会对发行上市审核工作、发行承销过程及其他公司债券业务监管工作的检查、抽查,或者不按中国证监会的整改要求进行整改。

**第六十八条** 中国证监会及其派出机构可以依法对发行人以及相关主承销商、受托管理人、证券服务机构等开展检查,检查对象及其工作人员应当配合,保证提供的有关文件和资料真实、准确、完整、及时,不得拒绝、阻碍和隐瞒。

**第六十九条** 违反法律法规及本办法等规定的,中国证监会可以对相关机构和人员采取责令改正、监管谈话、出具警示函、责令公开说明、责令定期报告等相关监管措施;依法应予行政处罚的,依照《证券法》《行政处罚法》等法律法规和中国证监会的有关规定进行处罚;涉嫌犯罪的,依法移送司法机关,追究其刑事责任。

**第七十条** 非公开发行公司债券,发行人及其他信息披露义务人披露的信息存在虚假记载、误导性陈述或者重大遗漏的,中国证监会可以对发行人、其他信息披露义务人及其直接负责的主管人员和其他直接责任人员采取本办法第六十九条规定的相关监管措施;情节严重的,依照《证券法》第一百九十七条予以处罚。

**第七十一条** 非公开发行公司债券,发行人违反本办法第十三条规定的,中国证监会可以对发行人及其直接负责的主管人员和其他直接责任人员采取本办法第六十九条规定的相关监管措施;情节严重的,处以警告、罚款。

**第七十二条** 除中国证监会另有规定外,承销或自行销售非公开发行公司债券未按规定进行报备的,中国证监会可以对承销机构及其直接负责的主管人员和其他直接责任人员采取本办法第六十九条规定的相关监管措施；情节严重的，处以警告、罚款。

**第七十三条** 承销机构在承销公司债券过程中，有下列行为之一的，中国证监会依照《证券法》第一百八十四条予以处罚。

（一）未勤勉尽责，违反本办法第四十一条规定的行为；

（二）以不正当竞争手段招揽承销业务；

（三）从事本办法第四十五条规定禁止的行为；

（四）从事本办法第四十七条规定禁止的行为；

（五）未按本办法及相关规定要求披露有关文件；

（六）未按照事先披露的原则和方式配售公司债券，或其他未依照披露文件实施的行为；

（七）未按照本办法及相关规定要求保留推介、定价、配售等承销过程中相关资料；

（八）其他违反承销业务规定的行为。

**第七十四条** 发行人及其控股股东、实际控制人、债券受托管理人等违反本办法规定，损害债券持有人权益的，中国证监会可以对发行人、发行人的控股股东和实际控制人、受托管理人及其直接负责的主管人员和其他直接责任人员采取本办法第六十九条规定的相关监管措施；情节严重的，处以警告、罚款。

**第七十五条** 发行人及其控股股东、实际控制人、董事、监事、高级管理人员违反本办法第五条第二款的规定，严重损害债券持有人权益的，中国证监会可以依法限制其市场融资等活动，并将其有关信息纳入证券期货市场诚信档案数据库。

## 第九章　附　则

**第七十六条** 发行公司债券并在证券交易场所交易或转让的，应当由中国证券登记结算有限责任公司依法集中统一办理登记结算业务。非公开发行公司债券并在证券公司柜台转让的，可以由中国证券登记结算有限责任公司或者其他依法从事证券登记、结算业务的机构办理。

**第七十七条** 发行公司债券，应当符合地方政府性债务管理的相关规定，不得新增政府债务。

**第七十八条** 证券公司和其他金融机构次级债券的发行、交易或转让，适用本办法。境外注册公司在中国证监会监管的证券交易场所的债券发行、交易或转让，参照适用本办法。

**第七十九条** 本办法所称证券自律组织包括证券交易所、全国中小企业股份转让系统、中国证券登记结算有限责任公司、中国证券业协会以及中国证监会认定的其他自律组织。

本办法所称证券交易场所包括证券交易所、全国中小企业股份转让系统。

第八十条　本办法自公布之日起施行。2021年2月26日发布的《公司债券发行与交易管理办法》（证监会令第180号）同时废止。

## 【案例指引】

**汽车公司与某银行公司债券回购合同纠纷案**①

裁判要旨：汽车公司发布《募集说明书》和《发行结果公告》，通过发行公司债券的方式募集资金，并经中国证券监督管理委员会核准发行。某银行合法持有汽车公司发行的涉案公司债券，故双方当事人成立合法有效的借款合同关系。上述《募集说明书》和《发行结果公告》中的内容对双方当事人均有约束力，汽车公司应当维护银行享有的法定权利和《募集说明书》中约定的权利。

> 第一百九十五条　【公司债券注册及募集办法】公开发行公司债券，应当经国务院证券监督管理机构注册，公告公司债券募集办法。
> 
> 公司债券募集办法应当载明下列主要事项：
> 
> （一）公司名称；
> 
> （二）债券募集资金的用途；
> 
> （三）债券总额和债券的票面金额；
> 
> （四）债券利率的确定方式；
> 
> （五）还本付息的期限和方式；
> 
> （六）债券担保情况；

---

① （2020）京民终738号，载中国裁判文书网，https：//wenshu.court.gov.cn/website/wenshu/181217BMTKHNT2W0/index.html? pageId ＝ 7af463d6855b413605e282eb55453d14&s7=%EF%BC%882020% EF% BC% 89% E4% BA% AC% E6% B0% 91% E7% BB% 88738% E5% 8F% B7，最后访问日期：2024年4月10日。

（七）债券的发行价格、发行的起止日期；

（八）公司净资产额；

（九）已发行的尚未到期的公司债券总额；

（十）公司债券的承销机构。

**【理解与适用】**

本条是关于公司债券注册及募集办法的规定。

根据证券法的规定，公开发行公司债券由核准制修改为注册制，与证券法的修改保持一致，主管部门从国家发展和改革委员会统一为中国证券监督管理委员会。因此，公开发行公司债券的，由证券交易所负责受理、审核，并报中国证监会来注册。

公开发行公司债券，根据《公司信用类债券信息披露管理办法》，应公告公司债券募集办法。根据本条第二款的规定，公司债券募集办法应当载明下列主要事项：（1）公司名称；（2）债券募集资金的用途；（3）债券总额和债券的票面金额；（4）债券利率的确定方式；（5）还本付息的期限和方式；（6）债券担保情况；（7）债券的发行价格、发行的起止日期；（8）公司净资产额；（9）已发行的尚未到期的公司债券总额；（10）公司债券的承销机构。

**【相关规范】**

● *法律*

1.《中华人民共和国证券法》（2019年12月28日）

**第七十八条** 发行人及法律、行政法规和国务院证券监督管理机构规定的其他信息披露义务人，应当及时依法履行信息披露义务。

信息披露义务人披露的信息，应当真实、准确、完整，简明清晰，通俗易懂，不得有虚假记载、误导性陈述或者重大遗漏。

证券同时在境内境外公开发行、交易的，其信息披露义务人在境外披露的信息，应当在境内同时披露。

**第七十九条** 上市公司、公司债券上市交易的公司、股票在国务院批准的其他全国性证券交易场所交易的公司，应当按照国务院证券监督管理机构和证券交易场所规定的内容和格式编制定期报告，并按照以下规定报送和公告：

（一）在每一会计年度结束之日起四个月内，报送并公告年度报告，其中的年度财务会计报告应当经符合本法规定的会计师事务所审计；

（二）在每一会计年度的上半年结束之日起二个月内，报送并公告中期报告。

**第八十条** 发生可能对上市公司、股票在国务院批准的其他全国性证券交易场所交易的公司的股票交易价格产生较大影响的重大事件，投资者尚未得知时，公司应当立即将有关该重大事件的情况向国务院证券监督管理机构和证券交易场所报送临时报告，并予公告，说明事件的起因、目前的状态和可能产生的法律后果。

前款所称重大事件包括：

（一）公司的经营方针和经营范围的重大变化；

（二）公司的重大投资行为，公司在一年内购买、出售重大资产超过公司资产总额百分之三十，或者公司营业用主要资产的抵押、质押、出售或者报废一次超过该资产的百分之三十；

（三）公司订立重要合同、提供重大担保或者从事关联交易，可能对公司的资产、负债、权益和经营成果产生重要影响；

（四）公司发生重大债务和未能清偿到期重大债务的违约情况；

（五）公司发生重大亏损或者重大损失；

（六）公司生产经营的外部条件发生的重大变化；

（七）公司的董事、三分之一以上监事或者经理发生变动，董事长或者经理无法履行职责；

（八）持有公司百分之五以上股份的股东或者实际控制人持有股份或者控制公司的情况发生较大变化，公司的实际控制人及其控制的其他企业从事与公司相同或者相似业务的情况发生较大变化；

（九）公司分配股利、增资的计划，公司股权结构的重要变化，公司减资、合并、分立、解散及申请破产的决定，或者依法进入破产程序、被责令关闭；

（十）涉及公司的重大诉讼、仲裁，股东大会、董事会决议被依法撤销或者宣告无效；

（十一）公司涉嫌犯罪被依法立案调查，公司的控股股东、实际控制人、董事、监事、高级管理人员涉嫌犯罪被依法采取强制措施；

(十二) 国务院证券监督管理机构规定的其他事项。

公司的控股股东或者实际控制人对重大事件的发生、进展产生较大影响的,应当及时将其知悉的有关情况书面告知公司,并配合公司履行信息披露义务。

**第八十一条** 发生可能对上市交易公司债券的交易价格产生较大影响的重大事件,投资者尚未得知时,公司应当立即将有关该重大事件的情况向国务院证券监督管理机构和证券交易场所报送临时报告,并予公告,说明事件的起因、目前的状态和可能产生的法律后果。

前款所称重大事件包括:

(一) 公司股权结构或者生产经营状况发生重大变化;

(二) 公司债券信用评级发生变化;

(三) 公司重大资产抵押、质押、出售、转让、报废;

(四) 公司发生未能清偿到期债务的情况;

(五) 公司新增借款或者对外提供担保超过上年末净资产的百分之二十;

(六) 公司放弃债权或者财产超过上年末净资产的百分之十;

(七) 公司发生超过上年末净资产百分之十的重大损失;

(八) 公司分配股利,作出减资、合并、分立、解散及申请破产的决定,或者依法进入破产程序、被责令关闭;

(九) 涉及公司的重大诉讼、仲裁;

(十) 公司涉嫌犯罪被依法立案调查,公司的控股股东、实际控制人、董事、监事、高级管理人员涉嫌犯罪被依法采取强制措施;

(十一) 国务院证券监督管理机构规定的其他事项。

**第八十二条** 发行人的董事、高级管理人员应当对证券发行文件和定期报告签署书面确认意见。

发行人的监事会应当对董事会编制的证券发行文件和定期报告进行审核并提出书面审核意见。监事应当签署书面确认意见。

发行人的董事、监事和高级管理人员应当保证发行人及时、公平地披露信息,所披露的信息真实、准确、完整。

董事、监事和高级管理人员无法保证证券发行文件和定期报告内容的真实性、准确性、完整性或者有异议的,应当在书面确认意见中发表意见并陈述理由,发行人应当披露。发行人不予披露的,董事、监事和高级管理人员可以直接申请披露。

**第八十三条** 信息披露义务人披露的信息应当同时向所有投资者披露，不得提前向任何单位和个人泄露。但是，法律、行政法规另有规定的除外。

任何单位和个人不得非法要求信息披露义务人提供依法需要披露但尚未披露的信息。任何单位和个人提前获知的前述信息，在依法披露前应当保密。

**第八十四条** 除依法需要披露的信息之外，信息披露义务人可以自愿披露与投资者作出价值判断和投资决策有关的信息，但不得与依法披露的信息相冲突，不得误导投资者。

发行人及其控股股东、实际控制人、董事、监事、高级管理人员等作出公开承诺的，应当披露。不履行承诺给投资者造成损失的，应当依法承担赔偿责任。

**第八十五条** 信息披露义务人未按照规定披露信息，或者公告的证券发行文件、定期报告、临时报告及其他信息披露资料存在虚假记载、误导性陈述或者重大遗漏，致使投资者在证券交易中遭受损失的，信息披露义务人应当承担赔偿责任；发行人的控股股东、实际控制人、董事、监事、高级管理人员和其他直接责任人员以及保荐人、承销的证券公司及其直接责任人员，应当与发行人承担连带赔偿责任，但是能够证明自己没有过错的除外。

**第八十六条** 依法披露的信息，应当在证券交易场所的网站和符合国务院证券监督管理机构规定条件的媒体发布，同时将其置备于公司住所、证券交易场所，供社会公众查阅。

**第八十七条** 国务院证券监督管理机构对信息披露义务人的信息披露行为进行监督管理。

证券交易场所应当对其组织交易的证券的信息披露义务人的信息披露行为进行监督，督促其依法及时、准确地披露信息。

● *部门规章及文件*

## 2.《公司信用类债券信息披露管理办法》（2020年12月25日）

### 第一章 总 则

**第一条** 为规范公司信用类债券市场信息披露，维护公司信用类债券市场秩序，保护市场参与者合法权益，根据《中华人民共和国中国人民银行法》《中华人民共和国证券法》《中华人民共和国公司法》《企业债券管理条例》等相关法律法规，制定本办法。

**第二条** 本办法所称公司信用类债券（以下简称"债券"）包括企业债券、公司债券和非金融企业债务融资工具。企业公开发行的企业债券、公司债券以及银行间债券市场非金融企业债务融资工具的发行及存续期信息披露适用本办法。

市场自律组织可以根据本办法制定公司信用类债券信息披露的实施细则，依照本办法的原则制定公司信用类债券非公开（含定向）发行的信息披露规则。

**第三条** 中国人民银行、国家发展和改革委员会、中国证券监督管理委员会（以下简称"公司信用类债券监督管理机构"）依法对公司信用类债券的信息披露进行监督管理。

市场自律组织应当根据法律法规及自律规则对信息披露实施自律管理。

**第四条** 企业信息披露应当通过符合公司信用类债券监督管理机构规定条件的信息披露渠道发布。

**第五条** 信息披露应当遵循真实、准确、完整、及时、公平的原则，不得有虚假记载、误导性陈述或重大遗漏。

信息披露语言应简洁、平实和明确，不得有祝贺性、广告性、恭维性或诋毁性的词句。

**第六条** 公司信用类债券监督管理机构或市场自律组织对债券发行的注册或备案，不代表对债券的投资价值作出任何评价，也不表明对债券的投资风险作出任何判断。

债券投资者应当对披露信息进行独立分析，独立判断债券的投资价值，自行承担投资风险。

## 第二章　企业信息披露

**第七条** 企业应当及时、公平地履行信息披露义务。企业及其董事、监事、高级管理人员应当忠实、勤勉地履行信息披露职责，保证信息披露内容真实、准确、完整，不存在虚假记载、误导性陈述或重大遗漏。

企业的董事、高级管理人员应当对债券发行文件和定期报告签署书面确认意见。监事会应当对董事会编制的债券发行文件和定期报告进行审核并提出书面审核意见。监事应当签署书面确认意见。董事、监事和高级管理人员无法保证债券发行文件和定期报告内容的真实性、准确性、完整性或者有异议的，应当在书面确认意见中发表意见并陈述理由，企业应当披露。企业不予披露的，董事、监事和高级管理人员可以直接申请披露。企业控股股东、实际控制人应当诚实守信、勤勉尽责，配合企业履行信息披露义务。

**第八条** 企业应当建立信息披露事务管理制度。信息披露事务管理制度应当经企业董事会或其他有权决策机构审议通过。

企业发行债券应当披露信息披露事务管理制度的主要内容。企业对已披露信息披露事务管理制度进行变更的，应当在最近一期定期报告中披露变更后的主要内容。

**第九条** 企业应当设置并披露信息披露事务负责人。信息披露事务负责人负责组织和协调债券信息披露相关工作，接受投资者问询，维护投资者关系。信息披露事务负责人应当由企业董事、高级管理人员或具有同等职责的人员担任。

企业信息披露事务负责人发生变更的，应当及时披露。对未按规定设置并披露信息披露事务负责人或未在信息披露事务负责人变更后确定并披露接任人员的，视为由企业法定代表人担任。

**第十条** 企业发行债券，应当于发行前披露以下文件：

（一）企业最近三年经审计的财务报告及最近一期会计报表；

（二）募集说明书（编制要求见附件1）；

（三）信用评级报告（如有）；

（四）公司信用类债券监督管理机构或市场自律组织要求的其他文件。

**第十一条** 企业发行债券时应当披露募集资金使用的合规性、使用主体及使用金额。

企业如变更债券募集资金用途，应当按照规定和约定履行必要的变更程序，并于募集资金使用前披露拟变更后的募集资金用途。

**第十二条** 企业发行债券时应当披露治理结构、组织机构设置及运行情况、内部管理制度的建立及运行情况。

**第十三条** 企业应当披露与控股股东、实际控制人在资产、人员、机构、财务、业务经营等方面的相互独立情况。

**第十四条** 企业应当在投资者缴款截止日后一个工作日（交易日）内公告债券发行结果。公告内容包括但不限于本期债券的实际发行规模、价格等信息。

**第十五条** 债券存续期内，企业信息披露的时间应当不晚于，企业按照监管机构、市场自律组织、证券交易场所的要求或者将有关信息刊登在其他指定信息披露渠道上的时间。

债券同时在境内境外公开发行、交易的，其信息披露义务人在境外披露的信息，应当在境内同时披露。

**第十六条** 债券存续期内，企业应当按以下要求披露定期报告（编制要求见附件2）：

（一）企业应当在每个会计年度结束之日起四个月内披露上一年年度报告。年度报告应当包含报告期内企业主要情况、审计机构出具的审计报告、经审计的财务报表、附注以及其他必要信息；

（二）企业应当在每个会计年度的上半年结束之日起两个月内披露半年度报告；

（三）定期报告的财务报表部分应当至少包含资产负债表、利润表和现金流量表。编制合并财务报表的企业，除提供合并财务报表外，还应当披露母公司财务报表。

**第十七条** 企业无法按时披露定期报告的，应当于第十六条规定的披露截止时间前，披露未按期披露定期报告的说明文件，文件内容包括但不限于未按期披露的原因、预计披露时间等情况。

企业披露前款说明文件的，不代表豁免企业定期报告的信息披露义务。

**第十八条** 债券存续期内，企业发生可能影响偿债能力或投资者权益的重大事项时，应当及时披露，并说明事项的起因、目前的状态和可能产生的影响。

前款所称重大事项包括但不限于：

（一）企业名称变更、股权结构或生产经营状况发生重大变化；

（二）企业变更财务报告审计机构、债券受托管理人或具有同等职责的机构（以下简称"受托管理人"）、信用评级机构；

（三）企业三分之一以上董事、三分之二以上监事、董事长、总经理或具有同等职责的人员发生变动；

（四）企业法定代表人、董事长、总经理或具有同等职责的人员无法履行职责；

（五）企业控股股东或者实际控制人变更；

（六）企业发生重大资产抵押、质押、出售、转让、报废、无偿划转以及重大投资行为或重大资产重组；

（七）企业发生超过上年末净资产百分之十的重大损失；

（八）企业放弃债权或者财产超过上年末净资产的百分之十；

（九）企业股权、经营权涉及被委托管理；

（十）企业丧失对重要子公司的实际控制权；

（十一）债券担保情况发生变更，或者债券信用评级发生变化；

（十二）企业转移债券清偿义务；

（十三）企业一次承担他人债务超过上年末净资产百分之十，或者新增借款、对外提供担保超过上年末净资产的百分之二十；

（十四）企业未能清偿到期债务或进行债务重组；

（十五）企业涉嫌违法违规被有权机关调查，受到刑事处罚、重大行政处罚或行政监管措施、市场自律组织作出的债券业务相关的处分，或者存在严重失信行为；

（十六）企业法定代表人、控股股东、实际控制人、董事、监事、高级管理人员涉嫌违法违规被有权机关调查、采取强制措施，或者存在严重失信行为；

（十七）企业涉及重大诉讼、仲裁事项；

（十八）企业出现可能影响其偿债能力的资产被查封、扣押或冻结的情况；

（十九）企业分配股利，作出减资、合并、分立、解散及申请破产的决定，或者依法进入破产程序、被责令关闭；

（二十）企业涉及需要说明的市场传闻；

（二十一）募集说明书约定或企业承诺的其他应当披露事项；

（二十二）其他可能影响其偿债能力或投资者权益的事项。

上述已披露事项出现重大进展或变化的，企业也应当及时履行信息披露义务。

**第十九条** 企业应当在最先发生以下任一情形的时点后，原则上不超过两个工作日（交易日）内，履行第十八条规定的重大事项的信息披露义务：

（一）董事会、监事会或者其他有权决策机构就该重大事项形成决议时；

（二）有关各方就该重大事项签署意向书或者协议时；

（三）董事、监事、高级管理人员或者具有同等职责的人员知悉该重大事项发生时；

（四）收到相关主管部门关于重大事项的决定或通知时。

重大事项出现泄露或市场传闻的，企业也应当及时履行信息披露义务。

**第二十条** 信息披露文件一经公布不得随意变更。确有必要进行变更的，应披露变更公告和变更后的信息披露文件。

**第二十一条** 企业更正已披露信息的，应当及时披露更正公告和更正后的信息披露文件。

更正已披露经审计财务信息的，企业应聘请会计师事务所对更正事项出具专业意见并及时披露。前述更正事项对经审计的财务报表具有实质性影响的，企业还应当聘请会计师事务所对更正后的财务报告出具审计意见并及时披露。

**第二十二条** 债券附发行人或投资者选择权条款、投资者保护条款等特殊条款的，企业应当按照相关规定和约定及时披露相关条款触发和执行情况。

**第二十三条** 债券存续期内，企业应当在债券本金或利息兑付日前披露本金、利息兑付安排情况的公告。

**第二十四条** 债券发生违约的，企业应当及时披露债券本息未能兑付的公告。企业、主承销商、受托管理人应当按照规定和约定履行信息披露义务，及时披露企业财务信息、违约事项、涉诉事项、违约处置方案、处置进展及其他可能影响投资者决策的重要信息。

企业被托管组、接管组托管或接管的，企业信息披露义务由托管组、接管组承担。

**第二十五条** 企业进入破产程序的，企业信息披露义务由破产管理人承担，企业自行管理财产或营业事务的除外。

企业或破产管理人应当持续披露破产进展，包括但不限于破产申请受理情况、破产管理人任命情况、破产债权申报安排、债权人会议安排、人民法院裁定情况及其他破产程序实施进展，以及企业财产状况报告、破产重整计划、和解协议、破产财产变价方案和破产财产分配方案等其他影响投资者决策的重要信息。发生实施对债权人利益有重大影响的财产处分行为的，也应及时披露。

**第二十六条** 企业转移债券清偿义务的，承继方应当按照本办法中对企业的要求履行信息披露义务。

**第二十七条** 为债券提供担保的机构应当在每个会计年度结束之日起四个月内披露上一年财务报告。

为债券提供担保的机构发生可能影响其代偿能力的重大事项时，应当及时披露重大事项并说明事项的起因、目前的状态和可能产生的影响。

第二十八条 企业有充分证据证明按照本办法规定应当披露的信息可能导致其违反国家有关保密法律法规的，可以依据有关法律规定豁免披露。

## 第三章 中介机构信息披露

第二十九条 为债券的发行、交易、存续期管理提供中介服务的专业机构（包括但不限于债券承销机构、信用评级机构、会计师事务所、律师事务所、资产评估机构、受托管理人等）和人员，应当勤勉尽责，严格遵守相关法律法规、执业规范和自律规则，按规定和约定履行义务，对所出具的专业报告、专业意见以及其所披露的其他信息负责。

第三十条 主承销商、受托管理人应当按照规定和约定履行信息披露职责或义务，并督促企业依照本办法规定履行信息披露义务。

第三十一条 会计师事务所应当严格执行注册会计师执业准则及相关规定，合理运用职业判断，通过设计和实施恰当的程序、方法和技术，获取充分、适当的证据，并在此基础上发表独立意见。

第三十二条 信用评级机构应当按照规定和约定持续跟踪受评对象信用状况的变化情况，及时发布定期跟踪评级报告。跟踪评级期间，发生可能影响受评对象偿债能力的重大事项时，信用评级机构应当及时启动不定期跟踪评级程序，发布不定期跟踪评级报告。

第三十三条 企业应当确保其向中介机构提供的与债券相关的所有资料真实、准确、完整。

中介机构应当对企业提供的文件资料内容的真实性、准确性、完整性进行必要的核查和验证。中介机构认为企业提供的材料存在虚假记载、误导性陈述、重大遗漏或其他重大违法行为的，应当要求其补充、纠正。

第三十四条 债券承销机构应当对债券募集说明书的真实性、准确性、完整性进行核查，确认不存在虚假记载、误导性陈述和重大遗漏。

信用评级机构、会计师事务所、律师事务所、资产评估机构等中介机构应当确认债券募集说明书所引用内容与其就本期债券发行出具的相关意见不存在矛盾，对所引用的内容无异议，并对所确认的债券募集说明书引用内容承担相应法律责任。

第三十五条 中介机构应当制作并保存工作底稿。工作底稿包括出具专业文件所依据的资料、尽职调查报告以及相关会议纪要、谈话记录等。

## 第四章  监督管理与法律责任

**第三十六条**  中国人民银行、国家发展和改革委员会、中国证券监督管理委员会按照职责分工负责债券信息披露的监督管理。中国证券监督管理委员会依照证券法有关规定，对公司信用类债券信息披露违法违规行为进行认定和行政处罚，开展债券市场统一执法工作。

**第三十七条**  公司信用类债券监督管理机构可以对违反本办法规定的机构和人员采取责令改正、监管谈话、出具警示函、责令公开说明或定期报告等相关监管措施。

**第三十八条**  市场自律组织可以按照自律规则，对企业、中介机构及相关责任人员违反自律规则或相关约定、承诺的行为采取自律措施。

**第三十九条**  企业等信息披露义务人未按照规定履行信息披露义务或所披露信息存在虚假记载、误导性陈述或重大遗漏，给债券投资者造成损失的，应当依法承担赔偿责任。企业的控股股东、实际控制人、董事、监事、高级管理人员和其他直接责任人员，以及承销机构及其直接责任人员，应当依法与企业承担连带赔偿责任，但是能够证明自己没有过错的除外。

**第四十条**  为债券的发行、上市、交易等业务活动制作、出具审计报告及其他鉴证报告、资产评估报告、财务顾问报告、信用评级报告或者法律意见书等文件的证券服务机构，其制作、出具的文件有虚假记载、误导性陈述或重大遗漏，给他人造成损失的，应当依法与委托人承担连带赔偿责任，但是能证明自己没有过错的除外。

**第四十一条**  企业及其控股股东、实际控制人、董事、监事、高级管理人员等作出公开承诺的，应当披露。不履行承诺给投资者造成损失的，应当依法承担赔偿责任。

**第四十二条**  负责为信息披露发布提供服务的机构，应当做好基础设施的运营和维护，为信息披露提供必要的服务支持和技术保障，及时发布并妥善保管信息，不得发布虚假信息，不得故意隐匿、伪造、篡改或毁损信息披露文件或泄露非公开信息。

## 第五章  附　则

**第四十三条**  对违约债券、绿色债券等特殊类型债券以及境外企业在中国境内发行债券的信息披露有特殊要求的，从其规定执行。

**第四十四条**  本办法所称市场自律组织是指中央国债登记结算有限责任公司、中国银行间市场交易商协会、上海证券交易所、深圳证券交易所、中国证券业协会。

**第四十五条** 本办法所称财务报告应当按照《企业会计准则》等国家统一的会计制度编制。

**第四十六条** 本办法由中国人民银行会同国家发展和改革委员会、中国证券监督管理委员会负责解释。

**第四十七条** 本办法自 2021 年 5 月 1 日起施行。

## 【案例指引】

**王某与 A 公司、陈某证券虚假陈述责任纠纷案**[①]

**裁判要旨**：发行人、发行人的实际控制人以及债券承销机构、会计师事务所、律师事务所、信用评级机构等中介机构违反法律规定，在债券发行或者交易过程中，对重大事件作出违背事实真相的虚假记载、误导性陈述，或者在披露信息时发生重大遗漏、不正当披露信息，导致投资者产生损失的，应当对投资者的损失承担相应赔偿责任。

---

**第一百九十六条　【纸面债券载明事项】** 公司以纸面形式发行公司债券的，应当在债券上载明公司名称、债券票面金额、利率、偿还期限等事项，并由法定代表人签名，公司盖章。

---

## 【理解与适用】

本条是关于纸面债券载明事项的规定。

现实中，公开发行的公司债券一般已经电子化了，这意味着电子化的公司债券应当以电子形式记载公司名称、债券票面金额、利率、偿还期限等事项，并在电子形式的公司债券上体现法定代表人签名，公司盖章。

---

[①] （2020）浙 01 民初 1691 号，载中国裁判文书网，https://wenshu.court.gov.cn/website/wenshu/181107ANFZ0BXSK4/index.html?docId=6X8yG55tLKIyYIqmeWC6p+8spFHHkZ2Mmh8EyI1bs8zKohuaLWKCKp/dgBYosE2gOW/3CWAVkWV3JaolLrGYe3gjnRcC1YMi0+udxHB/QAlX7my9J62EICO1W4JyoKlI，最后访问日期：2024 年 4 月 6 日。

【相关规范】

● 法律

《中华人民共和国证券法》（2019年12月28日）

第一百四十五条　证券登记结算机构为证券交易提供集中登记、存管与结算服务，不以营利为目的，依法登记，取得法人资格。

设立证券登记结算机构必须经国务院证券监督管理机构批准。

第一百四十八条　在证券交易所和国务院批准的其他全国性证券交易场所交易的证券的登记结算，应当采取全国集中统一的运营方式。

前款规定以外的证券，其登记、结算可以委托证券登记结算机构或者其他依法从事证券登记、结算业务的机构办理。

第一百五十条　在证券交易所或者国务院批准的其他全国性证券交易场所交易的证券，应当全部存管在证券登记结算机构。

证券登记结算机构不得挪用客户的证券。

第一百九十七条　【记名债券】公司债券应当为记名债券。

【理解与适用】

本条是关于债券种类的规定，不再允许发行无记名债券。

记名公司债券是指债券的券面上登记持有人姓名，支取本息要凭印鉴领取，转让时必须背书并到债券发行公司登记的公司债券。

本条删除了原公司法第一百五十六条规定的"也可以为不记名债券"的规定。取消无记名债券发行有两个主要原因：（1）出于反洗钱的需要，保证债券市场的交易安全；（2）为确保债券持有人会议的有效召开和表决，因为无记名债券会给债券持有人会议的召开和表决带来很大的不确定性。

## 【相关规范】

● *法律*

1. 《中华人民共和国证券法》（2019 年 12 月 28 日）

第一百零六条　投资者应当与证券公司签订证券交易委托协议，并在证券公司实名开立账户，以书面、电话、自助终端、网络等方式，委托该证券公司代其买卖证券。

第一百零七条　证券公司为投资者开立账户，应当按照规定对投资者提供的身份信息进行核对。

证券公司不得将投资者的账户提供给他人使用。

投资者应当使用实名开立的账户进行交易。

● *部门规章及文件*

2. 《证券登记结算管理办法》（2022 年 5 月 20 日）

第二十条　投资者应当在证券登记结算机构实名开立证券账户。

前款所称投资者包括中国公民、中国法人、中国合伙企业、符合规定的外国人及法律、行政法规、中国证监会规章规定的其他投资者。

外国人申请开立证券账户的具体办法，由证券登记结算机构制定，报中国证监会批准。

投资者申请开立证券账户应当保证其提交的开户资料真实、准确、完整。

第二十二条　证券公司等代理开立证券账户，应当向证券登记结算机构申请取得开户代理资格。

证券公司等代理开立证券账户，应当根据证券登记结算机构的业务规则，对投资者提供的有效身份证明文件原件及其他开户资料的真实性、准确性、完整性进行审核，并应当妥善保管相关开户资料，保管期限不得少于 20 年。

第二十三条　投资者应当使用实名开立的账户进行交易。

任何单位和个人不得违反规定，出借自己的证券账户或者借用他人的证券账户从事证券交易。

> **第一百九十八条 【公司债券持有人名册】**公司发行公司债券应当置备公司债券持有人名册。
> 发行公司债券的，应当在公司债券持有人名册上载明下列事项：
> （一）债券持有人的姓名或者名称及住所；
> （二）债券持有人取得债券的日期及债券的编号；
> （三）债券总额，债券的票面金额、利率、还本付息的期限和方式；
> （四）债券的发行日期。

**【理解与适用】**

本条是关于公司设置债券持有人名册及其记载事项的规定。

本条规定以公司债券持有人名册取代公司债券存根簿主要是鉴于公司债券无纸化的发展趋势，纸质存根簿已无必要保留。发行公司债券的，应当在公司债券持有人名册上载明下列事项：（1）债券持有人的姓名或者名称及住所；（2）债券持有人取得债券的日期及债券的编号；（3）债券总额，债券的票面金额、利率、还本付息的期限和方式；（4）债券的发行日期。

公司发行公司债券应当置备公司债券持有人名册，但是由公司来及时更新债券持有人名册在具体实操上是有难度的。债券发行后，由证券登记结算机构进行登记，登记结算机构具有实时更新的债券持有人名册，应当视为债券发行公司设置了债券持有人名册。因此，电子化证券应视为记名债券。公司债券的发行人除了在发行阶段可以知道债券购买人即初始持有人，在债券存续和交易阶段，发行人虽然可以随时查询持有人名单，但是，除非是为了召开债券持有人会议，一般发行人不会去电子化登记机构查询债券持有人名册。

**第一百九十九条 【公司债券的登记结算】**公司债券的登记结算机构应当建立债券登记、存管、付息、兑付等相关制度。

**【理解与适用】**

本条是关于公司债券的登记结算的规定。

虽未言明，但是本条中"公司债券"显然是指记名公司债券，因为无记名公司债券不允许发行了。根据《公司债券发行与交易管理办法》第七十六条规定，发行公司债券并在证券交易场所交易或转让的，应当由中国证券登记结算有限责任公司依法集中统一办理登记结算业务。非公开发行公司债券并在证券公司柜台转让的，可以由中国证券登记结算有限责任公司或者其他依法从事证券登记、结算业务的机构办理。

根据《证券登记结算管理办法》第二条规定，在证券交易所和国务院批准的其他全国性证券交易场所交易的债券的登记结算，适用本办法。根据该办法第四条规定，证券登记结算机构为债券等证券交易提供集中登记、存管与结算服务，不以营利为目的。该办法第十三条规定，证券登记结算机构应当妥善保存登记、存管和结算的原始凭证及有关文件和资料。其保存期限不得少于二十年。根据该办法第六章的规定，证券登记结算机构具有协助证券交易的双方相互交付证券与价款的职责与功能，此外，还有权接受发行人的委托派发证券权益。根据该办法的第九条规定，证券登记结算机构履行下列职能：（1）证券账户、结算账户的设立和管理；（2）证券的存管和过户；（3）证券持有人名册登记及权益登记；（4）证券和资金的清算交收及相关管理；（5）受证券发行人的委托办理派发证券权益等业务；（6）依法提供与证券登记结算业务有关的查询、信息、咨询和培训服务；（7）依法担任存托凭证存托人；（8）中国证监会批准的其他业务。

**【相关规范】**

● *法律*

1.《中华人民共和国证券法》（2019年12月28日）

　　第一百四十五条　证券登记结算机构为证券交易提供集中登记、存管与结算服务，不以营利为目的，依法登记，取得法人资格。

设立证券登记结算机构必须经国务院证券监督管理机构批准。

**第一百四十七条** 证券登记结算机构履行下列职能：

（一）证券账户、结算账户的设立；

（二）证券的存管和过户；

（三）证券持有人名册登记；

（四）证券交易的清算和交收；

（五）受发行人的委托派发证券权益；

（六）办理与上述业务有关的查询、信息服务；

（七）国务院证券监督管理机构批准的其他业务。

**第一百四十八条** 在证券交易所和国务院批准的其他全国性证券交易场所交易的证券的登记结算，应当采取全国集中统一的运营方式。

前款规定以外的证券，其登记、结算可以委托证券登记结算机构或者其他依法从事证券登记、结算业务的机构办理。

**第一百五十条** 在证券交易所或者国务院批准的其他全国性证券交易场所交易的证券，应当全部存管在证券登记结算机构。

证券登记结算机构不得挪用客户的证券。

**第一百五十一条** 证券登记结算机构应当向证券发行人提供证券持有人名册及有关资料。

证券登记结算机构应当根据证券登记结算的结果，确认证券持有人持有证券的事实，提供证券持有人登记资料。

证券登记结算机构应当保证证券持有人名册和登记过户记录真实、准确、完整，不得隐匿、伪造、篡改或者毁损。

**第一百五十三条** 证券登记结算机构应当妥善保存登记、存管和结算的原始凭证及有关文件和资料。其保存期限不得少于二十年。

**第一百五十七条** 投资者委托证券公司进行证券交易，应当通过证券公司申请在证券登记结算机构开立证券账户。证券登记结算机构应当按照规定为投资者开立证券账户。

投资者申请开立账户，应当持有证明中华人民共和国公民、法人、合伙企业身份的合法证件。国家另有规定的除外。

**第一百五十八条** 证券登记结算机构作为中央对手方提供证券结算服务的，是结算参与人共同的清算交收对手，进行净额结算，为证券交易提供集中履约保障。

证券登记结算机构为证券交易提供净额结算服务时，应当要求结算参与人按照货银对付的原则，足额交付证券和资金，并提供交收担保。

在交收完成之前，任何人不得动用用于交收的证券、资金和担保物。

结算参与人未按时履行交收义务的，证券登记结算机构有权按照业务规则处理前款所述财产。

**第一百五十九条** 证券登记结算机构按照业务规则收取的各类结算资金和证券，必须存放于专门的清算交收账户，只能按业务规则用于已成交的证券交易的清算交收，不得被强制执行。

● **部门规章及文件**

**2.《公司债券发行与交易管理办法》（2023 年 10 月 20 日）**

**第七十六条** 发行公司债券并在证券交易场所交易或转让的，应当由中国证券登记结算有限责任公司依法集中统一办理登记结算业务。非公开发行公司债券并在证券公司柜台转让的，可以由中国证券登记结算有限责任公司或者其他依法从事证券登记、结算业务的机构办理。

**3.《证券登记结算管理办法》（2022 年 5 月 6 日）**

**第二条** 在证券交易所和国务院批准的其他全国性证券交易场所（以下统称证券交易场所）交易的股票、债券、存托凭证、证券投资基金份额、资产支持证券等证券及证券衍生品种（以下统称证券）的登记结算，适用本办法。证券可以采用纸面形式、电子簿记形式或者中国证券监督管理委员会（以下简称中国证监会）规定的其他形式。

未在证券交易场所交易的证券，委托证券登记结算机构办理证券登记结算业务的，证券登记结算机构参照本办法执行。

境内上市外资股、存托凭证、内地与香港股票市场交易互联互通等的登记结算业务，法律、行政法规、中国证监会另有规定的，从其规定。

**第九条** 证券登记结算机构履行下列职能：

（一）证券账户、结算账户的设立和管理；

（二）证券的存管和过户；

（三）证券持有人名册登记及权益登记；

（四）证券和资金的清算交收及相关管理；

（五）受证券发行人的委托办理派发证券权益等业务；

（六）依法提供与证券登记结算业务有关的查询、信息、咨询和培训服务；

（七）依法担任存托凭证存托人；

（八）中国证监会批准的其他业务。

**【案例指引】**

**某基金公司与天津某公司、某投资担保公司债券交易纠纷案**①

**裁判要旨：** 经深圳证券交易所备案，天津某公司为募集资金，委托某证券公司作为承销商以非公开形式发行债券，某投资担保公司出具《担保函》为此次债券发行承担连带保证责任。债券发行后，某基金公司与某证券公司签订《认购协议》并支付认购款项。天津某公司发布的《发行结果公告》及证券登记结算机构出具的《证券持有人名册》显示，认购人为：某基金公司、某某、某某银行股份有限公司等。因天津某公司未能按期向某基金公司支付第二期利息，某基金公司向人民法院提起诉讼要求天津某公司偿还债券本金、利息及逾期利息，某投资担保公司承担连带保证责任。

法院生效裁判认为：案涉《认购协议》合法有效，某基金公司向托管账户支付认购款，根据发行人的《发行结果公告》和证券登记结算机构出具的《证券持有人名册》显示的账户名称，能够确认某基金公司作为资产管理产品的管理人，运用其管理的资产并以该基金公司的名义与天津某公司发生债券交易关系，有权作为原告提起诉讼。某投资担保公司应当承担连带保证责任。

> **第二百条　【公司债券转让】** 公司债券可以转让，转让价格由转让人与受让人约定。
>
> 公司债券的转让应当符合法律、行政法规的规定。

**【理解与适用】**

本条是关于公司债券转让的规定。

公司债券法律本质是债权，不过其是一种标准化的债权，标准化的

---

① 《天津法院发布涉公司类案件纠纷典型案例》，载天津法院网，https：//tjfy.tjcourt.gov.cn/article/detail/2023/08/id/7485506.shtml，最后访问日期：2024年4月4日。

债权体现于有价证券上。公司债券可以转让，并且相比于一般债权转让更加便捷，这让公司债券相较于一般债权来讲更容易变现，因此更具有流动性，也更具有市场价值。公司债券的转让价格由转让人与受让人约定，遵循当事人意思自治与契约自由原则。

本条第二款规定公司债券的转让应当符合法律、行政法规的规定。相较于原公司法只规定了公开发行公司债券的转让方法，本条第二款的规定更具有一般性和概括性，从文义来看，不仅涵盖了公开发行公司债券的转让，也涵盖了非公开发行公司债券的转让。关于公开发行的公司债券的转让。《公司债券发行与交易管理办法》第三十一条规定，公开发行的公司债券，应当在证券交易场所交易。公开发行公司债券并在证券交易场所交易的，应当符合证券交易场所规定的上市、挂牌条件。关于非公开发行的公司债券的转让。根据《公司债券发行与交易管理办法》第三十七条的规定，非公开发行公司债券，可以申请在证券交易场所、证券公司柜台转让。非公开发行公司债券并在证券交易场所转让的，应当遵守证券交易场所制定的业务规则，并经证券交易场所同意。非公开发行公司债券并在证券公司柜台转让的，应当符合中国证监会的相关规定。另外，该办法第三十八条规定，非公开发行的公司债券仅限于专业投资者范围内转让。转让后，持有同次发行债券的投资者合计不得超过二百人。

## 【相关规范】

● **法律**

1. 《**中华人民共和国证券法**》（2019 年 12 月 28 日）

   **第三十七条** 公开发行的证券，应当在依法设立的证券交易所上市交易或者在国务院批准的其他全国性证券交易场所交易。

   非公开发行的证券，可以在证券交易所、国务院批准的其他全国性证券交易场所、按照国务院规定设立的区域性股权市场转让。

   **第三十八条** 证券在证券交易所上市交易，应当采用公开的集中交易方式或者国务院证券监督管理机构批准的其他方式。

● **部门规章及文件**

2. 《**公司债券发行与交易管理办法**》（2023 年 10 月 20 日）

   **第三十一条** 公开发行的公司债券，应当在证券交易场所交易。

公开发行公司债券并在证券交易场所交易的，应当符合证券交易场所规定的上市、挂牌条件。

第三十二条 证券交易场所应当对公开发行公司债券的上市交易实施分类管理，实行差异化的交易机制，建立相应的投资者适当性管理制度，健全风险控制机制。证券交易场所应当根据债券资信状况的变化及时调整交易机制和投资者适当性安排。

第三十三条 公开发行公司债券申请上市交易的，应当在发行前根据证券交易场所的相关规则，明确交易机制和交易环节投资者适当性安排。发行环节和交易环节的投资者适当性要求应当保持一致。

第三十七条 非公开发行公司债券，可以申请在证券交易场所、证券公司柜台转让。

非公开发行公司债券并在证券交易场所转让的，应当遵守证券交易场所制定的业务规则，并经证券交易场所同意。

非公开发行公司债券并在证券公司柜台转让的，应当符合中国证监会的相关规定。

第三十八条 非公开发行的公司债券仅限于专业投资者范围内转让。转让后，持有同次发行债券的投资者合计不得超过二百人。

> 第二百零一条 【债券转让方式】公司债券由债券持有人以背书方式或者法律、行政法规规定的其他方式转让；转让后由公司将受让人的姓名或者名称及住所记载于公司债券持有人名册。

【理解与适用】

本条是公司债券转让方式的规定。

新公司法已经不再允许发行无记名债券，因此无记名债券直接交付的转让方式不存在。记名债券应当通过背书方式转让，债券是标准化证券，其转让不同于一般的债权转让。背书转让是指记名公司债券的持有人转让其债权时，应当在债券票面上背书，记载转让人的转让意思和受让人的姓名或名称，并将其所持债券交付受让人。记名债券转让必须符合两个要件：一是债券持有人以背书方式转让，二是必须通知公司变更登记，变更登记是对抗第三人的要件，也是对抗公司的要件，否则转让只在转让人与受让人之间发生效力。公司债券背书方式转让之外，还有根据法律、行政法规规定的其他方式转让。

公司债券转让后由公司将受让人的姓名或者名称及住所记载于公司债券持有人名册。背书转让后，公司应当将受让人的姓名或者名称及相关信息记载于公司债券持有人名册上并办理变更登记，未办理变更登记的，不能对抗善意第三人。债券受让人未办理变更登记的，其转让只在转让人与受让人之间产生效力，对公司无法律约束力，公司仍然只与转让人产生债权债务关系。对于非公开发行的记名公司债券而言，由公司将转让后的受让人记载于公司债券持有人名册还有可能性。对于公开发行并在交易所上市交易的公司债券而言，由债券发行公司来记载不现实，不具有可操作性，因为在债券存续阶段，债券在不断地换手交易，债券持有人变更后公司难以及时更新名册，证券登记托管机构有债券持有人名册，由其进行电子登记，也可以视为发行公司已经设置和变更登记债券持有人名册。

**【相关规范】**

● *部门规章及文件*

《公司债券发行与交易管理办法》（2023年10月20日）

第三十一条　公开发行的公司债券，应当在证券交易场所交易。

公开发行公司债券并在证券交易场所交易的，应当符合证券交易场所规定的上市、挂牌条件。

第三十七条　非公开发行公司债券，可以申请在证券交易场所、证券公司柜台转让。

非公开发行公司债券并在证券交易场所转让的，应当遵守证券交易场所制定的业务规则，并经证券交易场所同意。

非公开发行公司债券并在证券公司柜台转让的，应当符合中国证监会的相关规定。

第三十八条　非公开发行的公司债券仅限于专业投资者范围内转让。转让后，持有同次发行债券的投资者合计不得超过二百人。

> **第二百零二条 【可转换公司债券的发行】** 股份有限公司经股东会决议，或者经公司章程、股东会授权由董事会决议，可以发行可转换为股票的公司债券，并规定具体的转换办法。上市公司发行可转换为股票的公司债券，应当经国务院证券监督管理机构注册。
>
> 发行可转换为股票的公司债券，应当在债券上标明可转换公司债券字样，并在公司债券持有人名册上载明可转换公司债券的数额。

### 【理解与适用】

本条是关于可转换公司债券发行的规定。

本条的规定，相较于原公司法，扩大了可转换公司债券的发行人范围，从原来的上市公司扩展为股份有限公司，这意味着非上市的股份有限公司也可以发行，为其提供了更多的融资工具和机会。此外，可转换公司债券发行的公司内部决议机关，原公司法仅限于股东会，新公司法规定，股东会之外，章程规定或股东会决议可以授权董事会决定来发行可转换公司债券。

可转换公司债券，是指发行公司依法发行，在一定期间内依据约定的条件可以转换成股份的公司债券。可转换公司债券的法律性质是混合证券，不仅具有债权性质，也因为具有可转换（股票）性，也具有股权性质。可转换公司债券的转换权，其法律性质是形成权，可由单方决定是否转换为公司股票，无须对方当事人同意，转换权属于债券持有人而不是发行公司。

关于可转换公司债券发行的公司内部的决议机关。首先，可转换债券的发行人是股份有限公司，不限于上市公司；其次，公司内部的决议机关为股东会。另外，公司章程或股东会授权董事会的，董事会也可以决议发行。

股份有限公司中的上市公司发行可转换为股票的公司债券，依法经上海证券交易所或深圳证券交易所发行上市审核并报中国证券监督管理委员会注册。

发行可转换为股票的公司债券应当进行相应的标注。发行可转换为股票的公司债券，应当在债券上标明可转换公司债券字样，并在公司债券持有人名册上载明可转换公司债券的数额。本条第二款将原公司法的"公司债券存根簿"替换为"债券持有人名册"，与前述条文相一致。目前已经很少有实物债券或者纸面形式，债券上"可转换公司债券"的字样应当体现在证券电子登记结算系统中。

**【相关规范】**

● 部门规章及文件

1.《公司债券发行与交易管理办法》（2023年10月20日）

第十条 发行公司债券，发行人应当依照《公司法》或者公司章程相关规定对以下事项作出决议：

（一）发行债券的金额；

（二）发行方式；

（三）债券期限；

（四）募集资金的用途；

（五）其他按照法律法规及公司章程规定需要明确的事项。

发行公司债券，如果对增信机制、偿债保障措施作出安排的，也应当在决议事项中载明。

第十一条 发行公司债券，可以附认股权、可转换成相关股票等条款。上市公司、股票公开转让的非上市公众公司股东可以发行附可交换成上市公司或非上市公众公司股票条款的公司债券。商业银行等金融机构可以按照有关规定发行公司债券补充资本。上市公司发行附认股权、可转换成股票条款的公司债券，应当符合上市公司证券发行管理的相关规定。股票公开转让的非上市公众公司发行附认股权、可转换成股票条款的公司债券，由中国证监会另行规定。

2.《可转换公司债券管理办法》（2020年12月31日）①

第二条 可转债在证券交易所或者国务院批准的其他全国性证券交易

---

① 《可转换公司债券管理办法》，载中国政府网，https://www.gov.cn/zhengce/2021-12/16/content_ 5724557.htm，最后访问日期：2023年12月17日。

场所（以下简称证券交易场所）的交易、转让、信息披露、转股、赎回与回售等相关活动，适用本办法。

本办法所称可转债，是指公司依法发行、在一定期间内依据约定的条件可以转换成本公司股票的公司债券，属于《证券法》规定的具有股权性质的证券。

**第八条** 可转债自发行结束之日起不少于六个月后方可转换为公司股票，转股期限由公司根据可转债的存续期限及公司财务状况确定。

可转债持有人对转股或者不转股有选择权，并于转股的次日成为发行人股东。

**第十条** 募集说明书应当约定转股价格调整的原则及方式。发行可转债后，因配股、增发、送股、派息、分立、减资及其他原因引起发行人股份变动的，应当同时调整转股价格。

上市公司可转债募集说明书约定转股价格向下修正条款的，应当同时约定：

（一）转股价格修正方案须提交发行人股东大会表决，且须经出席会议的股东所持表决权的三分之二以上同意，持有发行人可转债的股东应当回避；

（二）修正后的转股价格不低于前项通过修正方案的股东大会召开日前二十个交易日该发行人股票交易均价和前一个交易日均价。

## 3.《上市公司证券发行注册管理办法》（2023年2月17日）

**第二条** 上市公司申请在境内发行下列证券，适用本办法：

（一）股票；

（二）可转换公司债券（以下简称可转债）；

（三）存托凭证；

（四）国务院认定的其他品种。

前款所称可转债，是指上市公司依法发行、在一定期间内依据约定的条件可以转换成股份的公司债券。

**第四条** 上市公司发行证券的，应当符合《证券法》和本办法规定的发行条件和相关信息披露要求，依法经上海证券交易所或深圳证券交易所（以下简称交易所）发行上市审核并报中国证券监督管理委员会（以下简称中国证监会）注册，但因依法实行股权激励、公积金转为增加公司资本、分配股票股利的除外。

**第十三条** 上市公司发行可转债，应当符合下列规定：

（一）具备健全且运行良好的组织机构；

（二）最近三年平均可分配利润足以支付公司债券一年的利息；

（三）具有合理的资产负债结构和正常的现金流量；

（四）交易所主板上市公司向不特定对象发行可转债的，应当最近三个会计年度盈利，且最近三个会计年度加权平均净资产收益率平均不低于百分之六；净利润以扣除非经常性损益前后孰低者为计算依据。

除前款规定条件外，上市公司向不特定对象发行可转债，还应当遵守本办法第九条第（二）项至第（五）项、第十条的规定；向特定对象发行可转债，还应当遵守本办法第十一条的规定。但是，按照公司债券募集办法，上市公司通过收购本公司股份的方式进行公司债券转换的除外。

**第十四条** 上市公司存在下列情形之一的，不得发行可转债：

（一）对已公开发行的公司债券或者其他债务有违约或者延迟支付本息的事实，仍处于继续状态；

（二）违反《证券法》规定，改变公开发行公司债券所募资金用途。

**第十五条** 上市公司发行可转债，募集资金使用应当符合本办法第十二条的规定，且不得用于弥补亏损和非生产性支出。

**第十九条** 股东大会就发行可转债作出的决定，应当包括下列事项：

（一）本办法第十八条规定的事项；

（二）债券利率；

（三）债券期限；

（四）赎回条款；

（五）回售条款；

（六）还本付息的期限和方式；

（七）转股期；

（八）转股价格的确定和修正。

## 4.《上市公司章程指引》（2023年12月15日）

**第二十二条** 公司根据经营和发展的需要，依照法律、法规的规定，经股东大会分别作出决议，可以采用下列方式增加资本：

（一）公开发行股份；

（二）非公开发行股份；

……

发行可转换公司债券的公司，还应当在章程中对可转换公司债券的发行、转股程序和安排以及转股所导致的公司股本变更等事项作出具体规定。

> **第二百零三条　【可转换公司债券的转换】** 发行可转换为股票的公司债券的，公司应当按照其转换办法向债券持有人换发股票，但债券持有人对转换股票或者不转换股票有选择权。法律、行政法规另有规定的除外。

**【理解与适用】**

本条是关于可转换公司债券转换办法和债券持有人转换选择权的规定。

该条与原公司法第一百六十二条的规定基本一致，只是最后添加了兜底性条款"法律、行政法规另有规定的除外"。

结合本条第一句前段来看，在发行可转换为股票的公司债券的过程中，公司理应遵循《上市公司证券发行注册管理办法》《可转换公司债券管理办法》《上海证券交易所可转换公司债券交易实施细则》等部门规章、规范性文件和自律规则。可转债自发行结束之日起六个月后方可转换为公司股票，转股期限由公司根据可转债的存续期限及公司财务状况确定。债券持有人对转股或者不转股有选择权，并于转股的次日成为上市公司股东。在转换价格方面，上市公司向不特定对象发行可转债的转股价格应当不低于募集说明书公告日前二十个交易日发行人股票交易均价和前一个交易日均价，且不得向上修正。同时，向特定对象发行可转债的转股价格应当不低于认购邀请书发出前二十个交易日上市公司股票交易均价和前一个交易日的均价，且不得向下修正。

就本条第二句来说，尚无直接对应的法律和行政法规来限制债券持有人的选择权，此处之所以如此规定，目的在于对未来可能出现的变化留有余地，例如在金融机构风险处置时，强制债转股是一种处置工具。[1]

---

[1] 彭冰：《新旧〈公司法〉条文对照与点评（下）》，载微信公众号"北京大学金融法研究中心"2024年1月1日，https://mp.weixin.qq.com/s/x3WVD9boLQ9uqyhHld2mXA，最后访问日期：2024年4月1日。

**【案例指引】**

A 公司与 B 公司、C 公司债券交易纠纷案[①]

**裁判要旨：** 发行可转换为股票的公司债券的，债券持有人有选择权，选择不转换股票的，公司应按约定兑付资金本息。原告公司作为上述可转换债券的认购方与被告公司签订认购协议，全额购买了被告公司非公开发行的可转换公司债券 2500 万元。依据认购协议及补充协议的约定，被告公司发行的可转换公司债券经过两次展期，已到期，未按上述协议约定兑付资金本息，已构成实质性违约，原告公司有权依据募集说明书及认购协议的约定，要求被告进行资金兑付。

> **第二百零四条 【债券持有人会议】** 公开发行公司债券的，应当为同期债券持有人设立债券持有人会议，并在债券募集办法中对债券持有人会议的召集程序、会议规则和其他重要事项作出规定。债券持有人会议可以对与债券持有人有利害关系的事项作出决议。
>
> 除公司债券募集办法另有约定外，债券持有人会议决议对同期全体债券持有人发生效力。

**【理解与适用】**

本条是关于债券持有人会议的规定。

在我国的债券融资实践中，突击开会并要求决议，存在程序瑕疵的情形时有发生，会议的正当程序规则并未得到严格遵循。例如，2020年 4 月 14 日 18：30，债券持有人收到来自某集团的邮件，邮件称将于当日 20 点召开持有人会议，持有人须在 19 点前（半小时内）完成参会

---

[①] （2020）新 01 民初 360 号，载中国裁判文书网，https://wenshu.court.gov.cn/website/wenshu/181107ANFZ0BXSK4/index.html? docId = JfzQF7Z4/9fbNatxeuh09CRcGc4PMvnIo9WWpQr8Hp47eztKYk7MKJ/dgBYosE2gOW/3CWAVkWV3JaolLrGYe3gjnRcC1YMi0+udxHB/QAm2AAUFIF42QoXM1uGTnf+c，最后访问日期：2024 年 1 月 7 日。

登记并发送相关材料,引发了投资者不满。①

公开发行公司债券的,应当为同期债券持有人设立债券持有人会议,非公开发行公司债券,本条未要求债券持有人会设置。基于债券持有人的身份,投资者的合法债权同样应得到法律的充分保护。尽管作为固定收益工具,债券的风险相对于股票而言较小,但其同样面临着信用风险和市场经营风险,甚至会遭受债权到期无法偿付的损失。因此,对债权人的权益进行有效保护同样必不可少。因此,有必要设立债券持有人会议,使投资者可以通过参加债券持有人会议维护自身的合法权益。②债券持有人会议是强化债券持有人权利主体地位、统一债券持有人立场的债券市场基础性制度,也是债券持有人指挥和监督受托管理人勤勉履职的专门制度安排。③

关于债券持有人会议规则。本条第一款规定,发行人应在债券募集办法中对债券持有人会议的召集程序、会议规则和其他重要事项作出规定。根据《公司债券发行与交易管理办法》第六十二条规定,发行公司债券,应当在债券募集说明书中约定债券持有人会议规则。债券持有人会议规则应当公平、合理。债券持有人会议规则应当明确债券持有人通过债券持有人会议行使权利的范围,债券持有人会议的召集、通知、决策生效条件与决策程序、决策效力范围和其他重要事项。债券持有人会议按照本办法的规定及会议规则的程序要求所形成的决议对全体债券持有人有约束力,债券持有人会议规则另有约定的除外。

关于债券持有人会议的召集人。根据《公司债券发行与交易管理办法》第六十三条的规定,召集人为债券受托管理人,其应当按规定或约定召集;在债券受托管理人应当召集而未召集债券持有人会议时,单独或合计持有本期债券总额百分之十以上的债券持有人有权自行召集债券持有人会议。

关于债券持有人会议的决议事项范围。证券法第十五条仅规定为"改变资金用途,必须经债券持有人会议作出决议"。本条第一款规定扩大了决议事项范围,债券持有人会议决议事项为与债券持有人有利害

---

① 刘斌:《债券持有人会议的组织法建构》,载《中国政法大学学报》2022 年第 5 期。
② 《商法学》编写组:《商法学》,高等教育出版社 2019 年版,第 298 页。
③ 刘斌:《债券持有人会议的组织法建构》,载《中国政法大学学报》2022 年第 5 期。

关系的事项。如何具体化"与债券持有人有利害关系的事项"？从《公司债券发行与交易管理办法》第六十三条规定了应当召集债券持有人会议的情形，这可以解释为这些情形是"与债券持有人有利害关系的事项"，应当由债券持有人会议决议，该办法第六十三条规定的这些情形（事由）具体有：（1）拟变更债券募集说明书的约定；（2）拟修改债券持有人会议规则；（3）拟变更债券受托管理人或受托管理协议的主要内容；（4）发行人不能按期支付本息；（5）发行人减资、合并等可能导致偿债能力发生重大不利变化，需要决定或者授权采取相应措施；（6）发行人分立、被托管、解散、申请破产或者依法进入破产程序；（7）保证人、担保物或者其他偿债保障措施发生重大变化；（8）发行人、单独或合计持有本期债券总额百分之十以上的债券持有人书面提议召开；（9）发行人管理层不能正常履行职责，导致发行人债务清偿能力面临严重不确定性；（10）发行人提出债务重组方案的；（11）发生其他对债券持有人权益有重大影响的事项。《上海证券交易所公司债券上市规则》第4.3.2条也进行了相应的规定。

关于债券持有人会议的通知和公告。《公司债券发行与交易管理办法》并未有规定，《上海证券交易所公司债券上市规则》第4.3.5条规定，受托管理人或者自行召集债券持有人会议的提议人（以下简称召集人）应当至少于持有人会议召开日前10个交易日发布召开持有人会议的通知。债券持有人会议规则另有约定的，从其约定。召集人因临时突发事件认为需要紧急召集持有人会议以有利于持有人权益保护的，可以适当缩短会议通知的提前期限，但应当给予相关方充分讨论决策时间。该规则第4.3.6条规定，债券持有人会议通知的公告内容应当包括但不限于下列事项：（1）债券基本情况；（2）召集人、会务负责人姓名及联系方式；（3）会议召集事由；（4）会议时间和地点；（5）会议召开形式。可以采用现场、非现场或者两者相结合的形式；会议以网络投票方式进行的，召集人应当披露网络投票办法、计票原则、投票方式、计票方式等信息；（6）会议拟审议议案；（7）会议议事程序，包括持有人会议的召集方式、表决方式、表决时间和其他相关事宜；（8）债权登记日。应当为持有人会议召开日前1个交易日；有权参加持有人会议并享有表决权的债券持有人以债权登记日为准；（9）委托事项。债券持有人委托参会的，参会人员应当出示授权委托书和身份证明，在授权范围内参加持有人会议并履行受托义务。会议拟审议议案应当最晚于债权登记日前公告，增补议案应当及时披露并给予相关方充分讨论决策时间。议案未按规定或者持有人会议规则的约定公告的，不得提交该次债券持有人会议审议。

关于债券持有人会议的决议规则。本条没有规定，授权发行人自行在债券募集办法里规定。《公司债券发行与交易管理办法》当中也没有规定，但是《上海证券交易所公司债券上市规则》进行了相应的规定，作为自律规则，债券在该交易所上市的公司应当遵守该规则。《上海证券交易所公司债券上市规则》第4.3.11条规定，债券持有人进行表决时，每一张未偿还的债券享有一票表决权。债券持有人会议规则另有约定的，从其约定。发行人、发行人的关联方以及对决议事项存在利益冲突的其他债券持有人应当回避表决。第4.3.12条规定，债券持有人会议对表决事项作出决议，经超过债券持有人会议规则约定比例的有表决权的债券持有人同意方可生效。

关于债券持有人会议的决议效力。本条第二款规定，债券持有人会议决议对同期全体债券持有人发生效力，除非公司债券募集办法另有约定。对于债券发行人而言，通常与债券持有人之间处于利益对立的地位，债券持有人会议也并非公司的组织机构，其决议对公司不能产生任何约束力，而仅能约束债券持有人。[①]《上海证券交易所公司债券上市规则》第4.3.14条规定，召集人应当最晚于债券持有人会议表决截止日次一交易日披露会议决议公告，会议决议公告包括但不限于以下内容：(1) 会议召开情况；(2) 出席会议的债券持有人所持表决权情况；(3) 会议有效性；(4) 各项议案的议题、表决结果及决议生效情况。

【相关规范】

● 法律

1. 《中华人民共和国证券法》（2019年12月28日）

**第十五条** 公开发行公司债券，应当符合下列条件：

（一）具备健全且运行良好的组织机构；

（二）最近三年平均可分配利润足以支付公司债券一年的利息；

---

[①] 刘斌：《债券持有人会议的组织法建构》，载《中国政法大学学报》2022年第5期。

（三）国务院规定的其他条件。

公开发行公司债券筹集的资金，必须按照公司债券募集办法所列资金用途使用；改变资金用途，必须经债券持有人会议作出决议。公开发行公司债券筹集的资金，不得用于弥补亏损和非生产性支出。

上市公司发行可转换为股票的公司债券，除应当符合第一款规定的条件外，还应当遵守本法第十二条第二款的规定。但是，按照公司债券募集办法，上市公司通过收购本公司股份的方式进行公司债券转换的除外。

**第九十二条** 公开发行公司债券的，应当设立债券持有人会议，并应当在募集说明书中说明债券持有人会议的召集程序、会议规则和其他重要事项。

公开发行公司债券的，发行人应当为债券持有人聘请债券受托管理人，并订立债券受托管理协议。受托管理人应当由本次发行的承销机构或者其他经国务院证券监督管理机构认可的机构担任，债券持有人会议可以决议变更债券受托管理人。债券受托管理人应当勤勉尽责，公正履行受托管理职责，不得损害债券持有人利益。

债券发行人未能按期兑付债券本息的，债券受托管理人可以接受全部或者部分债券持有人的委托，以自己名义代表债券持有人提起、参加民事诉讼或者清算程序。

● **部门规章及文件**

**2.《公司债券发行与交易管理办法》**（2023年10月20日）

**第六十二条** 发行公司债券，应当在债券募集说明书中约定债券持有人会议规则。

债券持有人会议规则应当公平、合理。债券持有人会议规则应当明确债券持有人通过债券持有人会议行使权利的范围，债券持有人会议的召集、通知、决策生效条件与决策程序、决策效力范围和其他重要事项。债券持有人会议按照本办法的规定及会议规则的程序要求所形成的决议对全体债券持有人有约束力，债券持有人会议规则另有约定的除外。

**第六十三条** 存在下列情形的，债券受托管理人应当按规定或约定召集债券持有人会议：

（一）拟变更债券募集说明书的约定；

（二）拟修改债券持有人会议规则；

（三）拟变更债券受托管理人或受托管理协议的主要内容；

（四）发行人不能按期支付本息；

（五）发行人减资、合并等可能导致偿债能力发生重大不利变化，需要决定或者授权采取相应措施；

（六）发行人分立、被托管、解散、申请破产或者依法进入破产程序；

（七）保证人、担保物或者其他偿债保障措施发生重大变化；

（八）发行人、单独或合计持有本期债券总额百分之十以上的债券持有人书面提议召开；

（九）发行人管理层不能正常履行职责，导致发行人债务清偿能力面临严重不确定性；

（十）发行人提出债务重组方案的；

（十一）发生其他对债券持有人权益有重大影响的事项。

在债券受托管理人应当召集而未召集债券持有人会议时，单独或合计持有本期债券总额百分之十以上的债券持有人有权自行召集债券持有人会议。

**【案例指引】**

**A某公司与某证券承销保荐公司公司债券交易纠纷案**[①]

**裁判要旨**：A某公司为发行A某公司债券而制作、发布的《募集说明书》及《债券持有人会议规则》等及其与原告公司签订的《债券受托管理协议》，系A某公司、原告公司的真实意思表示，内容不违反法律及行政法规的强制性规定，具有法律效力。原告公司召集的2018年第一次债券持有人会议符合《募集说明书》及《债券持有人会议规则》的程序性规定，且决议达到二分之一以上表决权通过的规定，该决议有效。债券持有人会议决议对同期全体债券持有人发生效力。

> **第二百零五条 【公司债券受托管理人】** 公开发行公司债券的，发行人应当为债券持有人聘请债券受托管理人，由其为债券持有人办理受领清偿、债权保全、与债券相关的诉讼以及参与债务人破产程序等事项。

---

[①] （2020）最高法民终708号，载中国裁判文书网，https：//wenshu.court.gov.cn/website/wenshu/181107ANFZ0BXSK4/index.html？docId = ctuPvqzO3k6Mu3IJPeEGrqSW3yz HEHu-FrB3l/psSPaHskIAEkM9WlPUKq3u + IEo42AuHLzVJqKir4PEcpIwkZxTr8JuDxoJCwbI7oQt44a1Msc7fAYyQRZO9HpVdYz/1，最后访问日期：2024年4月6日。

**【理解与适用】**

本条是关于公司债券受托管理人的规定。

本条规定了公开发行公司债券的，应当设立债券受托管理人。确立债券受托管理人的必要性在于，单个的债券持有人投资额相对较小，很难形成有凝聚力的集体行动，所以他们采取行动或合作的经济动机就会被最小化。而且，由于二级交易市场债券一直不断地换手交易，债券持有人一直处于变化之中，因此，有必要针对分散的债券持有人构建集体行动的路径，以维护其权益，而这一般依托于债券受托管理人制度。①

关于债券受托管理的确立。债券受托管理关系的性质是委托代理合同，也有学者认为应当建构为信托关系，② 其成立不需要个别债券持有人的同意，是由债券发行人聘请，在公开发行时即确立委托的债券受托管理人，当时债券持有人尚不存在。受托管理人应当与发行人订立公司债券受托管理协议。不过，债券持有人会议可以后期变更债券受托管理人。

关于债券受托管理人的职责。债券受托管理人的职责在于为债券持有人办理受领清偿、债权保全、与债券相关的诉讼以及参与债务人破产程序等事项。根据《公司债券发行与交易管理办法》第五十九条的规定，债券受托管理人的职责为：（1）持续关注发行人和保证人的资信状况、担保物状况、增信措施及偿债保障措施的实施情况，出现可能影响债券持有人重大权益的事项时，召集债券持有人会议；（2）在债券存续期内监督发行人募集资金的使用情况；（3）对发行人的偿债能力和增信措施的有效性进行全面调查和持续关注，并至少每年向市场公告一次受托管理事务报告；（4）在债券存续期内持续督导发行人履行信息披露义务；（5）预计发行人不能偿还债务时，要求发行人追加担保，并可以依法申请法定机关采取财产保全措施；（6）在债券存续期内勤勉处理债券持有人与发行人之间的谈判或者诉讼事务；（7）发行人为债券设定担保的，债券受托管理人应在债券发行前或债券募集说明书约定的时间内取得担保的权利证明或其他有关文件，并在增信措施有效期

---

① 《商法学》编写组：《商法学》，高等教育出版社2019年版，第298页。
② 刘迎霜：《公司债券受托管理的信托法构造》，载《法学评论》2020年第3期。

内妥善保管；（8）发行人不能按期兑付债券本息或出现募集说明书约定的其他违约事件的，可以接受全部或部分债券持有人的委托，以自己名义代表债券持有人提起、参加民事诉讼或者破产等法律程序，或者代表债券持有人申请处置抵质押物。

债券受托管理人无独立的诉讼主体资格，作为诉讼当事人须有相应的协议文件或债券持有人会议的授权。债券发行人不能如约偿付债券本息或者出现债券募集文件约定的违约情形时，受托管理人根据债券募集文件、债券受托管理协议的约定或者债券持有人会议决议的授权，以自己的名义代表债券持有人提起、参加民事诉讼，或者申请发行人破产重整、破产清算的，人民法院应当依法予以受理。受托管理人应当向人民法院提交符合债券募集文件、债券受托管理协议或者债券持有人会议规则的授权文件。

## 【相关规范】

### ● 法律

**1.《中华人民共和国证券法》（2019年12月28日）**

第九十二条　公开发行公司债券的，应当设立债券持有人会议，并应当在募集说明书中说明债券持有人会议的召集程序、会议规则和其他重要事项。

公开发行公司债券的，发行人应当为债券持有人聘请债券受托管理人，并订立债券受托管理协议。受托管理人应当由本次发行的承销机构或者其他经国务院证券监督管理机构认可的机构担任，债券持有人会议可以决议变更债券受托管理人。债券受托管理人应当勤勉尽责，公正履行受托管理职责，不得损害债券持有人利益。

债券发行人未能按期兑付债券本息的，债券受托管理人可以接受全部或者部分债券持有人的委托，以自己名义代表债券持有人提起、参加民事诉讼或者清算程序。

### ● 部门规章及文件

**2.《公司债券发行与交易管理办法》（2023年10月20日）**

第五十七条　公开发行公司债券的，发行人应当为债券持有人聘请债券受托管理人，并订立债券受托管理协议；非公开发行公司债券的，发行人应当在募集说明书中约定债券受托管理事项。在债券存续期限内，由债券受托管理人按照规定或协议的约定维护债券持有人的利益。

发行人应当在债券募集说明书中约定，投资者认购或持有本期公司债券视作同意债券受托管理协议、债券持有人会议规则及债券募集说明书中其他有关发行人、债券持有人权利义务的相关约定。

第五十八条　债券受托管理人由本次发行的承销机构或其他经中国证监会认可的机构担任。债券受托管理人应当为中国证券业协会会员。为本次发行提供担保的机构不得担任本次债券发行的受托管理人。债券受托管理人应当勤勉尽责，公正履行受托管理职责，不得损害债券持有人利益。对于债券受托管理人在履行受托管理职责时可能存在的利益冲突情形及相关风险防范、解决机制，发行人应当在债券募集说明书及债券存续期间的信息披露文件中予以充分披露，并同时在债券受托管理协议中载明。

**【案例指引】**

**A 公司与上海某公司公司债券交易纠纷案**[①]

**裁判要旨**：债券受托管理人，能够为债券持有人办理受领清偿、债权保全、与债券相关的诉讼，本案为债券有关的诉讼，债券受托管理人依据与债券持有人的约定，可以参与诉讼。

> **第二百零六条　【债券受托管理人的义务】**债券受托管理人应当勤勉尽责，公正履行受托管理职责，不得损害债券持有人利益。
>
> 受托管理人与债券持有人存在利益冲突可能损害债券持有人利益的，债券持有人会议可以决议变更债券受托管理人。
>
> 债券受托管理人违反法律、行政法规或者债券持有人会议决议，损害债券持有人利益的，应当承担赔偿责任。

---

① （2019）最高法民辖终 132 号，载中国裁判文书网，https：//wenshu.court.gov.cn/website/wenshu/181107ANFZ0BXSK4/index.html?docId＝2YiuMbrGvEQdEODPaU2aCe9gLlDKR2SCxvXZsUxQbzBKp1IQKfpbQvUKq3u＋IEo42AuHLzVJqKir4PEcpIwkZxTr8JuDxoJCwbI7oQt44a1R＋tLm1+36NOv9jwID+FWm，最后访问日期：2024 年 4 月 6 日。

**【理解与适用】**

债券受托管理人资格。根据证券法第九十二条规定，受托管理人应当由本次发行的承销机构或者其他经国务院证券监督管理机构认可的机构担任。《公司债券发行与交易管理办法》第五十八条还规定，债券受托管理人应当为中国证券业协会会员。为本次发行提供担保的机构不得担任本次债券发行的受托管理人。

关于债券受托管理人的勤勉与忠实义务。本条第一款规定，债券受托管理人应当勤勉尽责，公正履行受托管理职责，不得损害债券持有人利益。《公司债券发行与交易管理办法》第五十八条也有相同的规定。

关于债券持有人会议对债券受托管理人的变更。受托管理人与债券持有人存在利益冲突可能损害债券持有人利益的，债券持有人会议可以决议变更债券受托管理人。其一，利益冲突的常见情形具体有：（1）同时作为承销商、受托管理人；（2）同时作为承销商、受托管理人及债券持有人；（3）受托管理人为发行人提供融资、担保、受托资产管理、财务顾问等其他服务；（4）受托管理人与发行人存在交叉持股，存在人员任职关系或其他利害关系。[1]其二，利益冲突信息披露。债券受托管理人与债券持有人可能有利益冲突的，应当进行信息披露。《公司债券发行与交易管理办法》第五十八条规定，对于债券受托管理人在履行受托管理职责时可能存在的利益冲突情形及相关风险防范、解决机制，发行人应当在债券募集说明书及债券存续期间的信息披露文件中予以充分披露，并同时在债券受托管理协议中载明。其三，债券受托管理人因为利益冲突的变更。债券持有人会议可以决议变更债券受托管理人。证券法第九十二条第二款也规定，债券持有人会议可以决议变更债券受托管理人。当应当变更债券受托管理人的情形发生时，在债券受托管理人应当召集而未召集债券持有人会议时，单独或合计持有本期债券总额百分之十以上的债券持有人有权自行召集债券持有人会议。

关于债券受托管理人的损害赔偿责任。债券受托人管理人应当忠实

---

[1] 参见高西雅：《公司债券受托管理人利益冲突情形下的民事责任》，载微信公众号"天同诉讼圈"，https://mp.weixin.qq.com/s/Y48NLPBkeH5ZuU57xGHBxg，最后访问日期：2024年4月5日。

于债券持有人，维护其利益。债券受托管理人违反法律、行政法规或者债券持有人会议决议，损害债券持有人利益的，应当承担赔偿责任。除了承担民事赔偿责任以外，债券受托管理人还要承担行政责任。《公司债券发行与交易管理办法》第七十四条规定，债券受托管理人等违反本办法规定，损害债券持有人权益的，中国证监会可以对受托管理人及其直接负责的主管人员和其他直接责任人员采取本办法第六十九条规定的相关监管措施；情节严重的，处以警告、罚款。

## 【相关规范】

### ● 法律

**1.《中华人民共和国证券法》（2019年12月28日）**

**第九十二条** 公开发行公司债券的，应当设立债券持有人会议，并应当在募集说明书中说明债券持有人会议的召集程序、会议规则和其他重要事项。

公开发行公司债券的，发行人应当为债券持有人聘请债券受托管理人，并订立债券受托管理协议。受托管理人应当由本次发行的承销机构或者其他经国务院证券监督管理机构认可的机构担任，债券持有人会议可以决议变更债券受托管理人。债券受托管理人应当勤勉尽责，公正履行受托管理职责，不得损害债券持有人利益。

债券发行人未能按期兑付债券本息的，债券受托管理人可以接受全部或者部分债券持有人的委托，以自己名义代表债券持有人提起、参加民事诉讼或者清算程序。

### ● 部门规章及文件

**2.《公司债券发行与交易管理办法》（2023年10月20日）**

**第五十九条** 公开发行公司债券的受托管理人应当按规定或约定履行下列职责：

（一）持续关注发行人和保证人的资信状况、担保物状况、增信措施及偿债保障措施的实施情况，出现可能影响债券持有人重大权益的事项时，召集债券持有人会议；

（二）在债券存续期内监督发行人募集资金的使用情况；

（三）对发行人的偿债能力和增信措施的有效性进行全面调查和持续关注，并至少每年向市场公告一次受托管理事务报告；

（四）在债券存续期内持续督导发行人履行信息披露义务；

（五）预计发行人不能偿还债务时，要求发行人追加担保，并可以依法申请法定机关采取财产保全措施；

（六）在债券存续期内勤勉处理债券持有人与发行人之间的谈判或者诉讼事务；

（七）发行人为债券设定担保的，债券受托管理人应在债券发行前或债券募集说明书约定的时间内取得担保的权利证明或其他有关文件，并在增信措施有效期内妥善保管；

（八）发行人不能按期兑付债券本息或出现募集说明书约定的其他违约事件的，可以接受全部或部分债券持有人的委托，以自己名义代表债券持有人提起、参加民事诉讼或者破产等法律程序，或者代表债券持有人申请处置抵质押物。

**第六十条** 非公开发行公司债券的，债券受托管理人应当按照债券受托管理协议的约定履行职责。

**第六十一条** 受托管理人为履行受托管理职责，有权代表债券持有人查询债券持有人名册及相关登记信息、专项账户中募集资金的存储与划转情况。证券登记结算机构应当予以配合。

**第七十四条** 发行人及其控股股东、实际控制人、债券受托管理人等违反本办法规定，损害债券持有人权益的，中国证监会可以对发行人、发行人的控股股东和实际控制人、受托管理人及其直接负责的主管人员和其他直接责任人员采取本办法第六十九条规定的相关监管措施；情节严重的，处以警告、罚款。

**【案例指引】**

**雷某诉某B公司证券托管纠纷案**[①]

**裁判要旨：** 现有证据表明，被告公司作为债券受托管理人，此前发布履职情况公告、向某A公司发出电子邮件，要求采取担保措施、注意生产经营情况变化、催促并协助某A公司最大限度保障偿付本息，同时提醒投资人注意风险。某A公司根据事态发展从督促发行人履行义务转变为积极

---

[①] （2014）朝民（商）初字第27934号，载中国裁判文书网，https：//wenshu.court.gov.cn/website/wenshu/181107ANFZ0BXSK4/index.html?docId=AOerA/kqNAMQ+8fFKqeZZ/9xAVpQLZx3qPFtuVYG6isI+cbdCI+CAJ/dgBYosE2gOW/3CWAVkWV3JaolLrGYe3gjnRcC1YMi0+udxHB/QAm2AAUFIF42QtDR9/VCSVzr，最后访问日期：2024年1月7日。

参与配合破产重整事务，也是履行受托管理人义务的一种方式。结合事实综合认定，债券受托管理人已尽法定和约定的债券托管人义务，债券持有人损失属于正常的商业风险范畴，债券受托管理人无须担责。

# 第十章 公司财务、会计

> **第二百零七条 【公司财务与会计制度】** 公司应当依照法律、行政法规和国务院财政部门的规定建立本公司的财务、会计制度。

## 【理解与适用】

本条是对公司依法建立公司财务、会计制度的要求。

公司属"企业"的一种,因此,公司的会计、财务事项当然要适用会计法、《企业会计制度》《企业会计准则——基本准则》《企业财务通则》的一般规定。然而,公司与其他企业仍有所不同,所以,公司法特设"公司财务、会计"一章。

公司法设专章规定公司财务、会计的意义在于:(1)对于经营管理者来讲,通过财务制度,可以分析、评价过去的经营成果,可以掌握当下公司的经营状况,有助于为未来做决策;[1](2)保护股东利益。股东的资产收益权和剩余财产分配权等经济权利的实现与公司的财务状况紧密相关。尤其在规模大、股东人数多的公司,如果股东不直接参与管理,那公司的内部信息将掌握在董事、高级管理人员手中,为维护股东的利益,有必要强制规定统一的财务、会计制度。(3)对保护债权人利益意义重大。公司和股东是各自独立的法律主体,股东对公司债务不负责任,公司资产是债权人债权的担保,债权人无法不关注公司的资产和损益状况,公司财务制度提供的信息是债权人了解公司资产、损益和经营情况的重要手段。(4)保护社会公共利益。股东、公司债权人、潜在投资者和其他有利害关系的人均依赖于公司披露的财务信息作出决定。另外,公司财务信息也是征税的依据。

---

[1] 参见朱慈蕴:《公司法原论》,清华大学出版社2011年版,第226页。

## 【相关规范】

● *法律*

《中华人民共和国会计法》（2024年6月28日）

### 第一章 总 则

**第一条** 为了规范会计行为，保证会计资料真实、完整，加强经济管理和财务管理，提高经济效益，维护社会主义市场经济秩序，制定本法。

**第二条** 会计工作应当贯彻落实党和国家路线方针政策、决策部署，维护社会公共利益，为国民经济和社会发展服务。

国家机关、社会团体、公司、企业、事业单位和其他组织（以下统称单位）必须依照本法办理会计事务。

**第三条** 各单位必须依法设置会计账簿，并保证其真实、完整。

**第四条** 单位负责人对本单位的会计工作和会计资料的真实性、完整性负责。

**第五条** 会计机构、会计人员依照本法规定进行会计核算，实行会计监督。

任何单位或者个人不得以任何方式授意、指使、强令会计机构、会计人员伪造、变造会计凭证、会计账簿和其他会计资料，提供虚假财务会计报告。

任何单位或者个人不得对依法履行职责、抵制违反本法规定行为的会计人员实行打击报复。

**第六条** 对认真执行本法，忠于职守，坚持原则，做出显著成绩的会计人员，给予精神的或者物质的奖励。

**第七条** 国务院财政部门主管全国的会计工作。

县级以上地方各级人民政府财政部门管理本行政区域内的会计工作。

**第八条** 国家实行统一的会计制度。国家统一的会计制度由国务院财政部门根据本法制定并公布。

国务院有关部门可以依照本法和国家统一的会计制度制定对会计核算和会计监督有特殊要求的行业实施国家统一的会计制度的具体办法或者补充规定，报国务院财政部门审核批准。

国家加强会计信息化建设，鼓励依法采用现代信息技术开展会计工作，具体办法由国务院财政部门会同有关部门制定。

## 第二章 会 计 核 算

**第九条** 各单位必须根据实际发生的经济业务事项进行会计核算，填制会计凭证，登记会计账簿，编制财务会计报告。

任何单位不得以虚假的经济业务事项或者资料进行会计核算。

**第十条** 各单位应当对下列经济业务事项办理会计手续，进行会计核算：

（一）资产的增减和使用；

（二）负债的增减；

（三）净资产（所有者权益）的增减；

（四）收入、支出、费用、成本的增减；

（五）财务成果的计算和处理；

（六）需要办理会计手续、进行会计核算的其他事项。

**第十一条** 会计年度自公历1月1日起至12月31日止。

**第十二条** 会计核算以人民币为记账本位币。

业务收支以人民币以外的货币为主的单位，可以选定其中一种货币作为记账本位币，但是编报的财务会计报告应当折算为人民币。

**第十三条** 会计凭证、会计账簿、财务会计报告和其他会计资料，必须符合国家统一的会计制度的规定。

使用电子计算机进行会计核算的，其软件及其生成的会计凭证、会计账簿、财务会计报告和其他会计资料，也必须符合国家统一的会计制度的规定。

任何单位和个人不得伪造、变造会计凭证、会计账簿及其他会计资料，不得提供虚假的财务会计报告。

**第十四条** 会计凭证包括原始凭证和记账凭证。

办理本法第十条所列的经济业务事项，必须填制或者取得原始凭证并及时送交会计机构。

会计机构、会计人员必须按照国家统一的会计制度的规定对原始凭证进行审核，对不真实、不合法的原始凭证有权不予接受，并向单位负责人报告；对记载不准确、不完整的原始凭证予以退回，并要求按照国家统一的会计制度的规定更正、补充。

原始凭证记载的各项内容均不得涂改；原始凭证有错误的，应当由出具单位重开或者更正，更正处应当加盖出具单位印章。原始凭证金额有错误的，应当由出具单位重开，不得在原始凭证上更正。

记账凭证应当根据经过审核的原始凭证及有关资料编制。

**第十五条** 会计账簿登记，必须以经过审核的会计凭证为依据，并符合有关法律、行政法规和国家统一的会计制度的规定。会计账簿包括总账、明细账、日记账和其他辅助性账簿。

会计账簿应当按照连续编号的页码顺序登记。会计账簿记录发生错误或者隔页、缺号、跳行的，应当按照国家统一的会计制度规定的方法更正，并由会计人员和会计机构负责人（会计主管人员）在更正处盖章。

使用电子计算机进行会计核算的，其会计账簿的登记、更正，应当符合国家统一的会计制度的规定。

**第十六条** 各单位发生的各项经济业务事项应当在依法设置的会计账簿上统一登记、核算，不得违反本法和国家统一的会计制度的规定私设会计账簿登记、核算。

**第十七条** 各单位应当定期将会计账簿记录与实物、款项及有关资料相互核对，保证会计账簿记录与实物及款项的实有数额相符、会计账簿记录与会计凭证的有关内容相符、会计账簿之间相对应的记录相符、会计账簿记录与会计报表的有关内容相符。

**第十八条** 各单位采用的会计处理方法，前后各期应当一致，不得随意变更；确有必要变更的，应当按照国家统一的会计制度的规定变更，并将变更的原因、情况及影响在财务会计报告中说明。

**第十九条** 单位提供的担保、未决诉讼等或有事项，应当按照国家统一的会计制度的规定，在财务会计报告中予以说明。

**第二十条** 财务会计报告应当根据经过审核的会计账簿记录和有关资料编制，并符合本法和国家统一的会计制度关于财务会计报告的编制要求、提供对象和提供期限的规定；其他法律、行政法规另有规定的，从其规定。

向不同的会计资料使用者提供的财务会计报告，其编制依据应当一致。有关法律、行政法规规定财务会计报告须经注册会计师审计的，注册会计师及其所在的会计师事务所出具的审计报告应当随同财务会计报告一并提供。

**第二十一条** 财务会计报告应当由单位负责人和主管会计工作的负责人、会计机构负责人（会计主管人员）签名并盖章；设置总会计师的单位，还须由总会计师签名并盖章。

单位负责人应当保证财务会计报告真实、完整。

**第二十二条** 会计记录的文字应当使用中文。在民族自治地方，会计记录可以同时使用当地通用的一种民族文字。在中华人民共和国境内的外商投资企业、外国企业和其他外国组织的会计记录可以同时使用一种外国文字。

**第二十三条** 各单位对会计凭证、会计账簿、财务会计报告和其他会计资料应当建立档案，妥善保管。会计档案的保管期限、销毁、安全保护等具体管理办法，由国务院财政部门会同有关部门制定。

**第二十四条** 各单位进行会计核算不得有下列行为：

（一）随意改变资产、负债、净资产（所有者权益）的确认标准或者计量方法，虚列、多列、不列或者少列资产、负债、净资产（所有者权益）；

（二）虚列或者隐瞒收入，推迟或者提前确认收入；

（三）随意改变费用、成本的确认标准或者计量方法，虚列、多列、不列或者少列费用、成本；

（四）随意调整利润的计算、分配方法，编造虚假利润或者隐瞒利润；

（五）违反国家统一的会计制度规定的其他行为。

## 第三章　会　计　监　督

**第二十五条** 各单位应当建立、健全本单位内部会计监督制度，并将其纳入本单位内部控制制度。单位内部会计监督制度应当符合下列要求：

（一）记账人员与经济业务事项和会计事项的审批人员、经办人员、财物保管人员的职责权限应当明确，并相互分离、相互制约；

（二）重大对外投资、资产处置、资金调度和其他重要经济业务事项的决策和执行的相互监督、相互制约程序应当明确；

（三）财产清查的范围、期限和组织程序应当明确；

（四）对会计资料定期进行内部审计的办法和程序应当明确；

（五）国务院财政部门规定的其他要求。

**第二十六条** 单位负责人应当保证会计机构、会计人员依法履行职责，不得授意、指使、强令会计机构、会计人员违法办理会计事项。

会计机构、会计人员对违反本法和国家统一的会计制度规定的会计事项，有权拒绝办理或者按照职权予以纠正。

**第二十七条** 会计机构、会计人员发现会计账簿记录与实物、款项及有关资料不相符的，按照国家统一的会计制度的规定有权自行处理的，应当及时处理；无权处理的，应当立即向单位负责人报告，请求查明原因，作出处理。

**第二十八条** 任何单位和个人对违反本法和国家统一的会计制度规定的行为，有权检举。收到检举的部门有权处理的，应当依法按照职责分工及时处理；无权处理的，应当及时移送有权处理的部门处理。收到检举的部门、负责处理的部门应当为检举人保密，不得将检举人姓名和检举材料转给被检举单位和被检举人个人。

**第二十九条** 有关法律、行政法规规定，须经注册会计师进行审计的单位，应当向受委托的会计师事务所如实提供会计凭证、会计账簿、财务会计报告和其他会计资料以及有关情况。

任何单位或者个人不得以任何方式要求或者示意注册会计师及其所在的会计师事务所出具不实或者不当的审计报告。

财政部门有权对会计师事务所出具审计报告的程序和内容进行监督。

**第三十条** 财政部门对各单位的下列情况实施监督：

（一）是否依法设置会计账簿；

（二）会计凭证、会计账簿、财务会计报告和其他会计资料是否真实、完整；

（三）会计核算是否符合本法和国家统一的会计制度的规定；

（四）从事会计工作的人员是否具备专业能力、遵守职业道德。

在对前款第（二）项所列事项实施监督，发现重大违法嫌疑时，国务院财政部门及其派出机构可以向与被监督单位有经济业务往来的单位和被监督单位开立账户的金融机构查询有关情况，有关单位和金融机构应当给予支持。

**第三十一条** 财政、审计、税务、金融管理等部门应当依照有关法律、行政法规规定的职责，对有关单位的会计资料实施监督检查，并出具检查结论。

财政、审计、税务、金融管理等部门应当加强监督检查协作，有关监督检查部门已经作出的检查结论能够满足其他监督检查部门履行本部门职责需要的，其他监督检查部门应当加以利用，避免重复查账。

**第三十二条** 依法对有关单位的会计资料实施监督检查的部门及其工作人员对在监督检查中知悉的国家秘密、工作秘密、商业秘密、个人隐私、个人信息负有保密义务。

**第三十三条** 各单位必须依照有关法律、行政法规的规定，接受有关监督检查部门依法实施的监督检查，如实提供会计凭证、会计账簿、财务会计报告和其他会计资料以及有关情况，不得拒绝、隐匿、谎报。

## 第四章　会计机构和会计人员

**第三十四条**　各单位应当根据会计业务的需要，依法采取下列一种方式组织本单位的会计工作：

（一）设置会计机构；

（二）在有关机构中设置会计岗位并指定会计主管人员；

（三）委托经批准设立从事会计代理记账业务的中介机构代理记账；

（四）国务院财政部门规定的其他方式。

国有的和国有资本占控股地位或者主导地位的大、中型企业必须设置总会计师。总会计师的任职资格、任免程序、职责权限由国务院规定。

**第三十五条**　会计机构内部应当建立稽核制度。

出纳人员不得兼任稽核、会计档案保管和收入、支出、费用、债权债务账目的登记工作。

**第三十六条**　会计人员应当具备从事会计工作所需要的专业能力。

担任单位会计机构负责人（会计主管人员）的，应当具备会计师以上专业技术职务资格或者从事会计工作三年以上经历。

本法所称会计人员的范围由国务院财政部门规定。

**第三十七条**　会计人员应当遵守职业道德，提高业务素质，严格遵守国家有关保密规定。对会计人员的教育和培训工作应当加强。

**第三十八条**　因有提供虚假财务会计报告，做假账，隐匿或者故意销毁会计凭证、会计账簿、财务会计报告，贪污，挪用公款，职务侵占等与会计职务有关的违法行为被依法追究刑事责任的人员，不得再从事会计工作。

**第三十九条**　会计人员调动工作或者离职，必须与接管人员办清交接手续。

一般会计人员办理交接手续，由会计机构负责人（会计主管人员）监交；会计机构负责人（会计主管人员）办理交接手续，由单位负责人监交，必要时主管单位可以派人会同监交。

## 第五章　法　律　责　任

**第四十条**　违反本法规定，有下列行为之一的，由县级以上人民政府财政部门责令限期改正，给予警告、通报批评，对单位可以并处二十万元以下的罚款，对其直接负责的主管人员和其他直接责任人员可以处五万元以下的罚款；情节严重的，对单位可以并处二十万元以上一百万元以下的罚款，对其直接负责的主管人员和其他直接责任人员可以处五万元以上五十万元以下的罚款；属于公职人员的，还应当依法给予处分：

（一）不依法设置会计账簿的；

（二）私设会计账簿的；

（三）未按照规定填制、取得原始凭证或者填制、取得的原始凭证不符合规定的；

（四）以未经审核的会计凭证为依据登记会计账簿或者登记会计账簿不符合规定的；

（五）随意变更会计处理方法的；

（六）向不同的会计资料使用者提供的财务会计报告编制依据不一致的；

（七）未按照规定使用会计记录文字或者记账本位币的；

（八）未按照规定保管会计资料，致使会计资料毁损、灭失的；

（九）未按照规定建立并实施单位内部会计监督制度或者拒绝依法实施的监督或者不如实提供有关会计资料及有关情况的；

（十）任用会计人员不符合本法规定的。

有前款所列行为之一，构成犯罪的，依法追究刑事责任。

会计人员有第一款所列行为之一，情节严重的，五年内不得从事会计工作。

有关法律对第一款所列行为的处罚另有规定的，依照有关法律的规定办理。

**第四十一条** 伪造、变造会计凭证、会计账簿，编制虚假财务会计报告，隐匿或者故意销毁依法应当保存的会计凭证、会计账簿、财务会计报告的，由县级以上人民政府财政部门责令限期改正，给予警告、通报批评，没收违法所得，违法所得二十万元以上的，对单位可以并处违法所得一倍以上十倍以下的罚款，没有违法所得或者违法所得不足二十万元的，可以并处二十万元以上二百万元以下的罚款；对其直接负责的主管人员和其他直接责任人员可以处十万元以上五十万元以下的罚款，情节严重的，可以处五十万元以上二百万元以下的罚款；属于公职人员的，还应当依法给予处分；其中的会计人员，五年内不得从事会计工作；构成犯罪的，依法追究刑事责任。

**第四十二条** 授意、指使、强令会计机构、会计人员及其他人员伪造、变造会计凭证、会计账簿，编制虚假财务会计报告或者隐匿、故意销毁依法应当保存的会计凭证、会计账簿、财务会计报告的，由县级以上人民政府财政部门给予警告、通报批评，可以并处二十万元以上一百万元以下的罚款；情节严重的，可以并处一百万元以上五百万元以下的罚款；属于公职人员的，还应当依法给予处分；构成犯罪的，依法追究刑事责任。

**第四十三条** 单位负责人对依法履行职责、抵制违反本法规定行为的会计人员以降级、撤职、调离工作岗位、解聘或者开除等方式实行打击报复的，依法给予处分；构成犯罪的，依法追究刑事责任。对受打击报复的会计人员，应当恢复其名誉和原有职务、级别。

**第四十四条** 财政部门及有关行政部门的工作人员在实施监督管理中滥用职权、玩忽职守、徇私舞弊或者泄露国家秘密、工作秘密、商业秘密、个人隐私、个人信息的，依法给予处分；构成犯罪的，依法追究刑事责任。

**第四十五条** 违反本法规定，将检举人姓名和检举材料转给被检举单位和被检举人个人的，依法给予处分。

**第四十六条** 违反本法规定，但具有《中华人民共和国行政处罚法》规定的从轻、减轻或者不予处罚情形的，依照其规定从轻、减轻或者不予处罚。

**第四十七条** 因违反本法规定受到处罚的，按照国家有关规定记入信用记录。

违反本法规定，同时违反其他法律规定的，由有关部门在各自职权范围内依法进行处罚。

## 第六章　附　　则

**第四十八条** 本法下列用语的含义：

单位负责人，是指单位法定代表人或者法律、行政法规规定代表单位行使职权的主要负责人。

国家统一的会计制度，是指国务院财政部门根据本法制定的关于会计核算、会计监督、会计机构和会计人员以及会计工作管理的制度。

**第四十九条** 中央军事委员会有关部门可以依照本法和国家统一的会计制度制定军队实施国家统一的会计制度的具体办法，抄送国务院财政部门。

**第五十条** 个体工商户会计管理的具体办法，由国务院财政部门根据本法的原则另行规定。

**第五十一条** 本法自2000年7月1日起施行。

● *部门规章及文件*

《企业会计准则——基本准则》(2014年7月23日)[①]

## 第一章 总 则

**第一条** 为了规范企业会计确认、计量和报告行为，保证会计信息质量，根据《中华人民共和国会计法》和其他有关法律、行政法规，制定本准则。

**第二条** 本准则适用于在中华人民共和国境内设立的企业（包括公司，下同）。

**第三条** 企业会计准则包括基本准则和具体准则，具体准则的制定应当遵循本准则。

**第四条** 企业应当编制财务会计报告（又称财务报告，下同）。财务会计报告的目标是向财务会计报告使用者提供与企业财务状况、经营成果和现金流量等有关的会计信息，反映企业管理层受托责任履行情况，有助于财务会计报告使用者作出经济决策。

财务会计报告使用者包括投资者、债权人、政府及其有关部门和社会公众等。

**第五条** 企业应当对其本身发生的交易或者事项进行会计确认、计量和报告。

**第六条** 企业会计确认、计量和报告应当以持续经营为前提。

**第七条** 企业应当划分会计期间，分期结算账目和编制财务会计报告。

会计期间分为年度和中期。中期是指短于一个完整的会计年度的报告期间。

**第八条** 企业会计应当以货币计量。

**第九条** 企业应当以权责发生制为基础进行会计确认、计量和报告。

**第十条** 企业应当按照交易或者事项的经济特征确定会计要素。会计要素包括资产、负债、所有者权益、收入、费用和利润。

**第十一条** 企业应当采用借贷记账法记账。

## 第二章 会计信息质量要求

**第十二条** 企业应当以实际发生的交易或者事项为依据进行会计确

---

[①] 《企业会计准则——基本准则》，载中国政府网，https://www.gov.cn/zhengce/2006-02/15/content_ 5717170. htm，最后访问日期：2024年4月15日。

认、计量和报告，如实反映符合确认和计量要求的各项会计要素及其他相关信息，保证会计信息真实可靠、内容完整。

**第十三条** 企业提供的会计信息应当与财务会计报告使用者的经济决策需要相关，有助于财务会计报告使用者对企业过去、现在或者未来的情况作出评价或者预测。

**第十四条** 企业提供的会计信息应当清晰明了，便于财务会计报告使用者理解和使用。

**第十五条** 企业提供的会计信息应当具有可比性。

同一企业不同时期发生的相同或者相似的交易或者事项，应当采用一致的会计政策，不得随意变更。确需变更的，应当在附注中说明。

不同企业发生的相同或者相似的交易或者事项，应当采用规定的会计政策，确保会计信息口径一致、相互可比。

**第十六条** 企业应当按照交易或者事项的经济实质进行会计确认、计量和报告，不应仅以交易或者事项的法律形式为依据。

**第十七条** 企业提供的会计信息应当反映与企业财务状况、经营成果和现金流量等有关的所有重要交易或者事项。

**第十八条** 企业对交易或者事项进行会计确认、计量和报告应当保持应有的谨慎，不应高估资产或者收益、低估负债或者费用。

**第十九条** 企业对于已经发生的交易或者事项，应当及时进行会计确认、计量和报告，不得提前或者延后。

## 第三章 资 产

**第二十条** 资产是指企业过去的交易或者事项形成的、由企业拥有或者控制的、预期会给企业带来经济利益的资源。

前款所指的企业过去的交易或者事项包括购买、生产、建造行为或其他交易或者事项。预期在未来发生的交易或者事项不形成资产。

由企业拥有或者控制，是指企业享有某项资源的所有权，或者虽然不享有某项资源的所有权，但该资源能被企业所控制。

预期会给企业带来经济利益，是指直接或者间接导致现金和现金等价物流入企业的潜力。

**第二十一条** 符合本准则第二十条规定的资产定义的资源，在同时满足以下条件时，确认为资产：

（一）与该资源有关的经济利益很可能流入企业；

（二）该资源的成本或者价值能够可靠地计量。

**第二十二条** 符合资产定义和资产确认条件的项目，应当列入资产负债表；符合资产定义、但不符合资产确认条件的项目，不应当列入资产负债表。

## 第四章 负　债

**第二十三条** 负债是指企业过去的交易或者事项形成的、预期会导致经济利益流出企业的现时义务。

现时义务是指企业在现行条件下已承担的义务。未来发生的交易或者事项形成的义务，不属于现时义务，不应当确认为负债。

**第二十四条** 符合本准则第二十三条规定的负债定义的义务，在同时满足以下条件时，确认为负债：

（一）与该义务有关的经济利益很可能流出企业；

（二）未来流出的经济利益的金额能够可靠地计量。

**第二十五条** 符合负债定义和负债确认条件的项目，应当列入资产负债表；符合负债定义、但不符合负债确认条件的项目，不应当列入资产负债表。

## 第五章 所有者权益

**第二十六条** 所有者权益是指企业资产扣除负债后由所有者享有的剩余权益。

公司的所有者权益又称为股东权益。

**第二十七条** 所有者权益的来源包括所有者投入的资本、直接计入所有者权益的利得和损失、留存收益等。

直接计入所有者权益的利得和损失，是指不应计入当期损益、会导致所有者权益发生增减变动的、与所有者投入资本或者向所有者分配利润无关的利得或者损失。

利得是指由企业非日常活动所形成的、会导致所有者权益增加的、与所有者投入资本无关的经济利益的流入。

损失是指由企业非日常活动所发生的、会导致所有者权益减少的、与向所有者分配利润无关的经济利益的流出。

**第二十八条** 所有者权益金额取决于资产和负债的计量。

**第二十九条** 所有者权益项目应当列入资产负债表。

## 第六章 收　入

**第三十条** 收入是指企业在日常活动中形成的、会导致所有者权益增加的、与所有者投入资本无关的经济利益的总流入。

第三十一条　收入只有在经济利益很可能流入从而导致企业资产增加或者负债减少、且经济利益的流入额能够可靠计量时才能予以确认。

第三十二条　符合收入定义和收入确认条件的项目，应当列入利润表。

## 第七章　费　用

第三十三条　费用是指企业在日常活动中发生的、会导致所有者权益减少的、与向所有者分配利润无关的经济利益的总流出。

第三十四条　费用只有在经济利益很可能流出从而导致企业资产减少或者负债增加、且经济利益的流出额能够可靠计量时才能予以确认。

第三十五条　企业为生产产品、提供劳务等发生的可归属于产品成本、劳务成本等的费用，应当在确认产品销售收入、劳务收入等时，将已销售产品、已提供劳务的成本等计入当期损益。

企业发生的支出不产生经济利益的，或者即使能够产生经济利益但不符合或者不再符合资产确认条件的，应当在发生时确认为费用，计入当期损益。

企业发生的交易或者事项导致其承担了一项负债而又不确认为一项资产的，应当在发生时确认为费用，计入当期损益。

第三十六条　符合费用定义和费用确认条件的项目，应当列入利润表。

## 第八章　利　润

第三十七条　利润是指企业在一定会计期间的经营成果。利润包括收入减去费用后的净额、直接计入当期利润的利得和损失等。

第三十八条　直接计入当期利润的利得和损失，是指应当计入当期损益、会导致所有者权益发生增减变动的、与所有者投入资本或者向所有者分配利润无关的利得或者损失。

第三十九条　利润金额取决于收入和费用、直接计入当期利润的利得和损失金额的计量。

第四十条　利润项目应当列入利润表。

## 第九章　会计计量

第四十一条　企业在将符合确认条件的会计要素登记入账并列报于会计报表及其附注（又称财务报表，下同）时，应当按照规定的会计计量属性进行计量，确定其金额。

第四十二条　会计计量属性主要包括：

（一）历史成本。在历史成本计量下，资产按照购置时支付的现金或者现金等价物的金额，或者按照购置资产时所付出的对价的公允价值计量。负债按照因承担现时义务而实际收到的款项或者资产的金额，或者承担现时义务的合同金额，或者按照日常活动中为偿还负债预期需要支付的现金或者现金等价物的金额计量。

（二）重置成本。在重置成本计量下，资产按照现在购买相同或者相似资产所需支付的现金或者现金等价物的金额计量。负债按照现在偿付该项债务所需支付的现金或者现金等价物的金额计量。

（三）可变现净值。在可变现净值计量下，资产按照其正常对外销售所能收到现金或者现金等价物的金额扣减该资产至完工时估计将要发生的成本、估计的销售费用以及相关税费后的金额计量。

（四）现值。在现值计量下，资产按照预计从其持续使用和最终处置中所产生的未来净现金流入量的折现金额计量。负债按照预计期限内需要偿还的未来净现金流出量的折现金额计量。

（五）公允价值。在公允价值计量下，资产和负债按照市场参与者在计量日发生的有序交易中，出售资产所能收到或者转移负债所需支付的价格计量。

**第四十三条** 企业在对会计要素进行计量时，一般应当采用历史成本，采用重置成本、可变现净值、现值、公允价值计量的，应当保证所确定的会计要素金额能够取得并可靠计量。

## 第十章　财务会计报告

**第四十四条** 财务会计报告是指企业对外提供的反映企业某一特定日期的财务状况和某一会计期间的经营成果、现金流量等会计信息的文件。

财务会计报告包括会计报表及其附注和其他应当在财务会计报告中披露的相关信息和资料。会计报表至少应当包括资产负债表、利润表、现金流量表等报表。

小企业编制的会计报表可以不包括现金流量表。

**第四十五条** 资产负债表是指反映企业在某一特定日期的财务状况的会计报表。

**第四十六条** 利润表是指反映企业在一定会计期间的经营成果的会计报表。

**第四十七条** 现金流量表是指反映企业在一定会计期间的现金和现金等价物流入和流出的会计报表。

**第四十八条** 附注是指对在会计报表中列示项目所作的进一步说明,以及对未能在这些报表中列示项目的说明等。

## 第十一章 附　则

**第四十九条** 本准则由财政部负责解释。

**第五十条** 本准则自 2007 年 1 月 1 日起施行。

---

> **第二百零八条 【财务会计报告制作与审计】** 公司应当在每一会计年度终了时编制财务会计报告,并依法经会计师事务所审计。
>
> 财务会计报告应当依照法律、行政法规和国务院财政部门的规定制作。

### 【理解与适用】

本条是关于财务会计报告制作与审计的规定。

公司财务会计报告是反映企业财务状况和经营成果的书面文件,包括基本财务报表、补充资料以及财务情况说明书。基本财务报表包括资产负债表、损益表和现金流量表,补充资料包括各种附表和报表附注。公司法未规定财务会计报告的制作人,从比较法上来看,一般是个别董事或董事会为公司财务会计报告的制作人,通说也认为董事会是公司财务会计报告的制作人。需要注意的是,公司的会计人员只是为制作财务会计报告承担会计事务的人员,不能被认为是制作人。

公司财务会计报告制作完成后,在公司内部,根据本法第七十八条监事会"检查公司财务"职权的规定,监事会一般应进行审核。监事会的审核主要涉及会计报告是否遗漏重大事实;会计表册与会计账簿是否相符,编制方法是否得当;编制时是否有违反法律或公司章程的行为等。[1]

公司财务会计报告依法经会计师事务所审计,这是外部审计。审计是有成本的,是否所有的公司都负有强制审计的义务?笔者认为,要求

---

[1] 朱慈蕴:《公司法原论》,清华大学出版社 2011 年版,第 231 页。

所有公司的财务会计报告都必须依法经会计师事务所审计，既无必要，也不现实。"依法"审计，应解释为不是对所有公司财务会计报告都强制审计，而是只有依法必须审计的公司才需要强制审计，否则财务会计报告不具有合法性，"依法"意味着只有部分公司负有法定审计的义务，这赋予了立法者区分不同公司类型和动态调整的权力。

**【案例指引】**

范某某、A 公司等著作权许可使用合同纠纷案[①]

**裁判要旨**：A 公司未在每一会计年度终了时编制财务会计报告并经会计师事务所审计，而是在债权人催要预付分成款后就 2017 年 1 月至 2019 年 6 月一并进行审计，违反了公司法关于财务会计报告的制作和年审制的规定。

---

**第二百零九条 【财务会计报告的公示】** 有限责任公司应当按照公司章程规定的期限将财务会计报告送交各股东。

股份有限公司的财务会计报告应当在召开股东会年会的二十日前置备于本公司，供股东查阅；公开发行股份的股份有限公司应当公告其财务会计报告。

---

**【理解与适用】**

本条是公司财务会计报告公示的规定。

有限责任公司是封闭公司，应当按照公司章程规定的期限将财务会计报告送交各股东，其公示的范围只限于公司的股东。

非公开发行股份的股份有限公司也是封闭公司，但是其股东人数一般远多于有限责任公司，其财务会计报告应当在召开股东会年会的二十日前置备于本公司，供股东查阅。

---

[①] （2021）最高法知民终 822 号，载中国裁判文书网，https：//wenshu.court.gov.cn/website/wenshu/181107ANFZ0BXSK4/index.html? docId = pT1kSr7fJ6FXKvh9Zc9ip8O7T + kFi0AfYMqRch0uyKzKpVCjVokrO/UKq3u + IEo4G32hnEYI6Iuzjx4u8HlGgr0fn3OvjmZqZA0luRUlgs7tCqPggT07ePWExlenLGMu，最后访问日期：2024 年 4 月 6 日。

至于公开发行股份的股份有限公司，为了保护股东、债权人以及其他利益相关者的利益，维护交易安全，必须公告其公司财务会计报告，根据信息披露规则的要求，定期公开财务状况和经营成果，在每个会计年度内半年公布一次财务会计报告。另外，公司的财务会计报表应按照国家统一会计制度的规定，报送财政部门和有关部门，如税务机关、主管机关、证券管理机关和统计机关等。①

**【案例指引】**

**A公司、郑某某股东知情权纠纷案**②

**裁判要旨**：关于股东行使知情权的项目的范围，根据法律规定可分为两部分：一是查阅、复制公司章程、股东会会议记录、董事会会议决议、监事会会议决议和财务会计报告；二是查阅会计账簿。根据公司法关于股东的查阅权的规定，法律并未明确规定，股东查阅、复制上述材料需说明理由或先进行书面通知。此外，根据公司法关于财务会计报告送交股东及公告的规定，向股东主动送交财务会计报告是公司应主动履行的法定义务。

---

> **第二百一十条　【公司税后利润分配】** 公司分配当年税后利润时，应当提取利润的百分之十列入公司法定公积金。公司法定公积金累计额为公司注册资本的百分之五十以上的，可以不再提取。
>
> 公司的法定公积金不足以弥补以前年度亏损的，在依照前款规定提取法定公积金之前，应当先用当年利润弥补亏损。
>
> 公司从税后利润中提取法定公积金后，经股东会决议，还可以从税后利润中提取任意公积金。

---

① 朱慈蕴：《公司法原论》，清华大学出版社2011年版，第232页。
② （2019）粤03民终21821号，载中国裁判文书网，https://wenshu.court.gov.cn/website/wenshu/181107ANFZ0BXSK4/index.html? docId = 3n5ugZ083oIO6l3riSJphvqddXY9Nuoh/mH5UJKlsGd7MRmDoVVSiPUKq3u+IEo4G32hnEYI6ItXzheOhOqpBlm6NIfaPCrEZA0luRUlgs6AGy1YxmDnpBvWLWA1Vbe6，最后访问日期：2024年4月1日。

> 公司弥补亏损和提取公积金后所余税后利润，有限责任公司按照股东实缴的出资比例分配利润，全体股东约定不按照出资比例分配利润的除外；股份有限公司按照股东所持有的股份比例分配利润，公司章程另有规定的除外。
>
> 公司持有的本公司股份不得分配利润。

## 【理解与适用】

本条是关于公司税后利润分配的规定，本条规定了公司利润分配的财务规则，涉及利润分配的条件和程序。

公司利润分配是指根据股东所持有的股权或股份，公司基于一定的条件和程序直接或间接地将公司财产无偿转移给股东的行为。公司利润分配关系股东利益，体现为公司财产流向股东，但是股东无须向公司支付等额财产，利润分配对债权人影响重大。股东分配利润来自公司资产，债权人的债权清偿来自同一资产，双方竞争同一资产，因此股东如果违法分配利润将损害债权人利益，利润分配应遵循法定的条件、规则和程序。

公司利润分配的对象是当年税后利润，即当年扣税后的利润，但在实际操作中，公司每年可分配的利润并不限于这里的当年扣税后利润。

关于公司利润分配的决定主体。利润分配是由董事会制订利润分配和弥补亏损方案，股东会来决议通过利润分配和弥补亏损方案，股东会决议通过的利润分配方案可以诉请法院强制执行。

公司分配利润之前，必须先弥补以前年度亏损，并提取法定盈余公积金；公司通过股东会决议可以自愿提取任意盈余公积金；然后按照股东持股比例分配，章程另有约定或全体股东另有约定的除外。公积金，是指公司为了弥补公司的亏损扩大公司生产经营或者转为增加公司资本，依照法律或者公司章程的规定，从公司盈余或资本中提取的积累资金。[1]公司法规定了三类公积金：法定盈余公积金、任意盈余公积金和资本公积金，公积金的用途是弥补亏损、扩大生产经营和转增资本，但

---

[1] 施天涛：《公司法论》，法律出版社2014年版，第222页。

是本法第二百三十一条规定，资本公积金不能用于弥补亏损。①

本条第一款规定了法定盈余公积金的提取。公司利润分配之前必须提取法定（盈余）公积金，这是强制性要求。公司分配当年税后利润时，应当提取利润的百分之十列入公司法定（盈余）公积金。公司法定（盈余）公积金累计提取的上限是公司注册资本的百分之五十，达到百分之五十以上可以不再提取。

本条第二款规定了亏损弥补。公司以前提取累积的法定公积金不足以弥补以前年度亏损的，在依照前款规定提取法定公积金之前，应当先用当年利润弥补亏损。

本条第三款规定了任意盈余公积金的提取。公司从税后利润中提取法定公积金后，经股东会决议，还可以从税后利润中提取任意公积金，任意盈余公积金的提取不是强制性的。

本条第四款规定了利润分配的比例。有限责任公司按照股东实缴的而非认缴的出资比例分配利润，当然，全体股东也可以约定不按照出资比例分配利润。例如，只有甲乙两个股东的公司A，甲股东出资60%，乙股东出资40%，甲乙共同约定，不参与经营的甲股东对A公司的利润分配的比例是40%，而负责经营的乙股东利润分配比例是60%。对股份有限公司而言，按照股东所持有的股份比例来分配利润，但是公司章程也可以规定不按照持股比例来分配利润。

公司利润分配的形式有现金股利、财产股利、股份股利、负债股利，本公司的股份也可以作为利润分配给股东，如根据现有股东持有的股权或股份比例来配股，但是根据本条第五款的规定，公司持有的本公司股份不得用于向股东分配利润。

**【相关规范】**

● *法律*

1.《中华人民共和国证券法》（2019年12月28日）

第九十一条 上市公司应当在章程中明确分配现金股利的具体安排和决策程序，依法保障股东的资产收益权。

上市公司当年税后利润，在弥补亏损及提取法定公积金后有盈余的，

---

① 参见王军：《公司资本制度》，法律出版社2022年版，第419页。

应当按照公司章程的规定分配现金股利。

● *部门规章及文件*

2. 《上市公司监管指引第 3 号——上市公司现金分红（2023 年修订）》（2023 年 12 月 15 日）[①]

**第一条** 为规范上市公司现金分红，增强现金分红透明度，维护投资者合法权益，根据《中华人民共和国公司法》（以下简称《公司法》）、《中华人民共和国证券法》（以下简称《证券法》）及《上市公司信息披露管理办法》《上市公司证券发行注册管理办法》等规定，制定本指引。

**第二条** 上市公司应当牢固树立回报股东的意识，严格依照《公司法》《证券法》和公司章程的规定，健全现金分红制度，保持现金分红政策的一致性、合理性和稳定性，保证现金分红信息披露的真实性。

**第三条** 上市公司制定利润分配政策时，应当履行公司章程规定的决策程序。董事会应当就股东回报事宜进行专项研究论证，制定明确、清晰的股东回报规划，并详细说明规划安排的理由等情况。上市公司应当在公司章程中载明以下内容：

（一）公司董事会、股东大会对利润分配尤其是现金分红事项的决策程序和机制，对既定利润分配政策尤其是现金分红政策作出调整的具体条件、决策程序和机制，以及为充分听取中小股东意见所采取的措施。

（二）公司的利润分配政策尤其是现金分红政策的具体内容，利润分配的形式，利润分配尤其是现金分红的具体条件，发放股票股利的条件，年度、中期现金分红最低金额或者比例（如有）等。鼓励上市公司在符合利润分配的条件下增加现金分红频次，稳定投资者分红预期。

**第四条** 上市公司应当在章程中明确现金分红相对于股票股利在利润分配方式中的优先顺序。

具备现金分红条件的，应当采用现金分红进行利润分配。

采用股票股利进行利润分配的，应当具有公司成长性、每股净资产的摊薄等真实合理因素。

**第五条** 上市公司董事会应当综合考虑所处行业特点、发展阶段、自身经营模式、盈利水平、债务偿还能力、是否有重大资金支出安排和投资

---

[①] 《上市公司监管指引第 3 号——上市公司现金分红（2023 年修订）》，载中国证券监督管理委员会网站，http://www.csrc.gov.cn/csrc/c101954/c7449656/content.shtml，最后访问日期：2024 年 4 月 20 日。

者回报等因素，区分下列情形，并按照公司章程规定的程序，提出差异化的现金分红政策：

（一）公司发展阶段属成熟期且无重大资金支出安排的，进行利润分配时，现金分红在本次利润分配中所占比例最低应当达到百分之八十；

（二）公司发展阶段属成熟期且有重大资金支出安排的，进行利润分配时，现金分红在本次利润分配中所占比例最低应当达到百分之四十；

（三）公司发展阶段属成长期且有重大资金支出安排的，进行利润分配时，现金分红在本次利润分配中所占比例最低应当达到百分之二十；

公司发展阶段不易区分但有重大资金支出安排的，可以按照前款第三项规定处理。

现金分红在本次利润分配中所占比例为现金股利除以现金股利与股票股利之和。

**第六条** 上市公司在制定现金分红具体方案时，董事会应当认真研究和论证公司现金分红的时机、条件和最低比例、调整的条件及其决策程序要求等事宜。

独立董事认为现金分红具体方案可能损害上市公司或者中小股东权益的，有权发表独立意见。董事会对独立董事的意见未采纳或者未完全采纳的，应当在董事会决议中记载独立董事的意见及未采纳的具体理由，并披露。

股东大会对现金分红具体方案进行审议前，上市公司应当通过多种渠道主动与股东特别是中小股东进行沟通和交流，充分听取中小股东的意见和诉求，及时答复中小股东关心的问题。

**第七条** 上市公司召开年度股东大会审议年度利润分配方案时，可审议批准下一年中期现金分红的条件、比例上限、金额上限等。年度股东大会审议的下一年中期分红上限不应超过相应期间归属于上市公司股东的净利润。董事会根据股东大会决议在符合利润分配的条件下制定具体的中期分红方案。

上市公司应当严格执行公司章程确定的现金分红政策以及股东大会审议批准的现金分红方案。确有必要对公司章程确定的现金分红政策进行调整或者变更的，应当满足公司章程规定的条件，经过详细论证后，履行相应的决策程序，并经出席股东大会的股东所持表决权的三分之二以上通过。

**第八条** 上市公司应当在年度报告中详细披露现金分红政策的制定及

执行情况，并对下列事项进行专项说明：

（一）是否符合公司章程的规定或者股东大会决议的要求；

（二）分红标准和比例是否明确和清晰；

（三）相关的决策程序和机制是否完备；

（四）公司未进行现金分红的，应当披露具体原因，以及下一步为增强投资者回报水平拟采取的举措等；

（五）中小股东是否有充分表达意见和诉求的机会，中小股东的合法权益是否得到了充分保护等。

对现金分红政策进行调整或者变更的，还应当对调整或者变更的条件及程序是否合规和透明等进行详细说明。

**第九条** 拟发行证券的上市公司应当制定对股东回报的合理规划，对经营利润用于自身发展和回报股东要合理平衡，要重视提高现金分红水平，提升对股东的回报。

上市公司应当在募集说明书或者发行预案中增加披露利润分配政策尤其是现金分红政策的制定及执行情况、最近三年现金分红金额及比例、未分配利润使用安排情况，并作"重大事项提示"，提醒投资者关注上述情况。保荐机构应当在保荐工作报告中对上市公司利润分配政策的决策机制是否合规，是否建立了对投资者持续、稳定、科学的回报机制，现金分红的承诺是否已履行，本指引相关要求是否已经落实发表明确意见。

对于最近三年现金分红水平较低的上市公司，发行人及保荐机构应当结合不同行业和不同类型公司的特点和经营模式、公司所处发展阶段、盈利水平、资金需求等因素说明公司现金分红水平较低的原因，并对公司是否充分考虑了股东要求和意愿、是否给予了投资者合理回报以及公司的现金分红政策是否符合上市公司股东利益最大化原则发表明确意见。

**第十条** 拟发行证券、重大资产重组、合并分立或者因收购导致上市公司控制权发生变更的，应当在募集说明书或发行预案、重大资产重组报告书、权益变动报告书或者收购报告书中详细披露募集或发行、重组或者控制权发生变更后上市公司的现金分红政策及相应的安排、董事会对上述情况的说明等信息。

**第十一条** 上市公司可以依法发行优先股、回购股份。

支持上市公司在其股价低于每股净资产的情形下回购股份。

**第十二条** 上市公司应当采取有效措施鼓励广大中小投资者以及机构投资者主动参与上市公司利润分配事项的决策。充分发挥中介机构的专业引导作用。

**第十三条** 中国证券监督管理委员会及其派出机构（以下统称中国证监会）在日常监管工作中，应当对下列情形予以重点关注：

（一）公司章程中没有明确、清晰的股东回报规划或者具体的现金分红政策的，重点关注其中的具体原因，相关决策程序是否合法合规，董事、监事、高级管理人员是否勤勉尽责等；

（二）公司章程规定不进行现金分红的，重点关注该等规定是否符合公司的实际情况，是否进行了充分的自我评价等；

（三）公司章程规定了现金分红政策，但无法按照既定现金分红政策确定当年利润分配方案的，重点关注公司是否按照要求在年度报告中披露了具体原因，相关原因与实际情况是否相符合等；

（四）上市公司在年度报告期内有能力分红但不分红尤其是连续多年不分红或者分红占当期归属于上市公司股东净利润的比例较低的，以及财务投资较多但分红占当期归属于上市公司股东净利润的比例较低的，重点关注其有关审议通过年度报告的董事会公告中是否详细披露了未进行现金分红或者现金分红水平较低的原因，相关原因与实际情况是否相符合，持续关注留存未分配利润的确切用途以及收益情况，是否按照规定为中小股东参与决策提供了便利等；

（五）上市公司存在现金分红占当期归属于上市公司股东净利润的比例较高等情形的，重点关注公司现金分红政策是否稳定。其中，对于资产负债率较高且经营性现金流不佳的，重点关注相关决策程序是否合法合规，是否会对生产经营、偿债能力产生不利影响，是否存在过度依赖新增融资分红的情形，董事、监事及高级管理人员是否勤勉尽责，是否按照规定为中小股东参与决策提供了便利，是否存在明显不合理或者相关股东滥用股东权利不当干预公司决策等情形。

**第十四条** 上市公司有下列情形的，中国证监会依法采取相应的监管措施：

（一）未按照规定制定明确的股东回报规划；

（二）未针对现金分红等利润分配政策制定并履行必要的决策程序；

（三）未在定期报告或者其他报告中详细披露现金分红政策的制定及执行情况；

（四）章程有明确规定但未按照规定分红；

（五）超出能力分红损害持续经营能力；

（六）现金分红监管中发现的其他违法违规情形。

上市公司在有关利润分配政策的陈述或者说明中有虚假或者重大遗漏的，中国证监会应当依法采取相应的监管措施；依法应当行政处罚的，依照《证券法》第一百九十七条予以处罚。

**第十五条** 中国证监会应当将现金分红监管中的监管措施实施情况按照规定记入上市公司诚信档案。上市公司涉及再融资、资产重组事项时，其诚信状况应当在审核中予以重点关注。

**第十六条** 本指引由中国证监会负责解释。

**第十七条** 本指引自公布之日起施行。2022年1月5日施行的《上市公司监管指引第3号——上市公司现金分红》（证监会公告〔2022〕3号）同时废止。

---

> **第二百一十一条　【违法分配利润的法律后果】** 公司违反本法规定向股东分配利润的，股东应当将违反规定分配的利润退还公司；给公司造成损失的，股东及负有责任的董事、监事、高级管理人员应当承担赔偿责任。

## 【理解与适用】

本条是关于公司违法向股东分配利润的法律后果之规定。

利润分配方案由董事会制订，股东会对董事会提交的利润方案进行决议，这是普通决议。股东会或董事会违反本法第二百一十条的规定，在公司弥补亏损和提取法定公积金之前向股东分配利润的，股东必须将违反规定分配的利润退还公司。股东返还利润分配的责任，无论其是否对分配的违法性知情，也无论其是否具有主观恶意，都不妨碍返还责任的成立和承担。若只是要求违法分配股东的返还责任，则一方面无法完全涵盖所有违法分配行为；另一方面也难以阻止和规制这种违法行为，本条新增规定违反利润分配给公司造成损失的，应当承担赔偿责任，责任主体除了股东之外，还包括负有责任的董事、监事、高级管理人员。

股东请求分配利润以公司形成有效的具体利润分配方案的股东会决议为前提。根据公司法相关司法解释的规定，股东未提交载明具体分配方案的股东会决议，请求公司分配利润的，人民法院应当驳回其诉讼请求，但违反法律规定滥用股东权利导致公司不分配利润，给其他股东造成损失的除外。反之，股东提交载明具体分配方案的股东会的有效决议，请求公司分配利润，公司拒绝分配利润且其关于无法执行决议的抗辩理由不成立的，人民法院应当判决公司按照决议载明的具体分配方案向股东分配利润。

违法分配利润可能被法院认定为抽逃出资。根据公司法相关司法解释，公司成立后，相关股东制作虚假财务会计报表虚增利润进行分配的，公司、股东或者公司债权人以相关股东的行为损害公司权益为由，请求认定该股东抽逃出资的，人民法院应予支持。

关于违法分配利润提起的诉讼程序。根据最高人民法院发布的《民事案件案由规定》第二百七十四条规定，违法分配利润提起诉讼的，案由是"公司盈余分配纠纷"。根据民事诉讼法第二十七条的规定，因公司盈余分配纠纷提起的诉讼，原则上由公司住所地人民法院管辖。根据公司法司法解释和司法实践，股东请求公司分配利润案件，应当列公司为被告。一审法庭辩论终结前，其他股东基于同一分配方案请求分配利润并申请参加诉讼的，应当列为共同原告。

**【相关规范】**

● *法律*

1. 《中华人民共和国公司法》（2023 年 12 月 29 日）

　　**第二十五条**　公司股东会、董事会的决议内容违反法律、行政法规的无效。

　　**第五十九条**　股东会行使下列职权：

（一）选举和更换董事、监事，决定有关董事、监事的报酬事项；

（二）审议批准董事会的报告；

（三）审议批准监事会的报告；

（四）审议批准公司的利润分配方案和弥补亏损方案；

（五）对公司增加或者减少注册资本作出决议；

（六）对发行公司债券作出决议；

（七）对公司合并、分立、解散、清算或者变更公司形式作出决议；

（八）修改公司章程；

（九）公司章程规定的其他职权。

股东会可以授权董事会对发行公司债券作出决议。

对本条第一款所列事项股东以书面形式一致表示同意的，可以不召开股东会会议，直接作出决定，并由全体股东在决定文件上签名或者盖章。

**第六十七条** 有限责任公司设董事会，本法第七十五条另有规定的除外。

董事会行使下列职权：

（一）召集股东会会议，并向股东会报告工作；

（二）执行股东会的决议；

（三）决定公司的经营计划和投资方案；

（四）制订公司的利润分配方案和弥补亏损方案；

（五）制订公司增加或者减少注册资本以及发行公司债券的方案；

（六）制订公司合并、分立、解散或者变更公司形式的方案；

（七）决定公司内部管理机构的设置；

（八）决定聘任或者解聘公司经理及其报酬事项，并根据经理的提名决定聘任或者解聘公司副经理、财务负责人及其报酬事项；

（九）制定公司的基本管理制度；

（十）公司章程规定或者股东会授予的其他职权。

公司章程对董事会职权的限制不得对抗善意相对人。

**第一百一十二条** 本法第五十九条第一款、第二款关于有限责任公司股东会职权的规定，适用于股份有限公司股东会。

本法第六十条关于只有一个股东的有限责任公司不设股东会的规定，适用于只有一个股东的股份有限公司。

**第一百二十条** 股份有限公司设董事会，本法第一百二十八条另有规定的除外。

本法第六十七条、第六十八条第一款、第七十条、第七十一条的规定，适用于股份有限公司。

**第一百二十一条** 股份有限公司可以按照公司章程的规定在董事会中设置由董事组成的审计委员会，行使本法规定的监事会的职权，不设监事会或者监事。

审计委员会成员为三名以上，过半数成员不得在公司担任除董事以外的其他职务，且不得与公司存在任何可能影响其独立客观判断的关系。公司董事会成员中的职工代表可以成为审计委员会成员。

审计委员会作出决议,应当经审计委员会成员的过半数通过。

审计委员会决议的表决,应当一人一票。

审计委员会的议事方式和表决程序,除本法有规定的外,由公司章程规定。

公司可以按照公司章程的规定在董事会中设置其他委员会。

## 2.《中华人民共和国民事诉讼法》(2023年9月1日)

**第二十七条** 因公司设立、确认股东资格、分配利润、解散等纠纷提起的诉讼,由公司住所地人民法院管辖。

● **司法解释及文件**

## 3.《最高人民法院关于适用〈中华人民共和国公司法〉若干问题的规定(三)》(2020年12月29日)

**第十二条** 公司成立后,公司、股东或者公司债权人以相关股东的行为符合下列情形之一且损害公司权益为由,请求认定该股东抽逃出资的,人民法院应予支持:

(一)制作虚假财务会计报表虚增利润进行分配;

(二)通过虚构债权债务关系将其出资转出;

(三)利用关联交易将出资转出;

(四)其他未经法定程序将出资抽回的行为。

## 4.《最高人民法院关于适用〈中华人民共和国公司法〉若干问题的规定(四)》(2020年12月29日)[①]

**第十四条** 股东提交载明具体分配方案的股东会或者股东大会的有效决议,请求公司分配利润,公司拒绝分配利润且其关于无法执行决议的抗辩理由不成立的,人民法院应当判决公司按照决议载明的具体分配方案向股东分配利润。

**第十五条** 股东未提交载明具体分配方案的股东会或者股东大会决议,请求公司分配利润的,人民法院应当驳回其诉讼请求,但违反法律规定滥用股东权利导致公司不分配利润,给其他股东造成损失的除外。

---

[①] 《最高人民法院关于适用〈中华人民共和国公司法〉若干问题的规定(四)》,载国家法律法规数据库,https://flk.npc.gov.cn/detail2.html?NDAyODgxZTQ1ZmZiYmU0MTAxNWZmYzA0ZjlkYzAzZWE%3D,最后访问日期:2024年4月23日。

## 【案例指引】

**乔某、王某某损害公司利益责任纠纷案**[①]

**裁判要旨**：公司在分配利润前，应当提取公积金，而法定公积金不足以弥补亏损的，还应用当年利润弥补亏损，公司在弥补亏损和提取公积金并缴纳税款后所剩余利润，可以进行分配。股东会或董事会违反前款规定，在公司弥补亏损和提取法定公积金之前向股东分配利润的，股东必须将违反规定分配的利润退还公司。

**太某公司、李某某公司盈余分配纠纷案**[②]

**裁判要旨**：盈余分配是用公司的利润进行给付，公司本身是给付义务的主体，若公司的应分配资金因被部分股东变相分配利润、隐瞒或转移公司利润而不足以现实支付时，不仅直接损害了公司的利益，也损害了其他股东的利益，利益受损的股东可以依据公司法对公司的赔偿义务的相关规定，向违反法律、行政法规或者公司章程的规定给公司造成损失的董事、监事、高级管理人员主张赔偿责任。在公司盈余分配纠纷中，虽请求分配利润的股东未提交载明具体分配方案的股东会决议，但当有证据证明公司有盈余且存在部分股东变相分配利润、隐瞒或转移公司利润等滥用股东权利情形的，诉讼中可强制盈余分配，且不以股权回购、代位诉讼等其他救济措施为前提。在确定盈余分配数额时，要严格公司举证责任以保护弱势小股东的利益，但还要注意优先保护公司外部关系中债权人、债务人等的利益，对于有争议的款项因涉及案外人实体权利而不应在公司盈余分配纠纷中作出认定和处理。

---

[①] （2020）最高法民申 2634 号，载中国裁判文书网，https：//wenshu.court.gov.cn/website/wenshu/181107ANFZ0BXSK4/index.html? docId = xtjW9zhB4byz3BVgDtotKNBOpNrtvc4QwGL4Xh9NtHA0r8EG3YZ3 + PUKq3u + IEo4G32hnEYI6Iuzjx4u8HlGgr0fn3OvjmZqZA0luRUlgs7TKjqPbP/0odVU+9+t9bfN，最后访问日期：2023 年 12 月 28 日。

[②] （2016）最高法民终 528 号，载中国裁判文书网，https：//wenshu.court.gov.cn/website/wenshu/181107ANFZ0BXSK4/index.html? docId = M1kKoTaFpa0h51nmEJq4WzVsu9l8sv6WDLxjqgAXbOXFjF5pI+LdKPUKq3u+IEo4VTgof/GHjSFwSEEcZkICAOOU1vT4cpU8v4KC8f8C9NS1RokJ9B3Am1mtLj+bJ81R，最后访问日期：2024 年 4 月 6 日。

> **第二百一十二条 【利润分配时限】**股东会作出分配利润的决议的,董事会应当在股东会决议作出之日起六个月内进行分配。

## 【理解与适用】

本条是董事会应当在法定时限内执行股东会分配决议。

根据《最高人民法院关于适用〈中华人民共和国公司法〉若干问题的规定（五）》[①] 第四条的规定,分配利润的股东会或者股东大会决议作出后,公司应当在决议载明的时间内完成利润分配。决议没有载明时间的,以公司章程的规定为准。决议、章程中均未规定时间或者时间超过一年的,公司应当自决议作出之日起一年内完成利润分配。决议中载明的利润分配完成时间超过公司章程规定时间的,股东可以依据民法典第八十五条、公司法第二十二条第二款规定请求人民法院撤销决议中关于该时间的规定。

本条吸收借鉴了上述司法解释第四条的规定,但是进行了简化。将应当完成利润分配的期限由股东会决议作出之日起一年内修改为六个月内,这也意味着分配利润的最长时限统一为六个月,公司章程或者股东会决议规定的分配利润时限不得超过六个月,这是强制性规定。

## 【相关规范】

● **法律**

1. 《中华人民共和国公司法》（2023年12月29日）

**第二十五条** 公司股东会、董事会的决议内容违反法律、行政法规的无效。

**第二十六条** 公司股东会、董事会的会议召集程序、表决方式违反法律、行政法规或者公司章程,或者决议内容违反公司章程的,股东自决议作出之日起六十日内,可以请求人民法院撤销。但是,股东会、董事会的会议

---

[①] 《最高人民法院关于适用〈中华人民共和国公司法〉若干问题的规定（五）》,载国家法律法规数据库,https：//flk.npc.gov.cn/detail2.html？MmM5MGU1Yjk2YzEyOGI0YzAxNmM4YTBjZjY4YzBiNzc%3D,最后访问日期：2024年4月28日。

召集程序或者表决方式仅有轻微瑕疵，对决议未产生实质影响的除外。

未被通知参加股东会会议的股东自知道或者应当知道股东会决议作出之日起六十日内，可以请求人民法院撤销；自决议作出之日起一年内没有行使撤销权的，撤销权消灭。

● *司法解释及文件*
2.《最高人民法院关于适用〈中华人民共和国公司法〉若干问题的规定（五）》（2020年12月29日）

第四条　分配利润的股东会或者股东大会决议作出后，公司应当在决议载明的时间内完成利润分配。决议没有载明时间的，以公司章程规定的为准。决议、章程中均未规定时间或者时间超过一年的，公司应当自决议作出之日起一年内完成利润分配。

决议中载明的利润分配完成时间超过公司章程规定时间的，股东可以依据民法典第八十五条、公司法第二十二条第二款规定请求人民法院撤销决议中关于该时间的规定。

**【案例指引】**

**王某某、A公司公司盈余分配纠纷案**[①]

**裁判要旨**：股东会作出分配利润的决议的，董事会应当在股东会决议作出之日起法定期限内进行分配；公司章程或者股东会决议另有规定的除外。一审认定A公司于2021年2月2日作出决议对公司2020年利润进行分配，但未载明分配时间，公司章程亦未进行约定，故，A公司完成利润分配的期限为法律规定的期限。

> **第二百一十三条　【资本公积金的构成】**公司以超过股票票面金额的发行价格发行股份所得的溢价款、发行无面额股所得股款未计入注册资本的金额以及国务院财政部门规定列入资本公积金的其他项目，应当列为公司资本公积金。

---

[①] （2022）新民再3号，载中国裁判文书网，https：//wenshu.court.gov.cn/website/wenshu/181107ANFZ0BXSK4/index.html？docId = OJatr6oGTDKndorlf4qPUjmYmYqGW3pN/Bvn-RzmIxAuW1QYwZSgxD/UKq3u+IEo4G32hnEYI6Iuzjx4u8HlGgr0fn3OvjmZqZA0luRUlgs6GDPpkvTmbgoEK8QissXVp，最后访问日期：2024年4月28日。

**【理解与适用】**

本条是关于资本公积金构成的规定。

资本公积金，是指依照法律的规定，将特定的公司资本或者特定的项目列入资本公积账户的积累资金，是非经营原因产生的资本增值，本质上属于投入型资本。[①]法定盈余公积金和任意盈余公积金来自公司盈利，但是资本公积金的来源与公司盈利无关。早期资本公积金一般来自股份的溢价款，如股票面值为10元，但是出售价为12元，超出面值的2元列入资本公积金。资本公积金的主要功能是扩大公司的生产经营规模和转增股本，满足一定条件下，公司法允许动用资本公积金来弥补公司的亏损。

关于资本公积金的来源。根据本条的规定，资本公积金来源有三：一是公司溢价发行股票，股票发行价格超过票面金额所得的溢价款，列入资本公积金。二是发行无面额股所得股款未计入注册资本的金额。新公司法引入了无面额股，其第一百四十二条规定，采用无面额股的，应当将发行股份所得股款的二分之一以上计入注册资本。因此，当公司没有将全部发行股份所得股款都计入注册资本时，剩余部分依本条规定就应该计入本公积金。三是国务院财政部门规定列入资本公积金的其他项目。国家财政部门颁布相关的企业会计准则、财会通则等规定，对列入资本公积金的其他项目作出具体规范。

相较原规定，本条将资本公积金的主体由"股份有限公司"修改为"公司"；另外，新增规定了公司发行无面额股所得股款未计入注册资本的金额应当列为公司资本公积金的规定，其他内容未有实质性修改。

**【相关规范】**

● **法律**

《中华人民共和国公司法》（2023年12月29日）

**第一百四十二条** 公司的资本划分为股份。公司的全部股份，根据公司章程的规定择一采用面额股或者无面额股。采用面额股的，每一股的金

---

[①] 参见施天涛：《公司法论》，法律出版社2014年版，第223页。

额相等。

公司可以根据公司章程的规定将已发行的面额股全部转换为无面额股或者将无面额股全部转换为面额股。

采用无面额股的，应当将发行股份所得股款的二分之一以上计入注册资本。

第二百一十四条　公司的公积金用于弥补公司的亏损、扩大公司生产经营或者转为增加公司注册资本。

公积金弥补公司亏损，应当先使用任意公积金和法定公积金；仍不能弥补的，可以按照规定使用资本公积金。

法定公积金转为增加注册资本时，所留存的该项公积金不得少于转增前公司注册资本的百分之二十五。

## 【案例指引】

**甲建筑公司与乙物业公司、丙投资公司纠纷案**①

**裁判要旨**：国务院财政主管部门规定列入资本公积金的其他收入，应当列入公司资本公积金。据此可知，股东对公司的实际出资大于应缴注册资本部分的，应属于公司的资本公积金。丙投资公司主张林某对其多缴的出资属于林某对公司的借款，但未提供证据证明双方事先对该出资的性质为借款以及借款期限、借款利息等有特别约定，在此情形下，根据财政部的规定，林某多缴的出资应为资本公积金，而非借款。

---

> **第二百一十四条　【公积金用途及限制】**公司的公积金用于弥补公司的亏损、扩大公司生产经营或者转为增加公司注册资本。
>
> 公积金弥补公司亏损，应当先使用任意公积金和法定公积金；仍不能弥补的，可以按照规定使用资本公积金。
>
> 法定公积金转为增加注册资本时，所留存的该项公积金不得少于转增前公司注册资本的百分之二十五。

---

① 最高人民法院（2013）民提字第226号，载中国裁判文书网，https://wenshu.court.gov.cn/website/wenshu/181107ANFZ0BXSK4/index.html?docId=uRWyTlZjqeGzsOg2IfiFWDo3anPORqFn3WJRnmHOx+/Bk7FRtE7fVpO3qNaLMqsJrcZMNQgllnkSxdUH/e/P2/DmO8oyMwQpwEWHZS9rjzZQnDA8qCMu9+wnTRW4g5rW，最后访问日期：2024年4月19日。

**【理解与适用】**

本条是关于公积金的用途及限制的规定。

关于弥补公司的亏损。公司在生产或者经营过程中，有盈利也会有亏损。若公司盈利时将利润完全分光，当公司遭遇暂时的亏损时会不得不减少公司的资本，公司将难以为继。因此，当公司经营情况好时，应当提存公积金并储存起来以应对经营困难的不时之需，这样当公司发生亏损时可以弥补资本的亏空，使公司尽快地渡过难关，实现平稳发展。公积金弥补亏损实际上使公积金起到了蓄水池的作用，抵御经营风险，维护公司的市场信誉。用公积金弥补亏损应当遵循法定程序：首先，公司应当先使用任意公积金和法定公积金来弥补公司的亏损；其次，当任意公积金和法定公积金仍不足以弥补时，可以使用资本公积金来弥补，原公司法禁止使用资本公积金弥补亏损，新法已经删除了这一禁止性规定。

关于扩大公司生产经营。公司在生产经营过程中为了扩大生产规模，加强公司实力，就需要资金投入。如果公司对外招募扩大生产规模所需的资金，程序复杂，时间成本和资金成本都比较高。若公司动用自己的公积金追加投资来扩大公司生产经营规模，则程序简便，成本也较低，耗费的时间更少。

关于转增公司的注册资本。公司可以通过增资程序将其转化为资本，不仅公司股东乐于接受，而且程序简便、成本较低。[①]对有限责任公司而言，是按每个股东的实缴比例增加其出资额；对股份有限公司而言，由于实行授权资本制，股东对认购的股份全部实际缴纳，因此应按股东所持股份比例来增加其出资额。

本条第二款规定了公积金弥补亏损的顺位。公积金弥补公司亏损，应当先使用任意公积金和法定公积金；仍不能弥补的，可以按照规定使用资本公积金。

本条第三款规定了法定公积金转增注册资本的比例限制。为保护债权人的利益，法定公积金转增为资本时，所留存的该项公积金不得少于转增前公司注册资本的百分之二十五。

---

① 李建伟：《公司法学》，中国人民大学出版社2022年版，第211页。

**【案例指引】**

A 公司与 B 公司等公司决议效力确认纠纷案 ①

**裁判要旨**：涉案股东会决议的内容是将涉案款项从 B 公司的资本公积调整为其他应付款，也即将本属于 B 公司的资产转为 B 公司对其他公司的债务，既未用于 B 公司扩大生产经营，也未转增为 B 公司资本，违反了公司法第一百六十八条对于公积金用途的限制，也造成 B 公司债务增加，损害了 B 公司的利益。

> **第二百一十五条　【聘用、解聘会计师事务所】** 公司聘用、解聘承办公司审计业务的会计师事务所，按照公司章程的规定，由股东会、董事会或者监事会决定。
> 
> 公司股东会、董事会或者监事会就解聘会计师事务所进行表决时，应当允许会计师事务所陈述意见。

**【理解与适用】**

本条是关于聘用、解聘会计师事务所的规定，新增了监事会可以聘用、解聘承办公司审计业务的会计师事务所的规定，其他内容无实质性变化。

承办公司审计业务的会计师事务所的聘用和解聘，决定机关应由公司章程来规定，公司章程既可以规定是股东会，也可以是董事会或监事会。

在会计师事务所审计过程中，公司负有提供真实、完整的会计凭证、会计账簿、财务会计报告及其他会计资料的义务，不得拒绝、隐匿、谎报。

为了保证会计师事务所独立、客观、公正地进行审计，防止公司随

---

① （2022）京 03 民终 10391 号，载中国裁判文书网，https：//wenshu.court.gov.cn/website/wenshu/181107ANFZ0BXSK4/index.html? docId = JGWeB5tetTlJWeT2SFbQXPA/G + FC-SMp06yrqx4Y3IMbPUzbofYnLZ/UKq3u ＋ IEo4VTgof/GHjSFwSEEcZkICAOOU1vT4cpU8v4KC8f8C9NQDFPV3TuybNvzWLrKz4ChR，最后访问日期：2024 年 4 月 19 日。

便解聘会计师事务所，解聘承办公司审计业务的会计师事务所应当经公司股东会、董事会或者监事会表决通过，并应当给予会计师事务所陈述意见的权利，其目的是防止对于会计师事务所的报复性解聘。①

**【案例指引】**

**刘某某、A 公司民间借贷纠纷案②**

裁判要旨：案涉《审计报告》虽是以 A 公司名义委托进行的审计，但李某当时是 A 公司的法定代表人和实际控制人，无法排除李某利用其特殊的优势地位以 A 公司的名义委托相应机构作出对其有利的审计报告，同时，再审申请人在原审中亦未提交证据证明案涉《审计报告》通过了 A 公司股东会的同意，故，案涉《审计报告》不符合证据的高度概然性，其鉴定程序和内容不符合法律规定，不具有单独证明再审申请人债权的证明力。案涉《审计报告》不可以作为证明李某对 A 公司享有债权的专业鉴定依据。

---

**第二百一十六条　【提供真实、完整会计资料】** 公司应当向聘用的会计师事务所提供真实、完整的会计凭证、会计账簿、财务会计报告及其他会计资料，不得拒绝、隐匿、谎报。

**【理解与适用】**

本条是关于公司有义务向聘用的会计事务所提供会计资料的规定。

公司应当向聘用的会计师事务所提供真实、完整的会计凭证、会计账簿、财务会计报告及其他会计资料，不得拒绝、隐匿、谎报。

---

① 朱慈蕴：《公司法原论》，清华大学出版社 2011 年版，第 232 页。
② （2019）湘民申 5108 号，载中国裁判文书网，https://wenshu.court.gov.cn/website/wenshu/181107ANFZ0BXSK4/index.html?docId=TEBb1cfvyww9TafLdUA5o37/57f0bIRocR Ild-WDYaO4d6H3UvWzdEfUKq3u+IEo4G32hnEYI6ItXzheOhOqpBlm6NIfaPCrEZA0luRUlgs41CW39d7 vyW2CiXAgwLF0Z，最后访问日期：2024 年 4 月 29 日。

## 【相关规范】

● 法律

《中华人民共和国会计法》（2024年6月28日）

第十三条 会计凭证、会计账簿、财务会计报告和其他会计资料，必须符合国家统一的会计制度的规定。

使用电子计算机进行会计核算的，其软件及其生成的会计凭证、会计账簿、财务会计报告和其他会计资料，也必须符合国家统一的会计制度的规定。

任何单位和个人不得伪造、变造会计凭证、会计账簿及其他会计资料，不得提供虚假的财务会计报告。

## 【案例指引】

**叶某某等与北京A公司买卖合同纠纷案**[①]

**裁判要旨：** 根据公司法关于公司对会计师事务所的诚实义务的规定，公司应当向聘用的会计师事务所提供真实、完整的会计凭证、会计账簿、财务会计报告及其他会计资料，不得拒绝、隐匿、谎报。B公司、叶某某在本案其在二审期间提交的《审计报告》显示，B公司仅向会计师事务所提供的财务报表及其附注，并未提供会计凭证、会计账簿、财务会计报告等会计资料。该《审计报告》中亦未体现B公司与叶某某就案涉170万元收购款的支付事宜形成了借款关系。因此，仅凭该份《审计报告》不足以证明B公司的财产独立于叶某某个人的财产。

---

**第二百一十七条 【禁止另立会计账簿及开立个人账户存储公司资金】** 公司除法定的会计账簿外，不得另立会计账簿。

对公司资金，不得以任何个人名义开立账户存储。

---

[①] （2022）京02民终12256号，载中国裁判文书网，https：//wenshu.court.gov.cn/website/wenshu/181107ANFZ0BXSK4/index.html？docId=rPSgzzRgvWaBbU8dD1Z6GcBpJTo+KB5yUAiUOmdtkdp7TQsLm5E3o/UKq3u+IEo4G32hnEYI6ItXzheOhOqpBlm6NIfaPCrEZA0luRUlgs6Ud9DCPDzHz+DlIamIQWhG，最后访问日期：2024年4月29日。

**【理解与适用】**

本条是关于公司会计账簿的规定。

公司应当在依法设置的会计账簿上登记，核算本单位实际发生的各项经济业务。但是在实践中，有些公司设置"账外账"，违反本法和会计法以及国家统一的会计制度的规定，在正常的会计账簿之外私自设置一套或者多套会计账簿，将一项经济业务的核算在不同的会计账簿之间采取种种手段作出不同的反映，或者将一项经济业务不通过正常的会计账簿予以反映，而是通过另设的会计账簿进行核算，以达到隐瞒真实情况、损害国家和社会公众利益等非法目的。比如，有的是掩盖违反财经纪律设"小金库"，有的是偷逃税款，有的是欺骗投资者等。所以，对这种行为应当明令禁止，这样的行为也违反会计法第三条和第十六条的规定。因此，各单位发生的各项经济业务事项，应当在依法设置的会计账簿上统一登记、核算，不得违反本法和国家统一的会计制度的规定私设会计账簿登记、核算。

对于公司资金，不得以任何个人名义开立账户存储。实践中公司财产存放于个人账户的做法在封闭公司中经常发生，中大型有限责任公司和股份有限公司中不常发生，国企和上市公司很少发生。公司的董事、高级管理人员将公司资金以个人名义开立账户存储是否承担责任的判断标准，主要是公司是否知晓以及资金是否供个人使用。违反此规定，本法第二百五十四条规定了违反本条第一款的法律后果。有的法院裁判中借助公司人格否认来否定这样的行为，但是考虑到以个人名义存储的公司资金往往会部分或全部用于公司生产经营，故，相互抵销后导致的结果是裁判案例并没有对违反公司法禁止开立个人账户存储公司资金的行为予以否定评价，而仅对结果意义上的侵占、占用公司资产的行为予以否定评价。违反此规定，将存入个人账户的本单位资金挪用归个人使用或者借贷给他人，可能构成刑法上的挪用资金罪。具体实践中，虽然挪用资金罪被追究刑事责任的案例的比例很小，但常常成为刑事威慑手段。

## 【相关规范】

● *法律*

1. 《中华人民共和国会计法》（2024年6月28日）

**第三条** 各单位必须依法设置会计账簿，并保证其真实、完整。

**第十六条** 各单位发生的各项经济业务事项应当在依法设置的会计账簿上统一登记、核算，不得违反本法和国家统一的会计制度的规定私设会计账簿登记、核算。

2. 《中华人民共和国刑法》（2023年12月29日）

**第二百七十二条** 公司、企业或者其他单位的工作人员，利用职务上的便利，挪用本单位资金归个人使用或者借贷给他人，数额较大、超过三个月未还的，或者虽未超过三个月，但数额较大、进行营利活动的，或者进行非法活动的，处三年以下有期徒刑或者拘役；挪用本单位资金数额巨大的，处三年以上七年以下有期徒刑；数额特别巨大的，处七年以上有期徒刑。

国有公司、企业或者其他国有单位中从事公务的人员和国有公司、企业或者其他国有单位委派到非国有公司、企业以及其他单位从事公务的人员有前款行为的，依照本法第三百八十四条的规定定罪处罚。

有第一款行为，在提起公诉前将挪用的资金退还的，可以从轻或者减轻处罚。其中，犯罪较轻的，可以减轻或者免除处罚。

## 【案例指引】

**B公司、刘某军股东损害公司债权人利益责任纠纷案**[①]

**裁判要旨**：公司股东应按照法律和公司章程的规定正当行使权利，维护公司财产和人格独立，A公司的拆迁补偿款理应以公司法人账户接收。但刘某军作为A公司的股东，在担任A公司法定代表人期间，利用对公司的控制，将公司应得的补偿款以个人领取的方式存入个人账户，其行为违反了公司法关于禁止另立账簿及开立个人账户的规定，损害了公司的法人独立性。

---

① （2022）吉06民终528号，载中国裁判文书网，https://wenshu.court.gov.cn/website/wenshu/181107ANFZ0BXSK4/index.html? docId = h7gy3em4cb + 86o7ySI3aQVUMo0cT6XNQLzBBoZ9/pkx5N5/0fWcTWvUKq3u + IEo4G32hnEYI6ItXzheOhOqpBlm6NIfaPCrEZA0luRUlgs4aQ + yJiyXsqjT+oJpk+NcJ，最后访问日期：2024年4月19日。

**A 分公司与 B 公司等房屋租赁合同纠纷案**[①]

**裁判要旨**：江某某在二审中虽承认其将个人账户交给 B 公司使用以及其个人账户收取租金 936 万元等事实，但江某某同时称其个人为 B 公司垫付了 1097 万元。故，仅依据该事实尚不足以认定股东与公司人格混同，还需结合公司相关会计账簿记载情况综合认定。"公司资产以任何个人名义开立账户存储"为适用公司法人人格否认的非充分条件。

**耿某 1、刘某虚开发票、挪用资金纠纷案**[②]

**裁判要旨**：被告人耿某 1 通过虚开发票等形式违规将公司资金套取至账外，以其本人及其亲属、公司职工等人账户存储，形成"账外账"，导致该账外资金客观上脱离了公司及其他股东的有效监管。被告人耿某 1 利用其担任 A 公司（后更名为 A1 公司）负责人管理、调配公司资金的职务便利，挪用公司账外资金用于个人购买房产，虽形式上向公司财务人员出具了借条，但该借款行为系为了被告人耿某 1 的个人利益，并非为了公司利益，不属于公司的日常经营管理行为，也未经公司股东会的同意或者授权，仍属于未经合法批准的挪用行为，符合挪用资金罪犯罪构成要件，构成挪用资金罪。

---

[①] （2021）最高法民申 5016 号，载中国裁判文书网，https：//wenshu.court.gov.cn/website/wenshu/181107ANFZ0BXSK4/index.html？docId = HSIbTIHYRKJUWmk2AzsaSup1Nh0d + 6TFO6KVz9HuWYRB9ahVZUzY9/UKq3u + IEo4G32hnEYI6ItsHbt/cL + Sby83ZRsbXF14vSBK6ec6MSjppA8iETUZFZiiPyoKgEln，最后访问日期：2024 年 4 月 17 日。

[②] （2020）鲁 0321 刑初 72 号，载中国裁判文书网，https：//wenshu.court.gov.cn/website/wenshu/181107ANFZ0BXSK4/index.html？docId = 7JPLMOaNZ + LqQXEp + fB2ai77GR3cHRd/Ar23mNvsN12OeTPsOR83Z/UKq3u + IEo4G32hnEYI6ItsHbt/cL + Sby83ZRsbXF14vSBK6ec6MSh9c5ds2rYynQAMaOiWqaMx，最后访问日期：2024 年 4 月 17 日。

# 第十一章 公司合并、分立、增资、减资

> **第二百一十八条 【公司合并】** 公司合并可以采取吸收合并或者新设合并。
> 一个公司吸收其他公司为吸收合并，被吸收的公司解散。两个以上公司合并设立一个新的公司为新设合并，合并各方解散。

**【理解与适用】**

本条是关于公司合并类型的规定。

公司合并的动机，有的是为了减少竞争对手，有的是为了实现规模效应，有的是为了实现协同效应，有的是被合并公司价值被低估合并有利可图。

公司合并，是指两个或两个以上的公司，订立合并协议，根据公司合并的法律、法规的规定，成为一个公司的一系列法律行为和程序。合并发生后，被合并公司法人资格消灭，其股东的身份转化为存续或新设公司的股东，被合并而法人资格消灭公司的债权债务由存续公司概括继承，至少一个被合并公司主体资格消亡的效果。公司合并分为吸收合并和新设合并。原则上，公司合并是公司重大变更应经过股东会特别决议，无论是合并方还是被合并方，有限责任公司应经代表三分之二以上表决权的股东通过，股份有限公司应当经出席的股东所持表决权的三分之二以上通过。一人公司的股东作出合并决定，应采用书面形式，并由股东签名或盖章后置备于公司，国有独资公司由履行出资人职责的机构决定。

一个公司吸收其他公司为吸收合并，被吸收的公司解散。吸收合并中，一方公司是吸收合并方，另一方公司被合并的目标公司，合并后前者继续存续，后续法律人格消灭，资产和债权债务全部由吸收合并方承继，因为债权债务有承继方，因此无须进行清算。吸收合并中，如果被

吸收合并方隐瞒债务，那么对吸收合并方来讲存在法律风险，因此合并之前吸收合并方应进行尽职调查避免债务风险。

两个以上公司合并设立一个新的公司为新设合并，合并各方解散。新设合并中，合并各方公司均解散，法人资格消灭，其资产和债权债务由新设公司承继，因合并而解散的各方公司无须清算。

公司合并不同于股权收购和资产收购，合并是公司法律主体人格的合并，股权收购和资产收购则不涉及。

> **第二百一十九条　【公司简易合并】**公司与其持股百分之九十以上的公司合并，被合并的公司不需经股东会决议，但应当通知其他股东，其他股东有权请求公司按照合理的价格收购其股权或者股份。
>
> 公司合并支付的价款不超过本公司净资产百分之十的，可以不经股东会决议；但是，公司章程另有规定的除外。
>
> 公司依照前两款规定合并不经股东会决议的，应当经董事会决议。

## 【理解与适用】

本条是关于公司简易合并的规定。

公司合并需要合并双方公司的股东会特别决议，本条规定了合并不需要股东会特别决议的两种例外情况，这是简易合并。

其一，母公司与持股90%的子公司合并。当母公司与其持股90%以上的子公司进行合并时，无须经过被合并的子公司的股东会决议，因为合并公司是被合并公司的大股东，持有股份远超过三分之二以上表决权，足以支持通过子公司被合并的股东会决议。子公司反对合并的小股东无法阻止合并进行，有限责任公司的小股东可以根据本法第八十九条规定要求公司按照合理的价格收购其股权，股份有限公司的股东可以根据本法第一百六十一条规定要求公司按照合理的价格收购其股份。对于母公司来讲，由于母公司与持股90%的子公司合并，对母公司股东的权益影响不大，也无须要专门召开母公司的股东会来批准合并。

其二，规模大小差异很大的两个公司合并。一个大公司吸收合并一个小公司，大公司需要向小公司的股东支付合并对价，如果大公司合并支付给小公司股东的价款不超过大公司自身净资产10%的，则可以不经大公司股东会的决议。因为，作为存续的大公司的股东利益并未发生实质性变化，免除存续大公司股东会决议的程序，可以节约时间和成本。[1] 但是，如果大公司对小公司持股未超过90%的，则还是应当经过小公司股东会的特别决议。

对于发行类别股的公司，即使合并无须普通股股东的股东会特别决议的，如果合并可能损害类别股股东利益，则还应当经过出席类别股股东会的股东所持表决权的三分之二以上通过。

公司依照前两款规定合并不经股东会决议的，应当经董事会决议，董事应经过半数的董事出席方可举行，董事会作出合并的决议，应当经过全体董事的过半数通过。

> 第二百二十条 【公司合并的程序】公司合并，应当由合并各方签订合并协议，并编制资产负债表及财产清单。公司应当自作出合并决议之日起十日内通知债权人，并于三十日内在报纸上或者国家企业信用信息公示系统公告。债权人自接到通知之日起三十日内，未接到通知的自公告之日起四十五日内，可以要求公司清偿债务或者提供相应的担保。

**【理解与适用】**

本条是关于公司合并程序和合并中的债权人保护程序的规定，新增公司可以选择在国家企业信用信息公示系统公告合并公司合并的决定。

双方订立合并协议与合并双方公司股东会决议孰先孰后？本章并未直接规定，从实践和常理来看，合并协议之签订应当在股东会决议之前，只有在合并双方就合并协议主要条款达成一致意见之后，股东会才

---

[1] 参见朱慈蕴：《公司法原论》，清华大学出版社2011年版，第349页。

有决议对象，股东会表决才有意义。否则，合并一方根据本公司股东会决议向对方提出合并要约之后，对方提出反要约是否可接受，又要再次经股东会决议。

合并协议一般包括的主要条款有：被吸收公司和存续公司的名称、住所；合并双方的基本情况；合并总体方案；合并各方的债权、债务继承安排；双方权利义务；职工安置；合并手续的办理；双方的承诺和保证；合并协议的生效条件；争议解决。

合并双方公司编制资产负债表及财产清单，说明合并双方公司合并时候的资产和财务状况。

公司应当在合并决议作出之日起十日内通知已知或应知债权人，并在三十日内在报纸上或国家企业信用信息公示系统公告。合并双方均应当向被合并方的债权人发出通知，但是法律意义不同。存续公司发出的通知是债务概括承继的意思，债务概括承担是存续公司单方面、不可撤销的意思表示，因此只能以存续公司向被合并公司的债权人为相对人进行意思表示才有法律意义，被合并公司（转让方）以自己名义发出债务概括承担通知并不能约束存续公司。被合并方向自己的债务人发出的通知只是债权转让通知。

债权人自接到通知之日起三十日内，未接到通知的自公告之日起四十五日内，可以要求公司清偿债务或者提供相应的担保。合并公司未清偿债务或提供担保的，根据我国公司法，并未规定债权人对合并行为本身及其效力有异议权以阻止合并效力的发生。合并导致债权债务的概括转移，有法定的承继公司，合并无须债权人同意，即使公司未对债权人提供清偿或担保。

合并各方履行本条规定的债权人保护程序是合并的对抗要件，不是生效要件，未履行此保护程序，不能对抗异议债权人。[1]

**【相关规范】**

● *法律*

《中华人民共和国反垄断法》（2022年6月24日）

第二十五条 经营者集中是指下列情形：

---

[1] 参见朱慈蕴：《公司法原论》，清华大学出版社2011年版，第349页。

（一）经营者合并；

（二）经营者通过取得股权或者资产的方式取得对其他经营者的控制权；

（三）经营者通过合同等方式取得对其他经营者的控制权或者能够对其他经营者施加决定性影响。

第二十六条　经营者集中达到国务院规定的申报标准的，经营者应当事先向国务院反垄断执法机构申报，未申报的不得实施集中。

经营者集中未达到国务院规定的申报标准，但有证据证明该经营者集中具有或者可能具有排除、限制竞争效果的，国务院反垄断执法机构可以要求经营者申报。

经营者未依照前两款规定进行申报的，国务院反垄断执法机构应当依法进行调查。

## 【案例指引】

**A 公司、B 公司等买卖合同纠纷案**[①]

**裁判要旨**：登报公告为公司合并的法定程序。被合并公司原债权人在法定期限内向对方公司申报债权是原债权人的权利，并非义务，若原债权人没有及时申报债权，并不意味着债权自动消亡，原债权人仍然可以向合并后的公司主张权利。

---

**第二百二十一条　【公司合并后债权债务的承继】** 公司合并时，合并各方的债权、债务，应当由合并后存续的公司或者新设的公司承继。

---

## 【理解与适用】

本条是关于公司合并债权债务的概括承继。合并各方在合并之前存

---

[①]（2021）粤 06 民终 14165 号，载中国裁判文书网，https://wenshu.court.gov.cn/website/wenshu/181107ANFZ0BXSK4/index.html?docId=uAs45pMi7XXCCPQqdhF0La+tTbKnnDeYmozw/AXB72rs0GSWzHSdsvUKq3u + IEo4a2413fymoVhb5Ehjtp9N4uIVZSGAl4oETMaH4b Ezb-CvdySiiZ2UXTPWU6yDqHXPk，最后访问日期：2024 年 4 月 30 日。

在的债务由合并后存续的公司承继。公司合并完成后，合并各方的债权、债务，对于吸收合并应当由合并后存续的公司承继，即兼并方公司承继；对于新设合并，合并中解散公司的债权债务应当由新设的公司承继。在合并完成后，无论被吸收公司注销登记是否办理，存续公司都应当承继被吸收公司的债务，注销登记与否不影响债务的承继。

**【相关规范】**

● *法律*

《中华人民共和国民法典》（2020年5月28日）

　　**第六十七条第一款**　法人合并的，其权利和义务由合并后的法人享有和承担。

---

**第二百二十二条　【公司分立】** 公司分立，其财产作相应的分割。

公司分立，应当编制资产负债表及财产清单。公司应当自作出分立决议之日起十日内通知债权人，并于三十日内在报纸上或者国家企业信用信息公示系统公告。

---

**【理解与适用】**

　　本条是公司分立程序的规定。

　　公司分立是改造重组企业的有效手段，可以调整公司的营业，可以进行组织再造，具体价值体现为：（1）有助于实现公司经营的专门化，提升公司的经营效率，如聚焦主营业务，将非主营业务分立出去；（2）成为规避法律的手段，如规避反垄断法关于经营者集中的规定；（3）解决公司纷争和僵局的手段，可以将一部分公司资产分给部分股东并成立新的公司。

　　公司分立是指一个公司不经过清算程序，依照法定程序分成两个或两个以上公司，或公司因分立而与一个或数个现存的公司进行合并的法律行为。公司分立的特征是一个公司分成两个公司或多个公司，公司分立会发生法律人格的变化，产生新的法律人格。

公司分立的类型有三种：（1）派生分立，也称为存续分立。是指原公司继续存续，另外设立一个或一个以上的新公司来接受原公司的部分营业，公司分立完成后，原公司的法律人格不灭继续存在。（2）新设分立，也称为解散分立。原公司分成两个或两个以上公司，原公司解散，原公司的全部营业分成两部分或两个以上部分作为出资注入新设立的公司，新设立的公司承继原公司的资产和债权债务。（3）合并分立。原公司全部资产的一部分或全部资产分成若干部分，同另一个或另几个公司的部分资产共同成立一个或几个公司。[1]

商事实践中，大公司分立的一般程序都是先由经理提出方案，经董事会讨论表决通过之后再报股东会投票表决。对于规模小的有限责任公司来讲，由于股东人数有限，大多数一般不超过5人，股东同时也参与公司的经营管理，股东线下或线上讨论表决，形成一个决议便可以执行，决策程序十分简单。公司分立，在分立协议中应将财产分割、债权债务承受考虑周全，避免以后产生纠纷。[2]公司分立是公司重大变更，应当经过股东会特别决议，一人公司的股东作出分立决定，应采用书面形式，并由股东签名或盖章后置备于公司，国有独资公司由履行出资人职责的机构决定。

我国公司法规定的公司分立通知和公告债权人程序与合并一样，公司应当自作出分立决议之日起十日内通知债权人，并于三十日内在报纸上或者国家企业信用信息公示系统公告。但是，公司违反对债权人的通知和公告义务，法律后果如何，公司法并未有规定。公司分立未通知公司的债务人的，民法典第五百二十九条规定，债权人分立没有通知债务人，致使履行债务发生困难的，债务人可以中止履行或者将标的物提存。

**【相关规范】**

● *法律*

《中华人民共和国民法典》（2020年5月28日）

第六十七条第二款　法人分立的，其权利和义务由分立后的法人享有

---

[1] 赵旭东主编：《公司法学》，高等教育出版社2015年版，第354页。
[2] 朱锦清：《公司法学（修订本）》，清华大学出版社2019年版，第564页。

连带债权，承担连带债务，但是债权人和债务人另有约定的除外。

**第五百二十九条** 债权人分立、合并或者变更住所没有通知债务人，致使履行债务发生困难的，债务人可以中止履行或者将标的物提存。

> **第二百二十三条 【公司分立债务承担】** 公司分立前的债务由分立后的公司承担连带责任。但是，公司在分立前与债权人就债务清偿达成的书面协议另有约定的除外。

**【理解与适用】**

本条是关于公司分立债务承担的规定。

债权人向分立后的公司主张债权，在分立之前，关于原公司的债务如何承担与债权人有书面协议的，则按照当事人的约定处理；与债权人未有书面约定的，则公司分立前的债务由分立后的公司承担连带责任。

关于债务承担，谁与原公司的债权人协商？分立后的公司此时尚不存在，不可能与原公司债权人协商。此时，与原公司债权人协商的应是原公司，无论是对于派生分立还是解散分立而言。

原公司的股东在分立后会因为成为分立后不同公司的股东，从而成为不同"派别"，这些不同"派别"的股东代表各自分立后的公司相互协商来如何承担原公司的债权债务。分立成功，则分立协议对分立后的公司产生约束力，债务的处理依照分立协议处理。

**【相关规范】**

● **司法解释及文件**
《最高人民法院关于审理与企业改制相关的民事纠纷案件若干问题的规定》（2020年12月29日）

第十二条 债权人向分立后的企业主张债权，企业分立时对原企业的债务承担有约定，并经债权人认可的，按照当事人的约定处理；企业分立时对原企业债务承担没有约定或者约定不明，或者虽然有约定但债权人不予认可的，分立后的企业应当承担连带责任。

第十三条 分立的企业在承担连带责任后，各分立的企业间对原企业债务承担有约定的，按照约定处理；没有约定或者约定不明的，根据企业分立时的资产比例分担。

**【案例指引】**

**周某与郑某、骆某民间借贷纠纷案**①

裁判要旨：本案中，原市某公司分立为市某公司、新某公司，原告作为债权人并没有和分立时原市某公司约定债务清偿主体，故，市某公司、新某公司应当对原市某公司的债务承担连带责任。原市某公司分立时，虽然股东会决议中载明分立后的原公司债权、债务均归分立后存续的公司即市某公司承担，此系内部协议，对外并不具有法律效力。目前，新某公司的股东已变更，骆某将名下全部股权以零对价转让，明显存在规避债务之嫌，但公司股东变更，并不影响公司作为责任主体的债务承担。故此，郑某、骆某作为企业负责人或实际控制人以个人名义将所借款项用于企业生产经营，原市某公司应当与郑某、骆某共同承担责任，以及由此产生的新某公司、市某公司作为原市某公司债务的连带责任承担者应与郑某、骆某共同承担责任。

> **第二百二十四条　【公司减资】** 公司减少注册资本，应当编制资产负债表及财产清单。
>
> 公司应当自股东会作出减少注册资本决议之日起十日内通知债权人，并于三十日内在报纸上或者国家企业信用信息公示系统公告。债权人自接到通知之日起三十日内，未接到通知的自公告之日起四十五日内，有权要求公司清偿债务或者提供相应的担保。

---

① （2017）浙 1021 民初 4959 号，载中国裁判文书网，https：//wenshu.court.gov.cn/website/wenshu/181107ANFZ0BXSK4/index.html?docId=baWF8FM0EmNIWqRGak7IKZkxWkBTYqo0cIJONQXjQfBmj54NFZCx0/UKq3u+IEo4w4OaGAbnG2A8A8lfcm2NXSN05NRB6QgWvb77MR4zDn7+0gmyZfSCk6rptLB5hxAj，最后访问日期：2024 年 4 月 21 日。

> 公司减少注册资本，应当按照股东出资或者持有股份的比例相应减少出资额或者股份，法律另有规定、有限责任公司全体股东另有约定或者股份有限公司章程另有规定的除外。

**【理解与适用】**

本条是关于公司减少注册资本程序与债权人保护的规定。

公司减少注册资本，应当编制资产负债表及财产清单。

公司减资是公司重大变更事项，应当经过股东会特别决议，有限责任公司所有股东表决权三分之二以上通过，股份有限公司经过出席股东会的股东所持表决权的三分之二以上通过。公司减资应当经过保护债权人的法定程序，自股东会作出减资决议之日起十日内通知已知或应知债权人，并于三十日内公告未知债权人，公告的方式是在报纸上或国家企业信用公示系统。未通知或公告债权人的，减资不能对抗债权人，仍应当以减资前的注册资本对债权人承担责任。债权人自接到通知之日起三十日内，未接到通知的自公告之日起四十五日内，有权要求公司清偿债务或提供担保。但是，公司未清偿债务或提供担保的，债权人对减资并无否决权，不影响公司减资的效力和继续进行。

减资有同比例减资，也有非同比例减资，非同比例减资将改变公司既存的股权结构和股东在公司中的相对地位，如果非同比例减资也通过多数决即可，则违反股东平等原则，也损害股东在公司中的预期。因此，股东会多数决通过的减资行为本身，而不应当同时包括非同比例减资改变既有的股权结构。公司法规定减资应当同比例，非同比例减资需要有法律、股份有限公司章程另有规定，或者有限责任公司全体股东另有约定。从解释来看，此处的章程另有规定，章程应当是初始章程而不应当是嗣后章程，因为初始章程是全体股东一致通过，如果章程是嗣后章程，嗣后章程多数决即可通过修改，与体系解释与目的解释相悖。有限责任公司全体股东另有约定，意味着全体股东对非同比例减资一致同意。

> 第二百二十五条 【形式减资】公司依照本法第二百一十四条第二款的规定弥补亏损后，仍有亏损的，可以减少注册资本弥补亏损。减少注册资本弥补亏损的，公司不得向股东分配，也不得免除股东缴纳出资或者股款的义务。
>
> 依照前款规定减少注册资本的，不适用前条第二款的规定，但应当自股东会作出减少注册资本决议之日起三十日内在报纸上或者国家企业信用信息公示系统公告。
>
> 公司依照前两款的规定减少注册资本后，在法定公积金和任意公积金累计额达到公司注册资本百分之五十前，不得分配利润。

## 【理解与适用】

本条是关于公司简易减资的规定。

公司减资可以分类为形式减资和实质减资。本法第二百二十四条规定的是实质减资，本条规定的是形式减资。所谓实质减资，是指减少注册资本的同时，将一定的实实在在的公司资产支付给股东，从而也减少了公司资产的减资形式。实质减资导致公司责任财产减少，降低公司的偿债能力，影响债权人利益，引发股东与债权人利益冲突。所谓形式减资，是指只是减少抽象意义上的注册资本额，但是不向股东支付公司资产，不减少实实在在、具体的公司资产，旨在使公司的注册资本与净资产水准匹配。形式减资中，公司责任财产并不发生变化。

公司可以依照本法第二百一十四条第二款的规定，使用公积金弥补亏损后，仍有亏损的，因公司处于亏损状态，公司净资产与注册资本差距过大，为弥补公司亏损而进行减资行为，使公司的净资产与减少后的注册资本匹配。弥补亏损，除了可以使用公积金以外，也可通过减资弥补亏损。在会计观点上，减资是可以用来弥补亏损的。因此，当公积金弥补亏损后，公司仍有亏损的，公司可以进一步通过减资来弥补亏损。但是为了弥补亏损而减少注册资的，应当受有限制，即公司不得将公司的资产支付给股东，向股东进行分配，也不得免除股东认缴还未实缴的出资或股款的义务，否则这将减少公司现有的资产，而现有的资产用来担保公司债权人的债权实现。

为了弥补亏损减少注册资本的，不向股东支付公司的资产，不免除股东的出资义务，公司的资产并未减少，则不适用本法第二百二十四条第二款的减资程序的规定，即通知、公告债权人，债权人收到通知、公告后要求公司提前清偿或提供担保。但是，公司应当自股东会作出减少注册资本决议之日起三十日内在报纸上或者国家企业信用信息公示系统公告。因为公司的注册资本减少了，这属于公司的登记事项变更，注册资本这一登记事项变更予以公告有助于交易安全。

公司依照前两款的规定减少注册资本后，在法定公积金和任意公积金累计额达到公司注册资本百分之五十前，不得分配利润。形式减资实质上为公司以后的利润分配去除了障碍，使公司有可能向股东支付，从而公司资产可能流向股东。为了保障债权人利益，公司形式减资完成后，公司的利润分配应当受到限制，以保障公司以后稳定的经营能力，保障公司积累足够的资产充当债权人的责任财产。因此，在向股东分配利润之前，应当先提取法定公积金和任意公积金，在法定公积金和任意公积金累计额达到公司注册资本百分之五十前，不得向股东分配公司利润。

**【相关规范】**

● *法律*

《中华人民共和国公司法》（2023 年 12 月 29 日）

第二百一十条　公司分配当年税后利润时，应当提取利润的百分之十列入公司法定公积金。公司法定公积金累计额为公司注册资本的百分之五十以上的，可以不再提取。

公司的法定公积金不足以弥补以前年度亏损的，在依照前款规定提取法定公积金之前，应当先用当年利润弥补亏损。

公司从税后利润中提取法定公积金后，经股东会决议，还可以从税后利润中提取任意公积金。

公司弥补亏损和提取公积金后所余税后利润，有限责任公司按照股东实缴的出资比例分配利润，全体股东约定不按照出资比例分配利润的除外；股份有限公司按照股东所持有的股份比例分配利润，公司章程另有规定的除外。

公司持有的本公司股份不得分配利润。

**第二百一十四条** 公司的公积金用于弥补公司的亏损、扩大公司生产经营或者转为增加公司注册资本。

公积金弥补公司亏损，应当先使用任意公积金和法定公积金；仍不能弥补的，可以按照规定使用资本公积金。

法定公积金转为增加注册资本时，所留存的该项公积金不得少于转增前公司注册资本的百分之二十五。

**第二百二十四条** 公司减少注册资本，应当编制资产负债表及财产清单。

公司应当自股东会作出减少注册资本决议之日起十日内通知债权人，并于三十日内在报纸上或者国家企业信用信息公示系统公告。债权人自接到通知之日起三十日内，未接到通知的自公告之日起四十五日内，有权要求公司清偿债务或者提供相应的担保。

公司减少注册资本，应当按照股东出资或者持有股份的比例相应减少出资额或者股份，法律另有规定、有限责任公司全体股东另有约定或者股份有限公司章程另有规定的除外。

---

**第二百二十六条　【违法减资的民事责任】** 违反本法规定减少注册资本的，股东应当退还其收到的资金，减免股东出资的应当恢复原状；给公司造成损失的，股东及负有责任的董事、监事、高级管理人员应当承担赔偿责任。

---

## 【理解与适用】

本条是关于违法减资民事责任的规定。

违法减资，违法既指违反减资实质条件，又指违反减资程序规定，违法减资会损害公司债权人利益或股东利益，违法进行本法第二百四十四条规定的实质减资会损害债权人利益，违反本法第二百四十四条实质减资规定进行非等比例减资，还会损害小股东利益，因此，非常有必要规定违法减资的民事责任。

原公司法未规定违法减资股东的责任，如不通知、公告债权人而减资，对从公司接受支付财产的股东，司法实践中法院一般类推适用司法解释抽逃出资的规定，令股东在减资范围内对公司债务与公司承担连带责任。新公司法明确了股东的责任，公司违反本法规定减资的，向股东支付资金，或者减免股东出资义务或缴纳股款的义务，则股东应当向公司返还从公司那里收取到的资金，减免的股东出资义务或缴纳股款的义务应当恢复原状。需要注意的是，股东承担本条规定的责任，不以过错为要件，应当是一种结果责任，只要公司减资实质条件或程序违法，股东无论在股东会上投票赞成、弃权或反对，只要从公司收到的资金，获得公司减免其出资义务，就应当返还资金或对减免的出资义务恢复原状。

原公司法只是在第二百零四条规定了违法减资的行政责任，公司减资过程中不通知公告债权人的，行政机关责令改正，对公司处以一万元以上十万元以下罚款。新公司法规定了董事、监事和高级管理人员违法减资的民事责任，违法减资给公司造成损失的，负有责任的董事、监事、高级管理人员应当承担赔偿责任。需要注意的是，董事、监事、高级管理人员承担赔偿责任，以"负有责任"为条件，从解释来看，需要董事、监事、高级管理人员有过错，并且过错行为与公司的损失之间有因果关系。

**【相关规范】**

● *法律*

**《中华人民共和国公司法》**（2023年12月29日）

第四条　有限责任公司的股东以其认缴的出资额为限对公司承担责任；股份有限公司的股东以其认购的股份为限对公司承担责任。

公司股东对公司依法享有资产收益、参与重大决策和选择管理者等权利。

第二百二十四条　公司减少注册资本，应当编制资产负债表及财产清单。

公司应当自股东会作出减少注册资本决议之日起十日内通知债权人，并于三十日内在报纸上或者国家企业信用信息公示系统公告。债权人自接到通知之日起三十日内，未接到通知的自公告之日起四十五日内，有权要求公司清偿债务或者提供相应的担保。

公司减少注册资本，应当按照股东出资或者持有股份的比例相应减少出资额或者股份，法律另有规定、有限责任公司全体股东另有约定或者股份有限公司章程另有规定的除外。

**第二百二十五条** 公司依照本法第二百一十四条第二款的规定弥补亏损后，仍有亏损的，可以减少注册资本弥补亏损。减少注册资本弥补亏损的，公司不得向股东分配，也不得免除股东缴纳出资或者股款的义务。

依照前款规定减少注册资本的，不适用前条第二款的规定，但应当自股东会作出减少注册资本决议之日起三十日内在报纸上或者国家企业信用信息公示系统公告。

公司依照前两款的规定减少注册资本后，在法定公积金和任意公积金累计额达到公司注册资本百分之五十前，不得分配利润。

**第二百五十四条** 有下列行为之一的，由县级以上人民政府财政部门依照《中华人民共和国会计法》等法律、行政法规的规定处罚：

（一）在法定的会计账簿以外另立会计账簿；

（二）提供存在虚假记载或者隐瞒重要事实的财务会计报告。

## 【案例指引】

**小某公司、铜某公司买卖合同纠纷案**①

**裁判要旨**：本案中，虽然蒙某公司在《××新报》上发布了减资公告，但小某公司作为蒙某公司的股东，在能获得铜某公司联系方式的情况下，未就减资事宜直接通知铜某公司，亦未采取其他合理、有效的方式告知铜某公司，故，该通知方式不符合减资的法定程序。2017年12月1日，蒙某公司就小某公司的减资事宜形成股东会决议，此时铜某公司的债权已经形成。小某公司作为蒙某公司的股东，在蒙某公司对外所负巨额债务未受清偿的情况下，仍然通过股东会决议同意其减资，既降低了蒙某公司的债务清偿能力，又损害了铜某公司的合法权益，应当对蒙某公司的债务承担相应的法律责任。小某公司的减资行为本质上造成了同股东抽逃出资一样的法律后果，应比照股东抽逃出资责任的规定处理，即小某公司应当在减资5000万

---

① （2020）赣民终404号，载中国裁判文书网，https：//wenshu.court.gov.cn/website/wenshu/181107ANFZ0BXSK4/index.html? docId = 5VrccDkf9DXAvtKHuvrdOfKbujAEzHHhCXK + caYPbJFXA8jaKIYEaJO3qNaLMqsJilomMG3QQ37lKi6E9CyY + FYe1M + VvPs/cmTXZtPih6o19pJZhs + RPmcA0lfUM8rP，最后访问日期：2024年4月19日。

元的范围内对蒙某公司所欠货款及逾期付款利息承担补充赔偿责任。

> **第二百二十七条 【公司增资的股东优先认购权】**有限责任公司增加注册资本时，股东在同等条件下有权优先按照实缴的出资比例认缴出资。但是，全体股东约定不按照出资比例优先认缴出资的除外。
>
> 股份有限公司为增加注册资本发行新股时，股东不享有优先认购权，公司章程另有规定或者股东会决议决定股东享有优先认购权的除外。

**【理解与适用】**

本条是关于公司增加注册资本股东的优先认股权的规定。

有限责任公司应当依照法定条件和程序增加注册资本。原则上，公司法规定有限责任公司现任股东对新增注册资本依照持股比例有优先认股权，也称为先买权。例外情况下，公司可以不按照实缴的出资比例对新增资本赋予优先认股权，但是需要全体股东一致同意。

公司法规定有限责任公司股东对增资的优先认股权，目的是防止现任股东在公司增资后经济利益和表决权比例被稀释。经济利益的稀释是指增资新发行的股权价格过低，冲淡了原股权的价值；表决权比例的稀释，是指增资发行会导致其表决权比例降低，影响在公司中的影响力的相对地位。

优先认股权是权利而非义务，股东因为资金有限等原因可以自愿放弃。有限责任公司增资，对增资的认购可以是现任股东，也可以是外部投资人。优先认股权的条件是：(1) 适用主体是公司现任股东；(2) 现任股东优先认购权只能是同等条件的优先认购权；(3) 认购比例是按照实缴比例而非认缴比例，股东放弃认缴的部分其他股份没有优先认购权；(4) 外部投资人只有在原股东放弃优先认购的范围内向公司增资。

股份有限公司为增加注册资本发行新股时，股东不享有优先认购权，公司章程另有规定或者股东会决议决定股东享有优先认购权的除外。股份有限公司是资合性公司，为了避免股东的优先认股权影响融资,对股份有限公司增资来讲,股东享有优先认股权是例外,不享有优先认股权是原则。因此,法律规定增资发行新股股东不享有优先认股权,章程或股东会决议对此有相反规定时为例外。

## 【案例指引】

### 杨某1与顺某公司决议效力确认纠纷案①

**裁判要旨**:股东对新增资本的优先认购权的设置,是基于有限责任公司人合性的特征,旨在防止股东持股比例被不当稀释而损害其权益,是公司股东依法享有资产收益、参与重大决策和选择管理者等权利的体现。而本案中,现有证据无法认定涉案股东会决议系股东杨某1的真实意思表示,且考虑顺某公司三名股东亲属身份关系,应当认定涉案股东会决议直接剥夺了杨某1作为小股东的知情权、参与重大决策权等程序权利,也在一定程度上损害了杨某1作为股东的实质利益,侵害了其对增资的优先认购权,因此涉案股东会决议无效。涉案决议无效后,公司应当向公司登记机关申请撤销变更登记。

> **第二百二十八条 【公司增资】**有限责任公司增加注册资本时,股东认缴新增资本的出资,依照本法设立有限责任公司缴纳出资的有关规定执行。
>
> 股份有限公司为增加注册资本发行新股时,股东认购新股,依照本法设立股份有限公司缴纳股款的有关规定执行。

## 【理解与适用】

本条是关于公司增加注册资本的规定。

公司增加注册资本是要式法律行为,应当召开股东会并满足股东会的召集程序,经过股东会特别决议。

---

① (2023)京03民终6141号,载中国裁判文书网,https://wenshu.court.gov.cn/website/wenshu/181107ANFZ0BXSK4/index.html?docId=wC+7+HE7zayAn9IKYeJ6SZEZxY52 dF-PjidNh2oZblOFITWPY2wD25pO3qNaLMqsJilomMG3QQ37lKi6E9CyY+FYe1M+VvPs/cmTXZtPih6poqSuL2GzD+Nom1wRMWDgN,最后访问日期:2024年4月19日。

有限责任公司增加注册资本时，股东认缴新增资本的出资，依照本法设立有限责任公司缴纳出资的有关规定执行。根据设立有限责任公司缴纳出资的规定，股东认缴的出资，应当按照章程的规定，在5年内对其认购的出资实际缴纳到位。

股份有限公司为增加注册资本发行新股时，股东认购新股，依照本法设立股份有限公司缴纳股款的有关规定执行。根据股份有限公司缴纳股款的规定，实行授权资本制，公司发行的新增资本，认股人应当对其认购的股份足额缴纳股款，不允许认缴而不实缴。

## 【相关规范】

● 法律

《中华人民共和国公司法》（2023年12月29日）

第四十七条　有限责任公司的注册资本为在公司登记机关登记的全体股东认缴的出资额。全体股东认缴的出资额由股东按照公司章程的规定自公司成立之日起五年内缴足。

法律、行政法规以及国务院决定对有限责任公司注册资本实缴、注册资本最低限额、股东出资期限另有规定的，从其规定。

第四十八条　股东可以用货币出资，也可以用实物、知识产权、土地使用权、股权、债权等可以用货币估价并可以依法转让的非货币财产作价出资；但是，法律、行政法规规定不得作为出资的财产除外。

对作为出资的非货币财产应当评估作价，核实财产，不得高估或者低估作价。法律、行政法规对评估作价有规定的，从其规定。

第四十九条　股东应当按期足额缴纳公司章程规定的各自所认缴的出资额。

股东以货币出资的，应当将货币出资足额存入有限责任公司在银行开设的账户；以非货币财产出资的，应当依法办理其财产权的转移手续。

股东未按期足额缴纳出资的，除应当向公司足额缴纳外，还应当对给公司造成的损失承担赔偿责任。

第五十条　有限责任公司设立时，股东未按照公司章程规定实际缴纳出资，或者实际出资的非货币财产的实际价额显著低于所认缴的出资额的，设立时的其他股东与该股东在出资不足的范围内承担连带责任。

第五十一条　有限责任公司成立后，董事会应当对股东的出资情况进行核查，发现股东未按期足额缴纳公司章程规定的出资的，应当由公司向该股东发出书面催缴书，催缴出资。

未及时履行前款规定的义务，给公司造成损失的，负有责任的董事应当承担赔偿责任。

第五十二条　股东未按照公司章程规定的出资日期缴纳出资，公司依照前条第一款规定发出书面催缴书催缴出资的，可以载明缴纳出资的宽限期；宽限期自公司发出催缴书之日起，不得少于六十日。宽限期届满，股东仍未履行出资义务的，公司经董事会决议可以向该股东发出失权通知，通知应当以书面形式发出。自通知发出之日起，该股东丧失其未缴纳出资的股权。

依照前款规定丧失的股权应当依法转让，或者相应减少注册资本并注销该股权；六个月内未转让或者注销的，由公司其他股东按照其出资比例足额缴纳相应出资。

股东对失权有异议的，应当自接到失权通知之日起三十日内，向人民法院提起诉讼。

第五十四条　公司不能清偿到期债务的，公司或者已到期债权的债权人有权要求已认缴出资但未届出资期限的股东提前缴纳出资。

第五十五条　有限责任公司成立后，应当向股东签发出资证明书，记载下列事项：

（一）公司名称；

（二）公司成立日期；

（三）公司注册资本；

（四）股东的姓名或者名称、认缴和实缴的出资额、出资方式和出资日期；

（五）出资证明书的编号和核发日期。

出资证明书由法定代表人签名，并由公司盖章。

第五十六条　有限责任公司应当置备股东名册，记载下列事项：

（一）股东的姓名或者名称及住所；

（二）股东认缴和实缴的出资额、出资方式和出资日期；

（三）出资证明书编号；

（四）取得和丧失股东资格的日期。

记载于股东名册的股东，可以依股东名册主张行使股东权利。

第九十六条　股份有限公司的注册资本为在公司登记机关登记的已发

行股份的股本总额。在发起人认购的股份缴足前，不得向他人募集股份。

法律、行政法规以及国务院决定对股份有限公司注册资本最低限额另有规定的，从其规定。

**第九十七条** 以发起设立方式设立股份有限公司的，发起人应当认足公司章程规定的公司设立时应发行的股份。

以募集设立方式设立股份有限公司的，发起人认购的股份不得少于公司章程规定的公司设立时应发行股份总数的百分之三十五；但是，法律、行政法规另有规定的，从其规定。

**第九十八条** 发起人应当在公司成立前按照其认购的股份全额缴纳股款。

发起人的出资，适用本法第四十八条、第四十九条第二款关于有限责任公司股东出资的规定。

**第九十九条** 发起人不按照其认购的股份缴纳股款，或者作为出资的非货币财产的实际价额显著低于所认购的股份的，其他发起人与该发起人在出资不足的范围内承担连带责任。

**第一百条** 发起人向社会公开募集股份，应当公告招股说明书，并制作认股书。认股书应当载明本法第一百五十四条第二款、第三款所列事项，由认股人填写认购的股份数、金额、住所，并签名或者盖章。认股人应当按照所认购股份足额缴纳股款。

**第一百零一条** 向社会公开募集股份的股款缴足后，应当经依法设立的验资机构验资并出具证明。

**【案例指引】**

**森某公司、王某与许某、张某公司增资纠纷案**[①]

**裁判要旨**：公司增资，即公司增加资本，是反映公司基于筹集资金、扩大经营规模的目的，依照法定条件和增加公司资本的行为。公司法对公司增资规定了严格的程序。公司增资作为公司重要事项，属于要式法律行为，不仅需要合意基础，还需要符合法律以及公司章程规定的股东会决议、登记变更等形式和手续。

---

[①] （2023）兵09民终41号，载中国裁判文书网，https：//wenshu.court.gov.cn/website/wenshu/181107ANFZ0BXSK4/index.html？docId＝OZTPCtKNQuGy4bJsWj1kPG/LoKXRRpqKw/lDywVLPBPC/PQmnJrHpPUKq3u＋IEo4a2413fymoVhb5Ehjtp9N4uIVZSGAl4oETMaH4bEzbCvdySiiZ2UXTGHzz6VJfKpU，最后访问日期：2024年4月21日。

# 第十二章 公司解散和清算

> **第二百二十九条 【公司解散原因】** 公司因下列原因解散：
> （一）公司章程规定的营业期限届满或者公司章程规定的其他解散事由出现；
> （二）股东会决议解散；
> （三）因公司合并或者分立需要解散；
> （四）依法被吊销营业执照、责令关闭或者被撤销；
> （五）人民法院依照本法第二百三十一条的规定予以解散。
> 公司出现前款规定的解散事由，应当在十日内将解散事由通过国家企业信用信息公示系统予以公示。

## 【理解与适用】

本条是公司解散原因的规定。

公司解散是公司因为法定原因、章程或公司决议而终止公司经营活动，并开始解散清算，最终使公司法人资格消灭的一系列行为和程序。一个健全的市场，不仅要有一套保障市场准入的法律制度，也要有一套保障公司正常经营的法律制度，还要有一套保障公司正常退出的法律制度，公司解散和清算就是保障公司市场退出并消灭法律主体人格的制度。[①]解散是公司终止的事由，破产和解散是公司终止的两类事由。公司的解散原因分为两大类，即任意解散原因和强制解散原因，强制解散原因又进一步分为行政强制解散原因和司法强制解散原因。公司解散，会对债权人产生较大影响，应当将解散事由通过国家企业信用信息公示系统予以公示，使债权人了解公司解散的原因，及时申报债权。

---

① 参见虞政平：《公司法案例教学》（下），人民法院出版社 2018 年版，第 1567 页。

本条的第一项至第三项是任意解散原因，任意解散是在公司自己的意思下进行的解散，其实质是在公司所有人股东的意思下进行的解散，其中依照本条第一项、第二项进行解散的，需要经过解散清算程序，本条第三项的任意解散无须解散清算程序，因为公司破产或分立的，有存续的公司承继被解散公司的债权债务。

本条的第四项是行政强制解散原因。行政强制解散是行政机关主导的强制性解散，公司违反法律的，行政主管机关处以吊销营业执照、责令关闭或者被撤销的，将导致公司解散，退出市场。所谓吊销营业执照，是指剥夺公司的营业执照，使其丧失营业资格不能继续从事生产经营。所谓责令关闭，是指公司违反了法律、行政法规的规定，行政机关作出终止其生产或者经营的处罚决定。所谓被撤销，是指由行政机关撤销有瑕疵的公司登记。公司被依法吊销营业执照、责令关闭或者被撤销，已被禁止经营活动，应当解散，办理解散清算，注销登记。

本条的第五项规定的是司法强制解散。公司出现本法第二百三十一条规定的公司僵局，持有公司10%以上表决权的股东可以请求法院强制解散公司。

【相关规范】

● 法律

1.《中华人民共和国行政处罚法》（2021年1月22日）

　　第九条　行政处罚的种类：

　　（一）警告、通报批评；

　　……

　　（四）限制开展生产经营活动、责令停产停业、责令关闭、限制从业；

　　……

● 行政法规及文件

2.《中华人民共和国市场主体登记管理条例》（2021年7月27日）

　　第四十条　提交虚假材料或者采取其他欺诈手段隐瞒重要事实取得市场主体登记的，受虚假市场主体登记影响的自然人、法人和其他组织可以向登记机关提出撤销市场主体登记的申请。

　　登记机关受理申请后，应当及时开展调查。经调查认定存在虚假市场主体登记情形的，登记机关应当撤销市场主体登记。相关市场主体和人员无法联系或者拒不配合的,登记机关可以将相关市场主体的登记时间、登记事项等通过国家企业信用信息公示系统向社会公示,公示期为 45 日。相关市场主体及其利害关系人在公示期内没有提出异议的,登记机关可以撤销市场主体登记。

因虚假市场主体登记被撤销的市场主体,其直接责任人自市场主体登记被撤销之日起 3 年内不得再次申请市场主体登记。登记机关应当通过国家企业信用信息公示系统予以公示。

## 【案例指引】

**陈某某与上海某公司解散纠纷案**①

裁判要旨:原告主张被告公司解散的请求权基础是依据各股东签署的《承诺书》的约定,该份《承诺书》的形成为各股东的真实意思表示,且于法无悖,系合法有效,对各股东均具有约束力。从《承诺书》的履行来看,经审查,原告所主张的违反《承诺书》中约定的事实并不成立,因此《承诺书》约定的公司解散条件并未成就。全体股东以《承诺书》对公司解散作出的约定合法有效,公司解散须是约定的解散条件实际成就。

> **第二百三十条 【修改章程使公司存续的议事规则】** 公司有前条第一款第一项、第二项情形,且尚未向股东分配财产的,可以通过修改公司章程或者经股东会决议而存续。
> 
> 依照前款规定修改公司章程或者经股东会决议,有限责任公司须经持有三分之二以上表决权的股东通过,股份有限公司须经出席股东会会议的股东所持表决权的三分之二以上通过。

## 【理解与适用】

本条是关于修改章程使公司存续的议事规则的规定。

---

① (2021) 沪 0114 民初 8330 号,载中国裁判文书网,https://wenshu.court.gov.cn/website/wenshu/181107ANFZ0BXSK4/index.html? docId = qIJOWP4ZZeP9z/NQuppvYDPBu Qcs-lh7mWvOSYVbu1SSfRWDusI11V5/dgBYosE2gOW/3CWAVkWV3JaolLrGYe3gjnRcC1YMi0 + udxHB/QAmgcpmWk9IWlLyXoJ2d6mV1,最后访问日期:2024 年 4 月 26 日。

公司任意解散原因出现的，尚未向股东分配财产的，基于公司自治，公司可以通过修改章程或股东会决议而继续存续。任意解散原因出现，通过修改公司章程或者经股东会决议而使公司继续存续的，股东会决议法定足数的要求有限责任公司和股份有限公司有所不同，有限责任公司须经过公司所有股东所持表决权三分之二以上通过，股份有限公司须经出席股东会会议的股东所持表决权的三分之二以上通过。

**【案例指引】**

**上海某某公司等诉何某等股权转让纠纷案**①

**裁判要旨：**案涉争议事项按被告公司章程的规定，应属于关涉公司解散或修改章程的事宜，为股东会特殊决议事项，应由代表三分之二以上表决权的股东表决通过。而且公司经营期限届满后可通过修改公司章程而存续，该修改章程须经持有三分之二以上表决权的股东通过。现二原告享有表决权比例为70.79%，该变更公司营业期限的决议达到三分之二以上表决权的股东通过，依法生效。

**第二百三十一条　【股东请求法院解散公司】**公司经营管理发生严重困难，继续存续会使股东利益受到重大损失，通过其他途径不能解决的，持有公司百分之十以上表决权的股东，可以请求人民法院解散公司。

**【理解与适用】**

本条是关于公司面临僵局股东请求司法强制解散公司的规定。

公司经营过程中可能发生内部矛盾从而产生公司僵局，公司僵局可能发生在董事会层面，也可能发生在股东会层面，或者同时发生在董事会和股东会层面。僵局发生的原因是，公司意思形成实行多数决，斗争

---

① （2017）沪01民终9779号，载中国裁判文书网，https：//wenshu.court.gov.cn/website/wenshu/181107ANFZ0BXSK4/index.html？docId = p58Y +/H8HaUQ/bGC0eb4L7J4PBV8uD0nPTKPR/NkA3I0YzvBSyJePJ/dgBYosE2gOW/3CWAVkWV3JaolLrGYe3gjnRcC1YMi0 + udxHB/QAmwv0gdlIDuk1nVh6eT88fs，最后访问日期：2024年4月26日。

的双方表决权均等，或者表决权不均等但是另一方持有的表决权足以否决一方的提案，使公司无法通过决议形成公司的决策、无法正常经营，从而形成公司僵局。根据《最高人民法院关于适用〈中华人民共和国公司法〉若干问题的规定（二）》第一条的规定，公司面临僵局，股东请求司法强制解散公司的具体规则如下。

司法强制解散适用的条件是：其一，公司经营管理发生严重困难，继续存续会使股东利益受到重大损失；其二，通过其他途径不能解决的，只有通过股份转让、股份回购、和解等其他途径不能解决的才能请求法院解散公司，这是请求司法强制解散公司的前置程序，原告应当举证证明通过其他途径无法解决，否则法院可以裁定不予受理或驳回起诉；其三，持有公司百分之十以上表决权的股东请求，注意不是持股10%以上的股东，在发行类别股的公司中持有10%以上的股份不等于持有10%以上的表决权；其四，司法解散只能由人民法院依照判决作出。

股东以其他理由请求法院强制解散公司的，如股东以知情权、利润分配请求权等权益受到损害，或者公司亏损、财产不足以偿还全部债务，以及公司被吊销企业法人营业执照未进行清算等为由，提起解散公司诉讼的，人民法院不予受理。

关于公司司法强制解散诉讼的程序。股东起诉请求解散公司的，以股东为原告，公司为被告，其他股东列为第三人。原告股东将其他股东列为共同被告的，法院应当告知原告将其他股东变更为第三人；原告坚持不予变更的，人民法院应当驳回原告对其他股东的起诉。原告提起解散公司诉讼应当告知其他股东，或者由人民法院通知其参加诉讼。其他股东或者有关利害关系人申请以共同原告或者第三人身份参加诉讼的，人民法院应予准许。股东提起解散公司诉讼时，可以向人民法院申请财产保全或者证据保全的，在股东提供担保且不影响公司正常经营的情形下，人民法院可予以保全。

为贯彻企业维持原则，避免公司解散造成公司和股东损失以及经济秩序受影响，公司解散诉讼中法院会一般注重调解。当事人协商同意由公司或者股东收购股份，或者以减资等方式使公司存续，且不违反法律、行政法规强制性规定的，人民法院应予支持。当事人不能协商一致使公司存续的，人民法院应当及时判决。经人民法院调解公司收购原告股份的，公司应当自调解书生效之日起六个月内将股份转让或者注销。

股份转让或者注销之前，原告不得以公司收购其股份为由对抗公司债权人。

股东提起解散公司的诉讼，又同时申请解散清算的，法院应当裁定对后者不予受理。理由如下：（1）两个不同的诉讼请求；（2）程序是不同的性质，前者是变更之诉，后者是非诉程序；（3）解散判决生效后，才能进行解散清算，解散清算以解散判决为前提和条件；此外，即使进行解散清算，也是先由公司自行组织的普通清算，由清算义务人自行组织清算，只有公司自行组织的普通清算遇到显著障碍，才适用有行政机关或法院介入的特别清算。

## 【相关规范】

● **司法解释及文件**

《最高人民法院关于适用〈中华人民共和国公司法〉若干问题的规定（二）》（2020年12月29日）

**第一条** 单独或者合计持有公司全部股东表决权百分之十以上的股东，以下列事由之一提起解散公司诉讼，并符合公司法第一百八十二条规定的，人民法院应予受理：

（一）公司持续两年以上无法召开股东会或者股东大会，公司经营管理发生严重困难的；

（二）股东表决时无法达到法定或者公司章程规定的比例，持续两年以上不能做出有效的股东会或者股东大会决议，公司经营管理发生严重困难的；

（三）公司董事长期冲突，且无法通过股东会或者股东大会解决，公司经营管理发生严重困难的；

（四）经营管理发生其他严重困难，公司继续存续会使股东利益受到重大损失的情形。

股东以知情权、利润分配请求权等权益受到损害，或者公司亏损、财产不足以偿还全部债务，以及公司被吊销企业法人营业执照未进行清算等为由，提起解散公司诉讼的，人民法院不予受理。

**第二条** 股东提起解散公司诉讼，同时又申请人民法院对公司进行清算的，人民法院对其提出的清算申请不予受理。人民法院可以告知原告，在人民法院判决解散公司后，依据民法典第七十条、公司法第一百八十三条和本规定第七条的规定,自行组织清算或者另行申请人民法院对公司进行清算。

第三条 股东提起解散公司诉讼时,向人民法院申请财产保全或者证据保全的,在股东提供担保且不影响公司正常经营的情形下,人民法院可予以保全。

第四条 股东提起解散公司诉讼应当以公司为被告。

原告以其他股东为被告一并提起诉讼的,人民法院应当告知原告将其他股东变更为第三人;原告坚持不予变更的,人民法院应当驳回原告对其他股东的起诉。

原告提起解散公司诉讼应当告知其他股东,或者由人民法院通知其参加诉讼。其他股东或者有关利害关系人申请以共同原告或者第三人身份参加诉讼的,人民法院应予准许。

第五条 人民法院审理解散公司诉讼案件,应当注重调解。当事人协商同意由公司或者股东收购股份,或者以减资等方式使公司存续,且不违反法律、行政法规强制性规定的,人民法院应予支持。当事人不能协商一致使公司存续的,人民法院应当及时判决。

经人民法院调解公司收购原告股份的,公司应当自调解书生效之日起六个月内将股份转让或者注销。股份转让或者注销之前,原告不得以公司收购其股份为由对抗公司债权人。

第六条 人民法院关于解散公司诉讼作出的判决,对公司全体股东具有法律约束力。

人民法院判决驳回解散公司诉讼请求后,提起该诉讼的股东或者其他股东又以同一事实和理由提起解散公司诉讼的,人民法院不予受理。

## 【案例指引】

**某投资公司及第三人某资本管理公司与某物流公司、第三人董某某公司解散纠纷案**[①]

**裁判要旨**:当股东之间的冲突不能通过协商达成谅解,任何一方都不愿或无法退出公司时,为保护股东的合法权益,强制解散公司就成为唯一解决公司僵局的措施。

---

① 载《最高人民法院公报》2018 年第 7 期。

> **第二百三十二条 【清算组及义务】** 公司因本法第二百二十九条第一款第一项、第二项、第四项、第五项规定而解散的，应当清算。董事为公司清算义务人，应当在解散事由出现之日起十五日内组成清算组进行清算。
>
> 清算组由董事组成，但是公司章程另有规定或者股东会决议另选他人的除外。
>
> 清算义务人未及时履行清算义务，给公司或者债权人造成损失的，应当承担赔偿责任。

**【理解与适用】**

本条是关于公司普通清算程序的规定，并且明确了公司解散与公司清算程序的关系。

公司解散与清算既有区别但又有联系，解散是清算开始的原因，解散要通过清算程序了解债权债务，最终使公司的法人资格消灭。公司发生解散原因后，不是公司人格直接就消灭了，而是公司丧失营业资格不能继续经营，在解散之后应当进行解散清算程序（区别于破产清算程序），解散清算程序完结后，才可以终止公司，办理注销登记。除了公司合并、分立而解散公司不需要经过解散清算程序，其他解散原因都应当经过解散清算程序。

解散清算程序分为普通解散清算程序和特别解散清算程序，前者由公司自行组织清算，后者在普通清算遇到明显障碍，无法继续时，由利害关系人根据第二百三十三条规定申请法院指定有关人员组成清算组进行清算。

关于普通解散清算程序的启动。清算义务人是公司董事，解散事由发生后公司应当在15日内自行组成清算组进行普通清算。原公司法规定有限责任公司的清算义务人是股东，股份有限公司的清算义务是董事或股东会确定的人员，现行公司法统一规定清算义务人是董事。

关于普通解散清算程序中清算组的组成。清算组由公司董事组成，但是章程或股东会决议可另选他人作为清算组成员。

关于清算义务人不履职的赔偿责任。清算义务人负有法定的清算义务，公司出现法定的解散事由，清算义务人履行清算义务，给公司或债权人造成损害的，应当向公司或债权人承担损害赔偿责任。

## 【相关规范】

● **法律**

《中华人民共和国民法典》（2020年5月28日）

第七十条　法人解散的，除合并或者分立的情形外，清算义务人应当及时组成清算组进行清算。

法人的董事、理事等执行机构或者决策机构的成员为清算义务人。法律、行政法规另有规定的，依照其规定。

清算义务人未及时履行清算义务，造成损害的，应当承担民事责任；主管机关或者利害关系人可以申请人民法院指定有关人员组成清算组进行清算。

## 【案例指引】

**张某某诉魏某某、丁某某等清算责任纠纷案**[①]

裁判要旨：公司股东怠于履行清算义务导致公司财产贬值、流失、毁损或者灭失，损害到公司债权人利益的，公司债权人有权向公司股东提起侵权损害赔偿之诉。本案中，福建某公司于2013年12月20日被吊销营业执照而出现公司解散的情形。根据公司法关于公司法定解散事由出现之日起十五日内应当成立清算组的规定，福建某公司的清算义务人最迟应于2014年1月14日成立清算组履行清算义务。福建某公司的解散事由发生于原告对其债权的执行期间。原告因二被告怠于清算导致公司财产灭失的行为而使其对福建某公司的债权无法得以执行受偿，利益受到实际损害，二者之间存在因果关系。二被告应向原告承担损失赔偿责任。

---

① （2018）闽01民终703号，载中国裁判文书网，https：//wenshu.court.gov.cn/website/wenshu/181107ANFZ0BXSK4/index.html?docId=szTkjP+JEGa4DIaaOkgg+FZ8lzRU0dpVw8+Se3Zx3hevOujvynw275/dgBYosE2gOW/3CWAVkWV3JaolLrGYe3gjnRcC1YMi0+udxHB/QAlHxwU-vm0e1W/mKbcCFu+Zq，最后访问日期：2024年4月26日。

**第二百三十三条　【申请法院指定清算组】**公司依照前条第一款的规定应当清算，逾期不成立清算组进行清算或者成立清算组后不清算的，利害关系人可以申请人民法院指定有关人员组成清算组进行清算。人民法院应当受理该申请，并及时组织清算组进行清算。

公司因本法第二百二十九条第一款第四项的规定而解散的，作出吊销营业执照、责令关闭或者撤销决定的部门或者公司登记机关，可以申请人民法院指定有关人员组成清算组进行清算。

**【理解与适用】**

本条是关于公司特别清算程序的规定，清算义务人逾期不成立清算组，相关主体可以申请法院指定清算组。

解散清算程序分为普通解散清算程序和特别解散清算程序，前者由公司自行组织清算，后者在普通清算遇到明显障碍，无法继续时，即公司逾期不成立清算组进行清算或者成立清算组后不清算的，由利害关系人根据本条的规定申请法院指定有关人员组成清算组进行清算。根据公司法相关司法解释的规定，公司特别清算程序规则如下：首先，特别解散清算的事由。公司依照本法第二百三十二条第一款的规定应当清算，逾期不成立清算组进行清算或者成立清算组后不清算的，违法清算可能严重损害债权人或者股东利益的，则可以启动特别清算程序。其次，申请特别解散清算的利害关系人。申请人民法院指定清算组进行特别清算的利害关系人为债权人、公司股东、董事或其他利害关系人。

当公司依法被行政机关吊销营业执照、责令关闭或者被撤销时，作出决定的部门或公司登记机关可以申请法院指定有关人员组成清算组进行清算。

法院受理的特别解散清算，清算组的产生。人民法院受理公司清算案件，应当及时指定有关人员组成清算组。清算组成员可以从下列人员或者机构中产生：（1）公司股东、董事、监事、高级管理人员；（2）依法设立的律师事务所、会计师事务所、破产清算事务所等社会中介机构；（3）依法设立的律师事务所、会计师事务所、破产清算事务所等社会中介机构中具备相关专业知识并取得执业资格的人员。人民法院指定的清算组成员，有下列情形之一的，人民法院可以根据债权人、公司股东、董事或其他利害关系人的申请，或者依职权更换清算组成员：（1）有违反法律或者行政法规的行为；（2）丧失执业能力或者民事行为能力；（3）有严重损害公司或者债权人利益的行为。

## 【相关规范】

### ● 法律

**1.《中华人民共和国民法典》（2020年5月28日）**

第七十条　法人解散的，除合并或者分立的情形外，清算义务人应当及时组成清算组进行清算。

法人的董事、理事等执行机构或者决策机构的成员为清算义务人。法律、行政法规另有规定的，依照其规定。

清算义务人未及时履行清算义务，造成损害的，应当承担民事责任；主管机关或者利害关系人可以申请人民法院指定有关人员组成清算组进行清算。

### ● 司法解释及文件

**2.《最高人民法院关于适用〈中华人民共和国公司法〉若干问题的规定（二）》（2020年12月29日）**

第七条　公司应当依照民法典第七十条、公司法第一百八十三条的规定，在解散事由出现之日起十五日内成立清算组，开始自行清算。

有下列情形之一，债权人、公司股东、董事或其他利害关系人申请人民法院指定清算组进行清算的，人民法院应予受理：

（一）公司解散逾期不成立清算组进行清算的；

（二）虽然成立清算组但故意拖延清算的；

（三）违法清算可能严重损害债权人或者股东利益的。

第八条　人民法院受理公司清算案件，应当及时指定有关人员组成清算组。

清算组成员可以从下列人员或者机构中产生：

（一）公司股东、董事、监事、高级管理人员；

（二）依法设立的律师事务所、会计师事务所、破产清算事务所等社会中介机构；

（三）依法设立的律师事务所、会计师事务所、破产清算事务所等社会中介机构中具备相关专业知识并取得执业资格的人员。

**第九条** 人民法院指定的清算组成员有下列情形之一的，人民法院可以根据债权人、公司股东、董事或其他利害关系人的申请，或者依职权更换清算组成员：

（一）有违反法律或者行政法规的行为；

（二）丧失执业能力或者民事行为能力；

（三）有严重损害公司或者债权人利益的行为。

**【案例指引】**

**雷某某与甲房地产发展公司、乙房地产发展公司财产权属纠纷案**①

**裁判要旨**：根据相关法律、法规和司法解释的规定，法人被吊销营业执照后应当依法进行清算，其债权、债务由清算组负责清理。法人被吊销营业执照后未依法进行清算的，债权人可以申请人民法院指定有关人员组成清算组进行清算。法人被吊销营业执照后没有依法进行清算，债权人也没有申请人民法院指定有关人员组成清算组进行清算，而是在诉讼过程中通过法人自认或者法人与债权人达成调解协议，在清算之前对其债权债务关系做出处理、对法人资产进行处分，损害其他债权人利益的，不符合公平原则，人民法院对此不予支持。

**第二百三十四条** 【清算组的职权】清算组在清算期间行使下列职权：

（一）清理公司财产，分别编制资产负债表和财产清单；

（二）通知、公告债权人；

（三）处理与清算有关的公司未了结的业务；

（四）清缴所欠税款以及清算过程中产生的税款；

---

① 载《最高人民法院公报》2007 年第 11 期。

> （五）清理债权、债务；
> （六）分配公司清偿债务后的剩余财产；
> （七）代表公司参与民事诉讼活动。

**【理解与适用】**

本条是清算组职权的规定。

关于清算组的法律地位。清算组是在公司清算期间负责清算事务执行的公司法人机关，是公司清算期间对外的法定代表人，对内执行清算事务，对外代表清算中的公司。公司进入清算程序，公司原法定代表人、董事会不能再继续履行职权行使权力。

清算组一般由数人构成，那么清算组对外代表清算中的公司，是采用单独代表还是共同代表（清算组成员对外都可以代表）？我国公司法规定的代表人是单独代表制，清算组对外代表公司也应当采用单独代表制，即对外代表清算中公司的只能是清算组负责人，公司法相关司法解释即规定，公司成立清算组的，由清算组负责人对外代表公司。

清算组在清算期间行使下列职权：

1. 清理公司财产，分别编制资产负债表和财产清单。清算组成立以后的一个首要任务是"摸家底"，应当对公司的现有财产全面清理和核查。待清算组将全部资产查实公司后，应当分别编制资产负债表和财产清单。资产负债表是指全面反映公司资产、负债和股东权益的会计报表，由公司资产、负债和所有者权益三部分组成。财产清单是指公司全部资产的明细表，具体包括公司的固定资产、流动资产、无形资产和其他资产。公司清算的前提是查清公司的资产，不摸清公司的"家底"，就无法进行后续的清算工作。

2. 通知、公告债权人。公司解散，在清算完注销之前，应充分保证债权人的利益，因此，应当将公司解散的情况告知所有债权人，以便公司的债权人及时主张权利。公司解散后，公司由清算组接管，公司原来的法定代表人和董事会停止行使职权，此时由清算组通知债权人。对于已知债权人，清算组应当及时书面通知其公司解散的情况；已知债权人以外的债权人，清算组应当发出公告，以便债权人了解公司解散的情况后，尽快参与公司财产的清算和分配。

3. 处理与清算有关的公司未了结的业务。所谓与清算有关的公司未了结的业务，主要是指已订立但是尚未履行的有关合同；拖欠的本公司职工的工资、社会保险费用；未结清的债权、债务及有关的税款事宜等。在处理公司尚未了结的业务时，清算组有权根据清算工作的需要，自己决定继续或者停止公司的一些业务。清算组决定不履行已经订立的合同和处理未了解的事务的，给相对人造成损失的，应使用公司的财产赔偿相对人。处理与清算工作有关的公司未了结事务，清算组除了应当遵守法律、行政法规以外，还应当有利于维护公司债权人的合法权益，有利于尽快了结公司的事务，有利于减少清算公司股东的损失。

4. 清缴清算开始前所欠税款以及清算过程中产生的税款。清算组应清理核实公司的纳税事宜，发现有应缴而未缴的税款，清算组应当报请税务部门进行查实，并根据核实的结果缴纳税款。在清算中产生的公司税款，清算组应当依法及时缴纳。

5. 清理债权、债务。公司的债权、债务，是指公司根据合同的约定或者依据法律的规定，对他人享有的权利或承担的义务，这里的权利义务主要体现为财产价值。公司的债权人有权要求作为债务人的清算公司按照合同的约定或者依照法律的规定履行相应的义务。清算组清理公司的债务，应当根据法定的清偿顺序进行清偿。清理债权、债务关乎债权人和股东的利益，清算组应当依法进行。

6. 处理公司清偿债务后的剩余财产。公司的剩余财产，是指公司的财产在支付完清算费用、共益债务、劳动者的工资、社会保险费用和法定补偿金、公司未缴的税款、清偿公司债务后还有剩余的财产。公司的剩余财产在股东之间根据股东的股权/股份比例进行分配。

7. 代表公司参与民事诉讼活动。清算期间解散公司面临民事诉讼或仲裁，清算组对外代表公司。如果被解散公司需要作为起诉或作为被告应诉，或者作为申请人或被申请人参加仲裁，应由清算组对外代表公司。清算组在其职权范围内代表公司参与民事诉讼活动受法律的保护。

第二百三十五条 【债权人申报债权】清算组应当自成立之日起十日内通知债权人,并于六十日内在报纸上或者国家企业信用信息公示系统公告。债权人应当自接到通知之日起三十日内,未接到通知的自公告之日起四十五日内,向清算组申报其债权。

债权人申报债权,应当说明债权的有关事项,并提供证明材料。清算组应当对债权进行登记。

在申报债权期间,清算组不得对债权人进行清偿。

**【理解与适用】**

本条是关于清算组负有通知和公告债权人的义务以及债权人在法定期限内申报债权的规定。

清算组成立后接管解散公司,接管时应当制作移交清单、接管笔录,告知公司有关人员的法律责任,接管工作完成后由清算组和公司的有关人员签名盖章确认,并公告有关事项。

通知和公告是针对不同类型的债权人。通知针对的是已知并且能取得联系方式的债权人,而公告针对的是无法联系上的债权人和不特定潜在债权人。对已知债权人不通知而进行公告,则对已知债权人因为未能接到通知而无法从公司获得清偿的债权,清算组应当承担赔偿责任。公告是一种拟制通知方式,补充和完善直接通知,只有在无法直接通知时,公告才可以被作为一种替代方式使用。公告的方式是在报纸上或者国家企业信用信息公示系统上公告,报纸上公告的弊端是债权人难以每天去关注报纸,并且报纸上的清算公告篇幅可能不大,不容易注意到。根据《最高人民法院关于适用〈中华人民共和国公司法〉若干问题的规定(二)》第十一条的规定,清算组对债权人未按照规定履行通知义务和公告义务,导致债权人未及时申报债权而未获清偿,债权人主张清算组成员对因此造成的损失承担赔偿责任;另外,也将面临登记机关对公司处以1万元至10万元以下的罚款。

债权人申报债权,应当说明债权的性质、数额、形成原因等有关事项，并提供证明材料来证明债权真实存在。清算组应当对债权进行登记。根据公司法相关司法解释的规定，公司清算时，债权人对清算组核定的债权有异议的，可以要求清算组重新核定。清算组不予重新核定，或者债权人对重新核定的债权仍有异议，债权人以公司为被告向人民法院提起诉讼请求确认的，人民法院应予受理。超过债权申报期间，债权人也可以补充申报债权。债权人在规定的期限内未申报债权，在公司清算程序终结前补充申报的，清算组应予登记。公司清算程序终结，是指清算报告经股东会、股东大会或者人民法院确认完毕。债权人补充申报的债权，可以在公司尚未分配财产中依法清偿。公司尚未分配财产不能全额清偿，债权人主张股东以其在剩余财产分配中已经取得的财产予以清偿的，人民法院应予支持；但债权人因重大过错未在规定期限内申报债权的除外。债权人或者清算组，以公司尚未分配财产和股东在剩余财产分配中已经取得的财产，不能全额清偿补充申报的债权为由，向人民法院提出破产清算申请的，人民法院不予受理。

在申报债权期间，清算组不得对债权人进行清偿。清算组应当按照清算程序对债权人进行统一公平清偿，债权申报期间对债权人清偿，意味着对其他债权人不公平，对此造成其他债权人的损失，清算组应当予以赔偿。

【相关规范】

● 法律

1. 《中华人民共和国公司法》（2023年12月29日）

　　第二百三十八条　侵害物权，造成权利人损害的，权利人可以依法请求损害赔偿，也可以依法请求承担其他民事责任。

　　第二百五十五条　国家机关对其直接支配的不动产和动产，享有占有、使用以及依照法律和国务院的有关规定处分的权利。

● 部门规章及文件

2. 《中华人民共和国市场主体登记管理条例实施细则》（2022年3月1日）

　　第四十五条　市场主体注销登记前依法应当清算的，清算组应当自成立之日起10日内将清算组成员、清算组负责人名单通过国家企业信用信息公示系统公告。清算组可以通过国家企业信用信息公示系统发布债权人公告。

● 司法解释及文件

### 3.《最高人民法院关于适用〈中华人民共和国公司法〉若干问题的规定（二）》（2020年12月29日）

**第十一条** 公司清算时，清算组应当按照公司法第一百八十五条的规定，将公司解散清算事宜书面通知全体已知债权人，并根据公司规模和营业地域范围在全国或者公司注册登记地省级有影响的报纸上进行公告。

清算组未按照前款规定履行通知和公告义务，导致债权人未及时申报债权而未获清偿，债权人主张清算组成员对因此造成的损失承担赔偿责任的，人民法院应依法予以支持。

**第十二条** 公司清算时，债权人对清算组核定的债权有异议的，可以要求清算组重新核定。清算组不予重新核定，或者债权人对重新核定的债权仍有异议，债权人以公司为被告向人民法院提起诉讼请求确认的，人民法院应予受理。

**第十三条** 债权人在规定的期限内未申报债权，在公司清算程序终结前补充申报的，清算组应予登记。

公司清算程序终结，是指清算报告经股东会、股东大会或者人民法院确认完毕。

**第十四条** 债权人补充申报的债权，可以在公司尚未分配财产中依法清偿。公司尚未分配财产不能全额清偿，债权人主张股东以其在剩余财产分配中已经取得的财产予以清偿的，人民法院应予支持；但债权人因重大过错未在规定期限内申报债权的除外。

债权人或者清算组，以公司尚未分配财产和股东在剩余财产分配中已经取得的财产，不能全额清偿补充申报的债权为由，向人民法院提出破产清算申请的，人民法院不予受理。

## 【案例指引】

### 王某某与李某某等清算责任纠纷案[①]

**裁判要旨：**二被告作为公司清算组成员，对已经交费购买某公司课程但尚未授课的人员，即已知债权人原告，应当通知其申报债权，公告仅是

---

① （2019）川04民终366号，载中国裁判文书网，https：//wenshu.court.gov.cn/website/wenshu/181107ANFZ0BXSK4/index.html？docId＝4L13DrbIdEyupdKQztAU70EF5xyvvxSLwGiHBdc8p7/7zjoOJUiVyp/dgBYosE2gOW/3CWAVkWV3JaolLrGYe3gjnRcC1YMi0+udxHB/QAmrWw14iIYYHCbTOXjceC4W，最后访问日期：2024年4月27日。

法定程序，并不能替代通知。二被告负有通知债权人原告的义务，但未通知，未能履行对债权人的通知、公告义务。公司清算中规定的公告仅为法定程序之一，并不能代替清算组对公司债权人通知义务的履行。二被告未通知原告，导致原告未能及时申报债权而未获清偿，应当承担连带赔偿责任。

> **第二百三十六条 【清算程序】**清算组在清理公司财产、编制资产负债表和财产清单后，应当制订清算方案，并报股东会或者人民法院确认。
>
> 公司财产在分别支付清算费用、职工的工资、社会保险费用和法定补偿金，缴纳所欠税款，清偿公司债务后的剩余财产，有限责任公司按照股东的出资比例分配，股份有限公司按照股东持有的股份比例分配。
>
> 清算期间，公司存续，但不得开展与清算无关的经营活动。公司财产在未依照前款规定清偿前，不得分配给股东。

## 【理解与适用】

本条是关于清算程序的规定。

清算组应当盘点公司财产，编制资产负债表、列出财产清单，主张和实现所有债权，变卖所有非现金资产，然后制订清算方案，报股东会或法院确认，注意是报股东会或法院确认而不是备案。公司自行组织的普通结算清算，报股东会确认；人民法院组织的特别解散清算，报法院确认。根据公司法相关司法解释的规定，执行未经确认的清算方案给公司或者债权人造成损失，公司股东、董事、公司其他利害关系人或者债权人主张清算组成员承担赔偿责任的，人民法院应依法予以支持。对于人民法院组织清算的，清算组应当自成立之日起六个月内清算完毕。因特殊情况无法在六个月内完成清算的，清算组应当向人民法院申请延长。

关于公司财产不足以清偿债务的清算处理。人民法院指定的清算组在清理公司财产、编制资产负债表和财产清单时，发现公司财产不足清偿债务的，可以与债权人协商制作有关债务清偿方案。债务清偿方案经全体债权人确认且不损害其他利害关系人利益的，人民法院可依清算组的申请裁定予以认可。清算组依据该清偿方案清偿债务后，应当向人民法院申请裁定终结清算程序。债权人对债务清偿方案不予确认或者人民法院不予认可的，清算组应当依法向人民法院申请宣告破产。

清算程序中财产分配顺位如下：（1）清算费用；（2）职工的工资；（3）社会保险费用和法定补偿金；（4）所欠税款；（5）债务；（6）向股东进行剩余财产分配。前一顺序的债务未获完全清偿的，后一顺序债务不得清偿。向股东剩余财产分配，如果公司发行了优先股，则优先股股东分配剩余财产优先于普通股股东。

清算期间，公司人格并未消灭，不过是权利能力和行为能力受限制，不得开展与清算无关的经营活动，不得再开展原先的经营活动，因此称之为清算法人。公司在未依照前述规定的顺位清偿债务之前，不得向股东分配公司的资产。

**【相关规范】**

● 司法解释及文件

**《最高人民法院关于适用〈中华人民共和国公司法〉若干问题的规定（二）》**（2020年12月29日）

第十五条 公司自行清算的，清算方案应当报股东会或者股东大会决议确认；人民法院组织清算的，清算方案应当报人民法院确认。未经确认的清算方案，清算组不得执行。

执行未经确认的清算方案给公司或者债权人造成损失，公司、股东、董事、公司其他利害关系人或者债权人主张清算组成员承担赔偿责任的，人民法院应依法予以支持。

第十六条 人民法院组织清算的，清算组应当自成立之日起六个月内清算完毕。

因特殊情况无法在六个月内完成清算的，清算组应当向人民法院申请延长。

第十七条 人民法院指定的清算组在清理公司财产、编制资产负债表和财产清单时，发现公司财产不足清偿债务的，可以与债权人协商制作有关债务清偿方案。

债务清偿方案经全体债权人确认且不损害其他利害关系人利益的，人民法院可依清算组的申请裁定予以认可。清算组依据该清偿方案清偿债务后，应当向人民法院申请裁定终结清算程序。

债权人对债务清偿方案不予确认或者人民法院不予认可的，清算组应当依法向人民法院申请宣告破产。

**【案例指引】**

**A 公司、B 公司损害公司利益责任纠纷案**①

**裁判要旨：** 本案第三人经营期限届满时，在合资双方股东未能就延长公司期限达成一致的情况下，其应当进入解散清算程序，而不受第三人与包括被告在内的其他主体所签订合同的履行期限的限制。公司解散并不意味着公司法人资格立即消灭，公司于清算期间仍然维持法人地位，但公司从事经营活动的行为能力受到限制，其职能只限定在清算目的范围内。故，在第三人因经营期限届满而进入解散清算程序的情况下，其不得再从事商业经营。因第三人不具有承租案涉房产从事商业经营之行为能力，本案第三人与被告之前订立的《租赁合同》目的无法实现，被告有权解除《租赁合同》。

---

**第二百三十七条　【公司解散清算与破产清算的衔接】**
清算组在清理公司财产、编制资产负债表和财产清单后，发现公司财产不足清偿债务的，应当依法向人民法院申请破产清算。

人民法院受理破产申请后，清算组应当将清算事务移交给人民法院指定的破产管理人。

---

**【理解与适用】**

本条是关于公司结算清算与破产清算衔接的规定。

---

① （2019）最高法民终 594 号，载中国裁判文书网，https：//wenshu.court.gov.cn/website/wenshu/181107ANFZ0BXSK4/index.html？docId=pkJD1aFRguqzaZB6YYJNMh/5GwkQ/22WxxV3Hgm/3sfKFXsUuPlEs5/dgBYosE2gOW/3CWAVkWV3JaolLrGYe3gjnRcC1YMi0+udxHB/QAm779mr21V0/BBEpzx5NfVT+，最后访问日期：2024 年 4 月 27 日。

无论是在普通解散清算程序还是特别解散清算程序中，当清算组在清理公司财产、编制资产负债表和财产清单后，发现公司财产不足以清偿债务的，应当依法向法院申请破产清算。破产清算不同于破产和解和破产重整，是指当债务人不能清偿到期债务时，由法院根据债权人或债务人的申请，依法宣告债务人破产，并依法定程序将其全部财产在全体债权人之间按比例公平分配的法律制度。

解散清算与破产清算是不同的制度和程序，解散清算程序的启动目的是终止公司，消灭公司法律人格，而不是预防和挽救公司，因此，发现公司财产不足以清偿债务的，从目的解释来看，不应当适用企业破产法中破产和解和破产重整的规定，而应适用企业破产法中破产清算的规定。因为，破产和解和破产重整都是为了预防破产、挽救企业的，破产清算不同于破产和解和破产重整，其是为了将破产财产公平分配给债权人的清算程序后，终止公司。

解散清算程序转入破产清算程序后，清算组应当将清算事务移交给法院指定的破产管理人。破产管理人是破产清算程序中负责破产企业的财产管理和其他事项的专门机构，也是破产企业的对外代表机关。因此，法院受理破产申请后，意味着从解散清算程序进入破产清算程序，解散清算程序的清算组应当将清算事务移交给法院指定的破产管理人，此时，公司的负责人是破产管理人而不再是清算组。

## 【相关规范】

● **法律**

1. 《中华人民共和国企业破产法》（2006年8月27日）

**第七条** 债务人有本法第二条规定的情形，可以向人民法院提出重整、和解或者破产清算申请。

债务人不能清偿到期债务，债权人可以向人民法院提出对债务人进行重整或者破产清算的申请。

企业法人已解散但未清算或者未清算完毕，资产不足以清偿债务的，依法负有清算责任的人应当向人民法院申请破产清算。

● **司法解释及文件**

2. 《全国法院民商事审判工作会议纪要》（2019年11月8日）

117.【公司解散清算与破产清算的衔接】要依法区分公司解散清算与

破产清算的不同功能和不同适用条件。债务人同时符合破产清算条件和强制清算条件的，应当及时适用破产清算程序实现对债权人利益的公平保护。债权人对符合破产清算条件的债务人提起公司强制清算申请，经人民法院释明，债权人仍然坚持申请对债务人强制清算的，人民法院应当裁定不予受理。

**【案例指引】**

**交某公司、涌某公司申请公司清算纠纷案**①

**裁判要旨：** 涌某公司于2019年5月被北京市朝阳区市场监督管理局吊销营业执照，未在法定期间内成立清算组进行清算。交某公司对涌某公司享有的到期债权，经人民法院强制执行无法清偿，故，应认定涌某公司因明显缺乏清偿能力而符合破产清算的条件。根据《全国法院民商事审判工作会议纪要》的相关意见，债务人同时符合破产清算条件和强制清算条件的，应当及时适用破产清算程序实现对债权人利益的公平保护。债权人对符合破产清算条件的债务人提起公司强制清算申请，经人民法院释明，债权人仍然坚持申请对债务人强制清算的，人民法院应当裁定不予受理。

> **第二百三十八条　【清算组成员的义务与责任】** 清算组成员履行清算职责，负有忠实义务和勤勉义务。
> 
> 清算组成员怠于履行清算职责，给公司造成损失的，应当承担赔偿责任；因故意或者重大过失给债权人造成损失的，应当承担赔偿责任。

**【理解与适用】**

本条是关于清算组成员的义务与责任的规定。

清算组是公司解散后接管公司财产，执行公司清算事务的公司机关

---

① （2022）最高法民申129号，载中国裁判文书网，https://wenshu.court.gov.cn/website/wenshu/181107ANFZ0BXSK4/index.html? docId = xtjW9zhB4bzyEV8rR0IqJ3xME0GES4cg2q/A0UJVSdB/KH69MJ0yWPUKq3u ＋ IEo4VTgof/GHjSFwSEEcZkICAOOU1vT4cpU8v4KC8f8C9NQwPzj0GGs0BSBx3DklYy78，最后访问日期：2023年12月20日。

是清算公司的负责人。清算组的法律地位相当于正常经营阶段公司的董事和高级管理人员，董事和高级管理人员对公司负有忠实义务和勤勉义务，根据本条的规定，清算组成员负有忠实义务和勤勉义务。

清算组成员怠于履行清算职责，给公司造成损失的，应当承担赔偿责任。例如，清算组成员怠于履行职责造成公司主要财产损失，账簿、重要文件灭失，导致公司无法清算的，造成公司的损失清算组成员应当向公司承担赔偿责任。根据这一款规定，清算组成员对公司的损失赔偿责任还需要因果关系的条件，即必须要求公司的损失与清算组成员怠于履行清算职责之间有直接因果关系。根据公司法相关司法解释的规定，清算组成员从事清算事务时，违反法律、行政法规或者公司章程给公司或者债权人造成损失，公司或者债权人主张其承担赔偿责任的，人民法院应依法予以支持。有限责任公司的股东、股份有限公司连续一百八十日以上单独或者合计持有公司百分之一以上股份的股东，依据公司法第一百五十一条第三款的规定，以清算组成员有前款所述行为为由向人民法院提起诉讼的，人民法院应予受理。公司已经清算完毕注销，上述股东参照公司法第一百五十一条第三款的规定，直接以清算组成员为被告、其他股东为第三人向人民法院提起诉讼的，人民法院应予受理。

清算组成员对债权人损失的赔偿责任，除了要求债权人的损失与清算组成员怠于履行清算职责之间有直接因果关系之外，还要求清算组成员主观上有故意或重大过失。如果债权人的债权在公司解散之前或进入解散清算程序之前，已经显然不可能实现清偿，那么债权人的损失与清算组成员怠于履行清算职责之间缺乏直接因果关系，清算组成员即使怠于履行清算职责也不应当承担损害赔偿责任。

**【相关规范】**

● *司法解释及文件*

《最高人民法院关于适用〈中华人民共和国公司法〉若干问题的规定（二）》（2020年12月29日）

第二十三条　清算组成员从事清算事务时，违反法律、行政法规或者公司章程给公司或者债权人造成损失，公司或者债权人主张其承担赔偿责任的，人民法院应依法予以支持。

有限责任公司的股东、股份有限公司连续一百八十日以上单独或者合计持有公司百分之一以上股份的股东，依据公司法第一百五十一条第三款的规定，以清算组成员有前款所述行为为由向人民法院提起诉讼的，人民法院应予受理。

公司已经清算完毕注销，上述股东参照公司法第一百五十一条第三款的规定，直接以清算组成员为被告、其他股东为第三人向人民法院提起诉讼的，人民法院应予受理。

**【案例指引】**

**缪某与饶某、姚某工伤保险待遇纠纷案**[①]

**裁判要旨**：本案中劳动者发生工伤事故后，经过多次仲裁和诉讼，作为用人单位法人代表和股东的清算组成员明知工伤劳动者尚未获得理赔，该劳动债权尚未处置，却未依法将公司解散清算事宜书面通知作为工伤事故劳动者的债权人，存在故意或重大过失，应当承担赔偿责任。

**第二百三十九条 【公司注销】** 公司清算结束后，清算组应当制作清算报告，报股东会或者人民法院确认，并报送公司登记机关，申请注销公司登记。

**【理解与适用】**

本条是关于清算报告和注销登记程序的规定。

公司自行组织清算的普通清算，清算结束后，清算组应当制作清算报告，报公司股东会确认，注意是确认而不是备案，同时报送公司登记机关，申请注销公司登记，消灭公司法人资格，退出市场。

公司逾期不成立清算组进行清算或者成立清算组后不清算的，利害关系人申请法院介入进行的清算，即特别清算，在法院介入下成立的清

---

① （2020）苏05民终6110号，载中国裁判文书网，https：//wenshu.court.gov.cn/website/wenshu/181217BMTKHNT2W0/index.html？pageId = c69dfddfe84721a47ada566db597c99b&s21 =（2020）%E8%8B%8F05%E6%B0%91%E7%BB%886110%E5%8F%B7，最后访问日期：2024年4月27日。

算组制作清算报告应当报法院确认,同时报送公司登记机关,申请注销公司登记,消灭公司法人资格,退出市场。

股东会或者人民法院对清算报告审查后无问题的,应当对清算报告确认,清算报告经确认后清算组对清算事务不再承担责任。股东会或人民法院如果在审查时发现清算过程中存在违法行为的,有权要求清算组对清算报告和清算事务作出解释。对于清算过程中因不可抗力或债权实现的成本高于债权本身等特别原因导致债权无法收回的,清算组决议放弃的,经依法确认的,清算组对该项放弃的债权不再承担追收的责任。不是因为不可抗力或债权实现成本高于债权本身等个别原因的,而是因为清算组的成员故意或者过失放弃公司的债权,对公司的损害应当承担赔偿责任。

因为解散清算终止公司,清算组应当自清算结束之日起三十日内向登记机关申请注销登记。公司申请注销登记前,还应当依法办理分支机构注销登记。经过注销登记,公司的法人资格才终止消灭。清算组申请办理注销登记,应当提交下列材料:(1)申请书;(2)依法作出解散、注销的决议或者决定,或者被行政机关吊销营业执照、责令关闭、撤销的文件;(3)清算报告、负责清理债权债务的文件或者清理债务完结的证明;(4)税务部门出具的清税证明。除前款规定外,人民法院指定清算人进行清算的,应当提交人民法院指定证明。

**【相关规范】**

● *行政法规及文件*

1. 《**中华人民共和国市场主体登记管理条例**》(2021年7月27日)

**第三十一条** 市场主体因解散、被宣告破产或者其他法定事由需要终止的,应当依法向登记机关申请注销登记。经登记机关注销登记,市场主体终止。

市场主体注销依法须经批准的,应当经批准后向登记机关申请注销登记。

**第三十二条** 市场主体注销登记前依法应当清算的,清算组应当自成立之日起10日内将清算组成员、清算组负责人名单通过国家企业信用信息公示系统公告。清算组可以通过国家企业信用信息公示系统发布债权人公告。

清算组应当自清算结束之日起30日内向登记机关申请注销登记。市场主体申请注销登记前，应当依法办理分支机构注销登记。

● 部门规章及文件

2.《中华人民共和国市场主体登记管理条例实施细则》（2022年3月1日）

**第四十四条** 市场主体因解散、被宣告破产或者其他法定事由需要终止的，应当依法向登记机关申请注销登记。依法需要清算的，应当自清算结束之日起30日内申请注销登记。依法不需要清算的，应当自决定作出之日起30日内申请注销登记。市场主体申请注销后，不得从事与注销无关的生产经营活动。自登记机关予以注销登记之日起，市场主体终止。

**第四十五条** 市场主体注销登记前依法应当清算的，清算组应当自成立之日起10日内将清算组成员、清算组负责人名单通过国家企业信用信息公示系统公告。清算组可以通过国家企业信用信息公示系统发布债权人公告。

**第四十六条** 申请办理注销登记，应当提交下列材料：

（一）申请书；

（二）依法作出解散、注销的决议或者决定，或者被行政机关吊销营业执照、责令关闭、撤销的文件；

（三）清算报告、负责清理债权债务的文件或者清理债务完结的证明；

（四）税务部门出具的清税证明。

除前款规定外，人民法院指定清算人、破产管理人进行清算的，应当提交人民法院指定证明；合伙企业分支机构申请注销登记，还应当提交全体合伙人签署的注销分支机构决定书。

个体工商户申请注销登记的，无需提交第二项、第三项材料；因合并、分立而申请市场主体注销登记的，无需提交第三项材料。

【案例指引】

**孙某1、孙某2等买卖合同纠纷案**[①]

**裁判要旨**：公司清算结束后，清算组应当制作清算报告，报股东会、

---

[①] （2023）粤01民终24743号，载中国裁判文书网，https://wenshu.court.gov.cn/website/wenshu/181107ANFZ0BXSK4/index.html? docId = WF + HPKPejYGAHk4JHRBAgQlRhNXseE7cZelGL+uDyIWoVr7Tovo0qJ/dgBYosE2gOW/3CWAVkWV3JaolLrGYe3gjnRcC1YMi0+udx-HB/QAkvBjb9Nmp0bna6jk/vVSOR，最后访问日期：2024年4月27日。

股东大会或者人民法院确认,并报送公司登记机关,申请注销公司登记,公告公司终止。申请注销公司登记以清算完毕为前提。在本案中,二被告在明知尚欠原告货款未了结的情况下,尚未清算完毕,仍注销公司,其应对公司债务承担连带责任。

> **第二百四十条 【简易注销公司登记】**公司在存续期间未产生债务,或者已清偿全部债务的,经全体股东承诺,可以按照规定通过简易程序注销公司登记。
>
> 通过简易程序注销公司登记,应当通过国家企业信用信息公示系统予以公告,公告期限不少于二十日。公告期限届满后,未有异议的,公司可以在二十日内向公司登记机关申请注销公司登记。
>
> 公司通过简易程序注销公司登记,股东对本条第一款规定的内容承诺不实的,应当对注销登记前的债务承担连带责任。

## 【理解与适用】

本条是简易注销的规定。

简易注销程序是深化商事制度改革,优化营商环境,完善市场主体退出机制的体现,企业简易注销登记有助于提升公司的市场退出效率,提高社会资源利用效率;有助于降低市场主体退出成本,对于进一步优化营商环境,持续激发市场活力具有重要意义。

简易注销程序适用的对象有两种:一是存续期间未产生债务的公司,如未开业公司;二是已经将债权债务清算完结,无债务的公司。根据《工商总局关于全面推进企业简易注销登记改革的指导意见》规定,企业有下列情形之一的,不适用简易注销程序:(1)涉及国家规定实施准入特别管理措施的外商投资企业;(2)被列入企业经营异常名录或严重违法失信企业名单的;(3)存在股权(投资权益)被冻结、出质或动产抵押等情形;(4)有正在被立案调查或采取行政强制、司法协助、被予以行政处罚等情形的;(5)企业所属的非法人分支机构未办理注销登记的；（6）曾被终止简易注销程序的；（7）法律、行政法规或者国务院决定规定在注销登记前需经批准的；（8）其他情形不适用企业简易注销登记的。

关于简易注销的程序。公司申请简易注销的，应当通过国家企业信息公示系统予以公告，向社会公告拟申请简易注销登记及全体投资人承诺等信息，公告期限不少于二十日。公告期内，利害关系人及相关政府部门可以通过国家企业信息公示系统中的"简易注销公告"专栏"异议留言"功能提出异议并简要陈述理由。公告期满后，没有异议的，公司方可向公司登记机关提出简易注销登记申请。公司登记机关在收到简易注销申请后，应当对申请材料进行形式审查，也可利用国家企业信息公示系统对申请简易注销登记公司进行检索检查，对于不适用简易注销登记限制条件的申请，书面（电子或其他方式）告知申请人不符合简易注销条件；对于公告期内被提出异议的企业，登记机关应当在三个工作日内依法作出不予简易注销登记的决定；对于公告期内未被提出异议的企业，登记机关应当在三个工作日内依法作出准予简易注销登记的决定。

公司通过简易程序注销公司登记，股东对"公司在存续期间未产生债务，或者已清偿全部债务的"承诺内容的真实性负责，股东隐瞒真实情况、弄虚作假的，应当对注销登记前的公司债务承担连带清偿责任。

**【相关规范】**

● **行政法规及文件**

1. **《中华人民共和国市场主体登记管理条例》**（2021 年 7 月 27 日）

第三十三条 市场主体未发生债权债务或者已将债权债务清偿完结，未发生或者已结清清偿费用、职工工资、社会保险费用、法定补偿金、应缴纳税款（滞纳金、罚款），并由全体投资人书面承诺对上述情况的真实性承担法律责任的，可以按照简易程序办理注销登记。

市场主体应当将承诺书及注销登记申请通过国家企业信用信息公示系统公示，公示期为 20 日。在公示期内无相关部门、债权人及其他利害关系人提出异议的，市场主体可以于公示期届满之日起 20 日内向登记机关申请注销登记。

……

市场主体注销依法须经批准的，或者市场主体被吊销营业执照、责令关闭、撤销，或者被列入经营异常名录的，不适用简易注销程序。

● 部门规章及文件
2.《中华人民共和国市场主体登记管理条例实施细则》（2022年3月1日）

第四十七条　申请办理简易注销登记，应当提交申请书和全体投资人承诺书。

第四十八条　有下列情形之一的，市场主体不得申请办理简易注销登记：

（一）在经营异常名录或者市场监督管理严重违法失信名单中的；

（二）存在股权（财产份额）被冻结、出质或者动产抵押，或者对其他市场主体存在投资的；

（三）正在被立案调查或者采取行政强制措施，正在诉讼或者仲裁程序中的；

（四）被吊销营业执照、责令关闭、撤销的；

（五）受到罚款等行政处罚尚未执行完毕的；

（六）不符合《条例》第三十三条规定的其他情形。

第四十九条　申请办理简易注销登记，市场主体应当将承诺书及注销登记申请通过国家企业信用信息公示系统公示，公示期为20日。

在公示期内无相关部门、债权人及其他利害关系人提出异议的，市场主体可以于公示期届满之日起20日内向登记机关申请注销登记。

【案例指引】

陈某1、陈某2等劳动争议案[①]

裁判要旨：二被告作为案涉公司股东，在办理公司注销登记时选择简易注销，且承诺公司不存在未结清清偿费用、职工工资，与事实不符，按照适用简易注销的有关规定，涉案公司不属于可适用简易注销程序企业，二被告作为股东及清算人，未按公司法有关规定对公司进行清算，其应对本案公司注销登记前的债务承担连带清偿责任。

---

① （2023）粤01民终25384号，载中国裁判文书网，https：//wenshu.court.gov.cn/website/wenshu/181107ANFZ0BXSK4/index.html？docId=M1kKoTaFpa0EwiOODXSIjK9CKgn/CAjgBk7krs/3Tf9c9E65j5JM4p/dgBYosE2gOW/3CWAVkWV3JaolLrGYe3gjnRcC1YMi0+udxHB/QAnpiYQfC1oQ4CG/6WgIF/My，最后访问日期：2024年4月28日。

> **第二百四十一条　【强制注销登记】**公司被吊销营业执照、责令关闭或者被撤销，满三年未向公司登记机关申请注销公司登记的，公司登记机关可以通过国家企业信用信息公示系统予以公告，公告期限不少于六十日。公告期限届满后，未有异议的，公司登记机关可以注销公司登记。
>
> 　　依照前款规定注销公司登记的，原公司股东、清算义务人的责任不受影响。

**【理解与适用】**

本条是关于公司强制注销登记制度的规定。

为完善市场退出机制，解决市场主体"应退未退"的问题，公司法修订增加了强制注销制度，在吸收部分地方强制注销的经验，构建了行政机关依职权注销的强制注销制度，适应市场需求、提高市场主体退出的效率。强制注销用于清理"僵尸企业"，这对维护良好的市场环境将有重要意义。强制注销的性质是行政确认行为，确认公司名存实亡的状态并产生公信力，是消灭商事主体资格的行政强制手段。[1]

关于强制注销适用情形：被吊销营业执照、责令关闭或者被撤销，满三年未向公司登记机关申请注销公司登记的公司。

关于强制注销适用的程序：（1）公司登记机关可以通过国家企业信息公示系统予以公告；（2）公告期限不少于六十日；（3）公告期限届满后，未有异议的，公司登记机关可以注销公司登记。

关于强制注销的法律后果。强制注销后，公司主体资格消灭，退出市场。

关于强制注销后的法律责任。强制注销意味着对先清算后注销的突破，是先注销后清算，关系到注销后原股东责任和清算义务人责任的问题。（1）原公司股东的责任不受影响，原公司股东的责任为出资责任，即其基于股东身份而需承担的出资缴付责任。该责任原则以有限责任为

---

[1] 朱晓娟：《公司强制注销的规范定位与体系构造》，载《国家检察官学院学报》2023年第6期。

限，除非股东做出个人承诺或满足人格否认适用条件才对公司债务承担连带责任；（2）清算义务人的责任不受影响。满三年未向公司登记机关申请注销公司登记，包括两种情形，一是清算义务人未及时履行清算义务，没有启动清算，清算组不存在。根据规定，清算义务人未及时履行清算责任，应对公司或债权人造成的损失承担赔偿责任，强制注销后，清算义务人的损害赔偿责任不受影响；二是清算义务人履行了清算义务，启动清算，但是清算组怠于履行清算义务，清算没有完结。根据本章规定，清算组成员怠于履行清算义务给公司或债权人造成损失的，应当承担赔偿责任。满三年未向公司登记机关申请注销公司登记，有疑问的是，清算组成员是否应当承担责任？有观点认为，此处规定的清算义务人的责任，应当也包括清算组成员的责任。[①]

## 【相关规范】

### ● 行政法规及文件

**《中华人民共和国市场主体登记管理条例》（2021年7月27日）**

第三十一条 市场主体因解散、被宣告破产或者其他法定事由需要终止的，应当依法向登记机关申请注销登记。经登记机关注销登记，市场主体终止。

市场主体注销依法须经批准的，应当经批准后向登记机关申请注销登记。

第三十二条 市场主体注销登记前依法应当清算的，清算组应当自成立之日起10日内将清算组成员、清算组负责人名单通过国家企业信用信息公示系统公告。清算组可以通过国家企业信用信息公示系统发布债权人公告。

清算组应当自清算结束之日起30日内向登记机关申请注销登记。市场主体申请注销登记前，应当依法办理分支机构注销登记。

第三十四条 人民法院裁定强制清算或者裁定宣告破产的，有关清算组、破产管理人可以持人民法院终结强制清算程序的裁定或者终结破产程序的裁定，直接向登记机关申请办理注销登记。

---

[①] 朱晓娟：《公司强制注销的规范定位与体系构造》，载《国家检察官学院学报》2023年第6期。

## 【案例指引】

**叶某诉某市场监督管理局工商行政登记案**[①]

**裁判要旨**：被告某市场监督管理局依据地方对吊销未注销企业依职权强制注销的有关规定，对吊销多年而未注销的案涉企业进行强制注销，在国家企业信用信息公示系统上进行公告，后因该公司涉合同纠纷仍在司法程序中而恢复该公司为未注销状态，并无不当。同时，原告身为涉案公司利害关系人，依据强制注销有关的地方规定，"企业被除名后，主体资格终止，但原企业的清算义务人仍应当依法组织清算；债权人主张债权的，根据法律法规和其他规定可直接向企业的股东、主办者、发起人或者出资人提出"，因此，被告对案涉企业强制注销的行为对原告权利义务不产生实际影响。

> **第二百四十二条 【公司破产】** 公司被依法宣告破产的，依照有关企业破产的法律实施破产清算。

## 【理解与适用】

本条是关于解散清算程序转入破产清算从而适用企业破产法的规定。

破产清算不同于破产和解和破产重整，是指当债务人不能清偿到期债务时，由法院根据债权人或债务人的申请，依法宣告债务人破产，并依法定程序将其全部财产在全体债权人之间按比例公平分配的法律制度。

公司解散清算过程中发现公司财产不足清偿债务的，转入破产清算程序后，最终被宣告破产的，则依照企业破产法的规定实施破产清算。

公司破产，是指公司不能清偿到期债务时，为保护债权人的利益，

---

[①] （2020）浙 01 行终 59 号，载中国裁判文书网，https://wenshu.court.gov.cn/website/wenshu/181107ANFZ0BXSK4/index.html?docId=zD9uQTa5PrDbj3PoW5KfLgHmczkqB96FiAj/Pl+GHBbQwXdVCy6pjZ/dgBYosE2gOW/3CWAVkWV3JaolLrGYe3gjnRcC1YMi0+udxHB/QAkMgO9UZTjnsanpPh+nEBl7，最后访问日期：2024 年 4 月 28 日。

依法定程序，将公司的财产依法在全体债权人之间按比例公平分配的制度。公司因不能清偿到期债务被宣告破产，依照企业破产法或者民事诉讼法的企业法人破产还债程序的规定进行清算。

公司被宣告破产后，应当按照法律规定的程序即破产清算程序进行清算，以了结债务人与债权人之间的财产关系。在破产清算程序中，主要包括两个方面的内容：(1) 破产清算组在收集管理破产财产的基础上，对破产财产进行估价和处理；(2) 用变卖破产财产的价款支付破产费用，清偿优先受偿人，然后将剩余金额在所有破产债权人之间进行分配。

## 【相关规范】

● 法律

《中华人民共和国企业破产法》（2006年8月27日）

**第一百零七条** 人民法院依照本法规定宣告债务人破产的，应当自裁定作出之日起五日内送达债务人和管理人，自裁定作出之日起十日内通知已知债权人，并予以公告。

债务人被宣告破产后，债务人称为破产人，债务人财产称为破产财产，人民法院受理破产申请时对债务人享有的债权称为破产债权。

**第一百零八条** 破产宣告前，有下列情形之一的，人民法院应当裁定终结破产程序，并予以公告：

(一) 第三人为债务人提供足额担保或者为债务人清偿全部到期债务的；

(二) 债务人已清偿全部到期债务的。

**第一百零九条** 对破产人的特定财产享有担保权的权利人，对该特定财产享有优先受偿的权利。

**第一百一十条** 享有本法第一百零九条规定权利的债权人行使优先受偿权利未能完全受偿的，其未受偿的债权作为普通债权；放弃优先受偿权利的，其债权作为普通债权。

**第一百一十一条** 管理人应当及时拟订破产财产变价方案，提交债权人会议讨论。

管理人应当按照债权人会议通过的或者人民法院依照本法第六十五条第一款规定裁定的破产财产变价方案，适时变价出售破产财产。

**第一百一十二条** 变价出售破产财产应当通过拍卖进行。但是，债权人会议另有决议的除外。

破产企业可以全部或者部分变价出售。企业变价出售时，可以将其中的无形资产和其他财产单独变价出售。

按照国家规定不能拍卖或者限制转让的财产，应当按照国家规定的方式处理。

**第一百一十三条** 破产财产在优先清偿破产费用和共益债务后，依照下列顺序清偿：

（一）破产人所欠职工的工资和医疗、伤残补助、抚恤费用，所欠的应当划入职工个人账户的基本养老保险、基本医疗保险费用，以及法律、行政法规规定应当支付给职工的补偿金；

（二）破产人欠缴的除前项规定以外的社会保险费用和破产人所欠税款；

（三）普通破产债权。

破产财产不足以清偿同一顺序的清偿要求的，按照比例分配。

破产企业的董事、监事和高级管理人员的工资按照该企业职工的平均工资计算。

**第一百一十四条** 破产财产的分配应当以货币分配方式进行。但是，债权人会议另有决议的除外。

**第一百一十五条** 管理人应当及时拟订破产财产分配方案，提交债权人会议讨论。

破产财产分配方案应当载明下列事项：

（一）参加破产财产分配的债权人名称或者姓名、住所；

（二）参加破产财产分配的债权额；

（三）可供分配的破产财产数额；

（四）破产财产分配的顺序、比例及数额；

（五）实施破产财产分配的方法。

债权人会议通过破产财产分配方案后，由管理人将该方案提请人民法院裁定认可。

**第一百一十六条** 破产财产分配方案经人民法院裁定认可后，由管理人执行。

管理人按照破产财产分配方案实施多次分配的，应当公告本次分配的财产额和债权额。管理人实施最后分配的，应当在公告中指明，并载明本法第一百一十七条第二款规定的事项。

**第一百一十七条** 对于附生效条件或者解除条件的债权，管理人应当将其分配额提存。

管理人依照前款规定提存的分配额，在最后分配公告日，生效条件未成就或者解除条件成就的，应当分配给其他债权人；在最后分配公告日，生效条件成就或者解除条件未成就的，应当交付给债权人。

**第一百一十八条** 债权人未受领的破产财产分配额，管理人应当提存。债权人自最后分配公告之日起满二个月仍不领取的，视为放弃受领分配的权利，管理人或者人民法院应当将提存的分配额分配给其他债权人。

**第一百一十九条** 破产财产分配时，对于诉讼或者仲裁未决的债权，管理人应当将其分配额提存。自破产程序终结之日起满二年仍不能受领分配的，人民法院应当将提存的分配额分配给其他债权人。

**第一百二十条** 破产人无财产可供分配的，管理人应当请求人民法院裁定终结破产程序。

管理人在最后分配完结后，应当及时向人民法院提交破产财产分配报告，并提请人民法院裁定终结破产程序。

人民法院应当自收到管理人终结破产程序的请求之日起十五日内作出是否终结破产程序的裁定。裁定终结的，应当予以公告。

**第一百二十一条** 管理人应当自破产程序终结之日起十日内，持人民法院终结破产程序的裁定，向破产人的原登记机关办理注销登记。

**第一百二十二条** 管理人于办理注销登记完毕的次日终止执行职务。但是，存在诉讼或者仲裁未决情况的除外。

**第一百二十三条** 自破产程序依照本法第四十三条第四款或者第一百二十条的规定终结之日起二年内，有下列情形之一的，债权人可以请求人民法院按照破产财产分配方案进行追加分配：

（一）发现有依照本法第三十一条、第三十二条、第三十三条、第三十六条规定应当追回的财产的；

（二）发现破产人有应当供分配的其他财产的。

有前款规定情形，但财产数量不足以支付分配费用的，不再进行追加分配，由人民法院将其上交国库。

**第一百二十四条** 破产人的保证人和其他连带债务人，在破产程序终结后，对债权人依照破产清算程序未受清偿的债权，依法继续承担清偿责任。

# 第十三章　外国公司的分支机构

> **第二百四十三条　【外国公司的定义】** 本法所称外国公司，是指依照外国法律在中华人民共和国境外设立的公司。

**【理解与适用】**

本条是关于外国公司定义的规定。

公司国籍的认定有不同的标准，具体有公司设立准据法主义、公司设立行为地主义、股东国籍主义、公司住所地主义。（1）公司设立准据法主义，是指以公司设立所依据的法律来认定公司的国籍，依据外国法设立的公司为外国公司，依据本国法设立的公司为本国公司；（2）公司设立行为地主义，是指依据公司设立登记地来认定公司的国籍，公司设立登记地在本国则为本国公司，公司设立登记地在外国则为外国公司；（3）股东国籍主义也是资本控制主义，是指依据能控制公司的股东国籍来认定公司的国籍，控制公司的股东其国籍是外国的则属于外国公司，控制公司的股东其国籍为本国的则为本国公司；（4）公司住所地主义，是指依据公司的住所来认定公司的国籍，住所在外国的为外国公司，住所在本国的为本国公司，公司住所的标准又分为经营管理中心所在地和营业中心所在地。上述标准中，以公司设立准据法主义为通说，实践中不少国家采取复合标准。

关于外国公司认定的意义。在多大范围承认一个公司是外国公司还是本国公司，直接关系一个国家的经济利益以及司法管辖权力等重要问题。有许多依据外国法在外国成立的"外国公司"，但是其原始资本来源于内国，主要业务在内国开展，甚至实际控制人根本就是内国公民或者企业。也就是说，内国是与其有最密切联系的国家。如果把这类公司完全视为外国公司，那么将可能会导致内国税收流失、监管缺位等问题的发生。①

从本条规定来看，我国对外国公司的认定采取公司设立准据法主义兼设立行为地主义，即以公司设立时所依据的法律并结合登记地为标准来认定公司是外国公司还是本国公司。结合本法第二条和本条的规定，凡是依据中国公司法在中国境内设立的公司为本国公司，凡是依据外国法律在中国境外设立的公司为外国公司。但是在中国缔结或参加国际条约中，中国也承认股东国籍主义，即以资本控制来认定公司的国籍，即不仅承认由缔约他方国民控制的公司是适格的外国投资者，而且把由中国自然人或经济组织控制的企业看作适格的中国投资者。②

### 【相关规范】

● *法律*

1. 《中华人民共和国公司法》（2023年12月29日）

　　第二条　本法所称公司，是指依照本法在中华人民共和国境内设立的有限责任公司和股份有限公司。

2. 《中华人民共和国涉外民事关系法律适用法》（2010年10月28日）

　　第十四条　法人及其分支机构的民事权利能力、民事行为能力、组织机构、股东权利义务等事项，适用登记地法律。

　　法人的主营业地与登记地不一致的，可以适用主营业地法律。法人的经常居所地，为其主营业地。

---

**第二百四十四条　【外国公司分支机构的设立程序】** 外国公司在中华人民共和国境内设立分支机构，应当向中国主管机关提出申请，并提交其公司章程、所属国的公司登记证书等有关文件，经批准后，向公司登记机关依法办理登记，领取营业执照。

外国公司分支机构的审批办法由国务院另行规定。

---

① 赵磊：《公司法中的外国公司法律问题研究》，法律出版社2017年版，第26页。
② 张磊：《论我国公司国籍制度的改革》，载《东方法学》2014年第1期。

**【理解与适用】**

本条是关于外国公司在中国设立分支机构的程序之规定。

外国公司的分支机构，是指外国公司依东道国法律在东道国境内设立的从事生产经营活动的场所或者办事机构，实际上是该外国公司在其本国之外的国家设立的分公司。外国公司进入东道国营业应当履行一定的法律程序，这是各国或地区公司法的通例，获取营业许可后，才有权在东道国从事正当的营业活动。[1]

外国公司的分支机构既不同于外商投资公司，也不同于外国公司常驻代表机构。外国公司的分支机构不同于外商投资公司：（1）前者是外国公司的组成部分，是外国公司；后者是在中国境内依据中国法律设立，是中国公司；（2）外商投资公司的组织形式为有限责任公司或股份有限公司，具有法人资格，能以自己的名义独立活动、独立承担责任，外国公司的分支机构不具有法人资格，以外国公司的名义活动，由外国公司对其活动承担责任；（3）外商投资公司的组织结构复杂，一般设股东会、董事会等公司机关，但是外国公司的分支机构不具有。外国公司的分支机构不同于我国公司在中国境内的常驻代表机构，后者不能直接从事经营活动，只能代表外国公司在中国从事一定范围的联络、咨询、服务等工作。[2]

在中国境外成立的外国公司，只有被中国认为是适格的外国公司才有权在中国境内成立分支机构进行商业经营。外国公司要在中国境内设立分支机构，应当满足以下条件：（1）分支机构的设立以外国公司存在为前提，已经登记并开始营业，否则不能在我国境内设立分支机构；（2）应当向中国主管机关提出申请，并提交有关文件，这些文件包括公司章程、所属国的公司登记证书等；（3）经批准后，向公司登记机关（市场监督管理机构）依法办理登记，领取营业执照；（4）外国公司的分支机构在中国境内是非法人组织，不具有法人资格，与外国公司的关系是总公司与分公司的关系，由外国公司对其活动承担责任。

---

[1] 赵旭东主编：《公司法学》，高等教育出版社2019年版，第517页。
[2] 参见赵旭东主编：《公司法学》，高等教育出版社2019年版，第520页。

## 【相关规范】

● *行政法规及文件*

**1.《中华人民共和国市场主体登记管理条例》**（2021年7月27日）

**第二条** 本条例所称市场主体，是指在中华人民共和国境内以营利为目的从事经营活动的下列自然人、法人及非法人组织：

（一）公司、非公司企业法人及其分支机构；

（二）个人独资企业、合伙企业及其分支机构；

（三）农民专业合作社（联合社）及其分支机构；

（四）个体工商户；

（五）外国公司分支机构；

（六）法律、行政法规规定的其他市场主体。

**第五条** 国务院市场监督管理部门主管全国市场主体登记管理工作。

县级以上地方人民政府市场监督管理部门主管本辖区市场主体登记管理工作，加强统筹指导和监督管理。

● *部门规章及文件*

**2.《外商投资企业授权登记管理办法》**（2022年3月1日）

**第一条** 为了规范外商投资企业登记管理工作，明确各级市场监督管理部门职责，根据《中华人民共和国外商投资法》《中华人民共和国外商投资法实施条例》等法律法规制定本办法。

**第二条** 外商投资企业及其分支机构登记管理授权和规范，适用本办法。

外国公司分支机构以及其他依照国家规定应当执行外资产业政策的企业、香港特别行政区和澳门特别行政区投资者在内地、台湾地区投资者在大陆投资设立的企业及其分支机构登记管理授权和规范，参照本办法执行。

**第三条** 国家市场监督管理总局负责全国的外商投资企业登记管理，并可以根据本办法规定的条件授权地方人民政府市场监督管理部门承担外商投资企业登记管理工作。

被授权的地方人民政府市场监督管理部门（以下简称被授权局）以自己的名义在被授权范围内承担外商投资企业登记管理工作。

未经国家市场监督管理总局授权，不得开展或者变相开展外商投资企业登记管理工作。

第四条　具备下列条件的市场监督管理部门可以申请外商投资企业登记管理授权：

（一）辖区内外商投资达到一定规模，或者已经设立的外商投资企业达 50 户以上；

（二）能够正确执行国家企业登记管理法律法规和外商投资管理政策；

（三）有从事企业登记注册的专职机构和编制，有稳定的工作人员，其数量与能力应当与开展被授权工作的要求相适应；

（四）有较好的办公条件，包括必要的硬件设备、畅通的网络环境和统一数据标准、业务规范、平台数据接口的登记注册系统等，能及时将企业登记注册信息和外商投资信息报告信息上传至国家市场监督管理总局；

（五）有健全的外商投资企业登记管理工作制度。

第五条　申请外商投资企业登记管理授权，应当提交下列文件：

（一）申请局签署的授权申请书，申请书应当列明具备本办法第四条所规定授权条件的情况以及申请授权的范围；

（二）负责外商投资企业登记管理工作的人员名单，名单应当载明职务、参加业务培训情况；

（三）有关外商投资企业登记管理工作制度的文件。

第六条　省级以下市场监督管理部门申请授权的，应当向省级市场监督管理部门提出书面报告。省级市场监督管理部门经审查，认为符合本办法规定条件的，应当出具审查报告，与申请局提交的申请文件一并报国家市场监督管理总局。

第七条　国家市场监督管理总局经审查，对申请局符合本办法规定条件的，应当作出授权决定，授权其承担外商投资企业登记管理工作。

国家市场监督管理总局应当在官网公布并及时更新其授权的市场监督管理部门名单。

第八条　被授权局的登记管辖范围由国家市场监督管理总局根据有关法律法规，结合实际情况确定，并在授权文件中列明。

被授权局负责其登记管辖范围内外商投资企业的设立、变更、注销登记、备案及其监督管理。

第九条　被授权局应当严格按照下列要求开展外商投资企业登记管理工作：

（一）以自己的名义在被授权范围内依法作出具体行政行为；

（二）严格遵守国家法律法规规章，严格执行外商投资准入前国民待遇加负面清单管理制度，强化登记管理秩序，维护国家经济安全；

（三）严格执行授权局的工作部署和要求，认真接受授权局指导和监督；

（四）被授权局执行涉及外商投资企业登记管理的地方性法规、地方政府规章和政策文件，应当事先报告授权局，征求授权局意见。

被授权局为省级以下市场监督管理部门的，应当接受省级被授权局的指导和监督，认真执行其工作部署和工作要求。

被授权局名称等情况发生变化或者不再履行外商投资企业登记管理职能的，应当由省级市场监督管理部门及时向国家市场监督管理总局申请变更或者撤销授权。

**第十条** 被授权局在外商投资企业登记管理工作中不得存在下列情形：

（一）超越被授权范围开展工作；

（二）转授权给其他行政管理部门；

（三）拒不接受授权局指导或者执行授权局的规定；

（四）在工作中弄虚作假或者存在其他严重失职行为；

（五）其他违反法律法规以及本办法规定的情形。

**第十一条** 国家市场监督管理总局对被授权局存在第十条所列情形以及不再符合授权条件的，可以作出以下处理：

（一）责令被授权局撤销或者改正其违法或者不适当的行政行为；

（二）直接撤销被授权局违法或者不适当的行政行为；

（三）通报批评；

（四）建议有关机关对直接责任人员按规定给予处分，构成犯罪的，依法追究刑事责任；

（五）撤销部分或者全部授权。

**第十二条** 上级市场监督管理部门对下级被授权局在外商投资企业登记管理工作中存在第十条所列情形的，可以作出以下处理：

（一）责令被授权局撤销、变更或者改正其不适当的行政行为；

（二）建议国家市场监督管理总局撤销被授权局的不适当行政行为；

（三）在辖区内通报批评；

（四）建议有关机关对直接责任人员给予处分，构成犯罪的，依法追究刑事责任；

（五）建议国家市场监督管理总局撤销部分或者全部授权。

**第十三条** 本办法自 2022 年 4 月 1 日起施行。2002 年 12 月 10 日原国家工商行政管理总局令第 4 号公布的《外商投资企业授权登记管理办法》同时废止。

---

**第二百四十五条　【外国公司机构的设立条件】** 外国公司在中华人民共和国境内设立分支机构，应当在中华人民共和国境内指定负责该分支机构的代表人或者代理人，并向该分支机构拨付与其所从事的经营活动相适应的资金。

对外国公司分支机构的经营资金需要规定最低限额的，由国务院另行规定。

---

**【理解与适用】**

本条是关于外国公司在中国境内设立分支机构的规定。

外国公司在中国境内设立分支机构，应当指定负责该分支机构的代表人或者代理人。

外国公司在中国境内设立分支机构参照执行市场监管总局制定的《外商投资企业授权登记管理办法》。外国公司分支机构不设立董事会等公司机关，由被指定的代表人或者代理人负责该分支机构在中国境内的各项事务，代表人或代理人是分支机构在中国境内营业活动的执行人，其在法律许可范围和外国公司权限范围内代表该分支机构进行民事活动和诉讼与仲裁活动，其行为法律后果由外国公司承担。代表人是外国公司或分支机构的内部人，代理人一般是外国公司及分支机构的外部人，接受外国委托，代理其从事活动。

外国公司应当向其中国境内的分支机构拨付与其所从事的经营活动相适应的资金，这是其从事经营活动的物质基础，也是交易相对人判断是否与其交易的考虑因素，分支机构的债务先由分支机构来清偿，不足清偿的部分，由于外国公司分支机构并不是中国境内的独立法人，由设立该分支机构的外国公司承担。

国务院规定外国公司分支机构经营资金的最低限额的，外国公司分支机构应当遵守。特定行业或领域，基于交易安全和其他因素的考虑，国务院会规定最低限额的经营资金要求，但是外国公司分支机构最低限额的经营资金，不是其承担责任的限度，对外国公司分支机构产生的债务，由外国公司全部承担。

**【相关规范】**

● *行政法规及文件*

1. 《中华人民共和国外资银行管理条例》（2019年9月30日）

第二条　本条例所称外资银行，是指依照中华人民共和国有关法律、法规，经批准在中华人民共和国境内设立的下列机构：

（一）1家外国银行单独出资或者1家外国银行与其他外国金融机构共同出资设立的外商独资银行；

（二）外国金融机构与中国的公司、企业共同出资设立的中外合资银行；

（三）外国银行分行；

（四）外国银行代表处。

前款第一项至第三项所列机构，以下统称外资银行营业性机构。

第三条　本条例所称外国金融机构，是指在中华人民共和国境外注册并经所在国家或者地区金融监管当局批准或者许可的金融机构。

本条例所称外国银行，是指在中华人民共和国境外注册并经所在国家或者地区金融监管当局批准或者许可的商业银行。

第七条　设立外资银行及其分支机构，应当经银行业监督管理机构审查批准。

第八条　外商独资银行、中外合资银行的注册资本最低限额为10亿元人民币或者等值的自由兑换货币。注册资本应当是实缴资本。

外商独资银行、中外合资银行在中华人民共和国境内设立的分行，应当由其总行无偿拨给人民币或者自由兑换货币的营运资金。外商独资银行、中外合资银行拨给各分支机构营运资金的总和，不得超过总行资本金总额的60%。

外国银行分行应当由其总行无偿拨给不少于2亿元人民币或者等值的自由兑换货币的营运资金。

国务院银行业监督管理机构根据外资银行营业性机构的业务范围和审慎监管的需要，可以提高注册资本或者营运资金的最低限额，并规定其中的人民币份额。

**第九条** 拟设外商独资银行、中外合资银行的股东或者拟设分行、代表处的外国银行应当具备下列条件：

（一）具有持续盈利能力，信誉良好，无重大违法违规记录；

（二）拟设外商独资银行的股东、中外合资银行的外方股东或者拟设分行、代表处的外国银行具有从事国际金融活动的经验；

（三）具有有效的反洗钱制度；

（四）拟设外商独资银行的股东、中外合资银行的外方股东或者拟设分行、代表处的外国银行受到所在国家或者地区金融监管当局的有效监管，并且其申请经所在国家或者地区金融监管当局同意；

（五）国务院银行业监督管理机构规定的其他审慎性条件。

拟设外商独资银行的股东、中外合资银行的外方股东或者拟设分行、代表处的外国银行所在国家或者地区应当具有完善的金融监督管理制度，并且其金融监管当局已经与国务院银行业监督管理机构建立良好的监督管理合作机制。

## 2.《中华人民共和国外资保险公司管理条例》（2019年9月30日）

**第二条** 本条例所称外资保险公司，是指依照中华人民共和国有关法律、行政法规的规定，经批准在中国境内设立和营业的下列保险公司：

（一）外国保险公司同中国的公司、企业在中国境内合资经营的保险公司（以下简称合资保险公司）；

（二）外国保险公司在中国境内投资经营的外国资本保险公司（以下简称独资保险公司）；

（三）外国保险公司在中国境内的分公司（以下简称外国保险公司分公司）。

**第七条** 合资保险公司、独资保险公司的注册资本最低限额为2亿元人民币或者等值的自由兑换货币；其注册资本最低限额必须为实缴货币资本。

外国保险公司分公司应当由其总公司无偿拨给不少于2亿元人民币或者等值的自由兑换货币的营运资金。

国务院保险监督管理机构根据外资保险公司业务范围、经营规模，可以提高前两款规定的外资保险公司注册资本或者营运资金的最低限额。

**第二十一条** 外国保险公司分公司应当于每一会计年度终了后3个月内，将该分公司及其总公司上一年度的财务会计报告报送国务院保险监督管理机构，并予公布。

**【案例指引】**

鲍某与某金属株式会社国际货物买卖合同纠纷案[①]

**裁判要旨**：外国公司在中国境内设立分支机构，必须在中国境内指定负责该分支机构的代表人或者代理人，并向该分支机构拨付与其所从事的经营活动相适应的资金。金某作为被告分支机构的代表人，对因被告与原告之间发生业务往来所拖欠的货款作出的承诺，合法有效，被告应按其承诺支付货款。现被告没有能够按照其所承诺的期限支付货款，构成违约，应当承担相应的违约责任。

---

**第二百四十六条　【外国公司分支机构名称及章程置备】**

外国公司的分支机构应当在其名称中标明该外国公司的国籍及责任形式。

外国公司的分支机构应当在本机构中置备该外国公司章程。

---

**【理解与适用】**

本条是关于外国公司分支机构名称及章程置备的规定。

关于外国公司分支机构的名称。外国公司分支机构名称的构成要件有：（1）标明外国公司的国籍。（2）标明外国公司的名称，应当使用和设立与该分支机构所属公司一致的名称，以便追究外国公司应承担的法律责任。（3）注明外国公司的责任形式，即标明设立该分支机构的外国公司的组织形式，外国公司的组织形式并不限于中国公司法的有限责任公司和股份有限责任公司两种形式。（4）标明体现外国公司分支机构的字样，如注明"分公司""代表处"或者"联络处"等，以显示其不是独立的法人，只是外国公司在中国境内的分支机构。

---

[①] （2010）金义商外初字第36号，载中国裁判文书网，https：//wenshu. court. gov. cn/website/wenshu/181107ANFZ0BXSK4/index. html？docId = 930s85qhV2M9edTOwfYbP2eLRgLdIm-NzLohGq/YAwc5k82rzvGHS3Z/dgBYosE2gqUzQaIirn5IZKh20rpe + vetybPrDH7nmi7YPwWutskGl/ZnFevefYYRKMWszhCsC，最后访问日期：2024年4月25日。

外国公司的分支机构应当在本机构中置备该外国公司章程。需要注意的是，本条第二款要求的是置备设立该分支机构的外国公司的章程，而非该分支机构的章程。公司章程的记载事项记录了公司经营范围、注册资本、股东、组织机构等事项，以此来进行信息披露，维护交易安全，使交易相对人评估商业风险。

**【相关规范】**

● 行政法规及文件

《中华人民共和国市场主体登记管理条例》（2021年7月27日）

第二条 本条例所称市场主体，是指在中华人民共和国境内以营利为目的从事经营活动的下列自然人、法人及非法人组织：

（一）公司、非公司企业法人及其分支机构；

（二）个人独资企业、合伙企业及其分支机构；

（三）农民专业合作社（联合社）及其分支机构；

（四）个体工商户；

（五）外国公司分支机构；

（六）法律、行政法规规定的其他市场主体。

第八条 市场主体的一般登记事项包括：

（一）名称；

（二）主体类型；

（三）经营范围；

（四）住所或者主要经营场所；

（五）注册资本或者出资额；

（六）法定代表人、执行事务合伙人或者负责人姓名。

……

第九条 市场主体的下列事项应当向登记机关办理备案：

（一）章程或者合伙协议；

……

**第二百四十七条 【外国公司分支机构的法律地位】** 外国公司在中华人民共和国境内设立的分支机构不具有中国法人资格。

> 外国公司对其分支机构在中华人民共和国境内进行经营活动承担民事责任。

**【理解与适用】**

本条是关于外国公司分支机构法律地位的规定。

外国公司在中国境内所设立的分支机构,无独立于设立其的外国公司的名称,也无独立的财产和组织机构,因此不具有中国法人资格,不能独立承担责任。外国公司分支机构只是外国公司在中国境内设立的派出机构,相当于外国公司的分公司,其不是外国公司依据中国法律在中国境内设立的子公司,外国公司分支机构不是中国法人。

分支机构在中国境内进行营业活动是以设立其的外国公司的名义进行,因此而产生的权利和义务都归于该外国公司,民事责任也由该外国公司来承担,分支机构不能独立承担。根据本法第二百四十五条规定,外国公司应当向其设立的分支机构拨付与分支机构所从事的经营活动相适应的资金,因此外国公司的分支机构有一定的物质基础。实践中,分支机构从事营业活动所产生的债务,一般先由分支机构来进行清偿,当分支机构不能清偿债务时,再由设立分支机构的外国公司来进行清偿。

外国公司的分支机构与外国公司中国的常驻代表机构不同。外国企业常驻代表机构,是指外国企业在中国境内设立的从事与该外国企业业务有关的非营利性活动的办事机构,只能从事非营业活动,代表机构不具有法人资格,申领的是《外国企业常驻代表机构登记证》,不具有诉讼上的当事人资格。依法设立的外国公司分支机构领取营业执照,可以在中国境内从事经营活动,申领的是《营业执照》,同样也不具有法人资格,但是具有诉讼上的当事人资格。

**【相关规范】**

● *法律*

1. 《中华人民共和国民法典》(2020 年 5 月 28 日)

   **第七十四条** 法人可以依法设立分支机构。法律、行政法规规定分支机构应当登记的，依照其规定。

分支机构以自己的名义从事民事活动，产生的民事责任由法人承担；也可以先以该分支机构管理的财产承担，不足以承担的，由法人承担。

## 2.《中华人民共和国公司法》（2023年12月29日）

**第十三条** 公司可以设立子公司。子公司具有法人资格，依法独立承担民事责任。

公司可以设立分公司。分公司不具有法人资格，其民事责任由公司承担。

● **行政法规及文件**

## 3.《外国企业常驻代表机构登记管理条例》（2024年3月10日）

### 第一章 总 则

**第一条** 为了规范外国企业常驻代表机构的设立及其业务活动，制定本条例。

**第二条** 本条例所称外国企业常驻代表机构（以下简称代表机构），是指外国企业依照本条例规定，在中国境内设立的从事与该外国企业业务有关的非营利性活动的办事机构。代表机构不具有法人资格。

**第三条** 代表机构应当遵守中国法律，不得损害中国国家安全和社会公共利益。

**第四条** 代表机构设立、变更、终止，应当依照本条例规定办理登记。

外国企业申请办理代表机构登记，应当对申请文件、材料的真实性负责。

**第五条** 省、自治区、直辖市人民政府市场监督管理部门是代表机构的登记和管理机关（以下简称登记机关）。

登记机关应当与其他有关部门建立信息共享机制，相互提供有关代表机构的信息。

**第六条** 代表机构应当于每年3月1日至6月30日向登记机关提交年度报告。年度报告的内容包括外国企业的合法存续情况、代表机构的业务活动开展情况及其经会计师事务所审计的费用收支情况等相关情况。

**第七条** 代表机构应当依法设置会计账簿，真实记载外国企业经费拨付和代表机构费用收支情况，并置于代表机构驻在场所。

代表机构不得使用其他企业、组织或者个人的账户。

**第八条** 外国企业委派的首席代表、代表以及代表机构的工作人员应当遵守法律、行政法规关于出入境、居留、就业、纳税、外汇登记等规定；违反规定的，由有关部门依照法律、行政法规的相关规定予以处理。

## 第二章 登记事项

**第九条** 代表机构的登记事项包括：代表机构名称、首席代表姓名、业务范围、驻在场所、驻在期限、外国企业名称及其住所。

**第十条** 代表机构名称应当由以下部分依次组成：外国企业国籍、外国企业中文名称、驻在城市名称以及"代表处"字样，并不得含有下列内容和文字：

（一）有损于中国国家安全或者社会公共利益的；

（二）国际组织名称；

（三）法律、行政法规或者国务院规定禁止的。

代表机构应当以登记机关登记的名称从事业务活动。

**第十一条** 外国企业应当委派一名首席代表。首席代表在外国企业书面授权范围内，可以代表外国企业签署代表机构登记申请文件。

外国企业可以根据业务需要，委派1至3名代表。

**第十二条** 有下列情形之一的，不得担任首席代表、代表：

（一）因损害中国国家安全或者社会公共利益，被判处刑罚的；

（二）因从事损害中国国家安全或者社会公共利益等违法活动，依法被撤销设立登记、吊销登记证或者被有关部门依法责令关闭的代表机构的首席代表、代表，自被撤销、吊销或者责令关闭之日起未逾5年的；

（三）国务院市场监督管理部门规定的其他情形。

**第十三条** 代表机构不得从事营利性活动。

中国缔结或者参加的国际条约、协定另有规定的，从其规定，但是中国声明保留的条款除外。

**第十四条** 代表机构可以从事与外国企业业务有关的下列活动：

（一）与外国企业产品或者服务有关的市场调查、展示、宣传活动；

（二）与外国企业产品销售、服务提供、境内采购、境内投资有关的联络活动。

法律、行政法规或者国务院规定代表机构从事前款规定的业务活动须经批准的，应当取得批准。

**第十五条** 代表机构的驻在场所由外国企业自行选择。

根据国家安全和社会公共利益需要，有关部门可以要求代表机构调整驻在场所，并及时通知登记机关。

**第十六条** 代表机构的驻在期限不得超过外国企业的存续期限。

**第十七条** 登记机关应当将代表机构登记事项记载于代表机构登记簿，供社会公众查阅、复制。

**第十八条** 代表机构应当将登记机关颁发的外国企业常驻代表机构登记证（以下简称登记证）置于代表机构驻在场所的显著位置。

**第十九条** 任何单位和个人不得伪造、涂改、出租、出借、转让登记证和首席代表、代表的代表证（以下简称代表证）。

登记证和代表证遗失或者毁坏的，代表机构应当在指定的媒体上声明作废，申请补领。

登记机关依法作出准予变更登记、准予注销登记、撤销变更登记、吊销登记证决定的，代表机构原登记证和原首席代表、代表的代表证自动失效。

**第二十条** 代表机构设立、变更，外国企业应当在登记机关指定的媒体上向社会公告。

代表机构注销或者被依法撤销设立登记、吊销登记证的，由登记机关进行公告。

**第二十一条** 登记机关对代表机构涉嫌违反本条例的行为进行查处，可以依法行使下列职权：

（一）向有关的单位和个人调查、了解情况；

（二）查阅、复制、查封、扣押与违法行为有关的合同、票据、账簿以及其他资料；

（三）查封、扣押专门用于从事违法行为的工具、设备、原材料、产品（商品）等财物；

（四）查询从事违法行为的代表机构的账户以及与存款有关的会计凭证、账簿、对账单等。

## 第三章 设立登记

**第二十二条** 设立代表机构应当向登记机关申请设立登记。

**第二十三条** 外国企业申请设立代表机构，应当向登记机关提交下列文件、材料：

（一）代表机构设立登记申请书；

（二）外国企业住所证明和存续2年以上的合法营业证明；

（三）外国企业章程或者组织协议；

（四）外国企业对首席代表、代表的任命文件；

（五）首席代表、代表的身份证明和简历；

（六）同外国企业有业务往来的金融机构出具的资金信用证明；

（七）代表机构驻在场所的合法使用证明。

法律、行政法规或者国务院规定设立代表机构须经批准的，外国企业应当自批准之日起 90 日内向登记机关申请设立登记，并提交有关批准文件。

中国缔结或者参加的国际条约、协定规定可以设立从事营利性活动的代表机构的，还应当依照法律、行政法规或者国务院规定提交相应文件。

**第二十四条** 登记机关应当自受理申请之日起 15 日内作出是否准予登记的决定，作出决定前可以根据需要征求有关部门的意见。作出准予登记决定的，应当自作出决定之日起 5 日内向申请人颁发登记证和代表证；作出不予登记决定的，应当自作出决定之日起 5 日内向申请人出具登记驳回通知书，说明不予登记的理由。

登记证签发日期为代表机构成立日期。

**第二十五条** 代表机构、首席代表和代表凭登记证、代表证申请办理居留、就业、纳税、外汇登记等有关手续。

## 第四章 变更登记

**第二十六条** 代表机构登记事项发生变更，外国企业应当向登记机关申请变更登记。

**第二十七条** 变更登记事项的，应当自登记事项发生变更之日起 60 日内申请变更登记。

变更登记事项依照法律、行政法规或者国务院规定在登记前须经批准的，应当自批准之日起 30 日内申请变更登记。

**第二十八条** 代表机构驻在期限届满后继续从事业务活动的，外国企业应当在驻在期限届满前 60 日内向登记机关申请变更登记。

**第二十九条** 申请代表机构变更登记，应当提交代表机构变更登记申请书以及国务院市场监督管理部门规定提交的相关文件。

变更登记事项依照法律、行政法规或者国务院规定在登记前须经批准的，还应当提交有关批准文件。

**第三十条** 登记机关应当自受理申请之日起 10 日内作出是否准予变更登记的决定。作出准予变更登记决定的，应当自作出决定之日起 5 日内换发登记证和代表证；作出不予变更登记决定的，应当自作出决定之日起 5

日内向申请人出具变更登记驳回通知书，说明不予变更登记的理由。

**第三十一条** 外国企业的有权签字人、企业责任形式、资本（资产）、经营范围以及代表发生变更的，外国企业应当自上述事项发生变更之日起60日内向登记机关备案。

## 第五章 注销登记

**第三十二条** 有下列情形之一的，外国企业应当在下列事项发生之日起60日内向登记机关申请注销登记：

（一）外国企业撤销代表机构；

（二）代表机构驻在期限届满不再继续从事业务活动；

（三）外国企业终止；

（四）代表机构依法被撤销批准或者责令关闭。

**第三十三条** 外国企业申请代表机构注销登记，应当向登记机关提交下列文件：

（一）代表机构注销登记申请书；

（二）代表机构税务登记注销证明；

（三）海关出具的相关事宜已清理完结或者该代表机构未办理相关手续的证明；

（四）国务院市场监督管理部门规定提交的其他文件。

法律、行政法规或者国务院规定代表机构终止活动须经批准的，还应当提交有关批准文件。

**第三十四条** 登记机关应当自受理申请之日起10日内作出是否准予注销登记的决定。作出准予注销决定的，应当自作出决定之日起5日内出具准予注销通知书，收缴登记证和代表证；作出不予注销登记决定的，应当自作出决定之日起5日内向申请人出具注销登记驳回通知书，说明不予注销登记的理由。

## 第六章 法律责任

**第三十五条** 未经登记，擅自设立代表机构或者从事代表机构业务活动的，由登记机关责令停止活动，处以5万元以上20万元以下的罚款。

代表机构违反本条例规定从事营利性活动的，由登记机关责令改正，没收违法所得，没收专门用于从事营利性活动的工具、设备、原材料、产品（商品）等财物，处以5万元以上50万元以下罚款；情节严重的，吊销登记证。

**第三十六条** 提交虚假材料或者采取其他欺诈手段隐瞒真实情况，取得代表机构登记或者备案的,由登记机关责令改正,对代表机构处以2万元以上20万元以下的罚款,对直接负责的主管人员和其他直接责任人员处以1000元以上1万元以下的罚款;情节严重的,由登记机关撤销登记或者吊销登记证,缴销代表证。

代表机构提交的年度报告隐瞒真实情况、弄虚作假的,由登记机关责令改正,对代表机构处以2万元以上20万元以下的罚款;情节严重的,吊销登记证。

伪造、涂改、出租、出借、转让登记证、代表证的,由登记机关对代表机构处以1万元以上10万元以下的罚款;对直接负责的主管人员和其他直接责任人员处以1000元以上1万元以下的罚款;情节严重的,吊销登记证,缴销代表证。

**第三十七条** 代表机构违反本条例第十四条规定从事业务活动以外活动的,由登记机关责令限期改正;逾期未改正的,处以1万元以上10万元以下的罚款;情节严重的,吊销登记证。

**第三十八条** 有下列情形之一的,由登记机关责令限期改正,处以1万元以上3万元以下的罚款;逾期未改正的,吊销登记证:

(一)未依照本条例规定提交年度报告的;

(二)未按照登记机关登记的名称从事业务活动的;

(三)未按照中国政府有关部门要求调整驻在场所的;

(四)未依照本条例规定公告其设立、变更情况的;

(五)未依照本条例规定办理有关变更登记、注销登记或者备案的。

**第三十九条** 代表机构从事危害中国国家安全或者社会公共利益等严重违法活动的,由登记机关吊销登记证。

代表机构违反本条例规定被撤销设立登记、吊销登记证,或者被中国政府有关部门依法责令关闭的,自被撤销、吊销或者责令关闭之日起5年内,设立该代表机构的外国企业不得在中国境内设立代表机构。

**第四十条** 登记机关及其工作人员滥用职权、玩忽职守、徇私舞弊,未依照本条例规定办理登记、查处违法行为,或者支持、包庇、纵容违法行为的,依法给予处分。

**第四十一条** 违反本条例规定,构成违反治安管理行为的,依照《中华人民共和国治安管理处罚法》的规定予以处罚;构成犯罪的,依法追究刑事责任。

## 第七章 附　　则

**第四十二条**　本条例所称外国企业，是指依照外国法律在中国境外设立的营利性组织。

**第四十三条**　代表机构登记的收费项目依照国务院财政部门、价格主管部门的有关规定执行，代表机构登记的收费标准依照国务院价格主管部门、财政部门的有关规定执行。

**第四十四条**　香港特别行政区、澳门特别行政区和台湾地区企业在中国境内设立代表机构的，参照本条例规定进行登记管理。

**第四十五条**　本条例自 2011 年 3 月 1 日起施行。1983 年 3 月 5 日经国务院批准，1983 年 3 月 15 日原国家工商行政管理局发布的《关于外国企业常驻代表机构登记管理办法》同时废止。

---

> **第二百四十八条　【外国公司分支机构的活动原则】**经批准设立的外国公司分支机构，在中华人民共和国境内从事业务活动，应当遵守中国的法律，不得损害中国的社会公共利益，其合法权益受中国法律保护。

**【理解与适用】**

本条是关于外国公司分支机构的活动原则的规定。

经过我国主管机关批准设立的外国公司分支机构，有权在我国境内进行经营活动，其合法权益受中国法律保护，遭到侵害时，可以通过救济途径寻求保护。外国公司未经批准设立分支机构即中国境内从事经营的，其订立的合同有效，合同效力不受影响，但是该外国公司应受到行政处罚。

外国公司分支机构在中国的业务活动，应受到监督和管理。总体来说，这种监督管理主要体现为应当遵守中国的法律、不得损害中国的社会公共利益。首先，外国公司分支机构应当遵守中国法律。外国公司分支机构仍然属于外国公司，不是中国公司或其分支机构，因此基于国家主权原则，外国公司分支机构应当遵守中国法律，不得违反中国的法律，否则应当承担相应的法律责任。其次，外国公司分支机构不得损害中国的社会公共利益。社会公共利益一般是指关系到全体社会成员或者社会不特定多数人的利益，主要包括社会公共秩序以及社会善良风俗等。外国公司分支机构从事业务活动，不得损害我国的社会公共利益。

**【相关规范】**

● *法律*

《中华人民共和国民法典》（2020 年 5 月 28 日）

第八条　民事主体从事民事活动，不得违反法律，不得违背公序良俗。

第十二条　中华人民共和国领域内的民事活动，适用中华人民共和国法律。法律另有规定的，依照其规定。

> **第二百四十九条　【外国公司分支机构的撤销与清算】**
> 外国公司撤销其在中华人民共和国境内的分支机构时，应当依法清偿债务，依照本法有关公司清算程序的规定进行清算。未清偿债务之前，不得将其分支机构的财产转移至中华人民共和国境外。

**【理解与适用】**

本条是关于外国公司分支机构的撤销与清算。

外国公司分支机构的撤销是指依法使已设立的外国公司分支机构归于消灭，为了终结其在东道国境内的生产经营活动，了结现存的各种法律关系，而对分支机构的债权债务等进行清理处分的行为。[①] 外国公司分支机构在中国不具有法人资格，从属于外国公司，因此其所有清算未了的债务，仍由该外国公司予以清偿。外国公司分支机构撤销的原因分为两类：一是外国公司主动撤销其分支机构；二是外国公司被我国主管机关或公司登记机关行政强制解散。

外国公司的分支机构被撤销，必须依法履行清算程序。在外国公司

---

① 参见赵旭东主编：《公司法学》，高等教育出版社 2019 年版，第 532 页。

分支机构自行进行清算的过程中，通常以外国公司分支机构的负责人作为清算人。清算程序根据外国公司分支机构的性质，准用我国公司法中有关公司的清算程序。外国公司分支机构在解散以后至清算结束期间，其在清算范围内仍视为继续存续，其资格并未被注销。但是，其权利能力受到限制，即只能在以清算为目的的范围内行为，不得从事与清算无关的行为。为了保护债权人的利益，外国公司分支机构在未清偿债务前，不得将其财产移出中国。

清算结束后，应当制作清算报告，报有关主管机关确认，并报送公司登记机关，申请注销登记，由登记机关发布公告。

**【相关规范】**

● *法律*

1. 《中华人民共和国公司法》（2023年12月29日）

第二百二十九条　公司因下列原因解散：

（一）公司章程规定的营业期限届满或者公司章程规定的其他解散事由出现；

（二）股东会决议解散；

（三）因公司合并或者分立需要解散；

（四）依法被吊销营业执照、责令关闭或者被撤销；

（五）人民法院依照本法第二百三十一条的规定予以解散。

公司出现前款规定的解散事由，应当在十日内将解散事由通过国家企业信用信息公示系统予以公示。

第二百三十条　公司有前条第一款第一项、第二项情形，且尚未向股东分配财产的，可以通过修改公司章程或者经股东会决议而存续。

依照前款规定修改公司章程或者经股东会决议，有限责任公司须经持有三分之二以上表决权的股东通过，股份有限公司须经出席股东会会议的股东所持表决权的三分之二以上通过。

第二百三十一条　公司经营管理发生严重困难，继续存续会使股东利益受到重大损失，通过其他途径不能解决的，持有公司百分之十以上表决权的股东，可以请求人民法院解散公司。

第二百三十二条　公司因本法第二百二十九条第一款第一项、第二项、第四项、第五项规定而解散的，应当清算。董事为公司清算义务人，应当在解散事由出现之日起十五日内组成清算组进行清算。

清算组由董事组成，但是公司章程另有规定或者股东会决议另选他人的除外。

清算义务人未及时履行清算义务，给公司或者债权人造成损失的，应当承担赔偿责任。

**第二百三十三条** 公司依照前条第一款的规定应当清算，逾期不成立清算组进行清算或者成立清算组后不清算的，利害关系人可以申请人民法院指定有关人员组成清算组进行清算。人民法院应当受理该申请，并及时组织清算组进行清算。

公司因本法第二百二十九条第一款第四项的规定而解散的，作出吊销营业执照、责令关闭或者撤销决定的部门或者公司登记机关，可以申请人民法院指定有关人员组成清算组进行清算。

**第二百三十四条** 清算组在清算期间行使下列职权：

（一）清理公司财产，分别编制资产负债表和财产清单；

（二）通知、公告债权人；

（三）处理与清算有关的公司未了结的业务；

（四）清缴所欠税款以及清算过程中产生的税款；

（五）清理债权、债务；

（六）分配公司清偿债务后的剩余财产；

（七）代表公司参与民事诉讼活动。

**第二百三十五条** 清算组应当自成立之日起十日内通知债权人，并于六十日内在报纸上或者国家企业信用信息公示系统公告。债权人应当自接到通知之日起三十日内，未接到通知的自公告之日起四十五日内，向清算组申报其债权。

债权人申报债权，应当说明债权的有关事项，并提供证明材料。清算组应当对债权进行登记。

在申报债权期间，清算组不得对债权人进行清偿。

**第二百三十六条** 清算组在清理公司财产、编制资产负债表和财产清单后，应当制订清算方案，并报股东会或者人民法院确认。

公司财产在分别支付清算费用、职工的工资、社会保险费用和法定补偿金，缴纳所欠税款，清偿公司债务后的剩余财产，有限责任公司按照股东的出资比例分配，股份有限公司按照股东持有的股份比例分配。

清算期间，公司存续，但不得开展与清算无关的经营活动。公司财产在未依照前款规定清偿前，不得分配给股东。

**第二百三十七条** 清算组在清理公司财产、编制资产负债表和财产清单后，发现公司财产不足清偿债务的，应当依法向人民法院申请破产清算。

人民法院受理破产申请后，清算组应当将清算事务移交给人民法院指定的破产管理人。

**第二百三十八条** 清算组成员履行清算职责，负有忠实义务和勤勉义务。

清算组成员怠于履行清算职责，给公司造成损失的，应当承担赔偿责任；因故意或者重大过失给债权人造成损失的，应当承担赔偿责任。

**第二百三十九条** 公司清算结束后，清算组应当制作清算报告，报股东会或者人民法院确认，并报送公司登记机关，申请注销公司登记。

**第二百四十条** 公司在存续期间未产生债务，或者已清偿全部债务的，经全体股东承诺，可以按照规定通过简易程序注销公司登记。

通过简易程序注销公司登记，应当通过国家企业信用信息公示系统予以公告，公告期限不少于二十日。公告期限届满后，未有异议的，公司可以在二十日内向公司登记机关申请注销公司登记。

公司通过简易程序注销公司登记，股东对本条第一款规定的内容承诺不实的，应当对注销登记前的债务承担连带责任。

**第二百四十一条** 公司被吊销营业执照、责令关闭或者被撤销，满三年未向公司登记机关申请注销公司登记的，公司登记机关可以通过国家企业信用信息公示系统予以公告，公告期限不少于六十日。公告期限届满后，未有异议的，公司登记机关可以注销公司登记。

依照前款规定注销公司登记的，原公司股东、清算义务人的责任不受影响。

**第二百四十二条** 公司被依法宣告破产的，依照有关企业破产的法律实施破产清算。

● **行政法规及文件**

**2.《中华人民共和国外资保险公司管理条例》**（2019年9月30日）

**第二条** 本条例所称外资保险公司，是指依照中华人民共和国有关法律、行政法规的规定，经批准在中国境内设立和营业的下列保险公司：

（一）外国保险公司同中国的公司、企业在中国境内合资经营的保险公司（以下简称合资保险公司）；

（二）外国保险公司在中国境内投资经营的外国资本保险公司（以下简称独资保险公司）；

（三）外国保险公司在中国境内的分公司（以下简称外国保险公司分公司）。

**第二十三条** 外国保险公司分公司的总公司解散、依法被撤销或者被宣告破产的，国务院保险监督管理机构应当停止该分公司开展新业务。

**第二十六条** 外资保险公司因分立、合并或者公司章程规定的解散事由出现，经国务院保险监督管理机构批准后解散。外资保险公司解散的，应当依法成立清算组，进行清算。

经营人寿保险业务的外资保险公司，除分立、合并外，不得解散。

**第二十七条** 外资保险公司违反法律、行政法规，被国务院保险监督管理机构吊销经营保险业务许可证的，依法撤销，由国务院保险监督管理机构依法及时组织成立清算组进行清算。

**第二十八条** 外资保险公司因解散、依法被撤销而清算的，应当自清算组成立之日起60日内在报纸上至少公告3次。公告内容应当经国务院保险监督管理机构核准。

**第二十九条** 外资保险公司不能支付到期债务，经国务院保险监督管理机构同意，由人民法院依法宣告破产。外资保险公司被宣告破产的，由人民法院组织国务院保险监督管理机构等有关部门和有关人员成立清算组，进行清算。

**第三十条** 外资保险公司解散、依法被撤销或者被宣告破产的，未清偿债务前，不得将其财产转移至中国境外。

# 第十四章　法律责任

> **第二百五十条　【虚报注册资本的行政责任】**违反本法规定，虚报注册资本、提交虚假材料或者采取其他欺诈手段隐瞒重要事实取得公司登记的，由公司登记机关责令改正，对虚报注册资本的公司，处以虚报注册资本金额百分之五以上百分之十五以下的罚款；对提交虚假材料或者采取其他欺诈手段隐瞒重要事实的公司，处以五万元以上二百万元以下的罚款；情节严重的，吊销营业执照；对直接负责的主管人员和其他直接责任人员处以三万元以上三十万元以下的罚款。

**【理解与适用】**

本条是关于虚假登记行政责任的规定。

本条对取得公司登记的欺诈违法行为进行了示例性列举，即虚报注册资本、提交虚假材料、采取其他欺诈手段隐瞒重要事实。对于这三种欺诈违法行为，公司登记机关都可以责令改正。责令改正尽管在行政处罚法中规定，但是性质实质是行政命令，不同于具体的行政处罚。行政法上的行政命令是指行政主体要求行政相对人为或不为一定行为的意思表示，行政命令为行政相对人设定一定的义务，但是不能直接处分该义务。公司登记机关作出的责令改正也是如此，责令改正是行政命令而非行政处罚。相对人不改正的，公司登记机关可以通过行政制裁或行政强制为保障来使相对人改正。

本条对虚报注册资本、提交虚假材料和采取其他欺诈手段隐瞒重要事实取得公司登记的行为，分别规定了行政处罚。（1）对虚报注册资本的公司，对公司处以虚报注册资本金额百分之五以上百分之十五以下的罚款，情节严重的，吊销公司营业执照；对个人的处罚，对直接负责的主管人员和其他直接责任人员处以三万元以上三十万元以下的罚款。（2）提交虚假材料的公司和采取其他欺诈手段隐瞒重要事实的公司，对公司处以五万元以上二百万元以下的罚款，情节严重的，吊销公司营业执照；对个人的行政处罚，对直接负责的主管人员和其他直接责任人员处以三万元以上三十万元以下的罚款。

## 【相关规范】

● *法律*

《中华人民共和国刑法》（2023年12月29日）

第一百五十八条　申请公司登记使用虚假证明文件或者采取其他欺诈手段虚报注册资本，欺骗公司登记主管部门，取得公司登记，虚报注册资本数额巨大、后果严重或者有其他严重情节的，处三年以下有期徒刑或者拘役，并处或者单处虚报注册资本金额百分之一以上百分之五以下罚金。

单位犯前款罪的，对单位判处罚金，并对其直接负责的主管人员和其他直接责任人员，处三年以下有期徒刑或者拘役。

---

第二百五十一条　【未依法公示的法律责任】公司未依照本法第四十条规定公示有关信息或者不如实公示有关信息的，由公司登记机关责令改正，可以处以一万元以上五万元以下的罚款。情节严重的，处以五万元以上二十万元以下的罚款；对直接负责的主管人员和其他直接责任人员处以一万元以上十万元以下的罚款。

---

## 【理解与适用】

本条是关于公司未依法信息公示的行政责任。

本法第四十条规定了公司应当通过国家企业信息公示系统公示的事项，并要求公司应确保在此公示系统公示的信息真实、准确、完整。公司未公示本法第四十条规定的事项信息，或者虽公示但未如实公示，则会受承担行政责任。首先，公司登记机关责令公司改正，并可以对公司处以一万元以上五万元以下的罚款；其次，情节严重的，对公司处以五万元以上二十万元以下的罚款；最后，除了处罚公司，对个人也进行行政处罚，对直接负责的主管人员和其他直接责任人员处以一万元以上十万元以下的罚款。

### 【相关规范】

● 法律

《中华人民共和国公司法》（2023 年 12 月 29 日）

第四十条　公司应当按照规定通过国家企业信用信息公示系统公示下列事项：

（一）有限责任公司股东认缴和实缴的出资额、出资方式和出资日期，股份有限公司发起人认购的股份数；

（二）有限责任公司股东、股份有限公司发起人的股权、股份变更信息；

（三）行政许可取得、变更、注销等信息；

（四）法律、行政法规规定的其他信息。

公司应当确保前款公示信息真实、准确、完整。

> 第二百五十二条　【虚假出资的法律责任】公司的发起人、股东虚假出资，未交付或者未按期交付作为出资的货币或者非货币财产的，由公司登记机关责令改正，可以处以五万元以上二十万元以下的罚款；情节严重的，处以虚假出资或者未出资金额百分之五以上百分之十五以下的罚款；对直接负责的主管人员和其他直接责任人员处以一万元以上十万元以下的罚款。

### 【理解与适用】

本条是关于公司发起人、股东虚假出资法律责任的规定。

根据本法规定，公司的发起人、股东应当按期足额缴纳其认购的出资。股东违反虚假出资的，应当承担相应的行政责任。所谓虚假出资，是指在公司注册登记中实施的欺诈行为，旨在制造出股东已经履行出资的假象，从本条规定来看，虚假出资的行为方式是"未交付或者未按期交付作为出资的货币或者非货币财产"。

虚假出资应承担相应的行政责任。首先，公司登记机关责令公司改正，并可以对公司处以五万元以上二十万元以下的罚款；其次，情节严重的，对公司处以虚假出资或者未出资金额百分之五以上百分之十五以下的罚款；最后，除了处罚公司，对个人也进行行政处罚，对直接负责的主管人员和其他直接责任人员处以一万元以上十万元以下的罚款。

**【相关规范】**

● *法律*

《中华人民共和国刑法》（2023年12月29日）

第一百五十九条　公司发起人、股东违反公司法的规定未交付货币、实物或者未转移财产权，虚假出资，或者在公司成立后又抽逃其出资，数额巨大、后果严重或者有其他严重情节的，处五年以下有期徒刑或者拘役，并处或者单处虚假出资金额或者抽逃出资金额百分之二以上百分之十以下罚金。

单位犯前款罪的，对单位判处罚金，并对其直接负责的主管人员和其他直接责任人员，处五年以下有期徒刑或者拘役。

> 第二百五十三条　【抽逃出资的法律责任】公司的发起人、股东在公司成立后，抽逃其出资的，由公司登记机关责令改正，处以所抽逃出资金额百分之五以上百分之十五以下的罚款；对直接负责的主管人员和其他直接责任人员处以三万元以上三十万元以下的罚款。

**【理解与适用】**

本条是关于公司发起人、股东抽逃出资行政责任的规定。

抽逃出资是指在公司成立后，股东非经法定程序（有时是在秘密的状态下）从公司抽回相当于全部或部分已缴纳出资数额的财产，同时继续持有公司股权或股份。[①] 抽逃出资至少具有以下特点：（1）发生在

---

[①] 赵旭东等：《公司资本制度改革研究》，法律出版社2004版，第301页。

公司成立以后；（2）抽逃的是股东的出资或者相当于出资数额的财产。①常见的抽逃出资的方式有：（1）制作虚假财务会计报表虚增利润进行分配；（2）通过虚构债权债务关系将其出资转出；（3）利用关联交易将出资转出；（4）其他未经法定程序将出资抽回的行为。

抽逃出资应承担相应的行政责任。首先，公司登记机关责令公司改正，并可以对公司处以所抽逃出资金额百分之五以上百分之十五以下的罚款；其次，除了处罚公司，对个人也进行行政处罚，对直接负责的主管人员和其他直接责任人员处以三万元以上三十万元以下的罚款。

**【相关规范】**

● *法律*

*《中华人民共和国刑法》*（2023年12月29日）

第一百五十九条　公司发起人、股东违反公司法的规定未交付货币、实物或者未转移财产权，虚假出资，或者在公司成立后又抽逃其出资，数额巨大、后果严重或者有其他严重情节的，处五年以下有期徒刑或者拘役，并处或者单处虚假出资金额或者抽逃出资金额百分之二以上百分之十以下罚金。

单位犯前款罪的，对单位判处罚金，并对其直接负责的主管人员和其他直接责任人员，处五年以下有期徒刑或者拘役。

---

第二百五十四条　**【另立会计账簿和虚假财会报告的法律责任】** 有下列行为之一的，由县级以上人民政府财政部门依照《中华人民共和国会计法》等法律、行政法规的规定处罚：

（一）在法定的会计账簿以外另立会计账簿；

（二）提供存在虚假记载或者隐瞒重要事实的财务会计报告。

---

① 樊云慧：《从"抽逃出资"到"侵占公司财产"：一个概念的厘清》，载《法商研究》2014年第1期。

## 【理解与适用】

本条是关于另立会计账簿和虚假财会报告的法律责任之规定，本条是一个引用性法条。

根据会计法第一条和第三条规定，公司的会计资料应真实、完整，公司必须依法设置会计账簿，并保证其真实、完整。有下列行为之一的：

（1）在法定的会计账簿以外另立会计账簿；

（2）提供存在虚假记载或者隐瞒重要事实的财务会计报告。

对行政处罚的主体——县级以上人民政府财政部门进行处罚，行政处罚的对象是公司而非个人，具体如何处罚本条未规定，指引应当依照会计法等法律、行政法规的规定处罚。

## 【相关规范】

● *法律*

《中华人民共和国会计法》（2024年6月28日）

第十三条 会计凭证、会计账簿、财务会计报告和其他会计资料，必须符合国家统一的会计制度的规定。

使用电子计算机进行会计核算的，其软件及其生成的会计凭证、会计账簿、财务会计报告和其他会计资料，也必须符合国家统一的会计制度的规定。

任何单位和个人不得伪造、变造会计凭证、会计账簿及其他会计资料，不得提供虚假的财务会计报告。

第二十条 财务会计报告应当根据经过审核的会计账簿记录和有关资料编制，并符合本法和国家统一的会计制度关于财务会计报告的编制要求、提供对象和提供期限的规定；其他法律、行政法规另有规定的，从其规定。

向不同的会计资料使用者提供的财务会计报告，其编制依据应当一致。有关法律、行政法规规定财务会计报告须经注册会计师审计的，注册会计师及其所在的会计师事务所出具的审计报告应当随同财务会计报告一并提供。

第二十一条 财务会计报告应当由单位负责人和主管会计工作的负责

人、会计机构负责人（会计主管人员）签名并盖章；设置总会计师的单位，还须由总会计师签名并盖章。

单位负责人应当保证财务会计报告真实、完整。

> **第二百五十五条 【公司合并、分立、减资或清算违反程序的行政责任】** 公司在合并、分立、减少注册资本或者进行清算时，不依照本法规定通知或者公告债权人的，由公司登记机关责令改正，对公司处以一万元以上十万元以下的罚款。

**【理解与适用】**

本条是关于公司合并、分立、减资或清算中违反法定程序的行政责任。

公司在合并、分立、减少注册资本或者进行清算时，应当依照本法规定通知或者公告债权人的，依法通知或公告债权人后，债权人有机会要求公司提前清偿或提供担保来维护自己的债权，公司违反此通知或公告债权人的法定程序的，应当承担相应的行政责任。具体的行政责任为由公司登记机关责令改正，对公司处以一万元以上十万元以下的罚款。

**【案例指引】**

**某教育科技公司违法减资行政处罚案**[①]

**案例要旨**：公司在减资时应当依法向债权人发出通知或者公告，若债权人是已知的、明确的债权人，则公司应当向具体债权人进行单独通知，不得以公告形式通知债权人。公司采取公告方式向已知、明确的债权人通知的，依然属于未尽到通知义务，应当接受行政处罚。

---

[①] 京朝市监处罚〔2023〕173号，载中国市场监管处罚文书网，https://cfws.samr.gov.cn/detail.html?docid=68ac3fd97a1f7e5353bb997eb4437430，最后访问日期：2024年4月26日。

>第二百五十六条 【违法清算的行政责任】公司在进行清算时，隐匿财产，对资产负债表或者财产清单作虚假记载，或者在未清偿债务前分配公司财产的，由公司登记机关责令改正，对公司处以隐匿财产或者未清偿债务前分配公司财产金额百分之五以上百分之十以下的罚款；对直接负责的主管人员和其他直接责任人员处以一万元以上十万元以下的罚款。

## 【理解与适用】

本条是关于公司违法清算行政责任的规定。

公司应当根据本法第十二章和会计法以及相关法律、行政法规的规定组织清算，违法清算的，应当承担相应的行政责任。

本条不仅适用于公司的自愿清算，即普通清算，也适用于普通清算遇到障碍后在法院主持下的强制清算。违法清算的行政责任的要点如下：（1）违法清算行为主要有：隐匿财产；对资产负债表或者财产清单作虚假记载；未清偿债务前分配公司财产。（2）公司承担违法清算的责任，由公司登记机关责令改正，对公司处以隐匿财产或者未清偿债务前分配公司财产金额百分之五以上百分之十以下的罚款。其中的"责令改正"应针对违法清算行为的具体情况：隐匿财产的，应责令交出财产；对资产负债表或者财产清单虚假记载的，应责令予以更正；在未清偿债务前分配公司财产的，责令收回已分配的财产。（3）对公司进行行政处罚之外，也要追究个人的行政责任，对直接负责的主管人员和其他直接责任人员处以一万元以上十万元以下的罚款。

## 【相关规范】

● *法律*

《中华人民共和国刑法》（2023年12月29日）

第一百六十二条 公司、企业进行清算时，隐匿财产，对资产负债表或者财产清单作虚伪记载或者在未清偿债务前分配公司、企业财产，严重损害债权人或者其他人利益的，对其直接负责的主管人员和其他直接责任人员，处五年以下有期徒刑或者拘役，并处或者单处二万元以上二十万元以下罚金。

第二百五十七条 【资产评估、验资或验证机构违法行为的法律责任】承担资产评估、验资或者验证的机构提供虚假材料或者提供有重大遗漏的报告的，由有关部门依照《中华人民共和国资产评估法》、《中华人民共和国注册会计师法》等法律、行政法规的规定处罚。

承担资产评估、验资或者验证的机构因其出具的评估结果、验资或者验证证明不实，给公司债权人造成损失的，除能够证明自己没有过错的外，在其评估或者证明不实的金额范围内承担赔偿责任。

【理解与适用】

本条是关于资产评估、验资或验证机构违法行为的法律责任之规定。

本条第一款是资产评估、验资或验证机构违法行为的行政责任的规定，承担资产评估、验资或者验证的机构提供虚假材料或者提供有重大遗漏的报告的，应当承担行政责任，但是本款是一个指引性条文，没有规定具体的行政责任，而是指引依照资产评估法、注册会计师法等法律、行政法规的规定进行处罚。

本条第二款是资产评估、验资或验证机构违法行为的民事责任。承担该民事责任的主要条件包括：（1）违法行为表现是出具的评估结果、验资或者验证证明不实。（2）承担资产评估、验资或者验证的机构的主观方面要求有过错，不过过错是推定，除非其能反证证明无过错。（3）责任范围上，在其评估或者证明不实的金额范围内承担赔偿责任。

第二百五十八条 【公司登记机关违法行为的行政责任】公司登记机关违反法律、行政法规规定未履行职责或者履行职责不当的，对负有责任的领导人员和直接责任人员依法给予政务处分。

**【理解与适用】**

本条是关于公司登记机关违法行为的行政责任之规定。

本条规定的内容与《中华人民共和国市场主体登记管理条例》第五十条"登记机关及其工作人员违反本条例规定未履行职责或者履行职责不当的,对直接负责的主管人员和其他直接责任人员依法给予处分"的规定相一致。

**【相关规范】**

● 行政法规及文件

《中华人民共和国市场主体登记管理条例》(2021年7月27日)

第五十条 登记机关及其工作人员违反本条例规定未履行职责或者履行职责不当的,对直接负责的主管人员和其他直接责任人员依法给予处分。

---

**第二百五十九条 【假冒公司和分公司名义的行政责任】**

未依法登记为有限责任公司或者股份有限公司,而冒用有限责任公司或者股份有限公司名义的,或者未依法登记为有限责任公司或者股份有限公司的分公司,而冒用有限责任公司或者股份有限公司的分公司名义的,由公司登记机关责令改正或者予以取缔,可以并处十万元以下的罚款。

---

**【理解与适用】**

本条是关于冒用公司名义和冒用分公司名义行政责任的规定。

本条规定了两种违法行为:(1)登记为其他组织形式,并未依法登记为有限责任公司或者股份有限公司,冒用有限责任公司或者股份有限公司名义的;(2)未依法登记为有限责任公司或者股份有限公司的分公司,而冒用有限责任公司或者股份有限公司的分公司名义的。

公司登记机关对两种违法行为施加的行政责任:(1)责令改正,可以并处十万元以下的罚款;(2)或者予以取缔,可以并处十万元以下的罚款。如何理解"取缔"?"取缔"一词,意为明令取消或禁止。

应将取缔理解为取消其主体资格，如本条下述案例所示，行为人（非自然人的组织）不是有限责任公司或股份有限公司，但是却假冒有限责任公司或股份有限公司这样的组织行为或企业类型，市场主体登记机关应当取消其主体资格，无论其原先为合伙或个体工商户。

**【案例指引】**

某摄影工作室冒充有限责任公司行政处罚案①

**案例要旨**：当事人违反了公司法中禁止未依法登记为有限责任公司，冒用有限责任公司名义从事相关活动的规定。事先登记为有限责任公司，事后进行注销登记后，亦不能以有限责任公司名义从事相关活动，若欲以有限责任公司名义对外从事相关活动，应当重新进行登记。

> **第二百六十条　【公司逾期开业、不当停业、不依法办理变更登记的行政责任】**公司成立后无正当理由超过六个月未开业的，或者开业后自行停业连续六个月以上的，公司登记机关可以吊销营业执照，但公司依法办理歇业的除外。
>
> 公司登记事项发生变更时，未依照本法规定办理有关变更登记的，由公司登记机关责令限期登记；逾期不登记的，处以一万元以上十万元以下的罚款。

**【理解与适用】**

本条是关于公司逾期开业、不当停业、不依法办理变更登记的行政责任之规定。

本条规定的违法行为种类有：公司成立后无正当理由超过六个月未开业的；开业后自行停业连续六个月以上的；公司登记事项发生变更时，未依照本法规定办理有关变更登记的。之所以对成立后未开业和开业后持

---

① 甬鄞市监处罚〔2023〕0003号，载中国市场监管行政处罚文书网，https：//cfws.samr.gov.cn/detail.html?docid=3302271420220700023302273001325883，最后访问日期：2024年4月26日。

续停业进行行政处罚，这是因为公司的营利性目的除了追求营利最大化以外，还在于长期持续营业。因此，本法要求公司取得公司登记机关的核准后，应当尽快开业，并坚持持续营业。无正当理由逾期开业、停业的，会被吊销营业执照。例外的情况是，公司符合歇业的条件并办理了歇业。

## 【相关规范】

### ● 部门规章及文件

《中华人民共和国市场主体登记管理条例实施细则》（2022年3月1日）

第四十条　因自然灾害、事故灾难、公共卫生事件、社会安全事件等原因造成经营困难的，市场主体可以自主决定在一定时期内歇业。法律、行政法规另有规定的除外。

第四十一条　市场主体决定歇业，应当在歇业前向登记机关办理备案。登记机关通过国家企业信用信息公示系统向社会公示歇业期限、法律文书送达地址等信息。

以法律文书送达地址代替住所（主要经营场所、经营场所）的，应当提交法律文书送达地址确认书。

市场主体延长歇业期限，应当于期限届满前30日内按规定办理。

## 【案例指引】

**某电设备公司无正当理由连续停业六个月以上行政处罚案**[①]

案例要旨：当事人连续六个月以上未在注册地址开展经营活动，且查无下落，连续两个年度未依法报送年度报告，税务部门证明当事人未有有效税务登记信息，这违反了公司法中禁止无正当理由连续六个月以上停业的规定，依法可处吊销营业执照的行政处罚。

**某培训公司未依法办理变更登记行政处罚案**[②]

案例要旨：公司登记事项发生变更但未及时变更登记的，行政机关并

---

[①] 京密市监处罚〔2023〕2951号，载中国市场监管行政处罚文书网，https：/cfws.samr.gov.cn/detail.html？docid=c2232257ee6a94bbb20bbf2dec3d441b，最后访问日期：2024年4月27日。

[②] 津开市监处罚〔2023〕队806-170号，载中国市场监管行政处罚文书网，https://cfws.samr.gov.cn/detail.html？docid=528016dd-bf25-4279-97ce-725ce4360012，最后访问日期：2024年4月27日。

不是直接处以罚款,而是要先责令限期登记,若涉案公司逾期仍未进行变更登记的,行政机关才能予以罚款。

> **第二百六十一条** 【外国公司擅自设立分支机构的行政责任】外国公司违反本法规定,擅自在中华人民共和国境内设立分支机构的,由公司登记机关责令改正或者关闭,可以并处五万元以上二十万元以下的罚款。

## 【理解与适用】

本条是关于外国公司擅自设立分支机构行政责任的规定。

外国公司在中国境内设立分支机构,应当遵守中国制定的关于外国公司分支机构的设立程序。根据本法第十三章"外国公司的分支机构"的规定,外国公司在中国境内设立分支机构,应当向中国主管机关提出申请,提交公司章程、所属国公司登记证书等有关文件,经批准后,向公司登记机关办理登记,领取营业执照。外国公司履行完上述程序,获得批准、经过登记、领取营业执照后,才可以在中国境内营业,这既是中国主权的体现,也是中国的行政机关对中国境内公司管辖权的体现。

违反本法规定,外国公司擅自在中国境内设立分支机构的,应受到相应的行政处罚,具体的行政处罚体现为:其一,公司登记机关责令外国公司改正,责令改正是指令外国公司补办分支机构的设立手续或者自行关闭分支机构;其二,公司登记机关直接关闭外国公司的分支机构;其三,在责令改正或关闭择一处罚后,公司登记机关可以并处五万元以上二十万元以下的罚款。

## 【相关规范】

● **法律**

《中华人民共和国保险法》(2015年4月24日)

第一百七十三条 外国保险机构未经国务院保险监督管理机构批准,擅自在中华人民共和国境内设立代表机构的,由国务院保险监督管理机构予以取缔,处五万元以上三十万元以下的罚款。

外国保险机构在中华人民共和国境内设立的代表机构从事保险经营活动的,由保险监督管理机构责令改正,没收违法所得,并处违法所得一倍以上五倍以下的罚款;没有违法所得或者违法所得不足二十万元的,处二十万元以上一百万元以下的罚款;对其首席代表可以责令撤换;情节严重的,撤销其代表机构。

**【案例指引】**

**某 BVI 公司与某钢管公司、某石油技术公司居间合同[①]纠纷案[②]**

裁判要旨:某 BVI 公司工作人员与某钢管公司通过邮件长期联系,某钢管公司主管业务的副总经理已经代表该公司出具授权书,某 BVI 公司事实上长期从事了居间服务活动,某 BVI 公司与某钢管公司事实上已成立居间合同。某 BVI 公司作为外国公司,在我国境内未注册外国公司的分支机构即开展居间业务,但其实施的居间交易活动并未进入自由贸易试验区经济活动"负面清单"范围,未损害我国社会公共利益,并不因此影响商事合同的效力,但是应补办分支机构设立的手续,某钢管公司应当按约定标准支付佣金。

> **第二百六十二条 【危害国家安全与社会公共利益的法律责任】** 利用公司名义从事危害国家安全、社会公共利益的严重违法行为的,吊销营业执照。

**【理解与适用】**

本条是关于利用公司危害国家安全与社会公共利益的法律责任之规定。

本条规定,利用公司名义从事危害国家安全、社会公共利益的严重违法行为的,公司登记机关可以吊销公司营业执照。吊销营业执照并不

---

[①] 按照现行民法典规定,目前一般应称为中介合同。
[②] 《成都法院涉外民商事审判十大典型案例(2018—2022)》,载微信公众号"成都中级人民法院",https://mp.weixin.qq.com/s/52iu6ko_ zFawMvYPAnQV2w,最后访问日期:2024 年 4 月 9 日。

意味着公司的终结，只是撤销公司的营业资格，其法人资格并没有被消灭，公司只是不能进行营业活动，只有经过注销登记，公司法人资格才归于消灭。

本条中"国家安全"和"社会公共利益"都是不确定概念，公司登记机关对此有一定的自由裁量空间。从营商环境和吸引外资的角度来看，应当对本条的行政适用进行相应的限制，对其进行类型化和程序性限制，使其适用具有一定的可预测性和确定性。

**第二百六十三条　【民事赔偿优先原则】公司违反本法规定，应当承担民事赔偿责任和缴纳罚款、罚金的，其财产不足以支付时，先承担民事赔偿责任。**

### 【理解与适用】

本条是关于公司民事赔偿责任优先原则的规定。

民事赔偿优先的法理在于，相对于公法上的财产责任，民事赔偿责任具有补偿性和不可替代性，在民事救济与刑事财产刑以及行政财产罚并存且难以全部实现时，实行私权优先，无疑是以人为本的法治理念的要求和体现。[①]

公司违反本法规定的某一违法行为，可能侵害自然人、法人或者其他组织的民事权利，根据民事法律的规定，应承担民事赔偿责任；同一违法行为，根据本法和有关法律、行政法规的规定，又可能同时被处以行政责任性质的罚款处罚，还可能被处以刑事责任性质的罚金处罚，这样就会导致民事赔偿责任、行政责任、刑事责任的竞合。在这种情况下，如果执行行政罚款或刑事罚金后，公司可用以支付民事赔偿的财产很少或没有了，这不利于公司债权人利益的保护。因此，本条规定，公司因某一违法行为，同时承担民事赔偿责任、行政责任和刑事责任的，如果公司的财产不足以同时支付的，应当民事赔偿责任优先，优先满足

---

[①] 陈洁：《证券民事赔偿责任优先原则的实现机制》，载《证券市场导报》2017年第6期。

公司私法上的债权人，公司财产支付民事赔偿责任有余，再支付行政罚款或刑事罚金。

**【相关规范】**

● *法律*

1. 《中华人民共和国民法典》（2020 年 5 月 28 日）

　　第一百八十七条　民事主体因同一行为应当承担民事责任、行政责任和刑事责任的，承担行政责任或者刑事责任不影响承担民事责任；民事主体的财产不足以支付的，优先用于承担民事责任。

2. 《中华人民共和国刑法》（2023 年 12 月 29 日）

　　第三十六条　由于犯罪行为而使被害人遭受经济损失的，对犯罪分子除依法给予刑事处罚外，并应根据情况判处赔偿经济损失。

　　承担民事赔偿责任的犯罪分子，同时被判处罚金，其财产不足以全部支付的，或者被判处没收财产的，应当先承担对被害人的民事赔偿责任。

　　第六十条　没收财产以前犯罪分子所负的正当债务，需要以没收的财产偿还的，经债权人请求，应当偿还。

3. 《中华人民共和国证券法》（2019 年 12 月 28 日）

　　第二百二十条　违反本法规定，应当承担民事赔偿责任和缴纳罚款、罚金、违法所得，违法行为人的财产不足以支付的，优先用于承担民事赔偿责任。

---

**第二百六十四条　【刑事责任】违反本法规定，构成犯罪的，依法追究刑事责任。**

---

**【理解与适用】**

本条是关于刑事责任的规定，本条是一个引用性条文。

违反公司法，构成行政责任的同时还可能同时构成犯罪。从事违反公司法的某一行为，同时也违反刑法规定从而构成犯罪的，应当根据刑法追究刑事责任。

违反本法规定，依照刑法又构成犯罪，需要追究刑事责任的行为主要有：（1）申请公司登记使用虚假证明文件或者采取其他欺诈手段虚报注册资本，欺骗公司登记主管部门，取得公司登记，虚报注册资本数额巨大、后果严重或者有其他严重情节的；（2）公司发起人、股东违反公司法的规定未交付货币、实物或者未转移财产权，虚假出资，或者在公司成立后又抽逃其出资，数额巨大、后果严重或者有其他严重情节的；（3）公司、企业进行清算时，隐匿财产，对资产负债表或者财产清单作虚伪记载或者在未清偿债务前分配公司、企业财产，严重损害债权人或者其他人利益的；（4）国有公司、企业的董事、监事、高级管理人员，利用职务便利，自己经营或者为他人经营与其所任职公司、企业同类的营业，获取非法利益，数额巨大的；（5）承担资产评估、验资、验证、会计、审计、法律服务、保荐、安全评价、环境影响评价、环境监测等职责的中介组织的人员故意提供虚假证明文件，情节严重的；（6）利用公司名义从事危害国家安全、社会公共利益的严重违法行为的；（7）其他违反刑法规定，构成犯罪的行为。

**【相关规范】**

● **法律**

*《中华人民共和国刑法》*（2023 年 12 月 29 日）

**第一百五十八条** 申请公司登记使用虚假证明文件或者采取其他欺诈手段虚报注册资本，欺骗公司登记主管部门，取得公司登记，虚报注册资本数额巨大、后果严重或者有其他严重情节的，处三年以下有期徒刑或者拘役，并处或者单处虚报注册资本金额百分之一以上百分之五以下罚金。

单位犯前款罪的，对单位判处罚金，并对其直接负责的主管人员和其他直接责任人员，处三年以下有期徒刑或者拘役。

**第一百五十九条** 公司发起人、股东违反公司法的规定未交付货币、实物或者未转移财产权，虚假出资，或者在公司成立后又抽逃其出资，数额巨大、后果严重或者有其他严重情节的，处五年以下有期徒刑或者拘役，并处或者单处虚假出资金额或者抽逃出资金额百分之二以上百分之十以下罚金。

单位犯前款罪的，对单位判处罚金，并对其直接负责的主管人员和其他直接责任人员，处五年以下有期徒刑或者拘役。

**第一百六十条** 在招股说明书、认股书、公司、企业债券募集办法等发行文件中隐瞒重要事实或者编造重大虚假内容，发行股票或者公司、企业债券、存托凭证或者国务院依法认定的其他证券，数额巨大、后果严重或者有其他严重情节的，处五年以下有期徒刑或者拘役，并处或者单处罚金；数额特别巨大、后果特别严重或者有其他特别严重情节的，处五年以上有期徒刑，并处罚金。

控股股东、实际控制人组织、指使实施前款行为的，处五年以下有期徒刑或者拘役，并处或者单处非法募集资金金额百分之二十以上一倍以下罚金；数额特别巨大、后果特别严重或者有其他特别严重情节的，处五年以上有期徒刑，并处非法募集资金金额百分之二十以上一倍以下罚金。

单位犯前两款罪的，对单位判处非法募集资金金额百分之二十以上一倍以下罚金，并对其直接负责的主管人员和其他直接责任人员，依照第一款的规定处罚。

**第一百六十一条** 依法负有信息披露义务的公司、企业向股东和社会公众提供虚假的或者隐瞒重要事实的财务会计报告，或者对依法应当披露的其他重要信息不按照规定披露，严重损害股东或者其他人利益，或者有其他严重情节的，对其直接负责的主管人员和其他直接责任人员，处五年以下有期徒刑或者拘役，并处或者单处罚金；情节特别严重的，处五年以上十年以下有期徒刑，并处罚金。

前款规定的公司、企业的控股股东、实际控制人实施或者组织、指使实施前款行为的，或者隐瞒相关事项导致前款规定的情形发生的，依照前款的规定处罚。

犯前款罪的控股股东、实际控制人是单位的，对单位判处罚金，并对其直接负责的主管人员和其他直接责任人员，依照第一款的规定处罚。

**第一百六十二条** 公司、企业进行清算时，隐匿财产，对资产负债表或者财产清单作虚伪记载或者在未清偿债务前分配公司、企业财产，严重损害债权人或者其他人利益的，对其直接负责的主管人员和其他直接责任人员，处五年以下有期徒刑或者拘役，并处或者单处二万元以上二十万元以下罚金。

**第一百六十二条之一** 隐匿或者故意销毁依法应当保存的会计凭证、会计帐簿、财务会计报告，情节严重的，处五年以下有期徒刑或者拘役，并处或者单处二万元以上二十万元以下罚金。

单位犯前款罪的，对单位判处罚金，并对其直接负责的主管人员和其他直接责任人员,依照前款的规定处罚。

**第一百六十二条之二** 公司、企业通过隐匿财产、承担虚构的债务或者以其他方法转移、处分财产,实施虚假破产,严重损害债权人或者其他人利益的,对其直接负责的主管人员和其他直接责任人员,处五年以下有期徒刑或者拘役,并处或者单处二万元以上二十万元以下罚金。

**第一百六十三条** 公司、企业或者其他单位的工作人员,利用职务上的便利,索取他人财物或者非法收受他人财物,为他人谋取利益,数额较大的,处三年以下有期徒刑或者拘役,并处罚金;数额巨大或者有其他严重情节的,处三年以上十年以下有期徒刑,并处罚金;数额特别巨大或者有其他特别严重情节的,处十年以上有期徒刑或者无期徒刑,并处罚金。

公司、企业或者其他单位的工作人员在经济往来中,利用职务上的便利,违反国家规定,收受各种名义的回扣、手续费,归个人所有的,依照前款的规定处罚。

国有公司、企业或者其他国有单位中从事公务的人员和国有公司、企业或者其他国有单位委派到非国有公司、企业以及其他单位从事公务的人员有前两款行为的,依照本法第三百八十五条、第三百八十六条的规定定罪处罚。

**第一百六十四条** 为谋取不正当利益,给予公司、企业或者其他单位的工作人员以财物,数额较大的,处三年以下有期徒刑或者拘役,并处罚金;数额巨大的,处三年以上十年以下有期徒刑,并处罚金。

为谋取不正当商业利益,给予外国公职人员或者国际公共组织官员以财物的,依照前款的规定处罚。

单位犯前两款罪的,对单位判处罚金,并对其直接负责的主管人员和其他直接责任人员,依照第一款的规定处罚。

行贿人在被追诉前主动交待行贿行为的,可以减轻处罚或者免除处罚。

**第一百六十五条** 国有公司、企业的董事、监事、高级管理人员,利用职务便利,自己经营或者为他人经营与其所任职公司、企业同类的营业,获取非法利益,数额巨大的,处三年以下有期徒刑或者拘役,并处或者单处罚金;数额特别巨大的,处三年以上七年以下有期徒刑,并处罚金。

其他公司、企业的董事、监事、高级管理人员违反法律、行政法规规定,实施前款行为,致使公司、企业利益遭受重大损失的,依照前款的规定处罚。

**第一百六十六条** 国有公司、企业、事业单位的工作人员，利用职务便利，有下列情形之一，致使国家利益遭受重大损失的，处三年以下有期徒刑或者拘役，并处或者单处罚金；致使国家利益遭受特别重大损失的，处三年以上七年以下有期徒刑，并处罚金：

（一）将本单位的盈利业务交由自己的亲友进行经营的；

（二）以明显高于市场的价格从自己的亲友经营管理的单位采购商品、接受服务或者以明显低于市场的价格向自己的亲友经营管理的单位销售商品、提供服务的；

（三）从自己的亲友经营管理的单位采购、接受不合格商品、服务的。

其他公司、企业的工作人员违反法律、行政法规规定，实施前款行为，致使公司、企业利益遭受重大损失的，依照前款的规定处罚。

**第一百六十七条** 国有公司、企业、事业单位直接负责的主管人员，在签订、履行合同过程中，因严重不负责任被诈骗，致使国家利益遭受重大损失的，处三年以下有期徒刑或者拘役；致使国家利益遭受特别重大损失的，处三年以上七年以下有期徒刑。

**第一百六十八条** 国有公司、企业的工作人员，由于严重不负责任或者滥用职权，造成国有公司、企业破产或者严重损失，致使国家利益遭受重大损失的，处三年以下有期徒刑或者拘役；致使国家利益遭受特别重大损失的，处三年以上七年以下有期徒刑。

国有事业单位的工作人员有前款行为，致使国家利益遭受重大损失的，依照前款的规定处罚。

国有公司、企业、事业单位的工作人员，徇私舞弊，犯前两款罪的，依照第一款的规定从重处罚。

**第一百六十九条** 国有公司、企业或者其上级主管部门直接负责的主管人员，徇私舞弊，将国有资产低价折股或者低价出售，致使国家利益遭受重大损失的，处三年以下有期徒刑或者拘役；致使国家利益遭受特别重大损失的，处三年以上七年以下有期徒刑。

其他公司、企业直接负责的主管人员，徇私舞弊，将公司、企业资产低价折股或者低价出售，致使公司、企业利益遭受重大损失的，依照前款的规定处罚。

**第二二十九条** 承担资产评估、验资、验证、会计、审计、法律服务、保荐、安全评价、环境影响评价、环境监测等职责的中介组织的人员故意提供虚假证明文件，情节严重的，处五年以下有期徒刑或者拘役，并处罚金；有下列情形之一的，处五年以上十年以下有期徒刑，并处罚金：

（一）提供与证券发行相关的虚假的资产评估、会计、审计、法律服务、保荐等证明文件，情节特别严重的；

（二）提供与重大资产交易相关的虚假的资产评估、会计、审计等证明文件，情节特别严重的；

（三）在涉及公共安全的重大工程、项目中提供虚假的安全评价、环境影响评价等证明文件，致使公共财产、国家和人民利益遭受特别重大损失的。

有前款行为，同时索取他人财物或者非法收受他人财物构成犯罪的，依照处罚较重的规定定罪处罚。

第一款规定的人员，严重不负责任，出具的证明文件有重大失实，造成严重后果的，处三年以下有期徒刑或者拘役，并处或者单处罚金。

**第四百零三条** 国家有关主管部门的国家机关工作人员，徇私舞弊，滥用职权，对不符合法律规定条件的公司设立、登记申请或者股票、债券发行、上市申请，予以批准或者登记，致使公共财产、国家和人民利益遭受重大损失的，处五年以下有期徒刑或者拘役。

上级部门强令登记机关及其工作人员实施前款行为的，对其直接负责的主管人员，依照前款的规定处罚。

## 【案例指引】

**李某挪用资金案**[①]

**裁判要旨**：李某是某汽贸公司的董事长兼总经理，全面负责公司的管理工作，其无视国家法律，违反公司法关于公司不得向董事、监事、高级管理人员提供借款，以及董事、高级管理人员不得违反公司章程或者未经股东会、股东大会同意，与本公司订立合同的禁止性规定，利用职务上的便利，以借款为名挪用本单位数额巨大的资金进行营利活动，以及挪用本单位数额巨大的资金归他人使用超过三个月未还。李某行为人违反公司法的规定，同时也触犯刑法的，其行为构成挪用资金罪，应当同时承担刑事责任。

---

① （2014）红中刑一终字第22号，载中国裁判文书网，https：//wenshu.court.gov.cn/website/wenshu/181107ANFZ0BXSK4/index.html？docId=9F7s0sQN9hbRoF+AUHctw8S0b2uuE9IqcUMR8ijg28ZeWrEoJl9xCfUKq3u+IEo4E2HzFDTmUr7lKi6E9CyY+BPg5F6JT7sQyUidd3eVqtsMalbMx7/36pwM4k7MyIV7，最后访问日期：2024年4月28日。

# 第十五章 附 则

> **第二百六十五条** 【本法相关用语的含义】本法下列用语的含义：
>
> （一）高级管理人员，是指公司的经理、副经理、财务负责人，上市公司董事会秘书和公司章程规定的其他人员。
>
> （二）控股股东，是指其出资额占有限责任公司资本总额超过百分之五十或者其持有的股份占股份有限公司股本总额超过百分之五十的股东；出资额或者持有股份的比例虽然低于百分之五十，但依其出资额或者持有的股份所享有的表决权已足以对股东会的决议产生重大影响的股东。
>
> （三）实际控制人，是指通过投资关系、协议或者其他安排，能够实际支配公司行为的人。
>
> （四）关联关系，是指公司控股股东、实际控制人、董事、监事、高级管理人员与其直接或者间接控制的企业之间的关系，以及可能导致公司利益转移的其他关系。但是，国家控股的企业之间不仅因为同受国家控股而具有关联关系。

**【理解与适用】**

本条是关于本法相关用语含义的规定。

高级管理人员，是指公司的经理、副经理、财务负责人，上市公司董事会秘书和公司章程规定的其他人员。首先，本条确定了法定的高级管理人员，即公司的经理、副经理、财务负责人、上市公司董事会秘书；其次，本条也授权公司章程确定高级管理人员，允许公司根据经营管理的需要通过章程自行确定其他人员为公司的高级管理人员，无论是法定的高级管理人员，还是章程规定的其他高级管理人员，均应当依法承担法律和公司章程规定的高级管理人员的义务和责任。

控股股东，是指通过持股能够控制公司或者对公司施加重大影响的股东。有限责任公司中出资份额比例超过50%的股东或者股份有限公司中持股比例超过50%的股东，根据资本多数决原则，可以通过自己持有股份上的表决权控制股东会上决议的事项，其属于控股股东。有限责任公司出资份额比例低于50%的股东或者股份有限公司持股比例低于50%的股东，但是根据其所持有的出资份额或者股份比例，其所享有的表决权已足以对股东会的决议产生重大影响，也是控股股东。控制股东依据其控制优势，可能滥用控制权损害公司利益或侵害其他股东的合法权益。

实际控制人，是指通过投资关系、协议或者其他安排，能够实际支配公司行为的人。本次修订中，删除了"虽不是公司股东"的限定，更为合理。实际控制人是一个不确定概念，司法实践中需要法院在个案中结合具体情境去具体认定。对于监管机构来讲，有大量的部门规章和规范性文件涉及实际控制人的具体认定，从而实际控制人在司法之外，在行政监管上具有重要的意义。

关联关系，是指公司控股股东、实际控制人、董事、监事、高级管理人员与其直接或者间接控制的企业之间的关系，以及可能导致公司利益转移的其他关系。但是，国家控股的企业之间不仅因为同受国家控股而具有关联关系。而且同具有关联关系的民事主体进行的交易，即关联交易。基于关联关系进行的关联交易是一种中性的行为，并不绝对损害公司的利益，有可能是对公司有利的行为。公司法规范的重点是如何识别可能损害公司利益的关联交易并明确对应的责任规则。关联关系是判断是否构成关联交易的前提，根据本条对关联关系的规定，关联关系的认定有两项核心标准：第一，控制标准，控制可以基于持股或任职分为直接控制和间接控制。第二，可能导致公司利益移转的标准。除了控制之外，关联关系也包括基于实质重于形式原则而认定的可能导致公司利益转移的其他关系。

**第二百六十六条　【施行日期及出资期限过渡期】**本法自2024年7月1日起施行。

> 本法施行前已登记设立的公司，出资期限超过本法规定的期限的，除法律、行政法规或者国务院另有规定外，应当逐步调整至本法规定的期限以内；对于出资期限、出资额明显异常的，公司登记机关可以依法要求其及时调整。具体实施办法由国务院规定。

【理解与适用】

本条是公司法修订后的施行日期及出资期限过渡期的规定。

一、对本条的解读

本条第一款规定了修订后的公司法施行日期，自2024年7月1日施行。原公司法规定股东对认缴的出资，不要求公司成立时实际缴纳，但是多长期限内缴足，原公司法并未规定。现实当中不少公司认缴期限远远超过5年。新公司法对公司注册资本的认缴期限作出了新的规定，2024年7月1日以后新设公司，根据公司法第四十七条和第二百二十八条规定，股东对有限公司成立或增资所认缴的出资，应当自公司成立之日或增资决定之日起五年内缴足；根据公司法第九十八条和第二百二十八条的规定，股份有限公司的股东在公司成立前足额缴纳全部股款，股份有限公司为增资发行新股的，股东应当足额缴纳出资认购的新股。

本条第二款规定，新公司法关于出资期限的规定适用于本法施行前已经登记设立的存量公司，但是允许存量公司逐步调整出资期限。对于存量公司如何逐步调整出资期限的问题，《国务院关于实施〈中华人民共和国公司法〉注册资本登记管理制度的规定》（以下简称《登记规定》）第二条在强调适用新法的同时，为存量公司提供了过渡期。新公司法五年认缴期限的适用问题，应当区分具体情况来适用：

（一）有限责任公司过渡期的适用

《登记规定》明确为存量公司适用公司法关于出资期限相关规定预留了过渡期，即股东剩余认缴出资期限超过5年的存量有限责任公司（这里超过5年的出资期限起算点是从2027年7月1日而非2024年7月1日）应当于公司法施行之后过渡期内，即在2024年7月1日至2027年6月30日这段过渡期内，将剩余出资期限调整至5年内并记载于公司章程，股东应当在调整后的认缴出资期限内足额缴纳认缴的出资额。①

《登记规定》第二条规定的过渡期制度，不仅适用于有限责任公司成立时的出资缴纳，也适用于公司成立后注册资本的增加。

（二）股份有限公司过渡期的适用

股份有限公司同样享受过渡期。关于注册资本的出资期限，新公司法区分有限责任公司和股份有限公司而作了不同的规定，不同于有限责任公司实行限期认缴制，股份有限公司实行实缴制，即股份有限公司成立时发起人全额缴足股款。因此，在过渡期内，股份有限公司的股东应当全额缴足股款。

（三）不调整出资期限的法律后果

公司未按照本规定调整出资期限、注册资本的，由公司登记机关责令改正；逾期未改正的，由公司登记机关在国家企业信用信息公示系统作出特别标注并向社会公示。股东或者发起人未按照本规定缴纳认缴的出资额或者股款，或者公司未依法公示有关信息的，依照公司法、《企业信息公示暂行条例》的有关规定予以处罚。

（四）出资期限及过渡期适用的例外

《登记规定》明确出资期限及过渡期对特定公司的例外情形：（1）公司生产经营涉及国家利益或者重大公共利益，国务院有关主管部门或者省级人民政府提出意见的，国务院市场监督管理部门可以同意其按原出资期限出资。（2）公司因被吊销营业执照、责令关闭或者被撤销，或者通过其住所、经营场所无法联系被列入经营异常名录，出资期限、注册资本不符合本规定且无法调整的，公司登记机关对其另册管理，在国家企业信用信息公示系统作出特别标注并向社会公示。

二、《最高人民法院关于适用〈中华人民共和国公司法〉时间效力的若干规定》的出台

为确保公司法施行后在全国法院统一正确适用，最高人民法院发布了《最高人民法院关于适用〈中华人民共和国公司法〉时间效力的若干规定》，就当前人民法院在审判工作中如何做好新旧法律衔接适用作

---

① 参见赵旭东、陈萱：《〈国务院关于实施《中华人民共和国公司法》注册资本登记管理制度的规定〉解读》，载《中国市场监管报》2024 年 7 月 16 日。

出具体规定。该规定的出台有利于彰显公司法的立法价值，确保新旧法衔接过程中司法职能的正确发挥。①

## 【相关规范】

● *行政法规及文件*

**《国务院关于实施〈中华人民共和国公司法〉注册资本登记管理制度的规定》**
（2024 年 7 月 1 日）

**第一条** 为了加强公司注册资本登记管理，规范股东依法履行出资义务，维护市场交易安全，优化营商环境，根据《中华人民共和国公司法》（以下简称公司法），制定本规定。

**第二条** 2024 年 6 月 30 日前登记设立的公司，有限责任公司剩余认缴出资期限自 2027 年 7 月 1 日起超过 5 年的，应当在 2027 年 6 月 30 日前将其剩余认缴出资期限调整至 5 年内并记载于公司章程，股东应当在调整后的认缴出资期限内足额缴纳认缴的出资额；股份有限公司的发起人应当在 2027 年 6 月 30 日前按照其认购的股份全额缴纳股款。

公司生产经营涉及国家利益或者重大公共利益，国务院有关主管部门或者省级人民政府提出意见的，国务院市场监督管理部门可以同意其按原出资期限出资。

**第三条** 公司出资期限、注册资本明显异常的，公司登记机关可以结合公司的经营范围、经营状况以及股东的出资能力、主营项目、资产规模等进行研判，认定违背真实性、合理性原则的，可以依法要求其及时调整。

**第四条** 公司调整股东认缴和实缴的出资额、出资方式、出资期限，或者调整发起人认购的股份数等，应当自相关信息产生之日起 20 个工作日内通过国家企业信用信息公示系统向社会公示。

公司应当确保前款公示信息真实、准确、完整。

**第五条** 公司登记机关采取随机抽取检查对象、随机选派执法检查人员的方式，对公司公示认缴和实缴情况进行监督检查。

公司登记机关应当加强与有关部门的信息互联共享，根据公司的信用

---

① 参见《最高人民法院民二庭负责人就公司法时间效力的规定答记者问》，载最高人民法院网站，https://www.court.gov.cn/zixun/xiangqing/438551.html，最后访问时间：2024 年 7 月 27 日。

风险状况实施分类监管，强化信用风险分类结果的综合应用。

**第六条** 公司未按照本规定调整出资期限、注册资本的，由公司登记机关责令改正；逾期未改正的，由公司登记机关在国家企业信用信息公示系统作出特别标注并向社会公示。

**第七条** 公司因被吊销营业执照、责令关闭或者被撤销，或者通过其住所、经营场所无法联系被列入经营异常名录，出资期限、注册资本不符合本规定且无法调整的，公司登记机关对其另册管理，在国家企业信用信息公示系统作出特别标注并向社会公示。

**第八条** 公司自被吊销营业执照、责令关闭或者被撤销之日起，满3年未向公司登记机关申请注销公司登记的，公司登记机关可以通过国家企业信用信息公示系统予以公告，公告期限不少于60日。

公告期内，相关部门、债权人以及其他利害关系人向公司登记机关提出异议的，注销程序终止。公告期限届满后无异议的，公司登记机关可以注销公司登记，并在国家企业信用信息公示系统作出特别标注。

**第九条** 公司的股东或者发起人未按照本规定缴纳认缴的出资额或者股款，或者公司未依法公示有关信息的，依照公司法、《企业信息公示暂行条例》的有关规定予以处罚。

**第十条** 公司登记机关应当对公司调整出资期限、注册资本加强指导，制定具体操作指南，优化办理流程，提高登记效率，提升登记便利化水平。

**第十一条** 国务院市场监督管理部门根据本规定，制定公司注册资本登记管理的具体实施办法。

**第十二条** 上市公司依照公司法和国务院规定，在公司章程中规定在董事会中设置审计委员会，并载明审计委员会的组成、职权等事项。

**第十三条** 本规定自公布之日起施行。

● **司法解释及文件**

**《最高人民法院关于适用〈中华人民共和国公司法〉时间效力的若干规定》**
（2024年6月29日）

为正确适用2023年12月29日第十四届全国人民代表大会常务委员会第七次会议第二次修订的《中华人民共和国公司法》，根据《中华人民共和国立法法》《中华人民共和国民法典》等法律规定，就人民法院在审理与公司有关的民事纠纷案件中，涉及公司法时间效力的有关问题作出如下规定。

**第一条** 公司法施行后的法律事实引起的民事纠纷案件，适用公司法的规定。

公司法施行前的法律事实引起的民事纠纷案件，当时的法律、司法解释有规定的，适用当时的法律、司法解释的规定，但是适用公司法更有利于实现其立法目的，适用公司法的规定：

（一）公司法施行前，公司的股东会召集程序不当，未被通知参加会议的股东自决议作出之日起一年内请求人民法院撤销的，适用公司法第二十六条第二款的规定；

（二）公司法施行前的股东会决议、董事会决议被人民法院依法确认不成立，对公司根据该决议与善意相对人形成的法律关系效力发生争议的，适用公司法第二十八条第二款的规定；

（三）公司法施行前，股东以债权出资，因出资方式发生争议的，适用公司法第四十八条第一款的规定；

（四）公司法施行前，有限责任公司股东向股东以外的人转让股权，因股权转让发生争议的，适用公司法第八十四条第二款的规定；

（五）公司法施行前，公司违反法律规定向股东分配利润、减少注册资本造成公司损失，因损害赔偿责任发生争议的，分别适用公司法第二百一十一条、第二百二十六条的规定；

（六）公司法施行前作出利润分配决议，因利润分配时限发生争议的，适用公司法第二百一十二条的规定；

（七）公司法施行前，公司减少注册资本，股东对相应减少出资额或者股份数量发生争议的，适用公司法第二百二十四条第三款的规定。

**第二条** 公司法施行前与公司有关的民事法律行为，依据当时的法律、司法解释认定无效而依据公司法认定有效，因民事法律行为效力发生争议的下列情形，适用公司法的规定：

（一）约定公司对所投资企业债务承担连带责任，对该约定效力发生争议的，适用公司法第十四条第二款的规定；

（二）公司作出使用资本公积金弥补亏损的公司决议，对该决议效力发生争议的，适用公司法第二百一十四条的规定；

（三）公司与其持股百分之九十以上的公司合并，对合并决议效力发生争议的，适用公司法第二百一十九条的规定。

**第三条** 公司法施行前订立的与公司有关的合同，合同的履行持续至公司法施行后,因公司法施行前的履行行为发生争议的,适用当时的法律、司法解释的规定;因公司法施行后的履行行为发生争议的下列情形,适用公司法的规定:

(一)代持上市公司股票合同,适用公司法第一百四十条第二款的规定;

(二)上市公司控股子公司取得该上市公司股份合同,适用公司法第一百四十一条的规定;

(三)股份有限公司为他人取得本公司或者母公司的股份提供赠与、借款、担保以及其他财务资助合同,适用公司法第一百六十三条的规定。

**第四条** 公司法施行前的法律事实引起的民事纠纷案件,当时的法律、司法解释没有规定而公司法作出规定的下列情形,适用公司法的规定:

(一)股东转让未届出资期限的股权,受让人未按期足额缴纳出资的,关于转让人、受让人出资责任的认定,适用公司法第八十八条第一款的规定;

(二)有限责任公司的控股股东滥用股东权利,严重损害公司或者其他股东利益,其他股东请求公司按照合理价格收购其股权的,适用公司法第八十九条第三款、第四款的规定;

(三)对股份有限公司股东会决议投反对票的股东请求公司按照合理价格收购其股份的,适用公司法第一百六十一条的规定;

(四)不担任公司董事的控股股东、实际控制人执行公司事务的民事责任认定,适用公司法第一百八十条的规定;

(五)公司的控股股东、实际控制人指示董事、高级管理人员从事活动损害公司或者股东利益的民事责任认定,适用公司法第一百九十二条的规定;

(六)不明显背离相关当事人合理预期的其他情形。

**第五条** 公司法施行前的法律事实引起的民事纠纷案件,当时的法律、司法解释已有原则性规定,公司法作出具体规定的下列情形,适用公司法的规定:

(一)股份有限公司章程对股份转让作了限制规定,因该规定发生争议的,适用公司法第一百五十七条的规定;

(二)对公司监事实施挪用公司资金等禁止性行为、违法关联交易、不当谋取公司商业机会、经营限制的同类业务的赔偿责任认定,分别适用公司法第一百八十一条、第一百八十二条第一款、第一百八十三条、第一百八十四条的规定；

（三）对公司董事、高级管理人员不当谋取公司商业机会、经营限制的同类业务的赔偿责任认定，分别适用公司法第一百八十三条、第一百八十四条的规定；

（四）对关联关系主体范围以及关联交易性质的认定，适用公司法第一百八十二条、第二百六十五条第四项的规定。

**第六条** 应当进行清算的法律事实发生在公司法施行前，因清算责任发生争议的，适用当时的法律、司法解释的规定。

应当清算的法律事实发生在公司法施行前，但至公司法施行日未满十五日的，适用公司法第二百三十二条的规定，清算义务人履行清算义务的期限自公司法施行日重新起算。

**第七条** 公司法施行前已经终审的民事纠纷案件，当事人申请再审或者人民法院按照审判监督程序决定再审的，适用当时的法律、司法解释的规定。

**第八条** 本规定自2024年7月1日起施行。

# 附　录

## 中华人民共和国公司法

（1993年12月29日第八届全国人民代表大会常务委员会第五次会议通过　根据1999年12月25日第九届全国人民代表大会常务委员会第十三次会议《关于修改〈中华人民共和国公司法〉的决定》第一次修正　根据2004年8月28日第十届全国人民代表大会常务委员会第十一次会议《关于修改〈中华人民共和国公司法〉的决定》第二次修正　2005年10月27日第十届全国人民代表大会常务委员会第十八次会议第一次修订　根据2013年12月28日第十二届全国人民代表大会常务委员会第六次会议《关于修改〈中华人民共和国海洋环境保护法〉等七部法律的决定》第三次修正　根据2018年10月26日第十三届全国人民代表大会常务委员会第六次会议《关于修改〈中华人民共和国公司法〉的决定》第四次修正　2023年12月29日第十四届全国人民代表大会常务委员会第七次会议第二次修订　2023年12月29日中华人民共和国主席令第15号公布　自2024年7月1日起施行）

## 目　录

第一章　总　　则

第二章　公司登记

第三章　有限责任公司的设立和组织机构

　第一节　设　立

　第二节　组织机构

第四章　有限责任公司的股权转让

第五章　股份有限公司的设立和组织机构

　第一节　设　立

　第二节　股　东　会

　第三节　董事会、经理

　第四节　监　事　会

　第五节　上市公司组织机构的特别规定

第六章　股份有限公司的股份发行和转让

　第一节　股份发行

　第二节　股份转让

第七章　国家出资公司组织机构的特别规定

第八章　公司董事、监事、高级管理人员的资格和义务

第九章　公司债券

第十章　公司财务、会计

第十一章　公司合并、分立、增资、减资

第十二章　公司解散和清算

第十三章　外国公司的分支机构

第十四章　法律责任

第十五章　附　　则

# 第一章　总　　则

**第一条**　为了规范公司的组织和行为，保护公司、股东、职工和债权人的合法权益，完善中国特色现代企业制度，弘扬企业家精神，维护社会经济秩序，促进社会主义市场经济的发展，根据宪法，制定本法。

**第二条**　本法所称公司，是指依照本法在中华人民共和国境内设立的有限责任公司和股份有限公司。

**第三条**　公司是企业法人，有独立的法人财产，享有法人财产权。公司以其全部财产对公司的债务承担责任。

公司的合法权益受法律保护，不受侵犯。

**第四条**　有限责任公司的股东以其认缴的出资额为限对公司承担责任；股份有限公司的股东以其认购的股份为限对公司承担责任。

公司股东对公司依法享有资产收益、参与重大决策和选择管理者等权利。

**第五条**　设立公司应当依法制定公司章程。公司章程对公司、股东、董事、监事、高级管理人员具有约束力。

**第六条**　公司应当有自己的名称。公司名称应当符合国家有关规定。

公司的名称权受法律保护。

**第七条**　依照本法设立的有限责任公司，应当在公司名称中标明有限责任公司或者有限公司字样。

依照本法设立的股份有限公司，应当在公司名称中标明股份有限公司或者股份公司字样。

**第八条**　公司以其主要办事机构所在地为住所。

**第九条**　公司的经营范围由公司章程规定。公司可以修改公司章程，变更经营范围。

公司的经营范围中属于法律、行政法规规定须经批准的项目，应当依法经过批准。

**第十条**　公司的法定代表人按照公司章程的规定，由代表公司执行公司事务的董事

或者经理担任。

担任法定代表人的董事或者经理辞任的，视为同时辞去法定代表人。

法定代表人辞任的，公司应当在法定代表人辞任之日起三十日内确定新的法定代表人。

**第十一条** 法定代表人以公司名义从事的民事活动，其法律后果由公司承受。

公司章程或者股东会对法定代表人职权的限制，不得对抗善意相对人。

法定代表人因执行职务造成他人损害的，由公司承担民事责任。公司承担民事责任后，依照法律或者公司章程的规定，可以向有过错的法定代表人追偿。

**第十二条** 有限责任公司变更为股份有限公司，应当符合本法规定的股份有限公司的条件。股份有限公司变更为有限责任公司，应当符合本法规定的有限责任公司的条件。

有限责任公司变更为股份有限公司的，或者股份有限公司变更为有限责任公司的，公司变更前的债权、债务由变更后的公司承继。

**第十三条** 公司可以设立子公司。子公司具有法人资格，依法独立承担民事责任。

公司可以设立分公司。分公司不具有法人资格，其民事责任由公司承担。

**第十四条** 公司可以向其他企业投资。

法律规定公司不得成为对所投资企业的债务承担连带责任的出资人的，从其规定。

**第十五条** 公司向其他企业投资或者为他人提供担保，按照公司章程的规定，由董事会或者股东会决议；公司章程对投资或者担保的总额及单项投资或者担保的数额有限额规定的，不得超过规定的限额。

公司为公司股东或者实际控制人提供担保的，应当经股东会决议。

前款规定的股东或者受前款规定的实际控制人支配的股东，不得参加前款规定事项的表决。该项表决由出席会议的其他股东所持表决权的过半数通过。

**第十六条** 公司应当保护职工的合法权益，依法与职工签订劳动合同，参加社会保险，加强劳动保护，实现安全生产。

公司应当采用多种形式，加强公司职工的职业教育和岗位培训，提高职工素质。

**第十七条** 公司职工依照《中华人民共和国工会法》组织工会，开展工会活动，维护职工合法权益。公司应当为本公司工会提供必要的活动条件。公司工会代表职工就职工的劳动报酬、工作时间、休息休假、劳动安全卫生和保险福利等事项依法与公司签订集体合同。

公司依照宪法和有关法律的规定，建立健全以职工代表大会为基本形式的民主管理制度，通过职工代表大会或者其他形式，实行民主管理。

公司研究决定改制、解散、申请破产以及经营方面的重大问题、制定重要的规章制度时，应当听取公司工会的意见，并通过职工代表大会或者其他形式听取职工的意见和建议。

**第十八条** 在公司中，根据中国共产党章程的规定，设立中国共产党的组织，开展党的活动。公司应当为党组织的活动提供必要条件。

第十九条　公司从事经营活动，应当遵守法律法规，遵守社会公德、商业道德，诚实守信，接受政府和社会公众的监督。

第二十条　公司从事经营活动，应当充分考虑公司职工、消费者等利益相关者的利益以及生态环境保护等社会公共利益，承担社会责任。

国家鼓励公司参与社会公益活动，公布社会责任报告。

第二十一条　公司股东应当遵守法律、行政法规和公司章程，依法行使股东权利，不得滥用股东权利损害公司或者其他股东的利益。

公司股东滥用股东权利给公司或者其他股东造成损失的，应当承担赔偿责任。

第二十二条　公司的控股股东、实际控制人、董事、监事、高级管理人员不得利用关联关系损害公司利益。

违反前款规定，给公司造成损失的，应当承担赔偿责任。

第二十三条　公司股东滥用公司法人独立地位和股东有限责任，逃避债务，严重损害公司债权人利益的，应当对公司债务承担连带责任。

股东利用其控制的两个以上公司实施前款规定行为的，各公司应当对任一公司的债务承担连带责任。

只有一个股东的公司，股东不能证明公司财产独立于股东自己的财产的，应当对公司债务承担连带责任。

第二十四条　公司股东会、董事会、监事会召开会议和表决可以采用电子通信方式，公司章程另有规定的除外。

第二十五条　公司股东会、董事会的决议内容违反法律、行政法规的无效。

第二十六条　公司股东会、董事会的会议召集程序、表决方式违反法律、行政法规或者公司章程，或者决议内容违反公司章程的，股东自决议作出之日起六十日内，可以请求人民法院撤销。但是，股东会、董事会的会议召集程序或者表决方式仅有轻微瑕疵，对决议未产生实质影响的除外。

未被通知参加股东会会议的股东自知道或者应当知道股东会决议作出之日起六十日内，可以请求人民法院撤销；自决议作出之日起一年内没有行使撤销权的，撤销权消灭。

第二十七条　有下列情形之一的，公司股东会、董事会的决议不成立：

（一）未召开股东会、董事会会议作出决议；

（二）股东会、董事会会议未对决议事项进行表决；

（三）出席会议的人数或者所持表决权数未达到本法或者公司章程规定的人数或者所持表决权数；

（四）同意决议事项的人数或者所持表决权数未达到本法或者公司章程规定的人数或者所持表决权数。

第二十八条　公司股东会、董事会决议被人民法院宣告无效、撤销或者确认不成立的，公司应当向公司登记机关申请撤销根据该决议已办理的登记。

股东会、董事会决议被人民法院宣告无效、撤销或者确认不成立的，公司根据该决议与善意相对人形成的民事法律关系不受影响。

## 第二章 公 司 登 记

第二十九条 设立公司，应当依法向公司登记机关申请设立登记。

法律、行政法规规定设立公司必须报经批准的，应当在公司登记前依法办理批准手续。

第三十条 申请设立公司，应当提交设立登记申请书、公司章程等文件，提交的相关材料应当真实、合法和有效。

申请材料不齐全或者不符合法定形式的，公司登记机关应当一次性告知需要补正的材料。

第三十一条 申请设立公司，符合本法规定的设立条件的，由公司登记机关分别登记为有限责任公司或者股份有限公司；不符合本法规定的设立条件的，不得登记为有限责任公司或者股份有限公司。

第三十二条 公司登记事项包括：

（一）名称；

（二）住所；

（三）注册资本；

（四）经营范围；

（五）法定代表人的姓名；

（六）有限责任公司股东、股份有限公司发起人的姓名或者名称。

公司登记机关应当将前款规定的公司登记事项通过国家企业信用信息公示系统向社会公示。

第三十三条 依法设立的公司，由公司登记机关发给公司营业执照。公司营业执照签发日期为公司成立日期。

公司营业执照应当载明公司的名称、住所、注册资本、经营范围、法定代表人姓名等事项。

公司登记机关可以发给电子营业执照。电子营业执照与纸质营业执照具有同等法律效力。

第三十四条 公司登记事项发生变更的，应当依法办理变更登记。

公司登记事项未经登记或者未经变更登记，不得对抗善意相对人。

第三十五条 公司申请变更登记，应当向公司登记机关提交公司法定代表人签署的变更登记申请书、依法作出的变更决议或者决定等文件。

公司变更登记事项涉及修改公司章程的，应当提交修改后的公司章程。

公司变更法定代表人的，变更登记申请书由变更后的法定代表人签署。

**第三十六条** 公司营业执照记载的事项发生变更的，公司办理变更登记后，由公司登记机关换发营业执照。

**第三十七条** 公司因解散、被宣告破产或者其他法定事由需要终止的，应当依法向公司登记机关申请注销登记，由公司登记机关公告公司终止。

**第三十八条** 公司设立分公司，应当向公司登记机关申请登记，领取营业执照。

**第三十九条** 虚报注册资本、提交虚假材料或者采取其他欺诈手段隐瞒重要事实取得公司设立登记的，公司登记机关应当依照法律、行政法规的规定予以撤销。

**第四十条** 公司应当按照规定通过国家企业信用信息公示系统公示下列事项：

（一）有限责任公司股东认缴和实缴的出资额、出资方式和出资日期，股份有限公司发起人认购的股份数；

（二）有限责任公司股东、股份有限公司发起人的股权、股份变更信息；

（三）行政许可取得、变更、注销等信息；

（四）法律、行政法规规定的其他信息。

公司应当确保前款公示信息真实、准确、完整。

**第四十一条** 公司登记机关应当优化公司登记办理流程，提高公司登记效率，加强信息化建设，推行网上办理等便捷方式，提升公司登记便利化水平。

国务院市场监督管理部门根据本法和有关法律、行政法规的规定，制定公司登记注册的具体办法。

## 第三章 有限责任公司的设立和组织机构

### 第一节 设　　立

**第四十二条** 有限责任公司由一个以上五十个以下股东出资设立。

**第四十三条** 有限责任公司设立时的股东可以签订设立协议，明确各自在公司设立过程中的权利和义务。

**第四十四条** 有限责任公司设立时的股东为设立公司从事的民事活动，其法律后果由公司承受。

公司未成立的，其法律后果由公司设立时的股东承受；设立时的股东为二人以上的，享有连带债权，承担连带债务。

设立时的股东为设立公司以自己的名义从事民事活动产生的民事责任，第三人有权选择请求公司或者公司设立时的股东承担。

设立时的股东因履行公司设立职责造成他人损害的，公司或者无过错的股东承担赔偿责任后，可以向有过错的股东追偿。

**第四十五条** 设立有限责任公司，应当由股东共同制定公司章程。

**第四十六条** 有限责任公司章程应当载明下列事项：

（一）公司名称和住所；

（二）公司经营范围；

（三）公司注册资本；

（四）股东的姓名或者名称；

（五）股东的出资额、出资方式和出资日期；

（六）公司的机构及其产生办法、职权、议事规则；

（七）公司法定代表人的产生、变更办法；

（八）股东会认为需要规定的其他事项。

股东应当在公司章程上签名或者盖章。

**第四十七条** 有限责任公司的注册资本为在公司登记机关登记的全体股东认缴的出资额。全体股东认缴的出资额由股东按照公司章程的规定自公司成立之日起五年内缴足。

法律、行政法规以及国务院决定对有限责任公司注册资本实缴、注册资本最低限额、股东出资期限另有规定的，从其规定。

**第四十八条** 股东可以用货币出资，也可以用实物、知识产权、土地使用权、股权、债权等可以用货币估价并可以依法转让的非货币财产作价出资；但是，法律、行政法规规定不得作为出资的财产除外。

对作为出资的非货币财产应当评估作价，核实财产，不得高估或者低估作价。法律、行政法规对评估作价有规定的，从其规定。

**第四十九条** 股东应当按期足额缴纳公司章程规定的各自所认缴的出资额。

股东以货币出资的，应当将货币出资足额存入有限责任公司在银行开设的账户；以非货币财产出资的，应当依法办理其财产权的转移手续。

股东未按期足额缴纳出资的，除应当向公司足额缴纳外，还应当对给公司造成的损失承担赔偿责任。

**第五十条** 有限责任公司设立时，股东未按照公司章程规定实际缴纳出资，或者实际出资的非货币财产的实际价额显著低于所认缴的出资额的，设立时的其他股东与该股东在出资不足的范围内承担连带责任。

**第五十一条** 有限责任公司成立后，董事会应当对股东的出资情况进行核查，发现股东未按期足额缴纳公司章程规定的出资的，应当由公司向该股东发出书面催缴书，催缴出资。

未及时履行前款规定的义务，给公司造成损失的，负有责任的董事应当承担赔偿责任。

**第五十二条** 股东未按照公司章程规定的出资日期缴纳出资，公司依照前条第一款规定发出书面催缴书催缴出资的，可以载明缴纳出资的宽限期；宽限期自公司发出催缴书之日起，不得少于六十日。宽限期届满，股东仍未履行出资义务的，公司经董事会决议可以向该股东发出失权通知，通知应当以书面形式发出。自通知发出之日起，该股东丧失其未缴纳出资的股权。

依照前款规定丧失的股权应当依法转让，或者相应减少注册资本并注销该股权；六个月内未转让或者注销的，由公司其他股东按照其出资比例足额缴纳相应出资。

股东对失权有异议的，应当自接到失权通知之日起三十日内，向人民法院提起诉讼。

**第五十三条** 公司成立后，股东不得抽逃出资。

违反前款规定的，股东应当返还抽逃的出资；给公司造成损失的，负有责任的董事、监事、高级管理人员应当与该股东承担连带赔偿责任。

**第五十四条** 公司不能清偿到期债务的，公司或者已到期债权的债权人有权要求已认缴出资但未届出资期限的股东提前缴纳出资。

**第五十五条** 有限责任公司成立后，应当向股东签发出资证明书，记载下列事项：

（一）公司名称；

（二）公司成立日期；

（三）公司注册资本；

（四）股东的姓名或者名称、认缴和实缴的出资额、出资方式和出资日期；

（五）出资证明书的编号和核发日期。

出资证明书由法定代表人签名，并由公司盖章。

**第五十六条** 有限责任公司应当置备股东名册，记载下列事项：

（一）股东的姓名或者名称及住所；

（二）股东认缴和实缴的出资额、出资方式和出资日期；

（三）出资证明书编号；

（四）取得和丧失股东资格的日期。

记载于股东名册的股东，可以依股东名册主张行使股东权利。

**第五十七条** 股东有权查阅、复制公司章程、股东名册、股东会会议记录、董事会会议决议、监事会会议决议和财务会计报告。

股东可以要求查阅公司会计账簿、会计凭证。股东要求查阅公司会计账簿、会计凭证的，应当向公司提出书面请求，说明目的。公司有合理根据认为股东查阅会计账簿、会计凭证有不正当目的，可能损害公司合法利益的，可以拒绝提供查阅，并应当自股东提出书面请求之日起十五日内书面答复股东并说明理由。公司拒绝提供查阅的，股东可以向人民法院提起诉讼。

股东查阅前款规定的材料，可以委托会计师事务所、律师事务所等中介机构进行。

股东及其委托的会计师事务所、律师事务所等中介机构查阅、复制有关材料，应当遵守有关保护国家秘密、商业秘密、个人隐私、个人信息等法律、行政法规的规定。

股东要求查阅、复制公司全资子公司相关材料的，适用前四款的规定。

## 第二节 组织机构

**第五十八条** 有限责任公司股东会由全体股东组成。股东会是公司的权力机构，依照本法行使职权。

**第五十九条** 股东会行使下列职权：

（一）选举和更换董事、监事，决定有关董事、监事的报酬事项；

（二）审议批准董事会的报告；

（三）审议批准监事会的报告；

（四）审议批准公司的利润分配方案和弥补亏损方案；

（五）对公司增加或者减少注册资本作出决议；

（六）对发行公司债券作出决议；

（七）对公司合并、分立、解散、清算或者变更公司形式作出决议；

（八）修改公司章程；

（九）公司章程规定的其他职权。

股东会可以授权董事会对发行公司债券作出决议。

对本条第一款所列事项股东以书面形式一致表示同意的，可以不召开股东会会议，直接作出决定，并由全体股东在决定文件上签名或者盖章。

**第六十条** 只有一个股东的有限责任公司不设股东会。股东作出前条第一款所列事项的决定时，应当采用书面形式，并由股东签名或者盖章后置备于公司。

**第六十一条** 首次股东会会议由出资最多的股东召集和主持，依照本法规定行使职权。

**第六十二条** 股东会会议分为定期会议和临时会议。

定期会议应当按照公司章程的规定按时召开。代表十分之一以上表决权的股东、三分之一以上的董事或者监事会提议召开临时会议的，应当召开临时会议。

**第六十三条** 股东会会议由董事会召集，董事长主持；董事长不能履行职务或者不履行职务的，由副董事长主持；副董事长不能履行职务或者不履行职务的，由过半数的董事共同推举一名董事主持。

董事会不能履行或者不履行召集股东会会议职责的，由监事会召集和主持；监事会不召集和主持的，代表十分之一以上表决权的股东可以自行召集和主持。

**第六十四条** 召开股东会会议，应当于会议召开十五日前通知全体股东；但是，公司章程另有规定或者全体股东另有约定的除外。

股东会应当对所议事项的决定作成会议记录，出席会议的股东应当在会议记录上签名或者盖章。

**第六十五条** 股东会会议由股东按照出资比例行使表决权；但是，公司章程另有规定的除外。

**第六十六条** 股东会的议事方式和表决程序，除本法有规定的外，由公司章程规定。

股东会作出决议，应当经代表过半数表决权的股东通过。

股东会作出修改公司章程、增加或者减少注册资本的决议，以及公司合并、分立、解散或者变更公司形式的决议，应当经代表三分之二以上表决权的股东通过。

**第六十七条** 有限责任公司设董事会，本法第七十五条另有规定的除外。

董事会行使下列职权：

（一）召集股东会会议，并向股东会报告工作；

（二）执行股东会的决议；

（三）决定公司的经营计划和投资方案；

（四）制订公司的利润分配方案和弥补亏损方案；

（五）制订公司增加或者减少注册资本以及发行公司债券的方案；

（六）制订公司合并、分立、解散或者变更公司形式的方案；

（七）决定公司内部管理机构的设置；

（八）决定聘任或者解聘公司经理及其报酬事项，并根据经理的提名决定聘任或者解聘公司副经理、财务负责人及其报酬事项；

（九）制定公司的基本管理制度；

（十）公司章程规定或者股东会授予的其他职权。

公司章程对董事会职权的限制不得对抗善意相对人。

**第六十八条** 有限责任公司董事会成员为三人以上，其成员中可以有公司职工代表。职工人数三百人以上的有限责任公司，除依法设监事会并有公司职工代表的外，其董事会成员中应当有公司职工代表。董事会中的职工代表由公司职工通过职工代表大会、职工大会或者其他形式民主选举产生。

董事会设董事长一人，可以设副董事长。董事长、副董事长的产生办法由公司章程规定。

**第六十九条** 有限责任公司可以按照公司章程的规定在董事会中设置由董事组成的审计委员会，行使本法规定的监事会的职权，不设监事会或者监事。公司董事会成员中的职工代表可以成为审计委员会成员。

**第七十条** 董事任期由公司章程规定，但每届任期不得超过三年。董事任期届满，连选可以连任。

董事任期届满未及时改选，或者董事在任期内辞任导致董事会成员低于法定人数的，在改选出的董事就任前，原董事仍应当依照法律、行政法规和公司章程的规定，履行董事职务。

董事辞任的，应当以书面形式通知公司，公司收到通知之日辞任生效，但存在前款规定情形的，董事应当继续履行职务。

**第七十一条** 股东会可以决议解任董事，决议作出之日解任生效。

无正当理由，在任期届满前解任董事的，该董事可以要求公司予以赔偿。

**第七十二条** 董事会会议由董事长召集和主持；董事长不能履行职务或者不履行职务的，由副董事长召集和主持；副董事长不能履行职务或者不履行职务的，由过半数的董事共同推举一名董事召集和主持。

**第七十三条** 董事会的议事方式和表决程序，除本法有规定的外，由公司章程规定。

董事会会议应当有过半数的董事出席方可举行。董事会作出决议，应当经全体董事的过半数通过。

董事会决议的表决，应当一人一票。

董事会应当对所议事项的决定作成会议记录，出席会议的董事应当在会议记录上签名。

**第七十四条** 有限责任公司可以设经理，由董事会决定聘任或者解聘。

经理对董事会负责，根据公司章程的规定或者董事会的授权行使职权。经理列席董事会会议。

**第七十五条** 规模较小或者股东人数较少的有限责任公司，可以不设董事会，设一名董事，行使本法规定的董事会的职权。该董事可以兼任公司经理。

**第七十六条** 有限责任公司设监事会，本法第六十九条、第八十三条另有规定的除外。

监事会成员为三人以上。监事会成员应当包括股东代表和适当比例的公司职工代表，其中职工代表的比例不得低于三分之一，具体比例由公司章程规定。监事会中的职工代表由公司职工通过职工代表大会、职工大会或者其他形式民主选举产生。

监事会设主席一人，由全体监事过半数选举产生。监事会主席召集和主持监事会会议；监事会主席不能履行职务或者不履行职务的，由过半数的监事共同推举一名监事召集和主持监事会会议。

董事、高级管理人员不得兼任监事。

**第七十七条** 监事的任期每届为三年。监事任期届满，连选可以连任。

监事任期届满未及时改选，或者监事在任期内辞任导致监事会成员低于法定人数的，在改选出的监事就任前，原监事仍应当依照法律、行政法规和公司章程的规定，履行监事职务。

**第七十八条** 监事会行使下列职权：

（一）检查公司财务；

（二）对董事、高级管理人员执行职务的行为进行监督，对违反法律、行政法规、公司章程或者股东会决议的董事、高级管理人员提出解任的建议；

（三）当董事、高级管理人员的行为损害公司的利益时，要求董事、高级管理人员予以纠正；

（四）提议召开临时股东会会议，在董事会不履行本法规定的召集和主持股东会会议职责时召集和主持股东会会议；

（五）向股东会会议提出提案；

（六）依照本法第一百八十九条的规定，对董事、高级管理人员提起诉讼；

（七）公司章程规定的其他职权。

**第七十九条** 监事可以列席董事会会议，并对董事会决议事项提出质询或者建议。

监事会发现公司经营情况异常，可以进行调查；必要时，可以聘请会计师事务所等协助其工作，费用由公司承担。

**第八十条** 监事会可以要求董事、高级管理人员提交执行职务的报告。

董事、高级管理人员应当如实向监事会提供有关情况和资料，不得妨碍监事会或者监事行使职权。

**第八十一条** 监事会每年度至少召开一次会议，监事可以提议召开临时监事会会议。

监事会的议事方式和表决程序，除本法有规定的外，由公司章程规定。

监事会决议应当经全体监事的过半数通过。

监事会决议的表决，应当一人一票。

监事会应当对所议事项的决定作成会议记录，出席会议的监事应当在会议记录上签名。

**第八十二条** 监事会行使职权所必需的费用，由公司承担。

**第八十三条** 规模较小或者股东人数较少的有限责任公司，可以不设监事会，设一名监事，行使本法规定的监事会的职权；经全体股东一致同意，也可以不设监事。

## 第四章　有限责任公司的股权转让

**第八十四条** 有限责任公司的股东之间可以相互转让其全部或者部分股权。

股东向股东以外的人转让股权的，应当将股权转让的数量、价格、支付方式和期限等事项书面通知其他股东，其他股东在同等条件下有优先购买权。股东自接到书面通知之日起三十日内未答复的，视为放弃优先购买权。两个以上股东行使优先购买权的，协商确定各自的购买比例；协商不成的，按照转让时各自的出资比例行使优先购买权。

公司章程对股权转让另有规定的，从其规定。

**第八十五条** 人民法院依照法律规定的强制执行程序转让股东的股权时，应当通知公司及全体股东，其他股东在同等条件下有优先购买权。其他股东自人民法院通知之日起满二十日不行使优先购买权的，视为放弃优先购买权。

**第八十六条** 股东转让股权的，应当书面通知公司，请求变更股东名册；需要办理变更登记的，并请求公司向公司登记机关办理变更登记。公司拒绝或者在合理期限内不予答复的，转让人、受让人可以依法向人民法院提起诉讼。

股权转让的，受让人自记载于股东名册时起可以向公司主张行使股东权利。

**第八十七条** 依照本法转让股权后，公司应当及时注销原股东的出资证明书，向新股东签发出资证明书，并相应修改公司章程和股东名册中有关股东及其出资额的记载。对公司章程的该项修改不需再由股东会表决。

**第八十八条** 股东转让已认缴出资但未届出资期限的股权的，由受让人承担缴纳该出资的义务；受让人未按期足额缴纳出资的，转让人对受让人未按期缴纳的出资承担补充责任。

未按照公司章程规定的出资日期缴纳出资或者作为出资的非货币财产的实际价额显著低于所认缴的出资额的股东转让股权的，转让人与受让人在出资不足的范围内承担连带责任；受让人不知道且不应当知道存在上述情形的，由转让人承担责任。

**第八十九条** 有下列情形之一的，对股东会该项决议投反对票的股东可以请求公司按照合理的价格收购其股权：

（一）公司连续五年不向股东分配利润，而公司该五年连续盈利，并且符合本法规定的分配利润条件；

（二）公司合并、分立、转让主要财产；

（三）公司章程规定的营业期限届满或者章程规定的其他解散事由出现，股东会通过决议修改章程使公司存续。

自股东会决议作出之日起六十日内，股东与公司不能达成股权收购协议的，股东可以自股东会决议作出之日起九十日内向人民法院提起诉讼。

公司的控股股东滥用股东权利，严重损害公司或者其他股东利益的，其他股东有权请求公司按照合理的价格收购其股权。

公司因本条第一款、第三款规定的情形收购的本公司股权，应当在六个月内依法转让或者注销。

**第九十条** 自然人股东死亡后，其合法继承人可以继承股东资格；但是，公司章程另有规定的除外。

# 第五章  股份有限公司的设立和组织机构

## 第一节  设　　立

**第九十一条** 设立股份有限公司，可以采取发起设立或者募集设立的方式。

发起设立，是指由发起人认购设立公司时应发行的全部股份而设立公司。

募集设立，是指由发起人认购设立公司时应发行股份的一部分，其余股份向特定对象募集或者向社会公开募集而设立公司。

**第九十二条** 设立股份有限公司，应当有一人以上二百人以下为发起人，其中应当有半数以上的发起人在中华人民共和国境内有住所。

**第九十三条** 股份有限公司发起人承担公司筹办事务。

发起人应当签订发起人协议，明确各自在公司设立过程中的权利和义务。

**第九十四条** 设立股份有限公司，应当由发起人共同制订公司章程。

**第九十五条** 股份有限公司章程应当载明下列事项：

（一）公司名称和住所；

（二）公司经营范围；

（三）公司设立方式；

（四）公司注册资本、已发行的股份数和设立时发行的股份数，面额股的每股金额；

（五）发行类别股的，每一类别股的股份数及其权利和义务；

（六）发起人的姓名或者名称、认购的股份数、出资方式；

（七）董事会的组成、职权和议事规则；

（八）公司法定代表人的产生、变更办法；

（九）监事会的组成、职权和议事规则；

（十）公司利润分配办法；

（十一）公司的解散事由与清算办法；

（十二）公司的通知和公告办法；

（十三）股东会认为需要规定的其他事项。

**第九十六条** 股份有限公司的注册资本为在公司登记机关登记的已发行股份的股本总额。在发起人认购的股份缴足前，不得向他人募集股份。

法律、行政法规以及国务院决定对股份有限公司注册资本最低限额另有规定的，从其规定。

**第九十七条** 以发起设立方式设立股份有限公司的，发起人应当认足公司章程规定的公司设立时应发行的股份。

以募集设立方式设立股份有限公司的，发起人认购的股份不得少于公司章程规定的公司设立时应发行股份总数的百分之三十五；但是，法律、行政法规另有规定的，从其规定。

**第九十八条** 发起人应当在公司成立前按照其认购的股份全额缴纳股款。

发起人的出资，适用本法第四十八条、第四十九条第二款关于有限责任公司股东出资的规定。

**第九十九条** 发起人不按照其认购的股份缴纳股款，或者作为出资的非货币财产的实际价额显著低于所认购的股份的，其他发起人与该发起人在出资不足的范围内承担连带责任。

**第一百条** 发起人向社会公开募集股份，应当公告招股说明书，并制作认股书。认股书应当载明本法第一百五十四条第二款、第三款所列事项，由认股人填写认购的股份数、金额、住所，并签名或者盖章。认股人应当按照所认购股份足额缴纳股款。

**第一百零一条** 向社会公开募集股份的股款缴足后，应当经依法设立的验资机构验资并出具证明。

第一百零二条　股份有限公司应当制作股东名册并置备于公司。股东名册应当记载下列事项：

（一）股东的姓名或者名称及住所；

（二）各股东所认购的股份种类及股份数；

（三）发行纸面形式的股票的，股票的编号；

（四）各股东取得股份的日期。

第一百零三条　募集设立股份有限公司的发起人应当自公司设立时应发行股份的股款缴足之日起三十日内召开公司成立大会。发起人应当在成立大会召开十五日前将会议日期通知各认股人或者予以公告。成立大会应当有持有表决权过半数的认股人出席，方可举行。

以发起设立方式设立股份有限公司成立大会的召开和表决程序由公司章程或者发起人协议规定。

第一百零四条　公司成立大会行使下列职权：

（一）审议发起人关于公司筹办情况的报告；

（二）通过公司章程；

（三）选举董事、监事；

（四）对公司的设立费用进行审核；

（五）对发起人非货币财产出资的作价进行审核；

（六）发生不可抗力或者经营条件发生重大变化直接影响公司设立的，可以作出不设立公司的决议。

成立大会对前款所列事项作出决议，应当经出席会议的认股人所持表决权过半数通过。

第一百零五条　公司设立时应发行的股份未募足，或者发行股份的股款缴足后，发起人在三十日内未召开成立大会的，认股人可以按照所缴股款并加算银行同期存款利息，要求发起人返还。

发起人、认股人缴纳股款或者交付非货币财产出资后，除未按期募足股份、发起人未按期召开成立大会或者成立大会决议不设立公司的情形外，不得抽回其股本。

第一百零六条　董事会应当授权代表，于公司成立大会结束后三十日内向公司登记机关申请设立登记。

第一百零七条　本法第四十四条、第四十九条第三款、第五十一条、第五十二条、第五十三条的规定，适用于股份有限公司。

第一百零八条　有限责任公司变更为股份有限公司时，折合的实收股本总额不得高于公司净资产额。有限责任公司变更为股份有限公司，为增加注册资本公开发行股份时，应当依法办理。

第一百零九条　股份有限公司应当将公司章程、股东名册、股东会会议记录、董事会会议记录、监事会会议记录、财务会计报告、债券持有人名册置备于本公司。

**第一百一十条** 股东有权查阅、复制公司章程、股东名册、股东会会议记录、董事会会议决议、监事会会议决议、财务会计报告，对公司的经营提出建议或者质询。

连续一百八十日以上单独或者合计持有公司百分之三以上股份的股东要求查阅公司的会计账簿、会计凭证的，适用本法第五十七条第二款、第三款、第四款的规定。公司章程对持股比例有较低规定的，从其规定。

股东要求查阅、复制公司全资子公司相关材料的，适用前两款的规定。

上市公司股东查阅、复制相关材料的，应当遵守《中华人民共和国证券法》等法律、行政法规的规定。

## 第二节 股 东 会

**第一百一十一条** 股份有限公司股东会由全体股东组成。股东会是公司的权力机构，依照本法行使职权。

**第一百一十二条** 本法第五十九条第一款、第二款关于有限责任公司股东会职权的规定，适用于股份有限公司股东会。

本法第六十条关于只有一个股东的有限责任公司不设股东会的规定，适用于只有一个股东的股份有限公司。

**第一百一十三条** 股东会应当每年召开一次年会。有下列情形之一的，应当在两个月内召开临时股东会会议：

（一）董事人数不足本法规定人数或者公司章程所定人数的三分之二时；
（二）公司未弥补的亏损达股本总额三分之一时；
（三）单独或者合计持有公司百分之十以上股份的股东请求时；
（四）董事会认为必要时；
（五）监事会提议召开时；
（六）公司章程规定的其他情形。

**第一百一十四条** 股东会会议由董事会召集，董事长主持；董事长不能履行职务或者不履行职务的，由副董事长主持；副董事长不能履行职务或者不履行职务的，由过半数的董事共同推举一名董事主持。

董事会不能履行或者不履行召集股东会会议职责的，监事会应当及时召集和主持；监事会不召集和主持的，连续九十日以上单独或者合计持有公司百分之十以上股份的股东可以自行召集和主持。

单独或者合计持有公司百分之十以上股份的股东请求召开临时股东会会议的，董事会、监事会应当在收到请求之日起十日内作出是否召开临时股东会会议的决定，并书面答复股东。

**第一百一十五条** 召开股东会会议，应当将会议召开的时间、地点和审议的事项于会议召开二十日前通知各股东；临时股东会会议应当于会议召开十五日前通知各股东。

单独或者合计持有公司百分之一以上股份的股东，可以在股东会会议召开十日前提出临时提案并书面提交董事会。临时提案应当有明确议题和具体决议事项。董事会应当在收到提案后二日内通知其他股东，并将该临时提案提交股东会审议；但临时提案违反法律、行政法规或者公司章程的规定，或者不属于股东会职权范围的除外。公司不得提高提出临时提案股东的持股比例。

公开发行股份的公司，应当以公告方式作出前两款规定的通知。

股东会不得对通知中未列明的事项作出决议。

**第一百一十六条** 股东出席股东会会议，所持每一股份有一表决权，类别股股东除外。公司持有的本公司股份没有表决权。

股东会作出决议，应当经出席会议的股东所持表决权过半数通过。

股东会作出修改公司章程、增加或者减少注册资本的决议，以及公司合并、分立、解散或者变更公司形式的决议，应当经出席会议的股东所持表决权的三分之二以上通过。

**第一百一十七条** 股东会选举董事、监事，可以按照公司章程的规定或者股东会的决议，实行累积投票制。

本法所称累积投票制，是指股东会选举董事或者监事时，每一股份拥有与应选董事或者监事人数相同的表决权，股东拥有的表决权可以集中使用。

**第一百一十八条** 股东委托代理人出席股东会会议的，应当明确代理人代理的事项、权限和期限；代理人应当向公司提交股东授权委托书，并在授权范围内行使表决权。

**第一百一十九条** 股东会应当对所议事项的决定作成会议记录，主持人、出席会议的董事应当在会议记录上签名。会议记录应当与出席股东的签名册及代理出席的委托书一并保存。

## 第三节 董事会、经理

**第一百二十条** 股份有限公司设董事会，本法第一百二十八条另有规定的除外。

本法第六十七条、第六十八条第一款、第七十条、第七十一条的规定，适用于股份有限公司。

**第一百二十一条** 股份有限公司可以按照公司章程的规定在董事会中设置由董事组成的审计委员会，行使本法规定的监事会的职权，不设监事会或者监事。

审计委员会成员为三名以上，过半数成员不得在公司担任除董事以外的其他职务，且不得与公司存在任何可能影响其独立客观判断的关系。公司董事会成员中的职工代表可以成为审计委员会成员。

审计委员会作出决议，应当经审计委员会成员的过半数通过。

审计委员会决议的表决，应当一人一票。

审计委员会的议事方式和表决程序，除本法有规定的外，由公司章程规定。

公司可以按照公司章程的规定在董事会中设置其他委员会。

**第一百二十二条** 董事会设董事长一人，可以设副董事长。董事长和副董事长由董事会以全体董事的过半数选举产生。

董事长召集和主持董事会会议，检查董事会决议的实施情况。副董事长协助董事长工作，董事长不能履行职务或者不履行职务的，由副董事长履行职务；副董事长不能履行职务或者不履行职务的，由过半数的董事共同推举一名董事履行职务。

**第一百二十三条** 董事会每年度至少召开两次会议，每次会议应当于会议召开十日前通知全体董事和监事。

代表十分之一以上表决权的股东、三分之一以上董事或者监事会，可以提议召开临时董事会会议。董事长应当自接到提议后十日内，召集和主持董事会会议。

董事会召开临时会议，可以另定召集董事会的通知方式和通知时限。

**第一百二十四条** 董事会会议应当有过半数的董事出席方可举行。董事会作出决议，应当经全体董事的过半数通过。

董事会决议的表决，应当一人一票。

董事会应当对所议事项的决定作成会议记录，出席会议的董事应当在会议记录上签名。

**第一百二十五条** 董事会会议，应当由董事本人出席；董事因故不能出席，可以书面委托其他董事代为出席，委托书应当载明授权范围。

董事应当对董事会的决议承担责任。董事会的决议违反法律、行政法规或者公司章程、股东会决议，给公司造成严重损失的，参与决议的董事对公司负赔偿责任；经证明在表决时曾表明异议并记载于会议记录的，该董事可以免除责任。

**第一百二十六条** 股份有限公司设经理，由董事会决定聘任或者解聘。

经理对董事会负责，根据公司章程的规定或者董事会的授权行使职权。经理列席董事会会议。

**第一百二十七条** 公司董事会可以决定由董事会成员兼任经理。

**第一百二十八条** 规模较小或者股东人数较少的股份有限公司，可以不设董事会，设一名董事，行使本法规定的董事会的职权。该董事可以兼任公司经理。

**第一百二十九条** 公司应当定期向股东披露董事、监事、高级管理人员从公司获得报酬的情况。

## 第四节 监 事 会

**第一百三十条** 股份有限公司设监事会，本法第一百二十一条第一款、第一百三十三条另有规定的除外。

监事会成员为三人以上。监事会成员应当包括股东代表和适当比例的公司职工代表，其中职工代表的比例不得低于三分之一，具体比例由公司章程规定。监事会中的职工代表由公司职工通过职工代表大会、职工大会或者其他形式民主选举产生。

监事会设主席一人,可以设副主席。监事会主席和副主席由全体监事过半数选举产生。监事会主席召集和主持监事会会议;监事会主席不能履行职务或者不履行职务的,由监事会副主席召集和主持监事会会议;监事会副主席不能履行职务或者不履行职务的,由过半数的监事共同推举一名监事召集和主持监事会会议。

董事、高级管理人员不得兼任监事。

本法第七十七条关于有限责任公司监事任期的规定,适用于股份有限公司监事。

**第一百三十一条** 本法第七十八条至第八十条的规定,适用于股份有限公司监事会。

监事会行使职权所必需的费用,由公司承担。

**第一百三十二条** 监事会每六个月至少召开一次会议。监事可以提议召开临时监事会会议。

监事会的议事方式和表决程序,除本法有规定的外,由公司章程规定。

监事会决议应当经全体监事的过半数通过。

监事会决议的表决,应当一人一票。

监事会应当对所议事项的决定作成会议记录,出席会议的监事应当在会议记录上签名。

**第一百三十三条** 规模较小或者股东人数较少的股份有限公司,可以不设监事会,设一名监事,行使本法规定的监事会的职权。

## 第五节 上市公司组织机构的特别规定

**第一百三十四条** 本法所称上市公司,是指其股票在证券交易所上市交易的股份有限公司。

**第一百三十五条** 上市公司在一年内购买、出售重大资产或者向他人提供担保的金额超过公司资产总额百分之三十的,应当由股东会作出决议,并经出席会议的股东所持表决权的三分之二以上通过。

**第一百三十六条** 上市公司设独立董事,具体管理办法由国务院证券监督管理机构规定。

上市公司的公司章程除载明本法第九十五条规定的事项外,还应当依照法律、行政法规的规定载明董事会专门委员会的组成、职权以及董事、监事、高级管理人员薪酬考核机制等事项。

**第一百三十七条** 上市公司在董事会中设置审计委员会的,董事会对下列事项作出决议前应当经审计委员会全体成员过半数通过:

(一)聘用、解聘承办公司审计业务的会计师事务所;

(二)聘任、解聘财务负责人;

(三)披露财务会计报告;

(四)国务院证券监督管理机构规定的其他事项。

**第一百三十八条** 上市公司设董事会秘书，负责公司股东会和董事会会议的筹备、文件保管以及公司股东资料的管理，办理信息披露事务等事宜。

**第一百三十九条** 上市公司董事与董事会会议决议事项所涉及的企业或者个人有关联关系的，该董事应当及时向董事会书面报告。有关联关系的董事不得对该项决议行使表决权，也不得代理其他董事行使表决权。该董事会会议由过半数的无关联关系董事出席即可举行，董事会会议所作决议须经无关联关系董事过半数通过。出席董事会会议的无关联关系董事人数不足三人的，应当将该事项提交上市公司股东会审议。

**第一百四十条** 上市公司应当依法披露股东、实际控制人的信息，相关信息应当真实、准确、完整。

禁止违反法律、行政法规的规定代持上市公司股票。

**第一百四十一条** 上市公司控股子公司不得取得该上市公司的股份。

上市公司控股子公司因公司合并、质权行使等原因持有上市公司股份的，不得行使所持股份对应的表决权，并应当及时处分相关上市公司股份。

# 第六章　股份有限公司的股份发行和转让

## 第一节　股份发行

**第一百四十二条** 公司的资本划分为股份。公司的全部股份，根据公司章程的规定择一采用面额股或者无面额股。采用面额股的，每一股的金额相等。

公司可以根据公司章程的规定将已发行的面额股全部转换为无面额股或者将无面额股全部转换为面额股。

采用无面额股的，应当将发行股份所得股款的二分之一以上计入注册资本。

**第一百四十三条** 股份的发行，实行公平、公正的原则，同类别的每一股份应当具有同等权利。

同次发行的同类别股份，每股的发行条件和价格应当相同；认购人所认购的股份，每股应当支付相同价额。

**第一百四十四条** 公司可以按照公司章程的规定发行下列与普通股权利不同的类别股：

（一）优先或者劣后分配利润或者剩余财产的股份；

（二）每一股的表决权数多于或者少于普通股的股份；

（三）转让须经公司同意等转让受限的股份；

（四）国务院规定的其他类别股。

公开发行股份的公司不得发行前款第二项、第三项规定的类别股；公开发行前已发行的除外。

公司发行本条第一款第二项规定的类别股的，对于监事或者审计委员会成员的选举和更换，类别股与普通股每一股的表决权数相同。

第一百四十五条　发行类别股的公司，应当在公司章程中载明以下事项：

（一）类别股分配利润或者剩余财产的顺序；

（二）类别股的表决权数；

（三）类别股的转让限制；

（四）保护中小股东权益的措施；

（五）股东会认为需要规定的其他事项。

第一百四十六条　发行类别股的公司，有本法第一百一十六条第三款规定的事项等可能影响类别股股东权利的，除应当依照第一百一十六条第三款的规定经股东会决议外，还应当经出席类别股股东会议的股东所持表决权的三分之二以上通过。

公司章程可以对需经类别股股东会议决议的其他事项作出规定。

第一百四十七条　公司的股份采取股票的形式。股票是公司签发的证明股东所持股份的凭证。

公司发行的股票，应当为记名股票。

第一百四十八条　面额股股票的发行价格可以按票面金额，也可以超过票面金额，但不得低于票面金额。

第一百四十九条　股票采用纸面形式或者国务院证券监督管理机构规定的其他形式。

股票采用纸面形式的，应当载明下列主要事项：

（一）公司名称；

（二）公司成立日期或者股票发行的时间；

（三）股票种类、票面金额及代表的股份数，发行无面额股的，股票代表的股份数。

股票采用纸面形式的，还应当载明股票的编号，由法定代表人签名，公司盖章。

发起人股票采用纸面形式的，应当标明发起人股票字样。

第一百五十条　股份有限公司成立后，即向股东正式交付股票。公司成立前不得向股东交付股票。

第一百五十一条　公司发行新股，股东会应当对下列事项作出决议：

（一）新股种类及数额；

（二）新股发行价格；

（三）新股发行的起止日期；

（四）向原有股东发行新股的种类及数额；

（五）发行无面额股的，新股发行所得股款计入注册资本的金额。

公司发行新股，可以根据公司经营情况和财务状况，确定其作价方案。

第一百五十二条　公司章程或者股东会可以授权董事会在三年内决定发行不超过已

发行股份百分之五十的股份。但以非货币财产作价出资的应当经股东会决议。

董事会依照前款规定决定发行股份导致公司注册资本、已发行股份数发生变化的，对公司章程该项记载事项的修改不需再由股东会表决。

**第一百五十三条** 公司章程或者股东会授权董事会决定发行新股的，董事会决议应当经全体董事三分之二以上通过。

**第一百五十四条** 公司向社会公开募集股份，应当经国务院证券监督管理机构注册，公告招股说明书。

招股说明书应当附有公司章程，并载明下列事项：

（一）发行的股份总数；

（二）面额股的票面金额和发行价格或者无面额股的发行价格；

（三）募集资金的用途；

（四）认股人的权利和义务；

（五）股份种类及其权利和义务；

（六）本次募股的起止日期及逾期未募足时认股人可以撤回所认股份的说明。

公司设立时发行股份的，还应当载明发起人认购的股份数。

**第一百五十五条** 公司向社会公开募集股份，应当由依法设立的证券公司承销，签订承销协议。

**第一百五十六条** 公司向社会公开募集股份，应当同银行签订代收股款协议。

代收股款的银行应当按照协议代收和保存股款，向缴纳股款的认股人出具收款单据，并负有向有关部门出具收款证明的义务。

公司发行股份募足股款后，应予公告。

## 第二节 股份转让

**第一百五十七条** 股份有限公司的股东持有的股份可以向其他股东转让，也可以向股东以外的人转让；公司章程对股份转让有限制的，其转让按照公司章程的规定进行。

**第一百五十八条** 股东转让其股份，应当在依法设立的证券交易场所进行或者按照国务院规定的其他方式进行。

**第一百五十九条** 股票的转让，由股东以背书方式或者法律、行政法规规定的其他方式进行；转让后由公司将受让人的姓名或者名称及住所记载于股东名册。

股东会会议召开前二十日内或者公司决定分配股利的基准日前五日内，不得变更股东名册。法律、行政法规或者国务院证券监督管理机构对上市公司股东名册变更另有规定的，从其规定。

**第一百六十条** 公司公开发行股份前已发行的股份，自公司股票在证券交易所上市交易之日起一年内不得转让。法律、行政法规或者国务院证券监督管理机构对上市公司的股东、实际控制人转让其所持有的本公司股份另有规定的，从其规定。

公司董事、监事、高级管理人员应当向公司申报所持有的本公司的股份及其变动情况，在就任时确定的任职期间每年转让的股份不得超过其所持有本公司股份总数的百分之二十五；所持本公司股份自公司股票上市交易之日起一年内不得转让。上述人员离职后半年内，不得转让其所持有的本公司股份。公司章程可以对公司董事、监事、高级管理人员转让其所持有的本公司股份作出其他限制性规定。

股份在法律、行政法规规定的限制转让期限内出质的，质权人不得在限制转让期限内行使质权。

**第一百六十一条** 有下列情形之一的，对股东会该项决议投反对票的股东可以请求公司按照合理的价格收购其股份，公开发行股份的公司除外：

（一）公司连续五年不向股东分配利润，而公司该五年连续盈利，并且符合本法规定的分配利润条件；

（二）公司转让主要财产；

（三）公司章程规定的营业期限届满或者章程规定的其他解散事由出现，股东会通过决议修改章程使公司存续。

自股东会决议作出之日起六十日内，股东与公司不能达成股份收购协议的，股东可以自股东会决议作出之日起九十日内向人民法院提起诉讼。

公司因本条第一款规定的情形收购的本公司股份，应当在六个月内依法转让或者注销。

**第一百六十二条** 公司不得收购本公司股份。但是，有下列情形之一的除外：

（一）减少公司注册资本；

（二）与持有本公司股份的其他公司合并；

（三）将股份用于员工持股计划或者股权激励；

（四）股东因对股东会作出的公司合并、分立决议持异议，要求公司收购其股份；

（五）将股份用于转换公司发行的可转换为股票的公司债券；

（六）上市公司为维护公司价值及股东权益所必需。

公司因前款第一项、第二项规定的情形收购本公司股份的，应当经股东会决议；公司因前款第三项、第五项、第六项规定的情形收购本公司股份的，可以按照公司章程或者股东会的授权，经三分之二以上董事出席的董事会会议决议。

公司依照本条第一款规定收购本公司股份后，属于第一项情形的，应当自收购之日起十日内注销；属于第二项、第四项情形的，应当在六个月内转让或者注销；属于第三项、第五项、第六项情形的，公司合计持有的本公司股份数不得超过本公司已发行股份总数的百分之十，并应当在三年内转让或者注销。

上市公司收购本公司股份的，应当依照《中华人民共和国证券法》的规定履行信息披露义务。上市公司因本条第一款第三项、第五项、第六项规定的情形收购本公司股份的，应当通过公开的集中交易方式进行。

公司不得接受本公司的股份作为质权的标的。

**第一百六十三条** 公司不得为他人取得本公司或者其母公司的股份提供赠与、借款、担保以及其他财务资助，公司实施员工持股计划的除外。

为公司利益，经股东会决议，或者董事会按照公司章程或者股东会的授权作出决议，公司可以为他人取得本公司或者其母公司的股份提供财务资助，但财务资助的累计总额不得超过已发行股本总额的百分之十。董事会作出决议应当经全体董事的三分之二以上通过。

违反前两款规定，给公司造成损失的，负有责任的董事、监事、高级管理人员应当承担赔偿责任。

**第一百六十四条** 股票被盗、遗失或者灭失，股东可以依照《中华人民共和国民事诉讼法》规定的公示催告程序，请求人民法院宣告该股票失效。人民法院宣告该股票失效后，股东可以向公司申请补发股票。

**第一百六十五条** 上市公司的股票，依照有关法律、行政法规及证券交易所交易规则上市交易。

**第一百六十六条** 上市公司应当依照法律、行政法规的规定披露相关信息。

**第一百六十七条** 自然人股东死亡后，其合法继承人可以继承股东资格；但是，股份转让受限的股份有限公司的章程另有规定的除外。

## 第七章　国家出资公司组织机构的特别规定

**第一百六十八条** 国家出资公司的组织机构，适用本章规定；本章没有规定的，适用本法其他规定。

本法所称国家出资公司，是指国家出资的国有独资公司、国有资本控股公司，包括国家出资的有限责任公司、股份有限公司。

**第一百六十九条** 国家出资公司，由国务院或者地方人民政府分别代表国家依法履行出资人职责，享有出资人权益。国务院或者地方人民政府可以授权国有资产监督管理机构或者其他部门、机构代表本级人民政府对国家出资公司履行出资人职责。

代表本级人民政府履行出资人职责的机构、部门，以下统称为履行出资人职责的机构。

**第一百七十条** 国家出资公司中中国共产党的组织，按照中国共产党章程的规定发挥领导作用，研究讨论公司重大经营管理事项，支持公司的组织机构依法行使职权。

**第一百七十一条** 国有独资公司章程由履行出资人职责的机构制定。

**第一百七十二条** 国有独资公司不设股东会，由履行出资人职责的机构行使股东会职权。履行出资人职责的机构可以授权公司董事会行使股东会的部分职权，但公司章程的制定和修改，公司的合并、分立、解散、申请破产，增加或者减少注册资本，分配利润，应当由履行出资人职责的机构决定。

**第一百七十三条** 国有独资公司的董事会依照本法规定行使职权。

国有独资公司的董事会成员中，应当过半数为外部董事，并应当有公司职工代表。

董事会成员由履行出资人职责的机构委派；但是，董事会成员中的职工代表由公司职工代表大会选举产生。

董事会设董事长一人，可以设副董事长。董事长、副董事长由履行出资人职责的机构从董事会成员中指定。

**第一百七十四条** 国有独资公司的经理由董事会聘任或者解聘。

经履行出资人职责的机构同意，董事会成员可以兼任经理。

**第一百七十五条** 国有独资公司的董事、高级管理人员，未经履行出资人职责的机构同意，不得在其他有限责任公司、股份有限公司或者其他经济组织兼职。

**第一百七十六条** 国有独资公司在董事会中设置由董事组成的审计委员会行使本法规定的监事会职权的，不设监事会或者监事。

**第一百七十七条** 国家出资公司应当依法建立健全内部监督管理和风险控制制度，加强内部合规管理。

# 第八章 公司董事、监事、高级管理人员的资格和义务

**第一百七十八条** 有下列情形之一的，不得担任公司的董事、监事、高级管理人员：

（一）无民事行为能力或者限制民事行为能力；

（二）因贪污、贿赂、侵占财产、挪用财产或者破坏社会主义市场经济秩序，被判处刑罚，或者因犯罪被剥夺政治权利，执行期满未逾五年，被宣告缓刑的，自缓刑考验期满之日起未逾二年；

（三）担任破产清算的公司、企业的董事或者厂长、经理，对该公司、企业的破产负有个人责任的，自该公司、企业破产清算完结之日起未逾三年；

（四）担任因违法被吊销营业执照、责令关闭的公司、企业的法定代表人，并负有个人责任的，自该公司、企业被吊销营业执照、责令关闭之日起未逾三年；

（五）个人因所负数额较大债务到期未清偿被人民法院列为失信被执行人。

违反前款规定选举、委派董事、监事或者聘任高级管理人员的，该选举、委派或者聘任无效。

董事、监事、高级管理人员在任职期间出现本条第一款所列情形的，公司应当解除其职务。

**第一百七十九条** 董事、监事、高级管理人员应当遵守法律、行政法规和公司章程。

**第一百八十条** 董事、监事、高级管理人员对公司负有忠实义务，应当采取措施避免自身利益与公司利益冲突，不得利用职权牟取不正当利益。

董事、监事、高级管理人员对公司负有勤勉义务，执行职务应当为公司的最大利益

尽到管理者通常应有的合理注意。

公司的控股股东、实际控制人不担任公司董事但实际执行公司事务的，适用前两款规定。

**第一百八十一条** 董事、监事、高级管理人员不得有下列行为：

（一）侵占公司财产、挪用公司资金；

（二）将公司资金以其个人名义或者以其他个人名义开立账户存储；

（三）利用职权贿赂或者收受其他非法收入；

（四）接受他人与公司交易的佣金归为己有；

（五）擅自披露公司秘密；

（六）违反对公司忠实义务的其他行为。

**第一百八十二条** 董事、监事、高级管理人员，直接或者间接与本公司订立合同或者进行交易，应当就与订立合同或者进行交易有关的事项向董事会或者股东会报告，并按照公司章程的规定经董事会或者股东会决议通过。

董事、监事、高级管理人员的近亲属，董事、监事、高级管理人员或者其近亲属直接或者间接控制的企业，以及与董事、监事、高级管理人员有其他关联关系的关联人，与公司订立合同或者进行交易，适用前款规定。

**第一百八十三条** 董事、监事、高级管理人员，不得利用职务便利为自己或者他人谋取属于公司的商业机会。但是，有下列情形之一的除外：

（一）向董事会或者股东会报告，并按照公司章程的规定经董事会或者股东会决议通过；

（二）根据法律、行政法规或者公司章程的规定，公司不能利用该商业机会。

**第一百八十四条** 董事、监事、高级管理人员未向董事会或者股东会报告，并按照公司章程的规定经董事会或者股东会决议通过，不得自营或者为他人经营与其任职公司同类的业务。

**第一百八十五条** 董事会对本法第一百八十二条至第一百八十四条规定的事项决议时，关联董事不得参与表决，其表决权不计入表决权总数。出席董事会会议的无关联关系董事人数不足三人的，应当将该事项提交股东会审议。

**第一百八十六条** 董事、监事、高级管理人员违反本法第一百八十一条至第一百八十四条规定所得的收入应当归公司所有。

**第一百八十七条** 股东会要求董事、监事、高级管理人员列席会议的，董事、监事、高级管理人员应当列席并接受股东的质询。

**第一百八十八条** 董事、监事、高级管理人员执行职务违反法律、行政法规或者公司章程的规定，给公司造成损失的，应当承担赔偿责任。

**第一百八十九条** 董事、高级管理人员有前条规定的情形的，有限责任公司的股东、股份有限公司连续一百八十日以上单独或者合计持有公司百分之一以上股份的股东，可以书面请求监事会向人民法院提起诉讼；监事有前条规定的情形的，前述股东可以书面请求董事会向人民法院提起诉讼。

监事会或者董事会收到前款规定的股东书面请求后拒绝提起诉讼，或者自收到请求之日起三十日内未提起诉讼，或者情况紧急、不立即提起诉讼将会使公司利益受到难以弥补的损害的，前款规定的股东有权为公司利益以自己的名义直接向人民法院提起诉讼。

他人侵犯公司合法权益，给公司造成损失的，本条第一款规定的股东可以依照前两款的规定向人民法院提起诉讼。

公司全资子公司的董事、监事、高级管理人员有前条规定情形，或者他人侵犯公司全资子公司合法权益造成损失的，有限责任公司的股东、股份有限公司连续一百八十日以上单独或者合计持有公司百分之一以上股份的股东，可以依照前三款规定书面请求全资子公司的监事会、董事会向人民法院提起诉讼或者以自己的名义直接向人民法院提起诉讼。

第一百九十条　董事、高级管理人员违反法律、行政法规或者公司章程的规定，损害股东利益的，股东可以向人民法院提起诉讼。

第一百九十一条　董事、高级管理人员执行职务，给他人造成损害的，公司应当承担赔偿责任；董事、高级管理人员存在故意或者重大过失的，也应当承担赔偿责任。

第一百九十二条　公司的控股股东、实际控制人指示董事、高级管理人员从事损害公司或者股东利益的行为的，与该董事、高级管理人员承担连带责任。

第一百九十三条　公司可以在董事任职期间为董事因执行公司职务承担的赔偿责任投保责任保险。

公司为董事投保责任保险或者续保后，董事会应当向股东会报告责任保险的投保金额、承保范围及保险费率等内容。

## 第九章　公　司　债　券

第一百九十四条　本法所称公司债券，是指公司发行的约定按期还本付息的有价证券。

公司债券可以公开发行，也可以非公开发行。

公司债券的发行和交易应当符合《中华人民共和国证券法》等法律、行政法规的规定。

第一百九十五条　公开发行公司债券，应当经国务院证券监督管理机构注册，公告公司债券募集办法。

公司债券募集办法应当载明下列主要事项：

（一）公司名称；

（二）债券募集资金的用途；

（三）债券总额和债券的票面金额；

（四）债券利率的确定方式；

（五）还本付息的期限和方式；

（六）债券担保情况；

（七）债券的发行价格、发行的起止日期；

（八）公司净资产额；

（九）已发行的尚未到期的公司债券总额；

（十）公司债券的承销机构。

**第一百九十六条** 公司以纸面形式发行公司债券的，应当在债券上载明公司名称、债券票面金额、利率、偿还期限等事项，并由法定代表人签名，公司盖章。

**第一百九十七条** 公司债券应当为记名债券。

**第一百九十八条** 公司发行公司债券应当置备公司债券持有人名册。

发行公司债券的，应当在公司债券持有人名册上载明下列事项：

（一）债券持有人的姓名或者名称及住所；

（二）债券持有人取得债券的日期及债券的编号；

（三）债券总额，债券的票面金额、利率、还本付息的期限和方式；

（四）债券的发行日期。

**第一百九十九条** 公司债券的登记结算机构应当建立债券登记、存管、付息、兑付等相关制度。

**第二百条** 公司债券可以转让，转让价格由转让人与受让人约定。

公司债券的转让应当符合法律、行政法规的规定。

**第二百零一条** 公司债券由债券持有人以背书方式或者法律、行政法规规定的其他方式转让；转让后由公司将受让人的姓名或者名称及住所记载于公司债券持有人名册。

**第二百零二条** 股份有限公司经股东会决议，或者经公司章程、股东会授权由董事会决议，可以发行可转换为股票的公司债券，并规定具体的转换办法。上市公司发行可转换为股票的公司债券，应当经国务院证券监督管理机构注册。

发行可转换为股票的公司债券，应当在债券上标明可转换公司债券字样，并在公司债券持有人名册上载明可转换公司债券的数额。

**第二百零三条** 发行可转换为股票的公司债券的，公司应当按照其转换办法向债券持有人换发股票，但债券持有人对转换股票或者不转换股票有选择权。法律、行政法规另有规定的除外。

**第二百零四条** 公开发行公司债券的，应当为同期债券持有人设立债券持有人会议，并在债券募集办法中对债券持有人会议的召集程序、会议规则和其他重要事项作出规定。债券持有人会议可以对与债券持有人有利害关系的事项作出决议。

除公司债券募集办法另有约定外，债券持有人会议决议对同期全体债券持有人发生效力。

**第二百零五条** 公开发行公司债券的，发行人应当为债券持有人聘请债券受托管理人，由其为债券持有人办理受领清偿、债权保全、与债券相关的诉讼以及参与债务人破产程序等事项。

**第二百零六条** 债券受托管理人应当勤勉尽责，公正履行受托管理职责，不得损害债券持有人利益。

受托管理人与债券持有人存在利益冲突可能损害债券持有人利益的，债券持有人会议可以决议变更债券受托管理人。

债券受托管理人违反法律、行政法规或者债券持有人会议决议，损害债券持有人利益的，应当承担赔偿责任。

## 第十章　公司财务、会计

**第二百零七条** 公司应当依照法律、行政法规和国务院财政部门的规定建立本公司的财务、会计制度。

**第二百零八条** 公司应当在每一会计年度终了时编制财务会计报告，并依法经会计师事务所审计。

财务会计报告应当依照法律、行政法规和国务院财政部门的规定制作。

**第二百零九条** 有限责任公司应当按照公司章程规定的期限将财务会计报告送交各股东。

股份有限公司的财务会计报告应当在召开股东会年会的二十日前置备于本公司，供股东查阅；公开发行股份的股份有限公司应当公告其财务会计报告。

**第二百一十条** 公司分配当年税后利润时，应当提取利润的百分之十列入公司法定公积金。公司法定公积金累计额为公司注册资本的百分之五十以上的，可以不再提取。

公司的法定公积金不足以弥补以前年度亏损的，在依照前款规定提取法定公积金之前，应当先用当年利润弥补亏损。

公司从税后利润中提取法定公积金后，经股东会决议，还可以从税后利润中提取任意公积金。

公司弥补亏损和提取公积金后所余税后利润，有限责任公司按照股东实缴的出资比例分配利润，全体股东约定不按照出资比例分配利润的除外；股份有限公司按照股东所持有的股份比例分配利润，公司章程另有规定的除外。

公司持有的本公司股份不得分配利润。

**第二百一十一条** 公司违反本法规定向股东分配利润的，股东应当将违反规定分配的利润退还公司；给公司造成损失的，股东及负有责任的董事、监事、高级管理人员应当承担赔偿责任。

**第二百一十二条** 股东会作出分配利润的决议的，董事会应当在股东会决议作出之日起六个月内进行分配。

**第二百一十三条** 公司以超过股票票面金额的发行价格发行股份所得的溢价款、发行无面额股所得股款未计入注册资本的金额以及国务院财政部门规定列入资本公积金的其他项目，应当列为公司资本公积金。

**第二百一十四条** 公司的公积金用于弥补公司的亏损、扩大公司生产经营或者转为增加公司注册资本。

公积金弥补公司亏损，应当先使用任意公积金和法定公积金；仍不能弥补的，可以按照规定使用资本公积金。

法定公积金转为增加注册资本时，所留存的该项公积金不得少于转增前公司注册资本的百分之二十五。

**第二百一十五条** 公司聘用、解聘承办公司审计业务的会计师事务所，按照公司章程的规定，由股东会、董事会或者监事会决定。

公司股东会、董事会或者监事会就解聘会计师事务所进行表决时，应当允许会计师事务所陈述意见。

**第二百一十六条** 公司应当向聘用的会计师事务所提供真实、完整的会计凭证、会计账簿、财务会计报告及其他会计资料，不得拒绝、隐匿、谎报。

**第二百一十七条** 公司除法定的会计账簿外，不得另立会计账簿。

对公司资金，不得以任何个人名义开立账户存储。

## 第十一章　公司合并、分立、增资、减资

**第二百一十八条** 公司合并可以采取吸收合并或者新设合并。

一个公司吸收其他公司为吸收合并，被吸收的公司解散。两个以上公司合并设立一个新的公司为新设合并，合并各方解散。

**第二百一十九条** 公司与其持股百分之九十以上的公司合并，被合并的公司不需经股东会决议，但应当通知其他股东，其他股东有权请求公司按照合理的价格收购其股权或者股份。

公司合并支付的价款不超过本公司净资产百分之十的，可以不经股东会决议；但是，公司章程另有规定的除外。

公司依照前两款规定合并不经股东会决议的，应当经董事会决议。

**第二百二十条** 公司合并，应当由合并各方签订合并协议，并编制资产负债表及财产清单。公司应当自作出合并决议之日起十日内通知债权人，并于三十日内在报纸上或者国家企业信用信息公示系统公告。债权人自接到通知之日起三十日内，未接到通知的自公告之日起四十五日内，可以要求公司清偿债务或者提供相应的担保。

**第二百二十一条** 公司合并时，合并各方的债权、债务，应当由合并后存续的公司或者新设的公司承继。

**第二百二十二条** 公司分立，其财产作相应的分割。

公司分立，应当编制资产负债表及财产清单。公司应当自作出分立决议之日起十日

内通知债权人，并于三十日内在报纸上或者国家企业信用信息公示系统公告。

**第二百二十三条** 公司分立前的债务由分立后的公司承担连带责任。但是，公司在分立前与债权人就债务清偿达成的书面协议另有约定的除外。

**第二百二十四条** 公司减少注册资本，应当编制资产负债表及财产清单。

公司应当自股东会作出减少注册资本决议之日起十日内通知债权人，并于三十日内在报纸上或者国家企业信用信息公示系统公告。债权人自接到通知之日起三十日内，未接到通知的自公告之日起四十五日内，有权要求公司清偿债务或者提供相应的担保。

公司减少注册资本，应当按照股东出资或者持有股份的比例相应减少出资额或者股份，法律另有规定、有限责任公司全体股东另有约定或者股份有限公司章程另有规定的除外。

**第二百二十五条** 公司依照本法第二百一十四条第二款的规定弥补亏损后，仍有亏损的，可以减少注册资本弥补亏损。减少注册资本弥补亏损的，公司不得向股东分配，也不得免除股东缴纳出资或者股款的义务。

依照前款规定减少注册资本的，不适用前条第二款的规定，但应当自股东会作出减少注册资本决议之日起三十日内在报纸上或者国家企业信用信息公示系统公告。

公司依照前两款的规定减少注册资本后，在法定公积金和任意公积金累计额达到公司注册资本百分之五十前，不得分配利润。

**第二百二十六条** 违反本法规定减少注册资本的，股东应当退还其收到的资金，减免股东出资的应当恢复原状；给公司造成损失的，股东及负有责任的董事、监事、高级管理人员应当承担赔偿责任。

**第二百二十七条** 有限责任公司增加注册资本时，股东在同等条件下有权优先按照实缴的出资比例认缴出资。但是，全体股东约定不按照出资比例优先认缴出资的除外。

股份有限公司为增加注册资本发行新股时，股东不享有优先认购权，公司章程另有规定或者股东会决议决定股东享有优先认购权的除外。

**第二百二十八条** 有限责任公司增加注册资本时，股东认缴新增资本的出资，依照本法设立有限责任公司缴纳出资的有关规定执行。

股份有限公司为增加注册资本发行新股时，股东认购新股，依照本法设立股份有限公司缴纳股款的有关规定执行。

## 第十二章　公司解散和清算

**第二百二十九条** 公司因下列原因解散：

（一）公司章程规定的营业期限届满或者公司章程规定的其他解散事由出现；

（二）股东会决议解散；

（三）因公司合并或者分立需要解散；

（四）依法被吊销营业执照、责令关闭或者被撤销；

（五）人民法院依照本法第二百三十一条的规定予以解散。

公司出现前款规定的解散事由，应当在十日内将解散事由通过国家企业信用信息公示系统予以公示。

**第二百三十条**　公司有前条第一款第一项、第二项情形，且尚未向股东分配财产的，可以通过修改公司章程或者经股东会决议而存续。

依照前款规定修改公司章程或者经股东会决议，有限责任公司须经持有三分之二以上表决权的股东通过，股份有限公司须经出席股东会会议的股东所持表决权的三分之二以上通过。

**第二百三十一条**　公司经营管理发生严重困难，继续存续会使股东利益受到重大损失，通过其他途径不能解决的，持有公司百分之十以上表决权的股东，可以请求人民法院解散公司。

**第二百三十二条**　公司因本法第二百二十九条第一款第一项、第二项、第四项、第五项规定而解散的，应当清算。董事为公司清算义务人，应当在解散事由出现之日起十五日内组成清算组进行清算。

清算组由董事组成，但是公司章程另有规定或者股东会决议另选他人的除外。

清算义务人未及时履行清算义务，给公司或者债权人造成损失的，应当承担赔偿责任。

**第二百三十三条**　公司依照前条第一款的规定应当清算，逾期不成立清算组进行清算或者成立清算组后不清算的，利害关系人可以申请人民法院指定有关人员组成清算组进行清算。人民法院应当受理该申请，并及时组织清算组进行清算。

公司因本法第二百二十九条第一款第四项的规定而解散的，作出吊销营业执照、责令关闭或者撤销决定的部门或者公司登记机关，可以申请人民法院指定有关人员组成清算组进行清算。

**第二百三十四条**　清算组在清算期间行使下列职权：

（一）清理公司财产，分别编制资产负债表和财产清单；

（二）通知、公告债权人；

（三）处理与清算有关的公司未了结的业务；

（四）清缴所欠税款以及清算过程中产生的税款；

（五）清理债权、债务；

（六）分配公司清偿债务后的剩余财产；

（七）代表公司参与民事诉讼活动。

**第二百三十五条**　清算组应当自成立之日起十日内通知债权人，并于六十日内在报纸上或者国家企业信用信息公示系统公告。债权人应当自接到通知之日起三十日内，未接到通知的自公告之日起四十五日内，向清算组申报其债权。

债权人申报债权，应当说明债权的有关事项，并提供证明材料。清算组应当对债权进行登记。

在申报债权期间，清算组不得对债权人进行清偿。

**第二百三十六条** 清算组在清理公司财产、编制资产负债表和财产清单后，应当制订清算方案，并报股东会或者人民法院确认。

公司财产在分别支付清算费用、职工的工资、社会保险费用和法定补偿金，缴纳所欠税款，清偿公司债务后的剩余财产，有限责任公司按照股东的出资比例分配，股份有限公司按照股东持有的股份比例分配。

清算期间，公司存续，但不得开展与清算无关的经营活动。公司财产在未依照前款规定清偿前，不得分配给股东。

**第二百三十七条** 清算组在清理公司财产、编制资产负债表和财产清单后，发现公司财产不足清偿债务的，应当依法向人民法院申请破产清算。

人民法院受理破产申请后，清算组应当将清算事务移交给人民法院指定的破产管理人。

**第二百三十八条** 清算组成员履行清算职责，负有忠实义务和勤勉义务。

清算组成员怠于履行清算职责，给公司造成损失的，应当承担赔偿责任；因故意或者重大过失给债权人造成损失的，应当承担赔偿责任。

**第二百三十九条** 公司清算结束后，清算组应当制作清算报告，报股东会或者人民法院确认，并报送公司登记机关，申请注销公司登记。

**第二百四十条** 公司在存续期间未产生债务，或者已清偿全部债务的，经全体股东承诺，可以按照规定通过简易程序注销公司登记。

通过简易程序注销公司登记，应当通过国家企业信用信息公示系统予以公告，公告期限不少于二十日。公告期限届满后，未有异议的，公司可以在二十日内向公司登记机关申请注销公司登记。

公司通过简易程序注销公司登记，股东对本条第一款规定的内容承诺不实的，应当对注销登记前的债务承担连带责任。

**第二百四十一条** 公司被吊销营业执照、责令关闭或者被撤销，满三年未向公司登记机关申请注销公司登记的，公司登记机关可以通过国家企业信用信息公示系统予以公告，公告期限不少于六十日。公告期限届满后，未有异议的，公司登记机关可以注销公司登记。

依照前款规定注销公司登记的，原公司股东、清算义务人的责任不受影响。

**第二百四十二条** 公司被依法宣告破产的，依照有关企业破产的法律实施破产清算。

## 第十三章 外国公司的分支机构

**第二百四十三条** 本法所称外国公司，是指依照外国法律在中华人民共和国境外设立的公司。

第二百四十四条　外国公司在中华人民共和国境内设立分支机构,应当向中国主管机关提出申请,并提交其公司章程、所属国的公司登记证书等有关文件,经批准后,向公司登记机关依法办理登记,领取营业执照。

外国公司分支机构的审批办法由国务院另行规定。

第二百四十五条　外国公司在中华人民共和国境内设立分支机构,应当在中华人民共和国境内指定负责该分支机构的代表人或者代理人,并向该分支机构拨付与其所从事的经营活动相适应的资金。

对外国公司分支机构的经营资金需要规定最低限额的,由国务院另行规定。

第二百四十六条　外国公司的分支机构应当在其名称中标明该外国公司的国籍及责任形式。

外国公司的分支机构应当在本机构中置备该外国公司章程。

第二百四十七条　外国公司在中华人民共和国境内设立的分支机构不具有中国法人资格。

外国公司对其分支机构在中华人民共和国境内进行经营活动承担民事责任。

第二百四十八条　经批准设立的外国公司分支机构,在中华人民共和国境内从事业务活动,应当遵守中国的法律,不得损害中国的社会公共利益,其合法权益受中国法律保护。

第二百四十九条　外国公司撤销其在中华人民共和国境内的分支机构时,应当依法清偿债务,依照本法有关公司清算程序的规定进行清算。未清偿债务之前,不得将其分支机构的财产转移至中华人民共和国境外。

# 第十四章　法律责任

第二百五十条　违反本法规定,虚报注册资本、提交虚假材料或者采取其他欺诈手段隐瞒重要事实取得公司登记的,由公司登记机关责令改正,对虚报注册资本的公司,处以虚报注册资本金额百分之五以上百分之十五以下的罚款;对提交虚假材料或者采取其他欺诈手段隐瞒重要事实的公司,处以五万元以上二百万元以下的罚款;情节严重的,吊销营业执照;对直接负责的主管人员和其他直接责任人员处以三万元以上三十万元以下的罚款。

第二百五十一条　公司未依照本法第四十条规定公示有关信息或者不如实公示有关信息的,由公司登记机关责令改正,可以处以一万元以上五万元以下的罚款。情节严重的,处以五万元以上二十万元以下的罚款;对直接负责的主管人员和其他直接责任人员处以一万元以上十万元以下的罚款。

第二百五十二条　公司的发起人、股东虚假出资,未交付或者未按期交付作为出资的货币或者非货币财产的,由公司登记机关责令改正,可以处以五万元以上二十万元以下的罚款;情节严重的,处以虚假出资或者未出资金额百分之五以上百分之十五以下的罚款；对直接负责的主管人员和其他直接责任人员处以一万元以上十万元以下的罚款。

**第二百五十三条** 公司的发起人、股东在公司成立后，抽逃其出资的，由公司登记机关责令改正，处以所抽逃出资金额百分之五以上百分之十五以下的罚款；对直接负责的主管人员和其他直接责任人员处以三万元以上三十万元以下的罚款。

**第二百五十四条** 有下列行为之一的，由县级以上人民政府财政部门依照《中华人民共和国会计法》等法律、行政法规的规定处罚：

（一）在法定的会计账簿以外另立会计账簿；

（二）提供存在虚假记载或者隐瞒重要事实的财务会计报告。

**第二百五十五条** 公司在合并、分立、减少注册资本或者进行清算时，不依照本法规定通知或者公告债权人的，由公司登记机关责令改正，对公司处以一万元以上十万元以下的罚款。

**第二百五十六条** 公司在进行清算时，隐匿财产，对资产负债表或者财产清单作虚假记载，或者在未清偿债务前分配公司财产的，由公司登记机关责令改正，对公司处以隐匿财产或者未清偿债务前分配公司财产金额百分之五以上百分之十以下的罚款；对直接负责的主管人员和其他直接责任人员处以一万元以上十万元以下的罚款。

**第二百五十七条** 承担资产评估、验资或者验证的机构提供虚假材料或者提供有重大遗漏的报告的，由有关部门依照《中华人民共和国资产评估法》、《中华人民共和国注册会计师法》等法律、行政法规的规定处罚。

承担资产评估、验资或者验证的机构因其出具的评估结果、验资或者验证证明不实，给公司债权人造成损失的，除能够证明自己没有过错的外，在其评估或者证明不实的金额范围内承担赔偿责任。

**第二百五十八条** 公司登记机关违反法律、行政法规规定未履行职责或者履行职责不当的，对负有责任的领导人员和直接责任人员依法给予政务处分。

**第二百五十九条** 未依法登记为有限责任公司或者股份有限公司，而冒用有限责任公司或者股份有限公司名义的，或者未依法登记为有限责任公司或者股份有限公司的分公司，而冒用有限责任公司或者股份有限公司的分公司名义的，由公司登记机关责令改正或者予以取缔，可以并处十万元以下的罚款。

**第二百六十条** 公司成立后无正当理由超过六个月未开业的，或者开业后自行停业连续六个月以上的，公司登记机关可以吊销营业执照，但公司依法办理歇业的除外。

公司登记事项发生变更时，未依照本法规定办理有关变更登记的，由公司登记机关责令限期登记；逾期不登记的，处以一万元以上十万元以下的罚款。

**第二百六十一条** 外国公司违反本法规定，擅自在中华人民共和国境内设立分支机构的，由公司登记机关责令改正或者关闭，可以并处五万元以上二十万元以下的罚款。

**第二百六十二条** 利用公司名义从事危害国家安全、社会公共利益的严重违法行为的，吊销营业执照。

**第二百六十三条** 公司违反本法规定，应当承担民事赔偿责任和缴纳罚款、罚金的，其财产不足以支付时，先承担民事赔偿责任。

**第二百六十四条** 违反本法规定，构成犯罪的，依法追究刑事责任。

# 第十五章　附　　则

**第二百六十五条** 本法下列用语的含义：

（一）高级管理人员，是指公司的经理、副经理、财务负责人，上市公司董事会秘书和公司章程规定的其他人员。

（二）控股股东，是指其出资额占有限责任公司资本总额超过百分之五十或者其持有的股份占股份有限公司股本总额超过百分之五十的股东；出资额或者持有股份的比例虽然低于百分之五十，但依其出资额或者持有的股份所享有的表决权已足以对股东会的决议产生重大影响的股东。

（三）实际控制人，是指通过投资关系、协议或者其他安排，能够实际支配公司行为的人。

（四）关联关系，是指公司控股股东、实际控制人、董事、监事、高级管理人员与其直接或者间接控制的企业之间的关系，以及可能导致公司利益转移的其他关系。但是，国家控股的企业之间不仅因为同受国家控股而具有关联关系。

**第二百六十六条** 本法自 2024 年 7 月 1 日起施行。

本法施行前已登记设立的公司，出资期限超过本法规定的期限的，除法律、行政法规或者国务院另有规定外，应当逐步调整至本法规定的期限以内；对于出资期限、出资额明显异常的，公司登记机关可以依法要求其及时调整。具体实施办法由国务院规定。

图书在版编目（CIP）数据

中华人民共和国公司法释义与适用手册／刘胜军编著．－－北京：中国法制出版社，2024.8
ISBN 978-7-5216-4225-4

Ⅰ．①中… Ⅱ．①刘… Ⅲ．①公司法-法律解释-中国-手册②公司法-法律适用-中国-手册 Ⅳ．
①D922.291.915-62

中国国家版本馆CIP数据核字（2024）第036289号

责任编辑：王 熹　　　　　　　　　　　　　　　　封面设计：杨泽江

中华人民共和国公司法释义与适用手册
ZHONGHUA RENMIN GONGHEGUO GONGSIFA SHIYI YU SHIYONG SHOUCE

编著/刘胜军
经销/新华书店
印刷/三河市紫恒印装有限公司
开本/710毫米×1000毫米　16开　　　　　　　印张/ 43.25　字数/ 580千
版次/2024年8月第1版　　　　　　　　　　　 2024年8月第1次印刷

中国法制出版社出版
书号 ISBN 978-7-5216-4225-4　　　　　　　　　定价：138.00元

北京市西城区西便门西里甲16号西便门办公区
邮政编码：100053　　　　　　　　　　　　　　传真：010-63141600
网址：http://www.zgfzs.com　　　　　　　　编辑部电话：010-63141795
市场营销部电话：010-63141612　　　　　　　印务部电话：010-63141606

（如有印装质量问题，请与本社印务部联系。）